최신 금융·보험의 이해

Introduction to

Finance & Insurance

최신 금융·보험의 이해

서영수 지음

(주)교 문 사

머리말

p r e f a c e

필자는 보험업계에서 오랫동안 주로 기획관리와 리스크관리부서에서 근무하였다. 그러면서도 늘 강단에서 수업하고 있는 자신을 꿈꿔 왔었다. 지성이면 감천이던가, 결국에는 대학에서 강의하게 되었고 벌써 2년 여의 세월이 흘렀다. 필자의 학교를 포함, 국내 대부분의 금융보험 학과들의 교과과정은 금융과 보험과목이 서로 혼재되어 운영되고 있는데 필자의 짧은 소견으로는 금융과 보험의 인식 차이로 인해 체계성이 다소 떨어지고 있다는 것이다. 대부분의 금융종사자들이 보험을 금융의 한 축으로 느끼고 있지만 현실적으로는 아직도 관련종사자들만의 특수한 영역으로 간주하고 있다. 우리가 몸담고 있는 금융시장은 엄청난 변화를 거듭하는 데도 아직까지 보험영역은 너무 어렵고 딱딱한 분야라고만 치부하는 것이다. 너무 안타까웠다. 대부분의 금융교재가 전체 구성에서 일부 몇 개의 장으로만 보험영역을 다루다 보니 보험의 역할이 상대적으로 뒤쳐지는 모습이 되어 버렸다. 생명보험만 보더라도 2009년 기준 세계 9위이다. 실로 엄청난 규모이며 일부 제도나 정책운영 면에서는 가까운 일본을 앞서고 있는 국면이다. 이러한 금융과 보험 영역을 비록 근본과 그에 따른 파급효과와 영향력은 다르지만 동일한 구성과정에서 다루어 보고 싶었고, 조금 더 욕심내서 책으로 만들어 보자는 생각에 이르렀다. 이것이 이 교재의 집필동기이다. 지금 생각해보면 너무 무모했다. 국내외 유명한 석학들이 왜 이런 교재를 집필하지 않았는지 충분히 공감이 간다. 그럼에도 스스로 위안을 삼는다. 졸저이면서도 누군가는 시도하고 싶지 않았을까 하기 때문이다.

이 책이 기존의 금융관련 책들과 다른 점은 크게 두 가지이다. 첫째, 금융관련 교재들의 목차와 병행해서 보험영역을 기술하였기 때문에 상호비교가 용이하다는 점이다. 우리나라는 2009년 2월에 자본시장법이 발효되었고, 그로 인해 금융시장은 은행, 금융투자, 보험의 3대축으로 재편되었다. 따라서 이 교재는 은행과 금융투자 영역은 금융파트에서, 보험은 보험파트에서 다루어 금융의 3대축을 자연스럽게 습득하도록 구성하였다. 두 번째, 대부분의 교재에서 추구하는 것과 마찬가지로 이 교재도 이론보다는 실무, 특히 실생활에 도움이 되도록 구성하였다. 예를 들면, 아직까지도 일반대중들이 낯설어하는 자본시장법의 핵심내용인 금융투자상품과 관련시장의 해설, 우리나라와 글로벌 펀드상품의 비교·설명, 지금까지의 금융위기 사례, 노령화에 따른 우리나라의 연금체제와 다양한 보험상품의 비교, 금융소비자 보호체계 등이다.

이 책은 총 7편으로 구성되었다. 제1편에서는 금융의 입문단계로서 금융저변에 대한 기초지식과 개념을 명확히 하고자 하였다. 우선 금융의 정의와 분류, 금융과 실물의 상호관계, 은행과 금융투자 그리고 보험과의 관계, 다양한 금융지표 간의 상호관계에 대하여 다루었다. 그리고 학생뿐만 아니라 일반대중들도 반드시 알아야 할 금융이론으로 경기순환이론, 화폐의 수요와 공급이론, 이자율결정이론, 인플레이션이론, 환율결정이론을 선별하여 각각의 의미를 간략히 기술하였다. 또한 급변하는 금융환경을 우리나라와 글로벌시장으로 구분하여 상호비교하면서 시대적인 흐름을 파악토록 하였다. 제 2편은 금융제도를 이해하는 데 중점을 두어 크게 금융정책과 금융감독으로 분류하였다. 금융정책은 다시 통화정책과 환율정책으로 구분하여 각각의 의의, 효과 및 당면과제 등을 살펴보았다. 금융감독은 주로 우리나라 감독체계를 중심으로 기술하였다. 제 3편은 금융시스템의 이해이다. 사실 이 파트가 금융영역에서는 가장 중요하다. 왜냐하면 우리들 모두가 일상생활에서 수시로 접하는 분야이고 가장 이해상충이 많은 내용들을 기술하였기 때문이다. 금융시스템을 크게 금융시장, 금융상품, 금융기관 그리고 금융위기로 구분하였다. 대부분의 금융관련 교재에서 요구되듯이 이 분야는 시대적인 흐름이 반영되어야 한다. 따라서 필자는 각 영역마다 2009년에 시행되었던 자본시장법의 주요 내용을 반영하여 지금의 금융현실을 최대한 반영코자 노력하였다. 사실 이를 모두 소화하기에는 필자의 능력에 한계가 있었음을 고백하지 않을 수 없다. 실로 학문의 깊이가 무한하다는 것을 여실히 깨달았으며 이 부분의 부족함을 독자 여러분이 너그러운 마음으로 이해해 주었으면 한다. 특히 외환관련 분야는 필자에게 상당히 부담스러웠다.

제4편에서 6편까지는 보험영역으로 금융파트의 전개과정과 동일하게 구성하였다. 우선 제4편은 보험에 관한 기본지식 함양차원에서 보험의 정의와 성립요건, 주요 기능 및 특성을 다루었다. 특히 보험가격 결정원리를 기술하여 보험과 일반제조업의 차이점을 보여 주었다. 그리고 보험계약의 법적성질과 일부 전문적인 내용이 포함된 보험계약 심사과정도 다루었다. 제5편 보험제도에서는 최근 우리나라에서 가장 논란이 되고 있는 연금제도를 세부적으로 다루었다. 예컨대 우리나라 노후보장체계에서부터 각 연금 간의 특징과 상호관계, 장·단점 및 급여산출방법 등 실생활에 꼭 필요한 내용위주로 기술하였다. 또한 보험가입 시 가장 관심이 큰 분야인 보험세제 부분은 구체적인 사례를 제시하여 바로 실무에 활용 가능하도록 하였다. 그 외 보험감독 정책과 감독기관에 대해서도 일부 다루었다. 제6편 보험시스템은 앞의 금융시스템과 유사하도록 보험시장, 보험

상품, 보험경영 순으로 다루었다. 보험시장에서는 보험만의 독특한 모집조직을 세부적으로 다루었고, 보험상품은 상품별로 비교 가능하도록 그림을 삽입하여 설명하였다. 또한 보험경영에서는 보험사만의 독특한 경영패턴 외에 핵심역량과 가치평가 등 일반인들에게도 다소 생소한 분야까지 서술하여 보험의 인지도를 높이도록 하였다. 특히 최근 생명보험사의 상장이 활발해지고 있는 시점에서 이와 같은 내용들은 상당히 유익할 것으로 기대된다.

마지막으로 제7편은 금융소비자에 관한 것이다. 사실 이 분야는 체계적으로 기술되어 있는 교재가 전무한 형편이다. 필자역시 이 분야의 중요성을 절실하게 깨달아서 별도로 구분하여 그 의미를 충분히 전달하고자 하였다. 우선 우리나라의 소비자보호제도에 관하여 개괄적으로 기술하고 금융영역별 즉 은행, 금융투자, 보험영역에서 각각 다루고 있는 금융소비자관련 규제와 내용 위주로 기술하였다.

또한 각 장마다 추가적으로 필요한 내용은 '참고' 또는 '부록'으로 첨부하여 보다 폭넓게 공부하고자 하는 학생이나 기타 전문적인 내용이 필요한 사람들의 기대에 부응하였고, 각 장의 말미에 요약정리와 간단한 평가문제를 첨부하여 독자들의 학습효과 증대와 자기주도 학습 분위기를 조성하였다. 그러므로 이 책은 경상계열의 금융론, 화폐와 금융, 금융학원론, 보험학원론 등의 주교재로, 그리고 금융시장론, 금융기관론, 금융경제론, 펀드운용론, 생명보험과 손해보험론, 개인자산관리, 기타 금융 각론 등의 부교재로 사용될 수 있도록 구성되었으며, 무엇보다도 경상계열 자격증 중 종합자산관리사(AFPK, CFP 포함), 투자상담사, 외환관리사, 재무분석사, 위험관리사, 보험계리사 및 손해사정사 등의 자격증 취득준비에도 도움이 될 것으로 기대된다.

이 책을 집필하면서 주위에 많은 분들의 협조가 있었다. 특히 성균관대 박사과정에 재학 중인 이찬미 조교의 헌신적인 자료수집과 정리에 감사드리고, 같은 학과 전호진 교수님의 다양한 금융관련 자료협조에도 감사드린다. 그 외에 많은 분들의 기탄없는 지적과 조언에 무한한 감사를 표하는 바이다. 그리고 이 책의 큰 틀은 방영민 님의 '금융'에서 착안하였고 따라서 책 내용을 설명하는 과정에서 부분적으로 많이 인용하였다. 특히, 차명준 교수님의 '증권과 펀드투자의 이해'와 차명준·정무권 교수님의 '자본시장법 하의 증권투자' 그리고 김종선·김종오 교수님의 '현대금융의 이해'에서는 일부 내용이나 도표가 상당부분 그대로 인용되었다. 이 자리를 빌려 진심으로 감사의 표시를 보낸다. 또한 출판하는 과정에서 아낌없이 지원해 주신 서울사이버대학교 이재웅 총장님과 이향아 연구처장님, 그리고 필자의 연구실과 심지어 집에까지 왕래하면서 세심한 교정과 아낌없는 조언을 해 주신 교문사의 양계성 상무님에게도 심심한 감사를 표한다.

탈고하는 과정에서 많은 사람들의 노력과 헌신에도 불구하고 이 책이 독자들에게 지적될 지도 모르는 추가적인 오류는 전적으로 필자의 아둔함과 아직도 부족한 성찰 때문이다. 수정되고 보완해야 할 부분에 대한 독자들의 의견을 겸허히 수용할 것을 다짐한다. 또한 독자들이 알다시피 금융·보험 분야는 그 제도나 정책이 수시로 변하기 때문에 불가피하게 내용이 부합되지 않거나 시대흐름을 쫓아가지 못하는 내용들과 그 외 이 책에서 미처 기술하지 못한 부분이나 그 동안 새롭게 등장한 이슈 등에 대해서는 계속 수정·보완해 나갈 것을 약속드린다. 마지막으로 아직도 무한한 사랑을 주시고 계신 부모님, 해가 거듭될수록 그 진면목이 나타나는 든든하고 아름다운 아내 박성애, 출중하고 멋있는 두 자녀 승민과 유나에게도 진정한 감사와 무한한 사랑을 보낸다.

2010. 8
저자 서영수 씀

차 례

c o n t e n t s

Part 01 금융저변의 이해

Chapter 1 금융의 의의 5

1. 금융의 정의 및 분류 6
   1) 금융의 정의 6
   2) 금융의 분류 7
2. 실물과 금융의 상호관계 9
3. 은행 · 금융투자 · 보험의 비교 13
   1) 업무영역 13
   2) 수익구조 15
4. 금융경제지표 16
   1) 금리와 주가 17
   2) 환율과 주가 18
   3) 물가와 주가 19
   4) 경기변동과 주가 19
   5) 통화량과 주가 20
   6) 부동산가격과 주가 20
   7) 국제 원자재가격과 주가 21
   8) 외국인투자자금과 주가 21

Chapter 2 금융경제이론 23

1. 경기순환이론 24
   1) 경기순환의 의의 24
   2) 주요 경기변동이론 26
   3) 경기지표 28
2. 화폐의 수요와 공급이론 28
   1) 화폐의 정의 28
   2) 통화의 기능 30
   3) 통화의 공급 31
   4) 통화의 수요 32
3. 이자율결정이론 34
   1) 이자율의 개념 34
   2) 이자율의 종류 35
   3) 여러 가지 이자율결정이론 36
   4) 이자율의 기간구조 43

5) 이자율 변동요인 50
4. 인플레이션이론 52
1) 비교정태이론 53
2) 동태이론 54
5. 환율결정이론 55
1) 구매력평가설 55
2) 이자율평가설 57
3) 국제피셔이론 58

Chapter 3 금융환경의 변화 61

1. 글로벌 금융환경 62
1) 금융자유화(finance liberalization) 63
2) 금융통합화(finance globalization) 65
3) 금융증권화(finance securitization) 67
4) 금융의 디지털화(finance digitalization) 69
5) 최근의 금융환경 69
2. 우리나라의 금융환경 70
1) 금리자유화 71
2) 외환자유화 72
3) 자본자유화 및 금융증권화 73
4) 업무규제 완화 73
5) 최근의 금융환경 73

Part 02 금융제도의 이해

Chapter 4 금융정책 79

1. 금융정책 80
1) 금융정책의 의의 80
2) 금융정책의 분류 82
3) 금융정책의 효과 84
4) 우리나라의 금융정책 84
2. 통화정책 88
1) 중앙은행의 기능 및 역할 88
2) 통화정책의 운영체계 90

3) 통화정책 수단 93
4) 통화정책의 파급경로 96

3. 환율정책 **99**
1) 환율의 개념 99
2) 환율제도 101
3) 환율정책 107
4) 환율변동 109

Chapter 5 금융감독 117

1. 금융감독의 의의 **118**
1) 금융감독의 개념 118
2) 금융감독의 필요성 119
3) 금융감독의 구분 120

2. 금융감독의 형태 **121**
1) 기관감독 121
2) 시장감독 126

3. 우리나라 금융감독 체계 **130**
1) 금융감독 당국 130
2) 감독대상 금융회사 134

• **부록** [1. 은행·금융투자·보험의 건전성 지표 135 / 2. 은행의 신용감독 및 관리방안 139]

Part 03 금융시스템의 이해

Chapter 6 금융시장 145

1. 금융시장의 의의 **146**
1) 금융시장의 기능 146
2) 금융시장의 유형 147
3) 우리나라의 금융시장 148

2. 단기금융시장 **150**
1) 콜(Call)시장 151
2) 환매채권(RP)시장 152
3) 양도성예금증서(CD)시장 152
4) MMF(Money Market Funds) 153
5) MMDA(Money Market Deposit Account) 153

6) 기업어음(CP)시장 154
7) 표지어음(CB)시장 155
8) 통화안정증권(MSB)시장 155

3. **자본시장** 156
1) 자본시장의 의의 156
2) 주식시장 158
3) 채권시장 161
4) 파생상품시장 167
5) 자산유동화증권(ABS)시장 176

4. **외환시장** 179
1) 외환의 개요 179
2) 환율의 종류 182
3) 거래형태 187
4) 최근 현황 193

5. **국제금융시장** 194
1) 국제금융시장의 의의 194
2) 국제금융시장 참가자 195
3) 국제금융시장의 분류 196
4) 국제금융센터 197

• **부록** [1. 유가증권 정의 및 평가 199 / 2. 채권과 주식의 상호 접근 201 / 3. 자본시장법 203]

Chapter 7 **금융상품** 211

1. **전통적 금융상품** 213
1) 단기금융상품 213
2) 예금상품 214
3) 대출상품 215
4) 비은행 금융기관 상품 216
5) 외환상품 218

2. **금융투자상품** 219
1) 금융투자상품의 의의 219
2) 증권상품 220
3) 파생상품(derivatives) 223

3. **집합투자상품(펀드)** 226
1) 펀드시장의 발달과정 및 운용구조 226
2) 펀드의 종류 231
3) 펀드의 운용 235

4. **우리나라의 펀드상품** 242
1) 단기 펀드상품 242
2) 지수 및 주식연계 상품 243
3) 스타일펀드 248
4) 시스템 펀드 250
5) 실물펀드 251
6) 해외펀드 252
7) 적립식펀드 252
5. **글로벌 펀드상품** 254
1) 헤지펀드 254
2) 사모투자펀드 259
3) 국부펀드 263
• **부록** [1. 옵션가격결정모형 267 / 2. 우리나라 펀드 동향 271]

Chapter 8 **금융기관** 277

1. **금융기관의 기능** 278
1) 거래비용 절감 278
2) 자산변환 279
3) 지급결제수단의 창출 280
2. **금융기관의 규제** 282
1) 규제의 필요성 282
2) 규제의 종류 283
3. **금융기관의 구분** 283
1) 은행 284
2) 비은행 금융기관 285
3) 금융투자회사 289
4) 보험회사 295
5) 금융지주회사 295
6) 대부업자 296
4. **금융관련기관** 296
1) 예금보험공사 296
2) 한국수출보험공사 297
3) 한국자산관리공사 297
4) 한국투자공사 298
5) 금융결제원 298

6) 신용보증기관 300
7) 한국증권선물거래소 300
8) 한국증권금융 301
9) 증권예탁결제원 301

Chapter 9 금융위기 305

1. **금융위기의 의의** 306
1) 개념 306
2) 주요 특성 308
3) 파급영향 308

2. **외환위기** 309
1) 개요 309
2) 외환위기 이론 309

3. **은행위기** 311
1) 개요 311
2) 개별은행의 도산 312
3) 전체 은행위기의 발생 312

4. **위기 간의 상호관계 및 정책대응** 313
1) 위기 간의 상호관계 313
2) 정책대응 315

5. **금융위기 사례** 318
1) 유럽 ERM(Exchange Rate Mechanism) 위기 318
2) 라틴아메리카 위기 319
3) 동아시아 위기 320
4) 러시아 위기 321
5) 미국의 서브프라임(sub-prime) 위기 321

• **부록** [미국의 서브프라임 금융위기 전망 324]

Part 04 보험저변의 이해

Chapter 10 보험의 의의 335

1. **보험의 정의** 336
1) 학술적 정의 336

2) 사회적 정의 337
3) 수리적 정의 337
4) 실무적 정의 338

2. 보험대상 위험의 요건 341
1) 위험과 리스크 341
2) 보험대상 위험의 요건 341

3. 보험의 분류 342
1) 일반적 분류 342
2) 실무상 분류 343

4. 보험의 기능 345
1) 긍정적 기능 345
2) 부정적 기능 346

5. 보험과 도박·저축·공제의 비교 346
1) 보험과 도박 346
2) 보험과 저축 347
3) 보험과 공제 347

Chapter 11 **보험의 특성** 349

1. 보험 고유의 특성 350
1) 보험사업 측면 350
2) 생명보험의 특성 351
3) 손해보험의 특성 352

2. 보험가격의 결정원리 352
1) 결정원리 352
2) 가격 구성요소 354
3) 가격결정 프로세스 356
4) 가격자유화 359

3. 역선택과 도덕적 위험 360
1) 의의 360
2) 도덕적 위험방지를 위한 보험제도 361

• **부록** [현금흐름방식에 의한 보험료 산출방식 363]

Chapter 12 **보험계약** 367

1. 보험계약의 특성 368
1) 유상·쌍무계약 368

c o n t e n t s

2) 불요식·낙성계약 368
3) 사행계약 368
4) 계속계약 369
5) 부합계약 369
6) 독립계약 369
7) 선의계약 369
8) 개별성과 단체성 370

2. 보험계약 요소 370
1) 보험료 납입기간 370
2) 보험기간 370
3) 보험사고 370
4) 보험금 370
5) 보험계약 관계자 371

3. 계약심사 372
1) 의의 372
2) 위험의 분류 373
3) 위험의 선택 374
4) 위험선택의 절차 375

Part 05 보험제도의 이해

Chapter 13 연금제도 381

1. 우리나라 노후보장 체계 382
1) 연금제도의 의의 382
2) 3층 보장제도 383
3) 연금제도별 특징 384

2. 국민연금 385
1) 국민연금제도의 의의 385
2) 국민연금제도의 특징 385
3) 문제점 386
4) 상품구조 386
5) 연금급여 산정방법 388

3. 직역연금 390
1) 공무원연금 390
2) 군인연금 392

3) 사학연금 392
4) 국민연금과 직역연금의 연계 393

4. 퇴직연금 395
1) 퇴직연금의 의의 395
2) 퇴직연금의 도입형태 396
3) 퇴직연금의 주요특징 397
4) 퇴직급여제도의 내용 398
5) 퇴직연금의 종류 399

5. 개인연금 404
1) 세제적격연금 404
2) 세제비적격연금 407

• **부록** [사회보장제도 408]

Chapter 14 **보험세제** 415

1. 보험료 소득공제 416
1) 사회보험 보험료 소득공제 416
2) 보장성보험료 소득공제 417
3) 장애인전용 보장성보험의 소득공제 417
4) 연금보험 소득공제 417

2. 보험금에 대한 세제 419
1) 보험차익과세 419
2) 상속세 421
3) 증여세 421
4) 보험계약형태와 상속, 증여와의 관계 422

Chapter 15 **보험감독** 429

1. 보험감독정책 430
1) 보험감독의 목적 430
2) 우리나라 보험감독체제 431

2. 보험감독기관 432
1) 감독기관의 형태 432
2) 감독의 내용 433

Part 06 보험시스템의 이해

Chapter 16 보험시장 441

1. 보험마케팅 442
   1) 보험마케팅의 의의 442
   2) 보험마케팅의 특성 442
   3) 보험판매채널 446
   4) 판매채널전략 453
2. 보험사업자 454
   1) 주식회사 455
   2) 상호회사 455
   3) 협동조합(공제) 456
   4) 우체국보험 457
3. 보험모집조직 458
   1) 보험설계사 458
   2) 보험대리점 458
   3) 보험중개사 459
   4) 금융기관보험대리점 459

• 부록 [1. 보험설계사 교차모집제도 460 / 2. 우수인증 설계사 제도 462]

Chapter 17 보험상품 465

1. 보험상품의 의의 466
   1) 보험상품의 특징 466
   2) 보험상품개발 트렌드(trend) 468
   3) 상품개발 프로세스(process) 469
2. 전통형 보험상품 470
   1) 정기보험 470
   2) 종신보험 472
   3) 양로보험(재테크플랜보험, 무배당 ooo저축보험) 473
3. 건강형 보험상품 473
   1) 질병보험 473
   2) 상해보험 475
   3) 장기간병보험 476
   4) 실버세대보험 476

4. 연금형 보험상품 476
1) 연금보험의 개요 476
2) 연금보험의 구조 477
5. 변액형 보험상품 478
1) 변액보험의 개요 478
2) 변액보험의 특징 479
3) 펀드의 운용 481
4) 자금흐름도 481
5) 변액보험상품 482
6. 단체보험상품 485
1) 단체보험의 의의 485
2) 단체정기보험 485
7. 손해보험상품 486
1) 사업형태상 분류 486
2) 보험가입금액에 따른 분류 488
3) 실정법상의 분류 489
8. 재보험상품 489
1) 재보험상품의 개요 489
2) 재보험의 기능 490
3) 재보험상품의 종류 491
• **부록** [미국의 변액보험 판매동향 492]

Chapter 18 **보험경영** 495

1. 보험 경영원칙 496
1) 위험사업에 대한 경영원칙 496
2) 수지관리에 관한 경영원칙 497
3) 투자에 관한 경영원칙 497
2. 보험경영의 핵심역량 498
1) 보험의 가치사슬(value chain) 498
2) 보험의 핵심역량 도출 500
3) 보험영업과 제조업 비교 501
3. 보험회사의 재무건전성 502
1) 지급능력과 지급여력 502
2) 지급여력제도 503

4. **보험회사 가치평가** 505
1) 기업가치 505
2) 보험회사의 기업가치 508

Part 07 금융소비자의 이해

Chapter 19 **금융소비자 보호체계** 517

1. **법체계** 520
2. **관련기관** 521
1) 금융감독원 522
2) 소비자원 523
3) 공정거래위원회 523
4) 금융회사 내 소비자보호센터 및 협회 524

Chapter 20 **금융영역별 소비자보호제도** 527

1. **예금자 보호** 528
1) 예금보험제도의 의의 528
2) 예금보호제도의 주요내용 529
3) 선진국의 예금자 보호 532
2. **금융투자자 보호** 535
1) 영업행위관련 규제 536
2) 공시규제 539
3) 불공정거래행위 규제 540
3. **보험계약자 보호** 541
1) 보험정보공시제도 542
2) 계약자 서비스제도 543

• **부록** [보험분쟁 해결을 위한 시도 547]

참고문헌 550
찾아보기 554

Part 1

금융저변의 이해

Chapter 1 금융의 의의
Chapter 2 금융경제이론
Chapter 3 금융환경의 변화

제1편 금융저변의 이해에서는 크게 금융의 의의, 금융경제이론, 금융환경의 변화로 구분하여 살펴보고자 한다.
제1장 금융의 의의에서는 금융의 정의와 분류, 실물과 금융의 상호관계에 이어
은행·금융투자·보험의 비교, 그리고 금융경제지표에 관하여 살펴본다.
제2장 금융경제이론에서는 금융 전반에 꼭 필요한 기본이론 위주로 다룬다.
즉, 경기순환이론, 화폐의 수요와 공급이론, 이자율결정이론, 인플레이션이론, 환율결정이론이다.
제3장 금융환경의 변화에서는 글로벌 금융환경과 우리나라의 금융환경으로 나누어 살펴본다.

Chapter 1

금융의 의의

1. 금융의 정의 및 분류
2. 실물과 금융의 상호관계
3. 은행·금융투자·보험의 비교
4. 금융경제지표

Chapter 1

금융의 의의

1 금융의 정의 및 분류

1) 금융의 정의

금융(financing)이란 '자금의 융통' 즉 돈을 빌려주고 빌리는 활동으로, 돈에 여유가 있는 사람(자금 공급자)과 돈을 필요로 하는 사람(자금 수요자)이 금융시장에서 돈을 거래하는 것이다. 자금공급자는 일차적으로 소비하고 남은 돈을 현금형태로 보유하고 있을 경우 기회비용과 인플레이션에 의한 화폐가치 하락이 발생하므로 현금의 가치 보전 또는 증식을 위하여 이자 또는 배당 등을 조건으로 자금수요자에게 빌려 준다. 자금수요자는 생산성 있는 사업 등에 투자하여 이자를 갚고도 수익이 남아서 얻어지는 소득을 기대하므로 돈을 빌린다.

한편, 자금공급자와 수요자 사이에서 자금의 흐름을 좀 더 원활하게 중개하는 기관이 등장하였는데 이를 통칭해서 금융기관이라 한다. 이러한 금융기관이 등장하게 되면서 양자간의 거래비용이 절감되고 서로간의 자금대차 규모, 이용기간 등이 달라 거래되지 못한 경우에도 양자간의 희망을 조정하여 거래가 가능토록 자산을 변환하여 준다. 또한 거래당사자간의 물건거래에 따른 현금지급 이외의 다양한 지급결제수단을 제공해 준다. 한편으로 금융기관은 그 나라의 국민경제에 미치는 영향이 지대하므로 일반기업처럼 수익만을 추구할 경우 공공성이나 공신력 면에서 저하될 우려가 많으므로 정부의 각종 규제가 상대적으로 강하다. 그리고 이의 분류는 각 나라마다 기준이 다르나, 일반적으로 크게 예금취급기관, 금융투자회사, 보험회사, 금융보조기관, 기타 금융기관 등으로 나뉜다. 예금취급기관은 다시 은행과 비은행 예금취급기관으로 나뉜다.

금융기관은 양자의 중개과정에서 거래를 좀 더 표준화하고 다양한 거래를 획일화하기 위해 금융상품을 제공한다. 이는 그 성격에 따라 일반적으로 예금상품, 금융투자상품, 보험상품, 기타 자산운용상품 등으로 구분되며 다양한 이해관계자들의 수요를 충족하기 위해 목적별로 세분화되기도 한다.

이후 금융기관의 금융상품을 매개로 하는 중개과정이 복잡화지면서 점차 자금 공급과 수요에 관계된 모든 이해관계자, 즉 기업, 가계, 정부, 금융기관 등이 한데 어우러진 조직화된 장소가 형성되었는데 이를 금융시장이라 한다. 이러한 시장을 통하여 자금공급자는 좀 더 쉽게 금융기관이 제공하는 금융상품을 취득한 대신 자금을 제공하고, 자금수요자는 금융시장에서 목적에 맞는 부족한 자금을 취하게 된다. 금융시장은 기간에 따라 단기금융시장(money market)과 장기금융시장(capital market), 거래의 책임소재에 따라 직접금융시장(주식과 채권 등)과 간접금융시장(예금시장)으로, 거래의 범위에 따라 국내금융시장과 국제금융시장으로 구분된다. 또한 거래되는 금융상품의 형태에 따라 예금과 대출시장, 외환시장, 파생상품시장 등으로 나뉘며, 거래단계에 따라 발행시장(primary market)과 유통시장(secondary market), 거래절차에 따라 거래소시장과 장외시장으로 분류된다.

한편, 우리나라의 금융은 2009년 2월 자본시장법이 시행되면서 크게 은행, 보험, 금융투자회사 3대 축으로 재편되었다. 금융투자회사는 기존의 증권업, 자산운용업, 선물업, 종금업, 신탁업 등 5개 자본시장 관련업이 금융투자업이라는 단일 업종으로 합쳐지면서 생겨난 회사로, 포괄적 개념 하에 투자매매 및 중개, 자문, 신탁, 집합투자, 투자일임에 해당되는 6개 업무 또는 원하는 업종만 선택하여 운영할 수 있다[1].

2) 금융의 분류

(1) 직접금융과 간접금융

직접금융이란 자금의 공급자와 수요자가 금융시장에서 직접 자신의 책임과 계산으로 자금거래를 하는 것으로, 대표적으로 증권시장에서의 주식이나 채권에 의한 자금조달방식이다. 이는 금융비용이 적게 들고 거액의 자금을 조달할 수 있다는 장

1) 자세한 내용은 제18장 3. 금융기관의 구분 참조

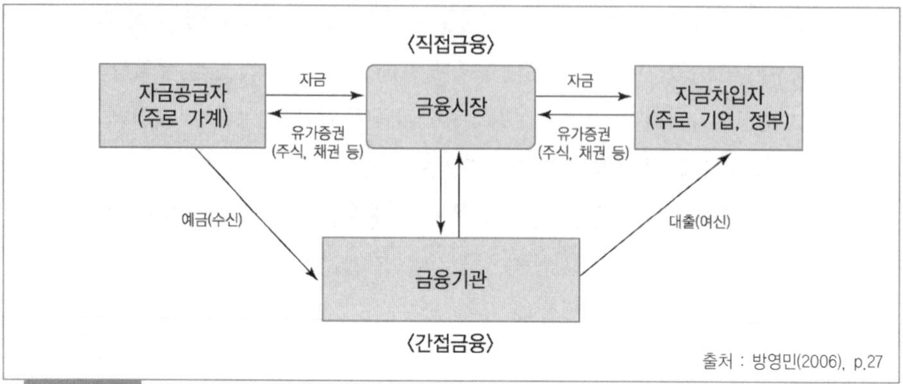

그림 1-1 금융시장과 자금흐름

점이 있는 반면, 자금공급자 입장에서는 원금보장을 받지 못하는 등 위험을 안게 되는 단점이 있다.

간접금융이란 자금공급자와 수요자가 은행과 같은 금융기관을 상대로 금융거래(예 : 예금과 대출 등)를 하므로 자금공급자와 수요자 사이에 직접적인 거래관계가 형성되지 않는다(그림 1-1 참조).

(2) 공금융(제도금융)과 사금융(비제도금융)

공금융이란 법률에 의해 권리와 의무가 명확히 규정된 제도권의 금융시장과 금융기관을 통해 이루어지는 자금거래를 말한다. 사금융이란 정부로부터 인·허가를 받은 금융기관이 아닌 사채업자 등을 통해 자금공급자와 수요자가 직접 자금을 거래하는 것을 말한다. 따라서 거래에 따른 위험이 높아 사금융의 이자는 공금리보다 높아 급전이 필요하거나 신용도가 낮은 사람들이 주로 이용하고 있다.

(3) 가계금융과 기업금융

가계금융이란 가계가 미래의 소득이나 특정자산을 담보로 지출에 충당할 돈을 융통하는 것을 말한다. 기업금융이란 투자의 주체인 기업이 금융시장에서 자금을 빌리는 것을 말한다. 따라서 금융기관은 기업의 신용과 사업 내용을 지속적으로 평가하여 자금제공 여부를 결정해야 한다.

제 1, 2, 3금융권의 의미

이는 법적인 효력이나 공식적으로 사용되는 용어라기보다는 금융환경이 변하고 새로운 금융 업무를 영위하는 회사가 나타나게 됨에 따라 언론을 통하여 자연스럽게 만들어진 용어이다.

- 제 1금융권 : 은행을 소유한 금융지주회사, 시중은행, 지방은행, 특수은행, 외국은행의 국내지점을 의미하며 전통적으로 예금은행으로 분류된 금융기관을 말한다.
- 제 2금융권 : 전통적인 은행을 제외하고 새롭게 나타난 금융기관, 즉 증권사, 보험사, 상호저축은행, 신용협동기구(신용협동조합, 새마을금고, 농협단위조합, 수협단위조합), 자산운용회사, 신용카드, 캐피탈 등을 말하며, 제 1과 2의 기준은 금융기관이 은행인가 아닌가로 결정된다.
- 제 3금융권 : 제도권의 금융기관이 아닌 대부업체들을 말하며, 기존의 금융기관이 아니어서 제 3금융권으로 분류되었다. 모든 금융기관은 금융위원회에 등록하여야 하나, 제 3금융권은 특별시, 광역시, 도청에 등록만 하면 되므로 법적인 분류상 금융기관이 아닌 일반 회사이다. 따라서 3금융권은 금융기관이 아니면서 돈을 빌려주고 이자를 받는 특이한 형태이다.

2 실물과 금융의 상호관계

인류 역사 이래 자연스럽게 경제사회를 이루게 되는 각각의 주체들은 스스로의 효용극대화를 위해 부를 생산하고 이를 분배함으로써 상호 경제활동을 영위하게 되었다. 이러한 과정에서 무수한 시행착오를 겪어 되었고 그로 인한 학습효과는 한 방향으로 진행되었는데 이는 '어떠한 경제행위든 그 기본적인 원리는 사회가 필요로 하는 상품과 서비스를 생산하기 위하여 한정된 자원을 얼마나 어떻게 배분하는 것이냐' 였다. 오늘날의 자본주의 시장이 형성되기 전에는 요소요소에 충분히 활용 가능한 자원이 있어 물물교환경제 체제가 큰 어려움 없이 형성되었다. 그러나 점차 자원의 희소성에 직면하게 되고 나서 물물교환경제의 비효율성이 드러나게 되었다. 가장 대표적으로 시간과 정보의 제약이다.

경제행위와 관련되어 봉착하게 되는 수많은 문제들은 시간제약으로 인한 예산제약이 존재하기 때문이다. 인간의 노동시간은 분명히 무한하지 않기 때문에 이의 활용이라는 절체절명의 경제문제가 발생하게 되고 이는 정보의 불완전성까지 초래한다. 이처럼 시간과 정보의 제한으로 물물교환의 각 경제주체들은 효용의 극대화 면에서 점차 경제행위에 대한 매력을 잃기 시작하였다. 그렇지만 끊임없이 경제에 대한 합리적인 시행착오와 노력에 기인하여 제약조건을 완화시킬 수 있는 대체 발명품이 나타나기 시작하였다. 바로 화폐와 이를 통해 경제주체들의 거래를 연결시켜 주는 시장이었다. 이것이 점차 진보하여 금융시장으로 태동되었다. 이후 화폐경제와 실물경제가 구분되어 상호작용하면서 점차 자본주의 시장은 활황기를 맞게 되었다. 대체로 통화관리의 주체인 정부와 중앙은행은 다양한 통화지표 중 가장 적합한 중심 통화지표를 선택하고 이를 통해 실물부문과 금융부문의 적정한 균형을 유지하고자 한다.

금융부문과 실물부문의 상호관계는 여러 경제학자들에 의해 실증적으로 분석되었다. 전통적으로 주류경제학은 실물경제 성장이 자본, 노동, 생산성, 기술, 연구개발, 교육, 제도 등의 실물 측면에 의해 주로 이루어지며 금융은 단기적이거나 부차적인 역할을 할 뿐이라는 입장을 견지하였다. 금융부문은 실물부문이 발전함에 따라 필요로 하는 자원(자본)을 모으고 배분하는 보조적 임무를 수행하는 것 이외에 장기적인 경제성장 과정에서 실물부문에 영향을 주지 못한다고 본 것이다.

그러나 주류경제학의 인식과 달리 이미 슘페터(Schumpeter, 1911) 때부터 금융부문의 발전이 저축 형성, 거래 유발, 투자 평가, 리스크 관리, 기업 감시, 정보 불균형 완화 등 여러 가지 경로를 통해 실물부문에 기여한다는 주장이 대두되었다. 즉, 금융시장에 존재하는 시장마찰을 경제성장 과정에서 명시적으로 고려하면 불완전한 금융부문으로 인해 발생하는 문제점들이 자원배분의 왜곡을 가져와 실물부문과 경제성장에 부정적인 영향을 줄 수 있다는 가능성이 일찍부터 제시된 것이다.

경제발전 과정에서 양 부문 간에 어떠한 관계가 존재하는가는 상당한 의미를 갖고 있으므로 이는 경제학자들의 주된 연구대상이었고 다양한 실증적 분석이 이루어졌다. 금융부문이 실물부문에 미치는 영향과 경로를 파악하면 광범위한 경제적·산업적 측면에서 경제성장과 산업발전을 위한 다양한 해결방안과 정책대안을 찾을 수 있기 때문이다.[2)]

패트릭(Patrick)은 경제발전과 금융의 관계를 수요 추종형(demand-following)과 공급선도형(supply-leading)으로 분류하였다. 그는 이 두 가지 유형이 상호 협조하여 성장하는데 경제발전의 초기단계에는 금융자산의 공급에 의한 공급선도형 금융구조를 창출하여 실물투자를 촉진시키고, 그 후 지속적인 경제성장이 이룩되면 수요추종형 금융구조로 전환되어 운영된다는 것이다[3)].

2) 노영진·김인철·김진웅(2009), "산업발전과 금융과의 관계에 대한 연구", pp.14-17 인용·정리

3) H.T. Patrick(1966), "Financial Development and Economic Growth in Underdeveloped Countries," E.D.C.C., pp. 174-189.

그의 이론에 따라 대부분 선진국들의 금융패턴은 금융경제가 실물경제를 이끌어 가는 형태이다. 이처럼 1980년대까지만 해도 금융발전이 경제성장에 기여한다는 인식이 일반적이었지만 금융의 지나친 의존은 오히려 역효과가 나타날 수도 있음을 보여 주었다. 대표적으로 1980년대 후반 남미국가들의 금융자유화정책으로 인한 은행도산과 국가부도 사태를 들 수 있다. 이는 금융자유화에 앞서 은행감독의 투명성, 안정적 인플레이션 정책과 거시경제의 안정적 성장 등이 선결되어야 한다는 교훈을 남겼다.

한편, 시장이 형성되면서 금융과 실물부문의 관계는 더욱 밀착하게 되었다. 시장은 기본적으로 사회에 필요한 수요에 비해 상대적으로 한정된 자원을 배분하기 위해 탄생되었는데 수요자와 공급자가 상품과 서비스 및 생산요소를 서로 교환하기 위하여 만나는 경로이자 집합체이다.

이러한 시장의 유형은 기본적으로 생산요소시장, 생산물시장과 금융시장으로 구분된다. 생산요소시장에서는 경제주체 즉 기업과 가계가 자신의 노동, 경영기술 및 그 밖의 자원을 가장 높은 가격을 제시하는 생산단위에게 판매하는데 이 과정에서 노동, 토지 및 자본의 생산요소가 배분되고 임금, 수당, 임대료 등의 형태로 그 소유자들에게 소득이 분배된다. 생산물시장에서는 기업이 생산·판매하는 소비재와 생산재의 형태로 생산물의 공급이 이루어지는데, 가계의 소비지출과 기업의 투자지출은 생산물에 대한 수요를 구성한다.

한편, 금융시장은 앞서의 두 시장에서 잉여저축에 대한 흑자단위에서 적자지출단위로 저축을 이전시키는 기능을 수행한다. 이러한 과정에서 금융자산의 가격과 이자율이 결정되고 신용창출이 파생되면서 금융제도의 핵심을 이룬다.[4] 따라서 금융시장은 생산요소시장과 생산물시장의 촉매제 역할을 담당하고 이의 동반성장의 한 축을 담당하게 된다.

금융부문과 실물부문이 뒤섞인 시장에서 다양한 참가자들이 상호이익을 위해 거래 및 투자수단을 활용하고 있다. 이러한 과정에서 사람들이 투자하는 대상에 따라 흔히 실물자산과 금융자산으로 구분하여 이해하기 쉽게 하고 있다. 실물자산이란 토지·건물·기계·재고자산 등과 같이 재화와 용역을 생산하는 데 이용할 수 있는 유형자산과 재화와 용역의 생산에 동원되는 인적자원의 지식·기술·숙련도 등을 포함한 무형자산을 말한다.

4) 김종선 · 김종오(2009), 『현대금융의 이해』, pp.35-38 인용·요약

금융자산이란 그 자체가 재화와 용역을 생산하는 데 직접 사용되는 자산이 아니고 실물자산의 이용으로부터 얻어지는 소득에 대한 청구권을 나타내는 자산이다. 금융자산은 흔히 증권(securities)이라 불리며, 주식과 채권이 가장 대표적이다. 또한 금융자산은 해당 자산으로부터 실현되는 미래수익의 불확실성 여부에 따라 무위험자산(risk-free asset)과 위험자산(risky asset)으로 구분된다. 무위험자산이란 미래수익에 대한 불확실성이 없는 자산을 말한다. 가장 대표적인 무위험자산은 만기가 짧은 정부보증 채권이다. 반면에 위험자산이란 미래수익이 불확실한 자산을 말한다. 예를 들어 주식투자에서 얻을 수 있는 수익은 기업의 영업실적에 따라 달라지며, 부동산에 투자하여 얻을 수 있는 수익은 경제상황에 따라 달라진다.

금융자산에 투자함으로써 얻게 될 미래이득은 실물자산의 수익력에 달려 있다. 경제가 발전할수록 개개인의 투자자들이 설비·기계 등 실물자산에 직접적으로 투자하는 기회는 줄어들게 되나, 금융자산에 대한 투자기회는 증가하게 된다. 장기적으로 볼 때 금융자산에 대한 투자는 국가경제를 발전시키는 실물자산에 대한 투자를 촉진시키는 구실을 한다. 예를 들어 어느 기업이 1,000억 원의 자금이 소요되는 공장을 건설하려 할 때 이 기업은 자금을 마련하기 위해 은행에 차입을 하거나 주식이나 채권을 발행하게 된다. 이 때 은행에서 차입한 자금은 은행이 판매하는 예금에 투자자들이 투자하는 자금이며, 채권이나 주식을 발행하여 조달한 자금은 투자자들이 해당 증권을 매입한 자금이다.[5)]

한편, 금융부문이 실물부문보다 발달되어 선진화된 사례도 있다. 바로 싱가포르나 홍콩처럼 자체의 제조업 등 산업생산시설은 별로 없지만 금융산업이 발달하여 국가경제가 튼튼한 국가들이다. 이는 금융부문이 국가경제를 이끌어가는 독특한 형태이다. 그러나 금융부문이 실물부문을 뒷받침하지 못하면 국가경제가 정상적으로 작동하기 어렵다는 게 보편적인 통설이다. 금융부문의 지나친 선진화는 오히려 국가경제에 장애가 될 수도 있기 때문이다.

우리나라 경우에는 1997년 외환위기를 겪으면서 양 부문 간의 역학구도가 많이 바뀌었다. 외환위기를 초래한 원인은 크게 근본 요인론과 자기 실현론 등 두 가지로 구분될 수 있다. 근본 요인론은 정부주도의 경제개발 하에서 민간의 무리한 투자확장과 은행의 무리한 대출로 인한 부실화와 같이 경제의 근본요인이 악화됨에 따라 외환위기가 초래되었다는 논리이다. 반면 자기 실현론은 경제의 근본요인은 견실하

5) 박정식 · 박종원(2010), 『현대투자론(제 3판)』, pp.5-7 인용·정리

였으나 국제금융시장의 불안정성으로 인한 일시적인 유동성 부족으로 인하여 외환위기가 발생하였다는 논리이다. 외환위기를 초래한 원인에는 이처럼 다양한 시각이 존재하지만, 외환위기 이후 국내경제가 새로운 패러다임을 경험하게 되었다는 데는 모두가 동의하고 있다.

외환위기 이전에는 국내경제가 정부주도의 경제개발 추진과정에서 정부와 민간이 위험을 함께 공유하던 시스템으로 특정지울 수 있다면, 외환위기 이후의 경제는 정부가 성장동력 확충을 위한 연구개발 지원 등의 보조적이며 지원적인 역할을 수행하며 민간부문에서는 독자적인 리스크 관리체계를 통하여 사업을 진행하는 시스템으로 요약할 수 있다. 또한 외환위기 이후부터 금융부문은 각종 규제완화와 글로벌 기준 적용 등으로 인해 양적, 질적으로 엄청난 성장세를 보여 왔으며 상대적으로 실물부문의 약화는 금융부문이 실물부문을 견인하는 형태로 전환되었다.

3 은행 · 금융투자 · 보험의 비교

1) 업무영역

은행의 업무는 크게 고유업무, 부수업무 그리고 겸영업무로 나뉜다.[6] 고유업무는 은행만의 특성을 고려한 업무로 예금수입이나 유가증권 또는 채무증서의 발행에 의해 조달한 자금을 대출하는 업무와 내·외국환 업무 등이 있다. 부수업무는 고유업무에 수반되는 업무를 말하는데 채무보증, 어음인수, 상호부금, 유가증권 투자, 환매조건부채권매매, 유가증권의 인수와 매출, 유가증권의 모집 또는 주선, 팩터링(factoring) 등을 말한다. 한편, 겸영업무로는 신탁업, 신용카드업, 보험업 등이 있다.

은행업무 중 가장 중요한 것은 예금과 대출이다. 일반은행이 취급하는 예금은 요구불예금과 저축성예금이 있다. 요구불예금이란 예금한 사람이 언제든지 예금지급을 청구할 수 있고, 은행은 청구 즉시 바로 지급해야 하는 예금을 말한다. 저축성예금은 저축 또는 이자수입을 목적으로 이루어지는 예금이다. 최근 들어 방카슈랑스 취급도 많이 늘어나고 있다. 은행의 대출이란 일반 제조기업의 상품생산과 동일하다. 주요

6) 이는 일반은행의 업무를 말하며, 고유업무와 부수업무는 별도의 인가 없이 영위할 수 있으나, 겸영업무는 금융감독위원회의 인가를 받아야 한다. 2010년 7월 현재 은행에 투자자문·일임업무 및 단기금융업무 등을 겸영업무로 추가하고, 고유·부수업무는 사전신고만으로 가능하도록 「은행법」 개정이 예고된 상태이다.

대출수단으로 상업어음할인, 무역금융 등의 단기운전자금 대출과 장기시설자금 대출 등이 있다. 외환위기 이전만 해도 예금업무가 우선시 되었으나 위기 이후 대출업무가 더 중요해졌다. 지금은 대출 잘하는 행원이 우수행원으로 선정된다.

금융투자회사는 기존의 증권업, 자산운용업, 선물업, 종금업, 신탁업 등 5개 자본시장 관련법이 1개 자본시장법으로 통합되면서 탄생한 회사이다. 이 중에 과거에 증권시장의 중심이었던 증권회사 중심으로 살펴보겠다. 증권회사는 채권이나 주식을 통하여 투자자의 자금을 기업으로 이전시켜 주는 기능을 수행하는 금융기관이다. 증권회사도 고유업무, 부수업무, 겸영업무로 나뉜다. 고유업무로는 자기매매, 위탁매매, 인수주선 등이 있다. 부수업무로는 증권업과 관련된 업무로 주식의 평가, 기업 인수합병의 중개 등이 있고, 그 외 증권회사 인력과 설비를 활용하는 많은 업무가 있다. 한편, 겸영업무로는 신용공여, 증권저축, 공모주 청약예금 수납대행, 해외증권, 회사채 지급보증 등이 있다.

증권회사 업무 중 가장 중요한 것은 자기매매(dealing)와 위탁매매(brokerage)이다. 자기매매는 증권회사가 자기명의와 자기계산으로 유가증권을 매매하는 업무를 말하며, 이 일을 담당하는 사람을 딜러(dealer)라고 한다. 유가증권의 자기매매는 이익을 얻을 수도 있지만 손실발생의 위험성도 있기 때문에 증권회사는 매매차익에 비례한 금액을 증권매매 손실준비금으로 적립해야 한다. 위탁매매는 증권회사가 고객의 매매주문을 받아 증권회사의 명의와 고객의 계산으로 유가증권의 매매를 하는 것이다. 증권회사는 매매주문에 따른 수수료(commission)를 받으며 이는 브로커가 담당한다.

그 외 인수주선(underwriting)이 있는데 이는 인수, 매출, 모집·매출의 주선 등 세 가지 형태가 있다. 인수는 신규 발행된 유가증권을 증권회사가 매출할 목적으로 취득하는 것을 말한다. 매출은 증권회사가 자기 명의로 일반 투자자에게 이미 발행된 유가증권 매매의 청약을 권유하는 것이다. 모집·매출의 주선은 증권회사가 제3자의 위탁에 의해 모집·매출을 주선하는 일을 말한다.[7)]

한편, '보험업법'이 규정하고 있는 보험회사의 업무도 고유업무, 부수업무, 보험업의 겸영업무 및 다른 업무의 겸영업무 등으로 구분된다. 고유업무는 말 그대로 보험업이며 이는 기본적으로 생명보험, 손해보험, 제 3보험으로 나뉜다. 부수업무는 보험업과 관련된 업무, 보험회사가 소유하는 인력·자산 또는 설비 등을 활용하는

7) 노상채(2006), 『화폐금융론』, pp.114-115, 121-122 인용·정리

업무, 집합투자업 및 집합투자증권에 대한 투자매매업 또는 투자중개업 등이 있다. 또한 겸영업무로는 생·손보 겸영가능업무로서 조세특례제한법에 의한 연금보험, 근로자퇴직급여보장법에 의한 퇴직연금보험 및 퇴직보험계약, 생명보험 및 제 3보험의 재보험이 있고, 다른 겸영업무로는 유동화자산의 관리업무(보험회사 보유자산의 관리업무에 한함) 및 신탁업이 있다.

2) 수익구조

은행은 전통적으로 부채인 예금을 조달하여 자금이 필요한 차입자에게 대출을 하는 업무를 통하여 수익을 추구한다. 즉, 자금조달에 필요한 비용(cost) 이상으로 대출운용 수익을 시현하여 대출수익에서 예금비용을 차감한 예대마진이 은행의 주된 수익원이다. 따라서 은행은 태생적으로 대출운용으로 인해 항상 직면하는 채무불이행 리스크(default risk, credit risk)를 줄이고, 부채인 예금의 예기치 못한 대량의 인출사태를 미리 대비하면서 시장금리 변동에 따른 안정적인 예대마진을 확보하는 금리리스크 관리 등에 초점을 맞출 수밖에 없다. 이것이 바로 자산부채종합관리(Asset Liability Management; ALM)이다.[8)]

금융투자회사 중 증권회사의 수익구조를 살펴보자. 증권회사는 앞서 설명한 것처럼 기본적으로 자본시장을 통해 자금을 조달하고자 하는 기업의 유가증권 발행을 돕고, 발행된 유가증권을 투자자가 매매할 수 있도록 중개하는 회사를 말한다. 그리고 이러한 업무대가로 수수료를 받는다. 이 수수료가 바로 증권회사의 수익 원천이다. 또한 필요 시 증권회사 스스로가 투자자가 되어 자기매매를 통하여 수익을 창출하기도 하는데 이 금액은 전체수익 규모에서 차지하는 비율이 높지 않다. 최근에는 기업인수·합병이 성행하여 이를 통한 수수료수입이 꽤 높은 편이다.

따라서 증권영업을 포함 금융투자회사가 수익을 지속적으로 창출하기 위해서는 새로운 유가증권발행, 즉 기업들의 상장에 도움을 줄 수 있는 전문적인 노하우 확보와 다양한 고객 기업군을 확보하여야 한다. 또한 새로운 선진기법, 즉 고객만족을 위한 위탁매매 기법이나 선진상품을 지속 개발하여 증권시장 선점에 주력해야 한다. 이러한 일련의 경영활동이 누적되면서 글로벌 투자은행으로 발돋움하게 되고 동시에 안정적인 수익을 창출해 낼 수 있게 된다.

---

8) 오상근(2008), 『화폐금융론』, p.99, 346 인용·정리

2009년 2월 자본시장법이 시행되면서 국내 금융투자회사들도 법체계나 제도운용 면에서 글로벌 투자은행들과 경쟁구도를 갖출 수 있게 됐다. 또한 글로벌 경쟁이 더욱 치열해지고 IT 혁신으로 인한 전 세계가 일일 금융생활권으로 변모되면서 금융투자회사의 수익창출 모델은 더욱 다양해지면서 동시에 무한경쟁에 노출되게 되었다.

보험회사의 손익은 생활설계사의 활동량에서 시작된다. 즉, 신규계약을 통한 초회보험료와 기존계약을 통하여 계속보험료가 합쳐져 수입보험료가 창출된다. 이러한 수입보험료는 분해되어 저축보험료와 위험보험료 그리고 부가보험료로 나뉘게 된다. 한편, 저축보험료는 책임준비금으로 누적 적립되어 자산으로 운용되고 운용기간만큼 수입이 발생하게 되고, 여기서 해당 비용을 차감하면 바로 이차손익이 된다. 위험보험료는 해당기간에 발생하게 된 사망보험금의 재원이 되며 남는 금액은 바로 사차손익, 즉 위험률차손익이 된다. 그리고 부가보험료, 즉 예정사업비는 실제 집행된 사업비의 재원이 되며 남는 금액이 비차손익이 된다. 이와 같이 이차손익, 위험률차손익, 비차손익을 대표적으로 보험회사의 3대 이원이라 하며 손익의 원천에 해당된다. 따라서 보험회사는 궁극적으로 발생원천별로 예정기초율과 실제경험율과의 차이를 수리적 기법을 이용하여 적정하게 유지하면서 수익을 창출한다.

4 금융경제지표

일반적으로 금융시장에서 인식하고 있는 대표적인 금융경제지표는 금리, 주가, 환율이라고 할 수 있다. 그 외에 경기변동, 통화량, 물가 등이 있으며 이러한 지표에 직·간접적으로 영향을 미치는 것이 원자재가격, 부동산가격, 외국인투자자금 등이다. 이와 같은 금융지표들은 상호간에 영향을 미치는데 그 정도는 실로 복잡하다. 또한 영향을 주는 쪽과 받는 쪽의 순서도 항상 같지 않다. 따라서 금융경제지표 상호간에 미치는 파급효과나 예상경로를 파악하는 것은 실로 어렵다.

그래서 경제주체 중 가장 대표성을 지닌 기업의 경영성적표가 반영된 주가를 중심으로 하여 다양한 금융지표 간의 상호관계를 파악하는 게 오히려 이해하기 쉬우며 이를 응용하는 데도 도움이 될 수 있다. 따라서 각 지표들과 주가의 상호관계를 살펴보도록 한다.

1) 금리와 주가

(1) 금리의 개념

일반적으로 자금을 사용하는 대가로 이자를 지급하는데 이러한 사용원금에 대한 이자의 비율을 금리 또는 이자율이라고 하며, 광의적으로 시장에서 수요와 공급에 의해 결정된다고 하여 시장수익률, 유통수익률이라고도 한다. 이는 통상 채권시장에서 말하는 수익률로 어떠한 자본이득이나 자본손실은 물론 이자를 재투자하여 얻게 되는 재투자수익까지도 감안하여 산출되는 예상수익률을 의미한다. 한편, 수익률은 이자수익에 따른 제세공과금 등을 납부한 최종적인 수익률을 의미하기도 한다. 이자율이 변동하는 요인은 크게 경기변동·인플레이션·화폐공급·국제수지·환율·국제금리 등 주요 거시경제변수와 금리자유화·자본자유화 등 제도적 요인 그리고 세금납부·명절 등 계절적 요인으로 구분된다.

(2) 금리와 주가

주가는 주당순이익을 금리로 나눈 값의 함수로 표시된다. 따라서 다른 여건이 동일하다면 이론적으로 금리와 주가는 상반관계에 있다. 즉, 금리가 상승하면 주가는 하락하고, 금리가 하락하면 주가에는 긍정적으로 작용한다. 그러나 항상 그런 것은 아니다. 일반적으로 금리가 하락하면 다음과 같은 메커니즘에 의해 주가에 영향을 미친다.

- 가계부문 : 소비증가 ⇨ 기업매출 증가 ⇨ 주식수요 증가 ⇨ 주가상승
- 기업부문 : 자금조달비용 감소 ⇨ 투자촉진 ⇨ 기업경쟁력 향상 ⇨ 재무구조 개선 ⇨ 주가상승
- 예금, 채권 등의 대체상품 : 기대수익률 하락으로 주식에 대한 수요증가 ⇨ 주가상승

(3) 장·단기 금리스프레드와 주가

금리스프레드는 장기금리에서 단기금리를 차감한 것으로 장기금리가 단기금리보다 높은 장고단저 현상이 일반적이다. 이론적으로 장·단기 금리스프레드가 축소되는 경우 혹은 역전될 경우 경기 침체와 이에 따른 주가하락 가능성이 높아짐을 의미한다. 예를 들어, 금리스프레드 축소, 즉 중앙은행의 긴축으로 단기금리 상승과 경

기둔화 우려로 장기금리 하락하는 경우에는 경기는 고점을 지나 침체할 가능성이 높으며 주가도 약세가 된다.

(4) Yield Gap과 주가

주가와 금리가 동일한 방향으로 움직일 때, 주식과 채권 중 어느 상품에 투자하는 것이 유리한지를 판단하기 위한 지표가 Yield Gap이며 이는 다음과 같이 정의된다.

- $\text{Yield Gap} = \text{채권수익률} - \frac{1}{\text{PER}}$

PER[9]의 역수는 주식을 매수했을 때 투자자가 이론적으로 얻을 수 있는 이익의 정도를 나타낸다. 따라서 이 Yield Gap을 이용한 투자판단은 다음과 같다.

- Yield Gap>0 ⇨ 주식보다 채권에 투자하는 것이 유리하다.
- Yield Gap<0 ⇨ 채권보다 주식에 투자하는 것이 유리하다.

2) 환율과 주가

환율이란 자기 나라 통화와 다른 나라 통화 간의 교환비율로서 두 나라 통화의 상대적 가치를 나타낸다. 예를 들어 대미달러 환율이 1,150원이라면, 이것은 미국 1달러와 우리나라 원화 1,150원이 동일한 가치로 교환될 수 있다는 의미이다. 일반적으로 환율은 외환시장에서 외환의 수요와 공급에 의해 결정된다. 그러나 실제로는 각국의 이자율, 물가, 국제수지 등 복합적인 요인에 의해 결정되며 동시다발적으로 영향을 미치기 때문에 환율예측은 상당히 어렵다. 이러한 환율의 동향은 주가변동에 영향을 미친다.

한편, 우리나라처럼 수출주도형 국가에서는 환율과 주가는 대체적으로 같은 방향으로 움직인다. 대표적인 사례가 일본 엔화의 환율변동이다. 엔화의 하락은 일본의 수출상품 가격을 상대적으로 하락시켜 한국 상품과 비교해서 가격경쟁력을 확보하게 된다. 이렇게 되면 우리나라 수출기업들의 수출실적이 저조하고 수익성이 낮아지면서 주가도 하락하게 된다. 이를 표현하면 다음과 같다.

9) PER(Price Earning Ratio)는 주가가 주당순이익의 몇 배로 팔리는지를 나타내는 지표로 주가를 주당순이익으로 나눈 값이다.

- 환율하락 : 수출감소, 수입증가 ⇨ 기업의 수익성 악화 ⇨ 주가하락
- 환율상승 : 수출증가, 수입감소 ⇨ 기업의 수익성 향상 ⇨ 주가상승

3) 물가와 주가

물가와 주가는 정부의 물가정책, 물가상승의 요인, 물가상승의 형태 등에 의해 영향을 받는다. 우선 물가가 불안하면 중앙은행은 긴축정책을 구사해 시중의 유동성을 흡수하기 때문에 주식시장에는 부정적인 영향을 미친다. 물가상승 유형에 따른 주가의 영향을 살펴보면 다음과 같다. 우선 완만한 인플레이션 경우이다. 수요가 상승하여 발생하는 완만한 물가상승은 실물경기의 상승을 수반하며 기업수지의 개선과 기업 자산 가치를 증대시킴으로써 전반적으로 주가가 상승한다. 두 번째로 급격한 인플레이션 경우이다. 이런 상황은 금융저축을 위축시키고 투자자로 하여금 부동산 등의 실물자산을 선호하게 하여 주가를 하락시키는 요인으로 작용한다. 세 번째로 스태그플레이션 경우이다. 이는 경기침체 하의 물가상승을 의미한다. 이런 상황에서는 공급이 위축되어 기업수지에 악영향을 주어 주가의 하락을 초래한다. 또한 물가상승으로 인하여 소비자의 실질 소득수준이 감소하여 구매력이 위축됨으로써 주가가 하락하게 된다. 네 번째로 디플레이션 경우이다. 물가가 하락하거나 물가상승률이 둔화되는 시기에는 저물가와 저금리 현상이 동반되기 때문에 민간은 실물자산보다는 예금과 주식 등의 금융자산을 선호하게 되어 주가의 폭등을 초래하는 경우가 대부분이다.

4) 경기변동과 주가

경기변동은 국민경제 전체의 활동수준이 반복적인 규칙성을 지니고 변동하는 것으로 호황(회복, 활황), 불황(후퇴, 침체) 등으로 구분하며 이는 단기변동, 중기변동, 장기변동 등 세 가지 유형이 있다.[10] 이러한 경기변동에 따라 산업별로 움직이는 방향이 다르다. 주로 경기변동과 같은 방향으로 움직이는 산업은 반도체, 건설, 제조업 등이며, 경기변동에 대한 민감도가 낮은 산업은 음식료품, 의약 등이 분류되고 경기변동과 반대방향인 산업으로는 주로 열등재, 즉 소득이 많아질수록 수요가 줄

10) 자세한 내용은 제2장 1. 경기순환이론 참조

어들게 되는 재화산업 등이 있다.

한편, 경기변동에 따라 기업의 주가가 가장 영향을 크게 받는다. 주가는 대표적인 경기선행지표이며 약세시장(bear market)에서는 경기후퇴, 강세시장(bull market)에는 경기회복을 의미한다. 대표적인 선행지표로는 종합주가지수, 총유동성, 기업경기실사지수 등이 있으며 경기 동행지표는 산업생산지수, 수출액, 수입액 등이 있으며, 후행지표로는 상용근로자수, 가계소비지출, 회사채유통수익률 등이 있다.[11)]

5) 통화량과 주가

통화는 통화범위에 따라 M_1, M_2, M_3로 구분하고 숫자가 커질수록 통화의 범위가 커진다.[12)] 일반적으로 통화량과 주가는 같은 방향으로 움직인다. 즉 시중에 통화량이 많아지면 기업·민간 측면에서는 자금 확보가 용이해져 이를 활용하는 횟수가 많아지고 결과적으로 매출신장과 투자성과가 나타난다. 이는 주가상승으로 연결된다. 이를 표현하면 다음과 같다.

- 기업부문 : 통화량증가 ⇨ 자금확보 ⇨ 시설투자 ⇨ 수익성향상 ⇨ 주가상승
- 민간부문 : 통화량증가 ⇨ 자금확보 ⇨ 투자자 주식매입 증가 ⇨ 주가상승

6) 부동산가격과 주가

이론적으로 주가는 경기에 선행하고 부동산은 경기에 후행한다. 한국의 경우 1990년대 중반까지 대체적으로 '주가상승 ⇨ 경기회복 ⇨ 부동산가격 상승'의 선순환 사이클을 유지하였다. 일반적으로 부동산부문은 경기와 밀접한 관계에 있기 때문에 부동산경기를 조절함으로써 내수경기와 고용을 쉽게 통제할 수 있게 된다. 예를 들어, 주택건설에 1조 원 투자 시 자체 1조 원 이외에 간접적으로 약 1조 1,000억 원이 유발되어 총 2조 1,000억 원의 생산유발 효과가 있고, 약 9,000억 원의 부가가치 창출, 약 24,000명의 고용이 창출되는 효과가 있다. 부가가치와 고용면에서는 반도체, 자동차, 조선업종보다 월등하다.

---

11) 자세한 내용은 제2장 표 2-1 참조

12) 자세한 내용은 제2장 2. 화폐의 수요와 공급이론 참조

7) 국제 원자재가격과 주가

자원이 풍부한 나라인 러시아, 아프리카, 남미 국가들의 경우에는 원자재가격과 주가가 같은 방향으로 움직이는 경향이 많다. 그러나 우리나라처럼 원자재가 부족한 나라는 원자재가격과 주가는 반대로 움직인다. 원자재가격 상승은 바로 국내 물가에 영향에 미쳐 경제 전반의 흐름을 둔화시킨다.

- 원자재가격 상승 : 국내물가 상승 ⇨ 판매량 감소 ⇨ 주가하락
- 원자재가격 하락 : 국내물가 하락 ⇨ 판매량 증가 ⇨ 주가상승

8) 외국인투자자금과 주가

외국인투자자금이 국내에 유입되면 해당 주가는 상승하고, 반대로 유출되면 해당 주가는 하락한다. 보통 국내투자자인 경우에는 주가등락에만 관심을 가지지만, 외국인투자자들은 환율을 고려하여 자국화폐로 환산한 주가에 관심을 두고 투자를 결정한다. 그들은 주가차익도 중요하지만 환차손익도 무시할 수 없기 때문이다. 때에 따라서 투자한 주가에서 이익이 발생하고 동시에 이를 해당국가 통화로 환산하면서 이익이 발생하기도 한다. 물론 그 반대일 때도 있다. 그래서 외국인투자자들은 실시간으로 두 가지 요인을 고려하여 국내시장에 참가하고 있다. 보통 상승 장세에서는 주가상승률이 환율상승률보다 높을 경우 외국인들의 투자자금 유입이 많아진다. 반면, 하락 장세에서는 오히려 환율하락률이 주가하락률보다 높으면 투자한 주식에서 발생한 손실을 환차익이 만회해 주기 때문에 이 경우에도 외국인들의 투자자금 유입이 많아진다.

- 상승장세 : 주가상승률＞환율상승률 ⇨ 외국인투자 ↑
- 하락장세 : 주가하락률＜환율하락률 ⇨ 외국인투자 ↑

요점정리

1. 금융(financing)이란 '자금의 융통' 즉 돈을 빌려주고 빌리는 총체적 활동을 의미하며, 크게 직접금융과 간접금융, 공금융과 사금융, 가계금융과 기업금융으로 분류된다. 또한 금융거래가 점차 늘면서 자연스럽게 양자 간에 금융기관, 금융상품, 금융시장 등이 체계적으로 형성되었다. 한편 국내금융은 은행, 금융투자, 보험영역으로 나뉘어져 있으며, 각 영역에서 금융기관들이 상호 경쟁적으로 영업을 하고 있다.
2. 금융과 실물은 자본주의가 태동하면서부터 본격적으로 상호보완관계를 형성하게 되었고 국가 경제성장의 기틀이 되었다. 점차 양자의 관계가 혼용되면서 금융부문이 실물부문보다 발달되어 오히려 국가경제에 장애가 되기도 하였다. 우리나라의 경우에는 외환위기 이후부터 금융부문은 각종 규제완화와 글로벌 기준 적용 등으로 인해 양적·질적으로 엄청난 성장세를 보여 왔으며 상대적으로 실물부문은 약화되어 마치 금융부문이 실물부문을 견인하는 형태로 전환되었다.
3. 가장 대표적인 금융경제지표는 금리, 주가, 환율이며, 그 외에 경기변동, 통화량, 물가 등이 있다. 이러한 지표에 직·간접적으로 영향을 미치는 지표가 원자재가격, 부동산가격, 외국인 투자자금 등이다. 다양한 금융지표는 상호간에 영향을 미치는데 그 정도는 실로 복잡하며 영향을 주는 쪽과 받는 쪽의 순서도 일정하지 않다.

Chapter 1 평가문제

1 금융의 정의와 분류에 대해 간단히 설명하시오.

2 은행, 금융투자, 보험영역 간의 해당 고유업무를 기술하시오.

3 금리와 주가 간의 상호관계를 기술하시오,

4 다음 문장의 괄호 안에 알맞은 단어를 기입하시오.

① 금융기관은 양자의 중개과정에서 거래를 좀 더 표준화하고 다양한 거래를 획일화하기 위해 (　　　　)을 제공한다.

② 대표적인 경기선행지표로는 (　　　　)·총유동성·기업경기실사지수 등이 있으며, 경기동행지표는 (　　　　)·수출액·수입액 등이 있다. 경기후행지표로는 상용근로자수, (　　　　), 회사채유통수익률 등이 있다.

Chapter 2

금융경제이론

1. 경기순환이론
2. 화폐의 수요와 공급이론
3. 이자율결정이론
4. 인플레이션이론
5. 환율결정이론

Chapter 2

금융경제이론

1 경기순환이론

1) 경기순환의 의의

경기순환(경기변동, business cycle)이란 생산·소비·투자·고용 등 실물부문과 화폐의 수요와 공급 등 금융부문 그리고 수출입의 활동을 망라한 거시경제변수들이 동시적으로 또는 시차를 두고 같은 방향으로 상승 또는 하락하는 현상으로서 반복성과 지속성의 특징을 가지고 있다. 기본적으로 자본주의 국가들의 경우 경기순환이 공통적으로 나타나기 때문에 이러한 경기순환의 원인과 특징을 규명하는 연구는 최근에도 활발히 진행되고 있다.

경기순환은 그 순환주기에 따라 소순환(minor cycle), 주순환(major cycle), 중기순환(mid-term cycle), 장기순환(long-term cycle)으로 분류되는데, 여기서 순환, 즉 주기는 경기의 저점에서 다음 저점까지의 기간 또는 정점에서 다음 정점까지의 기간을 의미한다. 소순환은 단기순환이라고도 하며 발견자인 키친(Kitchen)의 이름을 따서 키친 순환이라고도 한다. 이의 주기는 약 3~4년이며, 주로 수요와 공급의 불일치를 조정하기 위한 재고투자의 변동을 중심으로 일어나는 것으로 알려져 있어 재고순환이라고도 한다. 주순환의 경우도 발견자의 이름을 따서 쥬글라 순환(Juglar cycle)이라 하며, 순환주기는 보통 7~12년이며, 기업의 설비투자 움직임에 의하여 일어나는 것으로 알려져 있어 설비투자순환이라고도 한다. 중기순환은 발견자의 이름을 따서 쿠즈네츠 순환(Kuznets cycle)이라 하며, 순환주기는 14~20년이며, 주택이나 빌딩 등의 건축과 관련되어 있는 것으로 알려져 있어 건축순환(building cycle)이라고도 한다. 장기순환은 발견자의 이름을 따서 콘드라티에프 순환(Kondratieff cycle)이라 하며, 순환주기는 40~70년이다.

한편, 연구자에 따라 순환 원인을 기술혁신, 전쟁이나 혁명, 금광발견, 식민지개척 등으로 보는데 그 중 가장 유명한 것으로는 슘페터(J. Schumpeter)의 기술혁신이 있다. 한편, 선진국에 비하여 자본주의의 역사가 짧은 우리나라의 경우에는 콘드라티에프 순환주기는 객관적으로 확인할 수 없지만, 단기 경기변동인 쥬글라 순환과 키친 순환의 경우 어느 정도 경제현실에 잘 적용된다고 볼 수 있다.

경기변동의 순환국면은 확장기와 수축기로 나누어지며, 확장기는 회복(recovery)과 호황(boom)으로, 수축기는 후퇴(recession)과 불황(depression)으로 세분된다. 대체적으로 경기순환은 다음 그림 2-1처럼 불황기(depression), 회복기(recover), 호황기(prosperity), 후퇴기(recession) 순으로 반복된다.

불황국면에서는 보통 경제주체들의 사업 활동이 위축되고, 약체기업들은 도태되며 실업자가 증가하는 형태이다. 이후 회복국면에서는 경제주체들의 증권투자가 성행하고 기업활동이 회복되기 시작하면서 고용이 증가하게 된다. 그리고 호황국면으로 진입하는데 이 국면에서는 투자활동이 경제의 전 영역에 파급되고 투자가 투자를 불러일으켜서 생산량을 증대시키고 국민소득이 증가하게 된다. 이후 경기버블과 과열양상이 지속되면서 거품이 꺼지게 되는 경기후퇴국면이 도래된다. 이 국면에서는 실물경제 위축과 그에 따른 금융거래가 극히 줄어들게 되면서 이자율상승, 그에 따른 생산 감소와 실업증가 그리고 가계의 소득감소 및 기업도산으로 확산된다.

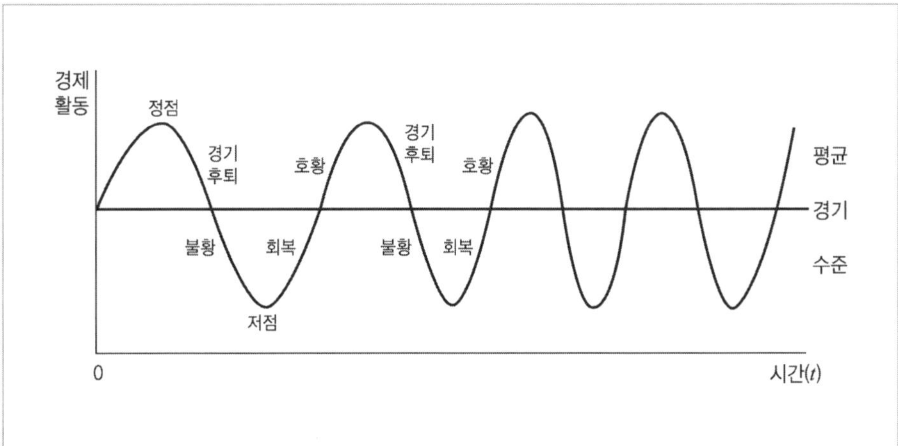

그림 2-1 경기변동의 순환국면

경기변동은 주요 경제변수가 함께 움직이는 공행운동(co-movement), 모든 경기변동이 유사한 형태를 갖는 보편성, 과거의 경제상태가 현재에 영향을 미치는 자기상관적 지속성, 확장기간과 수축기간에 차이가 발생하는 비대칭성을 특징으로 하고 있다. 공행운동은 경기 순응적 관계와 경기 역행적 관계로 나누어지며, 공행운동에 시차가 발생할 경우 시간을 기준으로 선행관계와 후행관계로 나누어진다.

경기변동의 원인은 여러 가지 측면에서 살펴볼 수 있다. 먼저 경기변동의 원인을 경제외적으로 보는 외생이론과 경제내적으로 보는 내생이론이 있다. 외생이론에는 태양흑점설, 기상설, 심리설, 전쟁설 등이 있고, 내생이론에는 승수-가속도이론, 화폐적 경기론, 기술혁신이론, 과잉투자이론, 과소소비이론 등이 있다. 다음으로 경기변동을 균형현상으로 보는 고전학파적 견해와 불균형현상으로 보는 케인지안적 견해가 있다. 그리고 경기변동을 화폐적 현상으로 보는 견해와 실물적 현상으로 보는 견해로 갈라진다. 화폐적 현상 이론으로 화폐적 경기론, 화폐적 과잉투자설, 화폐적 균형경기변동이론 등이 있으며, 실물적 현상 이론으로 승수-가속도 이론, 기술혁신이론, 과잉투자이론, 과소소비이론, 실물적 균형경기변동이론 등이 있다.

2) 주요 경기변동이론

(1) 승수−가속도 모형

새무엘슨(Samuelson)은 투자의 변동이 국민소득을 변동시키는 승수이론(multi-plier theory)과 소득의 변동이 투자의 변동을 초래하는 가속도 이론(accelerator theory)을 결합하여 경기변동을 분석하였다. 즉, 투자변동과 국민소득변동이 서로 영향을 주고받는 순환과정의 지속성을 통하여 경기변동을 설명하였다. 그러나 경기변동의 비대칭성이 일반적인 현상이기 때문에 승수-가속도 모형은 현실적으로 설명력이 떨어진다고 할 수 있다.

(2) 실물적 균형경기 변동이론

키드랜드와 프레스컷(Kydland and Prescott)은 불확실성 하에서 개별 경제주체의 동태적 최적화(dynamic optimization) 및 시장청산의 답으로써 결정되는 국민소득 등의 변화로 경기변동을 설명함으로써 경기변동을 이상 징후가 아니라 균형현상으로 파악하였다. 즉 최적화조건과 시장균형조건의 결과 기술변화, 유가상승 등 공급충격이 확산되어 경제 전반에 파급되는 과정에서 경기변동이 발생한다는 것이다.

(3) 화폐적 균형경기변동이론

루카스(Lucas)는 일반 물가의 변화를 초래하는 화폐적·총체적 충격(monetary shock)과 상대가격의 변화를 초래하는 실물적·개별적 충격(real shock)을 구별하였다. 그러나 불완전한 정보 하에서 예상치 못한 화폐적 충격이 발생할 경우 이를 실물적 충격으로 오인하여 국민소득에 변화를 가져오게 된다. 이를 루카스의 섬 모형(island model) 또는 오인이론(misperception theory)이라 한다.

루카스는 예상치 못한 화폐적 충격에 대한 이러한 오인은 각 기업에 동일한 방향으로 영향을 미치기 때문에 경제 전체적으로 커다란 영향을 미치게 되며 이로써 경기변동을 설명할 수 있다고 하였다. 그러나 개별기업의 생산물에 대한 상대적 교란요인인 실물적 충격은 경제 전체적으로 볼 때 서로 상쇄되기 때문에 경기변동에는 별 영향을 미치지 못한다고 하였다.

경제성장이론

경제성장이란 GNP(Gross National Product) 또는 1인당 GNP의 지속적인 증가를 의미하며, 장기적인 관점에서 생산력 증대의 원인과 결과를 연구하는 분야가 경제성장이론이다. 이러한 경제성장의 요인으로서 노동생산성, 1인당 평균노동시간, 노동참가율을 들 수 있다. 노동생산성의 증가에 의한 성장을 내연적 성장(intensive growth)이라 하고, 노동시간 및 노동참가율의 증가에 의한 성장을 외연적 성장(extensive growth)이라 한다. 노동생산성은 교육투자의 증대, 경제운영의 합리화, 기술개발, 자본장비율의 제고 등에 의해 증가된다.

경제성장이론은 크게 공급을 강조하는 이론과 공급과 수요를 동시에 고려하는 이론으로 분류된다. 공급을 강조하는 이론으로는 고전학파의 이론, 케인지안의 이론, 신고전학파의 이론이 있으며, 공급과 수요를 동시에 고려하는 이론으로 내생적 성장이론이 있다. 이 중 대표적으로 활용되는 내생적 성장이론에 대하여 살펴보자.

내생적 성장이론은 외생적인 기술진보율 대신 자본축적의 차이, 교육수준의 차이, 정부정책의 차이, 무역 등 내생적인 요인으로 경제성장을 설명하려는 이론이다. 즉, 경제성장을 결정하는 요인으로 자본의 한계생산력, 소비의 시간선호율, 위험기피도, 소득세율, 인적자본에 대한 투자, 정부지출 중 생산성지출과 소비성지출의 규모 등이 중시되고 있다. 내생적 성장이론에서는 1인당 소득이 계속 증가하는 현상, 국가 간 경제성장률에 차이가 발생하는 힘, 노동과 자본이 저소득국가에서 고소득국가로 이동하는 현상 등을 설명하고자 하는 모형들이 제시되고 있다. 여기에는 수확체감현상이 발생하지 않는다는 가정 하의 수익체증모형, 자본축적으로 인한 지식의 파급효과모형, 연구개발모형, 인적자본(human capital)모형 등이 있다.

표 2-1 경기종합지수(CI)

선행종합지수	동행종합지수	후행종합지수
수출신용장(L/C) 내도액	수출액	비농가 실업률
수출용 원자재수입액	수입액	상용근로자수
건설용 중간재 생산지수	산업생산지수	도시근로자수
내구소비재 출하지수	생산자출하지수	회사채 유통수익률
중간재 출하지수	제조업가동률지수	기계류 수입액
재고순환지수	도소매판매액지수	(선박, 항공기제외)
기계수주액(민간+공공)	비내구소비재출하지수	재고지수
건축허가 면적	노동투입량(전 산업)	
총유동성	시멘트소비량	
입직자수/이직자수	전력사용량(제조업)	

3) 경기지표

이는 눈에 보이지 않는 경기순환의 과정을 객관적으로 알아볼 수 있도록 숫자로 표기한 것인데 대표적으로 경기종합지수(Composite Index; CI)와 경기동향지수(Diffusion Index; DI)가 있다. 경기종합지수는 경기변동의 방향, 국면, 전환점과 속도 및 진폭을 측정할 수 있도록 고안된 지표로 선행지수(Leading CI), 동행지수(Coincdent CI), 후행지수(Lagging CI)로 세분된다. 선행지수는 앞으로의 경기를 단기적으로 예측할 수 있는 지수이고, 동행지수는 현재의 경기상태를 측정할 수 있는 지수이다. 그리고 후행지수는 현재의 경기를 사후적으로 확인해주는 지수이다. 이를 정리하면 위의 표 2-1과 같다.

2 화폐의 수요와 공급이론

1) 화폐의 정의

화폐란 상품을 매매하고, 채권·채무 관계를 청산하는 일상거래에서 '일반적으로 통용되는 지불수단' 을 말한다. 대체적으로 금융거래에서 화폐의 기능과 역할을 수행하는 모든 것을 포함하는 광의적 개념으로 화폐를 정의한다. 따라서 지폐와 동전

이외에 금융기관의 예금을 포함 다양한 금융자산을 화폐로 볼 수 있다. 한편, 통화란 어떤 특정 경제사회에서만 통용되는 화폐를 의미하고 어느 일정 시점에서 국민경제에 유통되고 있는 화폐량을 통화량이라 하며, 통화량을 측정하는 기준이 되는 지표를 통화지표라 한다.

통화를 금융상품의 입장에서 보면 자산이지만 금융상품의 발행자 입장에서 보면 부채가 된다. 즉, 대차대조표상의 대차평균의 원리에 의하여 통화의 정의를 자산 측면에서 파악하는 것이나 부채 측면에서 파악하는 것이나 양자의 크기는 항상 일치한다. 따라서 금융기관 입장에서 보면 통화의 정의는 '유동성 부채'로 파악되며, 현행 우리나라의 통화는 금융기관별로 유동성[1]의 정도에 따라 분류한다. 이를 간단히 살펴보면 표 2-2와 같다.

첫째, 본원통화(RB : reserve base)이다. 이는 중앙은행만의 유동성 부채를 통화로 간주하는 것으로, 본원통화로는 지준예치금과 화폐발행액을 합친 것이다.

둘째, 중앙은행과 예금은행의 유동성 부채를 통화로 간주하는 것으로 이에는 M_1(통화), M_2(총통화)로 나뉜다. M_1는 민간 화폐보유액과 요구불예금을 합한 것으로 화폐의 지불수단으로서의 기능을 중시한 개념이다. 일반적으로 상행위에서 지불수단으로 가장 많이 통용되는 것이 현금통화와 요구불예금이다. 이런 측면에서 M_1은 가장 보편적인 화폐라고 정의한다.

표 2-2 통화지표의 범위

구분	내용
M_1 (통화)	현금통화+요구불예금+수시입출식 저축성예금
M_2 (총통화)	M_1+2년 이하 정기예·적금, 실적배당형상품, 금융채+시장형 상품+기타(투신증권저축, 종금사 발행어음)
M_3 (총유동성)	M_2+만기 2년 이상 정기예·적금 및 금융채 등+한국증권금융(주)의 예수금+생명보험회사의 보험계약준비금 등
MCT	총통화(M_2)+양도성예금증서(CD)발행액, 은행금전신탁(TRUST)

1) 유동성(liquidity)이란 어떤 자산을 명목가액의 손실 없이 적은 비용을 가지고 현금으로 전환시킬 수 있는 용이도를 가리키며 이를 환금성이라고도 한다. 통상 현금이 가장 유동성이 높다.

한편 M_2는 M_1에 저축성예금과 거주자 외화예금을 추가한 것으로 요구불예금과 저축성예금은 거의 완전한 대체재로서의 역할, 즉 시간경과에 따른 이자를 포기하면 즉시 현금화가 가능하다는 것이다. 또한 M_2는 실물부문의 소득과도 안정적인 관계를 도출할 수 있다. 세 번째, 중앙은행, 예금은행, 제2금융권의 유동성 부채를 통화로 간주하는 것으로 이를 M_3(총유동성)라 하며 가장 포괄적이고 넓은 의미이다. 이는 현금과 예금통화 이외의 다른 금융자산도 유동성의 정도에 따라 어느 정도 화폐로 간주해야 한다는 것으로 모든 금융자산은 상호 대체관계에 있다고 보는 것이다. M_3의 경우에는 지불수단이라는 화폐기능보다는 유동성이라는 특성을 지닌 가치저장수단으로서의 기능을 중시한 것이다.

2) 통화의 기능

통화의 가장 우선적인 기능으로 지불수단(means of payment)을 들 수 있으며, 이는 교환의 매개수단(medium of exchange)기능까지 포괄한다. 화폐가 이러한 기능을 수행하기 위해서는 다음과 같은 물리적 요건을 충족해야 한다.

- 우선 크기가 적당하여 운반의 편리성이 있어야 한다.
- 소액으로 분리할 수 있어야 한다.
- 위조방지장치가 있어야 한다.
- 내구성이 있어야 한다.
- 형태가 동일성이 있어야 한다.

두 번째로, 가치저장수단(store of value)으로서의 기능이다. 화폐를 사용하면서부터 이를 물물교환경제와 비교해보면 무엇보다 저장비용을 절감할 수 있게 된다. 다만, 이같은 경우에는 화폐경제가 안정된다는 전제조건이 필요하다. 그렇지 않으면 인플레이션으로 인해 실물자산이 더 나은 가치저장수단으로 선호될 것이기 때문이다.

세 번째, 계산단위(unit of account)로서의 기능이다. 이러한 기능을 통해 상행위에서 보다 정확하게 채권과 채무관계를 파악할 수 있으며, 그로 인해 지속적인 거래관계를 유지할 수 있게 된다. 만약 계산단위가 통일되지 않았거나 지역마다 다른 경우에는 거래당사자뿐만 아니라 주변 이해관계인 특히 금융기관들의 중개기능까지 마비되는 현상을 초래할 수 있다.

3) 통화의 공급

통화의 공급은 기본적으로 중앙은행이 발권은행으로서 독점적으로 공급하는 본원통화와 이것을 근거로 하여 파생된 예금통화 또는 파생적 통화를 만들어내는 예금은행 조직의 신용창조에 의해 이루어진다. 본원통화는 중앙은행의 창구를 통하여 시중에 나온 현금을 말하는데, 따라서 발권을 했지만 중앙은행 밖으로 나가지 못한 돈은 통화가 아니다. 그리고 신용창조는 예금은행조직을 통해 예금통화가 창출되는 것을 의미한다.

예를 들어 보자. 설명을 간단하기 위해서 S원이 민간부문에 공급되고, 동시에 동일 금액이 A은행에 요구불예금으로 예치되고, 법적 지불준비율 r을 제외하고는 전액 대출된다고 가정한다. S는 최초로 시중에 유출된 돈이다. 그리고 $S(1-r)$은 A은행에서 지불준비율만큼 남기고 다른 은행에 대출한 돈이다. 이런 과정이 지속된다면 다음과 같은 식을 만들 수 있다.

$$D_g = S + (1-r)S + (1-r)^2 S + \dots = \frac{1}{1-(1-r)} S = \frac{S}{r}$$

위의 식에서처럼 지불준비율이 10%만 되어도 예금은행의 신용창출은 10배가 된다. 만약 지불준비율이 5%만 되면 신용창출은 20배로 늘어나게 된다. 결국 시중통화량은 통화정책 당국이 결정적 영향을 미치는 본원통화의 지불준비율을 어떻게 결정하는가에 달려 있다고 볼 수 있다.

이제는 간단한 수치를 통해 신용창조 과정을 살펴보자. 아래의 표 2-3에서처럼 만약 A은행에 본원적 예금 1,000원이 입금되면 지급준비율이 10%일 경우 A은행은 900원을 대출할 수 있다. 대출받은 개인이 자기의 거래 은행인 B은행에 예금한다면 B은행은 810원을 대출할 수 있고, 대출받은 개인은 다시 자기의 거래은행인 C은행에 예금하는 등 예금-대출과정이 반복적으로 이루어지게 된다. 이러한 신용창조과정을 통해 파생적 예금은 본원적 예금의 10배가 된다.

표 2-3 신용창조과정

A은행		B은행		C은행	
시재금 100 대 출 900	예금 1000	시재금 90 대 출 810	예금 900	시재금 81 대 출 729	예금 810

4) 통화의 수요

이는 통화수요를 유발하는 요인에 따라 다양한 학설이 있으며 그 중 중요한 학설 위주로 간단히 살펴보자.

(1) **피셔**(Fisher)**의 거래잔액설**(transactions balance theory)

경제에는 많은 거래가 이루어지고 있는데 재화가 거래될 때 반대방향으로 화폐가 지급된다. 유통속도가 거래관행에 의해 일정하게 결정된다면 화폐수요는 국민소득과 양(+)의 관계를 가지게 되는데 이를 피셔의 교환방정식이라 한다. 한편, 유통속도란 일정기간 동안 화폐가 거래에 몇 번 사용되었는지를 의미한다. 예를 들어 2009년도에 거래에 1,200억 원이 사용되었고, 화폐공급이 200억 원이었다면 평균적으로 한 단위의 원화는 거래에 여섯 번 사용되었으며 따라서 유통속도는 6이다.

$$M = \left(\frac{1}{V}\right) P \cdot y = \left(\frac{1}{V}\right) Y$$

M : 화폐의 스톡 V : 유통속도
P : 거래된 재화의 물가지수 y : 실질소득 Y : 명목소득

위의 식에서 물가지수인 P에 실질소득(실질GDP)을 곱하면 명목소득 Y가 된다.

(2) **케임브리지 학파의 현금잔액설**(Marshall, Pigou : cash balance theory)

피셔의 거래잔액설은 일정규모의 거래를 수행하기 위하여 필요한 화폐수요량이 얼마인가를 거시적 관점에서 분석한 반면, 케임브리지 학파의 현금잔고 수량설은 개인이 소득 중에서 화폐형태로 보유하고자 하는 화폐수요량이 얼마인가를 결정하는 미시적 관점에서의 화폐수요이론이다. 교환방정식은 얼마만큼의 화폐수요를 갖지 않으면 안된다는 측면을 강조한 반면, 현금잔고 수량설은 개인적 습관에 따라 일정하게 주어지는 비율 k에 따라 얼마만큼의 화폐수요를 갖고자 원한다는 측면을 강조하였다.

한편, 위의 두 가지 이론의 차이점은 다음과 같다. 첫째, 피셔의 교환방정식은 항등식인 데 반하여 케임브리지 방정식은 행태방정식이다. 두 번째, 피셔의 교환방정식은 교환의 매개수단을 중시, 즉 지급측면을 강조하는 데 반하여 케임브리지 방정식은 가치저장 수단을 중시, 즉 자산으로서의 유용성을 강조한다. 세 번째, 피셔의

교환방정식은 통화와 전체 거래규모간의 거리적 관점인 데 반하여 케임브리지 방정식은 자산구성이라는 미시적 관점이다.

(3) 케인즈(J.M. Keynes)의 유동성선호이론

케인즈는 화폐의 수요원인으로 세 가지 동기를 주장하였다. 이른바 거래적 동기, 예비적 동기, 투기적 동기이다. 거래적 동기는 소득동기에 의한 화폐수요를 의미하는데 이는 수입과 지출 사이의 갭을 메우기 위해 화폐를 필요로 한다는 것이다. 예비적 동기는 미래 예상하지 못한 거래에 대비한 화폐수요를 의미한다.

화폐의 시간적 가치

화폐의 시간적 가치는 재무관리 전반에 걸쳐 이용되는 가장 기본적인 개념으로 일정한 금액의 화폐가 시간에 따라 서로 다른 가치로 평가되는 것을 말한다(time value of money). 화폐의 시간가치를 측정할 때 이용되는 요소는 투자자들의 시차선호의 정도, 인플레이션, 자본생산성, 위험에 대한 대가를 포함하는 시장이자율 등이다. 화폐의 시간가치는 이자율을 통해서 계산되며, 일단 이자율이 주어지면 모든 현금흐름에 대해 일정한 시점에서의 가치를 계산할 수 있다.

1. 미래가치의 계산

$$FV_t = PV(1+r)^t = PV \times FVIF_{r\%,\, n}$$

PV : 원금, r : 이자율, t : 기간, $FVIF$: 복리이자요소

[예] 현재 보유중인 10,000원을 정기예금으로 저축할 경우, 연리 10%일 때 1년 후, 2년 후의 미래가치는?

1년 후 : $10,000(1+0.1) = 11,000$

2년 후 : $10,000(1+0.1)^2 = 12,100$

2. 현재가치의 계산

$$PV = \frac{FV_n}{(1+r)^n} = FV_n \times PVIF_{r\%,\, n}$$

PV : 원금, r : 이자율, n : 기간, FV : 미래가치, $PVIF$: 현가이자요소

[예] 4년 후 500만원의 현재가치는?(이자율은 20%)

$$PV = \frac{500}{(1+0.2)^4} = 241.125 \text{ 만 원} \quad \text{혹은}$$

$$PV = 500 \times 0.48225(PVIF) = 241.125 \text{ 만 원}$$

투기적 동기는 증권, 즉 채권을 구입하기 이전에 일시적으로 보유하는 화폐수요를 의미하는데 화폐수요로 인해 시장이자율은 감소하게 된다. 케인즈에 의하면 화폐수요는 거래적 화폐수요와 투기적 화폐수요로 나타나는데, 화폐수요가 이자율의 감소함수이며 즉 화폐의 유통속도가 불안정해진다는 것이다.

3 이자율결정이론

1) 이자율의 개념

일반적으로 자금을 사용하는 대가로 이자를 지급하는데 이러한 사용원금에 대한 이자의 비율을 단순히 이자율이라 한다. 이를 좀 더 확대하면 다양한 부문에서 이자율의 개념이 사용된다. 이러한 이자율은 기본적으로 실물부문(real sector)과 금융부문(finance sector)의 연결고리 역할을 한다. 즉, 이자율은 실물부문에 해당되는 가계저축과 기업의 투자수준에 영향을 미치며, 좀 더 미시적으로 자금의 조달과 운영의 가이드라인이 된다. 자금수요자 입장에서는 자본비용(cost of capital)이고, 자금공급자 입장에서는 투자수익률(return of investment)이 되므로 양자의 의사결정에 가장 중요한 기준이 된다. 또한 금융부문 내에서 보유기간에 따른 현재가치와 미래가치의 연결고리이기도 하다. 예를 들어 이자율을 r, 당기의 현재가치를 V_0, 다음 기의 미래가치를 V_1이라 하면 다음의 관계가 성립한다.

$$V_0(1+r) = V_1, \; V_0 = \frac{1}{(1+r)} V_1$$

그리고 현재가치를 n년 후의 미래가치로 환산하는 것을 복리(compounding)라 하고, n년 후의 미래가치를 현재가치로 환산하는 것을 할인(discounting)이라 한다. 또한 원금에 이자율을 가산하여 이자가 부리되는 복리법과 단순히 원금은 변하지 않고 이자만 가산되는 단리법이 있다.

2) 이자율의 종류

(1) **표면이자율**(listed interest rate)**과 실효이자율**(effective interest rate)

이자율은 실질 금융부담 여부에 따라 표면이자율과 실효이자율로 나뉜다. 전자는 표현 그대로 액면거래에 따른 표면적인 이자율을 의미하고, 후자는 액면거래 외에 부수적인 거래에서 발생하는 실질 금융 부담을 고려하여 계산된 이자율을 말한다.

(2) **명목이자율**(r: nominal interest rate)**과 실질이자율**(rr : real interest rate)

명목이자율은 실질이자율과 기대인플레이션(π^e)으로 연결되어 있으며 이 식을 피셔방정식이라 한다.

$$r = rr + \pi^e$$

피셔는 명목이자율에는 순수이자율 이외에 물가상승률에 따른 구매력 감소를 보전하기 위한 보상도 포함되어 있다고 보고, 물가의 변동이 없는 경우의 순수이자율을 실질이자율이라 정의하였다. 따라서 명목이자율은 예상 물가상승률에 의해서 결정되는데 이를 피셔효과(fisher effect)라 한다. 이에 의해 화폐공급의 증가로 인플레이션, 즉 물가상승이 발생되면 명목이자율은 동반적으로 상승하게 된다. 한편, 저축자나 투자자의 관심은 명목이자율에 있는 것이 아니라 실질이자율에 있기 때문에 저축과 투자의 결정요인은 실질이자율이다.

(3) **자연이자율**(natural interest rate)**과 시장이자율**(market interest rate)

저축자의 시간선호도와 투자자의 자본에 대한 한계생산성을 반영하여 저축과 투자에 의해 결정되는 장기이자율을 자연이자율이라 하고, 화폐시장에서 자금의 수요와 공급에 의해 결정되는 단기이자율을 시장이자율이라 한다.

(4) **기 타**

이 외에 이자율과 관련해서 채권 만기까지 보유 시의 수익률인 만기수익률(yield to maturity), 당해 회계연도의 수익률인 당기수익률(current yield), 투자자가 채권을 보유한 기간 중의 수익률인 보유수익률(holding-period yield) 등이 있다.

3) 여러 가지 이자율결정이론

이자율결정이론에서는 시장경제에 대표이자율('the' interest rate)이 존재한다고 가정하고 대표이자율의 수준을 결정하는 요인들을 분석하고 있다. 여기에는 물가가 불변인 상태에서의 이자율결정이론과 물가가 변동하는 상태에서의 명목이자율결정이론이 있다. 물가불변에서의 이자율결정이론에는 실물시장에서 저축과 투자에 의해 이자율이 결정된다는 고전이론, 화폐시장에서 화폐수요와 화폐공급에 의해 이자율이 결정된다는 유동성선호설 그리고 대부자금의 총수요와 총공급에 의하여 결정된다는 대부자금설이 있다. 한편, 물가변동 하의 명목이자율결정이론은 앞서 기술하였던 피셔방정식에 의해 설명된다.

(1) 고전이론

고전이론에 의하면 이자율은 저축과 투자수요를 일치시키는 가격이고 이 수준에서 생산물시장의 균형이 이루어진다고 보았다. 생산물시장의 균형조건은 간단히 정부와 해외부문을 제외하면 다음과 같으며 이 식에서 현재의 소비를 빼면 균형조건은 간단히 저축과 투자만 남는다.

$$C+S = C+I \rightarrow S=I$$

C : 소비, S : 저축, I : 투자

따라서 저축과 투자가 일치하지 않으면 생산물시장은 불균형 상태에 놓이게 되고, 이의 해소는 저축과 투자를 일치시키는 과정, 즉 실질이자율의 변화를 통해 이루어지며 이렇게 일치된 이자율을 자연이자율(natural rate of interest)이라 한다. 저축은 자금을 공급하는 입장이므로 저축곡선은 이자율의 정(+)의 함수로 보고 이를 결정하는 요인은 저축자의 소비에 대한 주관적인 시차선호도, 즉 미래소비보다 현재소비를 선호하는 정도의 크기에 따라 결정된다고 보았다. 그리고 자금을 수요하는 투자곡선은 자금을 투입하여 예상되는 수익, 즉 한계생산력과 자금의 한계비용인 이자율이 일치하는 수준에서 결정되므로 투자곡선은 이자율의 부(−)의 함수로 본다. 이를 도식화하면 다음 그림 2-2와 같다.

그런데, 만약 현재의 시장이자율이 r_1이면 저축은 투자수요를 초과할 것이고, 그로 인해 총공급이 총수요보다 크게 된다. 결국 초과저축 분으로 인해 실질 이자율은 하락하게 되고 이러한 과정은 생산물시장이 자연이자율 r_0에서 균형이 도달할 때까

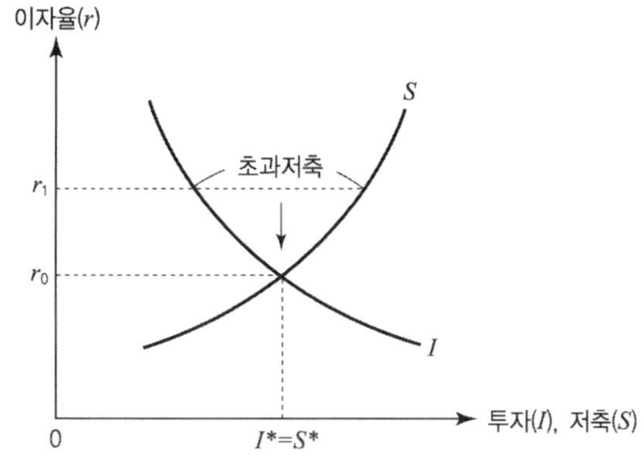

그림 2-2 고전이론에서 생산물시장과 이자율의 역할

지 계속된다. 마찬가지로 실질이자율이 자연이자율보다 낮다면, 투자수요는 실질저축을 초과하고 그로 인해 실질이자율은 상승하게 된다. 결국 실질이자율은 고전학파의 생산물시장에 있어서 조정함수의 역할을 수행한다.

한편, 고전이론은 이자율의 결정을 저축과 투자 등 실물경제 현상으로만 국한하고 통화증가는 단순히 물가상승만 유발하고 실질이자율과 무관하다고 봄으로써 실물부문과 통화부문이 서로 단절되어 있다고 보는 견해이다. 따라서 이 이론은 인플레이션과 기업의 투자수익에 대한 예상변동 등의 요인에 의해 통화량이 변동하여 저축과 투자에 영향을 미칠 수 있다는 가능성을 간과하고 있다는 비판을 받고 있다.

(2) **유동성선호설**(liquidity preference theory)

이는 케인즈(J.M. Keynes)가 주장한 학설로 그 근간은 통화적 요인이 이자율 수준을 결정한다는 이론으로, 이자율은 화폐시장에서 수요와 공급이 일치하는 수준에서 결정된다고 본다. 즉 수요의 변동이 없는 한 통화의 공급이 많아지면 이자율은 하락하고, 반대로 통화공급이 줄어들면 이자율은 상승한다는 것이다. 고전이론이 이자율을 현재 소비를 절약하고 미래소비로 이연시킨 것에 대한 보상으로 보는 데 비해, 케인즈는 이를 축적된 소득 또는 부를 통화가 아닌 다른 금융자산의 형태로 보유함으로써 유동성을 희생시킨 데 대한 보상이라고 간주했다.

화폐에 대한 수요는 실질국민소득의 증가함수이고, 이자율의 감소함수이다. 또한 화폐의 공급은 정책당국이 목표에 따라 일정수준으로 결정할 수 있게 된다. 만약

정책당국이 이자율 수준에 관계없이 화폐의 공급량(M^S) 을 일정수준(M_0)으로 유지한다고 가정하면 화폐의 균형조건은 다음 식으로 표시된다.

$$M^D = PL(Y,\ r) = M_0 = M^S$$

위 식에서 물가(P)와 실질국민소득(Y)이 고정되어 있으면 이자율(r)이 결정된다. 케인즈의 단순모형은 물가가 불변이라고 가정한다. 그리고 실질국민소득은 생산물시장에서 총수요의 크기에 의하여 균형국민소득수준(Y_0)으로 정해진다. 따라서 화폐시장에서 화폐공급량이 주어져 있을 때 화폐시장의 균형을 유지시켜 주는 균형이자율(r_0)이 결정되는 것이다. 이를 그림으로 나타낸 것이 그림 2-3이다. 화폐시장에서 외생적으로 주어지는 물가수준이나 국민소득수준이 상승하면 화폐수요곡선이 $M^{D'}$와 같이 상향으로 이동하여 균형이자율이 상승한다. 만약 통화당국이 통화 공급량을 M에서 M'로 증가시키면 수직의 통화공급곡선이 오른쪽으로 이동하여 이자율이 r_0에서 r_1으로 하락한다.[2)]

앞서 기술한 것처럼 케인즈는 사람들이 통화를 보유하고자 하는 이유로 거래적 동기, 예비적 동기 그리고 투기적 동기라고 제시하였다. 거래적 동기에 의한 수요는 재화와 용역을 구입하는 데 필요한 통화잔량수요로 소득이 높을수록 그 수요도 크다. 예비적 동기에 의한 수요는 불확실한 장래의 지출에 대비하기 위한 통화잔량수

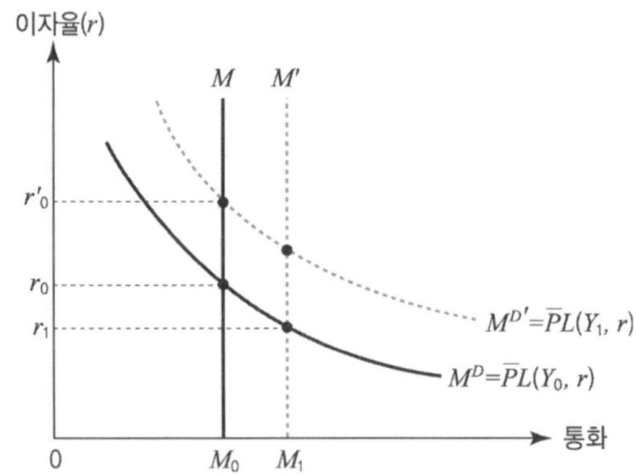

출처 : 김종선 · 김종오(2009), p.149

그림 2-3 케인즈의 이자율결정이론

2) 김종선·김종오(2010), 전게서, pp.148–149 인용·정리

요로 케인즈는 이를 소득의 함수로 보았으나, 이후 학자들은 이를 이자율의 함수라고 주장하였다. 투기적 동기에 의한 수요는 케인즈가 특히 중시한 것으로 이자율 변동에 따른 자본이득의 획득을 목적으로 보유하는 수요로 정의하였다. 그는 설명을 단순화하고자 선택 가능한 자산을 통화와 채권으로 한정하고 통화수요와 이자율의 관계를 정상이자율(normal interest rate) 개념을 도입하여 다음과 같이 설명하였다. 사람들이 현재의 이자율이 높은 수준이라고 판단하면 향후 이자율이 정상이자율 수준으로 떨어질 것이라고 예상하여 채권의 가격상승에 따른 자본이득을 기대하여 채권보유를 늘리고 투기적 통화보유의 수요를 감소시킬 것이며, 그 반대인 현상에 대해서는 통화보유의 수요를 증대시킬 것이다.

또한, 통화의 투기적 수요가 존재함으로써 통화의 유통속도가 가변적일 수 있다는 것이다. 즉 통화의 공급량이 증가하더라도 그 중 일부가 투기적 수요로 보유된다면, 통화 유통속도가 감소하여 통화량 증가율보다 총지출의 증가율이 적을 수 있다는 것이다. 이는 고전이론의 바탕이 된 통화수량설이 통화의 유통속도는 고정적이라는 전제 하에 통화량 증가가 동일한 비율로 총지출의 증가를 초래하므로 총지출 규제는 통화량의 규제만으로 가능하다는 시각과 근본적으로 다르다.

유동선선호설이 고전이론이나 대부자금설과 다른 또 하나의 중요한 가정은 고전이론에서는 저축, 투자 등 이자율 결정변수를 플로(flow) 개념으로 파악한 반면, 유동성선호설에서는 통화 잔고라는 스톡(stock) 개념으로 파악하고 있다는 점이다. 고전이론과 대부자금설은 자금의 공급은 기존채권이 아닌 신규채권의 수요로, 자금의 수요는 신규채권의 공급으로 파악함으로써 기존채권의 잔고와는 관계없이 신규채권에 대한 추가량으로 인식하는 데 비해, 유동성선호설은 통화에 대한 수요를 통화 잔고에 대한 수요로 파악하는 것이다.[3)]

한편, 케인즈는 통화량과 이자율수준에 관하여 통화당국이 통화량을 늘리면 소득변동의 시차성과 물가의 경직성으로 인해 명목금리와 실질금리를 동시에 인하시킬 수 있다는 유동성효과(liquidity effect)를 주장한다. 이에 대해 통화론자들은 통화수량설에 입각하여 통화증가는 물가상승과 명목금리의 상승을 유발한다는 피셔효과(fisher effect)를 주장하고 있고, 합리적 기대론자들은 경제주체들에 의해 예측된 통화증가는 즉시 예상인플레이션에 의해 유동성효과를 상실하며, 예상치 못한 통화증가는 일시적으로 유동성효과를 가져오나 그 효과는 빠르게 소멸된다고 주장한다.

3) 강병호(2010), 『금융기관론(제 16개정판)』, pp.557-558 인용·정리

합리적 기대가설에 의하면 각 경제주체는 합리적 행동을 하는 경제인이며, 이들은 장래에 대한 예상을 함에 있어 입수할 수 있는 모든 정보를 효율적으로 활용하기 때문에 이와 같은 예상이 이루어지는 경우 사후적인 결과는 대체로 예상과 일치한다는 것이다. 그러나 최근의 통화정책에서 나타나듯이 경제주체들이 합리적이라는 고전적인 가정에 대해서는 대다수가 인정하지 않는 추세이고 이에 대한 다양한 논의가 진행 중에 있다. 예를 들어 인간의 행태적인 의사결정이 사후적인 결과의 주된 요인이고, 이로 인해 합리적인 가정 하에서 도출된 다양한 경제이론은 대부분 모순덩어리를 안고 있다는 점이다.

하여튼 이자율결정에 관한 케인즈의 공헌은 고전이론에 의한 이자율은 실물적 요인에 의하여 결정된다고 보는 것에 대하여 화폐적 요인이 이자율에 영향을 미친다는 것을 깨우쳐 주었다는 점이다.

(3) **대부자금설**(loanable funds theory)

이는 궁극적으로 이자율이 경제의 총공급과 총수요의 상호작용에 의하여 결정된다는 이론이다. 흔히 국민소득은 고전이론의 논거인 총공급 측면과 케인즈가 주장한 총수요측면에만 의하여 결정되는 것이 아니라 총공급과 총수요의 상호작용에 의하여 결정된다. 구체적으로 그 중의 대부자금의 총공급과 총수요에 의하여 결정된다고 보는 이론이 대부자금설이다. 이 이론에 의하면 이자율은 본질적으로 대출을 위해 실질적으로 제공되는 자금과 동 자금의 수요에 의해 결정되는데, 이때의 이자율을 시장이자율이라 한다. 문제는 대부자금의 수요와 공급이 어떠한 요인에 의하여 결정되느냐에 있다.

대부자금의 공급요인으로 실물부문에서 가계, 기업 및 정부의 저축과 화폐부문에서 통화공급의 증가(신용창조) 또는 화폐수요의 감소가 있으며, 수요요인으로는 실물부문에서 가계에 의한 소비자금융, 개인과 기업에 의한 투자 및 정부의 예산적자가 있고, 화폐부문에서 화폐공급의 감소 또는 화폐수요의 증가가 있다. 이제 이러한 대부자금의 수요와 공급요인을 토대로 수요와 공급 곡선을 유도해 볼 수 있다.

우선 경제주체 간에는 자금의 수입이 지출을 초과하는 흑자지출단위와 그 반대의 적자지출단위가 있으나 이를 국가 전체적으로 보면 보통 가계는 흑자단위로서 저축의 주체이고 기업과 정부는 적자단위로서 각각 투자주체와 정부지출 주체로 구분할 수 있다. 따라서 경제 전체 내의 저축을 S, 투자를 I, 정부지출(예산적자)을 ΔG,

신용창조(통화공급)를 ΔM, 그리고 순퇴장을 ΔL로 표시하면, 먼저 대부자금의 공급과 수요의 균형으로부터 다음의 관계식이 유도된다.[4)]

공급 측의 저축+신용창조+부의 퇴장=소비자금융+투자+정부예산적자+퇴장

이를 약간 변형하면 다음과 같은 식을 만들 수 있다.

(공급 측의 저축−소비자금융)+신용창조=투자+정부예산적자+순퇴장

그리고 이를 기호로 표시하면 다음과 같다.

$$S(Y,\ r)+\Delta M=I(r)+\Delta G+\Delta L(Y,\ r)$$

여기서 저축(S)은 소득(Y)과 이자율(r)의 함수이며, 신용창조(ΔM)와 정부예산적자(ΔG)는 외생변수로 취급되며, 투자(I)는 이자율(r)의 함수이고, 순퇴장(ΔL)은 소득(Y)과 이자율(r)의 함수이다. 이 식에서 방정식은 하나이고 변수는 2개이므로 Y의 값이 주어져야 r의 유일한 값을 도출할 수 있다.

저축은 이자율과 정(+)의 관계를 가지며 신용창조는 정책당국의 의지에 따라 이루어지므로, 대부자금의 공급곡선은 그림 2-4처럼 우상향의 곡선으로 나타난다. 이는 약간의 저축증가를 가져오기 위해서는 상대적으로 큰 이자율의 상승이 필요하다는 것을 의미한다. 한편으로 가계의 주택투자를 위한 자금수요는 이자율의 변화에

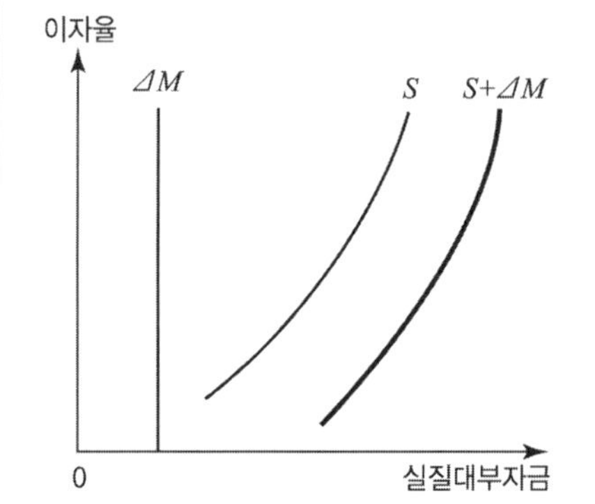

출처 : 김종선 · 김종오(2009), p.151

그림 2-4 대부자금의 공급곡선

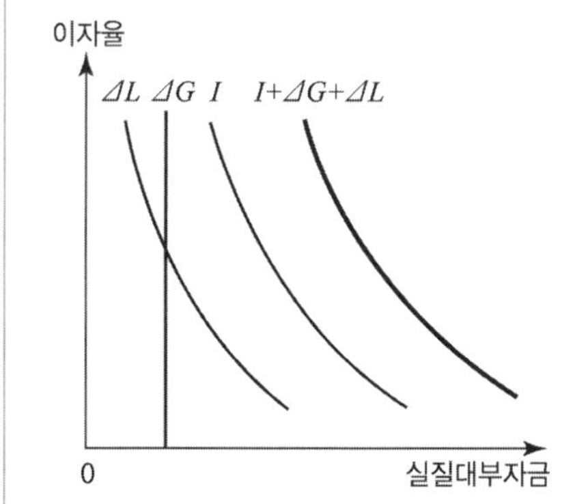

출처 : 김종선 · 김종오(2009), p.151

그림 2-5 대부자금의 수요곡선

4) 김종선·김종오(2010), 전게서, pp.150−152 인용·정리

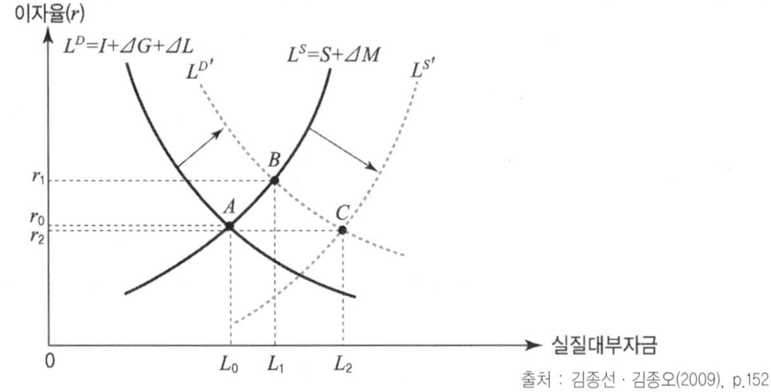

그림 2-6 대부자금의 수요 및 공급곡선

상당히 민감하게 반응하며, 기업투자를 위한 자금 역시 이자율 및 자본비용의 감소함수이다. 이러한 투자자금 수요에 이자율의 수준과 무관한 예산적자와 이자율의 변화에 매우 탄력적인 순퇴장을 합하면, 대부자금의 수요곡선은 그림 2-5처럼 우하향의 곡선으로 나타난다.

대부자금의 관점에서 보면 시장이자율(r)과 대부자금량(L)은 대부자금의 공급과 대부자금에 대한 수요의 상호작용에 의하여 결정된다. 이를 그래프로 나타내면 그림 2-6에서 보는 것처럼 L^S 곡선과 L^D 곡선의 교점에서 균형이자율 r_0와 균형대부자금량 L_0가 결정된다. 대부자금의 수요량은 이자율 이외의 다른 요인들, 즉 투자증가, 정부지출증가, 순퇴장의 증가 등의 요인에 의해 수요곡선이 L^D에서 $L^{D'}$로 오른쪽으로 이동한다.

반면, 대부자금의 공급곡선은 소득의 증가나 경제주체들에 의한 저축의욕의 증대 또는 중앙은행에 의한 확대 금융정책으로 인하여 L^S에서 $L^{S'}$로 오른쪽으로 이동한다. 이 경우에 이자율은 r_1에서 r_2로 하향 이동한다. 이와 같이 대부자금설을 이용하여 이자율에 영향을 미치는 요인들을 분석함으로써 이자율의 수준을 설명하고 그 동향을 예측할 수 있다. 그러나 대부자금설은 이자율이 완전 신축적이며, 항상 정(+)의 균형이자율이 달성된다는 비현실적 가정을 하고 있다는 문제점을 안고 있으며, 이 또한 이자율의 결정요인이 근본적으로 실물경제적인 요인들에 의해 결정된다고 봄으로써 고전이론이 그 밑거름이다. 따라서 고전이론의 문제점도 그대로 지니고 있다고 할 수 있다.

4) 이자율의 기간구조

(1) 의의

이자율결정이론은 대표이자율의 수준결정에 관하여 분석하였으나 이자율의 기간구조(term structure of interest rate)에서는 경제에 존재하는 다양한 만기의 이자율 간의 관계에 대하여 분석하고 있다. 일반적으로 이자율은 예상인플레이션, 증권의 만기 및 위험특성 등에 따라 그 수준이 다르게 결정된다. 이자율 기간구조는 만기만 다른 동일한 채권의 수익률, 즉 장·단기 이자율이 어떻게 결정되며 그렇게 차이나는 이유를 설명하는 이론이다. 이러한 이론을 이해하기 위해서는 현물이자율과 선도이자율의 개념을 알아야 한다.

현물이자율(spot interest rate, zero interest rate)을 순간이자율이라고도 하는데 이는 투자자가 현재 시점에서 순수할인채권(무이표 채권)을 구입하여 만기까지 보유할 경우에 얻게 되는 연평균 투자수익률을 말하며, 이는 순수할인채권의 현금흐름의 현재가치와 시장가격을 일치시켜주는 할인율이므로 다음과 같이 구한다.

$$PV(\text{순수할인채권}) = \frac{F}{(1+{}_0R_n)^n}$$

${}_0R_n$: 만기가 n년인 순수할인채권의 연평균투자수익률

간단히 표현하면 이표채와 무이표채의 만기수익률 중 무이표채의 만기수익률을 현물이자율이라 한다. 굳이 이를 구분한 이유는 어떤 채권은 이자를 지급하고, 어떤 채권은 이자를 지급하지 않은 상태에서 시장이자율을 그대로 쓰게 되면 이자율이 숨어 있는 상품과 이자율을 지급하는 상품간의 구분이 안 되어 상당한 혼란이 발생할 수 있기 때문이다.

선도이자율(forward interest rate) 현재 시점에서 현물이자율에 의하여 암시된 미래의 특정시점의 이자율을 말한다. 예를 들어 100만 원을 오늘 1년 만기 채권에 투자하고 1년 후에 만기가 되면 다시 1년 만기 채권에 투자하는 경우와 100만 원을 오늘 2년 만기 채권에 투자하는 경우가 동일하다고 가정하면 이 경우에 미래 1년 동안의 수익률을 구할 수 있는데 이를 선도이자율($f_{t-1,t}$)이라 하며 식으로 나타내면 다음과 같다.

$$(1+{}_0R_2)^2 = (1+{}_0R_1)(1+{}_1f_2)$$

일반적으로 $n-1$년도부터 n년도 사이의 선도이자율 ${}_{n-1}f_n$을 구하면 다음과 같다.

$$ {}_{n-1}f_n = \frac{(1+{}_0R_n)^n}{(1+{}_0R_{n-1})^{n-1}} - 1 $$

예를 들어, 1년 만기 수익률이 8%, 2년 만기 수익률이 10%일 때 1년 후 시점의 1년 만기 선도이자율은 12.04% 가 된다. 이는 1년 후 시점에서의 1년 만기 수익률이 12.04%이어야 한다는 것을 의미하지는 않으며 12.04%는 현재 수익률곡선에 내재된 미래 1년의 수익률이다. 실제의 수익률은 그때 가서 결정된다. 이처럼 시간이 경과한 후에 실제로 확정된 미래수익률을 단기이자율(short interest rate)이라 하며 불확실성이 없으면 선도이자율과 단기이자율은 동일하다.

한편, 만기와 만기수익률간의 관계를 그래프로 나타낸 것을 수익률곡선(yield curve)라 한다. 수익률곡선은 어떤 주어진 시점에서 채권의 만기수익률이 만기에 따라 어떻게 달라지는가를 보여주며 여러 가지 형태를 가질 수 있다. 일반적으로 나타나는 유형을 도식화하면 그림 2-7과 같다.

(a)는 장고단저(長高短低)형으로서 상승형 수익률곡선이다. 여기서는 단기채권의 이자율이 가장 낮으면 만기가 길수록 이자율이 체감적으로 상승한다. 보통 단기 및 장기이자율이 전반적으로 낮은 수준에 있을 때 자주 나타날 수 있는 수익률곡선으로 유동성을 중시할 경우에 이 수익률곡선이 가장 정상적인 형태가 된다. (b)는 단고장저(短高長低)형으로서 하락형 수익률곡선이다. 이것은 (a)와는 대조적으로 단기증권의 수익률이 가장 높고 만기가 길수록 이자율이 체감적으로 하락한다. 일반적으로 장·단기 이자율이 높은 수준에 있을 때 나타날 수 있는 형태이다. (c)는 수

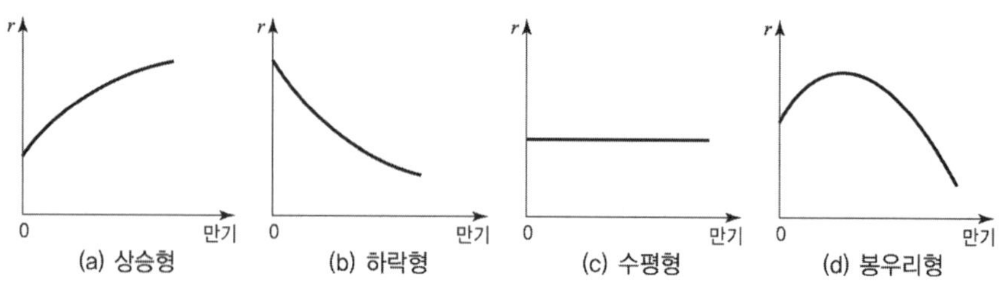

출처 : 김종선 · 김종오(2009), p.153

그림 2-7 수익률곡선의 형태

평형 수익률곡선으로서 장·단기 이자율이 동일할 때 발생한다. 이는 시간상으로 볼 때 고금리기간과 저금리기간의 사이에 자주 나타나는 유형이다. (d)는 봉우리형 수익률곡선으로서 단기채권 사이에서 처음에는 만기가 길어짐에 따라 수익률이 상승하다가 일정한 만기에서 정점에 이른 후 체감하는 형태이다.

또한 수익률곡선을 이용하여 이자율을 예측할 수 있는데 이는 후술하는 이자율기간구조 이론 중 기대이론에 그 이론적 근거를 두고 있다. 이 이론에 의하면 장기이자율은 투자자의 미래이자율에 대한 예상을 반영하므로 곡선이 상향추세이면 미래의 이자율도 상승한다는 것을 예측할 수 있고, 그 반대로 곡선이 하향추세이면 미래 이자율도 하락한다는 것이다. 이러한 추세로 실물경기의 흐름도 파악할 수 있다. 일반적으로 경기회복기에 들어서면 기업의 중장기 투자수요의 증가로 장기자금조달이 늘어나 장기이자율이 단기이자율보다 높아진다. 그 결과 수익률곡선은 상승추세를 보이다가 경기상승의 정점에서는 단기자금이 오히려 장기자금보다 수요가 많아져서 단기이자율이 장기이자율을 상회하게 된다. 그러므로 이자율은 하강형 곡선 형태를 취한다. 그리고 장단기 수익률 격차의 크기는 경기회복 또는 침체의 속도를 예측하는 수단으로 많이 활용된다. 예컨대 경기회복기에 장·단기 수익률 격차가 클수록 경기회복의 속도가 빠르다는 것이다.

한편, 이러한 장·단기 이자율 차를 이용하여 미래의 인플레이션도 예측할 수 있다. 장기이자율에 대한 피셔방정식과 단기이자율에 대한 피셔방정식을 이용하여 장·단기 인플레이션에 대하여 정리하면 다음과 같다.

$$\pi_L^e - \pi_S^e = r_L - r_S - (rr_L - rr_S)$$

π_L^e : 장기 인플레이션　　π_S^e : 단기 인플레이션
$r_L - r_S$: 장·단기 명목이자율 차
$rr_L - rr_S$: 장·단기 실질이자율 차

여기서 실질이자율이 장·단기에 걸쳐 일정하다고 가정하면 장·단기 명목이자율 차에 의하여 미래 인플레이션에 대해 예측을 할 수 있다. 그러나 장·단기 명목이자율 차가 미래 인플레이션에 대하여 잘못된 신호를 보낼 수도 있고, 특정 만기간의 이자율 차만이 미래 인플레이션과 밀접한 관계를 갖는 등 실제로 이자율 차만으로 미래 인플레이션을 정확히 예측할 수 없는 경우도 발생한다. 예를 들어 장·단기 명목이자율 차로 미래 인플레이션을 정확히 예측하려면 첫째, 이자소득세가 부과되는 경우 장·단기 세후실질이자율이 같아야 하며, 둘째, 실질이자율이 만기에 따라 일

정해야 한다. 그러나 현실적으로 위의 두 경우가 충족되기 어렵기 때문에 장·단기 명목이자율 차와 기대인플레이션 간의 정비례의 관계는 제한적으로 성립한다.

지금까지 설명하였던 이자율기간구조에 관한 대표적 이론으로서 순수기대이론, 유동성선호설, 시장분할이론 등이 있는데 이에 대하여 간략히 살펴보도록 하자.

(2) **순수기대이론**(pure expectations theory)

이는 러츠(F.A. Lutz)에 의해 주장된 이론으로 요약하면 장기이자율은 단위기간의 현물이자율과 미래 각 시점에 있어서의 단위기간에 내재된 선도이자율에 의해 결정된다는 것이다. 여기서 선도이자율은 금융시장에서 투자자들이 미래에 예상되는 예상현물이자율의 불편추정치라고 간주하는데 그런 의미에서 동 이론은 불편기대이론이라고도 한다. 이 이론을 좀 더 쉽게 표현하면 만기가 다른 채권 간에 완전한 대체관계가 존재한다는 것을 가정하여 투자자는 장기로 자금을 운용할 때 단기채권으로 여러 번 운용하거나 장기 채권으로 한 번 운용하는 방법 중 하나를 선택할 수 있는데, 균형에서는 두 방법의 수익률이 같아져야 한다는 이론이다. 즉, 장기 채권에 투자하는 경우와 단기 채권에 반복해서 투자하는 경우의 보유기간 수익률이 동일하다는 원리이다. 예를 들어 채권 간에 완전한 대체관계가 있다면 2년 간 자금을 운용하는 방법과 1년씩 두 번 자금을 운용하는 방법의 수익률이 동일해진다. 이를 식으로 표현하면 다음과 같다.

$$(1+R_{t,\,2})^2 = (1+R_{t,\,1})\,(1+r^e_{t+1,\,1})$$

이 이론의 또 다른 가정은 투자자는 완전 위험 중립형이고, 의사결정 기준이 오로지 이윤극대화라는 것이다. 예컨대 투자자는 채권을 만기까지 보유하게 되면서 예상되는 가격하락이나 현재의 소비를 장래에 이연한 데 대한 보상을 요구하지 않고 오직 기대수익의 극대화에만 관심 있다는 것이다. 그러난 이러한 가정은 채권거래 시 빈번하게 노출된 다양한 위험을 고려하는 측면에서 설득력이 많이 떨어진다.

한편, 균형식으로부터 장기금리는 단기금리의 미래 예상수익률에 의하여 그 크기가 결정된다는 것을 알 수 있다. 단기금리의 미래 예상수익률이 상승하면 장기금리도 상승하게 되고, 단기금리의 미래 예상수익률이 하락하면 장기금리도 하락하게 된다. 따라서 기대이론에 따르면 수익률곡선은 만기가 가까워짐에 따라 상승하거나 감소할 수 있다. 그러나 경험적 관찰에 의하면 수익률곡선은 대체로 우상향하며 수익률곡선은 경험적으로 이동해 왔음을 알 수 있다. 이러한 점에서 기대이론은 수익률곡선의 우상향에 대해서는 설명이 부족하나 장단기 금리간의 연계성이 높기 때문에 수익률곡선의 이동은 잘 설명해주고 있다.

이처럼 순수기대이론을 통하여 다양한 수익률곡선의 형태나 이를 근거로 미래의 이자율을 예측할 수 있는 유용성이 있는 반면, 다음과 같은 문제점이 내재되어 있다. 첫째, 기대의 다양성 문제이다. 이는 보통 사람들은 제각각 미래에 예상되는 이자율을 판단하므로 어떤 일관된 기대이자율이 존재한다고 가정하는 것은 문제라고 할 수 있다. 둘째, 거래비용의 존재이다. 채권을 매매하는 데는 보통 시간적 노력과 중개수수료 등의 거래비용이 발생하므로 금리재정거래[5]가 일어나지 않을 수 있다. 즉, 이자율 격차가 작으면 중개수수료가 부담이 되어 빈번한 채권거래를 할 수 없게 된다. 셋째, 유동성과 불확실성에 대한 고려가 없다는 점이다. 보통 사람들은 장기이자율이 결정되더라도 장래의 불확실성과 유동성을 확보해 두려는 유인 때문에 단기채권을 선호하는 경향이 있다. 즉, 투자자들은 자산을 선택함에 있어서 유동성을 중요한 선택기준으로 간주하므로 장기자산을 구입하기 위해서는 유동성 희생에 따른 보상이 뒷받침되어야 한다는 것이다. 넷째, 이 이론은 수익률 외에는 투자자들이 장기채권과 단기채권에 대하여 특별히 선호를 갖지 않는다고 가정하였다. 그러나 실제로 장기채권시장과 단기채권시장은 그 자산의 특성과 제도적 측면에 의하여 어느 정도 분리되어 있으며 따라서 금리재정거래도 자유스럽게 발생되지 않는다.

(3) 유동성프리미엄이론(liquidity premium theory)

시장에서 거래하는 모든 투자자들은 미래의 불확실성에 노출되어 있다. 따라서 합리적인 투자자라면 이러한 불확실성을 멀리 하려고 하는데, 이를 위험회피성향이라 한다. 대체로 단기채권은 장기채권보다 위험 측면에서보다 안정적이라 할 수 있다. 왜냐하면 가까운 장래의 이자율에 대하여는 비교적 정확한 예측을 할 수 있지만 먼 미래의 이자율일수록 예측하기가 어렵기 때문이다. 따라서 위험회피를 추구하는 투자자들은 장기채권보다는 단기채권 투자를 더 선호하게 된다. 이러한 현상을 위험회피적 투자자들의 '유동성에 대한 선호(preference for liquidity)' 라고 부른다. 즉 장기채권을 보유한 투자자가 만기 전에 현금이 필요해서 보유채권을 매각할 경

5) 일반적으로 이자율 격차가 벌어지면 수익률을 극대화하려는 투자자들은 이자율이 낮은 곳에서 높은 곳으로 자금을 이동시킴으로써 시간이 지남에 따라 이자율 격차가 해소 내지 완화되는데, 이를 금리재정거래의 효과라고 한다.

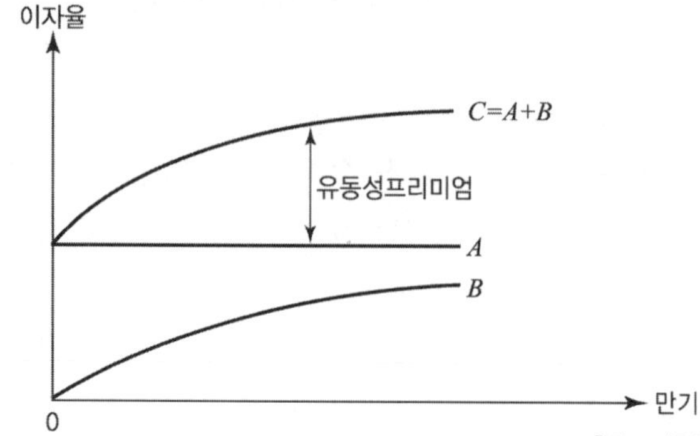

그림 2-8 유동성프리미엄과 수익률곡선

우 예상되는 손실에 대한 불확실성 때문에 투자자는 어쩔 수 없이 유동성을 선호한다는 것이다.

이 이론은 이처럼 이자율의 변동을 정확히 예측하는 것은 불가능하므로 합리적인 투자자들은 불확실성을 회피할 것이라고 가정하고 시작된다. 따라서 투자자들로 하여금 장기채권에 투자하도록 유인하기 위해서는 어떤 보상, 즉 유동성을 포기하는 대가에 상응하는 프리미엄을 제공해야 하며 이는 보유기간에 따라 비례해서 증가해야 한다는 것이다. 그림 2-8은 유동성프리미엄이론에 근거한 수익률곡선이다. 우선 A는 순수기대이론에 의한 수평적인 수익률곡선을 가정한 것이고, B는 유동성프리미엄이 체감적 증가하는 것으로 가정한 것이다. 그리고 C는 유동성프리미엄이론에 근거한 수익률곡선으로서 $C = A + B$ 형태이다. 그림 2-8에서처럼 유동성프리미엄은 현금보유를 포기하고 채권을 구입하는 데 대한 대가이므로 항상 양의 값을 갖게 되며 채권의 만기가 길어질수록 유동성프리미엄의 값은 커진다.

한편, 채권발행자 즉 자금차입자 입장에서도 이 이론은 타당하다. 통상 자금차입자는 장기적이고 안정적인 자금을 차입하려고 한다. 그래야만 충분한 시간을 갖고 당초 계획한 경영정책대로 사업을 운용하고 동시에 차입비용 이상으로 수익을 낼 수 있기 때문이다. 그리고 무엇보다 미래의 불확실성을 줄일 수 있기 때문이다. 만약 가까운 장래에 기업의 신용도가 하락하여 채권발행이 여의치 않거나 더 불리한 조건으로 발행할 수도 있고, 또한 단기적인 채권발행 횟수가 늘어나면서 그에 따른 부대비용도 증가한다. 즉, 1년 만기 단기 채권을 계속해서 발행하는 데에는 중개수수료 외에 만기도래에 빨라 자금상환의 어려움도 겪게 된다. 이러한 여러 가지 불확실성과 비용 때문에 기업은 유동성프리미엄을 지급하더라도 장기채권을 발행하여 자금을 안정적으로 확보하고 운영하는 것이 훨씬 유리하다고 판단할 것이다.

이상과 같이 이 이론은 채권발행자와 채권수요자 모든 입장에게 유동성프리미엄의 존재로 인해 수익률곡선의 우상향을 비교적 잘 설명하고 있다. 반면 모든 투자자들이 항상 위험회피적인 것은 아니며 경우에 따라서는 위험선호형의 투자자들이 존재하므로 이런 현상에서는 이 이론의 설득력이 다소 약화될 수 있다.

(4) **시장분할이론**(market segmentation theory)

이는 컬버트슨(J.H. Culbertson)이 주장한 이론으로 요약하면 채권은 만기에 따라 여러 시장으로 분할되며 각 시장에서의 수요와 공급에 의해 이자율이 결정된다는 것이다. 그리고 장·단기 채권 간의 대체관계가 없으며 투자자는 특정만기의 채권만을 선호한다고 가정한다. 이처럼 특정만기를 선호하는 수요자와 공급자가 나타나는 것은 거래비용이 발생하게 되고, 단기채권과 장기채권의 대체성이 떨어지게 되므로 만기에 따라 시장이 분할될 수 있고 분할된 각 시장에서 해당만기의 이자율이 결정된다는 것을 의미한다.

앞서 기술한 두 이론의 요체는 시장에서 단기채권과 장기채권은 서로 대체적인 관계에 있다는 것이다. 즉, 순수기대이론에서는 장·단기 이자율 격차가 존재하고 그에 따라 금리재정거래가 발생하면서 채권시장이 균형을 이룬다는 것이고, 유동성프리미엄이론에서는 투자자들이 원칙적으로 단기채권을 선호하되, 이의 포기 대가로 유동성프리미엄을 얹어 주면 장·단기 이자율 차이가 없어진다는 것이다. 또한 거래비용도 발생하지 않는다고 보고 있다. 그러나 시장분할이론은 거래비용을 중요시하고 단기채권과 장기채권의 대체성이 매우 약하다는 점을 강조하고 있다.

시장분할이론은 채권시장에서의 위험을 줄이기 위해 가계는 단기채의 수요를 선호하게 되나, 기업은 안정적인 자금조달을 위해 장기채의 공급을 선호하게 된다. 따라서 단기채의 초과수요 ⇨ 단기채 가격상승 ⇨ 단기금리하락과 장기채의 초과공급 ⇨ 장기채 가격하락 ⇨ 장기금리상승의 현상이 발생함으로써 수익률곡선이 우상향하게 된다. 그러나 장·단기 금리 간의 연계성이 없기 때문에 수익률곡선의 이동은 잘 설명하지 못한다.

한편, 특정시장선호이론(preferred habitat theory)은 장·단기 채권 간의 불완전한 대체관계를 가정하여 기대이론과 시장분할이론을 결합한 형태이다. 즉, 장기채권의 금리는 만기까지의 예상된 평균 단기이자율(기대이론적 부분)과 기간프리미엄(Pr_t: 시장분할이론적 부분)의 합이다.

$$R_{t,\,n} = \sqrt{(1+R_{t,\,1})(1+r^e_{t+1,\,1})(1+r^e_{t+2,\,1})\ldots(1+r^e_{t+n-1,\,1})} - 1 + Pr_t$$

단기채권을 선호하는 투자자의 기간프리미엄(term premium)은 양(+)의 값을 갖게 되고, 장기채권을 선호하는 투자자의 기간프리미엄은 음(−)의 값을 갖게 되나 대체로 양(+)의 기간프리미엄이 일반적이다. 특정시장선호이론은 기간프리미엄의 존재로 인해 단기금리의 하락이 예상되더라도 양(+)의 프리미엄 때문에 어느 정도 수익률곡선의 우상향을 잘 설명하고 있으며, 기대이론적 부분에 의해 장·단기 금리의 연계성이 높기 때문에 수익률곡선의 이동을 잘 설명하고 있다.

5) 이자율 변동요인

일반적으로 이자율을 변동시키는 요인에는 크게 경기변동, 인플레이션, 화폐공급, 국제수지, 환율, 국제금리 등이 있다. 그 밖에 금리자유화, 자본자유화 등 제도적 요인과 세금납부, 명절 등 계절적 요인이 있다.

(1) 경기변동 : 같은 방향, 후행

통상 경기상승기에는 기업의 생산 및 투자활동이 왕성하기 때문에 원자재 구입과 임금의 지급 등 경상적인 지출이나 투자지출에 필요한 자금수요가 증가하여 금리가 상승하고, 반대로 경기침체기에는 기업의 생산 및 투자활동이 위축되기 때문에 경상적인 지출이나 투자지출에 필요한 자금수요가 감소하여 금리가 하락한다. 따라서 금리와 경기는 같은 방향으로 움직인다.

한편, 경기변화에 대하여 자금수요조정이 늦어지기 때문에 금리는 경기가 저점을 지난 후 수개월 후에야 저점을 지나고 경기가 정점을 도달한 수개월 후에야 정점에 이르는 경향이 있다. 따라서 금리는 경기에 후행(lag)한다고 한다.

(2) 인플레이션 : 같은 방향, 후행

일반적으로 기대인플레이션이 높아질 경우 자금공급자가 일정 수준의 명목금리하에서 기대되는 실질금리가 하락하게 되므로 자금공급을 감소시키는 반면, 자금수요자는 주어진 명목금리 수준에서 기대되는 실질차입비용(실질금리)이 감소하기 때문에 자금수요를 늘리려 할 것이다. 따라서 자금의 초과수요가 발생하고 명목금리가 상승하게 된다. 이와 같은 현상은 피셔방정식에 의하여 설명될 수 있다. 따라서 금리와 인플레이션은 같은 방향으로 움직인다. 경기변동과 마찬가지로 인플레이션이 예상된 이후에 명목금리가 서서히 반응하기 때문에 금리는 인플레이션에 후행한다.

(3) 화폐공급 : 반대방향, 후행

화폐공급이 증가하면 금리변동을 초래하게 되는데, 초기에는 금리가 하락하는 유동성효과가 나타나지만 시간이 경과함에 따라 소득효과와 피셔효과로 인하여 금리가 상승하게 된다. 유동성효과(liquidity effect)란 통화량이 증가하면 단기적으로 이자율이 하락하게 되는 현상으로, 통상 3~4개월 정도 지속된다. 이를 화폐공급의 이자율에 대한 유동성효과라 한다.

유동성효과로 이자율이 하락하면 투자가 증가하고 투자의 증가가 국민소득을 증가시킨다. 국민소득의 증가로 화폐수요가 늘어나면 화폐시장에 초과수요가 발생하고 다시 초과수요를 상쇄시켜서 균형을 회복하는 과정에서 금리가 올라가게 된다. 이를 화폐공급의 이자율에 대한 소득효과(income effect)라 한다.

마지막으로 피셔효과(Fisher effect) 또는 기대인플레이션효과란 화폐공급의 증가로 인플레이션이 발생하면 피셔방정식에 의해 명목금리가 상승하게 되는 효과이다. 이를 화폐공급의 이자율에 대한 피셔효과라 한다. 시간적으로 보면 유동성효과, 소득효과, 피셔효과 순으로 나타난다. 유동성효과의 상대적인 크기와 지속기간에 따라 화폐공급 증가에 따른 금리하락 효과의 정도가 판가름난다. 일반적으로 단기적으로는 유동성효과가 나타나나 장기적으로는 피셔효과가 압도하는 양상을 보인다.

(4) 국제수지 : 반대방향, 후행

경상수지의 흑자 또는 적자가 늘어났을 때는 자금의 공급, 수요가 모두 영향을 받기 때문에 자본수지 흑자 또는 적자보다 금리의 변동폭이 더욱 크게 나타난다. 경상수지가 흑자인 경우는 국내적으로 저축이 투자보다 크게 나타나게 되는데 경상수지 흑자 하에서는 외화를 원화로 교환하는 과정에서 해외부문을 통한 화폐공급으로 시중에 유동성이 증가하여 금리가 하락하게 된다. 즉 경상수지와 금리는 강한 음(−)의 상관관계를 갖는다. 이에 비하여 자본수지는 경상수지의 적자 또는 흑자를 수동적으로 보전하는 역할을 하기 때문에 금리에 독립적인 영향이 적었다. 그러나 자본자유화가 광범위하게 시행되면 자본수지가 금리에 미치는 영향이 크게 증대될 것으로 예상된다.

(5) 환율 : 같은 방향, 후행

환율이 이자율에 미치는 영향은 다음과 같이 이자율평가(interest rate parity)이론으로 설명할 수 있다.

$$r = r^* + \frac{e^e - e}{e}$$

r : 국내금리, r^* : 해외금리, e : 환율, e^e : 미래예상환율

이자율평가이론에 의하면 국내금리는 해외금리와 원화의 예상절하율의 합으로 표시된다. 즉 원화절하기에는 국내금리가 해외금리보다 높은 수준을 유지하게 되고, 원화절상기에는 국내금리가 해외금리보다 낮은 수준을 유지하게 된다. 원화절상기에는 원화표시자산의 기대수익률이 상승할 것으로 예상되기 때문에 원화자산의 수요가 증가하여 원화자산가격이 상승함으로써 국내금리가 단기적으로 하락하게 된다. 그러나 원화가 절상되면 중장기적으로 경상수지가 악화되어 해외부문을 통한 통화환수로 국내금리가 상승하게 된다. 원화절하기에는 반대로 단기적으로 국내금리가 상승하게 되나, 중장기적으로 경상수지가 개선되어 해외부문을 통한 화폐공급으로 국내금리가 하락하게 된다. 따라서 환율과 금리 간에는 뚜렷한 상관관계가 발견되지 않는다.

4 인플레이션이론

인플레이션은 간단히 표현하면 일반 물가수준이 지속적으로 현저하게 상승하는 현상을 말한다. 이렇게 되는 원인은 다양한 요인이 복합적으로 작용하겠지만 우선적으로 총수요가 총공급을 초과하거나, 아니면 공급하는 쪽의 원자재 가격상승으로 인한 인플레이션 발생이 가장 두드러진다. 이러한 인플레이션은 시간이 경과하면서 어느 정도 예상할 수도 있고 전혀 예상치 못하고 발생하는 경우도 있다. 대체로 어느 정도 예상된 인플레이션은 크게 문제가 되지 않는다. 예를 들어 모든 경제주체가

오랜 기간 동안 매년 20%의 물가상승률을 경험해 왔다면 사람들은 앞으로 이 정도의 인플레이션을 기대하고 행동할 것이다. 임금이나 이자율 등도 이를 고려하여 결정될 것이고, 경제주체 어느 누구에게도 해를 끼치지 않는다. 일반적으로 어느 정도의 인플레이션이 지속적으로 유지되고 있다면(mild inflation), 이는 경제가 꾸준히 성장하고 있다는 신호로 받아들일 수도 있기 때문이다.

그러나 사람들이 장래에 인플레이션이 일어날 것인지, 일어난다면 얼마나 크게 일어날지 알지 못하는 경우에는 이자율이나 임금의 결정이 적절하게 이루어질 수 없어 경제에 혼란이 야기된다. 이런 상황에서는 소유한 부와 소득의 명목가치가 고정되어 있는 사람들은 손해를 보게 되고, 채무자나 기업가들은 이익을 보게 된다. 즉, 부익부 빈익빈 현상이 심화되고 부동산이나 귀금속 등 자산의 투기현상이 발생하게 된다. 그리고 장기적 투자계획이 힘들어져 기업의 성장활력이 감소하게 된다. 또한 국내의 상품가격이 비싸지게 되어 수출은 줄고 수입은 늘어남으로써 국제수지가 악화된다.

한편, 경제 전반의 물가가 지속적으로 하락하는 현상을 디플레이션이라 하며, 경기불황과 인플레이션이 동시에 나타나는 현상을 스태그플레이션이라 한다. 이처럼 물가상승과 하락으로 인한 경제의 혼란을 최소화하기 위해서 정책당국은 통화량을 가지고 조절한다. 인플레이션에 대한 분석은 시간의 흐름을 명시적으로 고려하는 동태적 접근과 시간이 정지된 정태적 접근으로 파악될 수 있다.

인플레이션이론에는 비교정태이론과 동태이론이 대표적이다.

1) 비교정태이론

(1) **수요견인설**(demand-pull inflation)

수요견인설은 수요가 경제 전체의 생산능력을 초과하여 물가가 상승한다는 것이다. 따라서 수요가 완전고용을 달성하는 데 필요한 수준에 이르도록 정책의 초점을 두어야 하며, 그보다 높은 수준으로 수요를 확대할 때는 인플레이션이 발생한다는 것이다.

(2) **비용인상설**(cost-push inflation)

비용인상설은 임금상승이나 공급측 충격으로 인한 유가상승 등으로 물가가 상승한다는 것이다. 수요견인설과는 달리 비용인상설은 자원이 완전고용에 이르기 전에도 임금상승이나 유가상승과 같은 공급측 충격이 비용을 상승시켜 인플레이션을 발생시킬 수 있다고 한다. 1960년을 전후하여 실업증가에도 불구하고 물가가 상승하는 현상을 설명하는 데 비용인상설이 이용되었다.

한편, 수요견인설과 비용인상설은 물가의 일회적인 상승만을 설명할 수 있는 이론이기 때문에 물가의 지속적 상승현상인 인플레이션에 대한 설명으로는 부적절하다.

2) 동태이론

(1) 필립스(Phillips)의 모형

필립스는 1861~1913년의 영국의 통계자료를 이용하여 명목임금상승률($\dot{W}$)과 실업률(u) 간의 관계를 그래프를 이용하여 분석한 결과, 두 변수 간에 역관계(trade-off)를 발견하였다. 영국의 경우 명목임금상승률이 0%일 때 실업률은 5.5%로 나타났으며, 실업률이 1%, 2%, 3%일 때 명목임금 상승률이 각각 9%, 2%, 1%이었다. 결국 영(zero)의 명목임금상승률의 영(zero)의 인플레이션을 동시에 달성할 수 없기 때문에 정책당국에 대해 선택의 문제를 제기하고 있다.

필립스곡선에 대해 필립스 자신은 이론적 근거를 제시하지 않았으며, 이후에 립시(Lipsey)가 이론적 기초를 제공하였다. 립시에 의하면 명목임금상승률과 이론적으로 관계가 밀접한 변수는 노동시장의 수요와 공급이고, 노동의 초과수요가 발생하면 명목임금이 상승한다는 것이다. 그리고 노동의 초과수요는 측정하기 어렵기 때문에 반대방향으로 움직이는 실업률을 대용변수로 사용하였다. 이를 정리하면, 립시는 명목임금상승률과 노동의 초과수요가 양(+)의 관계를 가지며 노동의 초과수요와 실업률이 음(−)의 관계를 갖기 때문에 명목임금상승률과 실업률은 역의 관계를 갖는다고 설명함으로써 필립스관계에 대한 이론적 근거를 제시하였다.

(2) 프리드만(Friedmen)의 모형

프리드만은 필립스의 모형에 대해 비판을 제기하였다. 즉, 이론적으로는 노동의 초과수요와 관계되는 변수는 명목임금이 아니라 실질임금이라는 비판이 제기되었고, 현실적으로는 1970년대에 인플레이션과 실업이 동시에 발생하는 스태그플레이션(stagflation)이 발생하였는데, 이를 필립스의 모형이 설명하지 못했다는 비판을 제기하였다. 프리드만은 필립스의 모형을 수정하여 실업률과 관련된 변수는 명목임금상승률이 아니라 실질임금상승률이라 하여 명목임금상승률을 실질임금상승률로 대체하였다. 프리드만은 실질임금상승률을 명목임금상승률에서 기대인플레이션을 차감한 것으로 설정하였다.

프리드만의 연구결과에 의하면 실업률을 자연실업률 이하로 낮추려는 경제안정화 정책은 단기적으로는 효과가 있으나, 장기적으로는 실업률과 국민소득에 아무런 영향도 미치지 못하고 다만 인플레이션율만 높아진다고 하였다. 이를 자연실업률가설, 또는 자연율가설(natural rate hypothesis)이라 한다.

5 환율결정이론

환율을 결정하는 주요 요소로는 양국의 물가수준, 양국의 기대 인플레이션, 양국의 이자율, 양국 정부의 교역에 대한 정책 등을 들 수 있다. 이 중 자유경쟁시장에서 환율변동을 결정짓는 가장 직접적인 변수는 이자율의 변동과 기대인플레이션이다. 이자율이 환율에 미치는 영향은 이자율평가설(Interest rate parity; IRP)에 의하여 설명될 수 있으며, 기대인플레이션이 환율에 미치는 영향은 구매력평가설(purchasing power parity; PPP)에 의하여 설명될 수 있다. 또한 이 두 가지 이론은 피셔방정식에 의해 연결된다.

1) 구매력평가설

구매력평가설은 일물일가의 법칙으로부터 유도해 낼 수 있다. 이 법칙에 의하면 어떤 제품의 한 나라에서의 가격은 다른 나라에서의 가격에 운반비를 더한 가격과 일치한다. 운반비에는 정상이윤, 운임, 상품의 전환비용[6] 등이 모두 포함된다. 거래에 대한 인위적인 장벽은 없다는 가정 하에서 재화 i에 대하여 성립하는 일물일가 법칙은 다음과 같이 나타낼 수 있다.

6) 만약 두 나라의 상품규격 등에 대한 표준이 다를 경우에는 전환이 이루러져야 하는데 이때 발생하는 비용을 말한다.

$$P_i = P_i^* \cdot S + T_i + Z_i$$

P_i : 국내가격, P_i^* : 외국가격, S : 자국통화표시 현물환율
T_i : 자국통화로 표시된 운반비용, Z_i : 오차항

이 관계식에서 괴리가 발생하면 곧바로 차익거래자가 끼어들어 가격이 낮은 시장에서의 가격은 올라가고, 가격이 높은 시장에서의 가격은 내려가게 된다. 한편, 일물일가의 법칙을 재화 전체에 적용하여 물가수준을 비교해 볼 경우, 운반비용과 오차항이 생략되므로 다음의 관계가 성립하는데 이를 절대적 구매력평가설이라 한다.

$$P = P^* \cdot S$$

여기서, P와 P^*는 각각 국내물가수준과 외국 물가수준을 의미하고 현물환율은 다음과 같이 구한다.

$$S = \frac{P}{P^*}$$

또한 절대 구매력평가설로부터 미래인플레이션의 변화에 대한 기대가 현물환율의 변화에 영향을 미친다는 것을 유도해 낼 수 있다. 위 식의 양변에 로그(log)를 취하고 시간에 대하여 미분하여 단위시간의 변화에 대한 가치의 변화율로 나타내면 다음과 같은 식을 얻을 수 있으며 이는 환율의 변화율이 양국의 물가수준 변화율의 차이에 의하여 결정된다는 것을 의미한다.

$$\frac{ds}{s} = \frac{dp}{p} - \frac{dp^*}{p^*}$$

위의 미분항을 간단한 형태로 치환하면 다음과 같이 바꾸어 표기할 수 있다.

$$\frac{E[S(T)] - S(t)}{S(t)} = \pi - \pi^*$$

π : 자국의 물가상승률, π^* : 외국의 물가상승률

위의 식에서 알 수 있듯이 상대적 구매력평가설에서 환율의 예상변화율은 국내와 해외의 예상물가상승률의 차이와 같다. 예를 들어 현재 한국의 물가가 100, 연말 물가가 120으로 예상되며, 미국의 현재물가는 1,000, 연말에는 1,100이 예상된다고

하자. 현재 환율이 1,000이라면 연말의 기대환율은 위의 식을 이용하면

$$\frac{E[S(T)]-1000}{1000}=0.2-0.1$$

따라서, 연말환율 $E[S(T)]$는 1,100원으로 기대된다.

2) 이자율평가설

이자율평가설은 현물환율과 선물환율 사이의 관계를 양국의 이자율 차이로 설명한다. 즉 현물환율이 주어지면 양국의 이자율 차이에 의하여 선물환율이 결정된다는 것이다. 예를 들어 한국의 명목이자율이 미국의 명목이자율보다 높다고 하자. 이때 현물환율과 선물환율이 알려져 있다면 미국의 투자자는 자신의 자금을 한국의 통화로 바꾸어서 한국에 투자하는 것이 국내에 투자하는 것보다 유리한지를 판단할 수 있게 된다. 즉 미국투자자는 선물환시장을 이용하면 한국에 투자한 자금에 따르는 환위험을 제거할 수 있으므로 국내에 투자하는 것과 한국에 투자하는 것 중 어느 것이 유리한지 비교·평가할 수 있는 것이다.

이처럼 이자율과 환율 사이의 괴리를 이용하여 이익을 얻고자 하는 차익거래자들의 이윤을 극대화하려는 노력에 의하여 선물환율과 현물환율 사이에는 다음과 같은 이자율 평형관계가 성립하게 된다.

$$(1+i)=\frac{F(t,T)}{S(t)}(1+i^{*})$$

여기에서 $F(t,T)$는 T 시점이 만기일인 자국통화표시 선물환율, $S(t)$는 t 시점에서의 자국통화표시 현물환율, i는 자국이자율, i^{*}는 외국이자율을 의미한다.

위 식의 양변에서 1을 빼고 정리하면 다음과 같은 근사식을 얻을 수 있으며 이 식이 바로 이자율평가설을 나타내는 일반식이고, 이는 선물환 프리미엄이 양국 사이의 이자율차이와 같음을 의미한다.

$$\frac{F(t,T)-S(t)}{S(t)}\approx i-i^{*}$$

3) 국제피셔이론

피셔(Irving Fisher)는 명목이자율 i는 실질이자율 r과 예상물가상승률 π의 합과 같다는 다음의 피셔방정식을 유도하였다.

$$i = r + \pi$$

한편 외국시장에 대하여 피셔방정식을 적용하면 다음과 같다.

$$i^* = r^* + \pi^*$$

그리고 위의 첫 번째 식에서 두 번째 식을 차감하면 다음 식을 얻을 수 있다

$$i - i^* = (r - r^*) + (\pi - \pi^*)$$

그런데 장기에 있어서는 국내와 해외의 실질이자율이 같아지는, 즉 $r - r^* = 0$이 되는 경향이 있으므로 장기적으로 명목이자율 차이 $i - i^*$는 아래처럼 예상물가상승률의 차이와 같게 된다고 할 수 있다.

$$i - i^* = \pi - \pi^*$$

위의 식과 상대적 구매력평가설 식을 이용하면 다음 식을 얻을 수 있으며 이를 국제피셔효과라 한다.

$$i - i^* = \frac{E[S(T)] - S(t)}{S(t)}$$

이처럼 구매력평가설, 이자율평가설, 피셔방정식을 통하여 현물환율과 선물환율의 관계를 설명할 수 있다. 즉, 실질이자율이 일정할 때 인플레이션 기대가 증가하는 나라의 통화가치는 하락할 수밖에 없고, 다른 조건이 동일할 때 실질이자율이 증가하면 그 나라의 통화가치는 상승할 수밖에 없다는 것을 알 수 있다.

요점정리

1. 경기순환은 순환주기에 따라 소순환(minor cycle), 주순환(major cycle), 중기순환(mid-term cycle), 장기순환(long-term cycle)으로 분류되며, 순환국면에 따라 불황기(depression), 회복기(recover), 호황기(prosperity), 후퇴기(recession) 순으로 반복된다.
2. 통화공급은 기본적으로 중앙은행이 독점적으로 공급하는 본원통화와 이에 파생된 예금통화 또는 파생적 통화를 만들어내는 예금은행의 신용창조에 의해 이루어진다. 이러한 통화는 기본적으로 지불수단, 가치저장수단, 계산단위로서의 기능을 수행한다. 한편, 통화수요는 이를 유발하는 요인에 따라 다양한 학설로 나뉜다.
3. 이자율은 자금의 사용대가로 실물과 금융의 연결고리 역할을 기본적으로 한다. 이자율 결정에 관한 이론으로 고전이론, 유동성선호설, 대부자금설 등이 있다. 또한 이자율은 다양한 만기가 있어 이의 기간구조를 파악해야 한다. 한편, 이자율 변동요인에는 크게 경기변동, 인플레이션, 화폐공급, 국제수지, 환율, 국제금리 등이 있다. 그 밖에 금리자유화, 자본자유화 등 제도적 요인과 세금 납부, 명절 등 계절적 요인이 있다.
4. 인플레이션은 물가수준이 지속적으로 상승하는 현상을 말하며, 반대로 물가가 지속적으로 하락하는 현상을 디플레이션, 경기불황과 인플레이션이 동시에 나타나는 현상을 스태그플레이션이라 한다. 이처럼 물가상승과 하락으로 인한 경제의 혼란을 최소화하기 위해서 정책당국은 보통 통화량을 가지고 조절한다.
5. 환율결정의 주요 요소는 양국의 물가수준, 양국의 기대인플레이션, 양국의 이자율, 양국 정부의 교역에 대한 정책 등을 들 수 있는데 이 중 가장 직접적인 변수는 이자율의 변동과 기대인플레이션이다. 환율결정이론으로 이자율평가설과 구매력평가설이 대표적이다.

Chapter 2 평가문제

1 경기순환을 순환주기에 따라 구분하여 설명하시오.

2 이자율 변동요인을 세 가지 이상 쓰시오.

3 우리가 사용하고 있는 통화의 기능에 대하여 기술하시오.

4 인플레이션에 대하여 설명하시오.

5 환율결정에 직접적인 영향을 미치는 두 가지 변수를 쓰시오.

6 다음 문장의 괄호 안에 알맞은 단어를 기입하시오.

① 물가상승과 하락으로 인한 경제의 혼란을 최소화하기 위해서 정책당국은 보통 (　　　　　)을 가지고 조절한다.

② 환율결정이론으로 (　　　　　)과 (　　　　　)이 대표적이다.

Chapter 3

금융환경의 변화

1. 글로벌 금융환경
2. 우리나라의 금융환경

Chapter 3

금융환경의 변화[1)]

1 글로벌 금융환경

21세기 들어 글로벌 금융환경의 변화속도는 더욱 가속화되었다. 이를 요약하면 금융자유화, 금융통합화, 금융증권화, 금융디지털화라고 할 수 있다. 1980년대 이후부터 세계 각국은 금융규제완화와 철폐를 시작하였고 이에 따라 금융기관 간의 시장경쟁은 더욱 치열해졌고 이후 1990년대 이후 시장상황에 적합한 신금융상품과 신금융기법 개발 등 금융혁신은 더욱 진전되었다. 또한 금융장벽이 없이 자유스럽게 자본이동과 금융거래가 가능해져 한 나라의 금융자유화로 인한 금융혁신기법이 다른 나라에 자연스럽게 파급되어 금융통합화는 더욱 지속되었다.

더불어 금융증권화도 폭발적으로 확산되었다. 금융증권화는 말 그대로 금융기관이 예금보다는 채권발행을 통한 자금조달 및 거래와 유동화를 통한 또 다른 자본조달과 거래를 통칭하는 것이다. 세계경제의 금융자유화와 금융통합화로 인해 금융촉진화는 더욱 촉진될 수밖에 없는 상황이 되었다. 또한 2000년대 들어 최신 정보기술의 등장으로 금융거래도 리모트뱅킹, 인터넷뱅킹 등 사이버 상의 가상거래가 급속히 증가하고 있어 금융디지털 현상이 대중화되고 있는 추세이다. 이제 21세기 중반까지 글로벌 금융환경의 중심축이었던 금융자유화, 금융통합화, 금융증권화, 금융디지털화에 대하여 살펴보고자 한다.

1) 김종선 · 김종오(2010), 전게서, pp.59-86 인용·정리

1) 금융자유화(finance liberalization)

금융자유화란 금융제도의 안정과 신용질서를 유지하기 위하여 실시하고 있는 각종의 규제, 즉 금리규제, 국제자금 이동규제, 외국금융기관 진출규제, 금융기관의 업무규제 등을 완화 또는 폐지(deregulation)하는 것을 의미한다. 이 중 금리규제와 업무규제의 완화가 핵심을 이루고 있다.

금융자유화가 진행되는 원인으로 다음 세 가지를 들 수 있다.

첫째, 금융수요의 다양화와 겸업주의 경향이다. 제 2차 세계대전 이후 각국은 경제부흥정책에 힘입어 경제성장이 지속되면서 개인들의 저축금액이 커지게 되고 서서히 은행예금보다는 수익률을 더 높은 금융자산으로의 관심이 커지게 되었다. 은행은 이러한 수요변화에 대처하기 위하여 비은행 기관이 취급하는 상품, 특히 증권발행 및 인수업무 등에 치중하였고 점차 다양한 금융수요에 주도적인 역할을 수행할 수 있는 방법을 모색하였다. 그 결과 은행 고유의 업무 외에 겸업이 가능하도록 하기 위한 규제완화 또는 폐지가 필요하게 되면서 금융자유화가 시작되었다. 한편 기업에서도 자금조달을 종래 은행중개를 통한 간접금융에서 채권발행을 통한 자금조달 등 직접금융 중심으로 이행되었다. 또한 미국에서는 은행과 리스회사가 신탁기능을 이용하여 대출채권을 증권화하여 자금을 조달하는 등 금융기관의 증권상품 취급범위가 상당히 다양해졌고 이를 통해 겸업화는 더욱 촉진되었다.

둘째, 국가 간 상호 의존관계가 강화되었기 때문이다. 세계무역은 제 2차 세계대전 이후 IMF의 적극지원과 무역자유화를 추구하는 GATT의 영향으로 크게 증대되었으며, 무역금융의 수요도 자연스럽게 증가되었다. 무역이 증가하면서 기업의 해외진출도 또한 늘어났으며 덩달아 금융기관의 해외진출도 증대되었다. 그러나 당시의 국제금융시장은 유로시장을 제외하고는 규제가 심하였기 때문에 대부분의 자금은 유로시장 주로 유로뱅크를 중심으로 예치되고 운용되는 형태가 대부분이었다. 특히 1970년대 초 석유파동으로 인해 중동 산유국들이 벌어들인 오일달러가 유로뱅크의 주요 예금원이 되었으며 이러한 자금은 각국에 신디케이트론 형태로 공급되었다. 그러나 1980년대 들어서면서 국제유가의 안정과 함께 오일달러의 자금공급이 줄어들게 되고 유로시장이 침체되자 이를 극복하기 위해 미국을 중심으로 한 역외금융시장 설치, 자국내 금융시장의 규제완화를 적극 추진하면서부터 금융자유화가 진행되었다.

셋째, 신금융기법 및 파생금융상품의 발전을 들 수 있다. 1990년대 이후 컴퓨터와 정보통신기술의 혁신적인 발달로 금융거래를 보다 신속하고 저렴하게 할 수 있게 됨에 따라 전 세계의 금융시장이 마치 하나의 시장처럼 움직이게 되었다. 또한 금융공학의 발전으로 다양한 파생금융상품이 등장하게 되고 혁신적인 금융기법도 적극적으로 도입되었다. 그 결과 종래의 제도와 규칙으로는 새로운 금융기법을 규제할 수 없어 규제완화가 진행되었으며 이로 인해 금융자유화는 더욱 촉진되었다.

한편, 1980년대 선물 및 옵션거래소가 설치된 나라는 미국과 네덜란드에 불과했으나, 1990년대 들어서는 우리나라를 포함 대다수 국가에서 파생금융상품을 거래하기 위한 정규시장이 개설되었다. 2000년대 들어서는 전 세계의 금융시장을 대상으로 실시간 파생금융거래가 가능해져 금리 및 환율의 변동성이 더욱 커졌고 이를 헤지하기 위한 파생금융기법도 더욱 발달하게 되었다.

(1) 금리자유화

미국, 일본 등 주요 선진국들이 금리자유화를 추진한 이유는 크게 다음 두 가지를 들 수 있다. 첫째, 국가 간 자금이동이 자유로워지자 금융기관과 대기업의 국제금융시장에서 자금조달과 운용이 많아졌다. 이에 따라 국내금융시장과 국제금융시장간의 재정거래가 활발하게 이루어졌다. 그러나 대부분 국내금융시장의 금리가 고정되거나 경직되어 있어 국내금융시장의 혼란이 거듭하게 되었으며 결국 이로 인하여 금리자유화가 필요하게 되었다. 둘째, 인플레이션이 심하여 규제금리와 시장금리간의 괴리가 자주 발생하였다. 대체로 증권회사 등은 시장금리로 영업을 하였으나 상업은행들은 정책당국의 규제금리를 적용받으므로 상업은행들이 상대적 열세에 놓이게 되었다. 이를 극복하기 위하여 금리자유화가 추진되었다. 미국의 경우를 살펴보자.

미국에서는 대출금리는 규제를 받지 않았으나 예금금리는 1933년 은행법에 의하여 규제되었으며 예금이자제한법(Regulation Q)에 의하여 요구불예금에 대한 이자지급이 금지되었고, 저축 및 정기예금의 상한금리를 설정하였다. 이로 인하여 금융긴축기에는 규제금리와 시장금리 간 괴리가 발생하여 예금금리가 감소하는 극히 이례적인 현상이 발생하였다.

이러한 문제를 해결하기 위하여 미국 연방준비은행(Federal Reserve Bank; FRB)은 1970년 6월에 30~89일 만기 10만 달러 이상의 양도성예금증서에 대한 금리를 자유화하였고, 1972년 6월에는 NOW계정(negotiable order of withdrawal accounts)의 취급을 인가하였다. 1973년 5월에는 90일 이상인 양도성예금증서에 대한 금리도 자유화하였다. 또한 1978년 6월에는 6개월 만기, 1억 달러 이상의 MMC(money market certificate; 시장금리연동예금)가 도입되어 예금금리 규제가 상당히 완화되었다. 1980년도에는 드디어 예금이자제한법이 완전히 폐지됨으로써 사실상 금리자유화가 완료되었다.

한편, 주요 선진국 중 가장 최근까지 금리를 규제해 온 일본은 1975년 5월에 자유금리인 CD를 도입함으로써 예금금리의 자유화가 시작되었다. 이후 계속적으로 자유화한 데 이어 1989년에는 대출금리의 자유화, 마침내 1994년 10월에 당좌예금을 제외한 모든 금리를 자유화함으로써 미국보다는 약 10년 정도 늦었다.

(2) 업무의 자유화

은행의 업무규제는 두 가지 유형으로 구분된다. 미국과 같이 은행 고유의 업무밖에 할 수 없는 분리주의 유형과 독일과 프랑스처럼 증권업무도 취급할 수 있는 겸업주의(universal banking) 유형이다. 미국은 1930년대 금융대공황이 은행이 모든 업무를 취급함으로써 비롯되었다는 인식 때문에 양자를 엄격히 구분하게 하는 Glass-Steagall법이 제정되었다. 그러나 이 법은 1970년대 증권회사가 은행 업무를 취급함으로써 허물어지기 시작하였다. 한편 은행은 금리상한규제로 다양한 금융상품을 개발할 수 없게 되고 점차 은행경영이 어려워졌다. 이를 극복하고자 업무자유화가 추진되었고 1982년에 은행에 MMDA 판매가 허용되었다. 이후 추가적인 업무규제가 완화되었으며 1990년대 들어 겸업주의가 성황하였다. 이러한 경향은 일본을 거쳐 우리나라에도 상당한 영향을 미쳤다.

2) 금융통합화(finance globalization)

(1) 금융통합화의 의의

최근 컴퓨터와 정보통신의 발달은 국가 간의 자금이동을 신속하게 해주어 금융의 국제화를 가능하게 해주었다. 금융국제화는 기본적으로 국내시장을 개방하고 자금의 유입과 유출을 자유롭게 하는 것이지만 국가 간의 금융제도의 독자성이나 주체성은 그대로 존중된다. 그러나 금융통합화는 각국의 금융시장과 제도를 보편적인 통합기준과 규칙을 기초로 개편하여 통합적 금융·자본시장을 형성한다는 의미를 갖고 있다. 따라서 금융통합화로 인해 세계 어느 금융시장에서 24시간 거래가 가능해진다. 또한 거래상품도 주식, 채권, 외환, 심지어 파생상품까지 다양하다. 이러한 거래가 늘수록 각국의 금융시장은 통합화를 추구하게 되고 거래규칙이나 제도를 단일화하고자 한다. 이런 과정에서 최초로 탄생한 국제적 통일기준은 국제결제은행(BIS)이 1988년 7월에 제정한 '자기자본 규제에 관한 국제적 통일기준'이다. 이후 BIS는 규제보완을 지속적으로 추진하였다. 1997년 12월 신BIS 자기자본 규제에 이어 2004년 바젤II 협약을 체결하여 2006년 말부터 회원국을 대상으로 시행하였으며, 우리나라는 2008년부터 도입하여 운영하고 있다.

이러한 금융통합화로 국가 또는 지역별로 금융위기가 발생하면 국제공조가 보다 쉽게 이루어진다. 그 대표적인 예가 2008년 9월 발생한 미국의 서브프라임 금융위기이다. 위기가 발생하자 미국을 중심으로 유로권, 동아시아권 등 전 세계적으로 통화 및 재정정책의 공조를 추진하였다. 이는 금융국제화로 인한 당연한 결과라 할 수 있다.

예컨대, 한 나라의 자금시장이 경색되면 다른 나라 자금시장에서 자금을 조달할 수 있고, 또한 그렇게 하기 때문에 자금시장이 서로 연관되어 움직이게 된다. 특히 외환시장은 더욱 그렇다. 최근에 각국의 외환시장 구조가 주요 핵심금융기관에 의한 외화차입 이후 이를 국내 통화와의 스와프(swap)하는 형태로 공급됨으로써 각국의 외환시장 간 연계는 크게 높아졌다.[2)]

또한 금융시장이 직·간접적으로 연계되어 금융부문에 대한 대책을 수립하는 데에도 국가 간 보조를 맞추게 되었다. 만약 그렇지 않을 경우 국제적 영업기반을 가진 금융기관들 사이에 국가별 규제차익이 발생하여 자금유동성이 더욱 증폭될 수가 있다. 한편 금융통합화는 금융기관의 대형화를 초래하였고 업무 범위도 전통적인 예대업무에서 투자은행 업무로 확대되었다. 또한 규모와 조직이 커지면서 규모 및 범위의 경제도 가능해졌다. 이로 인해 세계 각국의 금융기관 간 유사성이 높아진 대신 차별성은 약화되었다. 이런 점으로 인해 한 국가에 금융위기가 발생하게 되면 다른 국가로 자연스럽게 확산되고, 동시에 국제적인 공조도 가능해진다.

2) 이종규(2009), 『금융제도변화와 위기대응 정책의 진화』, 정책심포지엄 인용·정리

(2) 금융통합화의 효과

금융통합화로 인해 긍정적 효과와 부정적 효과가 나타난다.

우선 긍정적 효과를 살펴보면 다음과 같다. 먼저, 금융기관의 외국환 및 국제금융에 관련된 각종 수수료 수익이 증대된다. 둘째, 해외거점이 확보된다. 국내 금융기관이 해외지점, 사무소 또는 현지법인을 설치하여 현지에 진출한 국내회사의 지사와 해당국가 기관에 금융서비스를 제공할 수 있다. 셋째, 고용이 창출된다. 국내금융시장에 외국은행이 진출하면 고용이 증대된다. 넷째, 국제수지가 개선된다. 외국은행이 진출하고 역외금융시장이 형성되면 국내금융기관과 거래가 많아지므로 국제수지가 개선된다. 다섯째, 국내통화가 국제통화로서의 위상이 높아지면 국제수지 정책 수행이 쉬워지며, 국제정치 및 경제적 입장이 강화된다. 여섯째, 외자도입이 수월해진다. 외국은행이 자국 내에 진입하면 이 은행을 이용하여 쉽게 외자를 도입할 수 있다.

다음으로 부정적 효과를 살펴보자. 첫째, 금융이 통합화되면서 국내금융시장이 글로벌 금융환경 하에 놓여 있게 되어 독자적인 금융정책과 재정정책 등을 수행하기가 어렵게 된다. 또한 의도하지 않은 글로벌 금융정책 등을 도입하여 운영할 수도 있게 된다. 둘째, 금융통합화는 국내금융기관과 선진외국 금융기관과의 경쟁을 심화시켜 상대적으로 경쟁우위에 있는 외국기관이 국내시장을 잠식하여 금융거래 수익과 국내자본이 해외로 유출될 수 있다. 셋째, 금융통합화는 자본자유화를 유발하게 되므로 핫머니(hot money)가 국내에 유입되어 금융과 자본시장을 교란시킬 염려가 있다.

3) 금융증권화(finance securitization)

금융증권화란 금융시장에서 증권을 이용한 자금조달과 이의 운용이 보편화된다는 것을 말하는데 이를 통해 금융중개 방식도 직접 금융화되고, 대출채권도 증권화되는 현상을 말한다. 이러한 증권화가 진행되면서 은행업과 증권업 간의 업무를 둘러싼 영역다툼이 치열해졌다. 특히, 미국과 일본처럼 은행업과 증권업무가 명확히 분리되어 있는 분리주의 영업환경에서 경쟁이 치열하였으며 종국에는 은행과 증권 간의 울타리가 사실상 없어졌다. 더욱이 국제적으로 금융자유화가 가속화되면서 금융증권화 현상도 덩달아 빨라졌다.

그렇다면 이러한 금융증권화가 가속화되는 원인이 무엇인지 살펴보자. 우선 개발도상국들의 외채위기를 기점으로 국제금융시장의 자금조달방법이 대출시장에서 채권시장으로 변화하였다는 점이다. 즉 지난 1970년대 폴란드와 멕시코의 외채위기가 발생하자 상업은행들은 개발도상국에 대한 대출을 감소시키고, 그 대신 신용이 양호한 선진국의 정부, 정부기관과 기업에 신용을 제공하였다. 그러나 이들 차입자들은 조달비용이 큰 대출보다는 보다 저렴한 채권발행을 선호하여 이들의 기호에 맞추기 위하여 국제상업은행들도 채권을 발행하여 자금을 공급하게 되었다.

둘째, 국제자금이동의 변화를 들 수 있다. 1970년대 1, 2차 석유파동으로 인한 석유가격이 급등하자 중동 산유국들은 엄청난 경상흑자를 통한 달러자금을 대부분 유로뱅크에 예치하였다. 그리고 유로뱅크들은 이들 자금을 신디케이트론으로 운용함으로써 국제금융시장에서 간접금융의 비중이 상당히 높았었다. 그러나 석유가격 안정과 대체에너지 개발 등으로 석유수요가 줄어들면서 산유국들의 경상수지가 1982년을 기점으로 적자로 반전되었다. 대신 일본, 독일 등 선진국들의 경상흑자가 시작되고 이들은 벌어들인 자금을 예금형태보다는 수익률이 높은 채권을 매입하였다. 또 차입국인 미국이 국채를 발행하여 경상수지 적자를 보전함으로써 금융의 증권화 현상은 본격화되었다.

셋째, 리스크관리 기법이 발달되면서 증권화가 더욱 필요해졌다. 국제금융시장에서 점차 변동금리의 적용이 일반화되자 금리리스크 관리가 문제시되었다. 이를 커버하기 위하여 금리스와프나 금리선물 등을 개발되었는데 이들 기법은 증권 및 파생증권을 매개로 이루어지는 것이다. 채권을 발행한 경우 차입자는 금리 및 통화스왑을 이용하여 원하는 금리의 형태와 만기 그리고 통화를 선택할 수 있다. 그러므로 금융증권화 현상은 더욱 심화될 수밖에 없었다.

넷째, 은행의 자기자본비율 규제이다. 상업은행들은 자기자본규제의 회피와 수수료 수입을 올리기 위해 주로 부외거래를 행하였다. 부외거래란 대차대조표 계정에 계상하지 않고 각주에 기재되는 거래로서 보증신용장의 발행, 회전대출 약정 등이 포함된다. 이와 같은 부외거래가 급증하자 선진국을 중심으로 이의 부작용을 줄이고자 은행의 자기자본비율을 규제하려는 움직임이 일어나고 급기야는 1988년 국제결제은행이 국제적인 통일기준인 BIS비율규제를 마련하고 지속적으로 보완해 왔다. 선진국에서는 이 기준을 유지하기 위하여 위험자산인 대출보다는 증권관련 영업을 통한 수수료 증대와 자기자본비율을 높이기 위한 우선주, 후순위채권 발행 등에 우선하였다. 그 결과 금융의 증권화 현상은 더욱 심화되었다.

4) 금융의 디지털화(finance digitalization)

최근 들어 정보통신 기술이 눈부시게 발달되면서 금융산업에도 엄청난 변화가 나타나고 있다. 컴퓨터의 고도화로 수많은 지급결제가 동시에 처리되고 이의 정보가 실시간 전 세계 금융기관에 보내지면서 금융거래의 효율성이나 정보의 활용성이 상당히 높아졌다. 또한 통신기술도 발달되면서 인터넷금융, 사이버거래가 대중화되고 금융산업 전체가 새로운 금융서비스를 통해 더욱 성장하는 단계에 이르렀다. 이러한 금융디지털화 현상은 미래의 금융기법이나 거래형태를 새로운 시각으로 접근하는 계기를 마련해 주었다.

5) 최근의 금융환경

2007년 들어 미국의 서브프라임 위기 촉발로 시작된 글로벌 금융위기는 전 세계적으로 금융안정의 중요성을 재차 인식시켰고 금융시스템의 취약은 한 나라에 국한되는 것이 아니라 각국에 동시다발적으로 영향을 미치게 되므로 금융시스템의 안정성 확보가 무엇보다도 중요하다는 것을 깨닫게 되었다. 이로 인해 금융환경도 미세하게 변화하였다. 첫째, 리스크의 세분화, 금융의 시장화, 금융회사의 겸업 확대 등으로 금융시스템의 하부구조가 세분화되었다. 금융상품의 리스크 및 수익의 분해와 재결합을 통해 신용부도스와프(Credit Default Swap; CDS)이나 부채담보부증권(Collateralized Debt Obligation; CDO) 등의 신상품이 등장하고 그 거래량이 매년 비약적으로 증가하고 있다. 또한 규제 및 시장 측면에서의 유인에 따라 은행 등 전통적 금융기관이 영업모델을 대출중심에서 유동화로 변경하면서 1차 금융상품(대출)보다 2차, 3차 등 다차원 금융상품(증권화 및 유동화)의 성장세가 한층 늘어나고 있다.

둘째, 헤지펀드, 사모자산운용사 등 새로운 금융시장 참가자가 급속히 늘어나고 있다. 헤지펀드나 사모펀드는 개인 및 기관투자자의 매력적인 투자수단으로 각광을 받으면서 상업 및 투자은행까지 가세하면서 모든 금융기관의 주요 수익원으로 자리잡았다. 그러나 이런 투자행위가 2008년 미국 서브프라임 위기촉발의 주요 원인으로 지목되면서 이의 규제해야 한다는 목소리가 높아지고 있다. 특히, 투자행태 중 고수익을 얻을 수 있다면 어떠한 리스크도 부담한다는 수익지상주의에 관해서는 더욱 엄격히 규제할 가능성이 높아졌다.

셋째, 금융회사가 국경 간 금융서비스를 확대함에 따라 금융의 세계화가 더욱 확산되고 일상화되다시피 했다. 이는 금융자유화와 통합화 등으로 인해 자연스럽게 등장하였지만 부작용도 적지 않다는 것을 알게 해주었다. 사람과 물자의 활발한 이동이 각종 전염병의 전파를 촉진하듯이 금융의 세계화는 세계 곳곳으로 금융리스크의 파급범위를 광역화하고 그 경로를 다각화하여 이의 예측과 대응을 어렵게 만들었다. 한편, 이는 자연스럽게 금융리스크 관리의 중요성을 일깨워 주는 사례가 되기도 하였다.

넷째, 가계부문이 과거에 비해 금융리스크의 관리를 직접 책임져야 하는 상황이 도래했다. 최근 들어 가계자산 중 예금의 비중이 줄어드는 대신 시장리스크에 민감한 주식, 펀드, 채권 등의 비중이 엄청나게 늘어나는 추세이다. 또한 연금의 선호유형도 확정급부형보다는 확정기여형으로 전환되고 있다. 각국 정부도 정책적으로 자가보유 확대를 추진하는 가운데 주택담보대출을 중심으로 가계의 부채가 증가하고 있다. 이처럼 리스크 노출과 관리의 주체가 금융회사에서 가계부문으로 이전됨에 따라 금융시스템에 내재된 리스크가 더욱 다양해지고 이를 관리하는 사회적 비용도 더욱 늘어날 추세이다.

이러한 여건변화는 한편으로는 금융부문의 성숙된 발전을 반영하는 것이지만, 또 다른 한편에서는 리스크의 증대, 금융의 취약성 확대 그리고 이에 따른 실물경제에 대한 부정적 영향 확산 등을 내포하고 있는 것이다.

2 우리나라의 금융환경

우리나라가 관치금융의 틀에서 벗어나 세계적인 금융환경의 변화에 발맞추기 시작한 것은 1981년 '자본시장 자유화를 위한 4단계 조치'를 발표하면서부터이다. 이후 1991년 금리자유화 4단계 조치로 인한 금리자유화를, 1992년에는 외국인의 직접투자 허용으로 자본자유화를 시도하였고, 1997년 금융 빅뱅을 추진하면서 본격적인 자유화와 통합화 대열에 합류하게 되었다. 우리나라의 세부 주요 추진내용을 살펴보자.

1) 금리자유화

금리자유화는 다음 표 3-1에서처럼 1991년 8월부터 단계별로 추진계획을 수립하여 시행하였으며 이후 부분 보완되었다. 주로 여·수신 금리의 단계적 자유화와 금리연동부 상품(CD 등)의 저변 확대에 초점을 맞추었다. 제 1단계에서는 우선적으로 규제의 실효성이 적고, 금리변동의 경제적 파장이 적을 것으로 예상되는 금융상품이 대상이었다. 즉 수신 면에서 CD, 거액 상업어음 및 3년 만기 정기예금 등이고, 여신면에서 당좌대출, 상업어음할인, 연체대출 등의 금리를 자유화하였다. 2단계에서는 주로 정책금융을 제외한 여신금리와 2년 이상 정기예금과 같은 장기 수신금리를 자유화하였다. 또한 3단계에서는 4번에 걸쳐 보완 시행되었는데 수신면에서 6개월 미만 정기예금과 1년 미만 적립식 수신금리와 여신면에서 한은 총액한도 대상 대출금리를 자유화하였다. 마지막인 4단계에서는 단기시장성 상품 제한을 사실상 폐지하여 전 금융기관을 대상으로 재정자금의 여신금리와 요구불예금 및 7일 미만 저축성예금을 제외하고는 모든 수신금리를 자유화하였다. 그러나 이마저도 2004년 2월에는 자유화하여 모든 여수신금리의 완전자유화가 이루어졌다.

표 3-1 금리자유화 추진계획 및 조치내용

추진계획		조치내용
1단계 (1991~1992)	수신	CD, 거액RP, 거액상업어음 및 무역어음, 3년 만기 정기예금, 투금사의 기업어음 등
	여신	당좌대출, 상업어음할인, 연체대출, 무역어음할인 등
	채권	2년 이상 회사채
2단계 (1993)	수신	2년 이상 정기예금, 3년 이상 적금 등
	여신	제 1, 2 금융권의 모든 여신
	채권	2년 미만 회사채, 금융채 및 국공채
3단계 (1994~1996)	수신	6개월 미만 정기예금, 1년 미만 적금, 3개월 이상 자유예금 등
	여신	한은 자금지원대상 정책자금 대출
4단계 (1997~)	수신	수시입출식 저축성예금

출처 : 김종선 · 김종오(2009), p.75

2) 외환자유화

우리나라는 1995년부터 1999년까지 3단계로 나누어 외환제도 자유화를 추진해 왔는데 주로 외환시장 활성화 도모, 원화의 국제화를 추진하여 국내 금융기관의 국제화를 앞당기기 위한 목적이었다. 그러다 1997년 11월 외환위기를 맞이하여 당초 일정대로 환율 변동폭 제한을 없애고, 동년 12월 16일 자유변동환율제도로 이행하게 되어 외환시장은 변동환율제 하에서 거래되었다.

한편, 외환거래자유화도 그 경제적 여파를 감안하여 단계적으로 시행했다. 우선 1998년 7월부터 기업이 중·장기 외화차입 및 외화증권 발행을 자유롭게 할 수 있도록 했다. 외국인 투자자들에게 단기금융상품 투자를 전면 허용한 것이나 부동산 매입을 자유롭게 한 것도 같은 맥락이다. 그러나 여행경비, 증여성 송금 등 소모성 경비를 포함한 개인의 외환거래 자유화는 외화유출 방지차원에서 2011년까지 단계별로 미루었으며 이후 점차 완화될 전망이다(표 3-2 참조).

표 3-2 외환거래 자유화 추진일정(2002.4)

구 분	1단계(2002~2005)	2단계(2006~2008)	3단계(2009~2011)
무역거래	multi-netting 허용 등 결제 방법 간소화	채권회수의무 면제를 허가제에서 신고제로 전환	채권회수의무 폐지
자본거래	거주자의 해외차입한도(3,000만불 초과시 재정경제부장관 신고) 상향조정 등	자본거래 허가제를 신고(수리)제로 전환	신고제 폐지
원화 국제화	• 원화수출 자유화 • 비거주자의 원화차입한도(10억 원 초과시 한국은행 총재 허가) 상향조정 등	비거주자의 원화차입 허가를 신고(수리)제로 전환	신고제 폐지
외환시장 활성화	증권사, 보험사의 은행간 시장 참여 허용	금융기관의 외국환업무 취급 자유화	

출처 : 김종선 · 김종오(2009), p.78

3) 자본자유화 및 금융증권화

우리나라 자본자유화는 1996년 OECD가입으로 본격화되었는데, 1997년 11월 외환위기로 인해 자본자유화는 사실 원래 계획보다 앞당겨 주식시장, 채권시장 및 단기금융시장까지 개방되었다. 이에 따라 주식의 경우에는 외국인의 주식점유율이 폭발적으로 늘어나 주식거래시장의 큰손으로 부상하였다.

한편, 금융증권화도 글로벌 금융환경 변화에 맞추어 지속적으로 이루어졌는데 특히 글로벌 환경에서처럼 기업들의 직접금융 증가, 금융기관의 유가증권 발행 및 보유증대, 시장개방으로 해외자금 유입 등에 기인하였다. 또한 1998년 자산유동화관련법이 제정되어 다양한 유동화증권이 개발되고 운용되고 있다.

4) 업무규제 완화

그간 우리나라는 글로벌 추세에 맞추어 업종간 업무장벽을 제거하고자 꾸준히 노력하였다. 이의 대표적인 결과가 바로 2009년 2월 시행되었던 자본시장법이다. 이로 인해 새로이 금융투자회사의 업무범위 확대, 기능별 규제체계 도입, 투자자 보호제도의 선진화 등 선진국의 겸업주의 대폭 반영되었다. 이 제도의 시행으로 금융업종간 경쟁이 더욱 치열해졌고, 본격적인 저축의 시대에서 투자의 시대로 전환되었다.

5) 최근의 금융환경

우리나라의 금융산업은 실물자본과 뒤섞어 운용되고 있으며 산업자본과 금융자본이 긴밀한 유기적인 관계를 맺고 있다. 일부 소수 대기업은 비은행금융 산업에서 높은 시장지배력을 갖고 있으며 그 영향력도 대단하다. 또한 자금조달과 자금운영에서도 선도적인 영향력을 행사하고 있다. 이는 오랫동안 재벌중심의 경제구조에서 성장해 온 업보라고 할 수 있다. 그러므로 금융산업 전반의 정책방향은 대기업의 경제 및 경영행위에 주시할 수밖에 없는 한계를 갖고 있다. 21세기 이후에는 이러한 우리나라 경제의 구조적인 특성을 고려하면서 우리나라에 적합한 선진글로벌 금융정책을 도입·운용하는 시행착오를 거듭하였다. 그 결과 금융산업 전반에 걸쳐 선진화된 거래형태와 환경이 조성되기 시작하였다.

하지만 자본시장의 변동성은 아직도 매우 높다. 완전 개방된 우리나라의 자본시장은 국내외 금리 차이에 따라 자본이동이 신속이 일어나고 그 폭도 상당하다. 특히 주식시장은 외국인투자와 미국 주식시장의 영향을 크게 받는다. 자본시장 규모도 아직까지는 선진국에 비해 크게 뒤진 상태이다. 그러나 2009년 2월 시행된 자본시장법에 따라 국내자본시장도 점차 성숙되고 규모면에서도 국제적인 경쟁력을 확보해 가고 있는 상태이다.

채권시장은 국내외 금리 차이에 따라 움직이는 외국인의 투자규모 자체가 미미한 상태이다. 따라서 아직까지는 국내금리를 조정한다고 해서 이것이 환율변화를 초래할 만큼 외국인의 채권투자 패턴을 바꿀 수 있는 환경이 아니다. 그러나 한국의 금융시장은 미국 등 선진시장에 비하여 열악한 상태이므로 선진국 시장이 동요하면 의외로 불안한 금융장세를 보인 게 대체적인 우리의 현실이다.

전체적으로 우리나라는 IMF 외환위기 이후 해외자본 이동이 대량으로 이루어지고 자본이동 속도가 상당히 빨라졌다. 반면에 지정학적인 리스크, 정치 불안, 노사문제 등 금융환경의 선진화를 교란시키거나 금융정책의 실효성을 퇴색시키거나 효과를 반감시키는 요인들도 상존해 있다.

요점정리

1. 금융자유화란 금리규제, 국제자금 이동규제, 외국금융기관 진출규제, 금융기관의 업무규제 등을 완화 또는 폐지하는 것을 의미하는데 이 중 금리 및 업무규제의 완화가 핵심이다. 그리고 금융통합화는 각국의 금융시장과 제도를 보편적인 통합기준과 규칙으로 통합한다는 의미이고, 이로 인해 세계 어느 금융시장에서 24시간 거래가 가능해진다.
2. 금융증권화는 금융시장에서 증권을 이용한 자금조달과 이의 운용이 보편화된다는 것을 말하는데 이를 통해 금융중개 방식도 직접금융화, 대출채권도 증권화된다. 또한 IT기술의 혁신으로 금융디지털화도 더욱 가속화되고 금융기법도 다양해졌다.
3. 우리나라는 1981년 '자본시장 자유화를 위한 4단계 조치'를 발표하면서부터 구체적으로 글로벌 금융변화에 부응하였고, 이후 1991년 금리자유화 4단계 조치로 인한 금리자유화를, 1992년에는 외국인의 직접투자 허용으로 자본자유화를 시도하였고, 1997년 금융 빅뱅을 추진하면서 본격적인 자유화와 통합화 대열에 합류하였다. 이후 시행착오를 거듭하다 2009년 2월 자본시장법이 발효되면서 국내 금융시장의 성숙된 금융패턴이 정착되기 시작하여 국제적인 경쟁력을 확보하기에 이르렀다.

Chapter 3 평가문제

1 금융자유화가 진행될 수밖에 없는 원인으로 세 가지를 나열하시오.

2 금융통합화로 인한 긍정적 효과와 부정적 효과를 서술하시오.

3 최근 글로벌 금융환경의 주요 변화 네 가지를 쓰시오.

4 다음 문장의 괄호 안에 알맞은 단어를 기입하시오.

① (　　　)는 금융시장에서 증권을 이용한 자금조달과 이의 운용이 보편화된다는 것을 말하는데 이를 통해 금융중개 방식도 (　　　　), 대출채권도 (　　) 된다.

② 금융자유화란 금리규제, 국제자금 이동규제, 외국금융기관 진출규제, 금융기관의 업무규제 등을 완화 또는 폐지하는 것을 의미하는데 이 중 (　)와 (　)의 완화가 핵심이다.

Part 2

금융제도의 이해

Chapter 4 금융정책
Chapter 5 금융감독

금융제도는 크게 금융정책과 금융감독으로 구분하여 살펴보고자 한다.
제4장 금융정책에서는 다시 금융정책, 통화정책, 환율정책으로 구분하여
각각에 대하여 의의에서부터 최근 현황까지 살펴본다.
제5장 금융감독에서는 금융감독의 의의, 감독형태 및
우리나라 금융감독체계에 대하여 살펴본다.

Chapter 4

금융정책

1. 금융정책
2. 통화정책
3. 환율정책

Chapter 4

금융정책

1 금융정책[1]

1) 금융정책의 의의

금융정책은 넓은 의미로 정부와 중앙은행이 거시경제목표, 즉 경제성장, 완전고용, 물가안정 및 국제수지 균형 등을 달성하거나 금융부문 자체의 안정과 발전을 위해서 금융시장과 금융기관을 대상으로 금융적 수단, 즉 통화, 금리 및 신용 등을 사용하는 것이라고 정의할 수 있다. 이러한 금융정책은 일반적으로 금융시스템정책, 통화신용정책 그리고 금융감독정책으로 나뉜다. 한편, 좁은 의미로는 중앙은행의 통화신용정책 또는 정부의 금융규제정책으로 한정되어 정의되기도 한다.

우리나라의 금융정책은 2009년 12월 현재 재정경제부가 금융정책총괄 및 금융시스템 정책을, 한국은행(금융통화위원회)이 통화신용정책을 그리고 금융감독위원회(금융감독원)가 금융감독정책을 담당하고 있다. 한편, 자본주의 시장에서 시장경제는 공공재(국방, 치안, 사회간접자본 등)의 필요성, 불완전경쟁, 분배의 불평등, 실업, 인플레이션, 의사결정의 불확실성 등의 요인으로 내재적인 불안정성[2]을 갖고 있기 때문에 이를 보완하는 정부의 역할이 중요하다. 정부도 정책을 결정하고 추진하는 과정에서 경직성과 비효율성[3]의 위험을 항상 갖고 있으므로, 정부의 개입을 최적으로 하여 시장기능이 위축되거나 왜곡되지 않도록 노력해야 한다.

1) 방영민(2006), 『금융』, pp.211-231 인용·정리
2) 이것을 일명 시장의 실패라고 한다.
3) 이것을 일명 정부의 실패라고 한다.

정부 경제정책의 목표는 물가 및 금융안정 등의 대내균형, 고용안정 등의 경제성장, 국제수지 안정 등의 대외균형으로 구분되며, 금융정책은 경제목표를 달성하는 동시에 금융시장과 금융산업 자체의 안정과 발전을 추구해야 하는 이중적 성격으로 이 둘은 서로 상충되거나 밀접한 연관성을 갖고 있다. 따라서 금융정책을 수행하는 각 정책당국의 목표가 서로 다르게 설정되어 있다 하더라도 상호 조화롭게 정책의 선택과 운영이 필요하다.

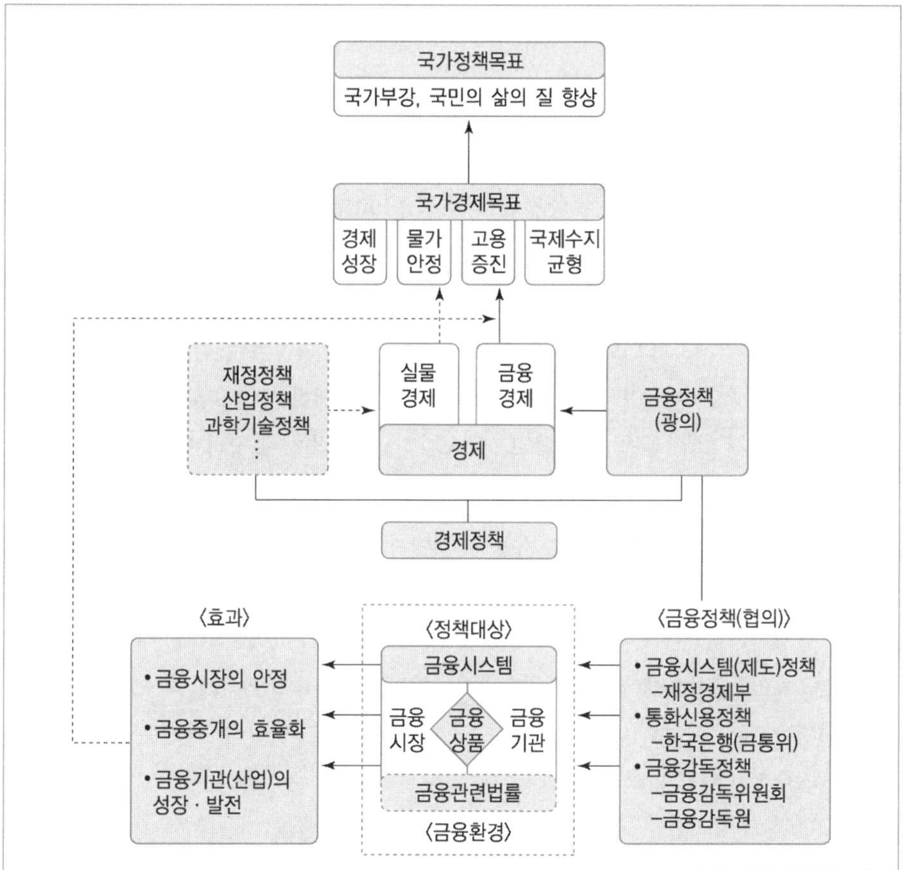

출처 : 방영민(2006), p.21

그림 4-1 금융정책의 역할

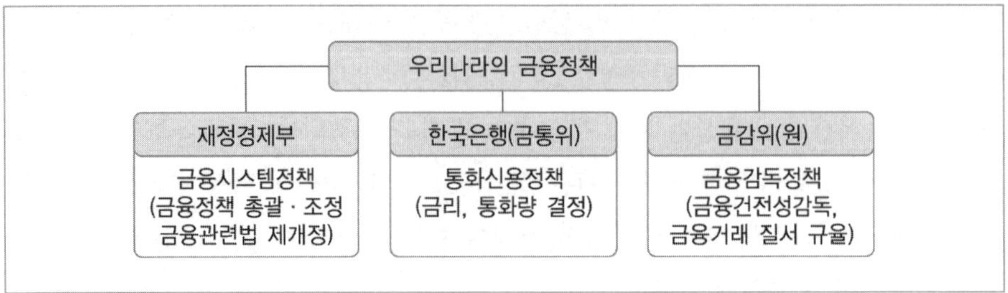

그림 4-2 우리나라 금융정책 업무분장

2) 금융정책의 분류

(1) 금융시스템정책

금융시스템은 금융시장과 금융기관 그리고 이들을 형성하고 운영하는 데 필요한 모든 법규와 관행을 총칭하며, 이를 구체적으로 살펴보면 금융시장과 금융기관을 어떻게 형성하고 운영하며, 시장에 제공되는 금융상품은 어느 정도의 범위와 내용으로 허용될 것인지 그리고 시장의 질서유지와 시장참여자의 편의와 보호를 위해서 어떤 제도적 장치를 마련할 것인지 등을 결정하고 시행하는 것으로 요약할 수 있다.

우선 금융시장이 자금을 중개하고, 금융자산의 가격을 결정하며, 자산의 유동성을 제고하고, 금융거래의 위험을 감소시키는 기능을 제대로 수행할 수 있도록 해주는 것이다. 다음으로 금융기관이 역할을 제대로 수행하도록 금융기관의 구조와 업무범위를 합리적으로 결정하고 그 운용이 효율적으로 이루어지도록 시장원리에 따른 자율경쟁체제를 유도한다. 이어서 다양한 금융상품의 구성, 형태, 내용에 대해서도 최소규제와 선진화에 관심을 유도한다. 이와 함께 금융소비자 보호제도의 마련에도 역점을 두고 있다. 금융소비자는 금융정보 이용측면이나 거래능력 측면에서 상대적으로 불리하므로 이들을 보호하는 제도마련이 중요하다.

(2) 통화신용정책

이는 중앙은행이 물가안정 등 정책의 최종목표를 달성하기 위해 통화량과 신용공급량을 조절하거나 금융기관의 자금 대출과 금리를 직접 규제하는 활동을 말한다. 흔히 통화량과 여신규모를 조절하는 것을 양적 통화신용정책이라 하고, 자금배분과 금리수준을 직접 규제하는 것을 질적 통화신용정책이라 한다. 통화정책의 운

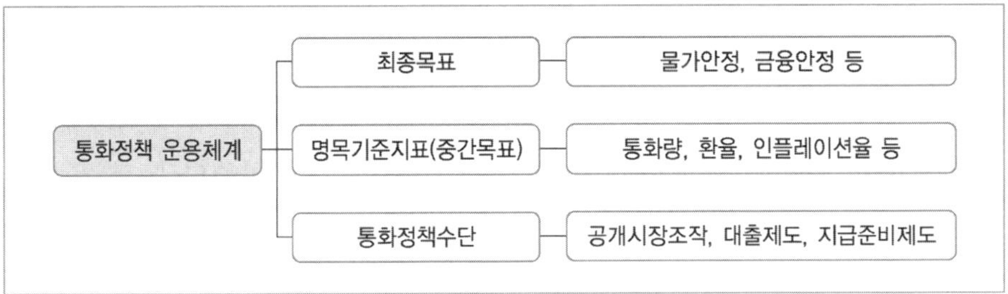

그림 4-3 통화정책 운용체계

용체계는 중앙은행이 물가안정 등 최종목표를 달성하기 위해 관리하는 중간목표(예 : 통화량, 환율, 인플레이션율 등)와, 중간목표 달성을 위한 구체적인 운용목표(예 : 본원통화 공급, 환율, 콜금리 등), 그리고 이를 실질적으로 실현하기 위한 수단(예 : 공개시장조작, 대출정책, 지급준비제도 등)으로 구성된다. 통화신용정책 수단은 정책당국이 갖고 있는 규제권한에 근거하여 은행의 여·수신 금리수준을 규제하거나 은행의 대출규모를 통제하는 직접조절 수단과, 시장 친화적인 공개시장 조작정책, 대출정책(재할인정책), 지급준비정책 등의 간접조절 수단이 있다. 대표적인 직접규제 수단으로 창구규제와 증권금융규제 등이 있는데, 창구규제에는 대출한도제도, 특별자금지원제도 등이 속한다. 증권금융규제는 증거금율의 변동을 통해 특별한 부문의 자금의 공급을 규제하고 경기를 변동시키는 것이다. 기타 도의적 설득 등이 있다.

(3) 금융감독정책

금융감독이란 금융기관의 설립을 인가하고, 금융기관의 건전성을 감독·검사하며, 법규를 위반한 금융기관과 임직원에게 제재를 가하고, 금융이용자들을 보호하는 것을 말한다. 따라서 금융감독정책은 금융감독이 효과적으로 이루어질 수 있도록 금융감독 관련법규와 관행을 마련하고 이를 금융환경 변화에 맞게 개선해 나가는 일체의 활동을 의미한다. 금융산업은 다른 산업에 비해 정부의 규제와 감독을 훨씬 강하게 받고 있으며 시장에서의 완전한 자율성을 보장받고 있지 않는 것이 일반적이다. 그 이유는 금융시장의 실패와 시스템 위험을 예방 내지는 최소화하기 위해서이다.

3) 금융정책의 효과

(1) 통화정책

통화정책이 실물경제에 미치는 경로로 금리경로가 가장 대표적이다. 그 외 자산가격 경로, 환율경로, 신용경로 등이 있다. 통화정책이 각 경로를 통해 정상적인 영향을 미치기 위해서는 경로주변의 제반 정책과 혼선이 없어야 한다. 즉 경제성장정책이나 물가정책 등에서 상호 균형과 최종목적에 부합되도록 추진되어야 한다.

통화정책이 한번 발효되면 당초 기대한 대로 목표시장에 정하진 기간만큼 영향을 주지는 않는다. 통상 우선적으로 금융·자본·외환시장에 영향을 미친다. 이후 일정기간이 지나면 실물경제에 영향을 미친다. 정책입안자들은 이와 같은 파급의 시차를 정확히 예측하여 시장에 미치는 역효과를 최소화하고자 노력한다. 그러나 이 경우는 여러 가지 불확실성으로 인하여 예측하기가 매우 어렵다.

(2) 금융감독정책

금융감독정책의 핵심은 건전성 규제이며, 이를 통해 금융기관이 금융불안을 사전에 예방하고 완충역할을 할 수 있도록 지도한다. 또한, 금융시장을 상시적으로 감시함으로써 금융시장의 효율성을 유지하고 불공정 금융거래를 방지한다. 하지만 지나친 감독은 오히려 역효과를 초래하기도 한다. 대표적인 감독정책의 하나인 자기자본비율 규제강화는 은행의 대출을 감소시켜 신용경색을 유발할 수 있으며, 중앙은행의 저금리정책의 실시에도 불구하고 경기회복이 지연되는 결과를 초래할 수 있다.

4) 우리나라의 금융정책

우리나라 경제는 지금까지 괄목할 만한 성장세를 보여 왔다. 또한 금융정책도 지속적으로 경제성장에 맞추어 금융의 자유화와 국제화를 추진해 왔다. 그러나 아직까지도 선진국의 금융제도에 좌우되고 있는 게 우리의 현실이다. 특히 미국 금융제도가 변화하면 우리나라의 금융구조도 덩달아 변화하는 형태이다. 이러한 구조변화는 국내시장의 불확실성을 함께 가져오므로 금융정책을 일관성 있게 펼치는 데는 한계가 있다고 볼 수 있다. 여기서 우리나라의 금융정책 변천과 운용체제에 대하여 살펴보자.

(1) 금융정책의 변천

① 1980년대 : 경제안정화와 금융자유화 추진

전반적으로 물가안정세와 3저 현상 즉, 유가하락, 미국 달러화 약세, 국제금리 하락이라는 대외경제 여건의 호전에 힘입어 지속적으로 고도성장과 대규모 경상흑자를 실현하였다. 이를 바탕으로 정부는 기본적인 금융의 자유화와 국제화를 추진하였다. 이와 동시에 지속적인 경제성장이 가능하도록 단단한 기반도 조성하였다.

② 1990년대 전반 : 실질적인 금융의 자유화·개방화 추진

1990년대 들어 경상수지가 적자로 반전되고 수출 및 경기전반이 둔화되면서 경제성장이 크게 둔화되었다. 이에 정부는 1993년 '신경제 100일 계획' 과 '신경제 5개년 계획' 을 시행하였으며 이때 금융제도의 대표적인 혁신조치로 꼽히는 '금융실명제' 를 과감하게 시행하였다. 1991~1995년에는 금융자유화 조치의 하나로 요구불예금 등 일부 단기수신금리를 제외한 모든 금리를 자유화하였으며, 외환거래의 선진화 및 자유화의 일환으로 시장평균 환율제도를 도입하였고, 한국은행의 외환집중제를 완화하였다. 또한 외국인의 국내 직접투자와 거주자의 해외투자 제한을 지속적으로 완화하고, 금융국제화를 위한 시장개방을 추진하였다. 특히 1996년에는 OECD에 가입함으로써 실질적인 자본자유화를 실현하였다.

③ 1990년대 후반 : 금융위기 발생 및 구조조정 추진

1990년대 후반에 들어서면서 우리나라의 고질적인 병폐로 지적되었던 대기업을 중심으로 한 과도한 확장투자와 외환 및 자본자유화의 급속한 추진으로 인한 후유증이 나타나면서 금융 및 외환시장의 질서가 무너지는 등 우리 경제의 구조적인 취약점이 드러나기 시작하였다. 특히 1997년에 들어서 대기업의 잇따른 부도, 경상수지 누적적자 가중, 외화유입 부진으로 금융시장이 매우 불안정하였고, 덩달아 금융기관의 부실채권도 급증하였다. 여기에 태국, 인도네시아 등 동남아시아의 외환위기 영향 등이 겹치면서 우리 경제에 대한 해외투자자의 불신이 고조되었고, 그 여파로 국내 금융기관들의 해외차입금 만기연장이 쉽지 않았다. 급기야 그해 11월 외환수급의 불균형이 더욱 심화되면서 환율이 급등하고 외환보유액이 거의 소진됨에 따라 대외결제 불능(moratorium)의 직전 상황까지 이르게 되었다. 정부는 이러한 위기상황을 해결하기 위해 IMF(International Monetary Fund : 국제통화기금)에 긴급 지원 자금을 요청하였으며, IMF는 엄정한 기준을 적용하여 우리나라를 지원하였다.

이후 정부는 이러한 상황을 조기에 극복하기 위하여 금융기관 및 기업 등 경제전반의 구조조정을 강력히 추진하였다. 우선적으로 공적자금을 투입하여 금융중개 기능을 회복시키고, 금융관련법 규정을 국제기준에 맞게 선진화하는 한편, 국내 금융기관들에게 선진모범규준[4](best practice)을 채택·운영토록 하였다. 그리고 금융권역별로 다원화되었던 금융감독 체계를 금융감독위원회·금융감독원으로 일원화하였고, 한국은행의 목표를 물가안정으로 바꾸고 통화신용정책을 중립적으로 수립·집행토록 하였다.

④ 2000년대 전반

2000년대 들어 우리 경제는 뼈를 깎는 각고의 노력으로 금융과 실물 전 분야에 걸쳐 정상궤도로 진입하였다. 그러나 2003년 중반부터 잠재되었던 신용카드 사태 촉발로 신용불량자 양산, 중소기업 금융 문제 등 금융 분야의 구조적인 취약점이 드러나면서 금융문제가 우리 경제의 주요 장애요인으로 등장했다. 이에 따라 정부는 시장의 신뢰를 회복시키고 금융시장을 안정시키기 위해 대규모 증자 등 카드사 자체의 경영개선과 카드채 만기연장 등 유동성지원을 하였다. 이와 함께 신용불량자를 구제하기 위한 신용회복지원제도를 마련하여 실시하였다. 또한 중소기업 회생지원을 위한 은행자율의 워크아웃 활성화 정책을 시행하였다.

⑤ 2000년대 후반

2000년대 후반 초에는 전반기의 구조조정 효과가 나타나기 시작하면서 금융시장 전반이 안정화되었다. 그러나 부동산시장의 변동성이 점차 확대되면서 국지적으로 흔들리는 모습이었다. 그러다 2008년 9월 미국의 서브프라임 모기지사태가 터지면서 우리나라 금융시장도 빠르게 위기상황으로 치달았다. 주식시장의 외국인 순매도, 외화유동성 부족과 신용경색이 겹쳐지면서 대내외적으로 불확실성이 확산되었다.

그러나 과거 IMF 외환위기의 학습효과를 통하여 우리나라는 신속하게 기준금리 인하, 미국, 중국 및 일본과의 통화스와프 체결 등 탄력적인 외환정책 집행, 대규모 국내 경기부양책 실시 등을 통해 미국발 세계 금융위기에서 가장 효율적으로 대처하였다는 평가 하에 2009년 들어 빠르게 안정되는 모습으로 전환되었다. 또한 글로벌 대형 투자은행 육성 등을 위한 자본시장법을 2009년 2월 시행하면서 점차 글로벌 금융경쟁체제도 구축하기에 이르렀다.

4) 이의 대표적인 사례가 국제기준의 자기자본규제와 리스크관리제도 도입이다.

(2) 금융정책 운용체제

2010년 현재 우리나라 금융정책 수립과 운용은 재정경제부, 한국은행(금융통화위원회), 금융감독위원회 및 금융감독원이 담당하는 체제로 구성되어 있다. 재정경제부는 '정부조직법' 과 '대통령령' 에 근거하여 경제정책(성장, 고용, 물가, 국제수지)목표 달성을 위해 금융정책을 총괄 조정하면서 금융시스템(제도)의 안정과 발전을 위한 금융시스템정책에 역점을 두고 있다. 한국은행(금융통화위원회)은 '한국은행법' 에 근거하여 총괄적으로 통화신용정책의 수립과 집행을 담당한다. 그 중 금융통화위원회는 주로 효율적인 통화신용정책 수립과 집행을 통하여 물가안정을 도모하고 한국은행을 관장하고 통화안정을 꾀한다. 그리고 한국은행은 한국은행권의 발행, 금융기관의 예금과 예금지급준비 및 대출, 공개시장에서의 증권의 매매, 지급결

표 4-1 금융당국별 금융정책 수행내용

담당기관	목 적	업무내용	근거법
재정경제부	• 경제정책 목표달성(성장·고용·물가·국제수지) • 금융시스템의 안정과 발전	• 경제정책의 수립·총괄 • 화폐·금융정책 총괄·조정	정부조직법 대통령령
금융통화위원회	효율적인 통화신용정책 수립과 집행을 통하여 물가안정 도모 → 국민경제의 건전한 발전에 이바지	• 통화신용정책에 관한 의결 • 한국은행의 운영에 관한 의결	한국은행법
한국은행	효율적인 통화신용정책 수립과 집행을 통하여 물가안정 도모 → 국민경제의 건전한 발전에 이바지	• 한국은행권의 발행 • 금융기관의 예금과 지급준비 • 금융기관에 대한 대출 • 공개시장에서의 증권의 매매 • 지급결제 및 국고대리업무	〃
금융감독위원회	• 건전한 신용질서·공정한 금융거래관행 확립 • 예금자 및 투자자 등 금융 수요자 보호 → 국민경제발전에 기여	금융감독정책(규정 제/개정·인허가·감독 관련 주요사항)	금융감독 기구의 설치 등에 관한 법률
금융감독원	• 건전한 신용질서·공정한 금융거래관행 확립 • 예금자 및 투자자 등 금융 수요자 보호 → 국민경제발전에 기여	금융감독 집행(감독·검사·조사·제재)	〃

제업무, 국고대리업무 등을 수행한다.

금융감독위원회는 금융감독 정책 즉, 규정 제·개정, 인·허가, 감독관련 주요사항을 총괄하고, 금융감독원은 실질적으로 금융감독을 집행, 즉 감독, 검사, 조사, 제재 등을 담당한다. 요약하면 재정경제부는 경제안정을, 한국은행(금통위)은 통화가치안정을, 금감위(금감원)는 금융시장의 안정에 최우선적으로 역점을 둔다고 할 수 있다. 표 4-1은 금융당국별 수행목적과 주요 업무내용을 요약한 것이다.

2 통화정책

1) 중앙은행의 기능 및 역할

중앙은행은 발권은행으로서 은행권, 즉 화폐를 독점 발행한다. 화폐는 무제한적인 강제 통용력을 지닌 법화(legal tender)로서 화폐발행이 남발되지 않도록 최고발행액 제한과 같은 여러 가지 장치를 두고 있다. 이러한 중앙은행의 기능을 살펴보면 다음과 같다. 첫째, 은행의 은행으로서의 역할을 하는데 주로 시중은행을 상대로 예금거래, 재할인, 대출거래, 유가증권 매매거래, 외환거래 등을 하고 있다. 두 번째로, 정부의 은행으로서의 역할을 한다. 즉, 정부의 대리인으로서 국고금의 출납 및 보관, 국채의 발행 및 상환 등의 업무를 대신 수행하는 동시에 정부가 필요로 하는 신용을 공급한다. 세 번째로, 통화신용정책을 담당하는 은행으로서의 역할을 한다. 중앙은행은 통화량과 금리수준의 조절을 통해 물가안정, 경제성장, 국제수지균형 등과 같은 거시경제 목표를 달성한다.

전통적으로 대다수 국가의 중앙은행은 통화가치안정과 금융안정이라는 두 가지 책무를 수행해 왔다. 중앙은행의 통화정책이 경제성장에 대해 미칠 수 있는 가장 중요한 기여는 물가안정과 금융안정을 달성하여 중·장기적으로 국가경제의 안정적인 경제성장을 달성하는 것이다.

중앙은행의 역할에 대한 역사적 배경을 살펴보면 금융안정 책무는 물가안정 책무에 비해 훨씬 오래된 것이었다. 19세기에 근대적 중앙은행으로 정착한 영란은행과 20세기 초에 설립된 미 연방준비은행도 당초 금융안정에 주력하였으며 현재와 같은 물가안정 책무는 그 이후에 이러한 금융안정 책무 위에 접목된 것이었다.

제2차 세계대전 이후 1950~70년대까지 각국의 정부는 경제성장과 고용증대에 주력해 왔는데 이러한 과정에서 세계적인 인플레이션 앙등 현상을 경험하게 되면서 중앙은행은 통화가치안정을 통한 물가안정을 가장 중요한 책무로 인식하게 되었다. 이를 반영하여 중앙은행은 통화량을 중간목표로, 지급준비율을 운용목표로 하는 등 주로 양적 지표를 관리하는 방식으로 통화정책을 수행하게 되었다. 이러한 통화정책은 일부 국가에서 경기침체를 초래하기도 하였으나 대체로 물가를 낮은 수준으로 안정시키는 데 크게 기여한 것도 사실이다.

그러다가 1980년대 들어 일반 물가가 상대적으로 낮은 수준에서 안정되는 경향을 보이는 가운데 금융자유화와 금융혁신의 급속한 진전으로 통화량과 실물경제 간의 안정적인 관계가 붕괴되기 시작하였다. 이를 반영하여 대다수 국가의 중앙은행은 단기금리를 통화정책의 운용목표로 운용하게 되었다. 이와 함께 통화정책의 역할도 물가안정보다는 금융안정에 더 많은 관심을 집중하게 되었다. 특히 1990년대에 들어서는 정보통신기술의 발달에 따른 생산성 향상, 경제개방화의 급속한 진전에 따른 물가상승압력 하락, 세계적인 과잉설비 및 그에 따른 과잉공급 그리고 일부 국가의 경기침체에 따른 디플레이션 우려 등으로 세계물가는 과거에 비해 크게 낮은 수준에서 안정되는 세계적인 저물가 현상을 보였다.

그러나 이러한 물가안정은 금융안정을 촉진하지만 금융안정을 반드시 보장하지는 못한다. 물가수준이 낮은 수준에 안정되어 있는 시기에는 금리도 낮은 수준을 유지하기 때문에 신용이 과다하게 확대되면서 주식 및 부동산 등과 같은 자산가격 거품이 발생, 확대, 붕괴되는 과정에서 금융시스템이 붕괴되고 경기침체와 부채디플레이션이 발생할 가능성이 커지기 때문이다. 특히 자산가격 거품이 형성되는 그 이면에는 항상 과다한 신용확대로 민간부채가 누적되는 현상이 초래되기 때문에 자산가격 거품이 붕괴되어 기업과 금융이 동반 부실화되면서 금융시스템이 작동하지 못하게 되어 경기침체와 부채디플레이션이 발생하게 되면 결국 중앙은행의 책임론이 대두될 수밖에 없다.

이러한 점에서 대다수 국가의 중앙은행에게는 최근 들어 물가안정도 중요하지만 무엇보다도 자신이 공급한 신용량의 적절한 관리와 자산가격 안정을 통한 금융안정이 더욱 중요한 목표로 전면에 부상하였다. 우리나라의 경우도 금융안정이 더 중요한 책무로 전면에 대두되고 있는 이러한 상황에서 두 가지 이슈가 제기되고 있다. 첫째는 일반 물가가 이와 같이 대체로 낮은 수준에 안정되어 있는 시기에 물가안정

위주로 설계되어 있는 현행 통화정책 운용방식이 과연 적절한가 하는 문제이고, 둘째는 통화정책의 역할이 물가안정과 금융안정을 함께 포괄하고 있다면 중앙은행은 이러한 역할에 상응하는 거시적·미시적 정책수단을 적절하게 확보하고 있는가 하는 문제이다.[5)]

2) 통화정책의 운영체계

이는 통화정책의 최종목표인 물가안정 등을 이루기 위해 중앙은행이 통화정책을 결정하고 집행하는 제도적 장치를 말하는데 일반적으로 통화타게팅(targeting), 환율타게팅, 인플레이션타게팅으로 구분한다.

(1) 통화타게팅

이는 통화지표(M_1, M_2, M_3 등[6)])의 특정값을 중간 목표로 정하여 중앙은행이 이를 통해 최종목표인 물가안정을 달성하는 방식으로 1970년대 후반 세계적으로 많은 국가에서 도입하였다. 1980년대 들어 금융자유화와 개방화로 시중자금이 불규칙적으로 이동하게 되어 이에 따라 통화 역시 불규칙하게 움직임으로써 통화지표와 물가와의 관계가 모호해졌다. 그 결과 체제전환국이나 개도국을 제외한 대부분의 국가에서는 통화타게팅 정책을 활용하고 있지 않다. 우리나라도 M_2지표를 중심으로 한 통화정책에서 IMF 외환위기 때 물가안정 목표제도로 전환되었다.

(2) 환율타게팅

이는 환율을 일정 수준에서 안정시키는 것을 목표로 통화정책을 운용하는 체계로 통화위원회제도, 미 달러화 통용제도, 크롤링 페그(crawling peg) 등이 있다. 통화위원회제도는 중앙은행이 자의적으로 통화를 늘리지 못하며 외환보유액(주로 달러화)의 규모에 따라 통화량이 결정되며 홍콩, 보스니아 등 일부 국가에서 시행하고 있다. 미 달러화 통용제도는 가장 극단적인 형태로서 자국통화를 포기하고 미 달러화를 법화로 사용하는 제도로 파나마, 엘살바도르 등 미국경제와 밀접한 중남미 국가에서 채택하고 있다. 크롤링 페그는 통화위원회제도 등 완전고정환율제와 달리

5) 함정호 편저(2008), 『한국금융의 새로운 패러다임』, pp.253-255 인용
6) 이는 통화의 종류와 범위를 나타내는 통화지표로서 자세한 내용은 제2장, 2. 화폐의 수요와 공급이론 참조

정책당국이 정기적으로 환율을 소폭으로 조정하는 제한적 변동환율제도로서, 국제수지 조정과정에서 환율의 단기적 안정성과 장기적 신축성을 결합한 제도로 중국이 이를 채택하고 있다.

대부분의 환율타게팅 국가들은 환율을 안정시키기 위해 금리조절, 외환시장 개입의 두 가지 정책수단을 활용하고 있다. 예를 들면 자국의 통화가치가 하락할 때는 국내금리를 인상하거나 외환시장에서 달러를 팔고 자국통화를 매입함으로써 통화가치를 유지한다. 한편, 우리나라와 선진국 대부분은 자동변동환율제를 채택하여 환율이 외환시장에서 수요와 공급에 의해 자유롭게 결정되도록 하고 있으나, 환율 급변 시 외환시장에 개입하여 안정시키고 있다.

(3) 인플레이션타게팅

기존의 환율타게팅이나 통화타게팅은 물가안정이 도움이 된 반면 적지 않은 문제점도 내포하고 있어, 1990년대 이후부터 각국 중앙은행은 인플레이션타게팅을 대안으로 선택하기 시작하였다. 이는 사전에 설정된 물가목표를 직접 달성하고자 하는 통화정책 체계로 통화량, 금리, 환율, 자산가격 등 다양한 정보변수를 활용하여 미래의 물가상승률을 예측하고 이 수치가 목표치에 수렴하도록 조정해 나간다. 이러한 제도는 1990년 뉴질랜드가 최초로 도입하였으며, 이후 신흥국으로 점차 확산되었다. 우리나라도 1998년 도입하여 운용하고 있다. 표 4-2는 각국의 인플레이션타게팅 도입시기를 정리한 것이다.

표 4-2 각국의 인플레이션타게팅 도입시기

연도	국가	연도	국가
1990	뉴질랜드	1998	한국, 체코, 폴란드
1991	칠레, 캐나다	1999	멕시코, 브라질, 콜롬비아
1992	이스라엘, 영국	2000	스위스, 남아프리카, 태국
1993	스웨덴	2001	노르웨이, 아이슬란드, 헝가리, 콜롬비아
1994	페루, 호주	2002	필리핀

출처 : 방영민(2006), p.331

한편, 인플레이션타게팅도 그 나름대로는 문제점을 안고 있다. 인플레이션타게팅은 물가안정을 최우선 목표로 하기 때문에 일단 인플레이션 압력이 존재한다고 판단될 경우 단기금리를 선제적으로 상향조정하는 논리적 구조를 가지고 있다.

그러나 단기적으로 수요측면에서 인플레이션 압력이 없을 경우 논리적으로 정책금리를 선제적으로 상향 조절하는 것이 불가능하다. 그렇다고 해서 2~3년 후의 미래인플레이션을 정확하게 예측하는 것도 어려울 뿐만 아니라 비록 정확하게 예측할 수 있다 하더라도 경제주체의 신뢰를 획득하기도 어렵다. 따라서 현재 수요 측면에서 인플레이션 압력이 없음에도 불구하고 2~3년 후에 나타날 인플레이션 방지를 위해 금리를 선제적으로 인상하려면 여러 이해당사자들을 설득할 수 있어야 한다. 금리인상에는 이해당사자들로부터 많은 저항이 따르기 때문이다. 오늘날과 같이 금융자산과 부동산과 같은 실물자산이 대규모로 축적되어 있는 경우 금리인상은 곧 이들 자산가치의 하락을 의미한다. 그리고 금융부채를 많이 보유하고 있는 가계 및 기업뿐만 아니라 국채를 많이 발행하고 있는 국가도 강력한 금리인상 반대세력의 한가운데 서 있다.

그렇다고 통화정책이 단기 인플레이션 압력에만 초점을 맞추고 금융불균형의 축적에 대응하지 않을 경우 금융안정을 확보할 수 없다. 중앙은행이 단기적인 물가안정만을 목표로 할 경우 과도한 신용팽창과 자산가격 상승을 방지하기 위해 선제적으로 통화정책을 운용할 수 없기 때문이다. 인플레이션타게팅은 실물경제가 전반적으로 안정적으로 성장하고 공급충격이 문제가 되지 않을 때는 중앙은행이 성공적으로 운영할 수 있다.

만약 실물경기가 좋지 않은 가운데 원유가격 상승, 원자재가격 상승, 곡물가격 상승 등 공급충격이 첨예하게 문제가 되는 경우에는 인플레이션타게팅은 근본적인 한계를 보일 수밖에 없다. 공급측면에서 기인하는 비용 인플레이션에 금리인상을 통해 일일이 대응할 경우 그렇지 않아도 불안한 실물경기를 더욱 악화시킬 가능성이 높기 때문이다.[7)]

7) 함정호 편저(2008), 전게서, pp.262-263 인용

3) 통화정책 수단

(1) 공개시장 조작

이는 중앙은행이 금융시장에서 금융기관을 상대로 국채 등을 매매하여 금융기관의 자금사정을 변화시킴으로써 시중의 유동성과 시장금리를 조절하는 정책수단이다. 예를 들면 국채 등의 매입을 통해 시중의 유동성을 공급하여 시장금리를 하락시키거나 국채매입금리를 인하함으로써 시장금리 하락을 유도하는 것이다. 이 제도는 미국에서 시작되어 미 연방준비위원회의 가장 핵심적인 정책수단으로 발전되었으며, 1980년 이후 금융자유화 가속으로 대다수 국가의 주된 유동성 조절수단으로 이용되고 있다.

우리나라의 공개시장조작은 한국은행이 통화안정증권을 직접 발행하여 유동성을 흡수하거나 이를 상환하여 유동성을 공급하는 통화안정증권의 발행 및 상환방식과 국채, 정부보증채, 토지개발채권 등을 매매하는 국공채매매 방식의 두 가지로 구분한다(그림 4-4 참조). 이를 다시 장·단기 기간별로 구분하여 정리하면 다음 표 4-3과 같다.

또한 콜(call)시장을 통하여 공개시장을 조작하기도 한다. 한국은행의 금융통화위원회는 물가목표를 달성하기 위해 원칙적으로 매월 둘째 주 목요일 정기회의에서 콜금리를 결정한다. 여기서 콜금리 목표가 정해지면 공개시장 조작을 통해 은행의

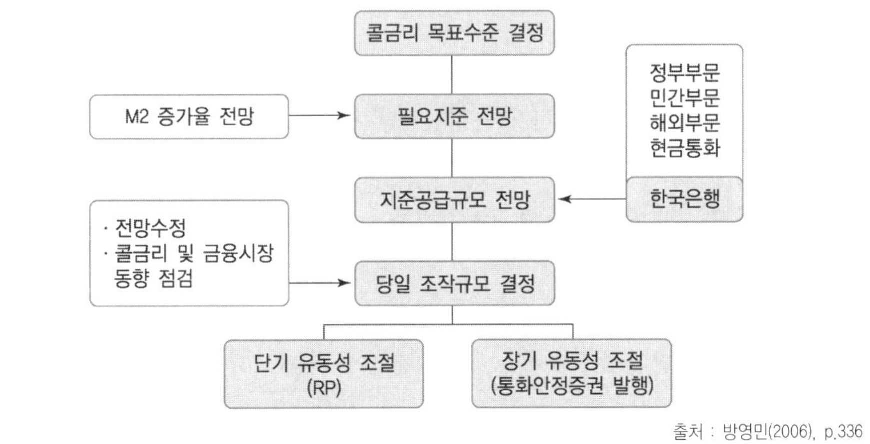

출처 : 방영민(2006), p.336

그림 4-4 공개시장 조작 운용체계

표 4-3 공개시장조작 수단

구 분		조작방법	대상증권
장기 자금 조절	환수	장기물 통화안정증권 발행	–
		증권 단순매각	한국은행 보유 국공채
	공급	잔존만기가 장기인 통화안정증권 환매	–
		증권 단순매입	거래대상기관 보유 국공채
단기 자금 조절	환수	PR 매각	한국은행 보유 국공채
		단기물(14일물) 통화안정증권 발행	–
	공급	RP 매입	거래대상기관 보유 국공채
		자존만기가 단기인 통화안정증권 환매	–

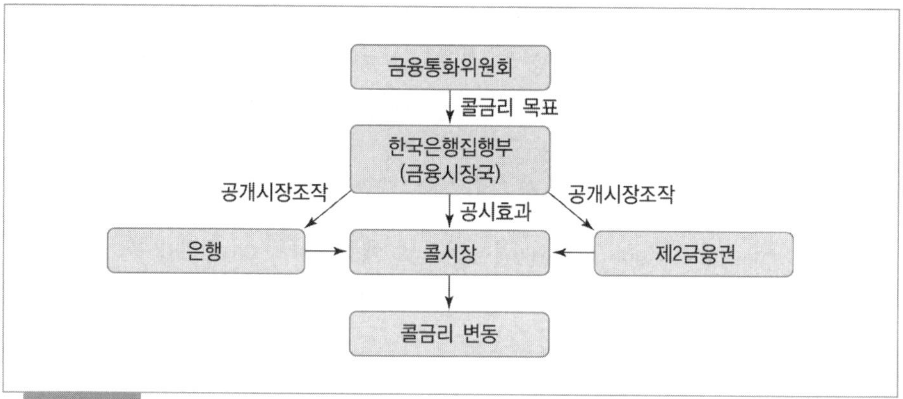

그림 4-5 콜금리 목표관리

지급준비금을 조절함으로써 콜시장에 직접적인 영향력을 행사한다. 왜냐하면 은행들은 지급준비금 과부족 조절을 위해, 증권사 등 2금융권은 결제자금 조절을 위해 콜시장을 이용하기 때문이다(그림 4-5 참조).

(2) 대출정책

가장 전통적인 수단인 대출정책은 금융기관에게 대출을 해줌으로써 본원통화 또는 지준총액의 공급을 조절하고, 그 결과 신용 가용량을 조정하여 금융기관의 여·수신 금리 및 시장금리의 변동을 유도하는 정책으로 금융기관의 중앙은행에 대한 자금의존도가 높을수록 이 정책의 실효성은 커진다. 우리나라의 경우, 한국은행은 금융기관이 기업 등에 자금을 대출하고 받은 어음을 재할인하거나 국채, 정부보증채, 통화안정증권 등 적격증권을 담보로 금융기관에 대출해 주고 있는데 총액한도 대출, 유동성조절대출 등이 있다.

(3) 지급준비정책

이는 본래 금융기관의 적정 유동성 확보 및 예금자보호 등을 목적으로 도입되었으나, 금본위제에서 관리통화제도로 이행한 1930년대 이후에는 통화량을 조절하는 강력한 정책수단으로 인식되고 있다. 일반적으로 지급준비율 변경은 단기적인 자금조달보다는 중장기적인 시중 유동성 조절을 위하여 사용되므로, 공개시장 조작이나 대출정책에 비해 시행빈도가 매우 낮다. 우리나라의 경우, 현행 지급준비율은 예금 종류에 따라 1~5%까지 차등화되어 있다.

유동성함정

이는 금리가 더 이상 떨어질 수 없다고 생각되는 한계금리 수준까지 낮아져 통화량을 늘려도 소비, 투자심리가 살아나지 않는 현상을 말한다. 통화정책이 실물경제(총수요)에 효과적으로 영향을 미치기 위해서는 통화정책의 전달경로 1단계에서는 통화공급량의 변화가 이자율에 변화를 가져오고, 2단계에서는 이 변화된 이자율이 투자지출의 변화를 가져오며, 3단계에서는 이 투자지출의 변화가 승수효과를 통해 더 큰 폭의 총수요를 변화시키는 메커니즘이 작동해야 한다. 이를 공식으로 표현하면 다음과 같다.

화폐공급 ↑ ⇨ 이자율 ↓ ⇨ 투자 ↑ ⇨ 총수요 ↑

그런데 통화정책 1단계인 화폐공급을 아무리 늘려도 이자율에 별다른 변화가 나타나지 않을 때 경제가 유동성함정에 빠졌다고 말하며, 이때는 통화정책 효과가 나타나지 않게 된다.

일반적으로 금리가 낮아지면 기업은 투자를 늘리게 되지만, 이자율이 일정수준 이하로 내려가면 사람들은 가까운 미래에 이자율이 상승할 것으로 기대하여 채권을 매입하는 대신 현금을 보유하게 된다. 이 경우 금융당국이 이자율을 아무리 내려도 기업들의 투자로 연결되지 않아 경기부양 효과가 제대로 나타나지 않는다. 이는 1930년대 세계경제 대공황 때 통화공급량을 늘렸음에도 불구하고 경기가 살아나지 않자 케인즈가 제기한 학설이다. 케인즈는 경제가 유동성함정에 빠졌을 때는 금융·통화정책보다는 재정정책을 펴는 것이 효과적이라고 주장했다.

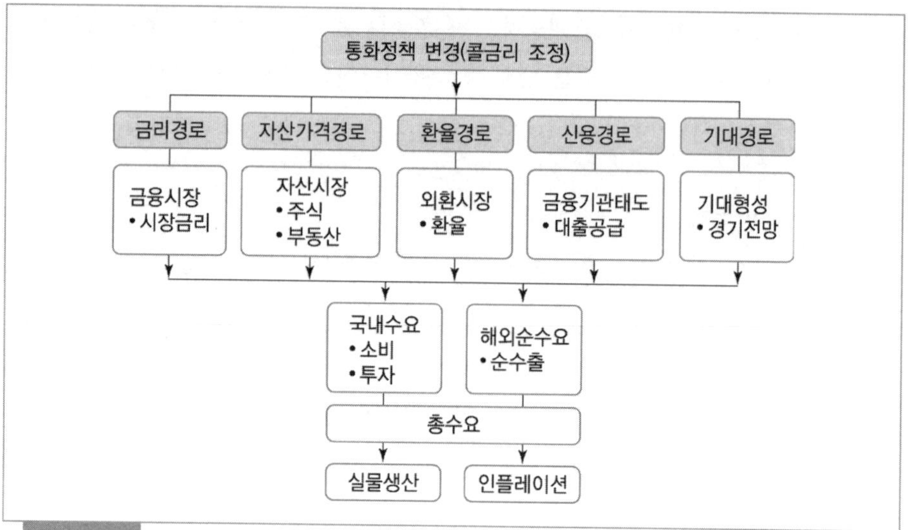

그림 4-6 통화정책의 파급경로

4) 통화정책의 파급경로

(1) 파급경로

일반적으로 정부의 통화정책은 경기변동에 가장 크게 영향을 미치며 해당 실물경제에도 영향을 주는데 이의 파급경로에는 금리경로, 자산가격경로, 환율경로, 신용경로, 기대경로 등이 있다(그림 4-6 참조).

① 금리경로

정책금리를 조정하는 금리경로는 우선 금융시장 내에서 전반적인 금리변화가 일어나는 과정을 거쳐 금리 변화가 소비, 투자 등 실물부문으로 파급되는 과정으로 이어진다. 예를 들면 다음과 같다.

- 정책금리 조정 ⇨ 여타 단기 시장금리 ⇨ 장기시장금리 및 금융기관 여·수신 금리 ⇨ 총수요(소비, 투자 등) ⇨ 물가

통상 정책금리를 인하하면 총수요가 증가하여 경제성장과 고용증진에는 도움이 되지만, 물가상승 압력과 경상수지 악화요인으로도 작용한다. 반대로, 정책금리를 인상하면 총수요를 위축시켜 경제성장과 고용에는 부정적인 영향을 주지만 물가안정과 경상수지에는 도움이 된다.

한편, 정책금리의 변경은 장기채권과 대체관계에 있는 주식·부동산 등의 가격을 변화시키고 이를 통해 실물경제에 영향을 미친다. 특히 저금리기조가 장기간 유지됐을 때는 더욱 그렇다. 저금리 유지가 유동성 과잉을 가져오고 이것이 자산가격의 상승을 초래하면 실물경제에 부담을 준다. 반면 과잉유동성으로 인해 주식시장과 부동산시장이 활성화되면서 부의 효과를 통한 소비 진작으로 경기호전에 기여할 수 있다. 이는 아래의 자산가격경로와 중첩된다.

또한 정책금리의 변경은 자산수익률을 변화시킨다. 이는 국내통화표시 금융자산과 외화표시 금융자산 간 대체이동을 일으킨다. 또한, 외화의 수급변화를 유발하게 되고 환율변동을 초래한다. 이처럼 금리경로는 자산가격경로와 환율경로에 밀접하게 연관되어 있어 서로 영향을 미친다.

금리정책이 실질적인 효과를 얻기 위해서는 정부와 중앙은행의 정책에 대한 신뢰성이 높아야 하고 경제안정이 전제된다. 이같은 조건이 충족되지 못하고 정책 신뢰와 안정이 낮으면 금리정책의 파급효과를 기대하기 어렵다. 여기에 대외적 불확실성까지 가세하면 금리정책의 파급에 대한 예측은 참으로 어렵게 된다. 더군다나 금융정책마저 일관성이 없으면 파급효과가 더욱 기대하기 힘들어지게 된다. 대체로 우리나라의 경제구조를 고려할 때 금리정책의 기대효과는 불확실성으로 인해 예측하기 어려운 경우가 많다. 따라서 다양한 요인 즉, 대기업과 중소기업의 독특한 연결고리, 일반 제조업의 자금조달 경로, 실물시장과 자본시장 간의 복잡한 관계, 북핵문제, 정치적 불안, 부정부패, 노사문제의 만연으로 인한 노동시장의 경직성 등을 충분히 검토하고 인식할 필요가 있다.[8)]

② 자산가격경로

자산가격경로는 통화정책이 주식이나 부동산 등 자산의 가격을 변화시킴으로써 가계 및 기업부문의 소비나 투자에 영향을 주는 경로로서 '부의 효과(wealth effect)' 로 설명된다. 부의 효과란 자산가격의 변화가 소비에 미치는 영향을 일컫는 말이다. 금리하락과 통화량의 증가로 보유하고 있는 주식이나 부동산의 가격이 오르면 개인들은 이전보다 부유해진 것으로 생각하여 소비지출을 늘릴 가능성이 커진다. 자산가격경로를 살펴보면 다음과 같다.

8) 양종기(2009), 『화폐금융·국제금융』, pp.251-253 인용·정리

- 금리인하 ⇨ 채권수익률의 하락 ⇨ 주식 및 부동산의 수요 증가로 주식 및 부동산 가격상승 ⇨ 자산가격(자산으로부터 발생하는 미래 현금수입의 현재가치)의 상승 ⇨ 이에 따른 가계의 부 증가 ⇨ 가계소비의 확대

한편, 금리인하가 주가상승으로 연결되는 단계와, 주가변동이 투자로 연결되는 고리에 대해서는 논란의 여지가 있다.

③ 환율경로

이는 환율이 변동함으로써, 수출입 및 물가에 영향이 파급되는 경로이다. 이러한 경로는 국내금리의 변화가 환율을 변화시키고 환율의 변화가 경상수지, 수입물가, 재무구조의 변화에 영향을 미쳐 실물경제에 영향을 미치는 과정을 거친다. 환율경로를 살펴보면 다음과 같다.

- 국내금리 인하 ⇨ 자국통화표시 자산수익률의 상대적 하락 ⇨ 외화표시자산의 수요증가 ⇨ 자본의 해외유출
- 외화표시자산의 수요 증가 ⇨ 자국통화 가치의 하락(원화환율 상승) ⇨ 수출증가 및 수입감소 ⇨ 물가상승의 유발
- 환율상승에 따른 수입물가의 인상 ⇨ 직접적인 물가상승 압력

④ 신용경로

이는 통화정책의 변화가 기업 및 가계에 대한 금융기관의 대출태도를 달라지게 하고, 그 결과 소비 및 투자에 영향을 미쳐 총수요와 물가에 영향을 주는 과정으로 대출경로와 대차대조표경로 등이 있다. 통상 통화 공급이 증가하면 대출여력이 늘어나 이전에는 대출을 기피했던 경제주체에 대한 대출을 늘릴 수 있으므로, 이들 부문에서의 경제활동이 활발해져 신용경로가 작동하게 되며, 반대인 경우에는 경제활동이 위축될 수 있다. 최근 금융시장의 발달로 금융기관들이 국제금융시장 등 다양한 통로를 통해 자금을 조달할 수 있기 때문에, 통화정책의 파급 유효성은 크게 약화되고 있다. 통화정책은 또한 가계와 기업의 자산부채상태, 즉 대차대조표를 변동시킴으로써 소비와 투자에 영향을 미칠 수 있다. 예컨대 긴축통화정책으로 금리가 오르면 기업의 미래 매출과 현금흐름이 악화되고 부채부담이 커져 재무상태가 악화되어 경제활동이 위축된다.

⑤ 기대경로

이는 통화정책의 기조 변경이 경제주체들의 경제성장 및 물가전망에 대한 기대변화를 가져와, 파급경로 상의 각종 금융변수의 변동으로 반영되거나 직접 소비, 투자, 물가 등에 영향을 주는 과정이다. 한편, 기대경로가 원활히 작동될 경우 통화정책의 파급시차가 축소되고 정책효과가 확대되기 때문에 이 경로의 중요성이 강조되고 있으며, 우리나라의 경우 IMF 이후 금융시장의 관심이 높아지면서 기대경로에 대한 정책파급효과가 확대되고 있는 추세이다. 2000년대 이후 금융의 불확실성 증가와 통화당국과 시장 간의 정보 비대칭성이 심화되면서, 시장기대가 금리, 자산가격경로 등 다른 파급경로에 앞서 작동하고 오히려 이들에게 영향을 미치는 관계가 되고 있다.

(2) 파급시차와 선제적 정책

통화정책은 우선적으로 금융·자본·외환시장의 경우 비교적 짧은 시간에 영향을 주는 반면, 실물경제의 영향에는 상당한 시간이 소요되는데 보통 최소 2개 분기 정도이다. 한편, 물가의 파급시차는 최소 3개 분기이다. 이처럼 통화정책의 파급시차로 인해 해당 정책목표를 성공적으로 달성하기 위해서는 그 시차를 감안, 선제적으로 시행해야 한다. 반면, 이런 시기와 정도를 결정하는 것은 매우 어렵다. 정책시차는 내부시차와 외부시차로 구분되며, 내부시차는 정책의 필요성을 인지하고 적절한 정책을 시행하는 데까지 걸리는 시간이고, 외부시차는 특정 정책이 시행되어 정책목표에 상당한 영향을 주어 효과를 내기까지 걸리는 시간이다.

3 환율정책

1) 환율의 개념

환율이란 자기나라 통화와 다른 나라 통화간의 교환비율로서 두 나라 통화의 상대적 가치를 나타내며, 일반적으로 외환시장에서 외환의 수요와 공급에 의해 환율은 결정된다. 환율의 표시법도 자국통화를 기준으로 하는 것과 외국통화를 기준으로 하는 것으로 나뉜다. 예를 들어 흔히 ₩1000/$는 자국통화표시환율 또는 직접표시환율이라 하고, 반대로 $0.001/₩은 외국통화 표시환율 또는 간접표시환율이라 한다. 이러한 환율은 외국환거래법에 의하여 매매기준율(기준환율), 매도율과 매도율 및 재정환율 등 종류별로 적용할 수 있다.[9)]

보통 은행의 환율고시는 주로 자국통화표시로 이루어지며 매도율과 매입률을 따로 표시하고 있다. 매도율이란 은행이 외화를 팔 때 수취하는 금액을 나타내고, 매입률이란 은행이 고객으로부터 외화를 살 때 지불하는 금액을 말한다. 이 때문에 고객의 입장에서는 혼선이 생기게 되는데 최근에는 은행들이 매입률 옆에 란에 '고객이 팔 때', 매도율 옆에는 '고객이 살 때'라는 주석을 달아 혼란을 방지하고 있다.

한편, 일상생활에서 우리가 '환율이 오른다' 또는 '상승한다' 고 하는 것은 자국통화로 표시한 외국통화의 가격이 상승하는 것을 의미한다. 예를 들어 1달러가 1,200원이던 환율이 1,300원이 되었다고 하면 환율이 올랐다고 말하는데, 이 경우 원화는 그 가치가 하락한 것(depreciating)이 되며, 달러화는 그 가치가 상승한 것(appreciating)이 된다.[10)] 반대로 1달러당 1,200원이던 환율이 1,100원으로 원화환율이 떨어진다는 것은 원화의 가치가 상승한다는 것을 의미하며 달러화는 그 가치가 하락한 것이다.

환율의 중요성은 두 나라 간의 물건값을 비교할 수 있다는 점이다. 환율이 없다고 하면 국가 간의 무역 등 경제거래가 불가능하게 된다. 환율은 한 나라의 통화가 외국에서 갖는 구매력(purchasing power)을 나타내는 것으로 볼 수 있다. 자국통화가 국내에서 가지는 구매력을 자국통화의 대내가치라고 한다면, 외국에서 가지는 구매력은 자국통화의 대외가치가 된다. 달리 말하면 환율은 자국통화의 입장에서 보면 자국통화의 대외가치가 되며, 외국통화의 입장에서 보면 외국통화의 국내시장가치가 되는 것이다.

환율의 강세요인으로는 그 나라의 경제력, 즉 경상수지의 흑자규모, 국가신용도, 발전가능성 등이다. 예를 들어, 우리나라의 작년대비 수출이 증가하여 경상수지가 흑자이면 외환시장에서 달러의 공급이 수요보다 많아지게 된다. 따라서 외화의 가치가 떨어지고 원화의 가치는 절상되어 환율은 내려간다. 물건을 제조하여 해외로

9) 자세한 내용은 제 6장, 4. 외환시장 참조

10) 변동환율제도 하에서는 특정 통화의 가치가 다른 통화에 대하여 상승하는 경우 이를 절상(appreciation)이라 하고, 반대로 가치가 하락하는 경우 이를 절하(depreciation)라고 부른다. 그러나 고정환율제도 하에서는 불리는 용어가 다르다. 즉, 정부가 인위적으로 개입하여 통화의 가치를 높이는 것을 평가절상(revaluation), 통화의 가치를 하락시키는 것을 평가절하(devaluation)라고 한다.

수출하는 수출업체는 자국의 환율이 하락하는 경우 수출품 판매대가로 받은 금액을 자국통화로 환전하면 손해를 보게 된다. 즉, 환율하락 위험에 노출된다. 수입업체는 반대로 환율상승 위험에 노출된다. 외화자산을 보유한 기업은 환율이 하락하는 경우 해당 외화자산의 가치는 증가하나 이를 원화로 환산한 자산의 가치는 감소함에 따라 평가손실이 발생한다. 외화부채를 보유한 기업은 반대로 환율상승 시 평가손실이 발생한다.

2) 환율제도

환율제도는 주로 자국의 통화를 고정된 환율에 맞추거나, 제한된 범위 내에서 변동하게 하거나, 아니면 자유롭게 시장의 수요와 공급에 의해 결정하는 다양한 방법이 적용되고 있다. 우리나라의 경우에도 시대적 변천에 따라 다양한 제도가 도입되어 운영되었으며, 이를 간략하게 살펴보자.

(1) **고정환율제도**(1945. 10~1964. 4)

이는 외환시장의 형성되는 초기단계로 주로 공정환율(official exchange rate)을 중심으로 한 고정환율제도로서 복수환율제와 단일환율제가 번갈아 시행되었다. 그리고 모든 외환거래에 적용되는 환율을 은행률이라 하고 이는 기본율과 증서율을 합한 것으로 하여 달러당 1,300환으로 책정하였다. 이후 1962년 6월 10일 통화개혁으로 10 : 1의 평가절하를 실시하면서 '환'을 현재의 '원'으로 개칭하고 환율을 1달러당 130원으로 책정하였다.

그런데 이 기간에 운용되었던 공정환율은 UN의 자금지원이 대부분인 무역외거래가 주종을 이루었기 때문에 환율에 국내 인플레이션이 반영되지 않았다. 이런 문제점으로 인해 고정환율제도를 폐기하고 단일변동환율제도를 채택하게 되었다.

(2) **단일변동환율제도**(1964. 5~1980. 1)

정부는 1964년 5월 3일 1달러당 255원을 하한으로 하여 이전의 복수환율체계를 단일화하면서 환율변동을 일부 허용하는 단일변동환율제도를 채택하는 동시에 외환증서제도를 도입하였다. 이의 취지는 그 동안 환율을 고정시킨 결과 실세를 반영하지 못한 단점을 극복하고, 환율이 외환시장에서 외환증서 수급에 따라 형성되는 시장률로 결정하도록 하여 환율의 시장실세화를 유도하는 데 있었다. 그러나 이 제도 시행 초기에는 제반 여건, 즉 수입쿼터(quota)제의 철폐, 외환증서시장의 형성 등이 구비되지 못하여 사실상 고정환율제도와 별반 다르지 않았다. 이후 여건조성과 함께 변동환율제도의 운용형태를 취하였지만 그때마다 한국은행이 개입하여 실질적으로 고정환율제도로 운용되었다. 그 결과 환율이 인플레이션과 연동되지 못하고 실세반영이 제대로 되지 않자 정책당국은 수차례에 걸쳐 인위적으로 원화의 평가절하를 단행하였다.

그런데 단일통화가 미국 달러이다 보니 이러한 단일통화 페그(peg)제도에서는 페그된 달러의 강세 또는 약세에 따라 원화의 실효환율이 변동된다. 예를 들어 달러가 외국환시장에서 일본 엔화나 유로화에 약세를 나타내면, 원화도 덩달아 약세를 나타내어 원화표시 실효환율이 상승한다. 따라서 수출은 증가되고 수입이 감소되면서 무역수지는 개선된다. 만약 그 반대로 달러가 강세를 나타내면 결과적으로 무역수지는 악화된다.

이처럼 단일변동환율제도의 가장 큰 문제점은 주요국 통화간의 변동환율이 일국통화의 실효환율에 영향을 미침으로써 무역수지를 불안정하게 만든다는 점이다. 이를 보완하기 위해 복수통화바스켓제도가 도입되었다.

(3) **복수통화바스켓제도**(1980. 2~1990. 2)

이는 미국 달러화를 포함한 주요 교역상대국 통화의 가치변동에 원화환율을 연동시키는 제도로 처음으로 환율을 실세화하여 환율의 국제수지 조정기능을 높이고자 하였다. 한국은행은 통화바스켓과 실세반영장치로서 내·외 금리차, 물가상승률, 국제수지 및 외환수급 전망 등을 종합적으로 고려하여 당일의 환율을 결정, 고시하였다.

이 제도는 기본적으로 페그 통화의 다양화로 환율의 안정적 변동을 기대할 수 있을 뿐만 아니라 주요 교역상대국과의 무역경쟁력을 반영함으로써 환율의 적정운용을 기할 수 있는 장점이 있지만, 실세반영의 미흡이나 급격한 환율변동으로 인한 환위험의 발생가능성, 그리고 환율을 매일 계산하는 번거로움 등은 단점으로 지적되었다. 또한 독자통화바스켓에 사용된 가중치가 대외적으로 공표되지 않았기 때문에 실세반영장치와 함께 환율결정에 자의성이 개입되었다.

이 제도에 내재된 이러한 문제점들은 1980년대 후반에 한국의 국제수지가 흑자로 전환되면서 미국을 비롯한 주요 교역상대국들과의 빈번한 통상마찰과 원화의 평

표 4-4 복수통화바스켓제도에서의 환율변동 추이

년 도	매매기준환율 (년말기준, 원)	전년동기 대비 변동률(%)	년 도	매매기준환율 (년말기준, 원)	전년동기 대비 변동률(%)
1979	484.0	–	1985	890.2	7.59
1980	659.9	36.34	1986	861.4	-3.24
1981	700.5	6.15	1987	792.3	-8.02
1982	748.8	6.89	1988	684.1	-13.66
1983	795.5	6.24	1989	679.6	-6.58
1984	827.4	4.01	1990	716.4	5.41

출처 : 한국은행 경제통계시스템(ECOS)

가절상 압력의 요인으로 표면화되기 시작하였다. 다음 표 4-4에서처럼 당시의 환율 변동 추이를 살펴보면 원화의 평가절상 압력이 상당하였음을 알 수 있다.

이에 새로운 환율제도의 도입에 대한 필요성이 논의되었고, 더불어 금융국제화, 자유화 및 통합화 추세에 부응하고 이를 선제적으로 대응코자 1990년 3월 2일부터 시장평균환율제도로 변경되었다.

(4) 시장평균환율제도(1990. 3~1997. 12)

이는 전일의 모든 외국환은행이 거래한 원/US$의 현물환율을 거래량으로 가중평균하여 산출되는 원화의 대미달러 환율을 말하는데 이것이 당일 외환거래의 매매기준율이 되고 이 기준율을 중심으로 상하 일정범위 내에서만 변동되도록 하였다. 이렇게 환율 변동폭을 제한한 것은 국내금리 수준이 국제금리에 비해 높고, 국제수지 상황이 불안한 데다 국내금융시장도 충분히 발달되지 못하여 환율이 불안정하게 변동할 가능성에 대비한 것이었다. 이는 명목상으로는 환율이 외환의 수요와 공급에 의해 결정되는 제도이나 실질적으로는 중앙은행에 의해 관리되는 관리변동환율제도라고 할 수 있다.

복수통화바스켓제도 하에서 환율은 기본적으로 국제금융시장에서의 주요교역국의 환율변동에 의해 결정되었으나, 이 제도 하에서는 제한적이나마 국내외환시장의 수요와 공급에 의해 환율이 결정되며, 외국환은행의 자율성도 어느 정도 허용되었다. 따라서 이 제도는 지금까지의 환율제도에서 결여되었던 시장기능을 강화하고 외환시장을 활성화하여 궁극적으로 환율이 시장가격을 충분히 반영하여 자유롭

표 4-5 시장평균환율제도 하에서의 일일 환율변동폭 추이

구 분	90.3.2	91.9.2	92.7.1	93.10.1	94.11.1	95.12.1	97.11.19	97.12.16
변동폭(%)	±0.4	±0.6	±0.8	±1.0	±1.5	±2.25	±10	자유화

출처 : 한국은행, 경제교실 제 3집(1998)

표 4-6 시장평균환율제도 하에서의 환율변동 추이

년 도	매매기준환율(년말기준, 원)	전년동기 대비 변동률(%)
1990	716.4	–
1991	760.8	6.19
1992	788.4	3.63
1993	808.1	2.50
1994	788.7	-2.40
1995	774.7	-1.78
1996	844.2	8.97
1997	1,415.2	97.60

출처 : 한국은행 경제통계시스템(ECOS)

게 결정되는 자유변동환율제도로 이행하기 위한 과도기 제도로서의 역할을 수행하였다.

한편, 표 4-5에 의하면 환율의 일일 변동폭은 매년 확대되어 왔으며 마침내 1997년 12월 변동폭을 시장기능에 맡겨 자율화하였다.

이에 따라 시장평균환율제도 하에서의 환율변동은 표 4-6에서처럼 1994년과 1995년을 제외하고는 지속적인 상승세를 보였으며, 특히 IMF 외환위기 당시인 1997년 말 환율은 1,415원으로 전년대비 무려 67.6% 상승하여 당시의 외환부족 사태를 보여주고 있다.

(5) 자유변동환율제도(1997. 12~현재)[11]

1997년 12월 16일 전일 거래환율의 가중평균치를 당일의 기준환율로 고시하는 시장평균환율의 매매기준율 제도를 그대로 유지하면서 기존 10%의 일일 변동폭을

11) 송희영(2010), 『외환시장론』, pp.188-197 인용·정리

표 4-7 자유변동환율제도 실시 이후의 환율변동 추이

년 도	기말(원)	평균(원)
1997.12	1,415.2	1,484.1
1998.12	1,207.8	1,213.7
1999.12	1,145.4	1,189.5
2000.12	1,259.7	1,130.6
2001.12	1,326.1	1,290.8
2002.12	1,200.4	1,251.2
2003.12	1,197.8	1,191.8
2004.12	1,043.8	1,144.7
2005.12	1,013.0	1,024.3
2006.12	929.6	955.5
2007.12	938.2	929.2
2008.12	1,257.5	1,373.8
2009.12	1,167.6	1,166.4
2010. 5	1,200.2	1,163.1

출처 : 한국은행 경제통계시스템(ECOS)

완전히 폐지함으로써 환율이 시장기능에 따라 움직이는 자유변동환율제도로 이행하게 되었다. 도입 초기에는 다음 표 4-7에서처럼 환율변동성이 예상대로 크게 확대되었지만, 이후 점차 안정을 되찾았고 외환위기를 완전히 벗어나면서부터는 하루 변동폭이 종전과 같이 10%를 넘는 일은 거의 발생하지 않았다.

이 제도 하에서는 환율이 외환수급에 따라 자유로이 결정되기 때문에 환율의 시장기능이 더욱 높아졌으며, 다만 환율이 일시적인 충격으로 단기간에 급등락할 경우 외환당국은 시장참여자의 일원으로 개입하여 환율의 변동속도를 조절하고 있다. 우리나라를 포함, 미국, 일본 등 대부분의 선진국이 자유변동 환율제도를 채택하고 있다.

우리나라가 자유변동환율제도로 변경한 배경은 다음과 같다. 첫째, 외환보유고 부족 등으로 정부의 외환시장 개입여력이 약화되어 환율방어능력이 현저히 약화되었다. 둘째, 기존제도 하에서 환율이 변동제한폭까지 상승하면서 달러화의 투기적

가수요가 발생하여 외환시장이 마비되는 현상이 지속되어 이를 시정하자는 요구가 많았다. 셋째, IMF가 우리나라의 환율제도에 제한폭을 두어 오히려 시장왜곡이 많다는 지적을 수용하였다. 그러나 무엇보다도 근본적인 배경은 1997년 12월 우리나라를 포함한 아시아 신흥국가들의 금융위기가 발생하자 IMF가 구제금융을 지원하는 대가의 하나로 자유변동환율제도 이행을 촉구하였기 때문이다.

우리나라는 도입 초기 환율변동성이 확대되었으나 이후 안정되어 2007년 말까지 대미달러환율은 안정세를 유지하였다. 그러나 2008년 8월 미국의 서브프라임 모기지(Sub-Prime Mortgage) 부실사태와 여기에 파생된 금융상품의 잠재손실 확대로 상당히 큰 충격을 받았다. 그 결과 대미달러 환율이 2008년 12월 1,500원대로 치솟아 IMF 외환위기 수준으로 되돌아갔다. 이러한 결과는 금융위기와 함께 경제위기로까지 확산되는 염려와 자유변동환율제도의 부정적인 인식을 낳았다.

자유변동환율제도 하에서는 환율은 외환시장에서 외화의 수요와 공급에 따라 결정되므로 외환의 공급이 수요를 초과하면 환율이 내리고, 반대로 외환의 수요가 공급을 초과하면 환율은 상승한다. 그러나 이러한 수요와 공급만으로 환율변동을 설명하기는 어렵다. 환율은 양국 통화의 상대적 가치에 영향을 미치는 모든 요인에 의해 변동되기 때문이다. 예를 들어 일본의 경우 1980년대 이후 계속하여 국제수지가 흑자기조이었음에도 불구하고 엔-달러 환율은 지속적으로 하락하지 않았다.

한편, 자유변동환율제도의 문제점으로 다음과 같은 점이 지적되고 있다. 첫째, 환투기 활동이다. 환율변동이 심하면 외환시장이 불안정해지고 이런 환위험으로 인해 무역거래와 투자활동이 위축된다. 물론 선물환거래를 통하여 위험을 제거할 수 있으나 거래비용이 발생한다. 둘째, 비교적 쉽게 인플레이션이 조장된다. 셋째, 무역과 자본거래에 지장을 주고 국제무역의 축소를 가져온다. 넷째, 대체적으로 가격탄력성이 비관적이다. 환율의 변동에 의한 국제수지 조정효과는 수요의 가격탄력성에 의존하고 있다. 즉, 가격효과에 의해서 무역수지가 개선되기 때문에 자국 및 외국이 수입수요로 인한 가격탄력성의 합이 1보다 큰 것이 필요조건이다. 따라서 국제무역에 있어서 수요의 가격탄력성이 작아지면 외환시장의 안정조건이 성립되지 않는다. 만약 이 값이 간신히 외국환시장의 안정조건을 충족하는 정도의 크기라면, 자유변동환율제도에서는 외환수급조건의 변화에 따라서 환율이 대폭적으로 변동하게 된다.

3) 환율정책

일반적으로 한 나라의 환율정책은 환율제도에 따라 달라진다. 우리나라도 마찬가지이다. 1980년대 복수통화바스켓제도에서는 경상수지 균형에, 이후 시장평균 환율제도에서는 물가안정 및 고용증대 등 대내균형달성을 위한 실질환율의 안정에, 자유변동환율제도에서는 환율의 급격한 변동을 완화하는 데 큰 목표를 두었다. 특히 자유변동환율제도로 들어서면서 통화정책이 물가안정 목표를 최우선 과제로 선정되면서 물가목표와 환율목표가 동시에 달성되는 것이 어렵게 되었다. 이는 물가안정목표제에서 환율은 정책목표가 아니라 인플레이션에 영향을 미치는 하나의 정보변수(information variable) 역할을 하는 것으로 간주하기 때문이다.

한편, 우리나라는 전형적인 수출주도형 산업국가이면서 아직까지 외환시장 규모가 협소하기 때문에 환율변동에 상당히 민감하다. 환율변동은 수입재 가격에 영향을 미쳐 국내물가에 직접적으로 반영된다. 또한 교역재와 비교역재의 상대가격변화를 통하여 국내 총수요를 변화시켜 간접적으로도 반영된다. 그 외 수출가격 결정이나 외자유출입에도 영향을 미쳐 국내 경제전반에 영향을 미친다. 따라서 환율정책은 환율변동에 따라 사전적·사후적으로 원활히 수립·운용되어야 한다.

이러한 점에서 환율정책은 기본적으로 외환시장의 수요와 공급에 따라 결정되는 시장원리를 준수하되 일시적인 수급불균형이나 외부충격 등으로 환율이 급등락하는 경우에는 이의 완화를 위해 외환당국이 시장참가자의 일원으로 개입할 수 있도록 운용되어야 한다. 또한 국제외환시장에서의 위상을 높이기 위해서는 국내 외환시장의 양적·질적 규모를 더욱 확대시켜야 한다. 외환시장의 발전은 환율의 안정, 환율 변동에 따른 다양한 헤지수단 제공, 금융기관의 대외경쟁력 제고 등에 필수적이다. 대표적인 환율정책 수단으로 외환당국이 필요시 시장에 개입하여 외환보유액을 적절히 운용하는 것이다.

(1) 외환시장 개입

이는 중앙은행이 환율이나 외환보유액에 영향을 주기 위하여 외환시장에서 자기나라 통화를 대가로 외화자산을 매입 또는 매각하는 것을 말한다. 시장에 개입하는 이유는 환율변동의 완화, 목표환율 수준의 유지, 외환보유액의 조정, 타국의 시장개입에 대한 동조개입 등이며 우리나라는 주로 환율의 변동성 완화에 중점을 두고 있다. 이 경우 시장개입의 재원은 중앙은행 발권력, 외국환 평형기금채권 발행자금, 외환보유액 등이 있다.

개입형태는 다음과 같다. 예를 들어 해외로부터 국내로 대규모의 자본이 유입된다고 가정해 보자. 이 경우 국내외환시장에는 원화가 상대적으로 부족하게 되므로 원/달러 환율은 하락압력을 받게 된다. 이때 중앙은행은 환율의 급격한 하락을 방지하기 위해 외환시장에서 원화를 대가로 미 달러화를 매입한다. 그리하여 미 달러화의 초과공급이 줄어들게 되고 원화의 절상속도를 조절할 수 있게 된다. 만약 반대의 상황이라면 외환당국은 원화를 대가로 미 달러화를 매각하게 된다.

그런데 외환시장에 개입하면 외환 매매에 따른 반대급부로 인해 국내통화량에 영향을 미친다. 그러므로 중앙은행은 필요 시 공개시장조작 등을 통하여 통화량을 흡수하고 있다. 이처럼 과잉통화량의 영향을 중화시키는 개입을 불태화개입(sterilized intervention)이라 하며, 이를 중화하지 않은 경우를 태화개입(non-sterilized intervention)이라 한다. 일반적으로 우리나라를 비롯한 세계 각국은 불태화개입정책을 취하고 있다. 예컨대 한국은행은 외환시장 개입에 따른 통화량 증감을 상쇄시키기 위한 가장 보편적인 공개시장정책으로 국공채를 매각하거나 통화안정증권을 발행하고 있다.

(2) 외환보유액의 운용

외환보유액이란 중앙은행이나 정부가 국제수지 불균형을 보전하거나 외환시장 안정을 위해 언제든지 사용가능한 대외지급준비자산을 말하며, 적정수준의 외환보유액은 대외 신인도를 높여 민간기업 및 금융기관의 해외 자본조달 비용을 낮추고 외국인투자를 촉진시킨다. 한편, 외국환평형기금은 자국의 통화가치 안정과 외환시장의 질서유지 등을 목적으로 설치, 운용되는 기금으로 각 나라마다 자국통화 또는 외화표시로 발행하고 있는 추세이다. 중앙은행이 환율안정을 위해 발권력을 이용하여 외환시장에 개입하면 통화량의 증감을 가져와 물가에 영향을 미치게 된다. 반면에 정부가 외국환평형기금채권 등을 발행하여 조달한 자국통화자금으로 외환시장에 개입하면 통화량 변동이 자체 중화되어 외환시장에 불태화개입의 효과가 있다. 따라서 이러한 형태의 환율정책이 점차 대중화되고 있는 추세이다.

4) 환율변동

(1) 환율변동 요인

환율변동에 영향을 미치는 요인에는 물가, 경제성장률 수출입, 국내외 금리수준, 통화량 등의 기초적 경제요인(fundamentals)과 시장분위기, 새로운 뉴스 등의 심리적 요인, 통화당국의 외환시장 개입 등의 요인이 있다.

① 경제적 요인

펀더멘탈(fundamentals)이란 한 나라 경제의 기초적 제 조건을 의미한다. 펀더멘탈에는 경상수지, 물가상승률, 실질경제성장률, 재정수지 등 주요한 거시경제지표 등이 포함된다. 이러한 펀더멘탈은 환율의 추이에 반영된다. 현재와 같이 미 달러화 가치 하락과 일본 엔화 가치 상승의 이면에는 인플레이션 없이 성장을 지속하고 거액의 경상수지 흑자를 기록하는 일본과 막대한 경상적자와 재정적자로부터 벗어나지 못하고 있는 미국과의 펀더멘탈 격차가 숨겨져 있다. 한편, 환율은 주요한 거시지표의 단기적인 변화에도 민감하게 반응하는데, 매월 발표되는 미국의 무역수지 규모에 외환시장 참여자들이 관심을 갖는 것이 그 한 예이다.

- 물가 : 인플레이션을 측정하는 척도인 도매물가 및 소비자물가의 상승률은 그 나라의 통화당국에 있어서 금융정책을 결정하는 중요한 요인이다. 예를 들면 미국의 도매물가 및 소비자물가의 상승률이 높고 인플레 우려가 강하면 통화당국은 긴축기조의 금융정책을 취하게 된다. 그러면 미국 금리는 올라가는 추세를 나타내므로 달러는 강세가 될 것으로 예상할 수 있다. 반대로 미국의 물가상승률이 낮아 인플레 우려가 없으면 미국 통화당국은 금융완화 정책을 취하여 경기를 촉진시킬 수 있다. 그러면 미국의 금리는 내려가고 달러매도 현상이 나타날 것으로 예상할 수 있다.

  한편, 환율결정의 이론인 구매력 평가설에 의하면 각국의 물가상승률은 장기적인 환율의 결정요인이다. 자국의 물가상승률이 타국에 비하여 상대적으로 상승추세에 있을 때 국내상품에 대한 수요가 하락하고 외국상품에 대한 수요가 상승하여 자국의 수출경쟁력은 약화되는 반면, 수입수요는 증대되어 경상수지의 악화를 유발시키며 이로 인하여 자국통화의 가치하락을 초래하게 된다. 이처럼 각국의 통화가치는 물가상승률에 반비례하는 경향이 있다.

- 경제성장률 : 경제성장에 따른 환율변동은 지출변동과 경상수지의 조정을 통하여 나타남으로써 장기적인 환율변동요인이 된다. 자국경제가 높은 성장을 기록할 경우 자국금리가 상승할 것으로 예상되며 또한 자국경제의 건전성에 대한 신뢰도가 높아짐으로써 외환시장에서는 자국통화에 대한 수요가 증대되는데, 이때 자국통화의 가치상승이 있게 된다.

  국내총생산(GDP)은 한 국가의 경제성장률을 나타내는 대표적인 지표이다. 환율과 GDP와의 관계가 특히 주목을 받기 시작한 것은 1980년대 중반부터 후반에 걸친 시기였다. 당시 매월 미국의 GDP가 발표될 때에는 세계의 외환딜러들은 미국의 국내총생산 통계가 예상보다 좋은지 나쁜지에 주목하였다. 현재에도 미국의 GDP 통계는 외환시장에서 주목받고 있는 경제통계의 하나임에는 틀림없다. 일반적으로 GDP통계가 전월 또는 전년보다 상승한다는 것은 그 국가에서의 투자효율이 좋은 것으로 판단되므로 해외자본이 유입되기 쉬우며 따라서 미국의 경우에는 외환시장에서 달러매입이 증가하는 이유가 된다.
- 수출입 : 수출입의 움직임이 외환시장의 관심을 모으고 있는 것은 무역수지의 통계이다. 예를 들면 무역수지가 흑자이면 원화강세 현상, 적자이면 원화약세 경향이 나타난다. 수출은 대가로 받은 달러를 팔아 원화로 바꿈으로써 원고(강세)요인이 되며, 수입은 반대로 그 대가로 지불할 달러를 원화를 팔아서 조달하게 되므로 원저(약세)요인이 된다.
- 통화량 : 통화량의 변동이 환율에 미치는 영향은 두 가지 상반된 결과를 초래할 수 있다. 하나는, 통화량이 증가하면 물가안정에 우선적인 정책을 두는 경우 긴축으로 인하여 단기금리의 상승이 이어져 해당통화는 강세로 전환할 수 있으며, 반대의 경우는 성장 위주의 정책에서 나타나는 현상으로 통화량의 증가는 물가상승을 초래할 것으로 우려되어 오히려 해당통화는 약세를 보일 수도 있다.
- 국내외 금리동향 : 금리는 단기적인 환율변동 요인 중 가장 중요한 요소이다. 한 국가의 금리상승은 단기자금에 대한 수요를 증가시켜 단기적으로 해당 통화의 강세 요인이 된다. 각국의 상대적 금리수준의 변동은 다른 조건이 일정할 때 자산시장을 통하여 환율변동의 주요 요인이 된다. 다른 조건이 일정할 때 자국의 금리가 상승한다는 것은 자국통화표시 금융자산의 수익률이 상대적으로 높아졌음을 의미한다. 이 경우 투자자는 자국통화표시 금융자산 투자증대를 위하여 자국통화의 매입수요를 증대시킴으로써 자국통화는 강세를 나타내게

된다. 그러나 이러한 관계는 자산시장의 즉각적인 수급을 통하여 조정됨으로써 단기적인 환율변동 요인이 된다. 양국 간의 금리 차이가 확대되면 자금은 보다 높은 금리를 찾아 고금리 국가로 흘러가기 때문에 고금리 국가의 통화는 수요가 늘어 그 가치가 올라간다. 반대로 저금리 국가의 통화는 팔려는 공급이 늘어 가치가 떨어진다.

② 심리적 요인

일반적으로 외환시장 참가자들의 심리는 민감하다. 국제정치의 급변 및 석유등의 에너지 문제 따위가 발생하면 그 움직임은 환율에 즉각적으로 반영된다. 또한 환율의 전망이 불투명하여 불확실한 상태에 있을 때, 통화 당국자나 외환시장의 유력한 오피니언 리더의 발언이 환율을 움직이게 만들기도 한다. 정세가 불안할 때는 해당국의 통화를 기피하여 다른 안정된 통화로 투자대상을 바꾸려는 투자자들 때문에 해당 통화는 약세를 보이고 기축통화인 달러가 강세를 나타낸다.

전쟁 등의 비상사태가 발생되면 미국통화인 달러로의 자금이동이 일어나고 달러 강세 현상이 나타난다. 이것은 사람들이 자신들의 자산을 지키기 위하여 세계에서 가장 안전하다고 생각하는 국가로 자산을 옮겨가는 경향이 있기 때문이다. 과거 중동전쟁, 걸프전쟁 시에 이러한 현상이 두드러졌다. 그러나 최근 들어 미국 달러화를 매입하려는 외환시장의 현상도 점차 줄어들고 있다.

③ 통화당국의 개입

중앙은행이 환율의 급격한 변동으로부터 자국통화를 보호하기 위하여 시장에 직접 개입하거나 금융통제수단으로 지급준비율, 할인율 변경 등의 정책 등을 쓰는 경우에는 환율에 중대한 영향을 미친다. 최근 미국서브프라임 사태를 극복하기 위한 각국의 공조에서 볼 수 있는 것처럼, 대규모적인 강력한 개입이 실시되면 환율의 움직임은 크게 변한다. 중앙은행의 외환시장 개입은 단기적으로 외환시장 효과와 통화효과를 통하여 환율에 영향을 미치고, 장기적으로는 기대효과를 통하여 환율에 영향을 미친다.

④ 외환투기

외환투기는 국내 통화의 가치가 하락할 것으로 예상될 때 이익을 얻기 위해 외환을 매입하는 것을 의미한다. 이러한 투기에 대해서는 견해가 대립되어 있다. 투기가 환율안정에 기여하는 것으로 보는 입장에서는 환율이 균형수준 이하로 떨어질 때 투기자들이 외환을 매입하며, 반대로 균형점 이상으로 오르면 매도하려고 할 것이기 때문에 투기에 의해 환율이 균형점으로 움직이게 된다는 주장이다. 이에 대하여 투기가 오히려 환율을 불안하게 만든다고 하는 입장에서는 환율의 하락이 있을 때 투기자들로 하여금 더 하락할 것으로 믿게 만들며 외국통화의 매도에 의해 환율의 하락을 더욱 가속화시킨다고 주장하고 있다. 외환투기시장으로 유명한 곳은 시카고의 선물시장으로, 이곳은 대규모적인 외환투기의 무대가 되고 있다.

(2) 환율변동의 영향

대외의존도가 높은 우리나라의 경제구조로 인하여 환율변화는 개별기업의 입장에서도 기업수익과 기업 경영성과에 큰 영향을 미친다. 특히 환율이 급격하게 변동하는 경우 예상하지 못한 환손실을 입기도 한다. 우리나라의 원/달러 환율은 1997년 말 외환위기를 계기로 도입된 자유변동환율제도 시행 이후 변동성이 크게 확대되는 추세에 있다. 특히 2008년 미국발 금융위기가 확산되기 시작하였던 2008년 10월의 원/달러 환율변동을 보면 일평균기준으로 일중 변동폭이 65.8원이나 되었다. 이와 같은 원/달러 환율변동의 지나친 확대는 기업들의 경영계획 수립 보류는 물론 막대한 사회적 비용을 발생시키게 된다. 자국통화표시법을 사용하는 우리나라의 경우 미국 달러당 원화환율의 숫자가 커지는 경우에 원화환율이 상승하였다고 한다.

원화환율의 상승, 즉 원화가치 하락의 긍정적인 효과는 수출증가를 들 수 있으며, 부정적인 효과는 수입물가가 그만큼 올라가기 때문에 인플레이션을 초래할 수가 있고 외채의 원리금을 증대시킨다. 이와는 반대로 환율이 인하되어 원화가치가 오르면 채산성 유지를 위하여 달러화로 표시한 수출상품의 가격을 올리게 되므로 외국으로부터의 수출주문량이 줄어들게 된다. 수출업자가 경쟁력 유지를 위하여 원가절감 등을 통해 수출가격을 올리지 않는다 하더라도 원화가치의 상승폭이 원가절감효과보다 클 경우에는 수출기업의 채산성이 악화되어 수출업자는 수출을 줄일 수밖에 없게 된다. 수출이 줄어들면 경제성장은 둔화되고, 이에 따라 실업자가 늘어나고 고용사정이 어렵게 된다.

한편, 환율인하 분만큼 수입상품의 가격이 싸지게 되므로 수입상품의 소비가 늘게 되어 수입이 증가하게 된다. 환율이 내려가면 수입상품의 가격이 하락할 뿐만 아니라 외국으로부터 원료를 수입하여 생산하는 상품의 제조원가를 하락시키게 되므로 국내물가가 내려간다. 이 밖에 우리나라는 경제개발계획을 추진하는 과정에서 막대한 자본을 외국으로부터 빌려 왔기 때문에 많은 외국 빚을 지고 있는데, 환율이 내리면 차관기업체에게는 그만큼 외채의 원금상환 부담이 줄어들고 이것은 결국 원가를 절감시켜 소비자들에게 싼 가격으로 물건을 제공할 수 있게 된다.

또한, 환율변동은 외화자산과 외화부채로부터 발생하는 외화환산손익에도 영향을 미친다. 외화부채가 외화자산보다 많은 기업들의 경우 원화환율의 상승으로 인하여 발생하는 외화환산손실이 경상이익을 악화시키는 요인이 될 수 있으며, 반대로 환율이 하락하면 외화환산이익이 발생하여 경상이익을 늘리는 요인으로 작용한다.

표 4-8 환율변동의 파급효과

구 분	원화가치 상승	원화가치 하락
수출	수출채산성 악화로 수출 감소	수출채산성 호전으로 수출 증가
수입	수입상품 가격하락으로 수입 증가	수입상품 가격상승으로 수입 감소
국내물가	수입원자재 가격하락으로 물가 안정	수입원자재 가격상승으로 물가 상승
외자도입기업	원금상환 부담 경감	원금상환 부담 증가

환율폭등의 이상현상

환율이 급등하거나 급락하는 현상은 다양한 경로에서 파급되지만 환율폭등에 관한 직접적인 원인은 주로 다음과 같다. 첫째, 외국인의 주식매도 영향이다. 본국의 유동성 부족과 신용경색에 따른 환매에 대응하기 위해 달러를 본국에 송금함으로써 환율이 급등하는 경우이다. 두 번째, 계절적 요인에 속하는 분기 배당금 송금 등으로 달러 수요가 급증하면 갑작스런 수급불균형으로 환율이 상승한다. 세 번째, 정부정책을 선행하는 환투기세력의 공격 등이다.

요점정리

1. 금융정책은 넓은 의미로 거시경제목표를 달성하거나 금융의 안정과 발전을 위해서 금융시장과 금융기관을 대상으로 금융적 수단 즉 통화, 금리 및 신용 등을 사용하는 것으로 통상 금융시스템정책, 통화신용정책 그리고 금융감독정책으로 나뉜다. 좁은 의미로는 중앙은행의 통화신용정책 또는 정부의 금융규제정책으로 정의된다.
2. 우리나라 금융정책은 1980년대 경제안정화와 금융자유화를 추진하면서 본격화되었고, 이후 1990년대 들어 실질적인 금융의 자유화 및 개방화를 추진하였다. 1990년대 후반 외환위기가 발생하여 조기에 경제전반의 구조조정을 강력히 추진하였고, 2000년대 부터 점차 안정적인 궤도에 진입하였으며, 최근 미국 서브프라임 사태에도 조기에 대응하는 정책을 펼쳤다. 현재, 우리나라 금융정책 수립과 운용은 재정경제부, 한국은행(금융통화위원회), 금융감독위원회 및 금융감독원이 담당하는 체제로 구성되어 있다.
3. 중앙은행은 최종목표인 물가안정 등을 이루기 위해 통화 타게팅(targeting), 환율 타게팅, 인플레이션 타게팅 등과 같은 통화정책을 수행한다. 이러한 통화정책은 경기변동에 크게 영향을 미치며 해당 실물경제에도 영향을 주는데 주요 파급경로에는 금리경로, 자산가격경로, 환율경로, 신용경로, 기대경로 등이 있다.
4. 일반적으로 한 나라의 환율정책은 환율제도에 따라 달라진다. 우리나라도 1980년대 복수통화바스켓제도에서는 경상수지 균형에, 이후 시장평균환율제도에서는 물가안정 및 고용증대 등 대내 균형달성을 위한 실질환율의 안정에, 자유변동환율제도에서는 환율의 급격한 변동을 완화하는 데 목표를 두었다. 한편, 환율변동에 영향을 미치는 요인에는 물가, 경제성장률 등의 기초적 경제요인과 시장분위기 등의 심리적 요인, 통화당국의 외환시장 개입 등의 요인이 있다.

Chapter 4 평가문제

1 금융정책의 거시적인 개념과 미시적인 개념을 설명하시오.

2 통화정책의 파급경로에 대하여 기술하시오.

3 중앙은행이 통화정책을 결정하고 집행하는 제도 세 가지를 쓰시오.

4 가장 대표적인 환율정책 수단을 쓰시오.

5 다음 문장의 괄호 안에 알맞은 단어를 기입하시오.

① 자산가격 경로는 통화정책이 주식이나 부동산 등 자산의 가격을 변화시킴으로써 가계 및 기업부문의 소비나 투자에 영향을 주는 경로로서 (　　　　)로 설명된다.

② 변동환율제도 하에서 특정 통화의 가치가 다른 통화에 대하여 상승하는 경우 이를 (　　　　)이라 하고, 반대로 가치가 하락하는 경우 이를 (　　　　)라고 부른다.

Chapter 5

금융감독

1. 금융감독의 의의
2. 금융감독의 형태
3. 우리나라 금융감독 체계

5 Chapter 금융감독[1]

1 금융감독의 의의

1) 금융감독의 개념

1980년대 이후 BIS 등 국제금융감독기구의 금융감독에 대한 이론적 접근이 다양하게 시도되었지만 아직까지도 금융감독의 개념을 명확히 정의하기는 쉽지 않다. 가장 큰 이유는 나라마다 금융감독의 문화가 다르기 때문에 누가, 무엇을, 어떻게 감독해야 하는가에 대한 명쾌한 답을 제시하지 못하고 있다. 그럼에도 금융감독의 지향점에 대해서는 금융시스템의 안전성, 금융회사의 건전성과 안정성 유지 그리고 금융소비자 보호를 목적으로 해야 한다는 데에는 세계 각국이 공감대를 형성하고 있다.

이런 점을 고려해서 금융감독이란 '금융감독당국이 금융회사의 경영건전성 확보, 금융시장의 신용질서 및 공정거래관행 확립, 금융소비자의 보호 등을 도모하고자 금융회사와 금융시장에 대해 인·허가, 건전성에 관한 규제, 경영개선조치, 검사 및 제재 등의 기능을 수행하는 제반 활동'이라고 정의할 수 있다.

한편, 금융감독과 금융규제의 개념은 명확하지 않다. 일반적으로 규제(regulation)는 사전적으로 경제주체의 행위에 대한 기본규칙을 수립하는 것과 관련되고, 감독(supervision)은 경제주체의 행위를 사후적으로 감시하는 것을 의미한다. 그러나 이는 이론상 가능한 구분이며, 현실적으로 규제와 감독이 서로 피드백(feed-back)되는데다 성격상의 범위를 명확히 분리하는 것은 어렵다.

---

1) 금융감독원 인력개발실(2010), 『2010년 개정판 금융감독개론』, pp.7-39 인용·정리

2) 금융감독의 필요성

이의 필요성은 미시경제적 측면과 거시경제적 측면으로 나누어 볼 수 있다. 우선 미시경제적인 필요성은 정보의 비대칭성에 기인한다. 정보의 비대칭성이란 금융계약의 당사자 간에 보유하는 정보의 질과 양이 차이가 발생하는 상황을 말한다. 이로 인해 역선택(adverse selection)과 도덕적 해이(moral hazard) 등의 문제가 발생할 수 있고, 때로는 금융시스템의 원활한 작동을 방해하는 경우도 생긴다.

예를 들어 보자. 보험시장에서 보험가입자의 건강상태에 대해 충분한 정보를 가지고 있지 못한 보험회사가 우량가입자와 불량가입자에 대하여 동일한 보험료를 적용할 경우 우량가입자는 가입을 기피하게 되고 시장에는 불량가입자만 존재하게 된다. 따라서 시장 자체가 왜곡될 수밖에 없다. 은행대출시장에서 고객에 대한 정보가 부족한 은행이 평균적인 대출금리를 적용할 경우 우량고객이 대출을 기피하고 불량고객만 대출시장을 이용하는 현상이 발생하게 되며, 은행은 이러한 비대칭을 해소하기 위해 담보를 요구하게 된다. 한편, 증권시장의 경우 증권발행자에 대한 정보가 부족한 투자자는 모든 증권에 대해 평균가치를 반영한 가격만을 지불하려고 하며, 이 때문에 내재가치가 평균가격보다 낮은 불량 증권만 판매되고 우량증권은 미발행되는 현상이 나타나게 된다.

그런데 이러한 문제점은 무임승차 문제(free rider problem)로 인해 해결하기가 쉽지 않다. 다수의 사람 중에 한 명이 금전적·시간적 비용을 부담해서 정보의 비대칭성을 해결할 경우 여타 자금공급자는 별도의 비용부담 없이 동일한 편익을 누릴 수 있기 때문에 자발적으로 이러한 문제를 해결하려고 하지 않는다. 이는 결국 모든 사람들에게 노력을 기울이지 않도록 하게 만드는 결과를 초래하게 된다. 그러므로 이러한 문제를 사전에 예방하고 금융시스템의 원활한 작동을 보장하기 위하여 금융감독기구에 의한 금융회사 건전성 감독과 금융시장 상시감시가 필요한 것이다.

두 번째, 거시경제적 필요성은 시장실패이론에 근거한다. 이는 금융감독의 목적이 시장실패를 바로 잡는 데 있다고 보는 이론이다. 시장실패는 금융감독이 없는 금융시장(free market)에서 독과점의 결과로 인해 금융상품과 서비스가 과다하게 많거나 적게 제공된다든가 가격이 지나치게 높거나 낮을 때 또는 쏠림현상 등으로 금융시스템이 제대로 작동되지 않는 경우에 발생한다. 예컨대 금융회사가 도산할 것이라는 소문이 유포되면 예금자 또는 투자자들의 예금인출, 투자금 회수 등의 사태나 공황(panic)이 발생하게 되고 결국에는 금융회사가 문을 닫는 사태가 발생한다. 이러한 현상을 사전에 차단하여 경제전반으로 전달되는 것을 방지하기 위해 금융회사나 금융시장을 감독하게 된다.

3) 금융감독의 구분

금융감독은 다양한 방법으로 구분할 수 있다. 금융감독 기능측면에서는 시스템 감독, 건전성 감독, 영업행위 감독으로 구분한다. 시스템 감독은 경제전반에 걸친 금융혼란의 충격으로 인해 영향을 받을 수 있는 정도를 의미하는 금융시스템의 안전성 확보에 초점을 두고 있다. 반면, 건전성 감독은 개별 금융회사의 건전성을 감독하는 것이다. 즉, 금융회사 재무제표의 건전성, 그 중 자본이 충분한가를 분석하는 데 중점을 둔다. 실무적으로 자본적정성 등 자본에 관련된 리스크관련 지표를 중요시하게 된다. 한편, 영업행위 감독은 금융회사가 소비자들과의 거래에서 어떻게 행동하는가와 관련된다. 이는 공시, 공정한 영업 관행과 같은 소비자보호 측면에 중점을 두는 것이다.

감독대상에 따라 구분할 수도 있다. 개별 금융회사의 리스크관리와 금융산업의 시스템 리스크 방지에 초점을 맞추는 금융회사에 대한 감독[2]과 금융시장의 공정성·효율성 제고와 투자자 보호에 주안점을 두는 금융시장 감독[3]으로 구분하는 것이 대표적이다.

한편, 금융감독의 다양한 유형들은 상충되거나 개념적·물리적으로 분리할 수 있는 것이 아니라, 상호 보완적인 관계로 이해되어야 한다. 예컨대 건전성 감독은 개별 금융회사의 파산위험을 예방할 뿐만 아니라, 위험요소의 경제전반에 대한 파급효과를 줄이고, 궁극적으로 소비자를 보호하기 위한 필수적인 기본요건이 되는 것이다. 따라서 어느 하나에만 중점을 두기보다는 여러 측면을 종합적으로 일관성 있게 추진하여야 감독상의 시너지효과를 창출할 수 있다.

2) 이를 기관감독이라고도 한다.
3) 이를 시장감독이라고도 한다.

2 금융감독의 형태

1) 기관감독

(1) 금융회사 진입·퇴출 제도

금융감독 당국은 금융회사 설립에 대해 신설회사의 경영진과 대주주의 자격요건, 예상 수익성과 건전성 및 자본조달능력 등을 감안하여 설립인가(허가 및 승인 포함)를 실시하고 있다. 설립인가 시에는 법규에서 정하는 계량적 요건 충족 여부를 확인함은 물론, 위험 선호적 기업가가 금융회사를 지배하는 것을 방지하기 위해 금융회사 경영진과 대주주 등에 대한 자격요건을 정하고 이의 적격성 심사(fit and proper test)를 하고 있다. 금융회사 진입과 관련한 대표적 규제의 예가 은행의 사금고화를 방지하기 위한 산업자본의 은행소유 제한이다.

한편, 금융회사의 해산·합병 또는 영업의 양수·양도의 경우에도 금융소비자의 재산을 보호하고 금융시스템에 미치는 충격을 완화하기 위해 금융감독 당국의 인가를 받도록 하고 있다. 또한, 감독당국은 특정 금융회사가 부당한 행위를 하거나 부실이 심화된 경우, 인·허가 취소 또는 적기시정조치 중 퇴출조치 등의 조치를 통해 강제 퇴출시킬 수도 있다.

(2) 자기자본규제 제도

금융회사는 일반 기업과는 달리 예금 등을 통해 부채를 많이 조달할 수 있기 때문에 고위험·고수익 자산에 투자하여 초과수익은 자신에게, 초과위험은 예금주와 투자자에게 부담시키려고 하는 도덕적 해이에 빠질 유인이 있다. 이에 따라 고위험 자산에 집중하여 투자하려는 도덕적 해이를 방지하기 위하여 금융회사 보유자산의 위험정도에 따라 부실화에 대비하여 충분한 자기자본을 적립토록 하는 자기자본규제 제도를 운용하고 있다.

일반적으로 자기자본규제는 리스크대비 적정자본을 보유토록 하는 자본적정성 규제를 의미한다. 은행에 대하여는 BIS(Bank for International Settlements) 비율이 적용되고 있다. BIS 비율은 은행의 손실을 흡수하고 청산능력을 확보하는 목적으로 위험가중자산에 대한 자기자본비율을 8% 이상 유지하여야 한다. 위험가중자산은 은행의 자산을 거래상대방의 신용도, 채권의 만기, 담보 및 보증유무 등을 기준으로 분류한 후, 위험이 높을수록 높은 가중치가 부여하는 자산을 말한다. 자기자본은 자본금과 자본준비금을 합한 기본자본과 재평가적립금 등 보완자본으로 구성된다. 한편, BIS 회원국이 아니더라도 자국 은행산업의 국제신인도를 높이기 위해 대부분의 국가가 BIS비율을 준수하고 있으며 우리나라도 마찬가지이다.

또한 우리나라는 은행의 BIS 비율제도를 금융권역별 특성에 맞게 다소 조정하여 상호저축은행 등 비은행권 금융회사와 종합금융회사에도 적용하고 있으며, 금융투자 권역과 보험 권역에 대해서도 국제감독기구의 권고와 선진국의 모범사례(best practice)를 받아들여 국제기준에 적합한 자본적정성 규제제도를 도입·운용하고 있다.

금융투자업자에 대해서는 국제증권감독기구(IOSCO)의 권고안에 따라 총위험액 대비 영업용순자본 비율을 100% 이상 유지토록 의무화하고 있다. 영업용 순자본[4]은 조기에 현금화할 수 있는 순자산을 의미하며, 총위험액은 시장위험액, 거래상대방위험액 등 금융투자사가 영업활동 시 직면하게 되는 위험액을 합한 금액을 의미한다.

보험회사에 대해서도 향후 지급해야 할 책임준비금 대비 순자산비율을 100% 이상으로 유지하도록 하는 지급여력제도를 운용하고 있다. 일반적으로 책임준비금과 기타 부채액의 합계액보다 건전성 자산을 더 많이 보유하고 있으면 지급능력이 있다고 할 수 있다. 최근 불확실성이 증대되면서 통상의 가정 하에서 산정한 책임준비금만으로는 장래의 보험금지급의 의무를 이행할 수 없는 상황이 자주 발생하여, 이런 경우를 대비하여 책임준비금을 초과하여 보험회사가 적립해야 하는 금액을 지급여력이라 한다.

이상 금융권역별로 적절하게 자기자본을 규제하고 있으며 이 기준을 지키지 못할 경우에는 감독당국은 적기시정조치(prompt corrective action; PCA)를 발동하여 단계별로 경영개선권고·요구·명령을 부과하고 경영개선을 유도한다. 우리나라 적기시정조치제도는 다음 표 5-1에서 볼 수 있듯이 자본충실도와 경영실태평가(CAMELS)를 기준으로 등급을 분류한 후 감독당국이 시정조치를 부과하는 제도로, 금융기관의 부실화를 예방하고 건전경영을 유도하는 건전성 감독 수단의 일부로 도입되었다.[5]

---

4) 영업용순자본 = 자기자본 − 차감항목(고정자산 등) + 가산항목(대손충당금 등)
5) 금산법 제10조

표 5-1 우리나라 적기시정조치 내역

<table>
<tr><th colspan="4" rowspan="2">구 분</th><th colspan="3">적기시정조치 단계</th></tr>
<tr><th>경영개선권고</th><th>경영개선요구</th><th>경영개선명령</th></tr>
<tr><td rowspan="6">발동요건</td><td rowspan="5">자본충실도</td><td>은행</td><td>BIS 비율</td><td>8% 미만</td><td>6% 미만</td><td>2% 미만
(또는 부실금융기관)</td></tr>
<tr><td>금융투자</td><td>영업용 순자본비율</td><td>150% 미달</td><td>120% 미달</td><td>100% 미달
(또는 부실금융기관)</td></tr>
<tr><td>보험</td><td>지급여력비율</td><td>50%~100%</td><td>0%~50%</td><td>0% 미만
(또는 부실금융기관)</td></tr>
<tr><td>종금</td><td>BIS 비율</td><td>8% 미만</td><td>6% 미만</td><td>2% 미만
(또는 부실금융기관)</td></tr>
<tr><td>저축</td><td>BIS 비율</td><td>5% 미만</td><td>3% 미만</td><td>1% 미만
(또는 부실금융기관)</td></tr>
<tr><td colspan="3">경영실태평가(CAMELS)</td><td>자본적정성
(자산건전성)
부문 4등급 이하</td><td>종합등급
4등급 이하</td><td>–</td></tr>
<tr><td colspan="4">조치내용</td><td>조직·인력운용 개선, 자본금 증액 또는 감액, 신규 업무 진출제한 등</td><td>점포폐쇄 및 신설제한, 임원진 교체요구, 영업 일부의 정지 등</td><td>주식소각, 영업양도, 외부 관리인 선임, 합병 및 계약이전 등</td></tr>
<tr><td colspan="4">경영개선계획 처리절차</td><td>불승인 또는 미이행 시 경영개선 요구 발동</td><td>불승인 또는 미이행 시 경영 개선 명령 발동</td><td>경영개선계획 불승인 또는 미이행 시 퇴출</td></tr>
<tr><td colspan="4">경영개선계획 이행기간</td><td>승인일로부터 1년
(단, 저축은행은 6개월)</td><td>승인일로부터
1년</td><td>금융위 결정</td></tr>
</table>

출처 : 금융감독원

(3) 자산운용·보유에 대한 제한

자기자본규제제도는 금융회사가 고위험자산에 편중 투자하고자 하는 도덕적 해이를 간접적으로 억제하기는 하나, 고위험 부담행위 자체를 완전히 예방하지는 못한다. 따라서 이러한 도덕적 해이 가능성을 해소하기 위해 금융감독 당국은 금융회사의 자산보유·운용에 대해 수익성과 자율성을 크게 훼손하지 않는 범위 내에서 직접적인 제한을 가하고 있다. 예를 들어, 은행에 대해서는 주식과 상환기간 3년 이상 유가증권에 대한 투자한도를 자기자본의 60% 내로 제한하고, 동일 차주에 대한 신용공여한도를 자기자본의 25% 이내로 정하는 등 한도를 정하고 규제하고 있다. 또한 비금융자회사는 전산센터, 연구소 등 금융업과 밀접한 관련이 있는 것만 허용하는 등 금융업과 관련이 없는 상행위를 영위하는 것을 금지하고 있다.

그러나 금융의 국제화로 인한 글로벌 경쟁시대가 도래함에 따라 금융회사의 자율성과 경쟁력을 높이기 위해 자산 운용·보유에 대한 제한은 보다 신축적이고 간접적인 방향으로 바뀌는 추세이다.

(4) 금융회사 경영공시제도

최근 금융의 자유화, 국제화 등으로 인해 금융회사의 설립과 영업행위에 대한 인·허가와 자산운용 상의 제한 등 전통적인 금융감독 수단의 유효성이 제약되고 있는 반면, 시장으로부터의 감시 및 견제 등 시장규율의 중요성은 부각되고 있다. 이에, 금융감독 당국은 시장규율의 작동을 통해 금융회사의 건전경영을 도모하고 도덕적 해이를 방지하고자 금융회사의 경영정보를 예금주, 주주 및 채권자 등 이해관계인에게 공개하는 경영공시제도를 운용하고 있다.

구체적으로 조직·인력·재무상황·경영방침 등 기본적인 경영정보에 대하여 정기공시토록 하는 한편, 거액의 부실채권이나 금융사고가 발생한 경우 또는 적기시정조치가 부과된 경우 등 시급한 현안에 대해서는 수시공시토록 의무화하고 있다.

(5) 금융산업 내 경쟁제한

금융산업 내 경쟁 격화로 수익성이 저하되는 경우 금융회사들은 수익성 회복을 위해 과도한 위험을 부담하려는 유인을 갖게 되므로 대부분의 국가들은 금융산업 내의 경쟁을 일반 산업에 비해 제한하고 있다. 금융권역 간 고유업무에 대한 진입장벽을 두어 성격이 다른 금융회사들이 동일한 금융상품 시장에서 과도하게 경쟁하는 것을 막고, 금융회사 간 업무제휴에 있어서도 방카슈랑스 상품을 판매하는 은행직원은 대출업무를 취급하지 못하게 하는 등 제한을 두는 것이다.

그러나 금융산업 내 경쟁제한은 금융시스템의 효율성과 소비자의 후생을 저해하는 측면이 있어, 최근 들어서는 경쟁제한 조치를 완화하는 추세이다. 영업점 설치 제한을 예로 들면, 과거에는 개별 영업점의 신설 및 이전에 있어 금융회사 간 인근 지역 점포 중복 및 난립 등을 예방하기 위해 감독당국과 협의토록 하던 것을, 최근에는 업무용 부동산 총량제를 도입하여 금융회사의 자율성을 제고하였다.

(6) 금융회사에 대한 검사

지금까지 설명한 감독규제가 금융회사의 도덕적 해이와 역선택 현상을 방지하는 데 실효성을 거두기 위해서는 금융현장에서의 규제 준수 여부를 밀착 점검할 필요가 있다.

이에 각국의 금융감독 당국은 금융회사에 대한 임점검사(on-site examination)와 금융회사가 제출한 업무보고서에 근거한 상시감시를 병행하여, 자산건전성 분류 및 대손충당금 적립의 적정성 여부, 자기자본 규제 충족 여부, 자산 보유 및 운용에 대한 제한 준수 여부, 금융회사 공시기준 준수 여부 등을 점검한다.

이러한 점검결과는 CAMELS방식으로 종합되어 금융회사의 자본적정성(Capital adequacy; C), 자산건전성(Asset quality; A), 경영효율성(Management; M), 수익성(Earning; E), 유동성(Liquidity; L) 및 시장리스크 민감도(Sensitivity to market risk; S)에 대한 평가지표로 활용되고 그 평가결과에 따라 취약부문을 지적하고 개선을 권고하거나, 평가등급이 매우 낮을 경우(종합등급 4등급 이하인 경우, 또는 종합등급 3등급 이하이면서 자본적정성이나 자산건전성이 4등급 이하인 경우)에는 적기시정조치를 부과하게 된다.

우리나라는 금융혁신과 금융국제화 추세에 맞추어 글로벌 스탠더드에 부합하는 리스크 중심의 검사체제를 구축하기 위해 2005년부터 RM(Relationship Manager) 제도를 도입, 시행하고 있다. RM은 상시감시와 현장감시를 동시에 주관하는 금융회사별 감독조직으로서, 소관 금융회사에 대한 상시감시 활동을 통하여 리스크 규모와 관리수준을 분석 및 평가하고, 그 결과를 바탕으로 '필요한 때, 필요한 만큼, 필요한 인력' 으로 현장검사를 실시한다. 이러한 RM제도 도입의 주 목적은 한정된 검사인력을 효율적으로 배분하는 한편, 사전예방적, 컨설팅식 검사업무 수행을 통해 검사업무의 선진화를 달성하고자 하는 것이다.

2) 시장감독

(1) 회계감독, 감리업무

금융감독 당국은 기업정보 공개의 표준화와 투명성 제고를 위해 기업회계기준을 제정하여 시행하고 있다. 우리나라는 기업이 회계처리 및 보고를 함에 있어 준수하여야 할 회계처리기준을 「외감법」에 의거 명문규정으로 제정하고 있다. 외부감사대상회사는 반드시 이 기준을 준수하여 재무제표를 작성하여야 하며, 감사인은 기업이 작성한 재무제표가 기업회계기준에 따라 적정하게 작성되었는지 감사하고 감사의견을 표명토록 하고 있다. 감독당국은 회사의 회계처리 및 외부감사인의 감사결과와 절차의 적정성에 대한 감리업무를 통해 회계투명성 및 재무제표의 신뢰성을 제고하고 있다.

(2) 발행시장관련 감독

① 유가증권발행인 등록제도

유가증권을 발행하고자 하는 기업은 사전에 등록절차에 따라 등록하여야 하며 공시의무 등 일정한 의무를 준수하여야 한다.

② 유가증권신고서 제도

일정금액 이상 발행하고자 하는 기업은 사전에 일반투자자에게 투자판단 자료를 공시해야 한다. 이는 발행회사와 투자자 간의 정보균형이 이루어지도록 하는 발행시장의 핵심적인 제도이다. 유가증권신고서는 감독당국에 접수한 날로부터 일정기간이 경과한 후 효력이 발생하게 되는데 다음 표 5-2의 효력발생기간은 당해 공모에 대한 심사숙고 기간으로서 의미가 있으므로 발생 유가증권에 따라 차등적용하고 있다.

표 5-2 유가증권신고서의 효력 발생기간

구 분	주 식		채 권		일괄 신고서	기 타
	공 모	주주배정 제3자배정	보증채권 담보부채권	무보증채권		
상장·코스닥법인	10일	7일	5일	7일	5일	15일
일 반 법 인	15일					

출처 : 금융감독원

표 5-3 유통시장의 종류

구분	정규시장			장외시장	
종류	유가증권 시장	코스닥시장 (KOSDAQ)	선물시장	프리보드시장	OTC
의의	한국증권선물거래소가 개설한 시장			협회의 호가중개 시스템에서 거래되는 시장	거래소, 코스닥, 프리보드 이외의 시장
매매대상	상장주식, 채권, 주가 지수선물, 옵션 등	코스닥 상장 주식	금리선물, 통화선물 등	비상장, 상장폐지 주식 중 협회가 지정하는 주식	제한 없음
매매방법	경쟁매매			상대매매	
결 제	증권예탁원(T+2)			증권예탁원 (T+2)	실물과 현금의 1 : 1 수수

출처 : 방영민(2006), p.448

③ 사업설명서 및 발행실적보고서 제도

사업설명서는 유가증권신고서를 보다 쉽게 작성한 것이고, 발행실적보고서는 유가증권 발행이 종료된 경우 발행실적을 공시하는 것을 말한다.

④ 소액공모 공시제도

일정금액 이하로 유가증권 신고서 제출대상이 아니어도 당해 기업의 재무상태, 사업내용 등 최소한의 공시의무를 이행하여야 한다.

(3) 유통시장관련 감독

주식, 채권, 파생상품 등을 거래하기 위해서는 우선 회원사에 가입한 후 일정요건 즉, 상장심사, 매매절차, 결제제도 등에 관한 규칙을 준수해야 한다. 국내 유통시장은 크게 정규시장과 장외시장으로 구분된다. 정규시장은 다시 유가증권시장, 코스닥시장과 선물시장으로 세분되며, 장외시장은 프리보드 시장과 OTC(over the counter) 시장으로 세분된다. 표 5-3은 각각의 유통시장에 대한 매매대상, 매매방법과 결제일을 요약·정리한 것이다.

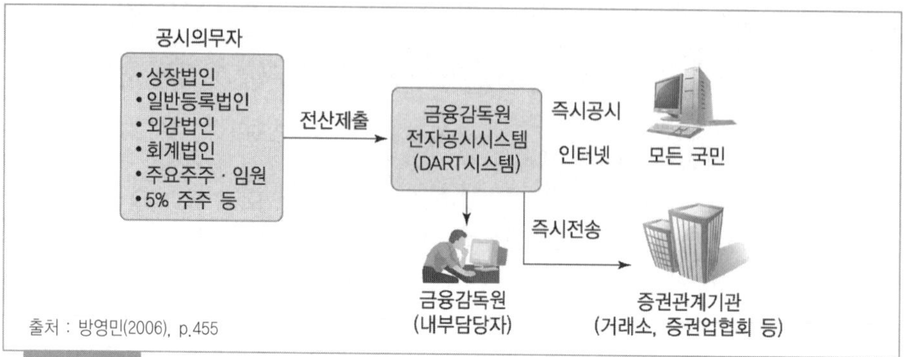

출처 : 방영민(2006), p.455

그림 5-1 DART 시스템 개념도

(4) 기업공시제도

기업공시제도는 크게 정기공시, 수시공시, 공정공시로 구분한다. 정기공시의 경우로는 가장 보편적인 제도로 해당기업은 정기적으로 결산보고서, 반기보고서, 분기보고서 등 경영활동을 투자자에게 공시해야 한다. 수시공시는 기업경영과정에서 중대한 변동사항이 발생한 경우 이를 즉시 투자자에게 공시하는 것으로 기업 스스로 공시하는 자진공시와 풍문 등을 증권거래소가 확인하여 공시하는 조회공시로 나뉜다. 공정공시는 기업의 주요 정보를 애널리스트, 기관투자가 등의 특정집단에게 선별적으로 제공함으로써 발생할 수 있는 시장참가자들의 정보불균형을 최소화하기 위한 제도로 해당 정보를 입수한 기관투자가는 이를 공시해야 한다. 한편, 감독당국은 전자공시시스템(DART : Data Analysis, Retrieval and Transfer System)을 개발하여 2001년 1월부터 모든 공시를 전자문서화하였다(그림 5-1 참조).

(5) 불공정거래 조사

자본시장의 공정성 확보를 위해서는 회계, 공시에 대한 사전적 감독도 중요하지만 시장의 공정성을 사후적으로 확보하기 위한 불공정거래조사도 매우 중요하다. 현행 불공정거래 조사업무의 체계는 한국거래소가 매매거래에 대한 심리업무 및 회원감리업무를 수행(1단계)하고, 금융감독 당국은 불공정 소지가 있는 거래에 대해 전문적인 정밀추적을 요하는 조사업무를 담당(2단계)하며, 검찰은 감독당국이 불공정거래로 고발한 경우 기소 및 사후 형사처벌을 진행(3단계)하는 3각 감시감독체제를 유지하고 있다(그림 5-2 참조).

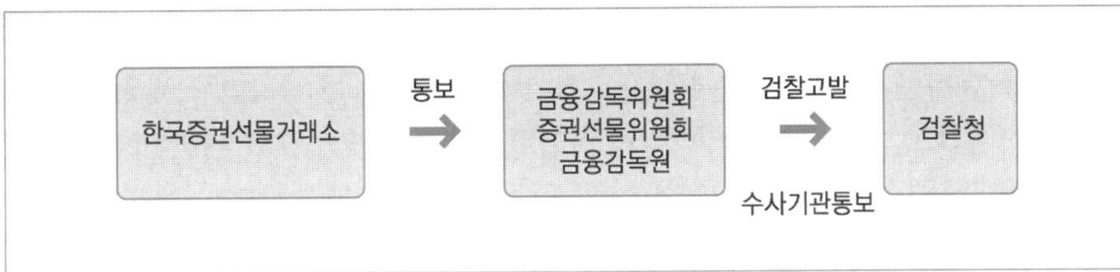

그림 5-2 불공정거래 조사 체계

조사대상이 되는 불공정거래의 주요 유형을 살펴보면, 기업의 임직원 및 주요 주주 등이 업무 등과 관련된 미공개 중요정보, 주식 등에 대한 공개매수의 실시 및 중지에 관한 정보 또는 주식 등의 대량취득 및 처분의 실시, 중지에 관한 정보를 사전에 유출하거나 이용하여 당해 회사의 '특정증권 등'의 거래에 사용하는 행위

표 5-4 주요 불공정거래 유형

구 분	주요내용	규제목적
미공개정보 이용행위	유가증권 시장 또는 코스닥 상장법인의 내부자 등이 일반인에게 공개되지 아니한 중요정보를 이용하여 당해 회사의 유가증권을 매매하거나 타인으로 하여금 이를 이용하게 하는 행위	모든 시장참여자가 공정하게 거래에 참여하도록 회사내부자, 준내부자, 정보수령자의 독점적인 정보이용 방지
시세조종 행위	유가증권의 시세를 자의적으로 변동시키고 그 조작된 시세를 타인으로 하여금 공정한 시세로 오인케 함으로써 자기 또는 제3자의 이득을 꾀하는 행위 등 일체의 사기적 행위	증권시장의 합리적 가격결정과 자유로운 수급질서 보호
단기매매차익 취득행위	유가증권시장 또는 코스닥상장법인의 임직원 또는 주요 주주가 해당 법인의 주권 등을 매수(매도)한 후 6개월 이내에 매도(매수)하여 이익을 얻는 행위	미공개정보 이용 개연성이 있는 임직원 또는 주요주주의 단기매매차익을 반환케 함으로써 미공개정보 이용 예방
소유주식 보고의무 위반행위	유가증권시장 또는 코스닥상장법인의 임원 또는 주요 주주의 주식소유 현황 보고의무 위반 행위	미공개정보이용 행위 예방
기타 불공정거래 행위	유가증권신고의무 등 공시의무 위반행위, 대량보유보고의무(5% Rule) 위반행위	–

출처 : 금융감독원

인 미공개 정보 이용행위, 유가증권의 시세를 자의적으로 변동시키고 이를 타인으로 하여금 공정한 시세로 오인케 함으로써 이득을 도모하는 행위인 시세조종, 상장법인의 임직원 또는 주요 주주가 당해 기업의 주식을 6개월 내의 단기간에 매매하여 이익을 얻는 행위 등이 있다.

금융감독 당국은 자본시장에서의 불공정거래행위 조사 외에 보험사기에 대하여도 조사업무를 수행하고 있다. 보험사기는 보험료의 횡령 등을 통해 보험사에만 손해를 끼치는 것이 아니라 보험료 인상 요인이 되어 보험계약자 전체에 피해를 주게 된다. 따라서 '보험업법' 은 금융위가 보험사기 조사를 할 수 있도록 하고 있는데, 현재 조사업무를 효율적으로 수행하기 위하여 금융위원회에 금융감독원 및 보험유관기관으로 구성된 보험조사협의회를 설치하여 운영하고 있다.

이외에도 금융감독 당국은 금융소비자가 직접 제기하는 민원의 상담, 조사 및 분쟁조정 절차를 수행하여 금융소비자를 보호하는 기능을 수행하고 있다. 금융거래의 경우 실물거래보다도 수요와 공급자 간에 발생하는 정보의 비대칭성이 상대적으로 크고 이로 인한 교섭력의 불균형이 발생할 소지가 높으므로 금융거래에 있어 소비자보호의 중요성은 매우 크다.

3 우리나라 금융감독 체계

1) 금융감독 당국

(1) 통합 금융감독기구의 출범

1997년 IMF 외환위기 이전 우리나라의 금융감독체계는 은행, 비은행, 증권, 보험 등 금융권역별로 감독권이 분산되어 있었다. 동일 금융권역 내에서도 해당 감독기관과 재정경제부(구 재무부 또는 재정경제원을 말하며 이하에서는 '재경부' 라 한다)간에 감독권한이 이원화되어 있었다. 즉, 은행권역의 경우 한국은행 은행감독원과 재경부, 증권 권역의 경우 증권감독원과 재경부, 보험 권역의 경우 보험감독원과 재경부가 각각 감독권한을 보유하고 있었다. 한편, 1970년대 이후에 설립된 비은행 금융회사의 경우에도 포괄적 감독권은 재경부가 가지고 있으면서 일부 회사에 대한 검사업무를 한국은행 은행감독원 및 신용관리기금에 위임하는 형태를 취하였다.

그러나 1997년 외환위기 이후 금융의 자유화, 탈규제화, 세계화 등 금융환경 변화에 효과적으로 대응하고 외환위기를 조속히 극복하기 위해 은행, 비은행, 증권, 보험 등 권역별로 분산되어 있는 다원적인 금융감독 체계를 정비할 필요성이 사회적 공감대를 얻게 되었다. 이에 국회는 통합 금융감독 기구를 설치하여 조직운영 및 부실금융회사를 효과적으로 처리하는 데에 필요한 권한을 부여하는 내용을 골자로 하는 「금융감독기구의 설치 등에 관한 법률」을 1997년 12월 29일 의결, 공표하

표 5-5 IMF 이전 우리나라 금융감독 체계

구분		감독기관	검사기관	검사권수임(수탁)기관
은행	시중은행, 지방은행, 외국은행 국내지점	은행감독원	은행감독원	
	농, 수, 축협 신용사업부문	은행감독원	은행감독원	
	한국산업은행, 중소기업은행	재경부	감사원	은행감독원
	한국수출입은행	재경부	감사원, 재경부	은행감독원
	장기신용은행	재경부	재경부	은행감독원
비은행	종금사, 상호저축은행, 신용협동조합, 신탁회사, 신용카드회사, 할부금융회사, 리스회사, 신기술사업금융회사	재경부	재경부	은행감독원, 신용관리기금
증권	증권회사, 투자자문회사, 선물회사, 증권금융회사, 증권예탁원	재경부, 증권감독원 (증권관리위원회)	증권감독원	
	투자신탁회사, 증권거래소	재경부	재경부	증권감독원
보험	생명보험회사, 손해보험회사	재경부, 보험감독원 (보험감독위원회)	보험감독원	
	재보험회사	재경부	재경부	보험감독원
기타	신용보증기금	재경부	감사원, 재경부	은행감독원
자본시장		증권감독원 (증권관리위원회)	증권감독원	

출처 : 금융감독원(2010), 「금융감독개론」, pp.21-22

였으며 이 법에 의거 1998년 4월 1일 국무총리 산하의 합의제 행정기구인 금융감독위원회가 발족되고, 1999년 1월 2일 이 위원회의 집행기구인 금융감독원이 출범하였다.

한편 2008년 2월 29일, 금융감독정책과 감독집행기능을 명확히 구분하여 금융행정의 책임성을 강화하고 견제와 균형의 원리에 입각한 금융감독업무 수행을 위해 '금융감독기구 설치 등에 관한 법률'을 '금융위원회 설치 등에 관한 법률'로 개정하여 금융감독위원회를 금융위원회로 개편하였다. 이 법률에 따르면, 금융위원회는 종전 재정경제부의 금융정책기능과 금융감독위원회의 감독정책 기능을 통합하여 수행하게 되었다.

(2) 통합 금융감독기구의 구성

금융위원회는 금융에 관한 정책, 제도, 금융회사 감독 및 검사, 제재, 금융회사의 인허가 등 금융감독과 관련된 주요사항을 심의, 의결한다. 금융위원회 회원은 위원장 1인, 부위원장 1인, 기획재정부 차관, 금융감독원 원장, 한국은행 부총재, 예금보험공사 사장, 금융위원회 위원장이 추천하는 금융전문가 2인, 대한상공회의소 회장이 추천하는 경제계 대표 1인 등 총 9인으로 구성된다.

한편, 금융위원회 내에 증권, 선물시장의 불공정거래 조사, 기업회계기준 및 회계감리에 관한 업무를 심의, 의결하는 증권선물위원회를 두고 있는데, 이는 금융회사를 대상으로 감독이 이루어지는 은행, 비은행, 보험 등의 분야와는 달리 증권, 선물분야는 이해관계자가 불특정 다수의 일반 국민이며, 증권, 선물시장과 관련된 불공정거래 조사, 회계기준 및 감리업무, 자본시장 관리·감독 등의 업무를 보다 효율적으로 수행하도록 하여야 하는 특수성을 감안한 데 따른 것이다. 증권선물위원회 위원은 금융위원회 부위원장이 겸임하는 위원장 1인 및 금융위원회 위원장이 추천하는 전문가 4인 등 총 5인으로 구성된다.

금융감독원은 금융산업의 선진화와 금융시장의 안전성 도모, 건전한 신용질서와 공정한 금융거래관행 확립, 예금자 및 투자자 등 금융수요자 보호를 목적(「금융위원회 설치 등에 관한 법률」 제1조)으로 설립된 무자본 특수법인으로서, 중앙정부 또는 지방자치단체로부터 독립하여 특정한 공공사무를 담당하는 공법인의 성격을 지니고 있다. 금융감독원을 정부조직으로 하지 않고 독립된 공법인으로 법제화한 것은 금융감독 업무와 관련하여 금융감독기구가 정치적 압력 또는 행정부의 영향력에 의해 자율성을 잃지 않도록 함으로써 중립적이고 전문적인 금융감독기능을 구현하도록 하기 위함이다. 금융감독원은 원장 1인, 부원장 4인 이내, 부원장보 9인 이내, 감사 1인을 두며 금융위원회 및 증권선물위원회의 지도감독을 받아 금융회사의 업무 및 재산상황에 대한 검사와 검사결과에 따른 제재업무, 금융분쟁의 조정 등 금융소비자 보호업무 등의 기능을 수행하고 있다.

(3) 관련기관과의 관계

금융감독원은 금융감독업무를 수행하는 과정에서, 통화신용정책을 수립·운용하는 한국은행, 예금보험기금의 운영을 담당하고 있는 예금보험공사 등의 업무와 직·간접적으로 연관되어 있는 바, 이들 금융유관기관 간에 협력과 견제가 이루어지도록 권한과 역할이 배분되어 있다.

① 한국은행과의 관계

한국은행은 효율적인 통화신용정책의 수립과 집행을 통하여 물가안정을 도모함으로써 국민경제의 건전한 발전에 이바지함을 목적으로 한국은행법에 의해 설립된 무자본 특수법인이다. 또한, 한국은행 내에 통화신용정책에 대한 의결기구로서 금융통화위원회가 설치되어 있다. 금융통화위원회가 통화신용정책의 수행을 위하여 필요하다고 인정하는 경우에는 금융감독원에 대하여 금융회사에 대한 검사를 요구하거나 한국은행직원이 금융감독원의 금융회사 검사에 공동으로 참여할 수 있도록 요구할 수 있다. 또한, 금융감독원에 대하여 검사결과의 송부를 요청하거나 결과에 대하여 필요한 시정조치를 요구할 수 있으며, 금융위원회가 통화신용정책과 직접 관련되는 조치를 하는 경우 이의가 있을 시에는 재의를 요구할 수 있다.

금융감독원과 한국은행은 '금융정보 공유에 관한 양해각서' 를 체결하여, 관련법규에서 비밀보호 등으로 공유를 금지하고 있는 자료 등 예외를 제외하고는 원칙적으로 모든 금융정보를 공유하고 있다. 한편, 통화신용정책과 금융감독 정책의 유기적인 연계운영이 가능하도록 한국은행 부총재가 금융위원회의 당연직 위원으로 참여하고 있으며, 금융위원회 부원장은 금융통화위원회 회의에 참석하여 발언할 수 있다.

② 예금보험공사와의 관계

예금보험공사는 파산 등의 사유로 인한 금융회사의 예금지급불능사태 시 예금자를 보호하고 금융제도의 안정성을 유지하는 등 예금보험제도를 효율적으로 운영하기 위하여 설립된 무자본 특수법인이다. 예금보험공사는 업무수행을 위하여 필요하다고 인정하는 경우 금융감독원에 대하여 부보금융기관에 대한 검사를 요청하거나, 예금보험공사 소속직원이 검사에 공동으로 참여하도록 요청할 수 있다. 또한 금융감독원과 예금보험공사는 '금융정보 공유에 관한 양해각서'를 체결하여 양 기관의 금융정보들을 공유하고 있다. 한편, 예금보험공사 사장은 금융위원회의 당연직 위원으로, 그리고 금융위원회 부위원장은 예금보험위원회의 당연직 위원으로 참여하고 있는데, 이를 통해 양 기관 간 중요한 의사결정에 대해 긴밀한 업무협조를 기하고 있다.

2) 감독대상 금융회사

감독대상 금융회사는 은행권역(은행, 외국은행 국내지점), 비은행권역(상호저축은행, 여신전문금융회사, 상호금융회사 등), 금융투자권역(투자매매, 투자중개, 집합투자, 투자자문, 투자일임, 신탁업 등을 영위하는 증권회사, 선물회사, 자산운용회사, 투자자문회사 등 금융투자업자) 및 보험권역(생명보험회사, 손해보험회사, 제3보험업 영위회사)의 관련 법규에 의해 인가·허가·승인·등록된 금융회사들과 같이 금융지주회사법에 의거 설립된 금융지주회사를 포괄한다. 단, 우체국 예금 및 보험, 새마을 금고 등 여타 정부부처에 의해 관리, 감독되는 금융회사들은 감독대상에서 제외된다.

부록 5-1 • 은행·금융투자·보험의 건전성지표

1. 은행의 건전성지표

은행경영의 대표적인 건전성 기준은 BIS 자기자본비율과 원화유동성비율이 있다. BIS 비율은 은행의 손실을 흡수하고 청산능력을 확보하는 목적으로 위험가중자산에 대한 자기자본 비율을 의미하고 8% 이상 유지하여야 한다. 여기서 위험가중자산은 은행의 자산을 거래상대방의 신용도, 채권의 만기, 담보 및 보증유무 등을 기준으로 분류한 후, 위험이 높을수록 높은 가중치가 부여하는 자산을 말한다. 한편, 원화유동성비율은 예금인출 등의 수요를 즉시 충족할 수 있는 유동성을 확보하는 목적으로 원화유동성부채에 대한 원화유동성자산비율을 100% 이상 유지하여야 한다. 이를 요약정리하면 다음 표 5-A와 같다.

한편, 은행자산의 건전성 기준은 5단계, 즉 정상, 요주의, 고정, 회수의문, 추정손실로 구분하고 적정수준의 대손충당금을 적립해야 하며 그 기준은 다음 표 5-B와 같다.

그 외 5단계 등급으로 구분하는 경영실태평가제도가 있다. 5단계 등급은 1등급(우수), 2등급(양호), 3등급(보통), 4등급(취약), 5등급(위험)이며, 평가항목은 일반 은행과 외국은행이 다르다. 일반 은행의 경우 자본적정성(capital adequacy), 자산 건전성(asset quality), 경영관리의 적정성(management), 수익성(earnings), 유동성(liquidity), 시장

표 5-A 은행의 경영지도기준

경영지도기준	목 적	산출방식	표준비율
BIS자기자본비율	은행의 손실을 흡수하고 청산능력을 확보	$\frac{BIS\text{자기자본}}{\text{위험가중자산}}$	8% 이상
원화유동성비율	예금인출 등의 수요를 즉시 충족할 수 있는 유동성 확보	$\frac{\text{유동성자산}}{\text{유동성부채}}$	100% 이상

출처 : 금융감독원

표 5-B 은행자산의 건전성기준

건전성기준	정상	요주의	고정	회수의문	추정손실
최저충당비율	0.5%	2%	20%	50%	100%

출처 : 금융감독원

표 5-C 은행별 경영실태평가 방식

구 분		평가부문
일반은행 본점 및 해외 현지법인	CAMELS	자본적정성(C), 자산건전성(A), 경영관리의 적정성(M), 수익성(E), 유동성(L), 시장리스크에 대한 민감도(S)
외은지점, 일반은행 국외지점	ROCA	리스크관리(R), 경영관리 및 내부통제(O), 법규준수(C), 자산건전성(A)
특수은행 본점 및 해외 현지법인	CACREL	자본적정성(C), 자산건전성(A), 법규준수(C), 리스크관리(R), 수익성(E), 유동성(L)
특수은행 국외지점	ACR	자산건전성(A), 법규준수(C), 리스크관리(R)

출처 : 금융감독원

리스크에 대한 민감도(sensitivity to market risk)의 6개 영역으로 나뉘며, 외국은행은 리스크관리(Risk management; R), 경영관리 및 내부통제(Operation; O), 법규준수(Compliance; C), 자산건전성(Asset quality; A)의 4개영역으로 나뉜다. 은행별 경영실태평가 방식에는 조금씩 차이가 있는데 이를 요약하면 다음 표 5-C와 같다. 실태평가 결과에 따른 적기시정조치를 취하게 되는데 이는 경영개선권고, 경영개선요구, 경영개선명령으로 구분된다. 경영개선권고의 주요 내용은 해당 기관의 경비절감, 자본금 증액 및 이익배당 제한 등이다. 경영개선요구로는 조직축소, 임원진교체 및 영업일부 정지 등이고, 경영개선명령은 주식 소각, 계약이전 및 영업 양도 등이다.

2. 금융투자회사의 건전성지표

금융투자회사의 경영건전성 기준은 영업용 순자본비율(영업용순자본/총위험액)이며, 영업용 순자본은 조기에 현금화할 수 있는 순자산을 의미하며, 총위험액은 시장위험액, 거래상대방위험액 등 금융투자 관련사가 영업활동 시 직면하게 되는 위험액을 합한 금액을 의미한다.

다음 표 5-D는 영업용 순자본비율 산정기준을 세부적으로 나타낸 것이다.

표 5-D 영업용순자본비율 산정기준

구 분		주요내용
영업용 순자본		자산-부채-차감항목-가산항목
	대차대조표상 순재산액	자산-부채
	차감항목	선급금, 선급비용 및 선급법인세, 고정자산, 특수관계인 채권, 자회사의 결손액, 외국증권업자 국내지점 해외채권, 시가평가 손실, 기타 차감항목
	가산항목	유동자산 대손충당금, 후순위차입금, 리스 부채, 시가평가이익, 기타 가산항목
총위험액		시장위험액+거래상대방위험액+기초위험액+신용집중위험액-위험조정액
	시장위험액	주식위험액, 금리위험액, 수익증권위험액, 외환위험액, 옵션위험액, 인수위험액, 기타 위험액
	거래상대방위험액	예금, 예치금, 콜론, 유가증권대차거래, 환매조건부채권매매거래, 대고객신용공여, 파생상품위험, 지급보증, 채무보증, 대여금, 미수금, 미수수익, 유동화된 임차보증금, 전세권, 기타 금전채권위험, 결제기일까지 미납된 미수유가증권 등
	기초위험액	max [법정자본금 20%, 〈일반관리비-감가상각비+(총금융비용-총금융수익)〉×25%]
	신용집중위험액	신용공여집중위험액, 주식보유집중위험액, 콜론집중위험액
	위험조정액(-)	헷지 등에 따른 위험상쇄

출처 : 금융감독원

3. 보험회사의 건전성지표

보험회사의 대표적 건전성지표인 지급여력제도는 크게 보험료 및 보험금 기준 방식인 유럽(EU)방식과 보험회사가 보유하는 리스크에 비례해 자기자본을 보유해야 한다는 미국(Risk Based Capital; RBC)방식으로 구별된다. 한편, 지급여력비율은 지급여력을 지급여력기준으로 나눈 비율이고 우량보험회사 선택기준으로 사용되고 있으며 일반적으로 100% 이하가 되면 감독당국으로부터 적기시정조치 규제를 받는다.

$$\text{지급여력비율} = \frac{\text{지급여력(보유자기자본)}}{\text{지급여력기준(요구자기자본)}} \times 100$$

(1) EU 방식

이는 산출방식이 간단명료하고 실무적으로 관리하기가 편리하다는 장점이 있지만 위험대상별 자산리스크와 경영리스크를 고려하지 않아 이러한 리스크에 대한 조기경보 기능이 미비한 단점이 있다. 산출공식은 다음과 같다.

- 지급여력(보유자본)=지급여력 합산항목-지급여력 차감항목
  - 합산항목 : 자본금+자본잉여금+이익잉여금+자본조정+기타
  - 차감항목 : 영업권 등 무형자산+선급비용+기타
- 지급여력기준(요구자본)=책임준비금×4%+위험보험금×0.3%

(2) RBC(Risk Based Capital) 방식

이 제도는 미국에서 처음으로 시행되었으며 과거의 재무제표에 기초하여 수리적, 통계적인 기법을 활용하여 리스크계수를 산출하고 이를 요구자본금이라 하며 보유자본금대비 비율로 재무건전성의 적정성을 판단한다. 산출공식은 다음과 같다.

- 지급여력(보유자본) : EU 방식과 동일기준(국가별로 달리 적용할 수 있음)
- 지급여력기준(요구자본)=총위험기준자본(Total Risk Based Capital)

$$= \sqrt{(C_1 + C_3)^2 + C_2^2} + C_4$$

C_1 : 자산리스크금액, C_2 : 보험리스크금액
C_3 : 금리리스크금액, C_4 : 운영리스크금액

- C_1(자산리스크) : 자산의 손실발생 리스크로 채권, 주식, 저당증권, 부동산 등의 자산에 대해 장부가 또는 평가액의 일정비율을 리스크 금액으로 한다.
- C_2(보험리스크) : 사망률 악화 등 보험가격설정에 수반하는 손실발생리스크로 보험종류별로 다르다. 사망보장상품은 위험보험금에 비례, 연금은 책임준비금 비례로 산출한다.
- C_3(금리리스크) : 금리변동에 따른 현금흐름(cash-flow) 변동 등의 리스크로 해약시의 이율보증 유무, 해약공제의 유무 등에 따라 계약을 분류하고 책임준비금의 일정부분을 리스크 금액으로 한다.
- C_4(경영리스크) : 경영, 법규제, 경쟁조건 등의 변화에 따라 일정수준의 리스크금액을 결정한다.

부록 5-2 • 은행의 신용감독 및 관리방안

은행의 신용위험을 적절히 통제하고 부실여신을 효율적으로 관리하는 신용감독의 대표적인 수단으로 신용공여한도제도, 주채무계열제도, 기업신용위험 상시평가제도가 있다. 신용공여한도제도란 동일차주에 대한 신용공여 규모를 일정 한도 내로 제한하여 편중여신을 방지함으로써, 한정된 금융자금이 균형적으로 배분되도록 하는 취지이다. 표 5-E는 동일인, 동일차주, 자회사 등에 관한 신용공여 한도를 나타낸 것으로 국제기준에 맞추어 축소·조정되었다. 그리고 주채무 계열제도는 다수의 금융기관으로부터 거액의 여신을 공여받고 있는 기업집단(주채무계열)을 선정하고 주채무 계열별로 주채권은행을 지정하여, 주채권은행이 다른 채권은행의 협조를 받아 담당계열에 관한 기업정보를 종합관리하고 건전한 기업경영을 지도하는 제도이다. 한편, 기업신용위험 상시평가제도는 기업구조조정을 촉진하는 제도로 산업위험, 영업위험, 경영위험 등 세부기준에 따라 평가하고 그 결과에 따라 정상기업(A등급), 부실징후가능기업(B기업), 부실징후기업(C등급), 경영정상화가 불가능한 정리대상기업(D등급) 등 4단계로 분류한다. 예를 들어, 부실징후가능기업의 경우 경영개선권고 등을 통해 예방화에 주력하고, 부실징후기업은 채권금융기관의 공동관리, 주채권은행의 관리 등을 통해 경영정상화를 유도하고 있으며, 정리대상기업에 대해서는 청산, 파산 등을 통해 구조조정을 추진하고 있다.

개인신용 정보관리도 은행 신용감독의 주요한 부분이다. 우선 금융회사는 '개인 신용정보의 이용 및 보호에 관한 법률' 에 따라, 자기와 거래하는 개인의 금융거래정보를 신용정보 집중기관에 집중시키고, 동시에 집중기관으로부터 수집된 개인정보를 제공받아 활용하게 된다. 신용정보 집중기관은 은행연합회, 정보통신산업협회, 생명보험협회,

표 5-E 주요 신용공여한도 내용

구 분		신용공여한도(*)
동 일 인(**)		20%
동 일 차 주		25%
자 회 사	개 별	10%
	전 체	20%

출처 : 금융감독원

* : BIS기준 자기자본대비 비율임

** : 동일인은 개별기업이며, 동일차주는 신용위험을 공유하는 계열기업군을 의미

표 5-F 신용정보 집중기관

구 분	은행연합회	정보통신 산업협회	생명보험협회	손해 보험협회	여신전문 금융업협회
등록일	1995. 7	1998. 4	1998. 7	1998. 7	1999. 4
등록 목적	금융회사 전체로부터 신용정보를 집중관리 활용	대상기관간 관련 정보집중 및 활용 목적으로 등록	• 은행연합회로 신용정보 집중을 위한 단순정보 중개기능 수행 • 이후 2002.12월 보험관련정보 집중 업무 추가	• 은행연합회로 신용정보 집중을 위한 단순정보 중개기능 수행 • 이후 2002.12월 보험관련정보 집중 업무 추가	• 신용카드 업자간 복수카드 소지자 정보 공유 • 이후 2003년 1월 가맹점정보 및 보상회원 정보 집중 업무 추가
대상기관	전 금융회사	통신 서비스업자	생명보험사	손해보험사	신용카드업자
집중 정보	• 신용거래정보 • 신용불량정보 • 공공기록정보 • 신용능력정보 • 특수기록정보	• 서비스요금 연체 등 불량 거래정보 • 가입현황 등	• 신용거래 및 불량정보 등 은행연합회 집중정보(단순중개) • 보험계약 및 보험금지급 정보(자체관리)	• 신용거래 및 불량정보 등 은행연합회 집중정보(단순중개) • 보험계약 및 보험금지급 정보(자체관리)	• 복수카드관련 정보 • 가맹점정보 • 보상회원정보
정보 처리	자체수행	자체수행	자체수행	자체수행	자체수행
관리 규약	은행연합회 공통규약 '신용정보 관리 규약'	자체 규약	은행연합회 공통규약	은행연합회 공통규약	자체규약
비고	전 금융권과 정보공유	은행연합회와 정보교류 안함	보험관련 정보는 은행연합회로 집중치 않고 회원사별 자체관리	보험관련 정보는 은행연합회로 집중치 않고 회원사별 자체관리	은행연합회 정보집중은 각 여전사 개별 처리

출처 : 방영민(2006), p.421

손해보험협회, 여신전문금융업협회 등이 있다. 공유되는 신용정보는 대출거래 등 신용거래정보, 연체 등 신용불량정보, 납세실적 등 신용능력정보, 법원 심판 등 공공기록정보 등이 있다. 한편, 신용정보업자는 감독당국의 허가를 받아 신용조회, 신용조사, 채권추심 등의 업무를 영위하는 회사를 말한다. 표 5-F는 우리나라 신용정보 집중기관의 업무현황을 요약한 것이다.

요점정리

1. 금융감독은 감독당국이 금융회사의 경영건전성 확보, 금융시장의 신용질서 및 공정거래관행 확립, 금융소비자의 보호 등을 도모하고자 금융회사와 금융시장에 대해 인·허가, 건전성에 관한 규제, 경영개선조치, 검사 및 제재 등의 기능을 수행하는 제반 활동을 말한다. 이의 필요성은 정보의 비대칭성과 시장실패이론에 근거하며, 기능측면에서 시스템 감독, 건전성 감독, 영업행위 감독으로 구분된다.
2. 금융감독의 형태는 기관감독과 시장감독으로 구분된다. 기관감독은 금융회사 진입과 퇴출, 자기자본규제, 자산운용·보유에 대한 제한, 경영공시, 경쟁제한, 금융회사 검사로 세분되고, 시장감독도 회계감독과 감리업무, 발행시장 및 유통시장으로 나뉘어 세분화된다.
3. 우리나라 금융감독은 그동안 다원화되었던 감독기능이 1999년 금융감독원으로 통합되면서 보다 체계화되었고, 감독정책과 감독집행 기능을 명확히 하고자 금융위원회를 별도로 두었다. 유관기관으로 한국은행, 예금보험공사가 있으며 감독대상으로 크게 은행권, 금융투자권, 보험권으로 나뉜다.

Chapter 5 평가문제

1 금융감독의 필요성에 대하여 기술하시오.

2 기업공시의 세 가지 방법을 기술하시오.

3 금융위원회와 금융감독원의 주요 수행업무를 설명하시오.

4 다음 문장의 괄호 안에 알맞은 단어를 기입하시오.

① 금융감독 당국은 기업정보 공개의 표준화와 투명성 제고를 위해 (   )을 제정하여 시행하고 있다.

② 감독당국은 금융권역별로 적절하게 자기자본을 규제하고 있으며 이 기준을 지키지 못할 경우에는 (   )를 발동하여 단계별로 경영개선권고·요구·명령을 부과하고 경영개선을 유도한다.

Part 3 금융시스템의 이해

Chapter 6 금융시장
Chapter 7 금융상품
Chapter 8 금융기관
Chapter 9 금융위기

금융시스템은 크게 금융시장, 금융상품, 금융기관, 금융위기로 구분하여 살펴보고자 한다.
제6장 금융시장에서는 다시 금융시장의 의의, 단기금융시장,
자본시장, 외환시장, 국제금융시장으로 구분하여 살펴본다.
제7장 금융상품에서도 앞 장의 금융시장과 연계하여 전통적 금융상품,
금융투자상품, 집합투자상품, 우리나라와 글로벌 펀드상품 순으로 다룬다.
제8장 금융기관에서는 주로 금융기관의 기능과 규제, 종류 그리고 관련기관에 대하여 살펴본다.
마지막으로 제9장 금융위기는 의의, 외환위기와 은행위기를 다루고
이후 각 위기 간의 관계 및 정책대응, 금융위기사례를 살펴본다.

Chapter 6

금융시장

1. 금융시장의 의의
2. 단기금융시장
3. 자본시장
4. 외환시장
5. 국제금융시장

Chapter 6

금융시장

금융시장(financial market)이란 기업, 가계, 정부, 금융회사 등 경제주체들이 금융상품을 매개로 하여 필요한 자금을 조달하고 여유자금을 운용하는 조직화된 장소를 말한다. 이곳에서 흑자주체는 자금공급자가 되고, 적자주체는 자금수요자가 되어 금융시장의 근간을 이룬다. 자금거래는 수요자와 공급자가 직접적으로 하거나 중개자를 통하여 이루어진다. 이러한 금융시장은 금융거래방식, 자금의 성격, 거래당사자의 성격, 거래 장소 등 여러 가지 기준에 의해 분류될 수 있다. 우선 금융시장에 대한 의의를 살펴본 다음 금융시장별로 살펴보도록 한다.

1 금융시장의 의의

1) 금융시장의 기능

금융시장의 첫 번째 기능은 자금잉여 부문의 여유자금을 자금부족 부문에 제공하는 자금중개 기능으로 이를 통해 국민경제 전체의 후생을 증대시킨다. 두 번째로 금융자산의 수요와 공급이 만나는 장소를 제공하여 그 가격을 결정하는 기능을 수행한다. 시장에서 결정된 가격에 따라 시장참여자들은 각자에게 유리하게 자금운용 또는 자금조달의 규모 및 방식을 선택함으로써 자금의 융통을 촉진한다. 세 번째로 금융공급자들이 보유하고 있는 금융자산이 손쉽게 현금화될 수 있도록 유동성을 높여 주는 기능을 한다. 네 번째로 금융거래와 관련된 위험을 분산, 감소시키는 역할을 담당한다. 이런 위험은 유동성위험, 시장위험, 신용위험 등을 말하며 투자자들은 금융시장에서 각자 운용기간이나 위험의 선호도에 맞게 돈을 관리할 수 있다. 마지막으로 시장참여자들의 금융거래에 필요한 정보비용을 줄여 주는 기능을 한다. 금융시장에서는 각종 정보들이 집중되어 유통되므로 정보수집비용이 감소된다.

2) 금융시장의 유형

금융시장은 자금의 유통방식, 자금의 성격, 거래당사자의 성격, 그 외 여러 가지 기준에 의해 분류될 수 있다. 우선 자금의 융통경로를 기준으로 직접금융시장과 간접금융시장으로 나뉘고, 자금의 융통이 당사자 간의 계약형태인가 또는 양도가 가능한 증권형태인가에 따라 신용시장과 증권시장으로 다시 나뉜다. 자금의 융통기간에 따라 단기금융시장(자금시장 또는 통화시장)과 자본시장으로, 거래되는 자금의 표시통화가 자국통화인가 외국통화인가에 따라 원화시장과 외환시장 그리고 거래당사자의 거주성, 거래통화 및 거래발생장소 등에 따라 국내금융시장과 국제금융시장으로 분류된다.

(1) 직접금융시장과 간접금융시장

직접금융시장은 금융중개기관을 거치지 않고 자금의 수요자와 공급자 간의 직접증권의 매매형태로 자금거래가 이루어지는 시장이며, 간접금융시장은 수요자와 공급자 사이에 금융중개기관이 개입하여 직접 또는 간접증권의 매매형태로 자금거래가 이루어지는 시장이다. 한편, 최근에는 금융산업의 기술혁신과 증권화 현상에 따라 직접금융시장의 영역이 증대되는 추세인데 그 주된 이유로는 정보화의 진전에 따른 거래비용 절감으로 간접금융의 비교우위가 사라지고 있으며, 금융상품의 다양화와 위험관리 기술의 발전으로 위험변환 기능을 가지고 있는 간접시장의 이점이 사라지고 있다는 것이다.

(2) 국내금융시장과 국제금융시장

금융거래는 거래장소(국내와 국외), 거래고객의 거주성(거주자와 비거주자), 거래통화(자국통화와 외국통화) 등에 따라 구분된다. 일반적으로 국내금융이란 '① 거주자 간에, ② 자국통화로, ③ 국내에서 발생한 금융거래' 를 말하며, 국제금융은 이 세 가지 요건 중 어느 하나라도 충족되지 않은 경우이다. 한편, 역외금융시장

(off-shore financial market) 은 국제금융거래에 대해 세금이나 각종 규제가 없거나 엄격하지 않은 타국 지역 또는 국내시장과 분리된 시장을 말하며, 싱가포르, 홍콩, 뉴욕 등의 역외시장과 버뮤다, 바하마, 말레이시아 라부안 등 조세피난처(tax haven)가 이에 해당된다.

조세피난처(tax haven)

이는 절세를 목적으로 하는 각국의 기업이나 금융기관에게 세제 상의 혜택을 부여하는 시장으로 조세회피국 또는 조세천국(tax heaven)이라고도 하며 다음의 유형으로 구분한다.

1. 무세국(tax paradise) : 법인세, 양도세, 상속세가 없고 단지 재산세, 인지세, 관세 등이 재정수입원인 국가로 바하마, 버뮤다, 케이맨 제도, 모나코, 룩셈부르크 등이 있다.
2. 경과세국(financial center) : 조세협약을 준수하는 관계로 낮은 세율과 원천징수를 하지 않는 국가로서 국제금융회사들이 절세기지로 활용하는데 여기에는 영국령 버진제도, 바레인, 두바이 등이 속한다.
3. 해외원천소득 면세국(tax shelter) : 국내원천소득은 과세하지만 외국에서의 해운업, 국제무역업, 부동산투자 등 해외원천소득은 면세하는 국가로 홍콩, 파나마, 라이베리아 등이 속한다.
4. 특정 업종 조세혜택 국가(tax resort) : 특정 업종 및 형태에 대하여 주로 소득세를 면제해 주는 국가로 아일랜드, 스위스, 네덜란드 등이 속한다.

3) 우리나라의 금융시장

우리나라의 금융시장은 세 가지 유형으로 구분할 수 있다. 첫째, 금융상품으로 구분한 금융시장이다. 금융상품은 금융기관의 대표적인 상품인 예금과 대출, 기업의 주요 자금조달원인 어음, 채권 및 주식 그리고 외환과 파생금융상품으로 나뉜다. 그 외 중앙은행의 본원통화시장이 있다. 이를 도해하면 그림 6-1과 같다.

두 번째 민간 순자산으로 구분한 금융시장이다. 우선적으로 경제주체를 정부와 민간으로 구분한다. 중앙은행은 정부소속이고 민간은 크게 가계, 기업, 금융기관으로 구성된다. 자금의 흐름을 자산과 부채계정으로 놓고 보면 민간자산은 민간부채와 서로 소거할 수 있다. 그러면 민간 순자산으로 남는 것은 정부의 부채, 주식, 외환뿐이다. 따라서 금융시장을 그림 6-2와 같이 분류할 수 있다. 금융시장은 외부화폐시장, 주식시장과 외환시장만 남고 나머지, 즉 대출시장, 예금시장, 회사채시장, 어음시장 등은 상호 소거되어 없어진다. 그러나 명목적인 금액은 없어지더라도 실질적인 영향력은 잔존시장에 그대로 남아 있다.

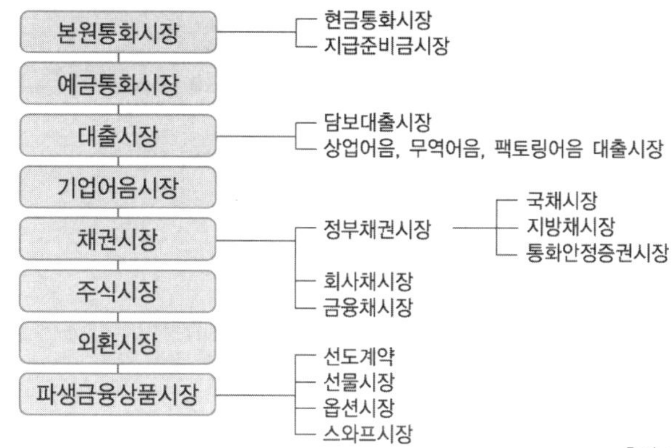

출처 : 김학은(2007), p.709

그림 6-1 금융상품으로 구분한 금융시장

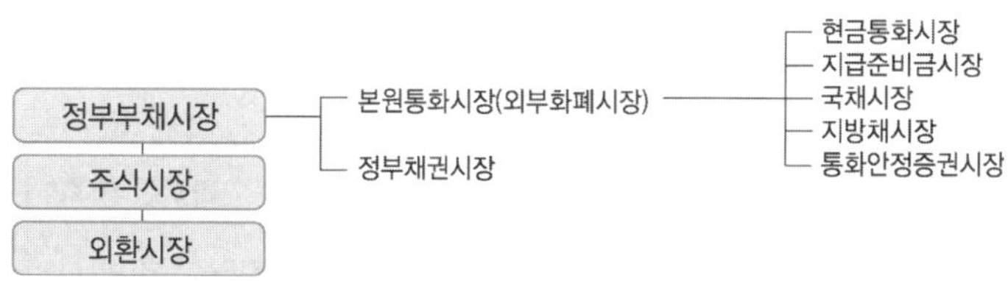

출처 : 김학은(2007), p.710

그림 6-2 민간 순자산으로 구분한 금융시장

세 번째, 만기별로 구분한 금융시장으로 이 분류가 가장 보편적이고 자주 접했던 방법이다. 금융시장은 자금의 조달과 운용을 위해서 장·단기 금융상품이 거래되는 유·무형의 장소를 말한다. 이는 구체적으로 전통적 의미의 장·단기 금융시장, 외환시장, 파생금융상품시장 등으로 구성된다. 단기금융시장은 주로 경제주체들이 유동성조절을 위하여 참여하는 시장으로 콜(call), 환매조건부채권(RP, Repo : repur-chase agreement), 양도성예금증서(CD, negotiable certificate of deposit), 기업어음(CP, commercial paper), 표지어음(CB, cover bills), 통화안정증권(MSB, money security bonds) 등으로 구성된다. 이 시장의 주요 참여자는 금융기관이고 기업이나 개인은 실물요인보다는 매일의 경제활동에서 발생되는 적정유동성 확보 차원에서 참여한다. 그러나 이 경우에도 금융기관에 의존하는 경우가 대부분이다. 기업의 성장에 필요한 기계장치, 설비, 토지 및 재고 그리고 개인의 내구재소비, 주

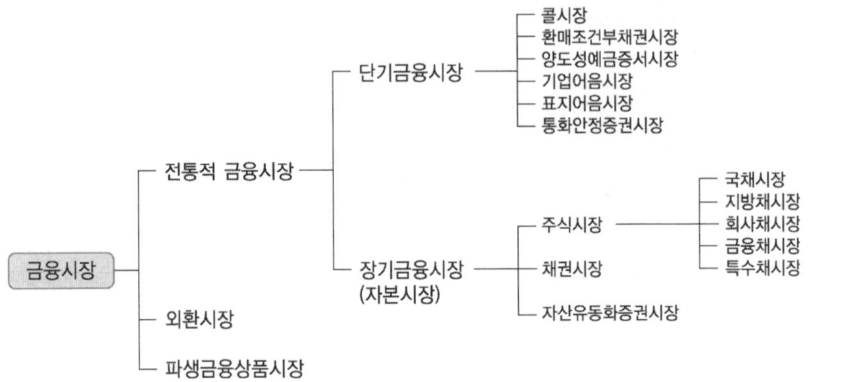

출처 : 김학은(2007), p.711

그림 6-3 만기로 구분한 금융시장

택구입 등 실물요인을 구입하기 위하여 참여하는 시장은 단기금융시장이 아니라 장기금융시장 즉 자본시장이다. 장기금융시장은 주식, 채권, 자산유동화증권(ABS, Asset backed Securities) 등의 시장으로 구성된다. 그림 6-3은 만기로 구분한 금융시장을 나타낸 것이다. 한편, 국내 외환시장은 교역규모 확대, 외환자유화, 자본시장 개방 등에 힘입어 원-달러화를 중심으로 하는 이종통화간의 거래가 활발하다. 그리고 파생상품은 전통적인 금융시장과 외환시장의 거래로 인한 리스크를 관리하기 위해 활용되는데, 우리나라는 1996년 최초 도입된 이후 외환파생상품, 주가지수 선물 및 옵션시장, 채권선물 시장 등을 중심으로 발전되어 왔다.

2 단기금융시장

단기금융시장은 경제주체 간의 단기자금 과부족을 조절하기 위해 보통 만기 1년 이내의 단기금융상품이 거래되는 시장으로 자본시장과는 다음과 같이 구분된다. 우선 단기금융시장은 경제주체들의 유휴현금 보유에 따른 기회비용을 최소화하여 자금조달 및 운용의 효율성을 제고할 수 있는 기회를 제공한다. 두 번째로, 자본시장에 비하여 자본손실 및 유동성 위험이 작아 경제주체들의 금융자산 위험관리 기회로 활용된다. 세 번째로, 단기금융시장은 통화신용정책이 수행되는 시장으로 중앙은행은 공개시장조작을 통해 시중의 자금량을 조절한다.

표 6-1 단기금융시장 규모 추이

(단위 : 조원)

구분	2007	2008				2009			
		3월	6월	9월	12월	3월	6월	9월	12월
콜(*)거래	529.8	547.8	532.6	562.1	488.4	227.7	540.1	589.2	607.4
RP매도(**)	66.4	61.5	71.1	69.9	62.5	67.6	69.3	70.7	64.3
CD발행잔액	112.8	123.3	130.6	129.1	116.6	111.2	117.1	122.5	113.3
CP발행잔액(***)	18.5	19.7	23.3	22.7	31.8	37.4	30.9	27.1	21.9
표지어음	4.4	4.3	4.4	4.0	3.5	2.8	2.4	2.1	2.6
합계	731.9	756.6	762.0	787.8	702.8	446.7	759.8	811.6	809.5

주) * : 월중 거래액, ** : 대고객 RP 매도잔액 기준, *** : 종금사, 증권사 및 은행신탁 취급분 분기말 잔액
출처 : 한국은행, 한국예탁결제원, 금융감독원

단기금융시장 규모(거래액 및 발행 잔액)는 2009년 말 현재 809.5조원으로 전년 말 대비 15.2% 증가하였지만 정책당국의 유동성 공급정책에 따라 분기별로는 큰 차이를 보였다. 2/4분기 이후 콜거래가 예년수준을 회복하면서 단기시장 규모도 이후 점차 증가하는 추세를 보이고 있다.

1) 콜(Call)시장

(1) 의의

콜시장은 주로 금융회사 간에 초단기자금을 차입(call money)하거나 대여(call loan)하는 시장으로 1일 내지 수일 이내의 자금을 주로 전화 또는 통신망을 통해 거래하고 은행 간의 시장에서도 가장 중요한 시장이다. 또한 금융회사의 단기적 과부족을 조절하여 금융시장의 효율성을 제고하고, 중앙은행 차입의존도를 줄여 본원통화의 증가를 억제한다.

(2) 거래구조

콜거래는 직거래와 중개거래로 구분되며, 직거래는 거래당사자들이 직접 금리, 만기, 금액 등에 합의하여 거래하는 것으로 대부분 은행 간 거래가 이에 해당된다. 중개거래는 자금중개회사가 거래조건을 중개하는 것이다. 대금수급은 은행인 경우 콜

자금의 대여 및 상환은 모두 한은금융망(BOK-wire)을 통해 한국은행 당좌계정을 거친다. 거래조건으로, 최장만기는 90일 이내이나 실제 대부분 거래는 1일물이 대부분이다. 거래단위는 억원이며 담보제공여부에 따라 담보콜과 신용콜로 구분된다.

2) 환매채권(RP)시장

(1) 의의

이는 특정한 유가증권 즉 주로 채권을 매매한 뒤 일정기간 후 매매 당시의 가격에다 소정의 이자를 더한 가격으로 되사거나 되팔 것을 약정한 매매 당사자 간의 계약을 의미한다. 현재 RP시장은 자금의 원활한 수급조절을 통해 단기금융시장의 자금흐름을 원활히 하고, 수익성이 높으나 유동성이 낮은 채권을 유동화 할 수 있는 장점이 있다. 금융회사 간 RP거래는 단기자금 과부족 조절을 목적으로 은행, 금융투자회사, 보험회사, 상호저축은행 등 콜시장 참가기관이 참여하고 있다.

(2) 거래구조

금융회사의 대고객 RP는 통장거래방식으로, RP매도 시에는 대상채권을 매수자에게 주는 것이 원칙이다. 한편, 금융회사 간 RP는 통장거래, 단순계약서 수수, 계약서 수수 및 어음교부 등 다양한 방식이 이용된다. 대금수급은 RP거래 시 자금결제 방식은 대고객 RP의 경우 자기앞수표, 금융회사 간 거래는 BOK-wire를 통해 이루어진다.

3) 양도성예금증서(CD)시장

(1) 의의

이는 은행의 정기예금에 대해 무기명으로 발행된 증서로서, 금융시장에서 자유롭게 매매될 수 있으며, 주로 은행 간의 자금조절이나 단기자금조달 수단으로 많이 활용된다. 또한, 법적 성격은 일반예금처럼 일정기간 소유권을 이전했다가 반환해 오는 계약이며, 권리의 이전과 행사에 예금증서가 필요하므로 상법상 유가증권에 해당된다.

(2) 거래구조

CD는 최단만기가 30일 이상으로 제한되고 최장만기의 제한은 없으나, 3개월 물과 6개월 물이 주종을 이루고 있으며, 발행은 액면에서 할인하는 방식으로 이루어지며 최저액면금액의 제한은 없으나 보통 개인은 1,000만 원, 법인은 10억 원 이상이다. CD금리는 콜금리 등 시장금리, 발행금액, 기간 등을 감안하여 결정되며, 이는 콜금리와 함께 가장 대표적인 단기시장금리로서 은행의 여수신금리 운용의 기준금리로 사용되고 있다.

그리고 CD발행은 한국은행에 지준예치 의무가 있는 모든 은행이 할 수 있으며, 중개업무는 금융투자회사, 한국자금중개회사 등이 담당하고 있다. 통상 CD는 은행창구에서 직접 발행하거나, 증권사를 통해 발행되는 대고객 CD와 발행은행과 매수은행이 직접 교섭하여 발행, 매수하는 은행 간 CD로 구분된다.

4) MMF(Money Market Funds)

이는 자산운용회사가 고객의 자금을 모아 펀드를 구성한 다음, 금리가 높은 CP, CD, 콜 등 주로 단기금융상품에 집중 투자하여 수익을 고객에게 되돌려 주는 수시입출금이 가능한 초단기 금융상품이다.

이 상품은 가입금액에 제한이 없어 소액투자자와 대기성 여유자금을 갖고 있는 개인과 일반기업들에게 유리하며, 예금자보호대상이 아니라는 단점이 있다.

5) MMDA(Money Market Deposit Account)

시장금리부 수시입출금식 예금인 MMDA는 은행, 농협, 수협 등이 취급하는 단기금융상품으로, 가입대상이 제한이 없으며 예금자보호대상이기 때문에 일시적인 목돈을 1개월 이내 운용하는 데 적합하다.

이는 원래 미국의 은행이 자산운용회사의 MMF에 대응하기 위해 도입한 고금리 저축성예금으로, 우리나라는 1974년에 도입하였다.

6) 기업어음(CP)시장

(1) 의의

이는 신용상태가 양호한 기업이 상거래와 관계없이 단기자금을 조달하기 위하여 자기신용을 바탕으로 발행하는 만기 1년 이내의 융통어음을 말하며, 발행기업(issures), 할인·매출기업(dealers), 매수기관(investors)으로 구성된다. 또한 발행절차가 주식이나 채권에 비해 간편하며, 통상 담보 없이 신용으로 발행되기 때문에 신속한 자금조달수단으로 이용되며, 금리면에서도 은행대출보다 유리한다.

(2) 발행조건

증권사가 할인하는 경우, 발행기업은 상장법인 또는 정부투자기관이어야 하고, 신용평가기관 중 2개 이상의 기관으로부터 B등급 이상이어야 하며, 만기는 최장 1년 이내, 최저액면금액은 1억 원 이상으로 제한되어 있다. 일반적으로 업체별 한도를 설정한 후 그 한도 내에서 할인해 준다. 종금사의 경우 최소한 B등급 이상, 최저액면금액은 100억 원 이상, 만기는 1년 이내이다. 은행신탁계정의 경우, 일반적으로 투자등급의 보유기업을 거래대상으로 하고 있다

(3) 거래구조

우선 자금이 필요한 기업은 전일이나 당일 오전 중 증권사, 종금사 등 할인기관과 만기, 금액, 금리수준 등에 대해 협의한 다음 어음을 발행하여 할인을 요청한다. 이후 할인기관은 할인금리에서 연 0.01%~0.02%의 매매이익(dealer spread)을 감안한 매출금리로 투신운용사 등 매수기관에 매출한다. 대금수급의 경우, 자금은 할인기관이 매수기관으로부터 받아 어음교환 차액결제가 끝난 후 거래은행 계좌이체 또는 BOK-wire를 통해 지급한다. 만기가 되면 CP 보유기관은 자기거래은행을 통해 CP를 교환에 회부하여 지정한 은행계좌로 결제해 줄 것을 요청한다. 이에 따라 발행기업이 상환자금을 지정된 은행의 결제계좌에 입금하면 상환자금은 CP교환회부 은행을 통해 보유기관(투자자)으로 이체된다. 만약 결제금액이 입금되지 않으면 발행기업이 부도[1)]처리된다.

1) 일반적으로 상행위에서 다음의 한 가지 이상 사건이 발생하면 부도라 한다.
- 부담해야 할 채무 전액을 변제할 가능성이 없는 경우
- 대손상각, 원리금면제, 상환기간 연장 등 채무조정관련 사건이 발생한 경우
- 90일 이상 연체한 경우
- 파산 신청한 경우

표 6-2 어음의 종류

종류	내용
상업어음 또는 진성어음	재화와 용역의 거래에 수반되어 발행된 약속어음
무역어음	수출신용장, 선수출계약서, 외화표시물품 공급계약서 등을 근거로 발행된 환어음
팩터링 어음	외상매출채권과 상업어음채권에 대한 팩터링 대출을 하면서 은행이 기업으로부터 받은 어음
융통어음	상거래를 수반하지 않으면서 필요한 자금을 일정기간 빌리기 위해 발행하는 약속어음

7) 표지어음(CB)시장

이는 금융기관이 할인하여 보유하고 있는 어음들을 통합 또는 분할한 뒤, 원래의 어음을 기초로 하여 금융기관이 발행한 약속어음을 말하며, 원어음의 부도여부와 관계없이 금융기관이 어음소지자에게 만기에 지급하는 어음이다.

이 시장은 원어음을 할인하는 기업, 이를 기초로 표지어음을 발행하는 금융기관, 표지어음 매수자 등으로 구성되는데, 기업은 원어음 할인으로 기업자금을 조달하고, 금융기관은 원어음 할인금리와 표지어음 발행금리 사이의 차익을 얻고, 매수자는 표지어음 발행금리만큼의 이자를 얻을 수 있다. 표지어음은 일반적으로 만기 1년 이내인 원어음의 남은 만기이내에서 발행되며, 중도환매는 은행 표지어음의 경우에만 불가능하다. 한편, 시장에서 거래되는 대표적인 어음을 다음 표 6-2에 정리하였다.

8) 통화안정증권(MSB)시장

이는 한국은행이 통화량을 조절하기 위해 금융기관과 일반을 대상으로 하여 통화안정증권을 발행하고 유통시키는 시장을 말한다. 이 증권은 국채와 마찬가지로 투자제한이 없고 무위험자산으로 분류되므로, 금융기관은 자금운용이나 자기자본비율을 높이기 위한 수단으로 활용된다. 발행금리는 한국은행의 같은 만기의 시장수익률을 참고하여 결정되며, 만기는 2년 이내이고 주로 182일물, 364일물, 546일물, 2년물이 발행되고 있으며, 중도환매는 원칙적으로 불가능하다.

3 자본시장

1) 자본시장의 의의

(1) 정의

자본시장(capital market)은 넓은 의미로 유가증권(주식, 채권 등)이 발행 · 유통되는 금융시장을 총칭하는 것으로, 자금수요자(주로 기업)는 유가증권을 발행하거나 매출하여 자금을 조달하고, 투자자는 유가증권을 매입함으로써 자신의 금융자산을 운용하는 곳이다. 협의의 자본시장은 화폐시장(money market)에 대응하는 개념이다. 이 경우 금융시장은 거래되는 금융청구권의 만기에 따라 화폐시장과 자본시장으로 구분된다. 화폐시장은 1년 이내의 단기채무증권이 거래되는 시장이다. 만기가 짧아 거래위험이 거의 없으며 대체적으로 거래금액도 크다. 이에 비하여 자본시장은 만기가 1년 이상인 금융청구권이 거래되는 시장이다. 이의 주된 목적은 저축을 장기적인 생산적 투자로 연결시키는 것이다. 일반적으로 자본시장은 모든 장기채무증권과 지분증권을 포함한다.

자본시장은 증권시장과 동의어로 사용되기도 한다. 증권시장은 영국의 산업혁명과 함께 서구유럽의 기업들이 거액의 자금을 조달할 필요가 생기면서 발달하기 시작하였다. 그 후 증권시장은 자본주의 시장경제체제의 발전을 위하여 반드시 필요한 제도로 인식되었으며 경제민주주의를 실현하는 도구가 되었다.

증권시장은 재산의 권리를 표시한 증서인 증권이 발행되고 유통되는 시장으로 광의로 CD, CP, 단기채권 등 1년 미만의 금융상품을 거래하는 단기금융시장과 만기가 1년 이상인 국공채를 비롯한 회사채, 주식 등을 거래하는 자본시장을 포괄하는 개념이다. 협의로 증권시장을 말할 때는 자본시장과 같은 의미로 사용된다. 자본시장은 거래되는 증권에 따라 주식시장, 채권시장, 파생상품시장으로, 자본이나 증권의 전달경로에 따라 발행시장과 유통시장으로 분류할 수 있다.

한편, 제도적인 측면에서 살펴보면, 자본시장은 금융투자상품이 거래되는 시장이다. 이러한 금융투자상품을 대상으로 하여 매매, 중개, 집합투자, 자문, 신탁 등을 계속적이고 반복적인 방법으로 행하는 자를 금융투자업자라고 한다. 따라서 자본시장은 금융투자업자들에 의하여 금융투자상품이 거래되는 시장이라고 할 수 있다.[2)]

2) 우리나라는 2009년 2월 「자본시장법」이 시행되면서 본격적으로 금융투자상품이 거래되는 자본시장이 형성되었다. 이에 대한 자세한 사항은 제 7장, 2. 금융투자상품 참조

국내 자본시장은 크게 주식시장, 채권시장, 파생상품시장, 자산유동화증권(Asset backed Securities; ABS)시장으로 구분된다.[3)]

(2) 기능[4)]

① 자본조달의 장소 제공 : 오늘날의 기업은 언제나 환경변화에 끊임없이 적응하여 유지·발전해야 하는 계속기업(going concern)의 개념으로 정의한다. 기업이 현상을 유지하는 데 만족하지 않고 계속기업으로서 발전하면서 존속하기 위해서는 언제나 새로운 투자기회를 포착하고 이에 필요한 자본을 조달해야 한다. 기업의 이러한 욕구를 충족시켜주는 제도적 장치가 바로 자본시장이다. 기업은 자본시장을 통하여 주식이나 채권으로 장기적이고 안정적인 형태의 자본을 조달하게 된다. 기업이 자본을 조달하는 데 있어서 주식으로 자본을 조달하느냐 아니면 채권의 형태를 이용하느냐는 각 기업의 특성과 상황에 따라 달리 나타날 수 있다.

② 자산운용의 수단 제공 : 경제주체로서 가계는 대표적인 흑자지출주체이다. 따라서 가계는 잉여자금을 운용할 수 있는 시스템이 필요한데 잉여자금을 자본시장을 통하여 운용하거나 은행과 같은 금융기관을 통하여 운용할 수도 있다. 어떠한 운용수단을 선택하는가는 위험을 얼마나 수용할 것인가에 따라 달라진다. 물론 은행이나 보험회사와 같은 금융기관도 실제로는 자본시장을 통하여 자산을 운용하고 있다. 최근 전 세계적으로 금융의 증권화 현상이 심화되면서 자산운용의 장소로서 자본시장이 더욱 중요한 역할을 하고 있다.

③ 소유와 경영의 분리촉진 : 기업의 설립 초기에는 창업주가 경영자로서 소유경영 형태를 취한다. 그러나 기업이 계속적으로 성장하고 발전하기 위해서는 추가적인 자본이 필요하고, 자본을 조달하기 위하여 불특정 다수를 대상으로 주식을 발행하게 되면 해당기업의 소유권은 점차 분산된다. 소유가 분산되고 경영이 복잡해짐에 따라 현대 기업의 주주는 대체로 경영참여에 관심을 갖기보다는 배당을 받거나 또는 주식의 시세차익을 얻을 목적으로 투자하게 된다. 결과적으로 자본시장의 발달로 인하여 기업의 경영자는 소유와는 관계없이 전

3) 파생상품시장은 운용규모상 별도로 구분할 수 있으며, 국내 자본시장법상에서는 주식을 지분증권, 채권을 채무증권이라 명명하였다.
4) 정정현(2008), 『자본시장』, pp.73-74 인용

문경영인으로서 기업경영에만 전념하여 소유와 경영이 분리된다.

④ 기업통제기능의 강화 : 간접금융시장은 금융기관이 자금배분기능을 담당한다. 금융기관이 보유하는 잉여자금은 금융기관 자신의 자금이 아니라 흑자지출주체인 가계로부터 단지 위탁된 것이다. 즉 가계는 금융기관을 믿고 자산을 운용해달라고 맡겨둔 것이다. 그러나 금융기관 경영자의 도덕적 해이(moral hazard)로 인해 가계가 위탁한 잉여자금을 효율적으로 배분하지 않으면, 심각한 경제왜곡 현상이 발생할 수 있다. 직접금융 시스템인 자본시장에서는 자금의 공급자가 자금의 수요자를 직접 선정하여 공급하는 체제이기 때문에 중개자의 도덕적 해이는 발생하지 않는다. 자본시장에서 투자자는 더욱 수익성이 높은 기업에 자금을 제공하려고 하며, 수익성이 없는 기업은 자금을 제공하려는 주체가 없어 자연적으로 퇴출될 수밖에 없다. 결과적으로 자본시장은 시장메커니즘을 통하여 기업을 효율적으로 통제할 수 있게 된다.

2) 주식시장

(1) 의의

주식은 주식회사가 발행한 출자증권으로, 기업이 활동하는 데 필요한 납입자본을 쉽고 다양하게 조달할 수 있도록 작고 균일한 단위로 나뉘어 발행된다. 주식시장은 이러한 주식이 거래되는 시장으로서 기업이 자기자본을 조달하는 시장인 만큼 기업의 타인자본 의존도를 낮추어 재무안정성을 높이는 역할을 한다. 한편, 주식시장은 기업공개 및 유상증자 등을 통해 주식이 신규로 공급되는 발행시장과 이미 발행된 주식이 투자자 상호간에 거래되는 유통시장으로 구분된다. 또한, 거래대상 주식에 따라 유가증권시장, 코스닥(KOSDAQ : Korea Securities Dealers Automated Quotation)시장, 프리보드(free board)시장으로 구분된다. 코스닥은 한국증권선물거래소가 운영하는 중소기업 및 벤처기업을 위한 주식거래시장이다. 미국의 나스닥(NASDAQ)시장과 유사한 기능을 하며, 증권거래소시장보다는 상장 등의 요건이 완화되어 있다. 프리보드시장은 비상장주식이나 상장이 폐지된 주식에 유동성을 제공하기 위해 설치·운영되는 장외 호가 중개시장을 말한다. 종전의 제 3시장을 의미하며 주로 벤처기업이 중점적인 유치대상이며 '고위험-고수익'의 속성을 갖고 있다.

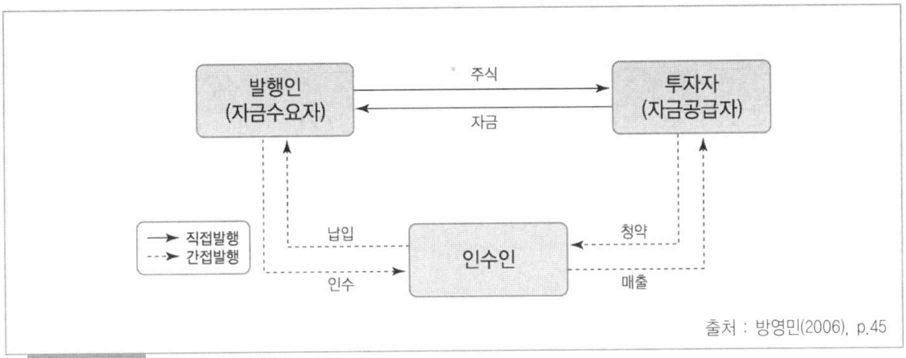

그림 6-4 주식발행시장 구조

(2) 주식발행시장

이는 주식의 발행인 또는 보유자로부터 최초로 투자자에게 매도되는 시장을 말하며, 흔히 1차 시장(primary market)이라 한다. 발행시장은 자금수요자인 발행인, 자금공급자인 투자자, 주식발행 사무를 대행하고 발행위험을 부담하는 인수인으로 구성된다(그림 6-4 참조). 이러한 주식의 발행은 기업공개(IPO : Initial Public Offering)와 유상증자로 구분된다.

① 기업공개 : 이는 기업이 자신이 발행한 주식을 증권거래소 시장에서 거래하기 위해 불특정다수인을 대상으로 모집, 매출하는 것을 의미한다. 보통 기업공개는 예비절차와 본절차에 따라 공개적인 절차에 의거 해당기업은 준비과정을 거치게 된다. 다음 표 6-3에 기업공개와 상장의 목적과 성격, 특성을 비교·정리하였다.

표 6-3 기업공개와 상장의 구분

구분	기업공개	상장
시장	발행시장	유통시장
목적	기업의 자금조달	유가증권의 원활한 유통, 공정한 가격형성
성격	주식분산의 한 형태	거래적격 유가증권의 선별
규제취지	공시주의(발행당사자)	규제주의(상장 적격성여부 심사)
특성	발행기업과 청약자의 이해 협조, 발행물량의 소화 중시	공익과 투자자보호, 기업의 계속성, 시장성 중시

출처 : 차명준·정무권(2009), p.54

표 6-4 증자절차

유상증자	무상증자
신주발행을 위한 이사회 결의 ↓ 신주발행, 신주배정 기준일 공고 및 주주명부 폐쇄공고 ↓ 신주배정기준일 ↓ 주주명부 확정 ↓ 신주배정 통지 및 청약안내 ↓ 신주청약, 실권주 처리, 주금납입 ↓ 증자등기 ↓ 납입금 인출 ↓ 주권인쇄 ↓ 신주권 교부	준비금의 자본전입을 위한 이사회 결의 ↓ 신주배정기준일 및 주주명부 폐쇄공고 ↓ 신주배정기준일 및 주주확정 ↓ 증자등기 ↓ 신주배정 및 신주배정 통지 ↓ 배당소득 원천징수 ↓ 신주권 발행 ↓ 신주권 교부

출처 : 방영민(2006), p.47

② 유상증자 : 이는 신주를 발행하여 납입자본금을 증가시키는 것으로 신주인수권 배정방법에 따라 주주배정방식, 일반공모방식, 제3자 배정방식 등으로 구분된다. 주주배정방식은 주주와 우리사주조합에게 신주를 배정한 뒤, 실권주가 발생하면 이사회의 결의에 따라 그 처리방침을 결정하는 것이다. 일반공모방식은 주주에게 신주인수권을 주지 않고 일반투자자를 대상으로 청약을 받는 것을 말한다. 제3자 배정방식은 주주대신 관계회사나 채권은행 등 특정의 제3자에게 신주인수권을 주는 방식이다.

(3) 주식유통시장

이는 이미 발행된 주식이 투자자들 상호간에 거래되는 시장으로 2차 시장(secon-dary market)이라 하며, 주식의 시장성과 환금성을 높여 투자를 촉진시키고 공정

표 6-5 주식유통시장 구조

일 자	결제업무	관련기관
T일 (매매체결)	호가 → 매매체결 → 매매확인 및 대조	투자자, 증권회사, 증권선물거래소, 프리보드
T+1일 (채권채무 내용확정)	매매정정 → 차감 → 결제자료 출력	증권선물거래소, 증권예탁결제원[5]
T+2일 (결제대금 및 증권수수)	대금결제 → 지정은행 (납부 증권사 계좌 → 수령 증권사 계좌) 증권결제 → 증권예탁원 (납부 증권사 계좌 → 수령 증권사 계좌)	증권예탁결제원, 은행

출처 : 방영민(2006), p.48

한 가격이 유지되게 함으로써 발행시장을 보완하는 기능을 한다. 투자자의 매매주문은 위탁회사인 증권회사를 거쳐 증권거래소 등에서 체결되며, 결제는 매매일 로부터 3일째 되는 날(T+2일) 이루어진다(표 6-5 참조).

한편, 매매체결은 유가증권시장과 코스닥시장의 경우 경쟁매매방식을, 프리보드 시장에서는 상대매매방식으로 이루어진다. 경쟁매매방식은 매수호가가 매도호가보다 큰 경우에 체결되며, 다수의 매매호가에 대해서는 ① 저가 매도호가, ② 고가 매수호가, ③ 먼저 접수된 호가의 순으로 우선순위를 부여한다. 상대매매방식은 매도호가와 매수호가가 일치하는 경우에만 거래가 체결된다.

3) 채권시장

(1) 의의

채권이란 정부, 공공기관, 기업 등이 비교적 장기의 자금을 일반인 및 기관투자자들로부터 조달하기 위해 정해진 이자지급과 원금상환을 약속하며 발행하는 유가증권

5) 증권예탁결제원은 코스닥, 프리보드를 대행한다.

을 말한다. 이러한 채권은 주식 등 여타 증권과는 달리 독특한 특성을 갖고 있다. 첫째, 확정이자부증권이다. 채권은 발행 시에 이미 발행자가 지급해야 하는 이자와 원금의 상환금액이나 또는 그 기준이 확정되어 있다. 따라서 투자원금에 대한 수익은 발행 시에 이미 결정되는 것이므로 발행자의 원리금 지급능력이 가장 중요시된다.

둘째, 기한부증권이다. 채권은 원금과 이자의 상환기간이 사전에 정해져 있는 기한부증권으로, 이러한 특성으로 인하여 잔존기간이 채권 투자결정 요소로서 그 중요성을 가진다.

셋째, 이자지급증권이다. 채권은 주식과 달리 발행자는 수익의 시현 여부와 관계없이 이자를 지급하여야 한다. 채권의 이자지급은 채권발행자가 부담하는 금융비용 중에서 가장 큰 비중을 차지하므로 기업의 손익과 성장에 많은 영향을 주게 된다.

넷째, 장기증권이다. 채권은 다른 확정이자부증권과는 달리 장기증권이다. 따라서 채권은 원리금 상환 문제 이외에도 장기적으로 존속해야 하고 환금성이 부여되어야 하므로 유통시장의 존재가 필수적이다.

다섯째, 상환증권이다. 채권은 주식과 달리 지급능력이 있는 한 반드시 상환되어야 한다. 따라서 사적기업이나 공공기관에서는 지불유예상태가 되지 않도록 자금관리를 철저히 하여야 한다.

채권은 그 종류가 매우 다양하며 발행주체에 따라서도 구분할 수 있을 뿐만 아니라 보증유무, 이자지급방법, 상환기간, 원금상환방법 및 표시통화별로 다양하게 구분할 수 있다. 이를 정리하면 다음 표 6-6과 같다.

표 6-6 채권의 종류

구분	종류
발행주체별	국채, 지방채, 특수채, 금융채, 회사채
보증유무별	보증채, 무보증채
이자지급방법별	이표채, 할인채, 복리채, 거치채
상환기간별	단기채, 중기채, 장기채
원금상환방법별	만기상환채, 분할상환채
표시통화별	원화 표시채, 외화 표시채
모집방법별	사모채, 공모채
발행가액별	액면발행, 할인발행, 할증발행

표 6-7 전환사채와 신주 인수권부 사채 비교

구 분		신주 인수권부 사채(BW)	전환사채(CB)
유사점	투자매력	채권의 안정성+주식의 수익성 추구	
	발행조건	보통 회사채보다 발행이율이 낮아 발행자 유리	
	신주가격	사채발행 시의 주가를 기준으로 미리 정해짐	
	권리행사시	• 사채발행회사의 발행주식 수 증가 • 사채권자는 주주의 지위 획득	
	사체에 부여된 권리	신주인수권	전환권
차이점	권리행사	• 신주인수권 행사 이후 사채 존속 • 신주인수권행사 시 신규자금 필요	• 전환권 행사 후 채권소멸 • 전환권행사 시 신규자금 불필요
	권리의 이전	분리형의 경우 채권과 워런트 분리 유통	채권과 전환권 비분리
	발행자의 부채	부채 존속	부채소멸
	재무제표 상	전환 전에는 장기차입금계정	자본금계정

출처 : 차명준 · 정무권(2009), p.174

또한 특수한 조건이 부가되거나 사전에 약속된 권리가 부여된 채권이 있는데, 대표적으로 주식과 연계한 채권으로 발행회사의 주식으로 전환할 수 있는 권리가 부여된 전환사채(convertible bond; CB), 사채권자에게 발행회사의 신주를 일정한 조건으로 매수할 수 있는 권리를 부여한 신주인수권부사채(bond with warrant; BW), 발행회사가 보유한 기업의 주식과 교환할 수 있는 교환사채(exchange bond; EB) 등이 있다. 이들 각각의 특징을 다음 표 6-7, 8에 정리하였다.

한편, 채권의 발행은 일반 채무증서와 달리 발행주체 및 한도가 관련 법률에 의해 엄격히 제한되는 반면(국채의 경우 국회의 동의, 회사채는 금감위 제출요건 등), 채권의 유통은 유통시장에서 자유로이 매매가 가능하여 유동성이 확보된다.

(2) 채권발행시장

모집방법에 따라 공모발행과 사모발행으로 구분되며, 공모발행은 인수기관(증권사)이 회사채 발행총액을 인수한 후 제3의 매수자에게 매출하는 방식이며, 사모발행은 최종매수자와 회사채 발행조건을 직접 협의한 후 발행하는 방식이다. 발행금

표 6-8 교환사채의 장·단점

구분	장 점	단 점
발행사	• 할증률만큼 보유주식의 주가상승효과 • 보유주식의 조기 자금화 • 보유주식 직접매도 시 발생할 수 있는 주가하락 방지	• 직접매도보다 업무 복잡 • 보유 유가증권의 예탁에 따른 담보화로 고정자산화 초래
투자자	• 확정이자수입의 안전한 투자수단 • 교환대상주식의 주가 상승 시 매매차익 가능	• 교환대상 주식의 주가 하락 시 투자손실 가능

출처 : 차명준·정무권(2009), p.172

액은 법률로 제한되어 있으며(회사채는 순자산의 4배 이내, 은행채는 자기자본의 3배 이내 등), 만기는 일반적으로 3년물이 대부분이다.

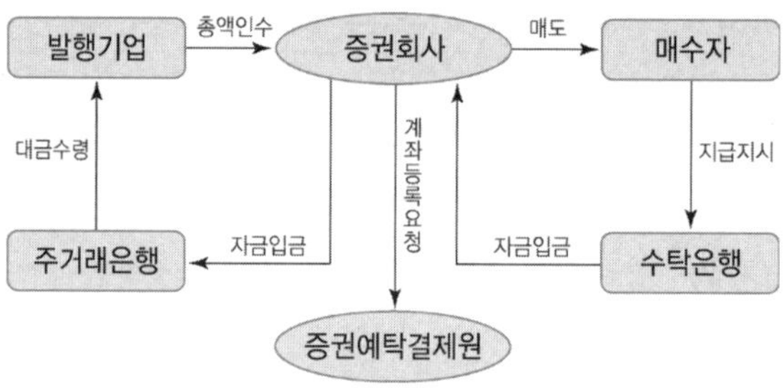

출처 : 방영민(2006), p.52

그림 6-5 회사채 발행구조

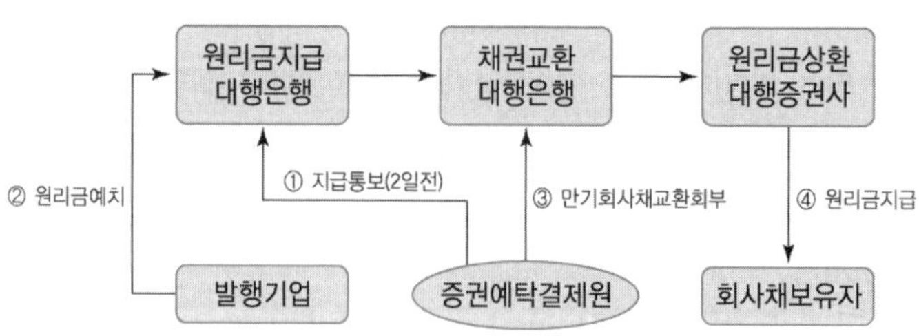

출처 : 방영민(2006), p.53

그림 6-6 회사채 상환구조

표 6-9 주요 채권발행 추이

(단위 : 조원)

구분 \ 연도		2007	2008	2009				
				1Q	2Q	3Q	4Q	연간
국고채	발행	48.2	52.1	18.6	23.2	24.8	18.4	85.0
	순증(*)	20.6	28.4	15.4	7.3	21.6	△2.7	41.6
통안증권	발행	156.7	151.4	63.6	118.0	115.6	78.2	375.4
	순증	△8.1	△23.0	17.7	21.0	△10.4	△6.1	22.3
회사채(**)	발행	45.1	52.8	27.4	14.0	16.2	18.8	76.4
	순증	1.2	15.2	17.7	11.0	3.9	6.4	38.9

주) * : 순증 = 발행－상환(조기차환＋조기상환)

** : 금융채(은행채 제외) 및 ABS발행 포함

출처 : 금융감독원, 한국은행(조사통계월보)

한편, 2009년에 국고채, 통안증권, 회사채 등 주요 채권의 발행규모는 전년대비 큰 폭으로 증가하였다. 이 중 국고채는 약 85조 원으로 전년대비 63.2% 증가하였는데 이는 경기회복을 위한 추경예산 편성에 기인하였다. 통안증권도 전년대비 148.0% 증가한 375조원 발행되었는데 이는 정부의 재정자금 조기집행을 위한 한국은행 차입금 증가에 주로 기인하였다. 회사채도 우량회사채 중심으로 한 가격메리트 상승과 기업들의 자금수요에 기인하여 전년대비 44.8% 증가한 76조 원으로 나타났다.

(3) 채권유통시장

채권유통시장은 크게 장외시장과 장내시장으로 구성된다. 장내시장은 증권선물거래소에 상장된 채권을 대상으로 표준화된 거래방식에 따라 거래소의 회원사끼리 이루어지며, 크게 일반채권시장과 국채전문유통시장으로 구분된다. 일반채권시장은 불특정 다수의 일반 투자자가 참여하여 소액국공채와 상장전환사채 위주로 거래가 이루어진다. 장외시장의 거래는 대부분 증권회사의 중개로 이루어지며, 이는 채권의 종목이 다양하고 거래조건의 표준화가 되어 있지 않아 거래소시장의 자동매매시스템을 이용할 수 없기 때문이다. 또한 장외시장의 매매시간은 제한은 없으나 보통 은행의 영업시간 범위 내이며, 거래단위는 관행적으로 100억 원이다. 통상적으로 거래소시장과 장외시장의 특성을 비교하면 다음 표 6-10과 같다.

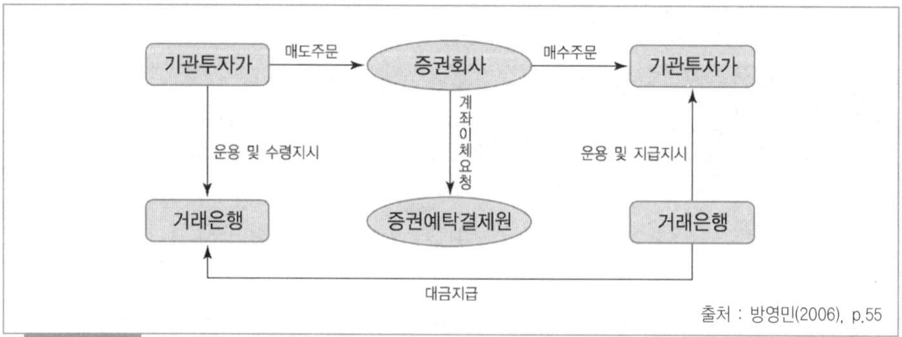

그림 6-7 채권 장외 유통구조(기관투자 간)

표 6-10 거래소시장과 장외시장의 특성

구 분	거래소시장	장외시장
거래형태	경쟁매매	상대매매
시장의 성격	조직적·체계적 공적시장	기본적으로 사적 자율시장
시장의 특징	• 가격공개 및 가격안정화에 기여 • 유동성제고로 시장충격효과 최소화 • 딜러의 인위적인 가격조작이 불가능하고 일물일가로 가격의 불만족 해소	• 비표준물 등 다양한 채권의 유통 원활화 기능 • 딜러가 가격결정에 결정적 역할 • 일물다가의 발생 가능성으로 가격의 불만족 상시 내재

출처 : 차명준·정무권(2009), p.149

표 6-11 채권 장내거래와 장외거래의 비교

구 분	장내거래	장외거래
대상채권	상장채권	상장, 비상장채권
거래장소	한국거래소	금융투자회사(증권사)영업점
거래방법	경쟁매매	상대매매
거래시간	09 : 00~15 : 00	금융투자회사 영업시간 내
호가단위	수익률로 호가	매매단위로 호가
매매단위	액면 10만원 단위 정배수	액면 1,000원 단위
결제방법	당일 및 보통결제	당일결제
위탁수수료	0.3% 이내 자율	없음

출처 : 차명준·정무권(2009), p.154

또한, 채권의 장내거래와 장외거래의 차이점을 표 6-11에 정리하였다.

4) 파생상품시장

(1) 의의

파생상품(derivatives)이란 실물자산(농산물, 비철금속, 귀금속, 에너지 등)과 금융자산(통화, 주식, 채권 등)과 같은 여러 가지 기초자산(underlying asset)의 미래 가격을 현재시점에서 결정한 후, 미래의 계약만기일에 미리 정해진 조건에 따라 계약이 이루어지는 상품을 말한다. 파생금융상품(financial derivatives)이란 통화, 주식, 채권 등 기초금융자산의 가치변동에 의해 그 가치가 결정되는 금융계약을 말한다. 다시 말하면, 미래의 불확실성을 확실성으로 바꿔주는 상품이다. 이는 계약형태에 따라 선도계약, 선물, 옵션, 스와프 등으로, 기초자산의 유형에 따라 통화, 금리, 주식관련 상품 등으로, 거래 장소에 따라 장내거래와 장외거래로 구분된다(표 6-12 참조).

표 6-12 주요 파생상품의 종류

구 분	장내거래	장외거래
주식관련	• 주가지수선물(index futures) • 주가지수옵션(index options) • 주식옵션(equity options) • 주가지수선물옵션 (index futures options)	• 주식옵션(equity options) • 주식스와프(equity swaps)
금리관련	• 금리선물(interest rate futures) • 금리선물옵션 (interest rate futures options)	• 선도금리계약 (forward rate agreements) • 금리스와프(interest rate swaps) • 금리옵션(interest rate options) • 스와프션(swaptions)
통화관련	• 통화선물(currency futures)	• 통화선물옵션 (currency futures options)
금관련	• 금선물(gold futures)	

표 6-13 KOSPI 200 선물거래 및 투자자 비중

(단위 : 백만계약, %)

구분		2008년	2009년				
			1Q	2Q	3Q	4Q	합계
거래량		66.4	21.2	22.7	19.7	19.5	83.1
비중	개인	36.8	38.9	36.0	30.8	30.8	34.1
	기관	38.0	36.1	38.9	44.1	44.5	40.9
	외국인	25.2	25.0	25.2	25.0	24.6	25.0

출처 : 한국거래소(KRX)

파생금융상품의 가격은 동 가격에 영향을 미치는 여러 변수들을 종합하여 모형에 의거 예측하고 이 가격을 이론가격이라 하는데 실제가격과 정확히 일치하지는 않는다. 그러나 이론가격은 선물가격의 적정성 여부를 판단하는 중요한 지표로 사용된다. 한편, 파생금융거래는 대차대조표 장부에 부외거래로 등재하며 주석에 그 내역을 기재하는데 이 거래는 거래상대방의 채무불이행 위험이 높고, 거래구조가 복잡하여 투기적 거래에 대한 효과적인 내부통제가 이루어 지지 않을 경우, 대형금융기관이라도 쉽게 재무적 어려움에 처할 가능성이 높다.

한편, 국내 파생상품시장에서 가장 규모가 큰 KOSPI 200 선물거래량은 2009년에는 8,310만 계약을 기록하여 전년대비 25.2%나 증가하였다. 이는 2009년 전반기 동유럽 금융위기 재발 가능성으로 인한 국제금융시장 불안 및 미국 은행권 부실 우려 등으로 헤지 및 차익목적 거래가 크게 증가한 것에 기인하였다. 그러나 하반기 이후 국내 기업의 실적 및 경기회복에 대한 기대감 형성으로 국내주식시장의 불안이 크게 완화되면서 거래량은 감소하였다. 투자형태를 보더라도 기관이 시장주도세력으로 뚜렷하게 나타났는데, 이는 2009년 2월 자본시장법이 시행되면서 증권사의 금융선물시장 참여가 늘어났기 때문이다.

(2) 특징

파생거래는 기초자산에 바로 투자하는 것보다 간편하며, 소액의 증거금 또는 프리미엄만으로 거래가 가능하다. 즉, 지렛대효과로 수익과 손실 변동폭이 아주 높은 거래이다. 주가지수 선물의 예를 들어 보자. 현 규칙상 가격 1포인트당 50만 원이다. 만일, 어떤 투자자가 선물가격 100포인트일 때 주가지수 선물 한 계약에 매수포지션

을 취하였다면 그는 100×50만 원=5,000만 원에 해당하는 포지션을 취한 셈이다. 이를 액면금액이라 한다. 그러나 투자자는 이 돈의 15%만 초기증거금으로 납부하면 주문을 내고 포지션을 취할 수 있다. 즉, 5,000만 원 거래를 하는데 15%×5,000만 원=750만 원만 있으면 가능한 것이다. 따라서 5,000만 원 기준으로 10% 수익, 즉 500만 원의 수익이 발생하면 이 투자자는 사실상 500만 원/750만 원=66%의 수익을 올린 것이다. 반대로 -10% 손실이 발생하면 역으로 -66% 손실이 발생한다. 이게 레버리지 효과인 것이다.

한편, 옵션거래는 초기증거금 없이 권리금(보통 해당 기초자산의 변동성만큼 계산함)만 납부하면 되므로 선물거래보다 더 소액으로 해당 포지션을 취할 수 있다. 따라서 레버리지 효과가 선물보다 훨씬 크다. 또한, 여러 계약형태를 이용하여 기초자산만으로 불가능한 다양한 포트폴리오를 구성할 수 있으며, 고수익형 투자자 또는 안정적인 투자자 등 투자자별로 다양한 욕구를 충족시켜준다.

(3) 거래목적

① 투기(speculation)거래

이는 파생금융상품 자체의 수요와 공급을 예측하여 수익을 실현시키고자 하는 거래로 일종의 방향성 맞추기 게임처럼 수익과 손실의 보상관계가 극명하게 드러난다. 투기거래자는 현물과 상관없이 파생금융시장에서 가격변동의 위험을 감수하면서 자기책임 하에 시세차익을 추구하는 사람이며, 파생시장에서 이들의 존재와 역할은 매우 중요하다. 즉, 시장유동성을 제공하고 시장정보를 분석하면서 헤지의 위험을 인수하는 거래상대방 역할을 수행한다.

투기거래자에게 파생시장은 언제든지 반대매매를 통해 포지션을 청산할 수 있기 때문에 접근이 용이하다. 또한 현물시장에서 수반되는 각종 절차에 대하여 신경 쓸 필요가 없으며, 비교적 적은 자본(증거금)만으로 큰 거래를 할 수 있는 특성 때문에 상당히 매력적인 시장으로 인식된다. 이러한 투기거래자는 보유기간에 따라 초단기거래자(scalper), 일일거래자(day trader), 포지션거래자(position trader)로 구분한다.

② 헤지(hedge)거래

이는 단기, 중기적으로 현물거래의 손실을 헤지하기 위한 파생금융 거래를 말한다. 예를 들어 현물시장의 포지션과 반대의 포지션을 선물시장에서 취함으로써 한

쪽 시장의 가격변동을 다른 쪽 시장의 가격변동을 상쇄시키는 거래이다. 이러한 거래가 성공적으로 되기 위해서는 양 시장의 가격변동이 정확히 일치하여야 하는데 이론적인 선물가격과 실제가격과의 차이로 인하여 완벽한 헤징은 불가능하다. 이에 따라 선물가격의 결정요인, 현물과 선물가격의 상관관계 등 여러 가지 요인을 분석한 후 선물시장에서의 포지션 크기를 조정함으로써 최대한의 헤징효과를 거두어야 한다.

헤지거래는 매도헤징과 매입헤징으로 나뉜다. 예를 들어 보자. 수출업자의 경우 현물시장에서 미래에 달러를 팔아야 하는, 즉 현재 달러를 가지고 있는 것과 동일한 매수포지션(long position) 상태이다. 이는 향후 달러가격이 내려가면 불리하게 작용하기 때문에 선물시장에서 매도포지션을 취하게 되는데 이를 매도(short)헤징이라 한다. 반면 수입업자의 경우는 달러채무를 가지고 있어 미래에 달러를 매입하여야 하므로(이는 달러 현물매도포지션과 동일한 short포지션 상태임) 가격상승에 대비 선물을 매입하게 되고 이를 매입(long)헤징이라 한다.

③ 차익(arbitrage)거래

일반적으로 선물을 이용한 헤징은 대부분 선물계약이 만기가 되기 전에 끝이 난다. 따라서 선물가격이 만기 시는 물론 만기 이전에도 항상 현물과 일정한 관계를 갖고 현물과 같은 방향으로 움직이는 것이 매우 중요하다. 실제 선물시장에서 선물가격이 항상 현물가격과 동떨어지지 않고 움직이는 것은 시장에 차익거래자가 있기 때문이다.

차익거래는 현물과 선물가격 간의 차이, 즉 베이시스(basis)가 이론적인 수준을 벗어날 경우 가격차를 노린 거래를 말한다. 차익거래자는 이러한 거래를 통하여 자본을 투입하지 않고 아무런 위험 없이 이익을 챙길 수 있게 된다. 이들은 현물과 선물시장에 동시에 참여하면서 낮은 거래비용으로 거래를 하는 대규모 기관투자자들이 대부분이다.

④ 스프레드(spread)거래

파생시장에서 단순히 향후 시장가격이 어떻게 변할 것인지에 투자하는 것을 아웃라이트(outright)거래라고 한다. 파생시장에서는 이렇게 아웃라이트 거래를 하는 사람들도 많지만 그보다 파생가격 간의 관계에 관심을 가지고 동시에 서로 다른 두 계약을 사고파는 거래를 하는 투자자들이 있는데 이들이 하는 거래를 스프레드거래라 한다. 이들의 관심사항은 향후 가격수준보다는 파생가격 간의 관계이다.

예를 들어 향후 금리가 어떻게 변할지에 대한 전망은 어렵지만 단기금리가 장기금리에 비하여 더 빨리 상승할 것이라고 믿는 투자자가 있다고 하자. 이는 선물시장에서 단기금리선물을 매도하고 동시에 장기금리선물을 매수한다. 실제로 미래에 이 투자자의 전망이 맞아 단기금리가 좀 더 상승하게 되면 상대적으로 단기금리선물의 가격이 더 많이 하락할 것이므로 단기금리선물의 이익이 장기금리선물의 손실을 보전하고도 남아 전체적으로 이익을 내게 되는 것이다. 이러한 스프레드 거래대상은 같은 상품의 계약월 간, 서로 다른 상품 간, 서로 다른 거래소에 상장되어 있는 상품 간 등 제한이 없다.

(4) 거래유형

① 선도(forward)거래

특정상품을 미래의 일정시점에 미리 정한 가격으로 매매하기로 현재 시점에서 합법적으로 계약을 하고 그 일정시점에 매매가 완료되는 거래를 말한다. 이의 장점은 거래자의 필요에 따라 자유롭게 계약내용을 조정할 수 있고, 선물계약이 없을 경우 이를 대처하는 역할을 수행하며, 장외거래(Over The Counter; OTC)시장이다

② 선물(future)거래

이는 표준화된 특정상품을 제도화된 시장에서 미래의 일정시점에 미리 정한 가격으로 매매하기로 현재 시점에서 합법적으로 약속하는 거래를 말하며, 주가지수 선물, 개별주식 선물, 채권/금리선물, 통화선물, 상품선물 등이 있다. 이 거래는 선도거래와 대부분 유사하나 가장 큰 차이점은 장내거래이며 거래상품이 표준화되어 있다는 것이다. 장내거래가 가능하기 때문에 선물거래는 결제일전에 가격변동이 본인에게 유리할 경우 반대매매에 의해 언제든지 청산이 가능하다. 선물거래자는 크게 위험회피거래자, 투기거래자, 차익거래자로 나뉜다. 이의 주요기능으로는 다양한 시장참가자들의 공통된 예측을 집약함으로써 시장가격을 선도하고, 기회비용 절감과 현금흐름의 변형을 가능케 하여 자금흐름의 탄력성을 증대시키며, 투자자에게 새로운 투자수단을 제공하고 자산배분의 안정과 효율성을 증대시킨다. 한편 선물시장에서 거래되기 위한 상품조건은 다음과 같으며, 이를 상품과 금융으로 구분하여 정리한 것이 표 6−14이다.

표 6-14 선물의 종류

상품선물	
농산물	밀, 옥수수, 대두, 면화, 설탕, 코코아, 커피 등
축산물	소, 돼지, 닭 등
임산물	목재, 합판 등
비철금속	구리, 알루미늄, 아연, 니켈 등
에너지	원유, 휘발유, 가스 등
귀금속	금, 은, 백금 등
금융선물	
주가지수선물	S&P 500, Nikkei 225, FT-SE 100, Hang Seng 등
금리선물	미국국채, 일본국채, 영국국채, 유로달러정기예금 등
통화선물	영국파운드화, 일본엔화, 독일마르크화, 캐나다달러화 등

출처 : 차명준 · 정무권(2009), p.199

- 현물시장이 충분히 커야 한다.
- 대상자산의 가격변동성이 충분히 커야 한다.
- 상품의 표준화가 가능해야 한다.
- 현물시장의 독과점이 없어야 한다.
- 정부의 규제나 간섭이 적은 품목이어야 한다.

한편, 선물거래와 선도거래를 거래조건, 정산, 증거금 등을 세부적으로 비교하면 표 6-15와 같다.

표 6-15 선물거래와 선도거래 비교

구 분	선물거래	선도거래
거래장소	거래소	특정 장소가 없는 장외거래
거래방식	공개호가(open outcry)	거래자 간 협상
거래조건	거래단위, 품질, 만기일 등이 표준화	거래자 간 결정
거래상대	장내 중개인을 통하므로 거래상대방을 모름	거래상대방을 확인한 후 거래
거래형성	매일 형성	동일거래에 대해 한 번 형성

(계속)

구 분	선물거래	선도거래
시장조성자	거래소 회원 또는 중개인	국제금융기관 및 다국적기업
시장참가자	불특정 다수인	개인이나 소규모회사는 실제적으로 제한됨
청산소	있음	없음
일일정산	매일 결제가격으로 평가 손익 정산	없음
신용위험	거래상대방이 청산소이므로 신용위험 없음	거래 쌍방 간의 문제이므로 신용조사 필요
증거금	모든 거래참가자가 증거금 납부	금융기관에 대해서는 통상 증거금을 요구하지 않으나 일반 고객에 대해서는 신용도에 따라 증거금이 요구되기도 함
인수도	만기일 전 반대매매가 일반적	대부분 만기일에 실물수도
수수료	합의된 소정의 수수료	은행 상호 간 거래에서는 수수료가 없으나 브로커를 통할 경우에는 수수료 지불
규제	정부, 거래소 등에서 규제	자율규제

출처 : 차명준 · 정무권(2009), p.198

③ 옵션거래

이는 미래의 특정 일자에 현재 약정한 가격으로 거래대상 상품을 사거나 팔 수 있는 권리를 사고(콜옵션) 파는(풋옵션) 계약을 말한다. 옵션권리를 행사하기 위해서는 상대방에게 옵션프리미엄이라는 대가를 지불해야 한다. 따라서 옵션매수자는 프리미엄만 지불하면 되며, 증거금을 납부해야 하는 선물보다 위험을 간단하게 관리할 수 있게 된다. 그러나 그만큼 레버리지 효과고 크고 위험도도 높아진다. 옵션거래에서 옵션매수자의 가격변동에 따른 수익은 약정가격과 실제가격의 차이에 따라 무한대로 커질 수 있으나, 손실은 옵션프리미엄만큼 한정된다. 반면, 옵션매도자의 가격변동에 따른 수익은 옵션프리미엄에 국한되지만, 손실은 무한대로 커질 수 있다. 결국, 옵션매도자는 옵션프리미엄을 받고 거래상대방에게 사거나 팔 권리를 제공함으로써 손실에 대한 위험을 무한대로 감수하는 위험선호자(Risk Taker)가 된다. 한편, 옵션은 언제든지 권리행사가 가능한 미국식옵션과 만기일에만 권리를 행사할 수 있는 유럽식옵션으로 구분된다. 양 옵션의 차이점을 비교하면 표 6-16과 같다.

표 6-16 미국형과 유럽형의 비교

구 분	미국형(american type)	유럽형(european type)
권리행사가능일	만기 전 언제라도 가능	최종거래일에 한정
프리미엄	상대적으로 높음	상대적으로 낮음
권리행사위험	크다.	적다.
매도자 입장	권리행사위험은 크지만 프리미엄이 높음	권리행사위험은 적지만 프리미엄은 낮음

표 6-17 옵션거래와 선물거래의 비교

구분	옵션거래	선물거래
권리와 의무	• 매입자 = 권리를 가짐 • 매도자 = 의무를 가짐	매입자와 매도자 모두 권리 및 의무를 가짐
거래의 대가	매입자가 매도자에게 권리에 대한 대가(옵션 프리미엄)지급	계약대가를 지불할 필요가 없음(계약 당시의 기대 이익이 서로 같아 계약의 가치가 제로)
리스크	• 매입자 : 지불한 프리미엄으로 제한됨 • 매도자 : 무제한이되 프리미엄만큼 줄어듦	매입자와 매도자 모두 무한대
위탁증거금	매입자는 없으며, 매도자에게만 부과	매입자와 매도자 모두에게 부과
일일정산	매입자는 필요 없으며, 매도자 간 일일 정산함	매입자와 매도자 모두 일일 정산함

출처 : 방영민(2006), p.80

이의 주요 장점으로는 거래상 이익가능성은 열어둔 채 손실폭은 제한할 수 있으며, 손익구조가 비대칭적이어서 독특한 손익구조의 합성이 용이하고 변동성거래를 할 수 있다는 점을 들 수 있다. 표 6-17은 옵션과 선물을 비교한 것이다.

옵션은 대상자산에 따라 주가지수옵션, 개별주식옵션, 채권/금리옵션, 통화옵션, 상품옵션 등으로 구분하며, 옵션시장에도 투기거래자가 존재해야만 시장이 형성되고 거래가 이루어진다.

④ 스와프거래

스와프거래는 주로 채권시장과 외환시장에서 서로 다른 금융상품을 통합시켜주는 시장 간의 교량역할을 한다. 대표적인 스와프거래로 이자율스와프와 통화스와프가 있으며, 스와프초기에는 은행은 각 스와프거래자를 연결시키는 중개역할을 하

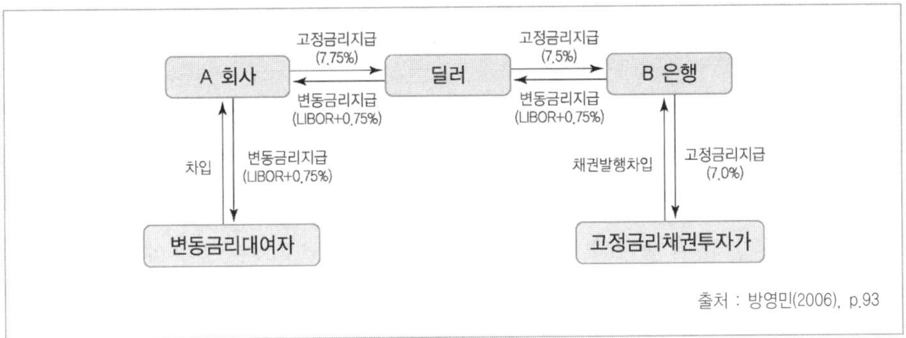

그림 6-8 이자율 스와프거래의 자금흐름

고, 그 대가로 수수료를 받았는데 그 규모가 커지면서 은행이 스와프 딜러 역할을 직접 하게 되어 유동성이 확대되는 추세이다.

표 6-18 금융선물, 옵션, 스와프, 선도금리계약의 비교

구 분	금융선물거래	옵션거래		스와프금융	선도금리계약
		장내	장외		
시장	거래소	거래소	당사자 간 계약(OTC)	당사자 간 계약(OTC)	당사자 간 계약(OTC)
거래방법	호가경매	호가경매	전화, TLX	계약서	전화, TLX
거래단위	표준화	표준화	건별로 상이	건별로 상이	건별로 상이
거래수행	브로커 경유	브로커 경유	1 : 1	1 : 1	1 : 1
가격고시	거래소	거래소	당사자 간 합의	당사자 간 합의	당사자 간 합의
신용위험	없음	없음	있음	있음	있음
유동성	높음	높음	비교적 좋음	낮음	비교적 좋음
결재	대부분 만기 도래 전 반대 거래에 의해 상계	만기 도래하여 권리행사 시 대금수수		합의된 경우 상계가능	만기 도래 시 대금수수
비용	증거금 적립, 수수료	옵션 프리미엄		수수료 또는 bid-offer spread	bid-offer spread
대상기간	주로 단기 (1년 이내)	단기		주로 중장기	단기

5) 자산유동화증권(ABS)시장

(1) 의의

자산유동화증권(ABS; Asset Backed Securities)이란 부동산, 매출채권, 주택저당채권(Mortgage) 등과 같이 유동성은 떨어지나 재산적 가치가 높은 유·무형의 유동화자산을 기초로 하여 발행된 증권을 말한다. 즉, 자산보유자는 보유하고 있는 기초자산을 특수목적회사(SPC; Special Purpose Company)에 양도하여, 이 SPC로 하여금 ABS를 발행·매각하게 하고, 그 매각대금을 기초자산을 양도한 대가로 받음으로써 자금을 조달하게 된다. 한편, SPC는 자산보유자와 기초자산의 법률적 관계를 분리하기 위해 설립되는 '서류상의 회사(paper company)' 이다. 이 제도는 IMF 때 기업과 금융기관의 유동성이 심각해지자 이를 해소하기 위해 1998년 도입되었으며, 이를 통해 해당 기초자산 보유자는 재무상태를 개선할 수 있다. 즉, 금융기관은 보유한 위험자산을 매각, 현금화함으로써 BIS비율 등 자기자본비율을 제고할 수 있고, 기업은 부채비율을 높이지 않고 자금을 조달할 수 있다. 또한 신용도가 낮은 자산보유자가 우량자산을 기초로 하여 신용등급이 높은 ABS를 발행하게 되면, 비용을 줄이면서 자금을 조달할 수 있게 된다.

(2) 기본요소

① 자산보유자 : 보유자산을 유동화할 수 있는 기업들로 금융기관, 일부 공기업, 신용등급 BBB 이상 상장법인 등을 말한다.

② 유동화전문기구(SPV ; Special Purpose Vehicle) : 자산보유자로부터 유동화자산을 양도받아 이를 기초로 유동화증권을 발행하는 회사로, 유동화전문회사(SPC)와 신탁업법에 의한 신탁회사를 말한다.

③ 유동화증권 : SPV가 유동화자산을 기초로 발행할 수 있는 증권으로서, 사채(ABS), 수익증권, 출자증권 등을 말한다.

④ 업무수탁인(administrator) : SPC를 대신하여 SPC의 사무 즉 ABS 발행 등을 처리하는 회사(주로 은행)를 말한다.

⑤ 자산관리자(servicer) : SPC를 대신하여 유동화자산을 관리하는 회사로 자산보유자 또는 전문유동화 자산관리업자를 말한다.

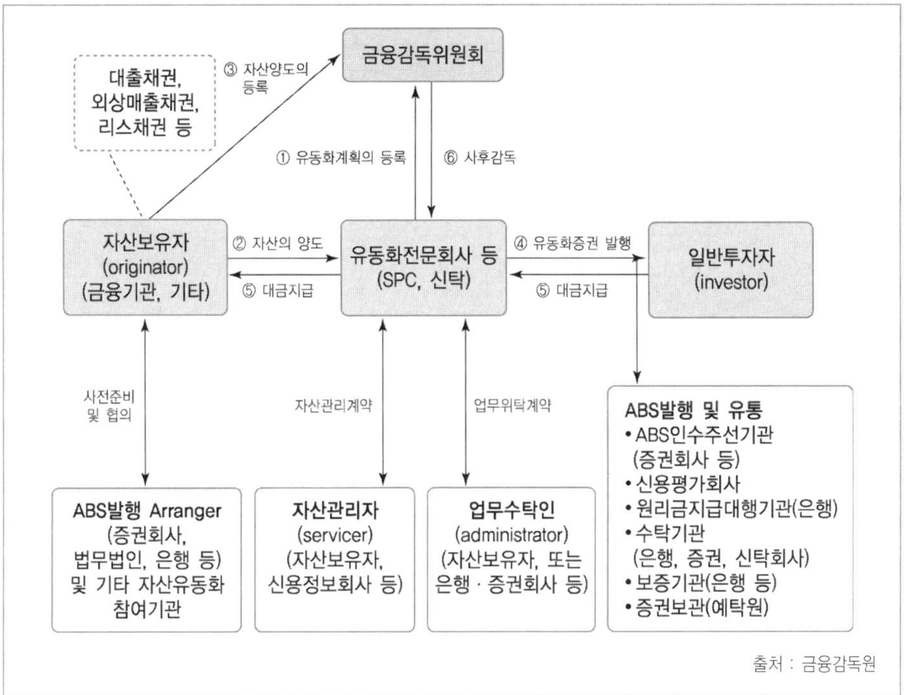

그림 6-9 ABS 구조도 및 관련기관

표 6-19 ABS발행 절차

기 관	주 요 내 용	소요(처리)기간
기업, 수탁회사 신용평가회사 등	유동화자산 실사, 유동화구조 설계, 유동화증권 발행조건 결정 등	1~2월
SPC	금융감독위원회에 자산유동화계획등록신청서 제출 (「ABS법」 제3조) *신청서 기재내용에 허위, 위법사항이 포함된 경우 금융감독위원회는 자산유동화계획의 등록을 거부할 수 있음	10영업일
기업	SPC에 유동화자산 양도	
기업	금융감독위원회에 자산양도등록신청서 제출 (「ABS법」 제6조)	즉시
SPC	금융감독위원회에 유가증권(ABS)신고서 제출 (「증권거래법」 제8조)	5일

*자산유동화계획등록신청서, 자산양도등록신청서, 유가증권(ABS)신고서는 모두 전자로 공시된다. 이 중 자산양도등록신청서는 법원의 부동산등기부와 유사한 역할을 담당한다.
출처 : 방영민(2006), p.65

표 6-20 자산유동화증권 분류

분 류	개 요
매출채권, 카드, 자동차저당채권 ABS	해당 채권을 각각 기초자산으로 하여 발행된 ABS
NPL ABS	금융기관의 부실자산(NPL : none performing loan)을 기초자산으로 하여 발행된 ABS
MBS(mortgage backed securities)	부동산 저당채권을 기초자산으로 하여 발행된 ABS
PF(Project Financing) ABS	PF의 미래수익을 기초자산으로 하여 발행된 ABS
CDO(collateralized debt obligation)	다수의 채권을 기초자산으로 하여 발행된 ABS

(3) 분류

자산유동화증권은 크게 5가지로 분류하고 이를 정리하면 표 6-20과 같다.

한편, 다수의 채권을 기초자산으로 하여 발행된 CDO는 기초자산이 채권(bond)인 경우 CBO(collateralized bond obligation)라 하며, 여신(loan)만을 기초자산으로 하여 발행되면 CLO(collateralized loan obligation)라 한다. 그리고 합성 CDO (synthetic CDO)는 금융기관이 대출채권 등의 리스크 헤지를 목적으로 SPC와 신용파생계약(보험계약과 유사)을 체결한 후, SPC가 그 신용파생상품을 기초로 발행하는 ABS를 말한다.

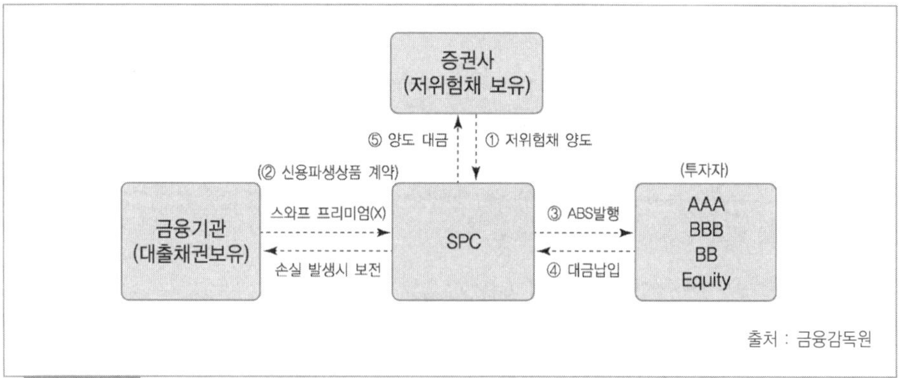

그림 6-10 합성 CDO 발행구조

4 외환시장

외환시장은 외환의 매입자, 매도자, 브로커들을 연결하는 통신망을 통해서 외환의 거래가 이루어지는 시장으로 대부분 전화, 텔렉스 등을 이용한 장외시장(OTC)으로 구성되어 있다.

1) 외환의 개요

(1) 외환의 개념과 종류[6)]

오늘날 외환이라는 말이 많은 사람들에 의하여 사용되고 있으나 외환의 정의는 사용목적에 따라 그 의미를 달리한다. 미국에 있는 회사로부터 상품을 구입하고 상품대금을 미국으로 보내거나 미국의 학교에서 공부하고 있는 자녀에게 학비나 생활비를 송금하는 경우, 우리는 은행에 가서 원화를 지불하고 그에 상당하는 미국 달러화로 교환하여 송금하게 된다. 여기에서 외국으로 상품대금이나 학비 등을 송금할 때 사용되는 수단을 외환(foreign exchange)이라고 한다.

환(換)이란 서로 멀리 떨어진 곳에 있는 사람들끼리 현금을 보내는 불편과 위험을 피하기 위하여 제3자인 금융기관을 이용하여 지급위탁 방식으로 결제하는 수단이다. 환(exchange)은 내국환과 외국환으로 구분되는데, 이 중 국내에 있는 사람들 간의 거래를 결제하기 위한 환은 내국환이라고 하며, 서로 다른 국가에 있는 사람들이 국제거래의 결제를 위해 사용하는 환은 외국환 또는 외환(foreign exchange)이라고 한다.

외환에는 또 다른 하나의 측면이 있다. 세계의 여러 나라에는 서로 다른 통화가 유통되고 있는데, 이와 같은 서로 다른 통화를 교환하는 것을 외환이라고도 부른다. 통화를 교환한다는 것은 상품을 사고팔 때와 마찬가지로 자국 표시통화(예를 들면, 원화)를 지불하고 외화표시채권(예를 들면, 달러화)을 사는 것을 의미한다. 물론 이와 반대로 자국표시통화로 수취하고 외화표시채권을 파는 경우도 있게 된다. 이 거래의 원형은 이종통화 간의 교환이며, 그 교환비율이 양국 간의 외환시세, 즉 환율이다.

외환은 한 나라의 통화와 다른 나라 통화의 매매를 통한 교환이며, 외국과의 금

6) 성용모(2009), 『글로벌경제시대의 외환관리론』, pp.56-59 인용·정리

전적 지급을 실현시키기 위한 방법 및 수단의 총칭이 된다. 우리나라의 외국환거래법 제3조에서는 '외국환이란 대외지급수단, 외화증권 및 외화채권'으로 정의하고 있다. 이 중 대외지급 수단에는 외국통화나 외국통화로 표시된 지급수단 또는 기타 표시통화에 관계없이 외국에서 사용할 수 있는 정부지폐, 은행권, 주화, 우편환, 신용장, 환어음, 약속어음, 기타의 지급제시 등이 있다.

외환은 크게 구분하면 외국통화와 외환어음으로 나누어진다. 그러나 외국통화와 외환어음은 다음의 점들에서 차이점을 가진다. 첫째, 외화와 외환어음은 모두 유가증서로서 지급수단으로 이용된다. 그러나 외화는 외화를 발권하는 정부나 중앙은행에 의하여 법적으로 규정되어 그 표시금액이 규격화되어 발행되는 데 반하여, 외환어음은 법률행위를 할 수 있는 모든 자연인과 법인에 의하여 발행된다. 둘째, 외환어음은 환어음의 당사자들의 채권·채무관계를 나타내지만 외화는 대외적인 자산을 나타낸다. 달리 말하면 채무자가 채권자에게 외화를 지급함으로써 외국채무가 소멸하는데 반하여, 외환어음은 일정기간이 지난 후 약속이 이행되지 않을 때 법에 의하여 이행을 청구할 권리가 있다는 종이에 불과하다. 셋째, 외화는 유동성이 큰 자산이나, 외환어음은 상대적으로 유동성이 낮다. 외환어음은 배서에 의해서만 통용이 가능한 반면, 외화는 배서 없이 법적으로 통용력이 보장되어 있다. 넷째, 외화의 유·출입은 각국의 경제에 중대한 영향을 미치므로 외화에 대하여는 특정의 규제법령이 있는 데 반하여, 외환어음은 당사자들 중에 한 사람이 비거주자로 되어 있기 때문에 어느 나라의 어음법을 적용하는가의 문제만 발생하게 된다.

외환어음(bill of exchange)은 현금이 아니면서도 국제결제를 가능하게 하는 여러 신용수단 중에서 가장 대표적으로 이용되고 있다. 국제무역거래를 예로 들어 외환어음을 설명하면 수출업자인 채권자가 수입업자인 채무자에게 그 채권금액 즉 무역대금을 수출업자가 지명하는 지명인 또는 소지자에게 일정한 일자 및 장소에서 무조건 지급할 것을 위탁하는 요식 유가증권이다.

(2) 외환의 기능[7)]

외환시장은 외환의 거래가 수행되는 모든 기관과 편의를 말하며, 이러한 시장의 주된 기능은 구매력을 한 통화에서 다른 통화로 이전시킬 수 있게 해주는 것이다.

7) 송희영(2010), 전게서, pp.254-255 인용·정리

이러한 과정에서 발생하는 부수적인 기능은 다음과 같다.

첫째, 외국환은행은 국내거주자들의 국제거래에서 발생하는 외환의 수요와 공급을 청산시켜 주는 역할을 한다. 이러한 기능은 여러 국가의 거주자들에 대한 거래를 가능하게 하여 국제거래를 증가시켜 준다.

둘째, 외환시장은 통화들 간의 교환비율인 환율의 변동을 통해 외환의 수요와 공급을 조정하여 준다. 예를 들어 수입이 증가하여 국제수지의 적자가 발생하면, 외환의 초과수요로 인해 환율이 상승하는데 이로 인해 외환수요를 발생시키는 수입을 감소시켜 준다. 반대로 수출증가로 인한 외환의 초과공급이 발생하면, 외환시장에서 환율이 하락하여 수출이 감소된다. 이와 같이 외환시장은 환율변동을 통해 외환의 수요와 공급을 조정하여 그 나라의 국제수지를 균형시켜 준다.

셋째, 외환시장은 국제적으로 거래되는 각국의 재화나 용역의 가격을 상대적으로 일치시켜 준다. 예를 들어, 이자율이 각국 간에 다르고 환율이 국제적인 금리격차를 상쇄시키지 못한다면, 이러한 금리차익을 얻기 위한 금리재정거래로 인해 이자율이 낮은 국가는 자본유출로 심한 경제적 타격을 받을 것이고, 이자율이 높은 국가는 외환의 초과공급으로 국내 통화량이 증가하여 금리는 점차 하락하게 된다. 따라서 외환시장을 통한 각국 간의 자본이동은 상대적으로 금리를 일치시켜 준다.

넷째, 외환시장은 무역금융을 통해 채권자나 수출업자에게 신용을 제공하고, 국제거래에서 발생하는 인도와 지급의 시차에 따른 자금과부족을 완화시켜 준다. 다섯째, 외환시장은 헤징(hedging)과 투기의 편의를 제공해 준다. 시장참여자들은 환율변동으로 인한 시장위험을 감소시키기 위해 여러 종류의 헤징거래를 한다. 또한 환율변동 자체를 이용하여 투기적 이익을 추구하기도 한다. 오늘날의 외환시장은 헤징과 투기가 가장 많이 일어나는 시장이다.

(3) 구성 및 참가자

외환시장은 거래당사자에 따라 은행 간 시장과 대고객시장으로 구분된다. 은행 간 시장은 외환거래의 도매시장으로 중개회사를 경유하는 간접거래와 은행 간 직접거래로 나뉘며, 우리나라의 경우 중개회사를 통한 간접거래가 많다. 대고객 시장은 일종의 소매시장으로 은행과 고객 간의 외환거래가 이루어지는 시장으로 대고객거래 결과 은행들은 외환포지션에 변동이 생기며 은행 간 거래를 통해 이를 조정하게 된다. 예를 들어, 기업이 수출대금으로 1,000만 달러를 해외에서 벌었다고 하자.

① 기업은 은행에 외화를 팔고 원화를 받는다. ② 은행은 양(+)의 외환포지션(외화자산－외화부채)이 증가하여 매입초과포지션 상태가 된다. ③ 만약 원화가치가 상승(환율하락) 하면 은행은 환차손을 입게 되므로 일정한도 내에서 외환포지션을 조정하고자 한다. ④ 은행은 보유외화자산을 은행 간 시장에 매도함으로써 외환포지션 변동을 최소화 한다. 이와 같은 과정이 끊임없이 반복되며 대고객시장과 은행간시장이 상호 밀접하게 움직인다.

외환시장 참가자는 크게 외국환업무취급기관, 외환브로커(foreign exchange broker; FEB), 외환당국, 고객으로 나뉜다. 외국환업무취급기관은 외환시장의 중추 역할을 담당하며, 대형사는 시장조성자로서의 역할까지 한다. 주로 외환 매입율과 매도율의 차이인 스프레드는 수입원이 되며, 외환시장 내 가격결정을 선도해 나가는 기능을 수행한다. 그리고 외환브로커는 중개수수료를 받고 은행 간 외환거래를 중개해 주는 자를 말하며, 국내에서는 서울외국환중개(주)와 한국자금중개(주)의 두 회사가 있으며 중개인 스스로는 외환거래를 하지 않아 은행처럼 환위험에 노출되지 않는다.

외환당국인 한국은행은 정부와 함께 외환시장의 안정성을 위하여 경우에 따라서 시장참가자 역할을 수행한다. 예를 들어, 환율이 지나치게 빠른 속도로 하락(상승)할 경우에는 환율안정을 위하여 외환을 매입(매도)한다. 이러한 외환시장에 참가한 고객은 수출입거래 또는 금융거래를 하는 기업이나 해외여행을 하는 개인 등 재화 및 서비스거래를 위해 외환시장에 참여하는 자로 외환의 실수요자이다. 한편, 정부도 외환당국을 제외하고는 대외거래를 위하여 고객의 입장에서 거래를 한다.

2) 환율의 종류[8)]

(1) 은행간환율과 대고객환율

은행간환율(inter-bank rate)은 은행 간의 외환거래에 적용되는 매매율로 국내외 정치, 경제상황의 변화에 따라 끊임없이 변동한다. 통상 시장환율이라 함은 이 환율을 의미하며, 대고객환율은 은행 간 환율을 기준으로 결정되므로 은행간환율을 도매가격(wholesale price)라고 한다면 대고객 환율은 소매가격(retail price)이라고

8) 성용모(2009), 전게서, pp.73-81 인용·정리

할 수 있다. 은행 간 거래에는 일정한 장소에서 은행이나 기타 금융기관만 참여하는 장내거래와 일정한 장소 없이 외환거래를 하는 점두거래인 장외거래가 있다.

대고객환율(customer exchange rate)은 대고객시장에서 적용되는 환율이다. 우리들이 달러화나 여행자수표를 사기 위하여 은행에 가면 환율이 표시되어 있는 표를 보게 된다. 이 환율이 은행과 거래할 때의 고객환율이다. 한편, 시시각각 변동하는 은행 간 시장환율을 그대로 고객거래에 반영하게 되면 시장환율이 움직일 때마다 대고객환율도 계속 변경해야 하는 등 많은 불편이 따르게 된다. 이러한 불편을 해소하기 위해 각국의 사정에 따라 은행이 독자적으로 또는 은행 간 협의나 국가의 공권력에 의해 고객에게 적용할 환율을 결정하고 있다. 우리나라의 경우 한국금융결제원에서 미국달러화 대 원화의 기준환율과 미국달러화 대 기타 통화의 재정환율을 고시하면 각 외국환은행이 자율적으로 일정한 마진율을 가감하여 대고객환율을 고시한다. 대고객환율은 결제방법에 따라 전신환매매율, 현찰매매율, 수표매입율 및 여행자수표 매도율 등이 있다.

① 전신환매매율 : 이는 외환을 전신으로 결제하거나 또는 자산이나 채권이 통화로 전환되는 것이 즉시 가능한 경우에 적용되는 환율로서 전신환매도율과 매입율이 있다. 매매율은 보통 미 달러화는 매매기준율의 0.4% 이내의 금액을 가산하고, 기타 통화는 매매기준율의 0.8% 이내의 금액을 가산하여 산출된다.

② 현찰매매율 : 이는 외화현찰매매 시 적용되는 환율이다. 현찰매매율은 보통 외화가 지정통화제도에서 규정한 영수통화인 경우에는 기준환율의 상하 1.5% 이내에서 결정되고, 주화는 상하 3.0% 이내에서 결정된다.

③ 수표매입율 : 이는 외국에서 발행한 수표를 추심하기 전에 매입할 때 적용되는 환율이다. 보통 이러한 환율에는 환어음의 우송기간에 대해 수표를 매입하는 외국환은행의 자금 부담을 이자의 형식으로 징수하는 환가료[9](exchange commission)가 포함되어 있다. 따라서 수표매입율은 전신환 매입율에서 환가료율을 차감하여 계산한다.

④ 여행자수표매도율 : 이는 해외여행자가 여행경비를 조달하기 위해 외화현찰 대신 여행자수표의 발행을 요청할 때 적용되는 환율이다. 보통 미국달러는 기준

9) 이는 매입외환을 완전한 외화자산으로 환가할 때까지 또는 선 지급한 자금을 추후 상환 받을 때까지 은행 측에서 부담하는 자금에 대하여 이자보전 차원에서 징수하는 수수료를 말한다. 표준 추심일수는 결제통화가 JPY, HKD, SGD, MYR인 거래는 9일이고, USD, 기타 통화인 거래는 10일이다.

환율의 0.5% 이내의 금액을 기준환율에 더하여 산출하고, 기타 통화는 매매기준율의 0.9% 이내의 금액을 재정환율에 더하여 산출된다.

(2) 매도환율과 매입환율

외환시장에서 환율은 매도환율과 매입환율이 동시에 고시되고 있다. 외환을 매매하는 은행이나 외환딜러가 고객으로부터 외환을 매입하는 가격을 매입환율(bid rate)이라 하고, 매도하는 가격을 매도환율(offered rate)이라고 한다. 은행은 매도율과 매입률의 차이에서 이익을 취하게 되므로, 매도환율이 매입환율보다 높아야 한다. 이 차이를 스프레드(bid-asked spread)라고 부른다. 예를 들어 파운드화 환율이 $1.4419-28로 고시된다면 이 표시는 은행들이 $1.4419로 파운드를 매입하여 $1.4428로 파운드를 매도하겠다는 것을 의미한다. 실무에서 딜러들은 소수점 이하의 마지막 두 자리, 즉 19-28로 표기한다.

한편, 외환거래 시 스프레드는 거래비용의 성격을 갖는 만큼 환거래를 수반하는 투자전략 수립 시 스프레드의 크기를 충분히 고려해야 한다. 예를 들어 A회사가 미 달러화를 대가로 영국 파운드화를 매입하여 이를 해외에서 1개월 간 예치, 운용한다고 하자. A회사는 은행에 달러화를 지급하고 파운드화를 매입하여 이를 해외에서 운용한 다음 1개월 후 다시 달러화를 대가로 은행에 파운드화를 매도하게 된다. 이 때 파운드화의 스프레드가 0.1%라면 달러화의 환율이 불변인 경우 A회사는 연율 1.2%의 거래비용을 지급하게 된다. 따라서 환율이 일정하다고 가정할 경우 A회사가 투자수익을 실현하기 위해서는 파운드화의 예금금리가 달러화의 예금금리보다 적어도 연율 1.2%포인트 이상이 높아야 하는 것이다.

통상 스프레드의 결정요인으로 거래통화의 유동성, 외환시장의 불확실성, 외환거래의 빈도와 규모, 외환거래의 시간대, 외환딜러의 포지션 상황 등을 들 수 있다. 일반적으로 유동성이 높은 통화 간의 거래와 거래빈도가 높은 통화의 매매율 차이는 좁은 반면, 환율 전망이 불확실한 경우에는 시장거래 규모가 축소되면서 스프레드는 확대되는 경향을 보인다.

(3) 스와프환율

스와프환율은 스와프거래에 적용되는 환율이다. 스와프거래는 외국통화를 매도하고 동시에 미래 일정시점에서 그 외국통화를 다시 매입할 것을 약정하는 일종의 현물환거래와 선물환거래가 결합된 형태이다. 이때 스와프환율은 현물환거래와 선물환거래에 적용된 환율의 차이를 말한다. 이 스와프환율을 연율로 환산하여 백분율로 표시하면 선물환의 프리미엄이나 또는 디스카운트를 나타내게 된다.

(4) 구매력평가환율

이는 자국통화의 구매력과 외국통화의 구매력 간에 균형관계를 유지하기 위하여 국내물가와 외국물가의 변동을 환율에 반영시킨 것으로 상품시장의 균형을 반영하는 장기적 균형환율이다. 구매력평가환율은 다음과 같이 계산된다.

$$\text{구매력평가환율} = \text{기준시점환율} \times \frac{\text{외국물가지수}}{\text{국내물가지수}}$$

(5) 명목환율과 실질환율

일상생활에서 흔히 보는 환율은 어느 시점에서의 두 나라 통화 간의 교환비율을 단순하게 나타낸 환율이다. 이것을 명목환율(nominal exchange rate)이라고 한다. 그런데 일정기간 동안 양국에서는 물가의 변동이 있게 되는데 비교시점의 명목환율은 해당기간 동안 양국 통화가 갖는 구매력의 변동을 정확하게 반영하지 못한다. 다시 말하면 양국의 물가가 오르거나 또는 떨어지는데 따르는 자국통화가 가지는 구매력의 변화를 측정하기 위해서는 물가변동을 반영한 환율이 필요하다. 이것이 실질환율이다. 실질환율은 다음과 같이 계산된다.

$$PER_t = \frac{P_t}{S_t \cdot P_t^*} \times 100$$

PER_t : t시점의 실질환율　　P_t : t시점의 국내물가지수

S_t : t시점의 명목환율　　P_t^* : t시점의 외국물가지수

위의 산식에서와 같이 실질환율은 특정시점에서 100을 기준으로 한 지수의 형태로 표시된다. 비교시점의 실질환율지수가 100인 경우에는 양국통화의 구매력이 같다는 것을 의미한다. 만약 $PER_t < 100$이라면 자국통화의 외국통화에 대한 상대적 구매력이 하락하여 자국 상품의 수출경쟁력이 강화되었음을 의미한다. 그 반대이면 수출경쟁력이 약화되었음을 의미한다.

(6) 실효환율과 실질실효환율

우리나라 원화가 미국 달러화에 대하여는 가치가 상승하였으나 일본 엔화에 대해서는 반대로 그 가치가 하락하였을 경우에 우리나라 원화의 평균적인 가치변동을 나타내어 주는 것이 실효환율(effective exchange rate)이다. 이때 원화의 실효환율은 우리나라 원화와 여러 상대국 통화와의 환율변동을 가중평균하여 산출한다. 가중치는 교역량을 주로 사용하는데 GNP 규모 등을 이용하기도 한다. 실효환율은 기준시점에 대한 비교시점의 환율을 지수로 나타내는데 한 나라 통화의 종합적인 대외가치 변동을 의미한다. 만약 실효환율지수가 100보다 크면 자국통화의 평균적인 대외가치가 하락하였음을 나타낸다.

한편, 실효환율에 양국의 물가상승률을 반영한 것이 실질실효환율(real effective exchange rate)이다. 이는 자국의 실효환율을 양국의 평균물가의 비율을 나타내는 지수로 나누어 구할 수 있다. 실질실효환율은 자국상품이 국제상품시장에서 얼마만한 경쟁력을 가지게 되는가를 나타내어 준다. 실질실효환율지수는 비교시점의 실효환율지수에 구매력평가지수를 곱하여 산출하는데 이 수치가 100보다 크면 자국의 평균적인 수출경쟁력이 강화된 것을 의미한다.

(7) 교차환율과 재정환율

교차환율(cross rate)은 특정통화에 대하여 자국통화의 환율이 설정되어 있을 때 이 특정통화에 대한 다른 나라의 통화와의 환율을 의미한다. 예를 들면 우리나라 원화의 미국 달러화에 대한 환율이 설정되어 있을 때 달러화와 엔화의 환율이 교차환율이 된다.

한편 외환시장에서 자국통화와 달러화 간의 기준환율이 산정되어 있을 때 달러화와 특정 외국통화 간의 교차환율을 이용하여 산출되는 자국통화와 특정 외국통화 간의 환율을 재정환율(arbitrated rate)이라고 부른다. 우리나라의 경우 미국 달러를 제외한 외국통화의 원화표시 환율은 모두 재정환율에 의해서 산출된다. 각국의 외환시장은 상호 연계되어 있으므로, 어느 시점에서 열리는 외환시장 간에는 원칙적으로 같은 환율이 성립된다. 만약 그렇지 않다면 재정거래를 통하여 위험 없이 수익을 얻을 수 있다.

3) 거래형태[10)]

이는 외환매매상품에 따라 전통적 외환거래와 파생적 외환거래로 구분된다. 전자에는 현물환거래, 선물환거래 및 스와프거래가 있다. 후자에는 통화선물, 통화옵션, 통화스와프 등이 포함된다. 이하 전통적 외환거래를 중심으로 살펴보자.

우리가 상품을 사거나 파는 경우에 이 과정을 자세히 살펴보면 상품의 매매에 관한 계약과정과 대금의 지급, 상품의 인수도라는 과정으로 구분할 수가 있다. 일반적인 경우라면 상품의 매매계약과 대금의 지급 및 상품의 인수도는 같은 날짜에 이루어진다. 그러나 국제무역거래 등에 있어서는 이러한 세분화된 과정들이 모두 한 날짜에 이루어지지 않는 것이 더 일반적일 것이다.

국제간의 외환거래에 있어서는 매매대금의 지급과 거래대상의 실제 인수도 행위가 일어나는 날을 Value Date 라는 용어를 사용하여 표현한다. 일반적인 외환거래의 경우 외환의 매매에 관한 계약과 외환매매대금의 지급과 외환의 인수간에 소요되는 시간이 은행의 영업일 기준 2영업일 정도가 소요되기 때문에 기간에 따른 외환거래의 구분시에는 이러한 모든 과정이 2영업일 이내에 끝나는 거래와 그 이상 걸리는 거래로 구분한다.

여기서 2영업일이라는 것은 우리나라의 오늘이 미국의 어제가 되는 등의 문제로 국제간의 거래에는 하루 정도의 시차가 기본적으로 발생하며 업무의 처리를 위하여 필요한 하루 정도를 감안하여 국제간의 외환거래의 기준으로 정착된 것이다. 이처럼 거래의 계약에서 계약의 이행까지 걸리는 기간이 2영업일 이내인 거래를 현물환거래(spot transactions)라고 하며, 그 이상 시간이 걸리는 거래를 선물환거래(forward transactions)라고 한다.

(1) 현물환거래

현물환거래는 거래에서 계약의 이행이 동일자에 이루어지는 당일거래(today tra-nsaction)와 계약은 오늘, 계약의 이행은 익영업일로 이루어지는 익일거래(tomorr-ow transaction), 익익영업일에 이루어지는 익익영업일거래(value spot) 또는 표준현물환거래로 세분화된다.

대부분의 국가들은 표준현물환거래를 채택하고 있으나 예외로 미국과 캐나다 간

10) 성용모(2009), 전게서, pp.84-89 인용·정리

에는 익일거래를 하고 있다. 우리나라의 현물환거래는 계약체결과 자금이동이 동일에 이루어지는 당일거래와 다음날 자금이동이 이루어지는 익일거래까지 포함된다.

현물환거래의 전형적인 형태를 살펴보자. A은행이 4월 1일 B은행으로부터 1백만 엔을 현물환율 ¥/US$=125.00으로 매입한 경우, 현물환 결제일인 4월 3일에 B은행은 1백만 엔을 A은행 계정에 이체시키고 A은행은 8천 달러를 B은행 계정에 이체함으로써 현물환거래가 종결된다. 이제 이를 어떻게 활용할 수 있는가를 예를 들어보자. 만일 오늘(월요일) 환율이 최근 들어 달러를 매각하기에 가장 높은 환율이라고 생각이 들지만 달러는 수요일에 입금된다고 생각하자. 이 경우 실제 외화가 생기는 수요일까지 환율의 하락을 보고만 있어야 할까?

위의 익익영업일 거래를 활용하면 실제 외화를 손에 쥐지 않고도 좋은 환율로 달러를 매각할 수 있게 된다. 즉 월요일에 은행과 거래를 계약하여 수요일자 어떤 환율로 확정된 달러금액을 매각하기로 계약을 체결하면 되는 것이다. 이렇게 되면 수요일에 해당 달러를 은행에 지급하고 원화를 받으면 된다. 우리는 실제 은행과의 거래 시에 반드시 당일 중에 외화를 주거나 받아야 한다고 생각하지만 원한다면 거래는 오늘, 대금의 지급은 내일로 할 수도 있는 것이다. 물론 환율이 불리해지면 거래를 이행하지 않을 위험이 있기 때문에 은행에서는 신용이 있는 기업과 거래를 한다.

현물환거래는 은행 간 외국환중개회사를 경유한 거래가 가장 일반적이다. 중개회사는 거래를 위한 접수주문 중 최고매입환율과 최저 매도환율을 각 참여 금융기관의 컴퓨터스크린에 제공하여 당사자 간 거래를 성사시킨다.

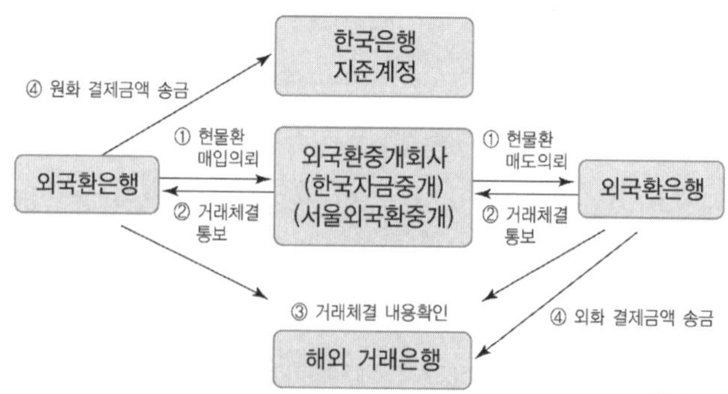

출처 : 허고광(2008), p.350

그림 6-11 현물환 매매거래의 경로

(2) 선물환거래(선도환거래)

선물환거래는 외환매매계약 체결일로부터 영업일이 2일 경과한 후 특정일에 외환을 수도 결제하기로 약정한 거래이다. 따라서 장래에 이행될 통화간의 환율을 미리 약정하고 약정된 결제일에 당초 약정된 환율로 외환의 매매가 이루어진다. 이처럼 선물환거래의 주요한 특징은 장래에 이루어질 두 통화의 교환비율을 계약일에 미리 결정해 둔다는 점이다. 선물환계약에 적용되는 환율을 선물환율(forward rate)이라고 한다. 보통 수도결제일은 spot date로부터 1개월, 2개월, 3개월, 6개월, 12개월째 되는 날이며, spot date는 외환매매계약의 계약일로부터 영업일수 2일 후가 되는 날을 말한다.

선물환거래는 장래의 상품시세 변동에 따른 손실을 예방하기 위해 도입된 상품선도거래의 방식이 외환거래에까지 확대된 것으로서 1920년대부터 활발하게 이용되어 왔다. 특히 지난 1970년대부터 변동환율제도로 이행됨에 따라 환위험으로부터 외환거래를 보호하기 위한 수단으로 선물환거래가 활발하게 이용되고 있다.

전형적인 선물환거래의 예를 들어보면 어느 미국기업이 90일 후 지급조건으로 영국기업으로부터 1백만 파운드어치의 섬유제품을 구매한다고 하자. 현재 파운드의 현물가격이 파운드당 $1.71이며, 향후 90일 동안 달러에 대하여 파운드의 가치가 상승할 가능성이 있다고 가정할 때, 파운드의 가치가 상승하게 되면 미국기업이 지급해야 하는 섬유제품의 달러금액을 증가시키게 된다. 이 경우에 미국기업은 이러한 환위험에 대응하여 즉시 은행과 1파운드=$1.72의 환율로 90일물 선물환매매계약을 맺음으로써 대처할 수 있다. 즉, 선물환계약에 의하여 90일 후에 은행은 미국기업에게 1백만 파운드를 지급하고 미국기업은 은행에게 $1.72백만을 지급하면 된다. 미국기업은 선물환계약을 통하여 선물환시장에서 매수포지션을 가짐으로써 지급해야 하는 파운드화의 매도포지션을 상쇄시켜 준다. 그림 6-12는 미국기업의 섬유제품 수입에 대한 달러화금액을 나타낸 것인데, 선물환계약이 만기가 되었을 때 선물환계약에 따른 이득과 손실을 보여 주고 있다. 여기에서 만일 90일 후의 현물환율이 $1.72보다 크게 되는 경우에는 미국기업은 선물환계약을 체결해 두었기 때문에 이득을 얻게 되며, 90일 후의 현물환율이 $1.72보다 작은 경우에는 미국기업은 손실을 입게 된다. 왜냐하면 90일 후 시점의 현물환율보다 높게 파운드화를 사야 되기 때문이다.

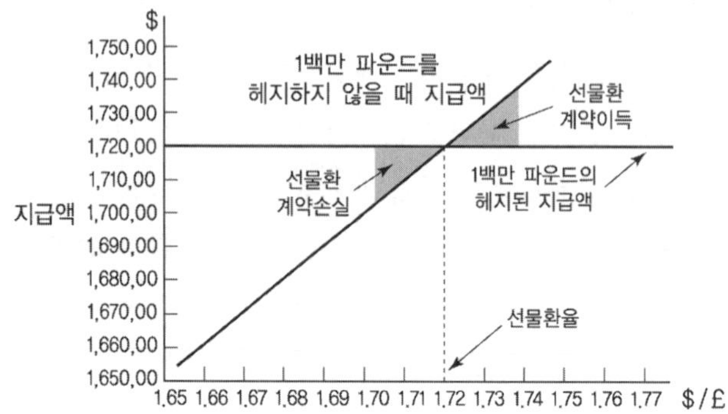

출처 : 성용모(2009), p.87

그림 6-12 선물환거래를 이용한 헤징

선물환거래를 이용하는 목적은 다음과 같다. 첫째, 선물환거래는 외환거래 당사자 간에 장래의 외환결제에 적용할 환율을 거래시점에서 미리 약정함으로써, 계약일로부터 결제일 사이의 환율변동에서 초래되는 환위험을 회피할 수 있다. 예를 들어 국내기업이 미국으로부터 수입계약을 체결한 후 실제 수입대금은 3개월 후에 지급하기로 하였을 때 원/달러환율이 상승하면 국내기업은 손실을 입게 된다. 이 경우 국내기업이 수입계약을 체결할 때 3개월 선물환으로 미국달러를 매입하는 계약을 맺었다면 현물환율의 변동과 관계없이 선물환율로 달러를 매입하여 수입대금을 결제하면 되므로 환율변동위험을 피할 수가 있다. 그러나 3개월 후의 현물환율이 하락하게 되면 선물환계약을 맺은 국내기업은 오히려 손실을 입게 된다. 이처럼 선물환거래는 장래 결제일에 적용할 환율을 수입계약 체결일에 확정시킴으로써 환율변동에 따른 위험을 회피할 수 있으나, 반대로 환율이 유리하게 변동할 경우에는 기회이익을 상실하는 단점도 발생한다.

둘째, 선물환거래는 외환차익의 극대화를 위한 투기수단으로도 이용된다. 예를 들어 3개월 미국달러 선물환율이 1,300원일 때 어느 투기자가 3개월 후 현물환율이 1,400원으로 상승할 것으로 예상하고 3개월 선물환을 매입한다고 하자. 이 경우 예측이 적중되면 3개월 후에 달러당 1,300원에 달러를 사서 1,400원에 팔 수 있으므로 달러당 100원의 이익을 얻을 수 있다. 그러나 예측이 빗나가면 이 투기자는 손실을 입게 된다. 이처럼 투기목적의 선물환거래는 환율예측이 투기자의 예상대로 실현될 경우에는 자기자금의 부담 없이 일정기간 후에 환차익을 얻을 수 있으나, 환율

예측이 반대방향으로 나타날 경우에는 손실을 보게 된다.

셋째, 선물환거래는 현물환포지션의 조정에서와 같이 즉각적인 자금결제 부담 없이도 환 포지션을 조정할 수 있을 뿐 아니라, 스와프 거래의 일부분으로 선물환거래를 활용하면 일시적인 자금의 과부족을 해결할 수 있다. 예를 들어 A사가 현재 보유하고 있는 미국 달러화의 자금은 부족하나 독일 마르크화의 자금에는 여유가 있다고 하고, 독일 마르크화가 가까운 장래에 가치상승할 것으로 예상할 경우에 A사의 자금 담당자는 현물환시장에서 마르크화의 팔아서 달러화를 매입하여 필요한 달러화 자금을 확보하고, 동시에 마르크화의 자금 소요일에 맞추어 달러화 매도 및 마르크화 매입의 선물환거래 계약을 맺음으로써 당초의 마르크화 자금을 환위험부담 없이 다시 확보할 수가 있다.

이론적으로 선물환율은 금리평가이론(interest rate parity theorem)[11]에 따라 양 국가의 금리차와 현물환율에 의해 결정된다. 예를 들어 현재 원화와 달러 간의 현물환율은 1,100원, 미국의 3개월 국채금리는 연 2.3%, 우리나라 3개월 국채금리는 연 4.5%라고 할 때 3개월물 선물환율은 다음과 같이 계산된다.

$$3\text{개월 선물환율} = 1{,}100 \times \frac{(1+4.5\% \times 90/365)}{(1+2.3\% \times 90/365)} = 1{,}106$$ [12]

이 때 선물환율이 현물환율보다 높으면 선물환 프리미엄(forward premium)이 있다고 하고, 그 반대이면 선물환 디스카운트(forward discount)가 있다고 한다. 만약 현물환율과 선물환율이 같은 수준이라면 시장은 미래의 환율이 지금처럼 별다른 변화가 없을 것이라고 예측한다는 의미이다. 통상 특별한 조건이 없다면 선물환율이 현물환율보다 높게 결정되는데, 이는 대상통화의 가치가 미래에 더 올라 갈 것이라고 예측하고 있다는 뜻이다.

(3) 외환스와프거래

외환스와프거래(foreign swap transactions)는 외화자금의 현물매도와 그것과 같은 금액의 외화자금의 선물매입을 동시에 계약하는 거래이다. 이는 외화자금 매매의 형태를 취하게 되는데 그 본질은 서로 다른 통화자금의 일정기간의 예치, 즉 자금의

11) 선물환 결제시점까지는 일정기간이 남아 있으므로 고금리통화는 저금리 통화에 비하여 상대적으로 높은 이자수익을 실현하게 된다. 따라서 이러한 금리차이를 선물환율에 반영하여 현물환거래와 실질적으로 동일한 조건의 교환을 이루기 위해서는 고금리통화에는 현물환율에 비하여 불리한 교역조건을, 저금리통화에는 유리한 조건을 적용해야 한다는 이론이다.
12) 통상 원리금 계산 시 한국은 365일 기준이고, 미국의 경우는 360일 기준으로 적용된다.

대차이다. 그러나 최근 들어 이에 그치지 않고 이자율 차이를 이용한 이자율스와프, 통화와 이자율을 복합적으로 이용하는 혼합스와프(cocktail swap) 등으로 확대되면서 다국적기업 및 은행들의 유동성확보 등 다양한 목적으로 이용되고 있다.

스와프거래는 외화자금의 차입 시에도 환위험을 회피하기 위하여 활용된다. 또한 스와프거래는 환위험을 회피하기 위한 수단 이외에도 특정 통화를 환위험부담 없이 여타국 통화로 전환하여 운용함으로써 일정기간 동안 필요한 외화자금의 조달 수단으로 이용할 수 있다. 예를 들어 일본 엔화가 강세를 보일 것으로 전망될 경우 일정기간 동안 미국 달러화 자금이 필요한 기업은 우선 엔화를 현물환시장에서 미 달러화를 대가로 매도하여 필요자금을 조달함과 동시에 엔화의 선물환 매입계약을 체결하는 스와프거래를 행함으로써 환위험 없이도 달러화의 유동성을 확보할 수 있다. 스와프거래는 스와프 포지션을 보유한 후에 스와프 환율이 시장에서 유리하게 변동되는 시점에서 반대거래를 함으로써 스와프 환율의 단기변동을 이용한 스프레드 이익을 얻는 수단으로도 이용된다.

스와프거래의 기능에는 여러 가지가 있는데, 주된 기능의 하나는 외환위험을 회피하고 조달하는 자금의 통화를 변경하는 것이다. 예를 들어 현물환율이 1달러당 800원일 때 8억 원의 자금을 보유한 사람이 이 자금을 3개월 간 달러표시로 운용하기를 희망한다고 하자. 이 사람은 100만 달러의 현물매입과 3개월 선물매도의 스와프거래를 함으로써 외환 리스크를 회피하고 3개월 동안 원화자금의 달러 운용이 가능해진다. 두 번째 주된 기능은 아웃라이트거래(outright transactions)에 이용하는 것이다. 아웃라이트거래는 매출 또는 매입의 일방적인 선물환거래로서 거래에 따른 반대방향의 매입과 매출의 조건이 붙지 않는 경우이다. 이는 은행과 일반고객 간에 이용되고 있으며 은행 간 시장에서는 행해지고 있지 않다. 고객은 아웃라이트거래를 함으로써 장래 실행되는 외화표시의 수출 및 수입의 채산을 확정시킬 수 있으며 외환위험을 회피할 수도 있다.

아웃라이트 선물거래에서는 현물 수도일부터 기산하여 1, 2, 3, 6개월 후 등의 날짜에 결제가 이루어지며 주요 통화에 대해서는 통상 12개월 후까지 표시된다. 예를 들어 수입업자가 은행에 대해 100만 달러의 아웃라이트 3개월 선물매도계약을 하게 되면, 은행에는 100만 달러의 선물매도포지션이 발생한다, 외환 리스크를 회피하기 위하여 은행은 은행간 시장에서 ① 100만 달러의 현물매입 거래를 한 후 ② 100만 달러의 현물매도와 3개월 선물매입의 스와프거래를 한다. 이렇게 함으로

표 6-21 주요 통화의 대미달러화 환율 연 변동률

구 분	한국(₩)	일본(¥)	유로화(€)	영국(£)
2005	2.3	-13.0	-12.6	-10.2
2006	8.8	-0.8	11.4	13.7
2007	-0.7	6.1	10.5	1.3
2008	-25.7	23.9	-4.2	-26.4
2009	8.2	-2.2	2.5	10.6

주) 1. 해당기간 중 (-)는 절하율, (+)는 절상률을 나타냄
2. 원화는 서울외환시장, 엔화 동경시장, 파운드화 로이터기준 뉴욕시장 가격기준
출처 : 한국은행 조사통계월보

써 ①과 ②의 거래에서 100만 달러의 현물매입과 같은 금액의 현물매도가 상쇄되고, 100만 달러의 3개월 선물매입이 남게 된다.

4) 최근 현황

우선 환율의 변화를 살펴보자. 다음 표 6-21에서처럼 2005년에는 환율변동이 2.3%로 안정적이었다가 2006년에는 8.8%로 다소 높아졌다. 이후 2007년 -0.7%, 2008년에는 -25.7%로 환율이 급등세를 보였다. 이는 2007년 초부터 나타나기 시작한 미국의 서브프라임 모기지 부실사태와 투기적인 파생금융상품의 잠재손실 가시화 등 글로벌 신용경색이 심화되자 이를 방어하기 위해 그동안 외국인들이 우리나라를 포함 신흥국들에 투자한 자금을 갑자기 회수하면서 외화자금이 고갈되었기 때문이다. 또한 국내금융기관들의 외화차입 여건도 악화됨에 따라 원화 환율이 더욱 급등세를 보였다. 2008년 11월에는 1998년 외환위기 이후 가장 높은 1,513원을 기록하였다. 이후 2009년 들어 경상수지의 흑자전환, 미국·일본과의 통화스와프 체결 등으로 금융기관의 외화유동성이 안정되면서 환율변동도 8.2%로 다소 안정되었다.

한편, 원화의 대미달러 환율의 변동성도 다음 표 6-22에서처럼 미국 서브프라임 모기지 사태 여파로 2008년에 가장 높았다가 2009년 들어 다소 줄어들어 연평균기준 전일대비 변동율과 일중 변동률이 각각 0.71%, 1.10%를 보였다. 외환거래규모도 글로벌화에 발맞춰 매년 꾸준히 증가하여 2009년에는 212억 달러에 이르렀다. 거래형태별로는 2009년 기준 외환스와프, 현물환, 파생상품 순이었다(표 6-23 참조).

표 6-22 원화의 대미달러환율 변동성(연평균) 추이

구 분	2005	2006	2007	2008	2009
전일대비 변동률(*)(%)	0.30	0.33	0.22	0.98	0.71
전일대비 변동폭(원)	3.1	3.2	2.1	11.9	9.4
일중 변동률(**)(%)	0.46	0.48	0.32	1.50	1.10
일중 변동폭(원)	4.7	4.6	3.0	18.3	14.6

주) * : {(금일종가－전일종가)의 절대값 / 전일종가}×100

** : {(일중최고가－일중최저가) / 당일가중평균환율}×100

출처 : 한국은행 조사통계월보

표 6-23 은행 간 외환시장 규모 추이(일평균 기준)

구분(억 달러)	2005	2006	2007	2008	2009
현물환	45.2	63.6	82.5	78.1	58.3
선물환	2.0	4.0	7.5	9.1	4.6
외환스와프	26.3	27.1	67.0	92.3	105.3
통화스와프 및 옵션	7.9	17.1	40.1	51.6	43.7
합계	81.5	111.8	197.1	231.1	211.9

출처 : 한국은행 조사통계월보

5 국제금융시장

1) 국제금융시장의 의의

국제금융시장이란 국경을 넘어 자금거래가 이루어지는 시장으로 국제자금의 수요와 공급을 연결해 주는 모든 거래의 양태, 즉 기구, 기능 및 거래내용 등을 총칭한다. 이러한 국제금융은 19세기 영국을 중심으로 시작되었고, 본격적으로는 1950년대 말 유로달러시장이 형성되고 미국은행들이 유럽으로 진출하면서부터 시작되었다.

지금까지는 국제금융이 국내 거주자 간에 자금의 대차가 이루어지는 국내금융과 대칭되는 개념으로 이용되어 왔다. 그러나 최근에는 각국의 금융시장과 외환시장의 규제가 완화되고 정보통신기술이 급속히 발전하면서 금융시장의 글로벌화, 통합화 현상이 가속화됨에 따라 국제금융시장은 거주성이나 장소적 구분을 초월하여 각국의 금융시장, 유로시장 그리고 외환시장을 포괄하는 총체적인 거래메커니즘으로 이해되고 있다.

또한 전통적인 실물경제 지원의 금융기능보다는 국제금융자산의 효율적 운용을 통한 이익창출과 최적배분으로 자본의 생산성 증대, 무역 및 투자확대, 국제 유동성의 조절, 경제발전 촉진 등의 기능이 더 중시되고 있는 추세이다. 따라서 은행을 통한 간접금융보다는 증권 중심의 직접금융방식이 보다 보편화되고 있다.

국제금융시장의 주요 기능을 간략히 살펴보면 다음과 같다. 첫째, 국제대차결제기능으로 국제무역을 통한 재화 및 용역거래나 자본거래의 결과로 이미 발생된 채권·채무를 원활하게 결제하는 수단을 제공한다. 둘째, 국제무역금융지원기능이다. 이는 국제간 재화 또는 용역의 수출입대금을 융자해 줌으로써 국제교역을 촉진시키는 기능으로 제 2차 세계대전 이후 국제무역을 발달시키는 원동력이자 국제금융시장의 주요 임무로 각인되었다. 셋째, 만성적인 국제수지 적자 및 유동성 부족상태에 놓여 있는 개발도상국의 유동성을 지원하고 국제투자 및 개발도상국의 경제개발에 필요한 금융지원까지 확대함으로써 국제유동성 과부족을 해결하는 기능이다. 넷째, 규제완화와 자유화의 가속으로 기업이나 금융기관은 다양한 위험상황에서 자금조달이나 운용을 해야 하는데 국제금융시장은 이를 관리할 여러 가지 금융수단이나 기법을 제공하는 기능을 수행한다.

2) 국제금융시장 참가자

국제금융시장 참가자는 일반적으로 차입자, 투자자 및 자금중개인으로 구성된다. 차입자는 자금을 조달하는 그룹으로 주로 다국적기업, 각국의 중앙정부와 지방정부 그리고 IMF, IBRD, ADB 등 국제기구가 있다. 투자자는 해외투자를 통해 안정적인 수익을 시현하는 그룹으로 주로 세계 각국의 연기금, 상호기금 등 기관투자가가 해당된다. 자금중개인은 말 그대로 차입자와 투자자를 연결시켜 주는 그룹으로 국제상업은행, 국제투자은행과 같은 금융중개기관과 유통시장에서의 브로커회사로 구분된다.

국제금융시장은 이와 같은 참가자들이 각국의 금융시장, 유로시장 및 외환시장을 통해 유기적으로 연계되어 실시간 형성되는데 다음 그림 6-13으로 나타낼 수 있다.

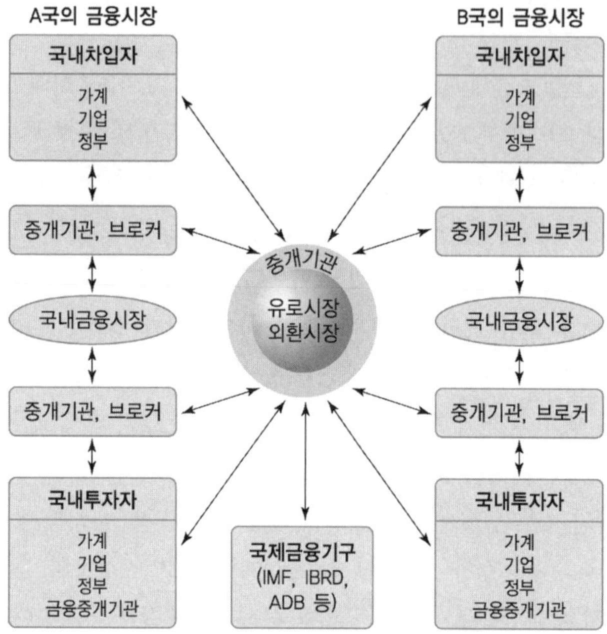

출처 : Hekman(1983), 김인준·이영섭(2009), p.96 재인용

그림 6-13 국제금융시장의 구성과 참가자

3) 국제금융시장의 분류

광의의 국제금융시장은 그림 6-14에서처럼 지불수단이 거래되는 외환시장과 신용이 거래되는 신용시장으로 구분된다.

외환시장은 다시 현물환시장과 선물환시장으로 세분되고, 신용시장은 금융중개방식에 따라 직접금융시장과 간접금융시장, 소재지에 따라 역내시장과 역외시장으로 세분된다.

또한 신용시장을 기능별로 구분하면 표 6-24에서처럼 단기금융시장, 자본시장, 파생상품시장과 외환시장으로 나뉠 수 있다.

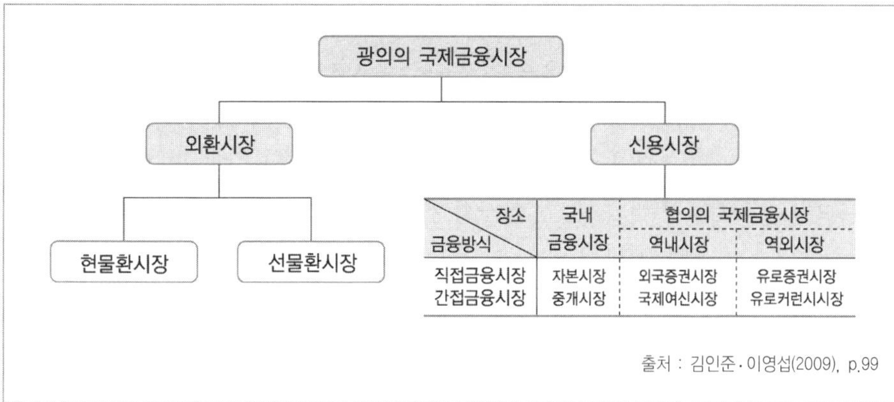

그림 6-14 국제금융시장의 분류

표 6-24 국제금융시장의 기능별 구분

구분			주요 상품
국제금융시장	국제단기금융시장	유로커런시시장	유로 CD, 유로 CP
		주요국 단기금융시장	T-bill, BA
	국제자본시장	국제대출시장	신디케이트대출
			NIF 등 퍼실리티
		국제채권시장	유로채
			외국채
		국제주식시장	DR, 폐쇄형국가펀드
	파생금융상품시장		선물, 옵션, 스와프
	외환시장		현물환, 선물환

출처 : 김인준·이영섭(2009), p.99

4) 국제금융센터

국제금융센터는 국제금융기관들이 지점 또는 현지법인의 형태로 영업망을 집중시킴으로써 국제금융거래가 지속적으로 이루어지는 장소를 말한다. 이곳은 국제수지의 융통기반이 되고 다국적기업의 투자에 대한 자금융통의 거점과 금융혁신의 개발근거지로서의 역할을 수행하고 있으며 크게 전통적 금융센터, 역외금융센터 및 기장역외금융센터로 구분한다.

전통적 금융센터는 상대적으로 우월한 경제규모, 자국통화의 국제신인도 및 고도로 발달된 국내금융시장을 바탕으로 국제자본의 유출입거래 등을 위해 자연발생적으로 형성된 국제금융활동의 중심으로 주로 뉴욕, 런던, 도쿄금융센터 등이다. 역외금융센터는 비거주자로부터 자금을 조달하고 운영하는 금융중개시장으로, 조세 및 금융특혜를 부여하면서 인위적으로 창설된 센터로 싱가포르, 홍콩, 룩셈부르크, 프랑크푸르트 등이 속한다. 기장역외금융센터는 단순히 거래내역의 기장처리(booking)만을 전담하는 금융센터로서 금융규제 회피 및 거래비밀 보장 등을 목적으로 하며, 카리브해 지역의 금융센터가 이에 속한다.

한편, 국제금융 퍼실리티(International Banking Facility; IBF)는 미국의 통화가 역외시장으로 이탈하여 외국금융기관에서 거래됨으로써 발생하는 미국 내의 고용감소 등 경제적 손실을 방지하기 위해서 미국이 만든 제도로 1981년 12월 이후 미국 내의 미국은행, 또는 미국에 진출한 외국은행의 지점이나 에지법 회사(Edge Act Corporation)들이 유로통화 거래를 비롯한 역외금융거래를 별도의 계정에 기록하는 경우 이를 미국 밖에서 일어난 거래와 동등하게 취급되도록 허용하고 있다. 이와 같은 별도의 특별계정을 국제금융 퍼실리티라고 부른다.

부록 6-1 • 유가증권 정의 및 평가

유가증권은 그 자체가 어떤 재산적 권리를 표시하는 증서로서 상품증권(화물상환증권, 선하증권, 창고증권), 화폐증권(은행권, 어음, 수표 등), 자본증권(주식, 회사채, 국공채 등)으로 분류되며, 증권시장에서 말하는 유가증권은 자본증권을 지칭한다. 한편, 증권거래법에서 규정하는 유가증권은 ① 국채, ② 지방채, ③ 특수채, ④ 회사채, ⑤ 출자증권, ⑥ 신주인수권을 표시하는 증서, ⑦ 외국인이 발행하는 증권, ⑧ 수익증권 등으로 한정한다. 이러한 유가증권을 통하여 가계 등의 여유자금을 투자수익이 높은 기업 등에 장기투자 재원으로 공급함으로써 국민경제의 과부족과 자금수급의 불균형을 조절할 수 있으며, 정부는 재정증권의 발행과 상환으로 재정정책을, 중앙은행은 공개시장조작을 통해 통화량의 안정과 경기안정을 도모한다.

한편, 유가증권은 보유목적에 따라 단기매매증권, 만기보유증권, 지분법적용 투자주식, 매도가능증권으로 분류되며 각각 적용되는 평가방법이 정해져 있다. 단기매매증권은 자본이득을 얻는 것, 즉 시세차익(capital gain)을 목적으로 운용되는 유가증권을 말하며 증권회사의 매일매일 거래가 이루어지는 트레이딩 부문이 해당된다. 이 증권은 매 기간 말의 시가로 환산하는데, 이때 발생하는 차액은 유가증권 평가익 또는 평가손으로 손익계산서에 계상된다.

만기보유증권은 시세차익이 아닌 만기보유에 따른 이자수입(income gain)을 목적으로 운용되는 유가증권으로 시가평가가 아닌 취득원가로 계상된다. 지분법적용 투자주식은 피투자회사의 지배를 목적으로 보유하는 주식을 말한다. 단기매매가 목적은 아니지만 주식을 취득한 후 결산기가 되면 피투자회사의 재산 변동분만큼 평가하여 계상하여야 한다. 매도가능증권은 상기 증권에 해당하지 않는 증권으로 적정 유동성을 확보하기 위해서 일반적으로 만기보유증권의 일부를 매도가능증권으로 분류하며 원칙적으로 시가로 평가한다.

한편, 평가란 해당계정의 정확한 가치를 산정하는 것을 의미하며 평가를 하는 이유는 첫째, 기업의 이익계산, 즉 기간손익을 정확히 계산하기 위해서이며, 이는 회계의 중심을 손익계산서에 두고 있음을 암시한다. 둘째로, 기업의 재무상태를 정확히 파악하기 위해서이다. 이는 평가하는 시점에 있어서의 모든 자산과 부채를 있는 그대로 대차대조표에 계상하고자 하는 것으로 손익계산서보다 대차대조표 중심의 평가형태이며 일반적으로 평가방법은 다음과 같이 구분된다.

우선 원가주의(cost basis)이다. 이는 자산과 부채의 시장가격의 변동을 일체 무시하고 취득원가로서 평가하는 방법이다. 이의 이론적 근거는 취득원가는 시장에서 객관적으로 결정된 가장 권위 있는 원가라는 것으로 특정기업에 있어서의 어느 자산과 부채의 가치는 이것을 취득할 때 이미 결정된 것이며, 시가의 변동에 영향을 받아서는 안 된다는 것이다. 두 번째, 시가주의(market basis)이다. 취득원가는 각종의 자산과 부채를 각각 상이한 시기에 취득한 과거의 가액으로 표시하므로 무의미하며, 기업의 채무담보능력과 지급능력, 그리고 채권자를 보호하기 위해서는 그 기업의 명백한 재산 상태를 계산할 수 있어야 하는데 그러기 위해서는 시장에서 거래되는 객관적인 가격, 즉 시장가격으로 산정되어야 한다는 것이다. 세 번째, 저가주의이다. 이는 시가와 원가를 비교해서 저가인 것을 평가의 기준으로 함으로써 과대평가를 피하려는 것으로 '예상된 이익은 계상하지 않으나, 예상된 손실은 빠짐없이 계상해야 한다.' 는 보수주의의 평가형태이다.

부록 6-2 • 채권과 주식의 상호 접근

1. 상호비교

채권은 주식과 함께 유가증권의 대종을 이루고 있으며 간접금융이 아닌 직접적인 자금조달이라는 점과 자본의 증권화라는 점에서 공통점을 갖고 있으나 다음과 같은 차이점이 있다. 첫째, 주식은 상법상의 주식회사만이 발행할 수 있으나 채권은 정부/지방자치단체/특수법인 및 주식회사 등이 발행할 수 있으므로 그 범위가 다양하고 또한 발행자의 공신력도 상대적으로 높다. 둘째, 자본조달방법에 있어서 주식은 자기자본인 반면 채권은 타인자본의 조달이므로 주식에 의한 자본조달은 대차대조표의 자본항목인 반면에 채권은 부채항목에 표시된다. 셋째, 증권소유자의 위치에서 볼 때 주식은 주주로서의 권리를 나타내는 반면 채권은 채권자로서의 권리를 나타낸다. 넷째, 소유로부터 발생하는 권리의 측면에서 볼 때 주식을 소유하고 있는 주주는 회사의 경영성과에 따라 지급받는 배당금이 변동되지만 채권의 소유자는 회사사정에 관계없이 확정된 원금과 이자를 받는다. 다섯째, 일반적으로 유동성에 있어서 주식은 채권보다 높으나 위험성에

표 6-A 주식과 채권의 비교

구 분	채 권	주 식
자금조달방법	타인자본 조달(부채증가)	자기자본 조달(자본증가)
증권소유자의 법적 지위	채권자로서의 지위	주주로서의 지위
납입 방법	분할납입 가능	전액 납입
액면미달 발행	가능	원칙적으로 금지
증권소유에 대한 반대급부	경영성과와 무관한 확정 이자수입	경영성과에 따라 배당금 수령
증권소유에 따른 권리	원리금상환 청구권	이익배당청구권, 경영참가권, 신주인수권, 잔여재산분배청구권
존속기간 및 출자자금의 회수	• 영구증권을 제외하고는 원리금 상환기간이 정해진 기한부증권 • 회사 해산 시 주주에 우선하여 변제받을 권리	• 발행회사와 존속을 같이 하는 영구증권 • 회사 해산 시 일반 채권자보다 후순위로 잔여재산 배분
주금 납입에 대한 상계	상계로서 회사에 대항 가능	상계로서 회사에 대항 못함

출처 : 차명준 · 정무권(2009), p.125

있어서는 채권이 훨씬 낫다. 해당기업이 도산할 경우 주식은 잔여재산에 대한 분배청구권을 갖고 있으나 현실적으로 권리행사가 어렵고 주식시장에서의 거래가 끊어져 시장가치도 사실상 소멸된다. 반면 채권은 시장가격 변동 폭이 작아 시장위험도 주식보다 적다. 여섯째, 주식은 발행회사와 존속을 같이 하는 영구증권인 반면 채권은 영구채권을 제외하면 원리금의 상환기간을 발행자가 시장상황에 따라 조절할 수 있는 기한부증권이다. 이상 주식과 채권을 비교·요약한 것이 표 6-A이다.

2. 접근화

최근 주식소유와 회사경영 분리의 정착화, 배당의 평준화 현상, 후순위채권 등 중장기 사채의 준 자본화 현상이 활성화됨에 따라 사채와 주식의 차이는 점점 좁아지고 있다. 특히 제도적으로 볼 때는 배당을 보장받는 무의결권 우선주, 비참가적 우선주, 또한 전환사채, 신주인수권부사채 등과 같이 사채와 주식의 중간적 형태의 것이 대중화되고 있다. 이를 요약하면 다음 표 6-B와 같다.

표 6-B 채권과 주식의 접근

구 분	내 용
경영권 참가의 무의미화	일반 소액주주는 경영에는 무관심, 배당 및 매매차익에 관심
배당의 평균화	이익의 과소에도 불구하고, 이익배당의 평균화 현상
신종증권의 등장	• 무의결권(우선)주, 상환주식, 이익참가부 사채, 신주 인수권부 사채 등 주식과 채권의 중간형태의 신종증권의 등장 • 중장기채권의 발행으로 채권의 준 자본화

출처 : 차명준·정무권(2009), p.124

부록 6-3 • 자본시장법

1. 개요

(1) 기존 법제도의 문제점

증권사, 선물회사, 자산운용사, 신탁회사 등 금융회사별로 각각 별도의 법률이 존재하고 개별 법률마다 적용되는 규제가 상이하였다. 그 결과 금융회사가 다르면 동일한 금융기능을 수행하여도 상이한 규제가 적용되므로 규제차익(regulatory arbitrage)과 투자자 보호의 공백이 발생하는 부작용이 나타났었다. 또한 금융회사가 취급할 수 있는 유가증권과 파생상품의 종류가 법령에 제한적으로 열거되어 있었기 때문에 창의적인 신종 금융투자상품을 설계하거나 취급(판매, 중개)하는 데 제약요인으로 작용하여 금융혁신의 어려움이 가중되었다. 그리고 증권업, 자산운용업, 선물업, 신탁업 등 자본시장관련 금융업종 간 겸영이 엄격하게 제한되어 있어서 다양한 금융투자서비스를 제공하는 선진투자은행에 비해 시너지 효과를 통한 경쟁력 제고의 한계에 봉착하였다.

대체로 선진금융투자서비스 분야는 기업금융(investment banking), 자산관리(wealth management), 증권서비스(securities service), 직접투자(principal invest -ment) 등으로 나뉜다. 그 외 기존 법제도는 선진화되고 체계적인 투자자 보호제도가 미흡하였다. 따라서 금융투자상품의 불완전 판매와 불공정 거래에 대한 적절한 대응이 어려워 자본시장에 대한 투자자의 신뢰가 상대적으로 저하되었다.

(2) 자본시장법의 의의

자본시장법은 은행법, 보험업법 등을 제외하고 자본시장을 규율하는 총 15개 법률 중 증권거래법, 선물거래법, 자산운용업법, 신탁업법, 종합금융회사에 관한 법률, 증권선물거래소법, 기업구조조정투자회사법 등 7개 법률을 통합하고 나머지 법률도 일괄 정비하여 금융투자회사가 거의 모든 금융상품을 취급할 수 있도록 하겠다는 취지로 제정된 법률이다. 이에 따라 기존 증권업, 자산운용업, 선물업, 종금업, 신탁업 등 5개 자본시장 관련업이 금융투자업이란 단일 업종으로 합쳐져 겸영이 허용되고, 기본적으로 규제를 최대한 없애 증권사를 축으로 한 대형 투자은행(IB : Investment Banking)을 키우겠다는 것이다. 금융투자회사는 투자매매 및 중개, 자문, 신탁, 집합투자, 투자일임에 해당되는 6개 업무를 전부 취급할 수도 있고 원하는 업종만 선택할 수 있다. 요약하면 동법의 시행으로 금융시장은 크게 은행, 보험, 금융투자회사 3대 축으로 재편되었다.

(3) 기본 골격

자본시장법의 기본적인 골격은 크게 네 가지 범위로 구성된다. 이는 포괄주의 규율체제로의 전환, 기능별 규율체제 도입, 업무범위의 확대, 투자자 보호제도 선진화이다. 이의 골격은 다음 그림 6-A와 같다.

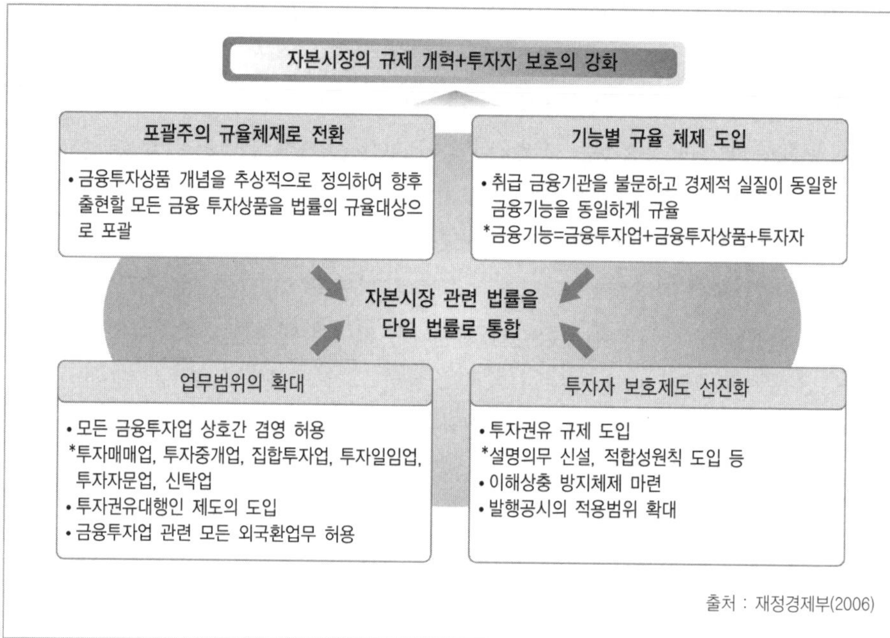

그림 6-A 자본시장법의 기본골격

2. 주요 내용

(1) 금융투자상품의 포괄주의 전환

① 포괄주의 체계 : 과거 법에서는 금융회사가 취급할 수 있는 유가증권과 파생상품을 열거주의(positive system)에 근거토록 했기 때문에 열거되지 않는 상품은 판매가 불가능하여 이런 문제점을 해결코자 한정적 열거주의에서 포괄주의(negative system)로 전환되었다. 즉, 대상을 한정적으로 열거하지 않고 개념을 추상적으로 정의하여 여기에 해당하는 모든 금융투자상품을 법의 규율대상으로 한다. 결론적으로 투자성, 즉 원본손실 가능성이 있는 모든 금융상품이 대상이 된다.

② 금융투자상품

- 정의 : 금융투자상품은 이익을 얻거나 손실을 회피할 목적으로, 거래상대방에게 현재 또는 장래의 특정시점에 금전 등을 지급하기로 약정함으로써 취득하게 되는 권리로서 원본손실 가능성(투자성)을 부담하는 것이라고 정의한다. 이를 세분화하여 살펴보면 다음과 같다.

- 세부내용
  - 이익획득 또는 손실회피 목적 : 이익획득 또는 손실회피 목적이 없을 경우에는 투자자로서 보호할 필요성이 없으므로 금융투자상품에서 제외한다. 즉, 가치변동이 있는 실물자산을 '소비 목적' 으로 매입하기로 약정하는 경우이다.
  - 장래의 특정시점에 금전 등을 지급하기로 약정함으로써 취득하게 되는 권리 : 금융투자상품을 '계약상의 권리' 로 정의하여 투자성을 가진 실물자산 등이 금융투자상품이 아님을 명백히 한다. 현재에 금전 등을 이전할 것을 약정함으로써 갖게 되는 권리는 증권의 특성에, 장래에 금전 등을 이전하기로 약정함으로써 갖게 되는 권리는 파생상품에 해당한다.
  - 원본손실 가능성(투자성) : 금융상품을 취득하기 위해 지급하거나 지급하여야 할 금액(원본)이 금융상품으로부터 회수하거나 회수할 수 있는 금액(회수금액)을 초과하게 될 가능성을 투자성으로 정의한다. 투자성 존재 여부는 '금융상품의 구조', 이 상품의 유통 과정상의 가치변화(시장위험)등 포괄하여 판단한다. 이를 통해 전통적 예금 등 원본이 보장되는 금융상품은 금융투자상품에서 제외된다. 그리고 판매수수료, 보험사의 위험보험료, 사업비 등 투자되는 금액이 아닌 부분을 원본에서 제외하여 전통적 보험상품 등이 금융투자상품에 포함되지 않도록 하였다. 그 외 파산이나 채무조정에 의해 회수되지 않은 금액은 원본손실로 간주되지 않는다.

(2) 기능별 규율체제 도입

이는 어떠한 금융회사든 그 기능이 동일하다면 업종에 상관없이 같은 규율을 받아야 한다는 것이다. 이를 테면 기본적으로 은행법에 의해 규율을 받는 은행이더라도 수행하는 금융기능이 금융투자업에 해당된다면 자본시장법의 규율을 받아야 한다는 것이다. 이러한 금융투자업은 경제적 실질에 따라 투자매매업, 투자중개업, 집합투자업, 투자자문업, 투자일임업, 신탁업 등 6가지로 단순 분류된다.

(3) 업무범위의 확대

① 금융투자업 간 겸영 허용 : 6개 금융투자업 간 겸영을 허용하고, 대신 겸영에 따른 이해상충방지체계(내부통제시스템) 마련을 의무화하여 투자자를 보호하고 있다. 즉 투자매매업과 집합투자업 등 이해상충 가능성이 높은 금융투자업 간에는 정보제공 금지, 임직원 겸직 금지, 사무공간과 전산설비의 공동이용 금지 등이 명문화되어 있다. 이러한 정보교류 차단장치를 Chinese Wall(만리장성)이라 부른다.

② 금융투자업 관련 외국환업무 허용

③ 금융투자회사의 송금, 지급결제 등 부가서비스 제공근거 마련 : 지급결제 기능은 자본시장법이 증권사에 허용한 또 하나의 파격조치로 은행과 증권사간의 공정한 경쟁여건이 마련됐다.

④ 투자권유대행자 제도 도입 : 이는 특정 금융투자회사에 소속되어 해당회사가 판매하는 투자상품의 설명의무, 적합성 원칙 등을 준수하면서 투자자에게 정보를 제공하고 투자하도록 권유함으로써 금융투자회사와 투자자를 연결시켜주는 역할을 담당한다.

(4) 투자자 보호제도의 선진화

이 법에서는 금융투자상품에 대한 전문성 구비여부, 소유자산 규모 등 투자위험 감수능력을 기준으로 일반투자자와 전문투자자로 구분하여 각각 성향에 따라 보호범위를 달리하고 있다. 주로 국가, 한국은행, 일정한 금융기관 등 기관투자자, 주권상장법인 등은 원칙적으로 전문투자자로 인정하고 비상장법인은 외부평가를 받은 경우, 개인은 순자산이 일정금액 이상인 경우에 한하여 전문투자자로 인정한다.

그리고 투자자 보호를 위한 다양한 제도를 도입하였다. 대표적으로 적합성 원칙하에 투자자의 특성에 적합하지 않은 투자권유를 금지하고 있다. 다음으로 일반투자자에게 투자권유시 상품의 내용, 투자 위험 등 설명의무를 강화하였다. 그 외 투자자 요청이 없는 경우 방문, 전화 등 실시간 대화의 방법에 의한 투자권유를 금지하고 있다.

3. 자본시장법상 펀드제도

(1) 집합투자의 명칭 및 정의 변경

현 자본시장법상 간접투자라는 명칭이 집합투자로 변경되었다. 여기서 집합투자란 '2인 이상에게 투자권유를 하여 모은 금전 등을 투자자로부터 일상적인 운용지시를 받지 아니하면서 재산적 가치가 있는 투자대상 자산을 취득·처분, 그 밖의 방법으로 운용하고 그 결과를 투자자에게 배분하여 귀속시키는 것' 으로 정의한다.

(2) 집합투자기구의 확대

편드형태를 간접투자자산운용법에서는 투자신탁, 투자회사, 합자회사(PEF)로 제한하였으나 자본시장법에서는 투자유한회사, 투자합자회사, 투자익명조합, 투자조합 등 자금의 Pooling이 가능한 모든 형태로 확대하였다.

(3) 집합투자기구 투자대상 확대

현행 7종류의 펀드구분을 4종류로 재분류하고, 펀드 종류별 운용대상 자산의 제한을 없앰으로써 MMF를 제외한 모든 펀드가 다양한 투자대상에 운용할 수 있도록 하였으며, 펀드의 주요 투자대상 자산(펀드자산의 50% 초과 투자자산)을 기준으로 증권펀드·부동산펀드·특별자산펀드·단기금융펀드(MMF)로 구분하고 있다. 또한, 주요투자대상 자산을 특정하지 않고 언제나 어떤 자산에나 자유롭게 운용할 수 있는 새로운 종류의 펀드(혼합자산펀드)를 신설하였다.

표 6-C 자본시장법상 펀드 종류

구 분	증권펀드	부동산펀드	특별자산펀드	MMF	혼합자산펀드
증 권	○	○	○	○	○
파생상품	○	○	○	×	○
부 동 산	○	○	○	×	○
실물자산	○	○	○	×	○
특별자산	○	○	○	×	○

주) • 증권펀드 : 펀드자산의 40% 이상을 투자증권에 투자
• 파생상품펀드 : 펀드자산의 10%를 초과하여 위험회피외의 목적으로 장내·외 파생상품에 투자
• 부동산펀드 : 펀드자산을 부동산에 투자
• 실물펀드 : 펀드자산을 실물자산에 투자
• 단기금융펀드(MMF) : 펀드자산을 단기금융상품에 투자
• 재간접펀드(FoF) : 펀드자산의 50% 이상을 다른 펀드에 투자
• 특별자산펀드 : 펀드자산을 특별자산에 투자
• 실물자산 : 금·곡물·석유 등 물품 및 이를 가공한 물품 등
• 특별자산 : PEF지분·보험금지급청구권·금융기관의 금전채권·어음·신탁 수익권·(영화 등) 특정사업으로부터 발생하는 수익권 등

요점정리

1. 금융시장(financial market)은 기업, 가계, 정부, 금융회사 등 경제주체들이 금융상품을 매개로 하여 필요한 자금을 조달하고 여유자금을 운용하는 조직화된 장소를 말하며, 이는 거래방식, 자금의 성격, 거래당사자의 성격, 거래장소 등에 따라 다양하게 분류된다. 통상 만기별로 구분하는 것이 가장 보편적이고 이에 따라 장·단기 금융시장, 외환시장, 파생금융상품시장 등으로 구성된다.
2. 단기금융시장은 경제주체간의 단기자금 과부족을 조절하기 위해 보통 만기 1년(call, RP, CD 등) 이내의 상품이 거래되며 장기시장인 자본시장과 대별된다. 국내 자본시장은 크게 주식시장, 채권시장, 파생상품시장, 자산유동화증권시장으로 구분된다. 주식과 채권시장은 발행시장과 유통시장으로 구분되고 거래대상에 따라 주식은 유가증권시장, 코스닥시장, 프리보드시장으로, 채권의 경우 장외와 장내시장으로 나뉜다.
3. 파생금융시장이란 통화, 주식, 채권 등 기초금융자산의 가치변동에 의해 그 가치가 결정되는 시장이다. 이는 계약형태에 따라 선도계약, 선물, 옵션, 스와프 등으로, 기초자산의 유형에 따라 통화, 금리, 주식관련 상품 등으로, 거래 장소에 따라 장내거래와 장외거래로 구분된다. 자산유동화증권시장이란 부동산, 매출채권, 주택저당채권 등과 같이 유동성은 떨어지나 재산적 가치가 높은 유·무형의 유동화자산을 기초로 하여 발행된 시장이다.
4. 외환시장은 외환의 매입자, 매도자들을 연결하는 통신망을 통해서 외환의 거래가 이루어지는 시장으로 대부분 장외시장으로 구성된다. 이의 참가자는 외국환업무취급기관, 외환브로커, 외환당국, 고객으로 나뉜다. 한편, 국제금융시장이란 국경을 넘어 자금거래가 이루어지는 시장으로 국제자금의 수요와 공급을 연결해 주는 모든 거래의 양태, 즉 기구, 기능 및 거래내용 등을 총칭한다.

Chapter 6 평가문제

1 금융시장의 분류방식을 세 가지로 구분하여 설명하시오.

2 주식과 채권의 차이점과 유사점을 비교 설명하시오.

3 파생금융시장에 관하여 설명하시오.

4 외환시장 참가자를 나열하시오.

5 국제금융시장의 주요 기능을 나열하시오.

6 다음 문장의 괄호 안에 알맞은 단어를 기입하시오.

① (　　　　)이란 부동산, 매출채권, 주택저당채권 등과 같이 유동성은 떨어지나 재산적 가치가 높은 유·무형의 유동화자산을 기초로 하여 발행된 시장이다.

② 국제금융시장 참가자는 일반적으로 (　　　), (　　　) 및 (　　　)으로 구성된다.

Chapter 7

금융상품

1. 전통적 금융상품
2. 금융투자상품
3. 집합투자상품(펀드)
4. 우리나라의 펀드상품
5. 글로벌 펀드상품

Chapter 7 금융상품

일반적으로 자산은 금융자산과 실물자산으로 구분할 수 있다. 이 중 금융자산은 소유자에게 미래의 수익을 약속하고 교환의 매개 및 가치저장의 기능을 수행한다. 사람들은 금융자산을 금융수단이라는 형태로 보유한다. 금융수단이란 간단히 적자지출단위나 수신기관이 자금을 조달하기 위해 발행하는 채무증서를 말한다. 이러한 금융수단은 금융증권의 형태를 취하는데 이를 흔히 금융상품이라고 부른다. 예를 들어 금융기관이 자금공급자로부터 자금을 받아들이고 반대급부로 금융수단을 제공하는 행위가 바로 '금융수단의 판매'가 된다. 그래서 금융기관이 예금을 수취하는 대신 금융수단을 발행해 주는 것을 금융상품의 판매라고 부른다.

금융상품은 채권자에게는 금융자산이 되고, 채무자에게는 금융부채가 된다. 이러한 금융상품에는 양도성 금융상품과 비양도성 금융상품이 있다. 양도성 금융상품이란 무조건적 지급의무가 부과됨으로써 유통성을 갖는 금융상품을 말한다. 이에는 약속어음과 환어음이 있다. 약속어음은 국공채, 회사채, 기업어음 등과 같이 발행인이 소지인에게 일정금액을 지급하겠다고 약속한 증서를 말한다. 환어음이란 발행인이 어음수취인으로 하여금 일정금액을 지급하도록 요구하는 지시증서이다. 환어음에는 은행을 지급인으로 하는 은행환어음(bank draft)과 은행 이외의 개인이나 기관을 지급인으로 하는 거래환어음(trade draft)이 있다. 비양도성 금융상품이란 당자자간의 계약에 의해 일정한 요건을 충족하는 경우에만 지급이 이행되는 유통성이 없는 증서를 말한다.

통상 금융상품은 수익성(profitability), 위험성(risk) 그리고 유동성(liquidity)을 가지고 있다. 수익성이란 자금공급자가 현재의 소비를 포기하고 그 자금으로 금융증권을 매입할 경우 이로부터 얻을 수 있는 이자소득, 배당금, 매매차익 등의 자본이득을 얻을 수 있는 성질을 말한다. 보통 사람들이 금융상품을 매입한 이유는 바로 이 수익성 때문이다.

위험성이란 금융상품을 보유할 때 기대수익률에 비해 실제수익률이 낮게 나타나거나 손실까지 입을 가능성을 말한다. 즉, 금융상품은 수익성과 함께 위험성도 가지고 있다. 대표적인 위험의 예로는 이자율 변동이나 가격변동으로 인해 실제수익이 기대수익에 미치지 못하거나 손실을 보는 경우이다. 대체로 수익이 크면 위험도 크다. 이를 위험과 수익의 상충관계(risk-return trade off)[1]라 한다.

유동성이란 금융상품이 얼마나 쉽게 화폐로 전환될 수 있는가의 정도를 말한다. 유동성의 크기를 결정하는 요인으로는 금융상품 발행인의 신용과 만기까지의 기간 등이 있다. 따라서 발행인의 신용도가 높을수록 유동성이 크고, 만기까지의 기간이 길수록 유동성이 작다. 장기일수록 유동성이 작은 것은 만기기 길어서 그만큼 위험 발생 가능성이 많기 때문이다. 한편, 유동성이 큰 금융상품은 그 만큼 수익성이 작은 것이 보통이다.[2]

대체로 금융투자자는 이러한 수익성, 위험성, 유동성을 고려하여 금융상품을 선택한다. 일반적으로 어떤 금융상품의 수익성이 크다면 대신 위험성이 크거나 유동성이 낮게 마련이다. 이것이 금융상품이 지닌 속성인 것이다.

1 전통적 금융상품

1) 단기금융상품

단기금융상품은 만기가 1년 이내의 상품으로 다음과 같은 상품이 있다. 우선 콜(call)상품이 있다, 이는 금융회사의 단기적 과부족을 조절하기 위한 초단기상품으로 차입(call money)과 대여(call loan)로 나뉜다. 두 번째, 환매채권상품이다. 이는 말 그대로 특정 채권을 매매한 뒤 일정기간 후 매매 당시의 가격에 이자를 더한 가격으로 되사거나 되팔 것을 약정한 상품이다. 주로 금융기관의 단기자금 수급조

1) 합리적인 투자자라면 투자대상 선정 시 투자로 부터 예상되는 수익과, 투자에 따른 위험의 관점에서 평가하고 판단한다. 위험이 큰 투자대상에 투자하는 투자자는 높은 수익률을 기대한다. 반대로 위험이 작은 투자대상은 수익률이 낮게 형성된다. 투자자에게는 수익률이 높고 위험이 작은 투자대상을 선정하는 것이 가장 유리하므로 흔히 포트폴리오를 구성하여 투자한다. 여러 자산으로 구성된 포트폴리오의 수익과 위험의 관계를 다루는 것이 포트폴리오 이론이다.

2) 노상채(2006), 『화폐금융론』, pp.14-16 인용·정리

절을 위한 목적으로 무엇보다 장기채권을 유동화할 수 있다는 장점이 있다.

세 번째, 양도성예금증서이다. 이는 은행의 대표적인 단기자금 조달용 상품으로 최단 만기 30일 이상, 최장만기는 제한이 없다. 또한 콜금리와 함께 가장 대표적인 단기시장금리로서 은행의 여수신금리 운용의 기준금리로 사용되고 있다. 네 번째, MMF이다. 이는 금융투자회사가 고객의 자금을 모아 펀드를 구성한 다음, 금리가 높은 CP, CD, 콜 등 주로 단기금융상품에 집중 투자하여 수익을 고객에게 되돌려 주는 수시입출금이 가능한 초단기 금융상품[3]이다. 다섯째, 기업어음이다. 이는 기업이 상거래와 관계없이 단기자금을 조달하기 위해 자기신용을 담보로 발행하는 1년 이내 융통어음을 말한다. 통상 담보 없이 신용으로 발행되고 은행대출금리보다 저렴하여 기업 입장에서는 수시로 이용하는 자금조달 상품이다.

여섯째, 표지어음상품이다. 이는 금융기관이 보유한 어음들을 통합 또는 분할한 뒤, 이를 기초로 발행한 약속어음을 말하며 원어음의 부도에 상관없이 어음소지자에게 만기가 되면 해당 금액이 지급된다. 그 외에 한국은행이 통화량을 조절하기 위해 금융기관과 일반을 대상으로 발행하는 상품인 통화안정증권이 있다. 이 상품은 정부보증이어서 무위험상품으로 분류되어 금융기관 등이 자기자본 관리차원에서 자주 활용한다.

2) 예금상품

(1) 요구불 예금

이는 자금의 일시적 보관, 출납 편의 등을 위하여 일시 예탁한 것으로 예금주의 청구에 따라 즉시 인출이 보장되는 예금으로 이자는 지급되지 않는다. 대표적으로 예금자가 당좌수표에 의해서 인출하는 당좌예금과 보통예금 등이 있다. 보통예금은 거래대상, 예치금액, 예치기간, 입출금횟수 등에 아무 제한이 없는 일반 예금으로 낮은 이자가 지급된다.

(2) 정기예금과 정기적금

정기예금(time deposit)은 은행이 가장 선호하는 예금으로 이자수익을 목적으로 일정기간의 예치를 약정한 예금이며 금리가 높다. 그 대신 약정기간 전에 해약 시

3) 이와 경쟁하기 위한 은행상품으로 시장금리부 수시입출금식 예금인 MMDA가 있다

중도해지이율이 적용된다. 정기적금(installment savings)은 계약금액과 계약기간을 정하여 예금자가 일정금액을 매월 정기적으로 예입하면 은행이 만기일에 계약금 전액을 예금자에게 지급하는 방식의 저축성예금이다.

(3) 시장금리부 자유입출식 예금(MMDA)

이는 은행의 수시입출 및 결제기능을 가진 요구불 예금에 시장금리를 지급하는 예금으로 실적배당 상품과 같이 변동된 시장금리를 지급하며 일반적으로 특정증권의 수익률이나 특정지수에 연계된다.

(4) 지수연동예금(Equity Linked Deposit ; ELD)

한국의 KOSPI 200지수 등 특정지수에 연동한 확정금리 정기예금상품으로 개별주식의 가격이나 주가지수에 연동하여 수익률이 결정된다. 이 상품은 투자원금 중 일부는 우량채권 등 안전자산에 투자하여 만기에 투자원금 상환에 충당하고, 일부는 옵션복제 재원으로 사용하여 수익을 추구하는 파생결합증권이다. 이 상품은 저금리시대가 지속되면서 고수익을 추구하고자 하는 고객의 니드에 충족코자 등장하였다.

(5) 스위프예금(Sweep Account ; SA)

이는 1990년대 미국에서 출시된 복합예금상품으로 은행이 예금계좌와 고금리투자계정을 예금자의 조작 없이 자동 연결시켜 주는 금융상품으로 증권사의 CMA에 대항하기 위해 도입되었다

3) 대출상품

(1) 기업대출

이는 기업이 상품판매대금으로 대출금을 상환할 수 있도록 하여 회전기간 동안 필요한 생산 및 구매자금을 지원하는 취지로 출발하였으며 1년 이내는 단기대출, 1년 이상은 중장기대출이라 한다. 이의 종류에는 상업어음할인, 무역금융, 기업구매자금대출, 일반자금대출, 중장기분할상환대출 등이 있다.

(2) 소비자신용

이는 재화나 서비스의 구입이나 개인적 지출에 충당하기 위하여 소비자에게 제공되는 모든 대출을 말하며 판매신용, 소비자대출, 주택자금대출, 신용카드대출, 할부금융 등이 있다.

(3) 담보대출

이는 부동산담보대출, 매출채권담보대출, 재고자산담보대출, 창고증권담보대출, 유가증권대출, 지적재산권담보대출 등이 있다.

(4) 대출유동화상품

이는 만기 이전에 대출자원을 재활용할 목적으로 대출채권을 유동화한 상품으로, 유동화방식은 대출채권 자체를 제3자에게 매각하는 매각방식과 대출채권을 근거로 새 증권을 발행하는 증권화방식으로 구분된다.

4) 비은행 금융기관 상품

(1) 리스(lease)

리스는 임대인이 설비자산 또는 현금이 아닌 자산을 임차인에게 임차료의 정기적 지급을 조건으로 빌려주는 것으로 전통적인 금융과 구분하여 물융(物融)이라고도 한다. 이는 운영리스와 금융리스로 나뉘며, 전자는 리스기간 동안 물건가액을 회수하고 비교적 단기간의 계약으로 설비수선비, 보험료, 재산세 등 유지에 필요한 비용을 임대인이 부담하는 것이 원칙이다. 후자는 리스기간 동안 물건가액 전액을 회수하며 임차인이 미상환금액 전액을 상환하지 않는 한 비용을 부담한다.

(2) 팩터링(factoring)

이는 팩터(factor)가 고객이 보유한 매출채권의 구입을 통해 고객에게 간접적으로 금융을 제공하는 방식이다.

(3) 신용카드

이는 카드회원의 신청에 따라 신용카드사가 카드를 발행하고 회원은 이 카드를 이용하여 현금 없이 계속적, 반복적으로 카드사의 가맹점에서 물품구입 또는 용역의 제공을 받을 수 있는 증표이다. 이는 결제시점을 기준으로 선불카드, 직불카드, 후불카드 등 3가지로 구분된다. 한편, 신용카드는 1951년 미국 다이너스클럽의 신용카드가 최초이며, 국내에서는 1969년 신세계백화점이 삼성그룹 임직원을 대상으로 자사카드를 발급한 것이 최초이며, 신용카드회사로는 1978년 코리안 익스프레스(express) 카드가 최초이다. 신용카드 운용은 카드회사, 카드보유자, 가맹점 간의 이해가 충족되면서 수행된다. 카드보유자는 당장 돈이 없어도 필요한 물건을 얻고 카드사에 후납하는 신용을 얻고, 가맹점은 카드사에 수수료를 지급하는 대신 카드보유자의 신용구매금액을 카드사로부터 직접 결제받는다.

(4) 할부금융

이는 높은 가격의 내구재 구입 등의 경우 금융회사가 판매회사에게 물품대금을 대신 선지급 해주고 소비자로부터 일정기간 그 할부구매에 수반되는 대출의 원리금을 여러 차례에 걸쳐 분할 회수하는 방식이다. 한편, 리스는 계약기간 종료 후에 물건처분을 당사자 간 약정사항으로 하여 환불, 재임대, 소유권이전 등 여러 방식이 가능하나, 할부금융은 소유권 이전이 최종납입금의 완납 후에 반드시 실현된다.

(5) 프로젝트 파이낸싱(Project Financing)

이는 일반대출과는 달리 당해 사업 자체에서 생기는 생산물 판매대금 또는 수익을 대출의 상환조건으로 하고 프로젝트의 자산을 담보로 한다. 따라서 차입자의 재력과 신용, 제3자의 보증 등 부차적인 것이 있어야 하며 공사의 완공과 생산, 판매 등 프로젝트의 성공적 수행을 전제로 하고 있다.

(6) 보험상품

생명보험은 사람의 생존과 사망을 주로 보장하는 것으로 개인보험(사망보험, 생존보험, 생사혼합보험, 연금보험), 단체보험(저축성보험, 보장성보험)으로 구분한다. 이 중 보장성보험은 생존 시 지급되는 보험금의 합계액이 이미 납입한 보험료를 초과하지 아니하는 보험을 말한다. 손해보험은 개인 또는 기업의 활동 중에 장래 우연히 발생할지도 모르는 상해, 재산손해 및 제3자의 배상책임 등의 위험을 담보할 것을 약속하는 계약이다. 그 종류로는 화재보험, 해상보험, 특종보험, 자동차보험, 보증보험, 장기보험이 있다. 제 3분야 보험은 생명보험과 손해보험 중 어느 분야에 속하는지 불명확한 보험을 말하며 이에는 상해·질병·개호 보험이 있다. 이는 사람의 신체에 관한 보험이란 점에서 생명보험으로 그리고 신체에 발생한 비용 손해를 보상한다는 측면에서 손해보험으로도 분류될 수 있는 특성이 있다.

5) 외환상품

(1) **여행자수표**

이는 해외여행자가 현금휴대에 따르는 분실, 도난 등의 위험을 피하기 위하여 고안된 수표의 일종이다.

(2) **외화예금**

이는 거주자 및 비거주자에게 외화예치금계정의 개설을 허용하여 취득 또는 보유하고 있는 대외지급수단이나 외화채권을 말한다.

(3) **외화대출**

거주자 및 비거주자에 대한 외국통화 대출을 말하며 주로 시설자금이나 수출입자금 용도이고 우리나라에서는 미국달러화, 일본엔화, 유로화 등이 대부분이다.

외화 송금과 추심

송금은 크게 당발(當發)송금과 타발(他發)송금으로 구분한다. 전자는 국내에 있는 송금인의 신청으로 외국의 수취인에게 송금하는 것이고, 후자는 해외지점의 위탁에 의하여 국내의 수취인에게 해외송금대금을 지급하는 것을 말한다. 이의 방법에는 우편송금, 전신송금, 송금수표 등이 있다. 추심은 매각 또는 의뢰한 외화수표 또는 어음을 채무자 앞으로 지급 제시하여 자금의 대차관계를 결제해 주는 업무를 말한다.

2 금융투자상품

1) 금융투자상품의 의의

자본시장법에서는 금융회사가 취급할 수 있는 상품을 열거하는 대신 금융투자상품을 투자성, 즉 원본손실 또는 원본 이상의 손실가능성이라는 특징을 갖는 모든 금융상품을 포괄하고 있다. 이 법에 의하면, 금융투자상품은 이익을 얻거나 손실을 회피할 목적으로, 거래상대방에게 현재 또는 장래의 특정시점에 금전 등을 지급하기로 약정함으로써 취득하게 되는 권리로서 원본손실 가능성(투자성)을 부담하는 것이라고 정의한다. 이를 통해 전통적 예금 등 원본이 보장되는 금융상품은 금융투자상품에서 제외되고 비금융투자상품이라 한다.

한편, 금융투자상품 중 원본 범위 내에서만 손실이 발생할 가능성이 있는 상품을 증권, 원본을 초과하여 손실이 발생할 가능성이 있는 상품을 파생상품이라 하고 장내와 장외로 구분한다. 이 중 증권선물거래소 시장에서 거래되는 금융상품을 장내파생상품으로 정의한다. 또한 파생상품을 선도, 옵션, 스와프로 구분하고 그 개념을 추상적으로 정의하고, 파생상품의 기초자산의 개념을 최 광의로 규정하여 가능한 모든 것을 기초자산으로 파생상품이 개발될 수 있도록 허용하고 있다. 이를 정리하면 다음 그림 7-1과 같다.

또한 이 법에서는 주식, 사채, 특수채 등 전통적 유가증권을 경제적 실질에 따라 채무증권, 지분증권, 수익증권, 증권예탁증권으로 분류하고 각각의 개념을 추상적으로 정의하고 있다. 채무증권은 지급청구권을, 지분증권은 출자지분을, 수익증권은 신탁의 수익권을, 증권예탁증권은 타 국가에서 발행한 증권이라고 하는 포괄적

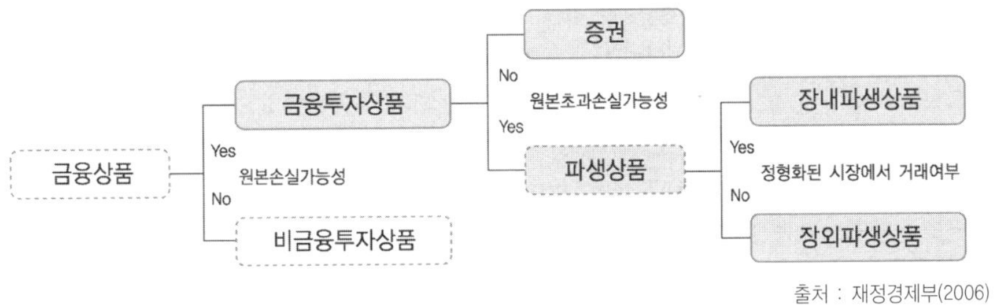

출처 : 재정경제부(2006)

그림 7-1 금융상품의 정의

표 7-1 전통적 유가증권의 포괄주의 전환

분류	포괄적 정의	포함되는 금융상품
채무증권	지급청구권을 표시하는 것	국채증권, 지방채증권, 특수채 증권, 사채권 등
지분증권	출자지분을 표시하는 것	주식, 신주인수권, 특별법인의 출자증권, 상법상 합자회사·유한회사의 출자 지분 등
수익증권	신탁의 수익권을 표시하는 것	신탁 수익증권, 신탁형 집합투자기구의 수익증권 등
증권예탁증권	증권을 예탁받은 자가 그 증권의 발행 국가 밖에서 발행하는 증권	국내 증권예탁증권, 외국 증권예탁증권

출처 : 재정경제부(2006)

인 의미로 정의하였다. 이를 정리하면 위의 표 7-1과 같다.

2) 증권상품

(1) 주식(지분증권)

보통주는 주주가 가지는 권리인 이익배당청구권, 경영참가권, 잔여재산분배청구권 등을 평등하게 가진 주식이다. 우선주는 이익배당 및 잔여재산분배의 참가순위가 보통주에 우선하나 사채보다는 후순위이다. 그 외 의견권주, 무의결권주, 기명주, 무기명주, 전환주 등이 있다.

주식의 가치평가

경제주체들의 재무흐름을 관리하는 재무관리의 기본핵심 이론의 하나는 '모든 자산의 가치는 그 자산이 미래에 가져올 현금흐름의 현재가치의 합으로 결정된다.' 는 것이다. 그러나 보유자산이 미래기간 동안 창출하는 현금흐름을 예측하는 것은 쉽지 않고 더구나 그 현금흐름의 성격에 따라 적용해야 할 할인율도 다르기 때문에 자산 가격을 결정하는 것은 주어진 환경에 따라 다를 수밖에 없다. 하지만 근본적으로 자산의 가치평가의 방법이 달라지는 것은 아니다. 주식의 경우에는 경영성과에 따른 배당의 현금흐름으로 평가하는 것은 가장 보편적이고 전통적인 방법인데 이를 배당평가모형이라 한다. 이에 의하면 '주식의 가치는 주식을 보유함으로써 얻게 되는 미래현금흐름인 배당의 현가 합으로 계산할 수 있다.' 는 것이다. 주식은 채권과 달리 만기가 존재하지 않고, 계속기업(going concern)을 가정하고 있기 때문에 배당이 영원히 지급된다는 가정 하에서 배당만을 고려한 가치평가를 이용하게 된다.

1. 배당이 일정한 경우 : 제로성장모형

이는 영구연금의 현재가치의 계산방식과 동일하다.

$$P_0 = \frac{D}{(1+R)} + \frac{D}{(1+R)^2} + \cdot \cdot \cdot + \frac{D}{(1+R)^{\infty}} = \frac{D}{R} = \frac{EPS}{R}$$

D : 배당지급액, R : 시장이자율, EPS : 주당순이익

2. 배당이 일정하게 증가하는 경우 : 항상성장모형

$$P_0 = \frac{D_1}{(1+R)} + \frac{D_1(1+g)}{(1+R)^2} + \cdot \cdot \cdot + \frac{D_1(1+g)^{\infty-1}}{(1+R)^{\infty}} = \frac{D}{R-g}$$

D : 배당지급액, R : 시장이자율, g : 배당성장률

3. 배당이 불규칙하게 증가하는 경우 : 제로성장모형과 항상 성장모형은 성장률이 할인율보다 작아야 한다는 비현실적인 가정을 하고 있다. 현실적으로 물론 성장률이 할인율보다 클 수 있으며, 여기에서는 일시적이지만 이같이 할인율보다 높은 성장률을 갖는 주식의 가치평가를 고려해 보자.

가정 : $t=n$ 시점까지는 할인율보다 높은 성장률을 가지고 성장하고, 그 이후부터는 정상적인 성장을 한다.

$$P_0 = \sum_{t=1}^{n} \frac{D_t}{(1+R)^t} + \frac{P_n}{(1+R)^n}$$

이는 $t=n$ 시점까지 보유한 후 처분한 가격을 먼저 구하고, $t=n$ 시점 이후 일정비율로 증가하는 영구현금흐름에 대해 항상성장모형을 이용해서 산출한 $t=n$ 시점의 현가를 합하여 계산된 것이다.

(2) 채권(지분증권)

이는 원칙적으로 약정된 기일에 원리금을 상환하는 고정수익증권으로 발행주체, 원리금상환방법, 담보유무, 각종 옵션조건 등의 첨가여부에 따라 다양하다. 한편, 대출채권, 매출채권 및 주택저당채권 등 유동성은 떨어지나 높은 재산적 가치를 갖고 있는 채권을 기초자산으로 하여 발행하는 자산유동화증권(ABS)이 있다. ABS는 기초자산에 따라 유동화자산이 채권인 채권담보부증권(CBO), 대출인 대출채권담보부증권(CLO), 주택저당채권인 주택저당채권담보부증권(MBS), 매출채권 및 회사채 등의 자산유동화 CP(ABCP) 등이 있다.

채권의 가치평가

채권의 가치평가는 그 채권을 소유함으로서 얻을 수 있는 미래 현금흐름인, 만기까지의 이자액과 만기에 지급되는 원금상환액에 대한 현재가치의 합으로 계산되며, 현재가치 계산에 적용되는 할인율로는 시장이자율이 사용된다. 따라서 채권을 평가하기 위해서는 표면이자율(coupon rate), 차입원금(principal), 만기(maturity)가 반드시 필요하다.

일반적으로 채권시장의 균형 하에서 채권의 가격(P)은 매 기간 R만큼의 이자가 지급되고 만기에 원금 F가 상환되는 n년 만기 채권의 현재가치(PV : present value)와 같게 되는 조건이 다음 식처럼 성립된다.

$$P = \frac{R}{1+r} + \frac{R}{(1+r)^2} + \cdots\cdots + \frac{R}{(1+r)^n} + \frac{F}{(1+r)^n}$$

즉, 채권의 가격이 n년 만기 채권의 현재가치보다 낮으면 채권시장에 초과수요가 발생하여 채권가격이 상승할 것이고, 채권의 가격이 현재가치보다 높으면 채권시장에 초과공급이 발생하여 채권가격이 하락할 것이다. 따라서 채권시장의 균형은 채권가격이 채권의 현재가치와 같을 때 성립한다.

채권가격을 간단히 표시할 수 있는 채권의 형태로는 영구채(consol 또는 perpetuity)와 할인채가 있다. 영구채는 원금의 상환 없이 이자만 영구히 지급하는 채권이다. 영구채의 가격은 다음과 같다.

$$P = \frac{R}{1+r} + \frac{R}{(1+r)^2} + \cdots\cdots = \frac{R}{r}$$

할인채는 이자 지급 없이 n년 후에 상환할 원금을 현재가치로 할인하여 판매하는 채권으로 가격은 다음과 같다.

$$P = \frac{F}{(1+r)^n}$$

한편, 시장이자율 변동과 채권가격 사이의 관계를 살펴보면 다음과 같다.

- 시장이자율이 상승하면 채권가격은 하락하고, 시장이자율이 하락하면 채권가격은 상승한다.
- 동일한 크기의 이자율변동에 대해 만기가 긴 채권의 가격이 만기가 짧은 채권의 가격보다 큰 폭으로 변화한다.
- 만기까지의 기간이 길수록 동일한 이자율변동에 대해 채권가격은 큰 폭으로 증가하지만 그 증가율은 체감적이다.
- 이자율이 하락할 때의 채권가격 상승폭이, 이자율이 상승할 때의 채권가격 하락폭보다 크다.
- 표면이자율이 낮을수록 시장이자율 변동에 대한 채권가격 변동 폭은 커진다.

채권의 가장 큰 위험은 이자율 변동에 따른 위험이며 이를 측정하는 수단이 듀레이션이다. 듀레이션은 채권을 통한 현금흐름의 가중평균만기를 의미하는 것으로 다음의 식으로 표시된다.

$$D = \sum_{t=1}^{n} t \cdot \frac{CF_t / (1+r)^t}{P}$$

D : 듀레이션, t : 기간, CF_t : t시점의 현금흐름
r : 시장이자율, P : 채권의 현재가치

만기까지 이자가 전혀 지급되지 않는 순할인채(pure discount bond)의 경우 듀레이션은 만기와 같으며, 만기 이전에 현금흐름이 한 번이라도 발생하면 듀레이션은 만기보다는 짧아진다. 표면이자가 크면 듀레이션은 짧아지며, 시장이자율이 낮으면 듀레이션은 길어지고, 만기가 길어질수록 듀레이션은 길어지는 특징이 있다.

(3) 수익증권

① 은행신탁상품 : 이는 인수재산의 형태에 따라 금전신탁과 금전 이외의 신탁 또는 재산신탁으로 분류된다. 금전신탁은 위탁자의 신탁재산 운영방법의 특정 여부에 따라 특정금전신탁과 불특정금전신탁으로 구분한다. 재산신탁은 유가증권, 금전채권, 부동산신탁이 대표적이다.

② 부동산투자신탁(REITs : Real Estate Investment Trusts) : 이는 불특정 다수인으로부터 수탁받은 금전으로 부동산을 매입, 개발, 관리, 처분하거나 부동산관련 채권, 유가증권 등에 투자하고 그 수익을 수익자 또는 투자자에게 교부하는 상품이다.

③ 집합투자기구(펀드)[4] : 현행 자본시장법 하에서는 기존의 간접투자라는 명칭이 집합투자로 변경되었다. 여기서 집합투자란 '2인 이상에게 투자권유를 하여 모은 금전 등을 투자자로부터 일상적인 운용지시를 받지 아니하면서 재산적 가치가 있는 투자대상 자산을 취득·처분, 그 밖의 방법으로 운용하고 그 결과를 투자자에게 배분하여 귀속시키는 것' 으로 정의한다. 또한 이 법에서는 집합투자기구나 투자대상을 포괄적으로 확대하여 정의하고, 기존의 수익증권과 뮤추얼펀드 이외에 은행의 신탁과 보험회사의 변액보험 등 간접투자 개념에 속하는 모든 금융상품을 포함한다.

3) 파생상품(derivatives)

(1) 파생상품의 분류

① 거래장소별 분류

- 장내파생상품 : 이는 말 그대로 거래소(exchange)에 상장되어 거래되는 파생상품으로 주로 선물과 옵션이 그 대상이다. 우리나라의 경우 한국증권선물거래소가 해당된다. 거래소에 상장된다는 것은 많은 규칙과 규제의 대상이 되는 것을 의미하는 동시에 계약의 크기나 거래방법이 표준화 내지 규격화되어 거래가 간편하고 매우 쉽다. 따라서 장내상품은 유동성이 좋고 한번 취한 포지션을 쉽게 반대매매를 통해 중간 청산할 수 있도록 설계되어 있다.

4) 이 상품은 그 정의와 활용범위가 넓어 제7장, 3. 집합투장상품에서 다루었다.

- 장외파생상품 : 이는 거래소가 없이 일대일 계약을 통해 거래가 일어나는 파생상품으로 간단히 OTC(over the counter)라고 하며 주로 선도와 스와프가 해당된다. 한편, 일부 조건이 독특한 옵션은 장외에서 거래된다. 일대일 계약을 통한 거래이기 때문에 거래가 성사되기가 힘들고 유동성이 줄어든다. 반면, 유연성 내지는 맞춤형거래가 가능하다는 장점이 있다. 장외거래는 경제주체들 사이에서 발생하지만 실제로는 거래 필요자인 고객(기업)과 장외파생상품을 전문적으로 취급하는 시장조성자(market maker) 사이에서 일어나는 것이 대부분이다.

② 기초자산별 분류

파생상품의 거래대상은 주가, 금리, 환율 등이 기본이 되고 여기에 전통적인 원자재성 상품들과 신용위험이 가미되어 있다. 기초자산은 주가지수, 개별주식, 금리, 채권, 통화(외환, 환율), 상품(원자재), 선물계약, 신용위험 등이 있다. 선물계약은 선물옵션으로 선물의 유동성이 확보될 경우 현물이 아닌 선물계약에 대한 옵션을 상장하는 경우를 말한다. 신용위험에 대한 파생상품으로 신용부도스와프(CDS, credit default swap), 신용연계채권(credit linked note) 등이 있다.

③ 상품구성별 분류

- 단일상품 : 선물, 옵션 등 파생상품들이 각각 따로 거래가 일어나는 경우를 말한다.
- 복합상품(hybrid product) : 이는 파생상품이 기본적인 금융상품인 예금, 채권과 같은 상품에 부품처럼 추가되어 복합적인 구조를 만드는 상품을 말한다. 예를 들어, ELD(equity linked deposit) 100을 가입한다고 하자. 이중 95 정도를 예금에 가입하여 1년 후 100이 회복되도록 하고 나머지 5 정도의 자금(이자에 해당)을 일부 떼어 내어 주가지수 콜옵션을 구입할 경우 주가상승 시 콜옵션 수익이 커지면서 수익이 상당히 커진다. 물론 주가가 하락할 경우 콜옵션이 영(zero)이 되어 이자의 일부 혹은 전부에 대해 손실을 보게 되므로 수익은 예금이자보다 줄어들지만 원금은 보존된다. 따라서 이 경우 이자액수 중에서 어느 정도를 옵션에 투자할 것이냐 하는 비율에 따라 다양한 구조가 가능해지면서 독특한 복합상품을 만들 수 있게 된다. 심지어 원금의 일부를 훼손하는 것을 전제할 수도 있다.

(2) 가격의 결정

① 선물가격 : 선물가격은 차익거래의 이익이 존재하지 않는 균형 하에서 이론적으로 선물포지션을 보유하는 경우와 현물을 보유하는 경우의 비용차이에 의해 다음과 같이 계산할 수 있다.

선물가격＝현물가격＋현물보유비용(cost of carry)

단, 현물보유비용＝금융비용＋보관비용＋보험료＋운송비용－재고보유이익

일반적으로 상품선물의 경우 선물가격은 보관비용, 보험료 등으로 인해 현물가격보다는 높게 나타난다. 이때 선물가격에서 현물가격을 차감한 값을 베이시스(basis)라 한다. 베이시스는 두 가지로 나누어 측정되며 투자자가 선물포지션을 처음 취하는 시점에서의 베이시스를 개시 베이시스, 선물포지션을 청산하는 시점에서의 베이시스를 커버 베이시스라 한다. 만약 개시 베이시스와 커버 베이시스가 일정한 경우 선물시장을 통한 현물가격의 완전한 헤지가 가능해진다.

한편, 선물가격에서 현물가격을 차감한 금액인 베이시스가 정(＋)의 값으로 나타나는 시장을 콘탱고(contango)라 하며, 반대로 현물가격이 선물가격보다 높아 베이시스가 음(－)의 값을 갖는 시장상태를 백워데이션(backwardation)이라 한다. 그리고 헤지비율은 현재 보유하고 있는 상품의 현물포지션의 크기에 대한 매도 선물포지션의 크기로 정의된다.

② 옵션가격 : 옵션은 간단하게 특정자산을 미래 특정한 시점 내에 특정가격으로 매입·매도할 수 있는 권리를 말한다. 여기서 특정자산을 기초자산(underlying asset), 특정시점을 만기일(expiration date), 특정가격을 행사가격(exercise price or striking price)이라 한다. 옵션은 행사권리에 따라 콜옵션(call option)과 풋옵션(put option)으로 구분된다. 콜옵션의 가격은 0(zero)보다 크거나 같으며 기초자산의 가격보다는 높지 않다. 마찬가지로 풋옵션도 0(zero)보다 크거나 같으며 행사가격보다는 낮다.

한편, 옵션가격에 영향을 미치는 요인으로 위의 세 가지 외에 기초자산 수익률의 분산, 무위험이자율을 포함하여 다섯 가지 요인이 영향을 미친다. 다음 표 7-2는 콜옵션 가격과 풋옵션 가격에 영향을 미치는 요인을 나타낸 것이다.

표 7-2 옵션가격 결정요인

영 향 요 인	콜옵션가격	풋옵션가격
기초자산의 현재가격	↑	↓
옵션의 행사가격	↓	↑
만기일까지의 기간	↑	↑
기초자산 수익률의 분산	↑	↑
무위험이자율	↑	↓

3 집합투자상품(펀드)

1) 펀드시장의 발달과정 및 운용구조[5)]

(1) 발달과정

흔히 증권투자는 직접투자와 간접투자로 구분된다. 직접투자는 투자자 자신의 판단과 책임 하에 주식, 채권, 파생상품, 부동산 등에 투자하는 것을 의미하고, 간접투자는 자신의 여유자금을 전문투자자에게 맡겨 운용하게 하는 것을 말한다. 전문투자자는 여러 투자자의 자금을 모아 투자하고 수익을 추구한다. 여기에서 투자를 위해 모아진 자금을 간단히 펀드(fund)라 하며 이 펀드가 투자되는 시장을 펀드시장이라 한다. 이러한 펀드시장이 조직화되고 체계화된 것은 13세기 중엽 영국의 교회신탁업 형태였으며, 유가증권을 대상으로 하는 투자신탁은 1868년 영국에서 최초로 시작되었다.

1980년대 들어 펀드시장은 급속히 발전하였는데 그 원인은 경제발전과 평균수명의 연장에 따른 각종 연금기금시장의 발전, 선진국들의 저금리에 따른 헤지펀드, 사모펀드, 뮤추얼펀드 등의 다양한 투자수단의 등장, 컴퓨터 발달에 따른 대규모 자금의 과학적 운용 등이다. 또한 20세기 후반부터는 세계 금융시장이 직접금융에서 간접금융으로 시스템이 전환되면서 각종 펀드상품의 다양화와 뮤추얼펀드, 사모펀드, M&A펀드, 헤지펀드 등의 시장이 급속히 팽창하였다.

한편, 21세기에는 금융이 실물산업을 보조하고 지원하던 차원을 넘어서, 금융자체가 실물경제를 견인하거나, 금융의 기업에 대한 영향력 확대(M&A 등), 금융이

5) 차명준·정무권(2009), pp. 240-267 요약·정리

사회 모든 분야에서 해결사 역할 수행(환경보전을 위한 자금조달 등), 금융시장의 급속한 세계화 진전 등으로 인해 이를 신금융자본주의라 한다. 이러한 신금융자본주의의 3대 특징은 첫째, 뮤추얼펀드, 사모펀드, 헤지펀드, 국부펀드, 연기금 등의 펀드화, 둘째, 금융시장의 증권화, 겸업화, 파생상품화, IT화 등으로 나타나는 복합화, 셋째, 금융시장의 개방, 규제완화, 아시아머니 및 오일머니 등의 활성화에 따른 글로벌화이다. 이때 뮤추얼펀드, 사모펀드, 헤지펀드 등과 투자은행(Investment Bank ; IB)들이 금융시장에 주요 거래자로 등장하게 됨으로써 바야흐로 펀드르네상스 시대를 열었다.

이후 펀드르네상스의 확산은 각종 펀드의 기업경영에 대한 영향력의 확대로 직결되었으며, 이는 기업경영의 투명성 확보는 물론 투자펀드의 수익을 극대화하려는 행동주의 투자자로 진화하였다. 이런 현상은 주주행동주의, 기관투자자의 의결권행사 등으로 설명된다. 주주행동주의는 주주들이 기업의 소유권을 바탕으로 경영에 직접적으로 개입하여 이익을 추구하는 행위를 의미하며 다음의 3단계를 거치면서 발전해 왔다.

- 1단계(1970년대 이전) : 이는 사회적 공익목적을 추구하는 것으로 시민운동가 또는 시민단체 등에 의해 주도되었으며 주요 행동내용으로는 주주대표 소송제, 주주제안권 등을 활용하고 기업의 사회적 책임에 대해 감시한다.
- 2단계(1970년대～1980년대) : 이는 기업사냥꾼(corporate raiders)에 의한 단기차익 추구를 특징으로 하며 약탈적 주주행동주의라고 불렸다.
- 3단계(1980년대 이후) : 연기금, 기관투자자 등이 주체가 되어 경영감시를 통한 주주가치 제고를 위해 기업경영에 적극적으로 개입하는 것을 특징으로 한다.

한편, 주주행동주의에 의한 기관투자자의 의결권이 행사되면서 다음과 같은 문제점도 안게 되었다. 우선 연기금 등의 의결권 행사에 있어서 해당 회사의 경영독립성과 정치적 중립성 훼손이 우려된다. 두 번째, 기관투자자의 단기 현금흐름 선호로 기업경영의 단기실적주의를 초래할 수 있다. 세 번째, 주총 안건에 대한 충분한 지식 및 분석능력 부족으로 기관투자가의 의결권 행사에 오류가 발생할 수 있다.

21세기 중반부터 현재에 이르기까지 금융시장은 펀드지상주의 또는 펀드자본주의라 할 만큼 해당펀드를 이용한 자금조달과 자금운용이 국내뿐 아니라 전 세계적으로 대중화되고 보편화되었다. 이러한 펀드자본주의는 긍정적이면서 동시에 부정적인 요인도 안고 있다. 긍정적 요인은 다음과 같다. 첫째, 펀드시장의 성장은 자본시장의 확충을 촉진시킨다. 즉, 금융권별 업무영역과 금융상품의 다양화를 가능하게 한다. 둘째, 펀드시장의 확대는 시장규율 및 투명성을 강화한다. 개인투자자보다는 기업지분율이 높은 펀드는 주주행동주의 관점에서 기업경영에 효과적인 영향을 미친다. 셋째, 펀드시장의 활성화는 일반적으로 벤처기업의 성장을 촉진시켜 새로운 시장이나 비즈니스 모델을 창출하도록 견인한다.

한편, 부정적 요인은 다음과 같다. 우선 펀드시장의 확대는 금융시스템의 리스크를 증대시킬 수 있다. 특히, 단기 투자성 펀드가 투자기간을 단기화하고 높은 레버리지를 구사할 경우이다. 그 외 자산 간 자금이동이 신속하고 대규모로 이루어질 경우 시장의 과열과 급랭을 초래할 수 있으며, 외국계 펀드의 투자 및 회수과정에서 국경간 자금이동이 빈번해질 경우 국내경제에 악영향을 미칠 수 있다. 둘째, 펀드의 기업경영에 대한 간섭이 지나칠 경우 기업의 경영안정성이 위험해질 수 있다. 셋째, 펀드산업의 발달이 오히려 기업성장의 잠재력을 훼손할 수 있다. 우리나라의 외환위기 때 외국 펀드는 인수기업에 대해 핵심자산 매각, 고액배당, 유상감자 등을 실시하여 해당 기업들의 투자 및 영업능력이 약화되는 부작용이 발생하였다. 넷째, 펀드의 쏠림현상이 나타나면 자산가치의 버블현상을 초래할 가능성이 많다. 우리나라의 경우 1999년의 Buy Korea 열풍, 2000년 코스닥시장에 대한 장밋빛 전망과 개인투자자들의 IT관련주 집중 매입, 2007년도 차이나펀드 등에의 쏠림현상이 나타나기도 했었다.

(2) 펀드시장의 운용구조

펀드투자는 기본적으로 투자자가 자신의 재산을 남에게 믿고 투자를 맡긴다는 의미인 '신탁법'에서 출발하였다. 이후 자본시장법으로 통합되면서 집합투자업(자산운용)의 운용 형태는 크게 투자신탁(계약형)과 투자회사(회사형)로 구분된다.

① 투자신탁의 운용구조

- 개요 : 투자신탁은 투자자로부터 자산에 운용할 목적으로 자금 등을 모은(pooling) 집합투자업자(위탁자, 자산운용회사)가 그 투자신탁재산을 신탁업자(수탁자)로 하여금 당해 위탁자의 지시에 따라 투자·운용하게 하고, 그에 따른 수익권(수익증권)을 분할하여 당해 투자자에게 취득시키는 것을 목적으로 하는 집합투자기구(펀드)이다. 이러한 투자신탁은 다음 그림 7-2와 같이

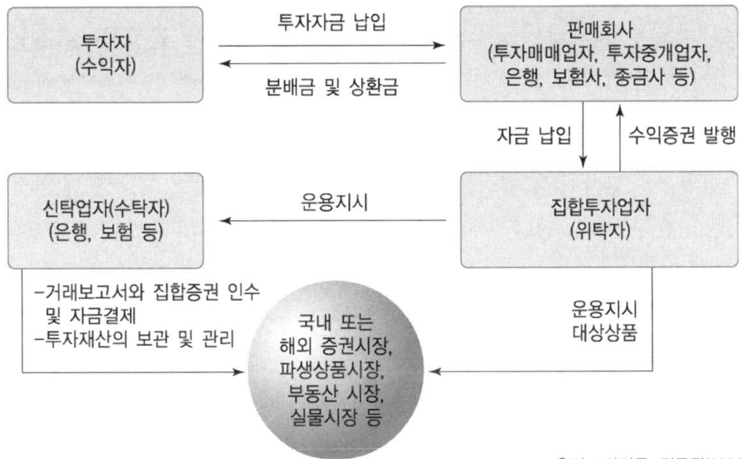

출처 : 차명준·정무권(2009), p. 259

그림 7-2 투자신탁의 운용구조

집합투자업의 운용주체인 집합투자업자, 신탁재산의 보관 및 관리를 담당하는 신탁업자(신탁업을 겸영하는 은행, 보험회사 등의 금융기관), 다양한 집합투자기구를 판매하는 증권회사, 은행, 보험회사, 종합금융회사 등의 금융기관 그리고 수익권의 귀속주체인 수익자로 구성되어 운용되고 있다. 여기서 집합투자업자는 투자신탁의 위탁자가 되어 직접투자재산의 운용을 업으로 하는 자로 금융위원회의 허가를 받아야 하며 펀드를 운용하는 핵심주체이다.

- 구성원 : 첫 번째 구성원은 투자자이다. 이러한 투자자는 투자자금의 납입과 수익권에 대한 권리를 가진 수익증권 소지인으로 수익증권의 환매를 청구하고, 투자이익을 분배받고, 상환금 등의 청구권을 행사할 수 있다. 현행 자본시장법에서는 투자자를 일반투자자와 전문투자자로 구분한다.

두 번째는 판매회사이다. 이는 집합투자증권의 매매, 중개업의 인가를 받은 자로 주로 투자매매업자, 투자중개업자, 은행, 보험사, 종금사 등이 해당된다.

세 번째가 집합투자업자이다. 집합투자업자는 투자신탁 재산의 운용업무를 수행하고 또한 집합투자재산의 위탁자가 되어 이의 보관, 관리업무를 수탁자인 신탁업자에게 위탁하여야 한다. 다만, 자신이 직접 운용하는 집합투자재산은 제 3자에게 위탁해서 보관·관리 하도록 해야 한다. 네 번째 신탁업자이다. 신탁업자는 금융위원회에 등록하여 신탁업을 겸영하는 금융기관으로 국내 은행 및 외국은행 국내지점, 생명보험회사가 포함된다.

- 기타 : 발행한 수익증권은 신탁 원본액 1,000원에 대하여 1좌의 단위로 수익권의 지분을 표시하는 증서로 수익권의 좌수에 따라 균등한 권리를 가진다. 이러한 수익증권은 기명식, 무(無)액면으로 발행되며, 금액과 총좌수가 기록된 통장이 수익증권으로 대용된다. 또한 전체 수익자로 구성되는 수익자총회는 집합투자업자가 소집하며, 신탁업자 또는 5% 이상 소유한 수익자도 총회 개최를 요구할 수 있다. 한편, 집합투자업자는 금융위원회의 승인을 받아 투자신탁을 해지할 수 있으며 그 사유는 다음과 같다. 즉 신탁계약기간의 종료, 수익자총회의 투자신탁 해지 결의, 투자신탁의 피인수합병, 투자신탁의 등록 취소 등이다.

② 투자회사의 운용구조

투자회사는 투자자의 자금을 주식의 형태로 모아 투자회사를 설립하고, 이 투자회사의 재산을 운용하여 그 수익을 주주에게 배분하는 것을 목적으로 설립된 집합투자기구(펀드)를 의미한다. 이는 상법 상의 주식회사로 이의 설립, 신주발행, 정관변경 등은 상법의 규정에 따른다. 다만 명목상의 회사여서, 자산의 운용, 보관 등의 업무를 위탁하여야 한다. 이와 관련된 구성원은 다음 그림 7-3과 같이 집합투자업자, 자산보관회사, 판매회사, 일반사무수탁회사, 투자자(주주) 등이 있다.

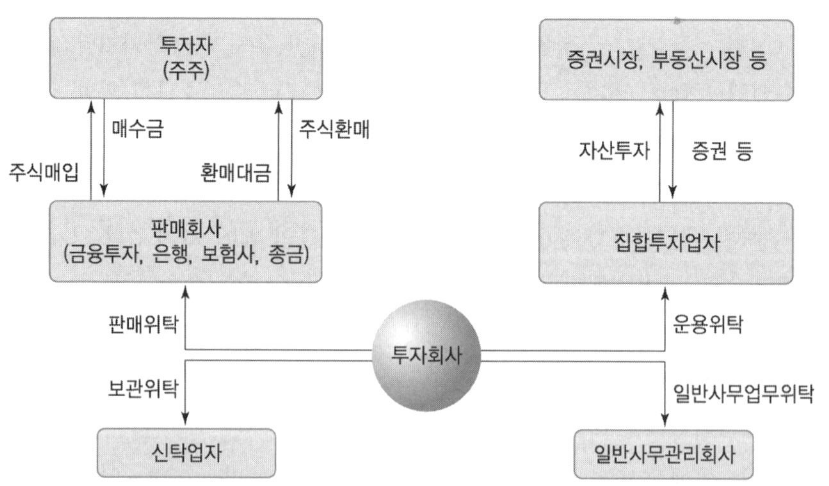

출처 : 차명준·정무권(2009), p. 264

그림 7-3 투자회사의 운용구조

표 7-3 투자신탁과 투자회사의 비교

구 분	투자신탁	투자회사
발행유가증권	수익증권	주식(무(無)액면)
투자자 지위	수익자	주주
중도환매 여부	가능 (기간에 따라 환매 수수료율 차이)	가능하며, (기간에 따라 환매 수수료율 차이) 거래소에서 주권매매 가능
투자수익확보	환매	배당금, 주식매매차익
최소투자규모	1,000원	일정금액 이상
투자기간	펀드마다 다양	1년(이상)

출처 : 차명준 · 정무권(2009), p. 267

③ 투자신탁과 투자회사의 비교 : 투자회사의 집합투자기구, 즉 투자회사의 주식과 투자신탁의 수익증권은 매각방식에 의해 투자자금을 조성하는 등 집합투자증권의 수단이라는 공통점을 가지고 있으나, 표 7-3과 같이 여러 면에서 차이가 있다. 한편, 투자회사는 투자신탁과 유사한 펀드인 동시에 상법 상의 주식회사로서 자본시장법, 상법 등의 규정이 적용되고, 투자자는 주주로서 유한책임만을 부담한다. 또한 투자회사는 상법상의 주식회사임에도 사업목적이 유가증권 투자만으로 제한되고 본점 이외의 영업소를 설치할 수 없으며, 직원을 고용하거나 상근임원을 둘 수 없는 명목상의 회사(paper company)이다.

2) 펀드의 종류[6]

(1) 펀드의 형태에 따른 분류

① 계약형과 회사형 : 계약형인 투자신탁은 신탁재산을 운용하는 위탁회사, 신탁재산을 보관, 관리하는 수탁회사, 상품을 판매하는 판매회사, 일반투자자인 수익자로 성립된다. 투자신탁은 법인격이 없어 투자신탁 계약에 의하여 펀드가 설정된다. 반면, 회사형인 투자회사는 신탁재산에 법인격이 부여되는 회사형태로 펀드가 회사법에 의해 설정된다.

6) 차명준·정무권(2009), pp. 308-312 요약·정리

② 단위형과 추가형(기금형) : 단위형은 일단 펀드의 규모가 설정되면 추가로 해당 펀드에 대한 투자가 원칙적으로 불가능하고, 투자 중간에 환매도 불가능하며 각 펀드마다 각기 상이한 특징을 가진 수익률, 신탁보수, 중도해지, 상환규정을 적용하는 것이 일반적이다. 반면, 추가형은 일정한도 내에서 원본액을 추가로 증액하여 발행이 가능한 펀드로 이는 주식회사의 유상증자에 해당된다.

③ 개방형과 폐쇄형 : 개방형은 자유로이 환매가 인정되는 펀드로 보통 환매가격은 순자산가치로 산정된 기준가격에서 환매수수료를 차감하여 계산한다. 이러한 개방형 중 추가설정이 가능한 펀드를 완전한 개방형, 제한적 환매는 가능하나 추가설정은 허용되지 않은 형태를 준(semi)개방형이라 한다. 한편, 개방형의 대표적인 펀드는 미국의 뮤추얼펀드이며 우리나라의 채권형은 대개 추가형과 개방형이다. 한편, 폐쇄형은 투자기간 중 투자자의 사망, 천재지변 등 소정의 사유 발생 시에 한하여 환매가 인정되는 펀드다. 대신 유동성을 기하기 위하여 거래소에 상장되어 거래되기도 한다.

(2) 투자대상에 따른 분류

① 주식형(지분증권형) : 이는 펀드자산을 주로 주식으로 운용하는 펀드로, 투자자의 위험선호도에 따라 안정형, 성장형, 원금보장형 등으로 구분하고 대체로 단위형 및 추가형을 병행 운용하고 있다. 우리나라의 경우 주식편입비율이 60% 이상, 미국과 영국의 경우 80% 이상이어야 주식형이라 한다.

② 채권형(채무증권형) : 이는 펀드자산을 주로 국공채 및 회사채로 운용하는 펀드로 대체로 단위형은 허용되지 않는다. 우리나라의 경우 채권편입비율이 60% 이상, 미국과 영국의 경우 80% 이상이어야 채권형이라 한다.

③ 혼합형 : 이는 주식과 채권에 분산하여 투자하는 펀드로, 시장상황에 따라 주식과 채권에 대한 투자비율을 결정한다는 의미에서 밸런스형 펀드 또는 자산배분형 펀드라고 한다.

(3) 투자기간과 투자방법에 따른 분류

① 단기형과 장기형 : 단기형은 보통 6개월 미만의 단기투자 펀드를 말하며, 펀드의 명칭 앞에 단기라는 용어를 사용한다. 반면 장기형은 보통 6개월 이상의 중장기 자금운용에 유리한 투자신탁상품, 수익증권 명칭 앞에 장기라는 용어

를 사용한다.

② 임의식·거치식·적립식 : 임의식은 투자기간 및 투자금액을 정하지 않고 자유로이 입출금이 가능한 방식으로 은행의 보통예금과 유사하다. 거치식은 투자기간을 일정기간 이상 투자하여 매월 정기적으로 이자를 인출할 수 있는 상품으로 은행의 정기예금과 유사하다. 그리고 적립식은 투자기간 및 투자금액을 미리 정하여 투자기간 동안 매월 투자하는 방식으로 은행의 정기적금과 유사하다. 한편, 주식형 적립식은 매월 일정액으로 해당 투자주식을 나누어 매수하기 때문에 주가가 떨어지면 더 많은 주식을 살 수 있고, 반대로 주가가 오르면 적은 주식을 사더라도 가격 상승으로 인해 주식의 평균매입단가를 낮추는 효과(cost average effect)가 있다.

(4) 투자자금의 모집대상 수에 따른 분류

① 공모형

이는 50인 이상의 불특정 다수의 투자자를 대상으로 펀드자금을 모집하는 것을 의미하며, 이의 운용은 금융 감독당국의 감독을 받는다. 예를 들면, 펀드 총액의 10% 이상을 동일 종목에 투자할 수 없고, 특정회사가 발행한 주식 총수의 10% 이상을 투자할 수 없으며, 성과보수에 따른 제약도 따른다.

② 사모형

이는 50인 이하의 불특정 다수의 투자자를 대상으로 펀드자금을 모집하는 것을 의미하며, 이의 운용은 특례가 인정되어 별다른 제한이 없다. 다만, 주요 특례로 인정되는 부문은 다음과 같다.

- 자산운용보고서 등 관련보고서를 감독당국에 보고하지 않아도 된다.
- 파생상품에 대한 투자비중이 20% 이상이어도 공시하지 않아도 된다.
- 집합투자재산의 평가 및 기준가격을 공고하지 않아도 되며, 회계처리에서 회계감사를 받을 필요도 없다.

한편, 투자자는 집합투자증권을 타인에게 양도할 수 없으며, 증권, 부동산 또는 실물자산 등 금전 이외의 자산으로 투자자금을 출자할 수 있다.

(5) 자본시장법에 의한 펀드의 종류

① 집합투자기구(펀드)의 종류

- 증권펀드 : 이는 집합투자재산의 50% 이상을 채무증권, 지분증권, 수익증권, 투자계약증권, 파생결합증권, 증권예탁증권 등과 이들 증권을 기초자산으로 하는 파생상품에 투자하는 펀드를 말한다. 재간접 투자펀드(fund of funds, 펀드자산의 50% 이상을 다른 펀드에 투자)와 외국 집합투자증권도 포함된다.
- 부동산펀드 : 이는 집합투자재산의 50% 이상을 부동산, 부동산을 기초자산으로 하는 파생상품, 부동산개발과 관련된 법인에 대한 대출, 부동산과 관련된 증권에 투자하는 펀드를 말한다(예 : 부동산개발회사, 부동산 유동화자산, 주택저당채권 등).
- 특별자산펀드 : 이는 집합투자재산의 50% 이상을 증권과 부동산을 제외한 특별자산에 투자하는 펀드로 특별자산으로는 PEF 지분, 보험금지급청구권, 금융기관의 금전채권, 어음, 신탁수익권 영화 등의 특정사업으로부터 발생하는 수익권 등이 있다. 한편, 실물자산은 금, 곡물, 석유 등의 상품 및 이를 가공한 상품 등을 말한다.
- 혼합자산펀드 : 이는 집합투자재산의 운용에서 증권펀드, 부동산펀드, 특별자산펀드에 대한 규정의 제한을 받지 않은 펀드를 말한다.
- 단기금융펀드(MMF) : 이는 집합투자재산의 100%를 6개월 미만의 CD, 1년 미만의 국채 및 회사채, 기업어음, RP 등에 투자하는 펀드를 말한다.

② 특수한 형태의 집합투자기구

- 환매금지형 펀드 : 이 법에 의하면 부동산펀드, 특별자산펀드, 혼합자산펀드는 투자기간 동안 환매가 금지된다.
- 종류형 펀드 : 이는 펀드에 부과되는 보수 및 수수료, 제반비용의 차이에 따라 기준가격이 다른 여러 종류의 집합투자증권을 발행하는 펀드(multiple class fund)를 말한다. 보통 Class A는 수수료 선취, Class B는 수수료 후취, Class C는 수수료가 면제된다.
- 전환형 펀드 : 이는 각 집합투자기구의 투자자가 보유하고 있는 집합투자증권을 다른 집합투자기구의 집합투자증권으로 전환할 수 있는 권리를 투자자에게 부여하는 펀드로, 집합투자업자가 운용하는 모든 펀드집합으로 펀드 간 전

환이 가능한 펀드이다. 일반적으로 umbrella fund, fund family, series fund, fund complex 등이 해당된다.

- 모자형 펀드 : 이는 집합투자업자 등이 다른 집합투자기구(모 펀드)가 발행하는 집합투자증권을 취득하는 구조의 집합투자기구(자 펀드)를 설정 또는 설립하는 펀드(master-feeder fund)이다.
- 상장지수펀드 : 이는 증권시장 또는 해외 증권시장에서 거래되는 증권종목의 가격수준을 종합적으로 표시하는 지수의 변화에 연동하여 운용하는 것을 목표로 하는 펀드로 ETF(exchange traded fund)[7]가 대표적이다.

3) 펀드의 운용[8]

(1) 펀드의 판매

펀드 판매는 크게 펀드판매회사, 금융상품 전문판매회사, 투자권유대행인으로 나눌 수 있다. 펀드 판매회사는 수익보장 행위, 판매대가 행위, 정보이용 행위 등 판매행위 준칙을 작성하여 감독당국에 보고하여야 하며, 담당 임직원은 판매행위에 대한 교육을 이수해야 한다. 금융상품 전문판매회사는 금융상품의 생산자인 금융회사와 금융소비자를 매개하여 금융상품의 유통을 담당하는 펀드슈퍼마켓(펀드플라자)과 온라인판매사 등으로 어느 금융회사에도 종속되지 않고 여러 금융회사의 다양한 금융상품 판매가 가능하다. 그리고 투자권유대행인은 금융소비자를 대상으로 펀드

표 7-4 미국 펀드판매시장의 발달

시 기	펀드판매 주체	판매방법	비 고
1960년대	증권회사	창구직원	선취판매수수료 도입
1970년대	자산운용회사 직판	통신판매 시작	No-load펀드 도입
1980년대	은행, 보험사 합류	판매채널 다각화	투자자문 개념의 판매보수 도입
1990년대 이후	재무설계사 역할급증	인터넷판매 시작	펀드슈퍼마켓 활성화

출처 : 차명준 · 정무권(2009), p.293

7) 자세한 내용은 제 7장, 4. 우리나라의 펀드상품 참조
8) 차명준·정무권(2009), pp. 292-305 요약·정리

표 7-5 투자성향별 투자권유 가능상품

구 분	무위험	저위험	중위험	고위험	초고위험
안정형	○	×	×	×	×
안정추구형	○	○	×	×	×
위험중립형	○	○	○	×	×
적극투자형	○	○	○	○	×
공격투자형	○	○	○	○	○

출처 : 재정경제부(2006)

외에 증권 등 모든 금융투자상품에 대한 투자권유를 할 수 있는 자로 일정 자격요건을 구비해야 한다. 한편, 표 7-4는 미국의 시대별로 판매시장 추이를 나타낸 것인데, 우리나라의 시장 형성과정에 좋은 사례로 활용될 수 있을 것으로 판단된다.

(2) 펀드판매 절차

금융투자회사, 은행, 보험회사 등의 펀드판매회사와 금융상품전문판매회사는 투자권유준칙 등 자본시장법 관련 규정에서 정한 다음의 펀드투자절차에 따라 단계별로 일반투자자에게 펀드를 판매해야 한다.

① 1단계 : 이 단계에서는 고객파악제도(know-your-customer rule)에 의해 면담, 질문 등을 통해 투자자의 투자목적, 재산상황, 투자경험 등을 파악한다. 이후 고객의 투자성향을 안정형, 안정추구형, 위험중립형, 적극투자형, 공격투자형으로 구분하고 이에 적합한 투자위험도별 상품을 권유한다. 투자위험도는 무위험, 저위험, 중위험, 고위험, 초고위험으로 구분한다. 한편, 투자성향별 투자권유 가능상품 기준은 위의 표 7-5와 같다.

또한, 금융투자상품별 투자위험도 분류기준은 표 7-6과 같다.

표 7-6 금융투자상품별 투자위험도 분류기준

구 분	무위험	저위험	중위험	고위험	초고위험
집합투자증권	MMF	채권형	혼합형	주식형(주식 60% 이상)	역외 및 파생상품 투자
파생결합증권		원금보장형	원금부분보장형	원금비보장형	

(계속)

구 분	무위험	저위험	중위험	고위험	초고위험
주식 등				주식	신용거래, 관리종목, ELW 등
채권	국고채, 통안채, RP	특수채, 금융채, 회사채(A^- 이상), CP(A2 이상)	회사채 (BBB^- 이상), CP(A3등급)	투기등급 (회사채 BB 이하, CP : B 이하)	
파생상품					장내, 장외 파생상품

출처 : 금융감독원

기업 신용등급 체계

1. 무디스(Moody's)

구분	등급	내용
투자적격	Aaa	최상의 신용상태
	Aa1, 2, 3	전반적으로 우수하나 Aaa보다 낮은 약간의 위험 존재
	A1, 2, 3	신용상태 양호
	Baa1, 2, 3	신용상태 적절(현재는 문제 없으나 미래에 위험 존재)
투자요주의 및 부적격	Ba~C	투자 시 요주의 및 신용상태 부적격

2. S & P

구분	등급	내용
투자적격	AAA	최상의 신용상태
	AA^+, AA, AA^-	신용상태 우수
	A^+, A, A^-	신용상태 양호
	BBB^+, BBB, BBB^-	신용상태 적절
투자요주의 및 부적격	BB~C	투자 시 요주의 및 신용상태 부적격

② 2단계 : 이 단계에서는 투자자의 투자위험성향을 일정유형(안정형, 안정추구형, 위험중립형, 적극투자형, 공격투자형 등)으로 구분한다. 단, 전문투자자는 투자자성향조사를 하지 않아도 무방하다.

③ 3단계 : 이 단계에서는 적합성의 원칙에 의해 투자자의 투자성향에 맞는 펀드 상품을 권유해야 한다.

④ 4단계 : 이 단계에서는 투자자에게 투자권유 펀드의 운용대상자산 등 운용전략, 원금손실여부 등 투자위험에 따른 위험, 각종 보수, 수수료 및 펀드 운용에 소요되는 비용, 환매방법 등을 설명한다. 또한 펀드별 공시내용에 펀드 명, 투자대상, 매입자산 유형 이외에 운용보수, 판매보수, 신탁보수 등을 추가하여 펀드 간 비교공시 대상을 확대하여 투자자의 선택 폭을 확대토록 한다.

⑤ 5단계 : 이 단계에서는 투자자의 펀드매수 의사를 확인하여 투자자가 펀드 매수를 원하지 않을 경우 권유를 중지하고, 투자자가 펀드매수를 원할 경우 투자설명서 등 교부확인서 징구, 투자금 수령, 통장 교부 등 펀드 매수절차를 진행한다. 만일 투자자가 자신의 투자성향보다 고위험상품에 가입할 경우에는 본인책임 확인서를 작성해야 한다.

⑥ 6단계 : 사후 단계로 펀드판매회사는 투자자가 펀드매수 이후 펀드의 수익률 현황, 투자규모 등에 대해 유지·관리하고 주기적으로 잔액을 고객에게 통보하고 자산운용보고서 등을 제공해야 한다.

(3) 펀드의 환매

일반적으로 환매란 투자자가 펀드에 투자한 자금을 만기 이전에 회수하는 것을 의미하며, 투자자는 언제든지 집합투자증권의 환매를 청구할 수 있다. 환매금액은 환매청구일의 기준가격에서 세금 및 신탁약관에서 정한 환매수수료를 차감한 금액을 기준으로 하여 환매좌수에 해당하는 금액으로 산정된다. 그리고 환매수수료는 채권형은 저축기간별로 1,000좌당 해당금액에 따라 차등적용하고, 주식형은 정액 또는 정률로 적용하고 있다. 대체로 부분적으로 환매할 경우 다음과 같은 방법으로 계산한다.

부분환매 좌수 = 환매금액 ÷ (기준가격 ÷ 1,000)

다음은 펀드매입과 환매기준에 대하여 살펴보자. 일반적으로 펀드의 기준가격은 당일의 주식시장이 종료된 종가를 기준으로 하여 산정하고 이의 가격을 다음날 아침 9시에 발표하는 식으로 처리된다. 따라서 펀드마다 기준가 적용시점이 다르며, 일반적으로 국내 주식형펀드는 오후 3시를 기점으로, 해외펀드는 5시를 기점으로

표 7-7 펀드의 매입과 환매 기준가 적용시점

구 분	오후 3시 이전	오후 3시 이후
매입	• 자금을 납입한 영업일(D)의 다음 영업일(D+1)에 공고되는 기준가격 적용	• 자금을 납입한 영업일(D)로부터 제 3영업일(D+2)에 공고되는 기준가격 적용
환매	• 환매청구일(D)로부터 제 2영업일(D+1)에 공고되는 기준가격 적용 • 제4영업일(D+3)에 환매대금 지급	• 환매청구일(D)로부터 제 3영업일(D+2)에 공고되는 기준가격 적용 • 제 4영업일(D+3)에 환매대금 지급

하는데 펀드마다 약관에 명시하므로 이를 확인해야 한다. 펀드의 매입과 환매 기준가 적용시점은 다음 표 7-7과 같다.

(4) 펀드의 해지

펀드해지란 투자자가 투자한 펀드를 폐기하는 것을 말하며 투자신탁과 투자회사에 따라 달라진다. 투자신탁의 해지란 위탁자가 설정된 투자신탁의 전부 또는 일부에 대하여 신탁계약기간 종료 전에 수탁자로부터 신탁재산을 인출하고 수익증권을 폐기하는 것을 말한다. 해지 사유는 신탁계약기간의 종료, 수익자총회의 투자신탁 해지 결의, 투자신탁의 피인수합병, 투자신탁의 등록 취소 등이다. 그리고 투자회사는 회사의 청산이 해지에 해당되며, 이의 사유로는 기간만료, 주주총회의 의결, 합병, 파산, 법원의 명령 또는 판결, 투자회사의 등록취소 등이다.

(5) 펀드수수료

① 판매수수료 : 일반적으로 판매회사는 판매관련 서비스에 대한 대가로 펀드가 부담하는 판매보수와, 판매행위 자체에 대한 대가로 당해 펀드가입자로부터 판매수수료를 받는다. 판매보수는 판매회사가 신탁약관에 따라 집합투자재산의 연평균 가액의 5% 이내로 제한한다. 이 중 판매수수료가 보수 중에서 가장 비중이 크다. 한편, 선취판매수수료는 판매 시 납입금액의 5% 이내로, 후취판매수수료는 환매 시 취득하는 수수료로 환매금액의 5% 이내로 제한되며, 모두 판매회사별로 차등하여 부과할 수 있다. 만약, 1,000만원을 펀드에 실제로 투자되는 금액으로 맞추고 싶다면 선취수수료를 고려해서 원금×선취수수료율만큼의 금액을 추가로 입금해야 한다. 즉, 다음과 같은 식으로 계산한다.

실제입금금액=원하는 투자원금×(1+선취수수료율)

② 신탁보수 : 이는 집합투자재산의 운용, 관리 및 보관의 대가로 관련 신탁업자가 받는 수수료를 의미하며, 위탁자와 수탁자에 지급되는 관리보수와 위탁자에게만 지급되는 운용보수가 있다. 보통 보수는 신탁재산 중에서 결산일, 신탁의 해지일 등에 지급되며, 보수율은 신탁약관에 명시한다.

③ 일반사무회사 관리보수 : 관리보수는 일반사무회사가 기준가격의 계산 또는 회사운영을 대신해 준 대가로 취득하는 보수를 말하며, 펀드자산의 NAV(net asset value)에 따라 취득한다.

④ 운용보수 : 이는 신탁재산의 운용성과에 따른 보수로서, 신탁재산 순이익에 일정률을 곱하여 산출하며, 전액 위탁회사에게 지급된다. 한편, 펀드의 운용실적과 연계된 성과보수는 원칙적으로 금지되나, 사모펀드 및 운용보수 산정방식, 투자자 구성 등과 관련한 일정요건을 갖춘 공모펀드에 한해서 허용되고 있다. 공모펀드가 성과보수를 지급할 수 있는 요건은 다음과 같다.

- 펀드의 성과가 공인지수(예 : KOSPI 수익률)를 초과할 것
- 기준지표보다 성과가 낮을 경우 성과보수 미적용 시 보다 더 낮은 운용보수를 적용할 것
- 기준지표보다 높더라도 성과가 (−)이거나 일정 성과가 감독당국이 정하는 기준에 미달하는 경우 성과보수를 미지급할 것

표 7-8 펀드관련 수수료와 보수

구분	비용	내용	요율 예시
수수료 (1회 징수)	선취판매수수료	펀드 가입 시 지출	−
	환매수수료	선취수수료를 내면 환매수수료가 없는 경우가 대부분	90일 미만은 이익금의 70%
보수 (펀드가입 중 계속 지불되는 비용)	운용보수	자산운용사에 펀드운용 대가로 지불	0.69%
	판매보수	펀드 판매회사에 지불	1.64%
	수탁보수	자산을 관리하는 신탁업자에 지불	0.07%
	일반사무관리보수	펀드관련 사무비용 지불	
	기타비용	주식매매 거래비용 등 반복적으로 지불	0.1634%

출처 : 차명준·정무권(2009), p. 302

- 펀드가 최소투자금액 이상 구성될 것(법인의 경우 20억 원, 개인의 경우 10억 원 이상)
- 환매금지형 펀드일 것

(6) 펀드 평가

이는 펀드의 순자산가치를 매일의 종가를 이용해서 펀드의 기준가격을 산정하는 것을 말하며, 기준가격은 펀드를 매매하는 가격으로 주가와 비슷한 개념이다.

펀드투자 시 체크포인트

펀드투자 시 사전에 내외적으로 다양한 상황을 고려해야 하지만 그 중 리스크 측면에서 체크해야 할 사항을 살펴본다.

1. 과거수익률 체크 : 펀드설립 후 총수익률, 연평균수익률, 최근 1년간 수익률, 최근 3개월 간 수익률 등 다양한 과거실적 자료가 제시된다. 이 중 고객의 기대수익률에 부합하는 연평균 수익률이 가장 중요하며 이의 측정기간이 길면 길수록 신뢰할 수 있다.
2. 변동성 체크 : 변동성이란 연평균 수익률에서 벗어나는 정도를 나타내며, 흔히 변동성, 표준편차(σ), 위험 등으로 표현한다. 이것이 뜻하는 의미는 과거수익률 부분에서 연평균 수익률이 매년 얼마나 고르게 나왔느냐 라는 것이다. 예를 들어 A펀드와 B펀드가 연평균 수익률이 연 9%로 같다고 하지만 최근 5년 동안의 매년 수익률을 비교해 보면 다음 표와 같다. 분석 결과 A펀드와 B펀드의 연평균 9%가 나오는 과정이 틀리다. A펀드는 매년 수익률의 편차가 큰 반면, B펀드는 매년 고른 수익률을 보이며 연평균 9%의 수익률을 기록했다. 이런 경우 지금 투자하여 1년 뒤에 9%의 수익률을 올릴 가능성이 높은 펀드는 당연히 B펀드이다.

수익률	A펀드	B펀드	수익률	A펀드	B펀드
1년 전	-2%	8%	4년 전	5%	8%
2년 전	11%	10%	5년 전	36%	10%
3년 전	-5%	9%	평균	9%	9%

3. 벤치마크(Bench Mark) 초과수익률 체크 : 이는 특정 펀드의 일정기간 운용수익률을 액면 그대로 평가하는 것이 아니라 비교의 기준을 설정하여 운용수익률을 상대적으로 비교하는 것이다. 예를 들어 A펀드 과거 6개월 수익률이 −10%, 동 기간 코스피(KOSPI)지수 수익률이 −20%라 하자. 이는 A펀드가 상대적으로 10% 정도 운용을 잘했다고 하고 벤치마크 초과수익률이 우수하다고 한다. 따라서 벤치마크 초과수익률이 우수한 펀드를 고른다면 해당 리스크를 최소화하면서 적정 투자수익률을 기대할 수 있다.
4. 시장지수와 민감도(베타) 체크 : 베타는 펀드수익률을 지수상승률로 나눈 것이다. 예를 들어, 펀드수익률이 12%이고 주가지수는 10% 상승했다면 베타는 1.2이다. 반대로 펀드수익률이 8% 하락했는데 주가는 10% 떨어졌다면 베타는 0.8이다. 통상 베타가 1 이하이면 주가지수보다 수익률 변동이 적다는 의미이고, 1 이상이면 주가지수보다 수익률 변동이 크다는 의미이다. 일반적으로 베타계수>1이면 공격적 형태, 베타계수<1이면 방어적 형태이다.

펀드투자 성과평가

펀드투자 후 그에 대한 운용성과를 평가하는 방법은 다양하게 있으나 이 중 가장 의미 있는 지표라고 할 수 있는 리스크를 고려한 샤프비율(Sp : Sharpe Ratio)에 대하여 살펴보자. 이는 간단히 투자수익률 대비 변동성비율을 의미하며, 투자기간 동안에 위험의 1단위당 무위험이자율을 초과달성한 포트폴리오수익률을 나타내며, 이것이 높을수록 위험을 감안한 후 투자성과가 좋았음을 의미한다. 즉, 위험 1단위당 어느 정도의 보상을 받았는가 하는 위험보상율을 의미하며 이 지수가 크면 클수록 우수한 것으로 평가한다. 이의 산출식은 다음과 같다.

$$S_p = \frac{R_p - R_f}{\sigma_p} = \frac{\text{포트폴리오평균수익률} - \text{무위험평균이자율}}{\text{포트폴리오수익률의표준편차}},$$

여기서, $R_p - R_f = \text{risk premium}$

예를 들어 다음과 같은 세 종류의 펀드가 있다고 하자. 리스크를 고려하지 않으면 E펀드가 17% 수익률로 가장 우수하다. 그러나 리스크를 고려한 샤프 비율을 계산해 보면 F펀드가 0.5로 가장 높다. 따라서 F펀드를 선택하는 것이 유리하다고 볼 수 있다.

Fund	연평균 수익률	표준편차	샤프비율
D	0.13	0.18	0.278
E	0.17	0.25	0.360
F	0.15	0.14	0.500

*단, 무위험수익률=0.08%

4 우리나라의 펀드상품[9)]

1) 단기 펀드상품

(1) MMF(Money Market Fund)

이는 1971년 미국의 투자회사인 Reverse Fund에 의해 창설된 펀드로 주로 CD, CP 등 단기금융상품에 투자하는 실적배당 투자신탁상품이면서 현금등가물로 취급되는 특수한 펀드로 개인형과 법인형으로 구분된다. 대체로 단기금융상품의 수익률이 예금금리를 상회하면서 MMF는 수익성, 안정성, 유동성 면에 있어서 다른 투자신탁상품보다 유리하고 흔히 주식형펀드의 대체상품으로 많이 활용하고 있다. 2004년 이후부터는 MMF의 자산가치를 안정적으로 유지하고 신용리스크를 최소화하기

9) 차명준·정무권(2009), pp. 316-336 부분인용·정리

위해 MMF 가중평균잔존기간을 120일에서 90일로 축소하고, 동일자산의 투자한도를 신탁재산의 10%로 제한하고, 편입채권 중 CP의 경우 투자등급을 A3에서 A2 이상으로 상향 조정하였다.

(2) CMA(Cash Management Account)

이는 예탁금을 어음이나 CD, 단기국채 등 단기채권에 투자하여 그 수익을 고객에게 돌려주는 단기 실적배당 금융상품으로 어음관리계좌 또는 종합자산관리계정이라고 한다. 일반적으로 5,000만원 한도로 예금자보호가 가능하나, 금융투자회사의 경우에는 보호받지 못한다. 다만, 종금사를 인수한 금융투자회사는 그 업무를 병행하여 예금자보호법이 적용되는 CMA상품을 취급하는 경우도 있다. 은행의 보통예금처럼 입출금이 자유롭고, 하루를 예치해도 이자율을 적용받아 이자가 지급된다. 한편, 자본시장법 시행이후 자금이체 등 지급결제도 가능하고, 주식청약 자격도 주어진다.

2) 지수 및 주식연계 상품

(1) 인덱스펀드(Index Fund)

이는 사전에 정해진 규칙에 따라서 운용되는 펀드로 운용목표가 비교지수인 인덱스 수익률과 유사한 수익률을 실현하는 데 있으며, 대표적인 상품유형은 KOSPI 200 등 주가지수를 추적하는 주식 인덱스펀드, 곡물과 금속 등 실물자산의 선물지수를 추적하는 실물자산(commodity) 인덱스펀드, 채권 인덱스를 추적하는 채권 인덱스펀드 등이 있다. 이 펀드는 한 번에 여러 종류의 주식을 대량으로 매매하기 때문에 시장가격에 영향을 줄 수 있으며, 이의 효율적인 구성을 위해 프로그램을 이용하여 거래를 한다. 한편, 시장수익률과 인덱스펀드 수익률이 일정규모 이상의 괴리가 발생하면 이 펀드를 재구성토록 자동 설계되어 있다. 이의 장점은 종목을 일일이 개별적으로 분석하지 않고도 시장수익률을 확보할 수 있다는 점과 운용이 투명하다는 점, 지수대비 수익이 낮을 가능성이 적다는 점 등이다. 우리나라의 경우 대부분 KOSPI 200지수 대비 추가수익률을 목표로 하는 액티브(active)펀드이며, 이의 수수료는 순수 패시브(passive) 인덱스펀드보다는 높으며, 일반 주식형펀드 보다는 낮다. 액티브펀드는 시장전망에 따른 탄력적인 자산배분, 종목선택 등 적극적인 운용전략을 통해 수익을 창출하고자 하는 전략을 채택하고 보통 인덱스+초과수익을 추구하는 펀드를 말한다. 한편 패시브펀드는 사전에 정해진 규칙에 따라서 운용되는 상품으로 소극적인 전략을 구사하며, 운용목표가 비교지수인 인덱스의 수익률과 유사한 수익률을 실현하는 데 있으며, 대표적인 상품유형은 인덱스펀드, 투자자산의 만기와 펀드의 만기를 일치시켜 금리변동리스크를 축소한 채권매칭펀드가 대표적이다.

(2) 상장지수펀드(ETF ; Exchange Traded Fund)

① 개념

이는 특정지수를 추적하는 개방형 인덱스펀드를 거래소에 상장시켜 주식처럼 거래하는 일종의 인덱스펀드로 1993년 미국에서 최초로 도입되었다. 상장지수펀드는 기본적으로 유가증권지수의 추적을 목표로 하는 인덱스 펀드의 일종이지만 전통적인 인덱스펀드의 단점을 보완한 특수한 형태의 인덱스펀드라고 할 수 있다.

우리나라는 2002년에 거래소에 상장돼 주식과 같이 거래되는 상장지수투자신탁 제도가 도입됐다. 2002년 10월 삼성투신과 우리자산운용에서 KOSPI 200을 추종하도록 한 ETF를 만들고 이후 KOSPI 50, KRX 섹터지수 등 거래소에서 공시하는 다양한 지수를 추종하는 ETF가 설정됐다. 2009년 7월 국고채 지수를 추종하는 ETF 상장에 이어, 2009년 9월 최초로 지수의 상승률과 상반되는 수익률을 보이는 KODEX 인버스가 상장되었다. 2009년 2월 시행된 자본 시장법으로 신종 ETF를 개발할 수 있는 법적 요건이 마련됐는데, 이로 인해 KOSPI 200 레버리지(leverage)

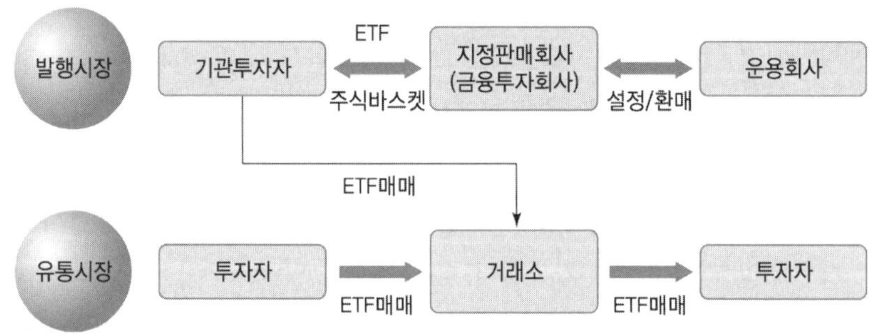

출처 : 차명준·정무권(2009), p. 318

그림 7-4 ETF시장의 구조

ETF, 통화(currency), 상품(commodity) ETF 등 신종 ETF가 활발히 설정될 것으로 보인다.

② 장점

인덱스펀드의 경우 주식형펀드가 투자시점부터 일정기간의 환매제한을 두어 일정기간이 경과하기 전에 환매할 경우 환매수수료를 부담해야 하지만 상장지수펀드의 경우 환매수수료 없이 중도에 투자자금을 회수할 수 있다는 장점이 있다. 따라서 높은 유동성을 확보해야 할 자금을 투자하는 데 적절하게 이용하면 좋다. 또한 실시간으로 조회와 매매가 가능하며 펀드의 실제가치인 순자산가치 역시 실시간으로 확인해서 보다 유리한 가격으로 매매가 이루어질 수 있으며 일반적인 주식과 달리 상장지수펀드를 매도할 경우 증권거래세가 면제된다. 그리고 일반적인 성장형펀드나 인덱스펀드에 비해 신탁보수가 낮아 실제로 투자자가 부담해야 할 펀드 비용이 낮다. 이 펀드는 단 한 주를 매입하더라도 상장지수펀드 추적지수의 모든 종목을 매입하는 것과 같은 효과를 얻을 수 있으며 유통시장과 발행시장이 구분되어 있으므로 상장지수펀드의 유동성은 일반적인 주식의 거래량보다 풍부하다. 예를 들어, 유동성의 문제로 쉽게 적립식펀드에 투자하지 못하는 경우 상장지수펀드에 매월 일정액을 투자하면 적립식펀드에 투자하는 동일한 효과를 얻을 수도 있으며 유동성도 확보할 수 있다(표 7-11 참조).

표 7-11 ETF와 인덱스펀드의 비교

구 분	ETF	인덱스펀드
장단점	직접투자 시 투자자에게 좀 더 안전한 투자방법이나, 시장가격과 괴리가 발생했을 때 환금성이 떨어진다.	단일펀드를 통한 분산투자를 극대화할 수 있으나, 약세장에서 수익률을 방어하기가 어렵다.
환매	주식처럼 거래	3영업일 기준가로 4영업일에 환매
배당금	실물증권으로 배당	운용수익의 분배 또는 배당을 통하여 좌수에 반영됨
비용	저렴함	일반적인 펀드에 비해 저렴하나 ETF보다는 높음

(3) 주식연계증권(ELS ; Equity Linked Securities)

이는 개별주식의 가격이나 주가지수에 연동하여 수익률이 결정되는 상품으로 투자원금 중 일부는 우량채권 등 안전자산에 투자하여 만기에 투자원금 상환에 충당하고, 일부는 옵션복제 재원으로 사용하여 수익을 추구하는 파생결합증권이다. 그런데 이 상품은 판매하는 기관에 따라 다른 이름을 사용하고 있다. 은행은 정기예금 상품에 주가를 연계해서 ELD(Equity Linked Deposit)라고 하고, 금융투자회사는 펀드형식으로 판매하여 ELF(Equity Linked Fund), 보험회사는 연금형태로 판매하여 ELA(Equity Linked Annuity)라 한다. 도입 초기에는 주가지수를 기초자산으로 한 원금보존형 상품이 대부분이었으나 최근에는 보다 높은 수익을 추구하기 위하여 원금비보존형 및 개별종목을 기초자산으로 하는 상품이 주류를 이루고 있다. 한편, 상품의 구조에 내재된 조건이 시장조건에 일치하면 만기 이전에 조기에 상환(Knock-Out)되기도 한다. 이의 장점으로는 다양한 투자성향을 충족시키고, 일정수익을 달성하면 확정 지급되며, 설계에 따라 주가가 하락해도 수익을 얻을 수 있다. 단점으로는 환매 등 유동성에 제약을 받으며, 필요 시 원금도 훼손할 수 있고 수익구조가 복잡하다는 점 등이다.

ELS 상품은 대부분 Knock-Out형, Bull Spread형, Digital형 및 Reverse Conve-rtible형 등으로 조립된다. Knock-Out형은 주가지수가 하락할 경우에는 원금의 일정비율을 보장받고, 주가지수가 상승할 경우에는 일정수준에 이를 때까지 주가지수

표 7-12 ELS, ELF, ELD의 비교

구분	ELS	ELF	ELD
발행기관	금융투자회사	금융투자회사	은행
판매기관	금융투자회사	금융투자회사,은행	은행
투자방법	유가증권청약	수익증권 매입	정기예금가입
원금보장	원금보장/비보장	보존추구/비보존	보장
소득과세	배당소득	배당/이자소득	이자소득
특징	고수익과 다양한 상품구조 가능	운용결과에 따른 성과배분	보수적인 운용

출처 : 차명준 · 정무권(2009), p. 324

상승률에 비례하여 소정의 참가율[10]을 받고 주가지수가 그 수준을 상회하면 계약 관계를 종료하고 저리의 고정이자를 지급하는 구조이다. Bull Spread형은 주가지수가 하락하면 원금만 보장되고 주가지수가 상승하면 일정수준까지는 주가지수 상승률에 비례하여 참가율을 받고 일정 수준 이상 상승하면 고정수익률을 받는 구조이다. 이 상품은 일정기간 사전 약정가격 범위 내, 즉 최초가격과 전환가격 사이에서 지수에 비례하여 수익을 지급하고 이 범위 밖에서는 최소값과 최대값이 정해져 있다. Digital형은 특정지표에 연계하여 수익을 비연속적으로 지급하는 형태인데 Digital Call Option형과 Digital Put Option형으로 나뉜다. 전자는 주가지수가 상승할 경우에는 상승률과 관계없이 고정된 수익을 받고 주가지수가 하락하면 원금만 보장받는 구조이고, 후자는 그 반대이다. 즉 주가지수가 하락하면 하락률에 관계없이 고정된 수익을 받고 주가지수가 상승할 경우에는 원금을 보장받는 구조이다. Reverse Convertible형은 가격이 사전에 정한 전환가격 이하로만 하락하지 않으면 최대수익을 지급하는 형태로 가격이 전환가격 이하로 하락하더라도 일정부분 지수에 비례하여 수익을 지급하는 구조이다.

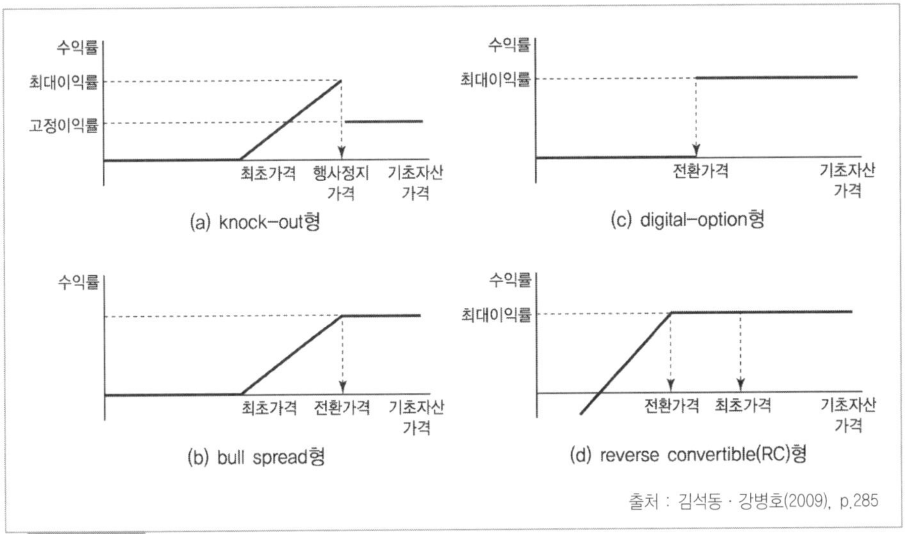

그림 7-5 주식연계증권 수익구조

10) 이는 주가 또는 주가지수 상승 시 투자자가 받는 자본이득의 비율을 말한다.

주식워런트증권(ELW ; Equity Linked Warrant)

1. 의의 : 이는 주식이나 지수상품을 특정한 가격에 사거나 팔 수 있는 권리로서, 주로 주가의 상승 또는 하락을 예상할 때 높은 레버리지 효과를 기대하면서도 손실을 제한할 수 있도록 설계된 파생결합증권이다. 특히 주가가 높은 우량주식을 직접 투자하려면 많은 자금을 투자해야 하지만, ELW는 상대적으로 적은 자금을 가지고 해당 주식을 구입할 수 있다. 반면, 투자자 예상과 달리 주가가 변동하면 투자자금 전액을 잃을 수도 있다. 이 증권은 투자자의 욕구나 위험선호도 등이 다양해짐에 따라 2005년 개설되었으며, 투자자는 이를 통해 시장상황과 무관하게 투자기회를 갖게 되고, 또한 보유자산의 가격이 원하지 않는 방향으로 변화함에 따라 발생하는 위험을 회피하고, 보유자산의 가치를 일정하게 유지할 수 있게 된다.
2. 옵션과 비교 : ELW는 개별주식옵션이나 주가지수옵션과 행사가격 및 만기가 존재한다는 점에서 유사하나, 다음과 같은 차이점이 존재한다. 따라서 옵션은 파생상품으로 분류되는 반면, ELW는 증권으로 분류된다. 우선 발행주체의 차이이다. 주식옵션은 발행주체가 불특정다수인 반면 ELW는 금융투자회사가 발행을 한다. 둘째, 채무이행 보증기관이 다르다. 옵션의 경우 거래소가 만기시 결제이행을 책임지지만 ELW는 채권과 마찬가지로 발행주체의 신용위험이 존재한다. 셋째, 발행금액에 있어 지수옵션의 경우 그 금액의 제한이 없으나 ELW는 발행총액이 미리 정해져 있다.

3) 스타일펀드

이는 주식의 특성과 성과가 비슷한 종목군을 묶어 산출된 스타일지수를 추적하는 펀드이다. 대표적으로 배당주펀드, 가치주·성장주펀드, 대형주·중소형주펀드, 섹터펀드, 사회책임펀드가 있다.

(1) 배당주펀드

이는 주식의 높은 배당수익과 시세차익을 동시에 추구하는 펀드로 저금리 지속과 주주중시 경영문화가 정착되면서 중요한 펀드로 인식되었다. 주요 특징은 투자하는 종목들의 낮은 주가 변동성과 높은 배당성향 및 안정적인 배당수익률이 펀드 전체의 위험을 낮추어 상대적으로 안정적이다.

(2) 가치주·성장주펀드

일반적으로 가치주는 기업의 자산이나 수익가치에 비해 주가가 낮아 저평가된 주식이고, 성장주는 앞으로의 성장 가능성이 높은 주식으로 현재보다 미래의 이익이 더 클 것으로 예상되어 현재의 가치보다 더 높은 가격으로 거래되는 주식을 말한다.

대체로 가치주와 성장주를 구분하는 기준으로 PER(주가수익비율 ; Price Earning Ratio)와 PBR(주가순자산비율 ; Price Book Value Ratio)이 있으며, 가치주는 PER과 PBR이 낮으며 성장주는 그 반대이다. 한편, 성장주펀드는 시장흐름에 민감하며, 가치주펀드는 그 반대로 둔감하며 장기투자를 필요로 한다. 대체로 성장주는 급격한 상승장에 높은 수익률을 기대할 수 있고, 가치주는 급격한 하락장에서 양호한 방어력을 보이는 특징이 있다. 그러나 성장주와 가치주는 항상 구분되는 게 아니라 변화무쌍하다.

(3) 대형주·중소형주펀드

일반적으로 시가총액 규모가 거래소시장의 상위 5% 이내 종목을 대형주, 15% 이내를 중형주, 그 외는 소형주로 분류한다. 대체로 펀드의 대형주 비중이 높으면 시장수익률을 충실히 따라갈 수 있음을 의미하므로 대형주의 비중이 높은 펀드가 다수이며, 유동성도 풍부하다. 반면, 중소형주펀드는 단기적으로 펀드수익률이 시장수익율과 차이가 날 수 있으며, 가치주 비중이 높기 때문에 장기투자가 대부분이다.

(4) 섹터펀드

이는 특정한 업종이나 테마에 집중 투자하여 업종별 경쟁력이나 특이 현상을 이용해 시장의 평균수익률을 웃도는 성과를 시현하는 펀드로 산업별 특성에 맞는 맞춤형 상품이라 할 수 있다. 일반적인 펀드는 경제의 지속적인 성장과 기업의 내재가치(수익성, 성장성 등)를 분석해 중장기적으로 경쟁력이 있는가 판단하고 투자의사결정을 하지만, 섹터펀드는 경기 등 거시적인 관점에서 해당 업종의 현황과 전망에 근거한 투자 의사결정을 해야 하는데 이런 지표들은 예측하기도 어렵고 시장의 변동성도 매우 높아 운용의 어려움이 많다.

또한 섹터펀드는 운용의 폭이 제한된다. 즉, 특정섹터로 투자 범위를 제한했기 때문에 해당 섹터의 시황이 좋지 않더라도 다른 선택을 할 수 없게 된다. 따라서 이러한 투자는 현재 보유한 투자자산을 기초로 초과수익을 거두기 위해 공격적인 포트폴리오를 만드는 제한적인 방법으로서만 사용되어야 한다. 주요 섹터펀드를 요약하면 다음 표 7-13과 같다.

표 7-13 주요 섹터펀드

테마	기업가치	원자재	지역	환경	기업그룹	기업지배
펀드	가치주, 자사주, 블루오션, 토종기업 등	에너지, 석유, 농산물 등	중국, 브릭스(BRICs), 인도 등	탄소, 환경 등	삼성, 현대 등	장하성 등

(5) 사회책임펀드(Socially Responsible Investment; SRI)

이는 단순히 이익을 많이 내는 기업에 투자하는 것이 아니라, 투자의사결정 시 사회적·환경적·윤리적 책임 및 기업지배구조 등과 같은 무형자산의 가치까지 고려하여 투자하는 펀드를 의미한다. 한국의 경우 2006년 '라자드 한국기업지배구조펀드(LAZARD KCGF)' 라는 일명 장하성 펀드가 SRI의 대표적인 펀드이다.

4) 시스템 펀드

(1) 시스템펀드

이는 주식시장의 변동성을 이용한 펀드로 일반 펀드와 달리 펀드매니저의 주관적인 판단에 따라 운용되지 않고, 사전에 미리 입력된 매매조건(자동주문시스템)에 따라 매매를 반복한다. 즉, 주가가 하락하면(예를 들어 5% 하락 시) 수차례에 걸쳐 주식을 매입한 뒤, 주가반등 시점(예를 들어 5% 상승 시)에 조금씩 매도하여 수익을 실현하는 프로그램매매 형식이다. 따라서 이 펀드는 주식을 많이 보유하지 않으며, 기간조정장에서 유리하다. 적립식펀드가 평균매입단가를 낮추다가 마지막 환매시점의 주가수준과의 차이를 이익으로 실현하는 데 반해, 시스템펀드는 거치식으로 자금을 모아 가입기간 동안 매매차익을 계속 실현하면서 유지된다.

(2) 퀀트펀드(Quant Fund)

이는 펀드매니저의 이성적인 판단보다는 컴퓨터 모델에 의해 주식을 선정하는 펀드를 의미한다. 이 펀드는 금융공학의 개념을 이용하여 기업가치 매트릭스를 평가하고, 과거 주가추이에 기초하여 프로그래밍을 한다.

5) 실물펀드

(1) 의의

이는 광물자원, 원유 등의 에너지자원, 옥수수 등의 농산물, 탄소, 와인 등 다양한 실물자산과 이와 관련된 지수 또는 파생상품에 투자하는 펀드로 인플레이션에 대한 헤지 기능을 가지고 있어 물가가 불안정한 시기에 유리한 펀드이다.

(2) 종류

① 부동산펀드 : 이는 부동산이나 부동산관련 대출채권에 투자하는 펀드로 임대형 펀드, 대출형(project financing)펀드, 경매펀드, 해외부동산펀드 등이 있다. 한편, 부동산펀드와 유사한 리츠(REITs)가 있다. 이 둘은 부동산에 투자하는 집합투자수단이나, 부동산펀드는 자본시장법이 적용되고, 리츠는 부동산투자회사법의 적용을 받는다. 부동산펀드는 투자대상 자체가 사전적으로 명확히 제시되어 환금성은 떨어지지만, 안정적인 투자수익을 기대할 수 있다. 반면 리츠는 다양한 포트폴리오를 구성할 수 있어 환금성은 유리하지만 수익이 불안정해질 수 있다.

② 선박펀드 : 이는 선박매입 또는 선박건조비용에 대출해 주고 임대수익이나 이자수익을 투자자에게 배분하는 펀드로 투자기간이 장기인 반면, 확정배당금이 지급되는 장점이 있다.

③ 영화펀드 : 이는 영화제작에 필요한 자금을 모아 영화제작에 투자하는 펀드로 주로 사모펀드형태이다.

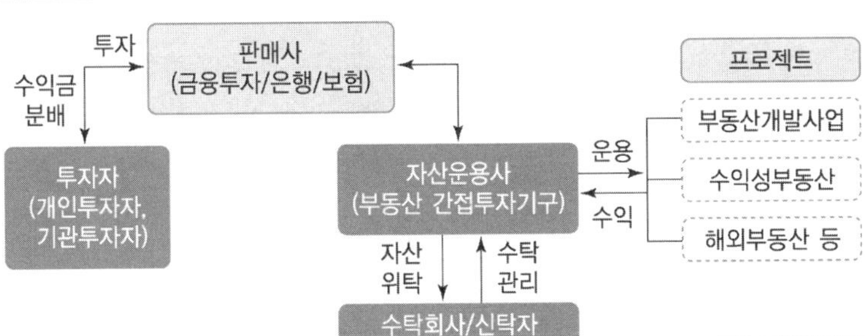

출처 : 방영민(2006), p. 195

그림 7-6 부동산펀드 구조

리츠(REITs: Real Estate Investment Trust, 부동산투자신탁)

이는 부동산에만 전문으로 투자하는 회사나 뮤추얼펀드로 매년 95% 이상의 높은 배당수익이 가장 큰 장점이며, 부동산 공급과잉이나 금리상승 시 불리하다. 리츠는 크게 지분형과 모기지형으로 구분된다. 지분형은 부동산 매수, 경영 등을 통하여 발생하는 수익을 투자자에게 배분하는 형태로 주요 투자대상은 쇼핑센터, 사무실, 아파트이다. 모기지형은 부동산을 담보로 대출하거나 채권 등을 발행하여 수익을 올리는 형태로 투자 대상은 토지매수 융자, 개발 및 건설 융자 등이다. 일반적으로 지분형이 모기지형보다 금리변동에 안정적이면서 수익성이 높아 투자자들이 더 선호한다.

6) 해외펀드

이는 해외의 유가증권이나 실물자산에 투자하는 펀드를 총칭한 것으로, 국내 금융기관이 투자자금을 모아 해외에 직접투자하거나, 펀드 오브 펀드(fund of fund) 또는 모자(母子)형 집합투자 형태로 외국투자기관이 판매하는 펀드에 투자하는 형태이다. 한편, 해외펀드는 역내와 역외펀드로 구분되며, 역내펀드는 국내법에 의해 만들어진 금융투자회사가 해외에 투자하는 펀드를 만든 것이고, 역외펀드는 해외에 있는 자산운용사에서 만든 펀드를 국내에 들여온 것이다. 역내펀드는 펀드의 기준가격이 원화로 계산되어 일반적으로 환헤지가 필요 없으나, 역외펀드는 환헤지 여부를 선택해야 한다. 참고로 환헤지(선물환매도)란 미래시점의 환율을 현재의 환율로 고정시켜 놓음으로써 환율하락 시 발생하는 환차손을 방어하는 방법이다.

해외펀드는 대체로 미국의 하이일드 채권펀드, 일본의 주식형펀드, 브릭스(BRICs)펀드, 러시아펀드, 중국펀드, 인도펀드 등 다양한 투자가 확대되는 추세이다. 이의 장점은 상품선택의 폭이 넓고, 선진국 자본시장의 수익률에 대한 안정적 실현 등이다. 반면 단점으로는 환리스크에 취약하다는 점이다. 예를 들어 원달러 환율이 하락하면 펀드수익률은 변하지 않더라도 평가수익률은 하락한다. 따라서 대부분 해외투자는 선물환계약 등을 통해 환리스크를 헤지한다.

7) 적립식펀드

(1) 의의

이는 은행이 정기적금처럼 매월 일정액을 적립해 주식이나 채권에 투자해 운용실적에 따라 투자수익을 얻는 수익증권으로 다음과 같은 장점이 있다. 첫째, 매수시점 분산을 통해 타이밍 리스크를 최소화시킴으로써 시장지수에 상관없이 언제라도 투자를 시작할 수 있다는 점이다. 따라서 적립식펀드는 가격변동성이 큰 고위험/고수익 자산에 장기간 투자하는 데 적합하다. 둘째, 분산투자, 장기투자, 적립투자 등 합리적인 주식투자 원칙을 적용하여 투자에 따르는 변동성을 줄이고, 보다 안정적인 수익을 추구하는 효율적인 투자방식이다. 셋째, 장기적으로 투자할수록 더욱 유리하므로 노후자금마련 등 장기적인 자산증식에 더욱 적합하다. 마지막으로 금액의 크기에 관계없이 투자할 수 있다.

반면, 적립식펀드의 단점은 장기투자라는 것이다. 최소한 5년 이상 장기일 때 유리하고, 중도에 환매하면 이익금의 대부분을 환매수수료로 지불해야 한다. 한편, 이 펀드는 자금납입방법에 따라 정액적립식과 자유적립식으로 나뉘며, 주로 주식형, 채권형, 혼합형으로 구분된다. 주식형은 투자재산의 60% 이상이 주식으로 운용되는 경우이다. 또한 혼합형의 경우 주식비중이 50% 이상이면 주식혼합형이라 한다.

(2) 도입 배경

적립식펀드가 도입된 배경은 매입단가 평준화효과(cost averaging effect) 때문이다. 이는 매 기간 일정한 금액을 투자할 경우 주가의 상승과 하락에도 불구하고 평균 매입단가가 평준화된다는 것을 의미한다. 예를 들어, 다음 표 7-14는 어느 특정종목의 주가가 1월에 1000원, 2월에 1500원, 3월에 1000원, 4월에 500원으로 변

표 7-14 매입단가 평준화 효과내역

월	기준가격 (1주 당)	동일 수량 매입시(A)		동일 금액 매입시(B)	
		매입 주식수	매입 금액	매입 금액	매입 주식수
1월	1,000원	100주	100,000원	100,000원	100주
2월	1,500원	100주	150,000원	100,000원	66.6주
3월	1,000원	100주	100,000원	100,000원	100주
4월	500원	100주	50,000원	100,000원	200주
합계		400주	400,000원	400,000원	466주
평균매입단가(1주 당)		1,000원		857원	
5월	1,000원	매도 시 수익률 0%		매도 시 수익률16.5%	

동하였다고 가정하고 이 종목을 매월 100주씩 매입한 경우와 매월 100,000원씩을 투자한 경우의 평균매입단가이다. 결과는 4개월 동안 A, B가 동일하게 400,000원을 투자하였으나, A는 1주당 1,000원, B는 1주당 857원으로 매입한 결과이고, 5월에 주가가 다시 1000으로 회복한 후 A는 수익률이 없지만, B는 16.5%의 수익이 발생한다.

펀드투자 대중화에 앞장선 적립식 투자

2004년부터 적립식 투자 붐이 금융시장의 화두로 떠올랐으며, 이는 적립식 투자는 하나의 '유행'이 아니라 건전한 '투자문화'로 연결될 수 있는 단초를 제공했다. 적립식 투자는 장기투자가 정착되도록 하였고, 펀드투자를 일부 소수 투자자들의 전유물이 아닌 투자 대중화를 이끌어냈다. 이러한 변화는 궁극적으로 국내펀드 투자문화에 대한 질적 변화를 가져왔다. 적립식 투자문화가 자리를 잡는 데에는 저금리 기조와 주식시장의 상승기조가 한몫했다. 저금리 기조가 이어지며 예금이 절약 이상의 의미를 갖지 못하게 되면서 배당투자에 대한 메리트가 크게 부각된 것이다. 여기에 국내 주식시장에 대한 외국인 투자비중 확대, 기업들의 주주중심의 경영 등이 증시 상승 및 고배당으로 이어지며 투자자들의 시선을 끌어들인 것이다.

그 결과 채권형이나 MMF 등 안정적인 상품 위주의 국내 수탁고 구조가 주식형 등 공격적인 성향의 펀드로 그 중심이 이동했다. 주식에서의 높은 수익률과 함께 공격적인 성향이 짙은 젊은 투자층이 적립식투자의 주요 고객으로 자리 잡았기 때문이다. 그러나 2008년 미국 금융위기 발생으로 적립식 투자에도 시련의 바람이 불었다. 전 세계 증시 폭락에 적립식 투자에서도 원금손실이 나타나는 현실로 인해 투자에 대한 회의를 느끼며 많은 투자자들이 환매하기도 했다. 하지만 투자시점 분산에 대한 매입단가 평준화 현상은 주식시장의 단기 등락에 따른 투자 위험을 줄여주기 때문에 적립식투자가 장기투자와 병행될 때 위험관리 측면에서 더 큰 효과를 볼 수 있다. 따라서 적립식투자는 퇴직연금제도와 변액보험의 확장과 함께 꾸준히 성장할 것으로 예측된다.

5 글로벌 펀드상품

1) 헤지펀드

(1) 의의

헤지(hedge)의 사전적 의미는 '내기에서 양다리를 걸치다'로 금융분야에서 주로 위험을 회피한다는 의미로 사용된다. 따라서 원래의 헤지펀드는 투자위험을 줄이기 위해 매도와 매수를 동시에 하거나, 현물과 선물에 분산해서 투자하는 펀드를 의미했다. 그러나 지금은 다양한 금융기법을 이용해 전 세계를 중심으로 적대적 M&A, 환투기, 파생상품거래 등으로 투자위험을 감수하면서 단기투자수익을 추구하는 단기투기자본의 통칭이 되었다.[11] 또한 헤지펀드는 높은 레버리지 비율, 단기위주의 투자, 빈번한 거래, 파생금융상품 투자, 소규모 시장에서의 집중적인 거래로 그 영향력은 상당하다. 요약하면 헤지펀드는 차입, 공매도를 사용하면서 투자대상에 제한이 없이 고수익을 추구하고, 상당한 성과보수를 부과하고 종종 펀드 운용자 자신이 투자하면서 정기적 환매를 허용하고, 일반 공모펀드에 부과되는 규제를 회피하기 위해 사모로 발매되는 펀드이다.

헤지펀드는 1949년 월가(Wall Street)의 투자자였던 존스(A.W Jones)에 의해 처음 설립되었다. 헤지펀드란 용어는 1966년 포춘(Fortune)지 기사에 존스가 운용하는 펀드의 주식투자전략을 소개하는 과정에서 처음으로 등장하였다. 이러한 헤지펀드가 대중화되기 시작한 것은 1969년 소로스(G. Soros)가 더블 이글 펀드(Double eagle fund)[12]라는 400만 달러의 소규모 헤지펀드를 설립하면서부터이다. 이후 부침을 거듭하다가 1990년대 들어 미국의 초저금리 정책으로 시중자금이

표 7-15 세계 10대 헤지펀드 운용사(2007년 7월)

회사명	자산규모(억 달러)	국가
J.P. Morgan	562.0	미국
Goldman Sachs Asset Management	399.8	미국
D.E. Shaw Group	340.0	미국
Bridgewater Associates	321.0	미국
Och-Ziff Capital Management	292.0	미국
Renaissance Technologies Corp.	292.0	미국
Farallon Capital Management	260.6	미국
Barclays Global Investors	230.0	미국
Man Investments Limited	211.3	영국
Tudor Investment Corporation	209.6	미국

출처 : Hedgefund Intelligence

11) 차명준·정무권(2009), p. 350 인용
12) 이는 1973년 퀀텀펀드(Quantum Fund)로 개명되었다.

은행예금에서 뮤추얼펀드(Mutual fund) 등으로 대거 이동하면서 비약적인 발전을 하였다.

헤지펀드를 운용하는 대표적인 회사로는 J.P. 모건, 골드만삭스 등이 있다. 과거에는 소로스 자산운용회사와 같이 개인들이 설립한 회사들이 주요 헤지펀드 운영회사였는데, 최근에는 미국의 대형 은행들이 헤지펀드 운영을 주도하고 있는 추세이다.

(2) 헤지펀드의 특성

① 차입 : 이는 자기자금 규모 이상으로 증권을 매수하는 경우로 이와 같은 레버리지 활용도는 통상 2~20배까지 투자자산 규모가 확대되며 다음과 같은 방법이 사용된다.

- 자기자본을 초과하는 자금을 외부에서 차입하거나 주식 공매도
- 브로커 회사에 있는 신용거래계좌를 통해 자금을 차입
- 선물계약, 파생상품 등을 이용한 방법

예를 들어 신용매수의 경우, 이는 미래에 가격이 상승할 것으로 예상되는 주식을 매입하고자 브로커에게 담보를 제공하고 현금을 차입하여 주식을 매수하는 형태이다. 이후 충분한 현금이 생기면 이자와 함께 대출을 상환하고 담보를 돌려받는다.

② 공매도(short sale) : 이는 신용매수의 반대개념으로 주식을 보유하고 있지 않은 상태에서 매도포지션을 취하는 것으로 해당 결제일이 되면 증권회사나 기관투자자로부터 수수료를 주고 증권을 차입하여 결제를 이행한다. 한편, 주식대여자는 채무를 확보하기 위해서 담보를 요구하고, 이때 일반적으로 주식 공매도로 발생한 현금을 담보로 제공한다. 차후에 헤지펀드는 시장에서 주식을 다시 매입하여 주식대여자에게 반환하게 되고, 헤지펀드는 대여수수료를 지불하며 담보를 돌려받는다. 공매도는 시장의 유동성 제고와 효율성 증대를 가능하게 하지만 주가 조작에 사용될 가능성이 있으며, 규제받지 않는 공매도는 주식가격의 하락을 가속화시킬 수 있다.

③ 실적보수 허용 : 헤지펀드는 투자실적을 내세워 특정 소수의 투자자로부터 투자자금을 모으고 투자이익에 대하여 높은 성과금을 취득한다. 전통적인 펀드 운용자는 운용보수만 부과하는 데 비하여 헤지펀드 운용자는 운용보수와 성과

보수를 동시에 부과한다. 운용보수는 운용자산의 일정비율로 표시되며, 매년 또는 분기마다 부과하며 통상 1~2%이며, 성과보수는 연간 실현된 수익의 15~25% 수준이다.

④ 펀드운용자의 펀드 참여 허용 : 헤지펀드 운용자는 개인적으로 펀드에 상당한 금액을 투자하기 때문에 투자자와 함께 위험을 공유하고, 운용자의 이익이 투자자의 이익과 밀접하게 관련되어 있어 운용자에게는 해당 위험에 대하여 항상 통제해야 하는 유인이 된다.

⑤ 정기적 펀드의 환매 인정 : 헤지펀드는 일반적으로 운용기간에 제한이 없고, 보통 분기별로 환매를 허용하고 최초의 매각제한 기간에는 환매가 금지된다. 이러한 제한으로 펀드운용자는 시장 등락에 따른 환매요청에 대비하기보다는 투자에 집중할 수 있어, 환매에 대비한 유동성확보에 관계없이 장기투자를 가능하게 한다.

⑥ 사모 발행 : 헤지펀드는 원칙적으로 사모로 발행되는데, 이는 스스로를 보호할 수 있는 투자자에 대해 제한적으로 발매되기 때문이다. 한편, 최근에는 고수익을 추구하는 개인 투자자를 위해 펀드 오브 헤지펀드 형태의 공모형태가 출현되고 있다.

⑦ 원칙적으로 제한 없는 자산 운용 : 헤지펀드의 투자대상은 증권, 파생상품, 일반상품, 부동산 등 제한이 없으며, 투자지역 및 투자자산의 구성 등에 대하여 원칙적으로 제한이 없다.

(3) 헤지펀드 투자전략

① 의의 : 헤지펀드는 '투자이익의 극대화, 비용의 최소화, 위험의 민감화'라는 3대원칙을 지키며 다양한 투자기법을 구사하는데 다음과 같은 특징이 있다. 첫째, 레버리지를 이용하고, 대규모 매도포지션을 과감히 보유하는 등 이익극대화를 위해 고위험·고수익(high risk–high return)의 적극적인 전략을 구사한다. 둘째, 투자전략이 자산구성이나 투자시장 선택보다는 실현가능한 성과(performance)에 중점을 두고 있어 높은 성과보수를 추구한다. 셋째, 공매도(short sale), 파생상품거래 등을 활용하여 시장위험을 회피할 수 있는 헤지기법을 병행하기도 하며, 차익거래를 통해 시장상황과 관계없는 투자수익을 추구하기도 한다.

② 차익거래전략 : 이 전략은 공매도와 차입을 일반적으로 사용하는데 시장에서의 가격불일치에 기초한 차익거래 기회를 통하여 수익을 추구하고, 시장 전체의 움직임에 대한 노출을 회피함으로써 시장변동성에 대비하는 투자전략이다. 대표적으로 전환사채차익거래, 채권차익거래, 주식시장 중립형 차익거래전략 등이 있다. 예를 들어, 전환사채차익거래를 보면 특정기업의 전환사채(CB)를 인수하는 동시에 해당 기업의 주식을 현물을 보유하지 않은 채 공매도를 한다. 만일 주가가 상승하면 전환사채를 주식으로 전환하고, 주가가 하락하면 주식의 공매도에서 이익을 취한다. 물론 이 경우 전환사채나 주식 어느 쪽이든 이익과 손실 차이에서 이익이 크면 차익을 얻는다.

③ 롱-숏(Long-Short)전략 : 이는 두 개의 서로 다른 주식을 동시에 매수(long)하고 매도(short)함으로써 이익을 추구하는 전략으로 전통적인 롱(매수)전략은 매수한 주식의 가격이 상승함으로써만 수익이 발생하는 반면 롱-숏 전략은 매수포지션과 매도 포지션간의 성과차이로 수익이 발생한다. 따라서 이 전략은 강세시장은 물론 약세시장에서도 좋은 성과를 달성할 수 있게 된다.

(4) 헤지펀드의 위험[13)]

① 의의 : 헤지펀드는 속성상 고수익을 추구하는 펀드이기 때문에 태생적으로 고위험을 내포하고 있으며, 레버리지 비율이 높아 투자손실 가능성이 높다. 따라서 세계 금융시장의 불안이 발생할 때마다 헤지펀드의 대형 투자손실이나 파산이 관련되어 있는 것이 보통이다. 한편, 투자은행에서 신용거래를 통해 투자자금을 조달하거나 금융기관으로부터 투자자산을 담보로 대출을 받아 투자한 경우에, 헤지펀드가 수익성이 떨어지고 투자원금이 줄어들어 투자밸런스가 일정한 유지증거금 이하로 낮아지게 되면 금융기관으로부터 부족한 자금을 추가하라는 마진콜(margin call)을 당한다. 헤지펀드는 마진콜이 있을 경우 증거금 부족분을 보전하기 위해서 기존에 투자한 자산을 회수하는데 이를 디레버리지(deleverage)라 한다. 만일 이 과정에서 신용경색이나 금융위기 조짐이 발생할 경우 주가와 부동산가격이 하락하여 전체 금융시장의 충격이 온다. 헤지펀드들은 신흥시장에 투자한 자금을 우선적으로 회수하므로 신흥시장의 통화가치와 주가가 폭락하기도 한다. 선진국서 헤지펀드 위기가 닥칠 때마다 선진국

13) 차명준·정무권(2009), pp. 359-360 요약··정리

시장은 별 영향이 없다가 신흥시장에서 큰 파장을 가져오는데 이를 나비효과(butterfly effect)라 한다.

② 잠재적 위험 : 헤지펀드가 안고 있는 대표적인 위험이 집단거래 위험이다. 이는 동일한 전략 및 포지션을 가진 다수의 헤지펀드가 동시에 시장을 이탈하거나 한 방향으로 거래할 경우 시장 변동성이 확대될 가능성을 말한다. 특히 신흥국의 채권, 원자재, 신용파생 등 유동성이 적은 시장에서는 집단거래위험이 커질 가능성이 있다. 두 번째가 투자은행의 익스포저 위험이다. 만약, 다수의 헤지펀드가 파산할 경우 헤지펀드에 자금을 대출해 준 투자은행 등 금융기관에 위험이 전가될 가능성이 높다. 세 번째로 투자자금 인출 및 펀드 청산위험이다. 통상적으로 일반펀드보다 수수료가 훨씬 비싼 헤지펀드의 수익률이 저조할 경우 투자자는 투자를 줄이거나 대규모 환매할 가능성이 높다. 네 번째, 금리상승에 따른 차입비용 증가로 인한 위험발생이다. 예를 들어 달러 캐리 트레이드[14](dollar carry trade)의 경우 미국의 금리인상으로 차입비용이 증가되어 레버리지를 줄여야 할 가능성을 말한다.

(5) 헤지펀드 효과

① 긍정적 효과 : 우선적으로 시장의 유동성제고와 함께 위험조정수익이 높은 투자기회를 제공한다. 두 번째로 차익거래를 통한 금융상품의 가격불균형을 축소하고 다양한 투자기법을 선진화하는 기회를 제공한다. 세 번째로 헤지펀드의 주주행동주의를 통해 저평가된 기업을 발굴하고, 기업 지배구조 개선에 기여한다.

② 부정적 효과 : 헤지펀드는 법률적 규제가 거의 없고 대규모 차입과 단기차익을 노리고 투자하므로 만약, 도산한 경우 금융시스템의 안정을 위협할 수 있다.

2) 사모투자펀드

(1) 의의

사모투자펀드는 특정 소수의 고액투자자로부터 장기로 자금을 조달해 전문적으

14) 캐리트레이드는 돈을 빌려 그 돈으로 다른 금융자산이나 유가증권 등을 사들이고 매각해서 차익을 노려 수익을 만드는 투자기법으로 달러 캐리 트레이드란 달러를 빌려서 거래를 한다는 의미이다.

로 기업주식, 경영권 등에 투자하고 경영성과 개선을 통해 고수익을 추구하는 펀드이다. 이의 가장 큰 특징은 자금의 모집뿐만 아니라 자금운용까지도 사적(私的)으로 운용된다는 점이다. 이러한 사모투자펀드는 2000년대 이전까지만 해도 국제금융시장의 주요 세력으로서 큰 역할을 못하였으나 그 이후부터는 세계 자금흐름의 중심으로 자리 잡았다. 현재 가장 대표적인 사모투자펀드는 블랙스톤그룹, KKR, 카알라일 그룹 등이다. 한편, 한국에 잘 알려진 사모투자펀드로는 외환은행 인수로 많은 수익을 거둔 론스타, SK그룹의 경영권을 위협했었던 소버린, KT&G의 경영권을 위협하고 있는 칼 아이칸 등이 있다.

사모투자펀드를 좀 더 구체적으로 살펴보자. 첫째, 사모(private)이다. 사모라 함은 공모에 상대되는 개념으로 불특정 다수의 일반 투자가를 대상으로 자금을 모집하지 않고 사적으로 비공개 하에 소수의 투자가를 대상으로 모집함을 의미한다. 자산의 운용에 있어서도 공개시장에서 거래되는 주식 등의 매입보다는 주로 비상장기업의 주식을 사적 계약에 의하여 대량 매입하는 것을 위주로 한다. 이러한 사적인 특성 때문에 일반 공모펀드에 비하여 각종 규제, 공시의무 및 투자자보호 장치가 완화되어 있다. 둘째, 투자(equity)이다. 여기서의 투자는 유통시장에서 이루어지는 포트폴리오 투자가 아니고 대개 비상장기업의 사모발행 주식 또는 기존 대주주 지분의 인수 등 경영권과 관련된 지분의 취득을 의미한다. 헤지펀드는 PEF와 자금모

표 7-16 세계 10대 사모펀드(2007년)

회사명	자금조성규모(억 달러)	설립연도
Blackstone Group	230	1985년
Kohlberg Kravis Roberts & Co.	216	1976년
Carlyle Group	183	1987년
Texas Pacific Group	152	1992년
Bain Capital	130	1984년
Providence Equity Partners	110	1989년
Apollo Advisors	101	1990년
Warburg Pincus	92	1966년
Cerberus	80	1992년
Thomas H.Lee	70	1974년

출처 : Fortune(http://money.cnn.com/magazine/fortune/)

집 및 투자기구의 형태가 유사하나 주로 공개시장에서 현물, 선물, 파생상품 등의 복합거래를 통하여 시장수익률의 변동과 무관한 절대수익을 추구하는 펀드로서 PEF의 자산운용 방식과는 차이가 있다. 셋째, 펀드(fund)이다. 여러 투자자의 자금을 모아 운용하는 운용회사(fund manager)는 고도의 전문성과 도덕성이 요구된다. 사모라는 특성상 공모펀드에 비하여는 운용자에 대한 규제가 덜하지만 정보의 비대칭성에 기인한 운용자의 도덕적 해이(moral hazard)가 언제든지 발생할 수 있기 때문에 이를 방지하기 위한 각종 장치를 당사자 간의 계약 형태로 규정하게 된다.

(2) 특징

① 자율성·비밀보장 : 뮤추얼펀드 등 타 간접투자기구와 비교하여 설립, 계약, 이익분배 등에 있어 투자자에게 자유로운 투자환경을 제공한다. 그리고 limited partnership(합자회사와 유사)이라는 인적회사 구조를 준용함으로써 투자신탁 등 공모펀드에 비하여 설립절차가 간편하고 비용이 절감되며 법률적 규제가 상대적으로 완화되어 있다. 또한 출자자의 신분 노출이 금지되어 있어 외부환경에 노출을 꺼리는 거액투자자 유치가 가능하다.

② 기업가치 증대 및 자본시장 발전에 기여 : PEF는 다양한 전문가들이 보유한 노하우와 경험을 피투자기업에 제공함으로써 사업 부문 구조조정이나 사업 영역 확대를 통하여 기업가치를 제고할 수 있다. 또한 투자자에게 다양한 투자기회를 제공하고 우량기업의 주식시장으로의 등록을 적극 추진하여 자본시장 전체의 활성화에 기여하고 금융업 발전의 계기가 된다.

(3) PEF 시장참여자

① 투자자 : 연기금, 은행, 보험회사 등 전문적인 기관투자자가 대부분이며 유한책임사원 형태로 PEF에 출자한다.

② PEF 운용회사 : PEF운용자로서 일정부문을 출자하여 무한책임을 지며, 투자자로부터 자금을 받아 운용하는 주체로서 PEF 전문운용사, 투자은행, 구조조정회사, 벤처캐피탈 등이 그 역할을 담당한다.

③ Target Company : PEF가 투자하는 기업으로 PEF는 최대지분을 인수하여 직접 경영하는 투자를 하거나 전략적 투자자의 자금부족을 지원하고 일부 경영사항에 참여하는 투자를 하게 된다.

④ 대리인 및 자문단 : PEF가 발달된 선진국의 경우는 자금모집 등만을 전담하는 대리인들이 존재하며, 이들은 자금의 모집, 투자자와 운용자의 연결 등을 담당하면서 시장 내에서의 정보의 비대칭성 문제를 해결하고 있다. 또한 투자의사결정 및 투자 후 모니터링 과정에 개입하는 자문단 등도 PEF 운용의 중요한 주체이다.

⑤ 투자은행 : 이는 PEF운용사와의 약정을 통하여 계좌관리, 투자대상기업의 실사 및 매각 주선 등 PEF 비즈니스 전반에 걸쳐 중요한 역할을 수행한다. 한편, 투자은행이 직접 PEF를 설립하여 운용함으로써 PEF와 경쟁관계에 있기도 하지만 일반적으로 PEF의 모든 활동은 투자은행의 정보와 기업분석을 바탕으로 실행된다.

(4) 사모투자펀드의 투자전략

① 벤처캐피탈 펀드 : 벤처캐피탈은 은행 또는 주식시장과 같은 전통적인 자본시장으로부터 충분하게 자본을 조달하지 못하는 신생기업에게 지분투자를 통해 자본을 제공하는 수단을 말한다. 이 펀드는 신생기업에 모험적으로 자본을 제공해 주는 대신 고수익을 목표로 하며, MS, 네이버, 다음 등이 대표적인 벤처캐피탈 펀드 형태이다.

② 메자닌부채 펀드 : 메자닌(mezzanine)이란 '중간층'을 의미하며 기업청산 시 재산청구권 순위에서 가장 하위인 지분과 가장 상위인 우선순위 부채의 중간에 있는 부채라고 해서 메자닌부채란 이름을 붙였다. 메자닌은 원래 건물 1층과 2층 사이에 있는 라운지 등의 공간, 즉 '중간방'을 의미하는 이탈리아어로 자본시장에서는 담보와 신용 사이 혹은 부채와 자본 사이의 경계를 의미한다. 메자닌부채란 지분과 부채의 중간 형태로 지분과 채권의 특징을 모두 가지고 있는데 이는 부채에 지분청구권 또는 전환권이 첨부되어 있기 때문이다. 이의 가장 흔한 형태가 주식워런트가 부가되는 BW, 주식전환권이 부가되는 CB이다. 메자닌부채는 기업이 주식을 추가적으로 발행하여 자본을 조달할 수 없거나 은행과 같은 금융기관이 추가적인 자금의 융통을 꺼려할 때 주로 그 공백을 채우는 수단이다. 한편, 중간층의 부채에 투자하는 메자닌부채 펀드는 높은 잠재적 성장력과 수익성을 가진 기업으로 4~5년 후에 펀드상환 가능하거나 신규공개(IPO) 또는 다른 기업에 인수됨으로써 메자닌부채를 상환할 수

있는 기업을 선호한다. 즉, 금융기관으로부터 융자를 전액 받을 수 있는 현금흐름과 자산이 충분한 기업 등은 선호하지 않는다. 왜냐하면 이런 기업들은 굳이 메자닌 형태의 자금조달을 원치 않기 때문이다. 한편, 대부분 성장단계에 있는 중소기업들은 제 3자의 자본참여에 따른 경영권 혹은 소유권상실의 우려를 최소화하면서 기업인수나 합병 또는 성장가속화 등을 위한 자금조달을 추구한다.

③ 레버리지 바이아웃(leveraged buyout) : LBO는 M&A에서 피인수기업의 자산이나 수익력을 담보로 한 부채를 말하며, 자금의 대부분을 조달하여 기업을 인수한 후 피인수기업의 이익이나 자산의 매각대금으로 이들 채무를 상환해 나가는 인수방식을 말한다. 따라서 LBO는 대상기업의 자본소유구조를 변경시키는 강력한 수단으로 이용되며, LBO를 주도하는 투자자가 기존 경영진을 교체한 후 새로운 지배주주로 등장한다. 한편, PEF에서 LBO는 기업인수용으로 설립되는 사모투자펀드에 인수대상 기업의 자산을 담보로 부채를 차입하여 인수자금을 조달하는 형태를 말한다. 즉, PEF 운용전문회사는 1차적으로 인수대상 기업의 주요 자산이나 기업을 매수한 후 예상되는 현금흐름 등을 담보로 자금을 차입하고 이를 재원으로 하여 2차적으로 LBO 목적의 사모투자펀드를 결성하여 조달한 참여자본으로 기업을 매수한다. 따라서 이러한 바이아웃을 차입매수라고도 한다.

④ 부실채권투자펀드(벌처펀드) : 이는 현금흐름에 문제가 있는 부실기업의 채권에 투자하는 것을 말하며, 간단히 벌처(vulture)펀드라 하는데 곤경에 처해서 뼈대만 남은 부실기업의 채권에 투자하기 때문에 붙여진 이름이다. 벌처펀드는 부실기업의 부채, 예를 들어 후순위채무, 정크채무, 은행대출, 외상매입금 등의 부채를 아주 헐값에 매입한 후, 부실기업의 영업활동 개선을 통해 정상기업으로 전환한 후에 부채를 비싼 값에 다시 매각함으로써 이익을 취한다.

3) 국부펀드

(1) 의의

국부펀드(sovereign wealth fund)는 정부가 공적 외환보유액과는 별도로, 재정흑자 등의 잉여자금을 재원으로 조성하여 다양한 종류의 자산에 수익성 위주로 운

표 7-17 세계 주요 국부펀드(2007년)

국 가	펀드명	자산규모(억달러)	설립연도
UAE	Abu Dhabi Investment Authority	8,750	1976
노르웨이	Government Pension Fund	3,800	1996
싱가포르	GIC	3,300	1981
사우디아라비아	여러 개	3,000	–
쿠웨이트	KIA : Reserve Fund for Future Generations	2,500	1953
중국	CIC	2,000	2007
싱가포르	Temasek Holdings	1,592	1974
카타르	Quatar Investment Authority	500	2005
알제리	Fond de Regulation des Recettes	426	2000
리비아	LIA : Oil Reserve Fund	400	2007
미국	Alaska Permanent Fund Operation	380	1976
러시아	Reserve Fund, Fund for National Wellbeing	320	2008
브루나이	Brunei Investment Authority	300	1983
한국	KIC	200	2005

출처 : Morgan Stanley

용하는 국가기금펀드를 말한다.[15] 쿠웨이트가 1953년 석유판매수입을 재원으로 런던에 투자사무소를 개설한 것이 시초로 지금은 헤지펀드보다 규모가 큰 세계금융시장의 큰 손으로 부상하였다. 2000년대 이후 국부펀드는 아시아와 중동을 비롯한 신흥시장 국가들이 주로 조성해 왔으며, 이들은 석유수출과 경상수지 흑자를 통해 벌어들인 외환보유액을 이용해 대부분 선진국의 국채에 투자하였다. 우리나라도 2005년 7월 200억 달러 규모의 한국투자공사(Korea Investment Company; KIC)를 설립하였다. 현재 가장 규모가 큰 국부펀드는 아부다비 투자청으로 자산규모가 8,750억 달러에 이른다. 그 뒤를 이어 노르웨이 정부연기금(3,800억 달러), 싱가포르 투자청(3,300억 달러)순이다.

(2) 특징

국부펀드의 두드러진 특징은 정부가 자원의 민족주의 등 전략적 동기로 펀드를

15) 차명준·정무권(2009), pp. 376 인용

표 7-18 국부펀드와 민간펀드의 비교

구 분	민간펀드	국부펀드	국부펀드 특징
운용주체	영리법인	정부	• 자원의 민족주의 등 전략적 동기로 개입 • 정보공개 의무 없음
자금조달	외부 (일반투자자)	내부 (정부재원)	수익상환의 부담이 적고 장기투자 가능
운용목적	수익성	수익성+ α	수익성 외에 경제력 확충, 성장동력 확충 등 전략적 목적 달성
펀드 수	1만 개 이상	40여 개	• 자금투입의 집중력, 투자위험성 높음 • 경쟁강도 낮음

구성한다는 점이다. 따라서 단순히 수익성 위주의 펀드운용보다는 국가차원의 경제력 확충이나 새로운 성장동력을 확보하기 위한 목적이 우선시될 수 있다. 또한 정부재원으로 자금을 조달하기 때문에 장기투자가 가능하고 펀드 개수도 많지 않다. 이러한 국부펀드의 주요 특징과 민간펀드와의 비교를 정리하면 다음 표 7-18과 같다.

(3) 종류

국부펀드는 크게 상품펀드와 비상품펀드로 나뉜다. 상품펀드는 원자재 수출대금을 재원으로 하여, 이후에 원자재가격 하락 시기에 정부재정의 안정적 수익을 확보하기 위하여 설립한다. 이 펀드의 특징은 수출대금이 바로 국고에 유입되므로 중앙은행의 불태화 등에 따른 추가적인 부채가 발생되지 않는다는 점이다. 이 펀드는 주로 중동과 남미의 개도국 등에서 운용된다. 한편, 비상품펀드는 주로 채권발행 등을

표 7-19 국부펀드 종류

구 분	상품펀드	비상품펀드
재원	원자재 수출	국제수지흑자, 채권발행, 정부재정 등
설립목적	원자재 가격하락 시기에 정부재정 수익 안정성 확보(안정화펀드의 성격)	미래세대를 위한 저축, 노령화 등 향후 재정지출 확대 대비(저축펀드의 성격)
특징	수출대금이 바로 국고로 유입되어 중앙은행의 불태화 등에 따른 부채가 발생하지 않음	불태화 개입, 채권발행 등으로 부채가 발생하므로 자산운용 시 부채 만기 등을 고려해야 함
운용국가	주로 중동 및 남미의 개도국, 러시아	주로 아시아 개도국 및 일부 선진국

통해 자금을 조달하고 국가차원에서 다가오는 미래세대를 위한 재정지출 확대에 대비하는 저축펀드의 성격이 강하다. 이 펀드는 상품펀드와는 달리 부채가 발생하므로 펀드운용 시 부채만기 등 기간 미스매치를 고려해야 하며, 아시아개도국이나 일부 선진국에서 주로 운용된다. 국부펀드의 종류를 요약하여 표 7-19에 정리하였다.

국제금융상품

국제금융시장에서 거래되는 금융상품 역시 예금, 대출, 단기증권, 채권 및 어음형태의 상품 등으로 구분되며, 예금과 대출은 전통적 의미에서의 상업은행상품이고, 단기증권, 채권 등은 투자은행상품이다.

1. 만기에 따른 분류
   - 국제단기금융상품 : 이는 미국, 영국, 일본 등 주요 선진국의 단기금융시장과 유로단기금융시장에서 거래되는 만기 1년 이하의 상품을 말한다.
   - 국제장기금융상품 : 이는 만기가 1년 이상인 채권, 주식, 대출 등 장기금융상품을 말하며 국제대출은 국제상업은행의 중개를 통해 예금과 대출이 이루어진다. 국제채권은 채권발행자의 '거주성'에 따라 유로채와 외국채로 구분된다. 유로채는 비거주자인 자금차입자가 유로화채권을 발행하는 경우로, 예컨대 미국의 자금차입자가 유럽에서 채권을 발행하여 매각시키는 경우이다. 외국채는 비거주자인 자금차입자가 외국에서 그 나라의 통화표시채권을 발행하는 경우의 채권이다. 외국채는 발행지역에 따라 다르다. 미국에서 외국차입자가 발행하는 미 달러화 표시채권인 양키본드, 영국에서 발행하면 불독본드, 일본에서 발행하면 사무라이본드 등으로 분류된다. 채권은 발행형태에 따라 확정고정금리부 채권인 보통채, 리보(LIBOR ; London inter-bank offered rate)금리에 연동되는 변동금리채, 제로쿠폰채, 주식연계채권 등이 있다.

2. 기타
   - 미국의 단기재정증권 : TB(Treasury Bill)는 1년 이하의 만기를 갖는 단기채로 이자가 지급되지 않는 할인채이다. TN(Treasury Note)은 1년 이상 10년 이하의 만기를 갖는 중기채로 이자부채권이다. TB(Treasury Bonds)는 10년 이상의 만기를 갖는 장기채로 이자가 지급되는 이자부 채권이다.
   - 주식예탁증서(DR ; Depository receipts) : 이는 기업이 해외에서의 주식발행으로 자금조달을 하고자 할 때 주식대체증권으로서 원주(原株)를 국내보관기관에 예탁, 담보로 하여 외국의 예탁기관이 현지의 투자자에게 예탁증서를 발행한다. 유형을 살펴보면 미국 및 아시아지역을 중심으로 한 기명식, 유럽지역을 중심으로 한 무기명식으로 분류되며 거래되는 장소에 따라 명칭을 달리한다. 예를 들어 미국의 경우 ADR(American Depository receipts)이라 한다.

부록 7-1 • 옵션가격결정모형(option pricing model : OPM)[16]

옵션가격 결정을 설명하는 모형에는 크게 이항옵션가격결정모형과 블랙-숄즈 모형이 있다.

1. 이항 옵션가격결정모형(binomial OPM)

이항모형은 1979년 Cox-Ross-Rubinstein[17]에 의해 제시된 것으로 기초자산인 주식의 가격이 현재의 가격을 기준으로 일정한 비율로 상승하거나 하락하는 두 가지 형태로 변화하는 경우의 옵션가격을 측정하는 모형이다. 즉 기초자산의 가격이 불변인 경우를 무시하고 미래의 기초자산가격의 변화를 상승 아니면 하락이라는 두 가지로 변화하는 이항분포모형을 전제로 한다. 이 모형의 기본가정은 다음과 같으며 편의상 가장 간단한 모형인 주가의 변동이 한번만 발생한다는 단일기간모형을 이용하여 유도하고자 한다.

- 주식가격은 단지 상승 및 하락의 두 가지 경우만 존재하며, 상승확률은 q이고 하락확률은 $1-q$인 이항분포를 따른다.
- 주식보유에 따른 배당금지급, 조세, 거래비용, 증거금요구 등이 없다.
- 무위험수익율이 존재하며, 이는 주가의 상승률보다는 크고 하락률보다는 작다. 따라서 무위험수익율을 통한 차익거래는 존재하지 않는다.
- 주가의 변동은 각 기간별로 동일한 상승률 및 하락률이 곱해지는 승수이항과정(multiplicative binomial process)을 따른다.

이러한 가정 하에서 현재 주식의 가격이 S라 하면 기말의 주가는 다음과 같이 두 가지 중의 어느 하나로 나타나게 된다.

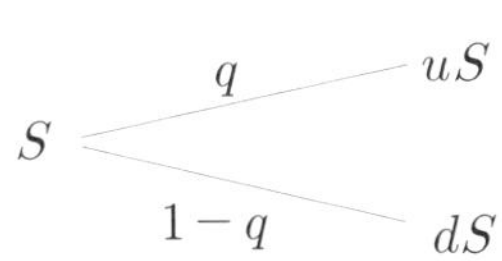

단, $u=(1+\text{주가상승율})$

단, $d=(1-\text{주가하락율})$

이와 같이 기말에 주가가 uS, dS가 되었을 때 대응하는 옵션의 가치는 변화된 주식가격(uS나 dS)이 행사가격 E보다 크면 그 차액이 되고, 행사가격보다 낮으면 옵션이 행사되지 않아서 0이 된다.

16) 서영수(2005), "생명보험해약옵션 가치평가에 관한 연구", pp.30–32 인용·요약

17) Cox,John. C.,S.A.Ross and M.Rubinstein., "Option Pricing ; A Simplified Approach", *Journal of Financial Economics*, 7. October, 1979.

이에 따라 $C_u = \max[uS - E,\ 0]$이거나 $C_d = \max[dS - E,\ 0]$가 된다. 한편 현재가격이 S인 특정주식을 N주만큼 보유하고 무위험채권을 B 금액만큼 보유하는 포트폴리오를 구성한다고 하자. 그러면 현재 $SN + B$의 비용이 드는 포트폴리오의 기말가치는 다음과 같이 된다.

$$SN + B \quad \begin{cases} uS \cdot N + r \cdot B \\ dS \cdot N + r \cdot B \end{cases}$$

다음으로 이 포트폴리오의 기말가치와 각 발생 상태별 옵션가격을 동일하도록 N과 B를 조정하면 다음 식이 성립한다.

$$uS \cdot N + r \cdot B = C_u$$
$$dS \cdot N + r \cdot B = C_d$$

위의 식들의 연립방정식을 N과 B에 관해 풀면 다음과 같다.

$$N = (C_u - C_d)/[(u-d)S]$$
$$B = (uC_u - dC_d)/[(u-d)r]$$

만일 무위험 차익거래기회가 존재하지 않는다면 각 상태별로 옵션의 기말가치와 포트폴리오 기말가치는 동일하므로, 옵션의 현재가치 C도 포트폴리오 현재가치 $SN + B$보다 작거나 커서는 안 된다. 따라서 다음 관계가 성립해야 한다.

$$\begin{aligned} C &= SN + B \\ &= (C_u - C_d)/(u-d) + (uC_d - dC_u)/[(u-d)r] \\ &= [(r-d)C_u/(u-d) + (u-r)C_d/(u-d)]r \end{aligned}$$

위의 식을 간단히 하기 위해 다음과 같이 정의를 하자.

$$P = (r-d)/(u-d)$$
$$1 - P = (u-r)/(u-d)$$

여기서, P는 가성확률(Pseudo-probability)이라 한다.

위의 식을 이용하면 결국 다음과 같이 간단히 표현할 수 있다. 즉, 주가가 한번만 변화하는 경우 콜옵션의 가격은 다음과 같은 공식으로 산출할 수 있다.

$$C = [P \cdot C_u + (1-P) \cdot C_d]/r$$

만약 주가의 변동이 2회 발생하는 경우 콜옵션의 가격은 동일 절차를 걸쳐 다음과 같이 계산된다.

$$C = \frac{P^2 C_{uu} + 2P(1-P)C_{ud} + (1-P)^2 C_{dd}}{r^2}$$

이제 만기까지의 기간을 같은 크기의 n개의 구간으로 분할하고, 모든 구간에서 주가가 상승과 하락의 움직임을 계속한다고 가정하고 전 구간에 걸쳐서 이항옵션평가의 계산과정을 계속하면 옵션의 현재가치의 근사값을 구할 수 있다. 이때 주가의 이항 움직임을 규정하는 u, d, P를 적절히 정의함으로써, 이항움직임으로 규정한 비연속적인 주가의 움직임이 n이 증가함에 따라 연속적인 확률과정에 수렴하도록 하여 이항모형에서 구한 옵션의 가치가 연속모형의 옵션가치에 가까워질 수 있도록 할 수 있다.

이항옵션가격결정모형의 특징은, 첫째 주가가 상승 또는 하락할 확률과는 관계없이 옵션의 가격이 결정되며, 둘째 투자자의 위험선호와 옵션가격과는 관계가 없으며, 셋째 기초자산인 주식의 현재가격에 의해서만 옵션가격이 영향을 받는다는 것이다.

2. 블랙-숄즈 옵션가격결정모형(Black-Scholes OPM)

이는 1973년 블랙(F. Black)과 숄즈(M. Scholes)에 의해 개발된 옵션가격결정모형이다. B-S 옵션가격결정모형은 아주 복잡한 수학적 모형이기는 하나, 이론적으로나 실무적으로 가장 많이 이용되고 있는 대표적인 옵션가격결정모형이다. 이 모형은 복잡한 수학적 공식과 절차를 적용하여 산출되므로 다소 어려운 수학적 지식을 요구한다. 따라서 어려운 산출과정을 생략하고 공식에 대한 의미만 살펴보고자 한다.

블랙-숄즈 모형에 의한 콜옵션의 가격은 다음과 같은 공식으로 계산된다. 즉, 콜옵션의 가격은 현재의 주식가격 S, 행사가격 E, 만기까지의 기간 T, 주식 수익률의 분산 σ^2 그리고 무위험이자율을 r_f에 의해 결정된다.

$$C = S \cdot N(d_1) - Ee^{-r_f t} \cdot N(d_2)$$

$$\text{단, } d_1 = \frac{\ln\frac{S}{E} + \left(r_f + \frac{\sigma^2}{2}\right) \cdot T}{\sigma\sqrt{T}}$$

$$d_2 = d_1 - \sigma\sqrt{T}$$

$e = 2.71828\cdots$ 로 표시되는 자연대수
r_f =연간 무위험이자율
T=만기까지의 기간(연 단위)
σ^2 =주식수익률의 분산
$N(d)$=d에서의 누적정규 확률분포의 값

위의 식에서 d_1과 d_2는 평균이 0이고 분산이 1인 표준정규분포의 변수 z의 수치를 의미한다. $N(d_1)$과 $N(d_2)$는 z가 $-\infty$에서부터 d_1 또는 d_2까지 구간일 때의 확률이다. 이는 앞서 기술하였던 콜옵션의 가격을 결정하는 다섯 가지 요인들이 구체적으로 어떻게 콜옵션의 가격을 결정하는가를 보여주고 있다. 다만, 이 모형은 만기일까지 기초자산에 배당이 지급되지 않으며, 세금과 거래비용이 존재하지 않는다는 다소 비현실적인 가정에서 도출되었다.

부록 7-2 • 우리나라 펀드 동향 10년[18)]

1. 진행 경과

2000년부터 2009년까지 10년 간 국내 주식시장은 IT버블, 카드사태, 글로벌 금융위기 속에서도 5%대의 연 환산 수익률을 기록했다. 적립식펀드 성장과 함께 해외펀드 비과세 혜택까지 주어지면서 국내외 주식펀드 설정액 증가세가 두드러졌고, 이 기간 동안 펀드들의 설정액은 32조원이 증가했다. 국내펀드시장은 수익률과 설정액뿐만 아니라 제도 측면에서도 글로벌 기준에 맞게 성장해가는 모습을 보였다. 그러나 지난 10여 년 동안 성장을 가로막는 사건들도 많았다. 1997년 금융위기로 신세기투신, 한남투신 등이 영업정지를 당하는 등 펀드시장 역시 위기에 봉착한 바 있다.

1999년 7월 대우사태가 터지며 2000년대 초반까지 몇몇 투신사는 자본이 잠식되고 펀드에서 차입한 연계콜을 해소하지 못하는 등 투신사들의 부실이 계속됐다. 상품의 구성 및 판매 이후 관리의 미흡으로 고객들의 불신이 팽배한 상태로 2000년대를 지난 것이다. 2004년에는 증권투자신탁, 증권투자회사, 투자자문 및 투자일임 등 간접투자와 관련된 업무를 포괄하는 간접투자자산운용업법(이하 자산운용업법)이 만들어졌다. 펀드가 투자할 수 있는 대상을 부동산 및 실물자산 등으로 대폭 확대해 원칙적으로 펀드투자 대상에 대한 제한을 없애고, 수탁회사의 운용감시기능 강화, 자산운용보고서 및 각종 공시제도의 강화 그리고 수익자총회의 신설 등 투자자를 보호하기 위한 제도도 확충했다.

하지만 이 역시 증권과 파생상품 종류를 한정시켜 새로운 상품 개발이 제한되고 자본시장 관련 업무의 겸영 또한 제한해 시너지 창출에는 한계가 있었다. 또한 부동산 펀드와 부동산 투자회사처럼 같은 자산에 투자하더라도 관련 법률이 별도로 존재해 규제상의 사각지대가 생기는 등의 문제가 남아 있었다. 이러한 문제를 해결하기 위해 자본시장의 규제개혁과 투자자 보호를 강화한 자본시장과 금융투자업에 관한 법률(이하 자본시장법)이 2007년에 제정되어 2009년 2월 시행되기에 이르렀다.

2. 설정액 추이

2000년 186조 원으로 시작한 국내펀드 규모는 10년이 지난 2009년 말 218조 원까지 증가한 것으로 나타났다. 이러한 성장에는 주식형펀드가 크게 기여했다. 2000년 들어

---

18) ZEROIN(2010), 『2010 KOREA BEST FUND 제 10호』, pp.15-18 요약·정리

IT버블 붕괴와 대우사태로 주식관련 펀드가 시장에서 외면을 받으며 주식 공모펀드 설정액은 정체를 보였다. 공모펀드 설정액은 이때를 저점으로 다시 증가하기 시작했다. 2004년에는 MMF와 채권형을 중심으로 자금이 유입됐고, 2005년에 들어서며 증시 호황과 적립식펀드 투자 확장으로 개인투자자들이 주식형펀드로 몰리며 공모펀드 전체 설정액의 상승세를 이끌었다. 특히 국내주식펀드에만 집중됐던 주식투자자들이 2005년 해외펀드 투자수익 비과세 조치와 글로벌증시 호황에 따라 2007년 들어 중국주식펀드를 비롯한 신흥국 주식펀드 등으로 자금이 몰리며 해외펀드 규모도 급격히 성장했다.

서브프라임 모기지 부실에서 시작됐던 금융시장 불안이 리먼브라더스 파산으로 연결되며 국내 펀드시장에서도 대규모 자금 이탈이 예상됐으나, 증시 고점에 시장에 진입한 투자자들이 많아 손절매 역시 엄두를 내지 못하며 주식펀드의 설정잔고는 정체된 모습을 보였다. 하지만 금융위기 속에 안전자산 선호로 MMF로는 자금이 유입돼 공모펀드 규모는 2009년 3월 266조 원까지 증가했다.

금융위기로 세계 각국 정부의 시장 부양정책에 2009년 상반기 동안 증시가 어느 정도 회복되자 주식펀드에서 손실을 어느 정도 만회한 투자자들이 하반기 들어 펀드에서 빠져나가는 모습을 보였다. 한편 경기회복에 대한 기대에 MMF 자금 역시 위험자산으로 옮겨가며 결과적으로 공모펀드 설정액은 2010년 1월 4일 현재 218조 원으로 2008년 초 수준으로 감소했다.

3. 펀드수 및 평균 설정액 추이

2000년 1만 2,969개에 달했던 공모펀드는 소규모 펀드의 정리 등을 거치며 10년이 지난 2009년 말에는 절반수준인 5,754개로 줄었다. 유형별로 살펴보면 MMF, 기타유형이 각각 490개, 7,946개씩 줄어든 반면 주식형, 혼합형, 채권형 펀드는 늘어났다. 특히 2000년대 초반에 부실자산이 포함돼 있거나 장부가로 평가되던 펀드가 정리되기 시작하며 제로인 기준으로 기타유형 펀드가 크게 감소했다. 또한 자금도 계속 줄어드는 상황에서 신규펀드 설정 역시 저조했던 것이 펀드 수 감소로 이어졌다.

소규모 펀드들이 정리되며 유형별 공모펀드의 설정액을 펀드수로 나눈 평균 설정액은 늘게 됐다. 2000년 114억 원에 불과했던 전체 평균 설정액은 2009년 말이 현재 379억 원으로 236억 원 늘었다. 주식형펀드의 경우 펀드 수 증가에도 불구하고 자금 역시 꾸준히 유입되며 평균 설정액은 296억 원 늘어난 464억 원을 기록했다. 또한 MMF는 자금유입에 펀드 수 감소까지 더해지며 2000년 초 252억 원이었던 MMF 평균 설정액은 2,779억 원까지 늘었다.

표 7-A 유형별 펀드수 및 평균 설정액

연도	주식형		혼합형		채권형		MMF		기타	
	설정액	펀드수	설정액	펀드수	설정액	펀드수	설정액	펀드수	설정액	펀드수
2000	169	1,902	174	946	148	250	252	722	127	9,149
2001	147	1,346	211	1,316	540	691	421	633	48	3,808
2002	128	1,243	222	1,358	496	992	813	429	42	2,413
2003	137	1,131	216	1,332	347	756	1,209	395	68	1,203
2004	87	1,175	111	1,400	145	841	491	823	44	1,547
2005	79	844	146	983	350	520	1,720	299	83	1,171
2006	270	820	163	1,083	193	397	2,112	265	85	1,425
2007	506	884	144	1,187	209	366	2,115	265	104	1,372
2008	616	1,832	153	1,265	170	344	1,756	257	107	1,495
2009	569	2,372	131	1,273	115	415	2,124	253	88	1,929
2010	464	2,640	118	1,253	147	426	2,779	232	87	1,203

출처 : ZEROIN(2010), p. 16

주) 1. 설정액은 해당유형의 총 설정액을 동일 유형 펀드수로 나눈 평균값임

2. 혼합형은 국내외 주식혼합형, 채권혼합형, 절대수익추구형을 포함

3. 기타는 국내외 기타, 부동산, 커머더티형을 포함

4. 수익률 동향 추이

뉴밀레니엄 첫 10년간 코스피는 연평균 5.05% 상승했다. IT버블 붕괴, 카드채 사태, 금융위기의 어려움 속에서도 상승하는 모습을 보였다. 특히 글로벌주식지수(MSCI ACWI)가 연 2.22% 하락한 것과 비교했을 때 상당히 양호한 성과다. 하지만 IT버블로 인해 2,500포인트가 넘었던 코스닥은 2000년 후반부터 거품이 꺼지면서 10년이 지난 지금도 그때의 수준을 회복하지 못하고 연환산 -14.84%의 수익률을 기록했다. 한편 채권시장은 정부의 저금리정책 유지로 강세를 보이며 KIS채권종합지수의 10년간 수익률이 연환산 6.86%를 기록했다.

지난 10년간 국내주식형 펀드는 연환산 8.84% 수익률을 기록했다. 이 기간 동안 국내 주가지수(KOSPI)는 연평균 5.05%의 상승률을 보였는데 국내기업들의 배당수익률을 연 2%로 가정하더라도 국내주식형 펀드는 주식시장보다 평균 1%포인트 이상 초과하는 수익률을 보인 것이다. 지난 10년간 액티브하게 운용되는 일반 주식형 펀드는 8.99%를

기록했고, 코스피200지수를 추종하도록 설계된 인덱스펀드는 7.88%를 보임으로써, 일반 주식형 펀드가 인덱스펀드보다 연평균 1%포인트 정도 높았다.

일반주식혼합형 펀드와 일반채권혼합형 펀드는 각각 6.53%, 5.55%씩 상승했고, 일반채권형 펀드는 5.16% 수익률을 나타냄으로써 지난 10년간 대부분의 펀드들이 연평균 5% 이상 수익률을 보였다. 2000년에는 연 7%에 달했던 MMF 수익률은 점차 낮아져 지난 10년간 연평균 4.40%를 기록했다.

표 7-B 국내펀드 연도별 수익률

연 도	2000	2001	2002	2003	2004	2005	2006	2007	2008	2009	10년
주식형	-43.79	33.98	-1.50	35.79	6.63	60.37	1.56	40.28	-38.48	54.44	8.84
일반주식	-43.37	33.89	-0.80	36.16	5.44	63.72	0.96	41.98	-39.45	54.18	8.99
중소형주식	-35.70	36.03	-21.03	38.60	-0.59	76.86	-2.99	30.32	-38.11	57.59	7.57
K200인덱스	-49.14	38.97	-4.78	35.07	11.76	54.85	6.83	33.35	-37.90	53.41	7.88
주식혼합형	-27.31	21.37	3.14	20.10	4.21	28.36	3.01	21.43	-19.96	29.18	6.62
일반주식혼	-27.34	21.41	3.15	20.30	4.14	28.91	2.80	21.20	-19.96	28.45	6.53
채권혼합형	-11.31	11.46	2.81	11.68	4.95	14.29	3.69	12.53	-8.62	16.97	5.44
일반채권혼	-11.29	11.54	2.94	11.70	4.96	15.27	3.35	12.78	-8.43	16.84	5.55
절대수익 추구형	12.12	7.68	5.29	7.11	5.67	8.29	3.85	7.09	2.79	6.62	6.62
채권알파	-2.20	6.94	4.78	5.02	4.85	8.71	3.58	7.71	0.58	10.06	4.94
시장중립	5.16	2.74	4.04	3.04	-0.83	8.36	2.27	7.01	7.13	3.34	4.19
공모주 하이일드	12.98	8.01	5.44	7.41	6.30	8.15	4.13	6.24	2.22	6.57	6.71
채권형	9.67	6.61	5.32	3.87	5.84	1.80	4.82	3.41	8.17	3.80	5.31
일반채권	9.70	6.81	5.17	4.00	6.34	2.21	4.94	3.90	4.66	4.06	5.16
우량채권	8.98	6.00	5.56	3.83	5.24	1.46	4.46	3.63	9.14	2.95	5.10
MMF	6.83	5.27	4.44	4.08	3.60	3.19	4.04	4.69	5.33	2.65	4.40
코스피	-50.92	37.47	-9.54	29.19	10.51	53.96	3.99	32.25	-40.73	49.65	5.05
코스닥	-79.47	37.33	-38.57	1.15	-15.24	84.52	-13.63	16.18	-52.85	54.67	-14.84
글로벌주식	-11.39	-14.36	-24.55	23.54	9.67	14.76	14.40	5.24	-40.93	26.21	-2.22
KIS채권종합	13.99	8.21	9.36	5.39	8.26	0.68	6.04	2.60	10.54	4.17	6.86

출처 : ZEROIN(2010), p. 17

5. 운용사별 성과추이

일반주식펀드의 경우 10년 이상 운용기록을 가진 운용사는 18개였다. 이중 미래에셋자산운용이 390.57%(연환산 17.24%)의 수익률로 일반주식펀드 운용사 중 가장 높은 수익률을 기록했다. 미래에셋자산운용은 국내 최초 뮤추얼펀드인 박현주1호 펀드를 시작으로 1998년 12월부터 공모 주식펀드를 운용하기 시작했다. 이후 디스커버리, 인디펜던스 등 개방형 뮤추얼 펀드를 설정했다. 높은 수익률을 바탕으로 투자자들에게 관심을 받으며 이들 펀드에 대한 시리즈 펀드를 만들었다. 또한 적립형 3억 원 만들기 펀드의 출시 및 캠페인을 진행하며 국내 적립식투자의 장을 만드는 데 한 몫 했으며, 2009년말 현재 주식펀드에서 가장 큰 규모를 자랑하고 있다.

주식펀드 운용사 중 수익률이 두 번째로 높은 곳은 프랭클린템플턴운용사로 10년간 363.79%의 성과를 올렸다. 한화운용, 신영, 미래에셋맵스, 유진운용도 150%가 넘는 수익률을 기록했다. 일반채권펀드의 경우 10년 이상 운용기록을 가진 운용사는 5개로 이중 하이운용이 80.67%(연환산 6.09%)로 가장 우수했고, 푸르덴셜운용과 삼성, 하나UBS가 평균수익률을 상회하는 성과를 기록했다.

표 7-C 유형별 수익률 TOP 15 운용사

주식형		채권형	
운용사	총수익률(연환산)	운용사	총수익률(연환산)
미래에셋자산	390.57(17.24)	하이운용	80.67(6.09)
프랭클린템플턴	363.79(16.58)	푸르덴셜운용	72.28(5.59)
한화운용	229.42(12.66)	삼성운용	70.73(5.50)
신영운용	159.27(10.00)	하나UBS	70.51(5.48)
미래에셋맵스	156.01(9.86)	한국운용	62.27(4.96)
유진운용	150.85(9.63)	유형 평균	65.41(5.16)
ING운용	140.63(9.18)		
대신운용	136.63(9.00)		
동양운용	126.95(8.54)		
신한BNPP	125.07(8.45)		
유형 평균	136.58(8.99)		

출처 : ZEROIN(2010), p.17

요점정리

1. 금융상품은 금융증권의 형태로 소유자에게 미래의 수익을 약속하고 교환의 매개 및 가치저장의 기능을 수행하면서 그 자체가 수익성, 위험성, 유동성을 가지고 있다. 금융상품 중 전통적인 상품은 만기 1년 이내의 단기금융상품, 예금상품, 대출상품, 리스 또는 팩터링 등 비은행금융상품, 외환상품 등으로 분류된다.
2. 금융투자상품은 원본손실 또는 원본 이상의 손실가능성이 있는 모든 금융상품을 총칭한다. 따라서 전통적 예금 등 원본이 보장되는 상품은 금융투자상품에서 제외된다. 금융투자상품 중 원본범위 내에서만 손실을 보는 상품을 증권, 원본을 초과해서 손실을 보는 상품을 파생상품이라 한다.
3. 집합투자상품은 투자자의 자금을 모아 크게 투자신탁(계약형)과 투자회사(회사형) 형태로 운영되고, 이는 펀드형태별, 투자대상별, 투자기간별, 투자방법별 및 투자자금 모집대상별로 나뉜다. 펀드판매는 판매절차에 따라 투자성향별로 해당 권유상품이 있으며, 환매, 해지, 수수료부과 및 평가는 일정한 기준을 준수해야 한다.
4. 우리나라의 주요 펀드상품으로 MMF 등 단기펀드, 지수 및 주식연계형 펀드, 스타일펀드, 시스템펀드, 실물펀드, 해외펀드, 적립식펀드 등이 있다. 또한 글로벌펀드로 헤지펀드, 사모펀드 및 국부펀드가 있다.

Chapter 7 평가문제

1 금융상품이 가지고 있는 위험성에 대하여 설명하시오.

2 자본시장법 하의 금융투자상품을 정의하고 분류기준별로 나열하시오.

3 펀드시장의 긍정적 기능과 부정적 기능을 각각 세 가지 이상 쓰시오.

4 헤지펀드의 특성에 대하여 세 가지 이상 기술하시오.

5 다음 문장의 괄호 안에 알맞은 단어를 기입하시오.

① 집합투자상품의 운영형태는 크게 (　　　)과 (　　　)로 구분된다.

② (　　　)는 특정 소수의 고액투자자로부터 장기로 자금을 조달해 주로 기업주식, 경영권 등에 투자하고 경영성과 개선을 통해 고수익을 추구하는 펀드이다.

Chapter 8

금융기관

1. 금융기관의 기능
2. 금융기관의 규제
3. 금융기관의 구분
4. 금융관련기관

Chapter 8

금융기관

1 금융기관의 기능[1)]

1) 거래비용 절감

금융기관은 가장 보편적으로 자금의 수요자와 공급자 사이에서 자금을 중개하는 자를 뜻한다. 여기서 중개란 양 당사자 사이에서 자기계산으로 신용을 대위하는 중간자 또는 시장의 브로커나 딜러처럼 중개자금을 증권의 형태로 바꾸지 않고 단순히 거래만 중개하는 것도 포함한다. 이러한 중개업무를 좀 더 효율적이고 표준적으로 하기 위해 자연스럽게 금융시장이 조성되고 이곳을 통해 거래 또는 중개하다 보니 비용까지 절감되게 되었다. 또한 동시에 다수의 자금 제공자와 수요자를 대상으로 금융자산을 거래하기 때문에 규모의 경제(economies of scale)가 작동하여 직접거래보다 적은 비용으로 보다 많은 금융수요를 충족시킨다.

금융거래비용은 주로 정보획득비용, 감시비용, 거래수수료 등 자금의 원가격을 제외한 모든 비용을 말한다. 그 중 정보획득비용이란 정보의 불완전성이 존재하는 상태에서 자금제공자가 자금의 수요자를 찾는데 수반되는 탐색비용(searching cost)과 자금수요자의 신용상태를 스스로 분석하고 자기책임 하에 자금을 제공·관리하는 데 드는 위험비용 등을 말하는데 가장 비중이 크다고 할 수 있다. 개별적으로 자금의 수급에 관한 정보를 수집하고 분석하는 것은 분명 한계에 봉착하게 되는데 이를 보완해 주는 게 금융기관의 역할이다. 금융기관은 대량의 거래를 통해 축적된 신용정보와 분석시스템을 통하여 보다 저렴한 비용으로 해당 정보를 시장에 제공함으로써 정보획득비용을 절감시킬 수 있다. 또한 감시비용도 절감시켜 준다. 금

1) 강병호(2010),전게서, pp. 3–9 인용·정리

융기관이 자금제공자들의 감시역할을 대신함으로써 보다 체계적이고 성실하게 감시하게 되고 이를 통해 개별적으로 감시하게 됐을 때 수반되는 중복되는 비용을 줄일 수 있게 된다. 결과적으로 금융기관은 이러한 거래비용을 절감시켜 자원의 효율적 배분이라는 사회적 기능까지 수행하게 된다.

2) 자산변환

자산변환이란 자금의 수요자와 공급자 간에 자금의 규모, 적용이자율, 이용기간 등이 각자 달라 당사자 간의 자금거래가 성사되기 어려운 것들을 금융기관이 개입하여 거래가 성사되도록 하는 것을 의미한다. 금융기관은 이와 같이 당사자들의 요구조건을 모두 충족시켜 줌으로써 자금의 시간적 배분까지 가능하게 해준다. 즉, 보유자금을 원활히 유통시킴으로써 자금의 보유에 따른 보관비용과 미활용에 따른 기회손실을 감소시켜 준다.

한편, 자산변환은 세부적으로 금액변환, 만기변환, 위험변환으로 구분된다. 금액변환은 말 그대로 자금대여자의 희망금액과 자금차입자의 희망금액이 틀리면 금융기관이 개입하여 이를 일치시켜 준다는 의미이다. 그렇지 않으면 거래 자체가 성사되지 않거나 희망의 효용이 떨어져서 자금의 융통이 시간이 갈수록 줄어들게 된다. 이의 비근한 예로 금융기관은 소액예금을 수취하여 이를 집적, 해당 기업에게 거액의 자금을 대출해 주거나 그 반대로 거액예금을 수취하여 소액대출로 전환시키는 등 당사자 간의 희망대차금액을 모두 충족시켜 줄 수 있다.

만기변환이란 자금대여자 입장에서는 자금의 유동성과 회수불가능이란 위험성을 고려하여 가급적 단기간 운용하려고 하고, 반대로 자금차입자 입장에서는 안정적인 자금사용을 위하여 가능한 한 차입기간을 장기적으로 하려고 하기 때문에 양자의 희망대차기간을 당연히 일치하지 않는다. 따라서 금융기관은 이와 같이 장·단기 자금조달과 운용기간 미스매치를 조정하여 당사자 간의 희망대차기간을 일치시켜 줌으로써 자금활용에 대한 기대효용을 향상시켜 준다.

위험변환이란 금융기관이 자신이 축적하고 있는 기술과 정보 분석에 대한 노하우를 가지고 자금제공자가 부담하게 될 위험을 감축, 분산 또는 위험구조를 변경시켜 주는 것을 의미한다. 대체적으로 자금제공자는 자금대여에 따른 유동성위험, 신용위험 등을 안고 있다. 유동성이란 자금이 필요하다고 싶은 그 즉시에 가치의 손실

없이 현금으로 전환시킬 수 있는 능력을 말하는데, 유동성위험이란 이와 같은 유동성이 떨어지게 되는 위험을 의미한다. 통상 금융기관은 유동성이나 환금성이 훨씬 큰 상품들을 제공함으로써 자금제공자들의 유동성위험을 감소시켜 주는 역할을 한다. 신용위험이란 자금제공자가 자금을 대여해 주고 자금수요자의 사정에 따라 해당 원리금을 원하는 기간에 못 받게 되는 위험을 말하는데 일반적으로 자금대여자는 이와 같은 신용위험에 가장 크게 노출되어 있다. 금융기관은 오랜 기간 동안 축적된 수많은 자금 차입자들의 성향 분석을 통하여 우수하거나 불량한 대출고객을 분별할 수 있는 능력을 갖추고 있어 신용위험을 효과적으로 대처할 수 있게 된다. 설령 자금차입자가 원하는 기간에 상환하지 않더라도 이에 대비한 담보를 설정해 놨기 때문에 자금대여자는 충분히 안심해도 된다.

3) 지급결제수단의 창출

자본주의 경제체제 하에서 모든 거래는 반드시 일반적으로 인정되고 있는 지급수단에 의한 대가의 지급을 수반해야 하는데 이의 종류로 화폐, 수표, 어음, 카드, 계좌이체, 전자화폐 등 다양하다. 이러한 과정에서 금융기관은 화폐나 수표 등을 공급함으로써 거래를 구체적으로 실행시키는 지급결제수단을 제공한다. 보통 지급(payment)은 경제주체 상호간에 채권, 채무관계의 해소를 위하여 지급수단을 제시하는 형태를 말하며, 결제(settlement)는 비현금수단의 이용에 따른 지급인과 수취인간의 자금이체 과정을 의미한다. 그러나 최근 지급수단 및 결제수단의 전자화 등으로 인해 지급과 결제를 엄격하게 구분하기가 어렵게 되어 이를 포괄하여 지급결제라는 용어를 사용하고 있다.

한편, 거래의 종결을 위해서는 중앙은행이 공급하는 현금통화인 화폐나 화폐 이외의 지급수단 이전이 필요하다. 우선 화폐는 법에 의해 강제 통용력이 부여된 중앙은행의 부채로 화폐에 의한 결제는 그 자체가 최종결제로서 별도의 결제과정이 필요 없다. 그러나 화폐 이외의 지급수단은 통상 예금통화의 이전을 전제로 하는 것으로 이에 의한 결제의 경우 당사자 간의 대차관계는 일차적으로 청산되나 거래 쌍방의 은행계좌 간 예금의 이전이라는 2차 결제과정이 뒤따른다. 이 결과 은행 간 대차관계가 새로이 발생하며 이를 청산하기 위한 은행 간 결제과정이 필요하는데 이는 중앙은행에 예치된 각 은행의 당좌예금의 계좌이체로 최종 종결된다. 이와 같이 금융기관은 보다 낮은 거래비용으로 결제할 수 있는 지급수단을 제공함으로써 금융거래 활성화는 물론 가계와 기업 그리고 국가 전체적으로 생산과 소비를 촉진시켜 경제성장에 기여하게 된다.

최근 금융거래의 전자화와 지급결제서비스 과정의 기술적 분화[2]로 은행 이외의 비은행 금융회사와 소프트웨어회사, 원격통신회사 및 제조회사 등 비금융 회사들의 결제업무 참가가 큰 폭으로 증가하고 있다. 현재 금융투자회사는 신용카드사와 업무제휴를 통해 CMA 연계 신용카드를 발급하고 있으며, 증권금융(주)이나 신탁업자에 투자자 예탁금을 예치 또는 신탁하는 투자매매·중개업자는 금융결제원의 소액결제시스템에 직접 참가하여 자금이체 업무를 영위하고 있다[3].

현재 비금융회사들이 제공하는 지급결제 서비스는 주로 소액결제 형태의 전자화폐, 모바일 결제서비스 등이 있다. 모바일결제는 휴대전화를 전자결제서비스 전달매체로 사용하는 방식과 휴대전화기에 IC카드형 신용카드나 전자화폐를 판독할 수 있는 리더기를 부착하거나 칩 자체를 내장하여 휴대전화기를 신용카드나 전자화폐 단말기로 사용하는 방식 등이 있다. 이런 방식은 결제서비스의 다양성, 신속성 등 장점 외에 네트워크의 해킹이나 전산장애로 인한 예상치 못한 위험을 안고 있다는 단점도 있다.

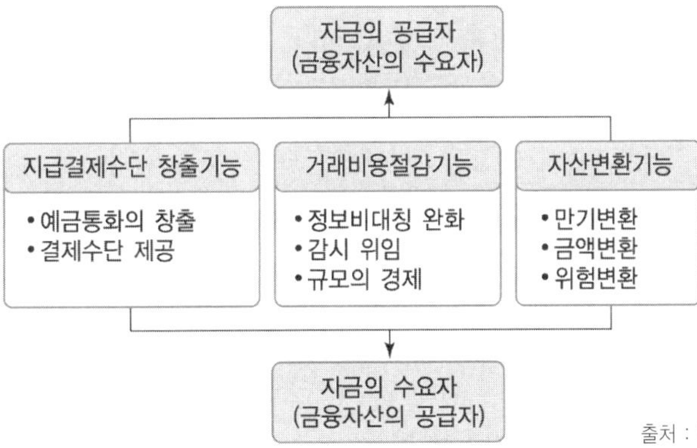

출처 : 방영민(2006), p. 97

그림 8-1 금융기관의 기능

2) 기술적 분화란 지급결제 서비스의 일부 또는 전부가 전자네트워크 상에서 전자적 기술의 몇 가지 과정으로 대체되는 현상을 말한다.

3) 보험회사도 특별계정에 한해 지급결제수단을 허용하는 등 지급결제업무를 영위토록 방안이 논의되고 있는 중이며 당장은 아니더라도 궁극적으로는 허용될 것으로 필자는 예측한다.

2 금융기관의 규제

1) 규제의 필요성

금융기관도 영리를 추구하는 하나의 기업임에도 불구하고 오래 전부터 여타 산업보다 엄격한 규제를 받아 온 것이 세계 각국의 공통된 현상이다. 그 이유는 금융기관의 도산이 다른 은행들의 연쇄도산을 유발하여 전체 금융제도의 안정을 위협하는 전염효과(contagion effect)가 크고, 독과점으로 인한 시장실패의 위험도가 높기 때문이다. 또한 국가경제의 근간을 이루는 공공성이 강한 산업이기 때문이다.

(1) 전염효과

금융기관은 정보경로(informational channel)와 기관경로(institutional channel)의 두 가지 파급경로를 통해 위험이 전염될 수 있다. 정보경로는 금융기관, 예금자, 채권자, 주주 등 이해관계자 사이에 존재하는 정보의 비대칭성으로 인해 금융기관의 연쇄도산이 유발되는 경우를 의미한다. 예를 들어, 어떤 금융기관의 도산소식이 전해지면 집단적인 예금인출(bank run) 사태가 발생한다. 특히 은행부문은 지급결제시스템으로 인해 집단적으로 연계되어 있어서 은행 간 전염효과가 상당하다. 보통 예금자는 지급능력이 있는 은행과 그렇지 않은 은행을 쉽게 분별하지 못하거나 그에 대한 인식이 뚜렷하지 않기 때문에 일단 나쁜 소식을 들으면 은행의 건전성 여부를 떠나 예금을 인출하려 하므로 한 은행의 예금지급불능 사태는 다른 은행에 대한 예금인출 사태로 쉽게 연결된 가능성이 크다. 또한 금융기관 간 시장경쟁구도로 인해 위기 이전에는 금융회사 간 유동성거래가 활발하였지만 위기조짐 감지 또는 위기발생 시 다른 기관들은 유동성 확보차원에서 관련 거래를 중단하게 된다. 이러한 기관경로로 인해 대차관계에 있는 금융기관들 간에 유동성 부족이 심화될 수 있다.

한편, 집단 예금인출사태가 발생하면 금융기관 전체의 중개기능이 마비되는 시스템의 위기로 발전할 가능성이 크며, 이 경우 거래비용 증가 및 통화량 수축, 나아가서는 금융기관 전체의 도산위험 증대로 확산되어 결과적으로 국가경제 전체에 심각한 피해를 초래할 수 있게 된다.

(2) **시장실패의 위험**

만약, 금융업을 시장기능에만 맡겨 둘 경우, 그 특성상 규모의 경제나 범위의 경제(economies of scope)로 인해 독과점이 진행되면서 점차적으로 시장의 실패를 초래할 가능성이 크다.

2) 규제의 종류

일반적으로 금융기관 규제는 가격규제, 진입규제 등의 경쟁 제한적 규제와 건전성규제로 구분되며 시간이 경과하면서 경쟁제한적 규제는 완화된 반면, 건전성 규제는 강화되는 추세이다.

(1) **경쟁제한적 규제**

가격규제는 금융상품에 대한 이자율이나, 각종 서비스 제공의 대가인 수수료에 대한 규제이다. 진입규제는 금융제도의 안정을 도모하고 금융기관에 대한 신뢰를 높이기 위해 감독당국이 진입에 대한 최저요건을 설정하여 금융기관의 무분별한 난립을 방지하려는 제도이다. 소유지배규제는 소유자의 사적 이득추구를 자제시키고 독과점이나 담합을 방지하는 제도이다. 업무영역규제는 금융기관의 고유 업무와 겸영·부수업무의 허용범위를 설정하여 그 범위 내에서 영업하도록 규제하는 것이며, 겸업화가 세계적인 추세이다.

(2) **건전성 규제**[4)]

이는 일반적으로 금융기관의 경영이 안전하고 건전하게 영위될 수 있도록 하기 위한 규제로 국제결제은행(BIS)의 자기자본비율 규제가 가장 보편화된 국제기준으로 사용되고 있다.

3 금융기관의 구분

금융기관은 각 나라마다 또는 국제금융기구마다 분류기준이 다르나, 일반적으로 예금취급기관과 기타 금융기관으로 구분하며, 이하 국내 금융기관에 대하여 살펴본다.

4) 자세한 사항은 제 5장, 2. 금융감독의 형태 참조

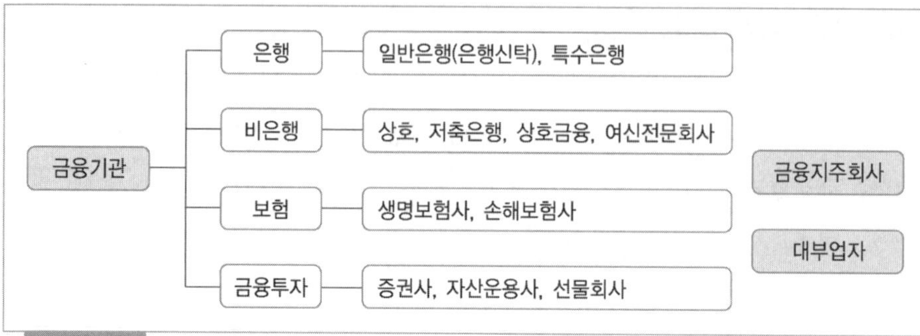

그림 8-2 금융권역별 구분

1) 은행

은행(bank)이란 용어는 중세무역의 중심지였던 이탈리아에서 환전상(money changer)들이 시장에 테이블을 내놓고 업무를 보았는데, 그 테이블을 방카(banca)라 부른 데서 유래되었다. 환전상은 12~13세기 국제무역의 중심지였던 이탈리아 전역에서 번창했으나 15세기에 들어 대부분 파산하였다. 그 후 무역업자들이 환전상의 역할을 대신해서 대출업무와 무역결제 및 외국송금업무를 담당하게 되었는데 이들을 머천트 뱅커(merchant banker)라 불렀고, 특히 롬바르디(lombardy)지역의 머천트 뱅커는 당시 런던 등 주요 도시로 진출하여 은행업을 영위하였는데 이것이 근대적 의미의 은행이다. 최초의 근대적 은행은 1609년 설립된 암스테르담은행(bank of amsterdam)이다.[5)]

오늘날의 명칭은 중앙은행, 상업은행, 투자은행 등 다양하나, 전통적으로 예금을 받아 어음할인 등 단기적 상업자금을 공급하는 협의의 상업은행을 의미한다. 은행은 일반은행과 특수은행으로 분류되며, 일반은행은 영업구역의 제한 여부에 따라 시중은행과 지방은행으로 구분된다. 특수은행은 정책적 차원에서 설립, 규제되는 은행이다.

시중은행은 전국에 영업거점을 두고 서울에 본점을 둔 전형적인 상업은행 및 외국은행의 국내지점을 말한다. 지방은행은 금융의 지역적 분산과 지역경제의 균형발전을 위해 각 도 단위로 설립되었는데 그 취지에 따라 권역 밖의 지점설치나 대출한도를 제한하였으나, 1998년 11월 이러한 규제가 철폐되어 시중은행과 지방은행의

5) 이요섭(2009), 『금융시장의 이해』 (제 5판), pp.54-55 인용·정리

차이가 사실상 없어졌다.

한편, 특수은행은 일반은행이 수익성이나 전문성 또는 재원조달상의 제약 등으로 접근하지 못하는 국민경제의 특수 분야에 대한 금융지원을 위해 설립되었으며, 현재 한국산업은행, 중소기업은행, 농수산업협동조합의 신용사업부문 등이 해당된다. 특수은행은 자금운용 면에서 일반은행의 취약점을 보완하고 특정부문에 대한 전문성을 살리고, 자금조달 면에서는 민간으로부터의 예금보다는 정부 및 해외차입금, 채권발행 등에 주로 의존하여 왔다. 그러나 최근의 금융환경의 급변으로 특수은행들도 자금운용과 조달 면에서 일반은행과 구분 없이 동일선상에서 경쟁하게 되어 구분이 없어졌다. 향후에는 일반은행과 동일한 특수은행은 점증적으로 일반은행으로 전환되고 특수은행 본래의 목적에 부합되는 은행은 일반은행과 경쟁을 지양하고 정책금융을 전담하는 기관으로 양분되는 구도로 전환될 것으로 보인다.

한편, 은행의 고유 업무에는 예금, 적금 등의 수신업무, 자금대출 및 어음할인 등의 여신업무, 환업무 등이 있으며, 부수업무로 채무보증, 유가증권투자, 간접투자증권판매, 팩터링(factoring)업무 등을 영위하고, 신탁업 및 신용카드업도 겸영업무로 수행하고 있다. 현재 은행에 투자자문·일임업무 및 단기금융업무 등을 겸영업무로 추가 허용하고 부수업무는 사전신고만으로 가능하도록 「은행법」의 개정이 예고된 상태이다. 향후에는 금융의 증권화 추세에 힘입어 은행의 증권업무와 다양한 파생금융상품의 취급이 확대될 것이고 은행, 증권, 보험과 연계된 복합 상품 개발허용이 더욱 확대될 전망이다.

2) 비은행 금융기관[6)]

이는 은행 이외의 금융기관을 통칭하는데 통상 은행, 금융투자업자 및 보험회사를 제외한 영역의 금융회사를 말한다. 즉 은행 이외에 예금을 수취하거나 여신업무 등을 수행하는 금융회사로서 상호저축은행, 상호금융회사, 여신전문금융회사 등이 여기에 속한다.

(1) 상호저축은행

상호저축은행은 1972년 8월 「상호신용금고법」에 의해 설립된 서민금융기관으로

6) 강병호(2010), 전게서, pp.327-330, 405-410 인용·정리

주로 신용도가 취약한 소규모기업과 서민을 위한 금융기관이다. 2001년 3월 「상호저축은행법」으로 개칭되면서 그 명칭이 상호신용금고에서 상호저축은행으로 바뀌었다.

이의 취급업무는 수신업무와 여신업무로 구분할 수 있다. 우선 수신업무로는 신용부금업무와 신용계 업무 및 부금예수금 업무 등이 있다. 신용부금업무는 일정기간 부금을 납입하여 중도 또는 만기시 부금자에게 일정금액을 지급할 것을 약정하는 업무로 가장 대표적인 업무이다. 신용계 업무는 일정계좌수별로 기간과 금액을 정하고 정기적으로 계금을 납입토록 하여 계좌마다 추첨, 입찰 등의 방법에 의해 계원에게 금전을 지급하는 업무이다. 부금예수금은 일반예금과 동일하다. 그러나 금융환경의 변화로 동 업무는 점차 종합적인 예금 및 저축업무로 확대되는 추세이다.

한편, 주요 여신업무로 초기에는 계원 또는 부금자를 대상으로 하는 어음할인과 할부상환 방식의 소액신용대출이 주류였으나 1994년 및 1997년 「상호신용금고법」의 개정으로 대출업무가 크게 확대되었는데 주로 공과금 대리수납, 보관업무, 내국환, 표지어음 매출업무, 외국환업무 등이다.

(2) 상호금융기관

이는 조합원의 경제적·사회적 지위향상을 위한 비영리법인으로 신용협동조합, 농업협동조합, 수산업협동조합, 산림조합을 말한다. 그리고 새마을금고도 상호금융기관으로서의 역할을 유사하게 수행하고 있다.

신용협동조합은 지역조합, 직장조합 및 단체조합으로 구분되고 각 조합원으로부터 출자금, 예탁금, 적금 등의 형태로 자금을 조달하고 이를 조합원에게 대출해 주는 업무형태로 운영되다 1997년 12월 「신용협동조합법」의 개정으로 지로(Giro), 자금이체, 어음할인 등의 업무가 추가되었으며, 이어서 1999년 2월부터는 비조합원도 예금업무가 가능하고 2004년부터는 일정한도 내의 대출업무까지 취급할 수 있게 되어 더욱 업무영역이 확대되었다.

농·수·산림조합은 주로 농어민을 대상으로 상호부조를 목적으로 설립되어 농업, 수산업 및 산림업에 대한 조합원 지도 및 공동이익 도모사업과 조합원 상호간의 금융을 취급하고 있다. 주로 회원으로 예탁금, 적금 등으로 조달된 자금과 국가지원자금을 가지고 회원대출 업무가 대부분이고 조합의 특성에 따라 농수산물 판매, 유통 등 경제사업을 부수적으로 영위하고 있다.

새마을금고는 도시의 동과 농촌의 리(里) 단위 및 직장단위로 조직된 신용조합으로 주로 신용사업이 대부분이고 그 밖에 국가, 공공단체 및 금융기관의 업무대리, 보호예수, 회원을 위한 공제사업과 교육사업, 문화복지 후생 및 지역개발사업 등을 수행한다.

(3) 여신전문금융회사

이는 채권발행이나 차입금 등 예금 이외의 방법으로 자금을 조달하여 대출 등 각종 여신서비스를 제공하는 금융기관으로 신용카드회사, 리스회사, 할부금융회사, 벤처캐피탈회사, 팩터링회사 등으로 분류된다. 따라서 종합여신금융전문회사는 기업의 설립(벤처캐피탈)에서부터 설비의 도입(리스 및 할부금융), 영업(카드, 할부금융 및 팩터링)에 이르기까지 기업 활동의 전 과정에 대한 금융업무를 수행하게 된다.

신용카드회사는 신용카드 발행, 이용과 관련된 대금결제 등의 업무를 하는 금융기관으로 전업신용카드사, 겸업신용카드업자(은행계), 유통계 신용카드업자(백화점 등)가 있다. 신용카드회사는 카드사업 외에 기업매출채권의 양수·관리·회수업무, 지급보증, 유동화자산의 관리업무 등을 수행한다. 은행계 카드회사는 신용카드의 고유 업무 외에 자금의 융통업무를 수행하고, 유통계 카드회사는 신용카드 고유 업무만 영위한다.

한편, 1999년 9월부터 모든 신용카드사의 가맹점에서 타사 신용카드도 사용 가능하도록 가맹점공동망제도를 도입하였으며 이를 위해 한국신용카드결제(주)를 설립하였다. 또한 2001년부터는 카드가맹점 가입요건이 어려운 영세업자의 전자상거래를 활성화하기 위하여 이들을 대신하여 카드결제를 대행하는 결제대행업체도 가맹점이 될 수 있도록 하였다. 결제대행업체는 하위판매점을 대신하여 카드사와 가맹점계약을 맺고 신용카드 거래정보를 신용카드사에 제공하고 카드사로부터 판매대금을 지급받아 소정의 수수료를 공제하고 하위판매점에 지급한다.

리스회사는 특정물건을 새로이 취득하거나 대여받아 거래상대방에게 일정기간 사용하게 하고, 그 기간에 걸쳐 일정대가를 정기적으로 분할 지급받으며, 그 기간 종료 후 물건처분에 대해서는 당사자 간의 약정으로 정하는 방식의 시설대여를 업으로 하는 금융기관이다. 1996년 3월부터 그 간 협소한 리스업무의 영역을 확대하여 리스사로부터 설비대여를 받은 기업들이 취득한 외상매출채권을 대상으로 하는 팩터링업무, 일반 대출업무 및 지급보증업무도 제한적으로 허용되었으며, 리스이용

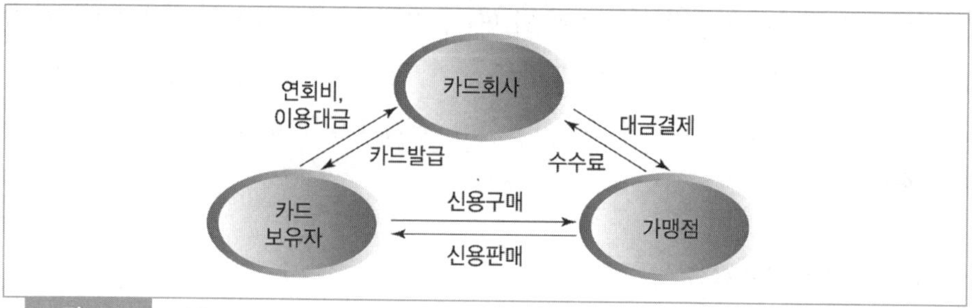

그림 8-3 신용카드의 운용방식

도 일반 개인에게까지 확대하였다. 리스대상은 주로 시설·건설기계, 의료기기, 차량, 선박, 항공기 등과 이와 관련한 부동산과 재산권 등이었으나, 1997년 외환위기 이후 이와 같은 기능은 크게 축소되고 현재는 여신전문금융회사의 겸영업무의 하나로 자동차리스가 주된 업무를 차지하고 있다.

한편, 수요자의 일시적이고 간헐적인 니즈를 충족코자 특정 물건을 임대하는 렌탈(Rental)회사가 있는데 리스와 차이점은 기존 리스회사는 불특정 시설을 대상으로 장기 임대 형태이고 시설의 유지보수책임이 주로 임차인에 있는 데 비해 렌탈회사는 특정 물건을 주로 하루 내지 월 단위로 임대하고 이의 유지보수책임도 임대인에 있는 순수한 「상법」 상의 물건임대회사이다.

할부금융회사는 재화·용역의 매매계약에 대하여 매도인·매수인과 각각 약정을 체결한 후, 매수인에게 융자한 재화·용역의 구매자금을 매도인에게 지급하고, 매수인으로부터 그 원리금을 분할하여 상환 받는 방식의 할부금융을 업으로 하는 금융기관이다. 동기관은 내구재, 주택 및 기계류 등의 구입자에게 할부상환조건으로 금융을 지원하는 할부금융과 팩터링업무 그리고 양 업무와 관련된 신용조사업무 등을 수행한다. 그 외 학자금, 의료비, 전세자금대출 등 소비자금융과 지급보증, 유동화자산관리업무 등을 취급한다. 한편, 1997년 외환위기 이후 대부분의 할부금융사들이 부실화되어 정리되고 현재는 여신전문금융회사의 겸영업무의 하나로 주로 자동차할부금융이 주종을 이루고 있다.

벤처캐피탈 회사는 주로 유망한 기술력은 있으나 이를 상품화하기 위한 자금과 경영능력이 부족한 벤처기업이나 기술집약적인 중소기업에 투자하여 성공할 경우 고수익을 기대하고 자금과 경영을 지원하는 금융기관을 말한다. 주로 해당 기업의 주식인수가 일반적이지만 위험분산 차원에서 신주 인수권부 사채, 전환사채, 전환

우선주 등의 형태를 취하기도 한다. 한편, 자금회수는 주로 해당기업의 주식매각을 통한 방법을 사용하지만 이 밖에 제 3자와의 합병, 경영자에의 매각, 실패할 경우 정리 등이 있다. 또한 경영지원은 융자, 경영컨설팅 및 기술지원 등 다양한 형태를 취한다. 이 중 융자는 약정기간 동안 소정의 원리금을 받는 일반융자와 지원기업이 성공할 경우 융자금 외에 인센티브를 받고 실패할 경우 최소상환금만 상환하는 조건부 융자로 나뉜다.

현재 벤처캐피탈 회사는 「여신전문금융업법」에 의거 설립된 신기술사업금융회사와 「중소기업창업지원법」에 의해 설립된 중소기업창업투자회사가 있다. 신기술사업 금융회사는 투·융자, 지급보증, 경영 및 기술지도, 신기술투자조합의 설립 및 자금관리와 운용을 주 업무로 하고 이 밖에 신기술사업자를 대상으로 구조조정업무(CRC: Corporate Restructuring Company)[7]와 사모투자전문회사(PEF: Private Equity Fund)의 업무집행사원업무 등을 겸영업무로 하고 있다. 창업투자회사는 그간 투자보다는 융자가 대부분이었으나 최근 법 개정으로 창업투자회사의 업무범위를 확대하여 업무집행조합원의 인센티브 부여, 투자기업에 대한 경영권 행사 등을 가능케 하여 주식관련 투자가 늘어나고 있는 추세이다.

3) 금융투자회사

(1) 정의

금융투자회사는 자본시장 관련 금융투자업을 전문으로 영위하는 금융회사를 말한다. 즉 기존의 증권업, 자산운용업, 선물업, 종금업, 신탁업 등 5개 자본시장 관련업이 금융투자업이란 단일 업종으로 합쳐져 겸영이 허용되고, 자본시장법에서 정의하고 있는 투자매매 및 중개, 자문, 신탁, 집합투자, 투자일임에 해당되는 6개 업무를 전부 취급할 수도 있고 원하는 업종만 선택할 수 있다.

① 투자매매업 : 이는 자기의 계산으로 금융투자상품의 매도, 매수, 증권의 발행, 인수 또는 그 청약의 권유나 청약, 청약의 승낙을 영업으로 하는 것을 말한다. 기존 증권회사의 업무 중에서 기업공개(IPO), 회사채 발행 등의 인수업무나 은행 업무 중에서 국공채인수, 대고객 환매조건부채권(RP) 매매 등이 해당된다.

7) 기업구조조정전문회사(CRC)는 부실기업이나 구조조정이 필요한 기업을 인수, 사업정리 등을 통하여 기업 가치를 높인 후 매각을 통해 수익을 추구하는 회사로 1998년 4월 「산업발전법」에 의거 설립되었다.

② 투자중개업 : 이는 그 속성이 투자매매업과 유사하나 자기의 계산이 아닌 타인의 계산으로 영업을 하는 것을 말하며 일반적으로 브로커리지(brokerage)라 한다. 즉 투자매매업은 고객 대 금융투자회사 간의 거래를, 투자중개업은 고객 대 고객의 거래가 일어나는 것을 말한다. 기존 증권회사의 업무 중 주식, 채권, 선물, 옵션 등의 위탁중개업과 펀드판매업 등이 해당된다.

③ 집합투자업 : 이는 자본시장법하의 신규용어로 집합투자를 영업으로 하는 것으로 자본시장법 이전의 자산운용업 또는 투자신탁업이 해당된다. 집합투자란 2인 이상에게 투자권유를 하여 모은 금전 등을 투자자로부터 일상적인 운용지시를 받지 아니하면서 재산적 가치가 있는 투자대상 자산을 취득 · 처분, 그 밖의 방법으로 운용하고 그 결과 투자자에게 배분하여 귀속시키는 것을 말한다.

④ 투자자문업 : 이는 금융투자상품의 가치 또는 금융투자상품에 대한 투자판단에 관한 자문에 응하는 것을 영업으로 하는 것으로 기존제도와 동일하다.

⑤ 투자일임업 : 이는 투자자로부터 금융투자상품에 대한 투자판단의 전부 또는 일부를 일임받아 투자자별로 구분하여 금융투자상품을 취득·처분, 그 밖의 방법으로 운용하는 것을 영업으로 하는 것을 말한다. 이 역시 기존제도와 동일하다.

⑥ 신탁업 : 이는 주로 재산신탁, 연금신탁 등을 영업으로 하는 것으로 기존 제도와 동일하다.

(2) 금융투자회사의 경제적 기능[8)]

금융투자회사가 수행하여야 할 경제적 기능은 단순한 매매위탁자에서 벗어나 금융솔루션제공자(financial solution provider)로서의 역할을 수행하는 것이다. 즉 금융투자회사는 기업고객에 대하여 기업 특성과 요구에 부응하는 자금조달상품의 설계·인수·발행에 관련된 업무를 수행해야 하며, M&A와 기업구조조정 등에 관한 금융자문을 제공하여야 한다. 한편으로 금융투자회사는 투자자고객에 대하여 금융솔루션을 제공해야 한다. 이는 투자자의 위험선호 및 요구에 부응하는 금융투자상품을 설계해서 제공해야 하며, 위탁매매 서비스를 제공하는 것이다. 또한 금융투자회사는 자본시장 및 금융시스템의 핵심적 참여자로서의 역할을 수행해야 한다. 현

8) 정정현(2008), 『자본시장』, pp.173-174 인용

재 금융을 포함한 우리나라 경제에서는 위험을 전가하려는 주체에 비하여 위험을 부담하려고 하는 주체가 절대적으로 부족한 실정을 감안하여, 금융투자회사는 위험의 부담 및 위험을 부담할 수 있는 상품을 개발해야 할 것이다.

금융투자회사가 금융솔루션 제공자로 역할을 담당하는 과정에서 수행해야 할 본질적인 기능은 자산변환(asset transformation)이다. 일반적으로 상업은행의 경우 다수의 소액·단기예금을 수취하고 소수의 저액·장기대출을 제공하는 과정에서 자산변환기능을 수행한다. 이처럼 상업은행이 수행하는 자산변환기능은 금액변환, 만기변환, 신용대체의 3가지로 구분할 수 있다. 금융투자회사 역시 효과적으로 금융솔루션을 제공하기 위하여 자산변환기능을 수행해야 할 것이다.

이러한 자산변환기능의 핵심은 위험-수익구조(risk-return profile)를 변환하는데 있다. 이를 위하여 금융투자회사는 기업의 상태를 정확하게 분석하여 자금조달을 위한 가장 합당한 금융투자상품을 설계하고 개발하여야 한다. 또한 금융투자회사는 자신의 자금으로 기업이 발행한 금융투자상품을 인수하여 기업에 자금을 공급하고 위험을 부담하는 역할을 수행해야 한다. 동시에 금융투자회사는 투자자들의 다양한 선호를 충족시킬 수 있는 금융투자상품을 개발하여 판매해야 한다.

금융투자회사와 기업을 연결하는 금융투자상품과 금융투자회사와 투자자를 연결하는 금융투자상품은 동일한 것이 아니다. 즉 금융투자회사는 기업으로부터 인수하여 보유하고 있는 자산을 여러 가지 금융공학적인 과정을 거쳐 새로운 위험-수익구조를 가지는 자산으로 변환하여 투자자에게 제공해야 한다. 이와 같은 자산변환과정에서 금융투자회사는 자신이 부담하는 위험을 투자자들에게 분산함으로써 위험을 헤지할 수 있게 될 것이다.

(3) 영업규칙[9)]

① 기본원칙

- 신의성실의무 : 금융투자업자는 신의성실의 원칙에 따라 공정하게 금융투자업을 영위하여야 한다. 즉 금융투자업자는 정당한 사유 없이 투자자의 이익을 해하면서 자기가 이익을 얻거나 제3자가 이익을 얻도록 해서는 안된다.

9) 정정현(2008), 전게서, pp.175-178 요약·정리

- 겸영업무 : 금융투자업자는 투자자보호 및 건전한 거래질서를 해칠 우려가 없는 금융업무 중 다음을 수행할 수 있다. 이러한 업무를 수행하기 위해서는 그 업무를 영위하고자 하는 날의 7일 전까지 금융위원회에 신고하여야 한다.
  - 보험대리점의 업무 또는 보험중개사의 업무
  - 해당법령에서 금융투자업자가 영위할 수 있도록 한 업무
  - 국가 또는 공공단체 업무의 대리
  - 투자자예탁금으로 수행하는 자금이체업무
  - 투자자보호 및 건전한 거래질서를 해할 우려가 없는 업무로서 대통령령으로 정하는 금융업무
- 부수업무 : 금융투자업자는 금융투자업에 부수하는 업무를 수행하고자 하는 경우에는 그 업무를 영위하기 7일 전까지 이를 금융위원회에 신고하여야 한다. 다만 금융투자업자의 경영건전성을 해하는 경우, 투자자보호에 지장을 초래하는 경우, 그리고 금융시장의 안정성을 저해하는 경우에는 부수업무를 제한하거나 시정할 것을 명할 수 있다.
- 이해상충의 관리 : 금융투자업자는 금융투자업의 영위와 관련하여 금융투자업자와 투자자 간, 특정 투자자와 다른 투자자 간의 이해상충을 방지하기 위하여 이해상충이 발생할 가능성을 파악하여 평가하고 내부통제기준이 정하는 방법 및 절차에 따라 적절하게 관리하여야 한다. 이해상충이 발생할 가능성이 있다고 판단되는 경우에는 이를 미리 해당 투자자에게 알려야 하고, 그 이해상충가능성을 내부통제기준이 정하는 방법 및 절차에 따라 투자자보호에 문제가 없는 수준으로 낮춘 후에 매매 및 기타 거래를 수행해야 한다. 또한 그 이해상충가능성을 낮추는 것이 불가능하다고 판단되는 경우에는 매매 및 기타 거래를 수행해서는 안 된다.

② 투자자[10] 보호

- 적합성 원칙 : 일반투자자에게 투자권유 전 투자목적, 재산상태, 투자경험 등을 면담 등을 통해 파악하고, 이를 서면으로 확인받고 (know-your-customer-rule), 확인내용을 투자자에게 제공하고, 관련 자료를 유지·관리해야 하는데 특히 투자

10) 자본시장법에서는 금융투자상품에 대한 전문성 구비여부, 소유자산 규모 등 투자위험 감수능력을 기준으로 일반투자자와 전문투자자로 구분한다. 주로 국가, 한국은행, 일정한 금융기관 등 기관투자자, 주권상장법인 등은 원칙적으로 전문투자자로 인정하고 비상장법인은 외부평가를 받은 경우, 개인은 순자산이 일정금액 이상인 경우에 한하여 전문투자자로 인정한다.

자의 특성에 적합하지 않은 투자권유를 금지하고 있다.

- 설명의무 강화 : 일반투자자에게 투자권유 시 상품의 내용, 투자 위험 등을 투자자가 이해할 수 있도록 설명하고, 투자자가 설명내용을 이해하였음을 확인 받아야 한다(서명 등). 또한 중요 내용의 허위 설명 또는 설명 누락을 금지하고 이의 위반 시 투자자에 대한 손해배상책임이 있으며, 이 경우 원본결손액 전부를 손해배상액으로 추정한다.
- 기타 : 투자자 요청이 없는 경우 방문, 전화 등 실시간 대화의 방법에 의한 투자권유를 금지하고(특히, 장외파생상품 거래), 투자권유 거부의사 표시 투자자에 대한 재권유를 금지하고 있다. 단 예외적으로 투자성 있는 보험이나 1개월 경과 후 재권유 및 다른 상품 권유는 가능하다. 기타 허위사실 고지 및 단정적 판단 제공 등 부당한 권유를 금지하고 있다.

③ 직무관련정보의 이용금지

- 직무관련정보의 이용금지: 금융투자업자는 직무상 알게 된 정보로서 외부에 공개되지 아니한 정보를 정당한 이유 없이 자기 또는 제3자의 이익을 위하여 이용하여서는 아니 된다.
- 손실보전의 금지 : 금융투자업자는 금융투자상품의 매매, 그 밖의 거래와 관련하여 손실의 보전 또는 이익의 보장을 하는 경우, 그 밖에 건전한 거래질서를 해할 우려가 없는 경우로서 정당한 사유가 있는 경우를 제외하고는 다음과 같은 손실보전에 해당하는 행위를 해서는 아니 된다.

- 투자자가 입을 손실의 전부 또는 일부를 보전하여 줄 것을 사전에 약속하는 행위
- 투자자가 입은 손실의 전부 또는 일부를 사후에 보전하여 주는 행위
- 투자자에게 일정한 이익을 보장할 것을 사전에 약속하는 행위
- 투자자에게 일정한 이익을 사후에 제공하는 행위

- 투자광고 : 금융투자업자가 아닌 자는 금융투자업자의 영위업무 또는 금융투자상품에 관한 광고를 해서는 안된다. 금융투자업자는 투자광고를 하는 경우에는 그 금융투자업자의 명칭, 금융투자상품의 내용, 투자에 따른 위험, 그 밖에 대통령령으로 정하는 사항이 포함되도록 하여야 한다. 금융투자업자는 집합투자증권에 대하여 투자광고를 하는 경우 다음의 사항이 포함되도록 하

여야 하며, 집합투자기구의 명칭, 집합투자기구의 종류에 관한 사항, 집합투자기구의 투자목적 및 운용전략에 관한 사항, 그 밖에 집합투자증권의 특성 등을 고려하여 대통령령으로 정하는 사항 이외의 상황을 투자광고에 사용하여서는 안된다.

- 집합투자증권을 취득하기 전에 투자설명서를 읽어 볼 것을 권고하는 내용
- 집합투자기구는 운용결과에 따라 투자원금의 손실이 발생할 수 있으며, 그 손실은 투자자에게 귀속된다는 사실
- 집합투자기구의 운용실적을 포함하여 투자광고를 하는 경우에는 그 운용실적이 미래의 수익률을 보장하는 것이 아니라는 내용

● 임직원의 금융투자상품 매매 : 금융투자회사의 임직원이 자기의 계산으로 금융투자상품을 매매하는 경우 다음의 방법을 따라야 한다.

- 자기의 명의로 매매할 것
- 투자중개업자 중 하나의 회사를 선택하여 하나의 계좌를 통하여 매매할 것. 다만 금융투자상품의 종류, 계좌의 성격 등을 고려하여 대통령령으로 정하는 경우에는 둘 이상의 회사 또는 둘 이상의 계좌를 통하여 매매할 수 있다.
- 매매명세를 분기별로 소속 금융투자회사에 통지할 것
- 그 밖에 불공정행위의 방지 또는 투자자와의 이해상품의 방지를 위하여 대통령령으로 정하는 방법 및 절차를 준수할 것

자본시장법 시행이전 주요 금융투자회사

1. 증권회사 : 이는 직접금융시장에서 기업이 발행한 증권을 매개로 하여 투자자의 자금을 기업에게 이전시켜 주는 기능을 수행하는 금융기관으로 주요 업무는 다음과 같다. 우선 자기매매업무(dealing)로 자기 명의와 자기 계산으로 유가증권을 지속적, 반복적으로 매매하는 업무이다. 두 번째 위탁매매업무(brokerage)로 수수료를 받고 타인의 유가증권 매매주문을 성사시켜 주는 업무로 위탁매매, 중개, 대리 등의 형태로 이루어진다. 세 번째 인수업무(underwriting)이다. 이는 수수료를 받고 발행인을 위하여 유가증권의 모집 · 매출을 주선하거나 직·간접적으로 모집 · 매출을 분담하는 업무이다. 그 외, 신용공여업무, 유가증권 평가업무, 합병 중개업무 등이 있다.
2. 자산운용회사 : 이는 투자신탁 또는 투자회사의 간접투자재산을 운용하는 금융기관으로 일반투자자의 증권투자를 용이하도록 하는 취지에서 설립되었다. 투자신탁과 투자회사 모두 다수가 제공한 자금으로 펀드를 조성, 전문적인 관리자가 관리, 운용하고 그 수익을 투자자에게 배분하는 형태이나 투자신탁은 계약형 펀드를, 투자회사는 회사형 펀드를 조성한다는 차이점이 있다. 주요 업무로는 투자신탁의 설정 · 해지, 투자신탁재산과 투자회사재산의 운용 등의 자산운용 업무, 간접투자증권 판매업무, 투자자문 · 투자일임 등을 영위한다.

3. 종합금융회사 : 이는 1960~70년대 국제수지상의 애로점을 해소코자 외국의 선진금융회사와 제휴하여 외자도입을 주선할 수 있도록 하는 금융회사가 필요해서 1975년 설립되었던 회사다. 1997년 말까지 30여개의 회사가 활동하였으나 이 중 8개사는 증권회사나 은행으로 전환, 1997년 외환위기 이후 20개사의 구조조정 등으로 인하여 현재는 2개사만 영업 중에 있다. 주요 업무로는 어음의 할인 · 인수 · 매매, CMA업무 등의 단기금융업무, 외자도입, 해외투자 등 국제금융업무, 기타 중장기 대출업무, 리스, 수익증권의 발행 · 판매, 지급보증, M&A 주선 등이 있다. 그 밖에 자본시장법 시행에 따른 집합투자업, 금전신탁외의 신탁업무, 증권을 대상으로 하는 투자매매업과 투자중개업 등을 영위하고 있다. 이처럼 종금사는 다양한 업무를 취급하고 있는 관계로 업무 영역 간 이해상충을 방지하기 위한 적절한 규제를 받는데 대표적으로 겸직방지와 정보교류 금지 등이 있다.

4. 선물회사 : 이는 일반상품, 금융상품 및 지수를 대상으로 선물거래를 자기계산 또는 위탁받아 하는 영업, 그 위탁의 중개나 주선, 혹은 대리를 하는 회사를 말한다.

4) 보험회사

이는 생명보험사와 손해보험사로 구분되며 상호 겸영은 금지되어 있으나, 제 3보험인 상해보험, 질병보험, 간병보험은 생명보험사와 손해보험사가 자유롭게 취급하고 있다. 생명보험은 사망 관련한 위험을 주로 보장하는 사망보험과 생존 시 연금을 보장하는 연금보험이 대표적이다. 손해보험은 재산상의 손해를 보장하며 크게 화재보험, 해상보험, 자동차보험, 보증보험, 장기보험, 특종보험으로 구분된다.

5) 금융지주회사

이는 금융기관의 주식소유를 통해 금융기관을 지배하는 것을 주된 사업(총자산의 50% 이상을 자회사 주식으로 소유)으로 하는 회사로 다음과 같이 분류한다. 첫째, 자회사 지배만을 목적으로 하는 순수지주회사와 지주회사 자신이 금융업을 영위하는 사업지주회사로 구분한다. 두 번째 자회사에 은행이 포함되어 있는지 여부에 따라 은행과 비은행 지주회사로 구분한다.

6) 대부업자

대부업은 금전의 대부 또는 그 중개 즉 어음할인, 양도담보 및 금전수수의 중개를 영위하는 사업이다. 그간 금융기관이 아닌 자로서 대부업을 하는 경우 별도의 등록 없이 영업을 할 수 있었으나, 2002년 7월 제정된 「대부업의 등록 및 금융이용자에 관한 법률」에 의하여 관할지역의 시 · 도지사에게 등록하여야 한다. 특히 동법은 사회적으로 문제시되었던 대부이자율을 연 49%를 초과할 수 없도록 하는 등 소비자보호 조치를 강화하였다. 주요 업무로는 어음을 주고 금전을 교부받는 행위, 부동산양도의 형식으로 금전을 교부하되 금전상환 시 부동산 소유권을 돌려주는 양도담보 행위, 전주(錢主)와 차입자 사이에서 금전대부를 중개하고 수수료를 수취하는 경우 등이다.

한편, 금융소외계층에 대한 금융지원을 확대하기 위해 2008년 소액서민금융재단(micro credit)[11)]이 설립되었고 2009년 10월 미소금융 중앙재단으로 확대 개편되었다. 이 재단은 미소금융의 정책방향 결정, 미소금융 수행법인에 대한 자금지원, 컨설팅, 교육훈련, 지원정보의 통합관리 등 미소금융사업을 총괄한다. 현재 각 지역별로 지부가 개소되어 활발하게 사업을 수행 중에 있다.

4 금융관련기관

1) 예금보험공사

이는 금융기관이 파산 등으로 예금, 보험계약, 예탁금을 지급할 수 없는 경우 예금 등의 지급을 보장함으로써 예금자를 보호하고 금융제도의 안정성을 유지하고자 1998년 설립된 무자본 특수법인이다. 주요 기능은 금융기관으로부터 예금보험료를 받아 예금보험기금을 조성해 두었다가, 금융기관의 경영이 부실해지거나 파산해 고객의 예금을 지급할 수 없게 되면 금융기관을 대신하여 지급하는 예금보험제도를 운영하는 것이다.

11) 이는 1970년대 방글라데시, 베네수엘라 등 제도금융권이 발달되지 않은 저개발국에서 민간주도로 빈민에 대한 소자본 창업지원 프로그램으로 출발하였다. 특히 노벨평화상을 수상한 방글라데시의 무하마드 유누스가 설립한 Grameen Bank의 성공사례가 알려지면서 전 세계적으로 빠르게 확산되었다.

2) 한국수출보험공사[12)]

한국수출보험공사는 수출무역 및 대외거래에서 통상의 보험으로는 구제하기 어려운 위험을 보상하여 수출과 대외거래를 진흥할 목적으로 1992년 7월 「수출보험법」에 의거 설립된 무자본 특수법인이다. 주요 업무로는 수출보험업무와 수출신용보증업무를 영위하고 수출신용정보센터를 운영하여, 수입자의 신용, 수입국의 정치 및 경제상황 등에 관한 정보를 제공하고 있다.

수출보험은 수출자가 수출을 한 후 또는 금융기관이 수출금융을 제공한 후 수입자로부터 수출대금을 회수하지 못하여 발생하는 손실을 보상해 주는 보험으로 수출 촉진 및 금융기관의 수출금융을 공여하게 하는 기능을 수행한다. 수출보험제도 운영형태는 국가별로 상이하나 각국 모두 정부가 최종 지급책임을 지는 실질적인 정책사업으로 운영되고 있다.

3) 한국자산관리공사

한국자산관리공사(KAMCO: Korea Asset Management Corporation)는 1997년 8월 「금융기관 부실자산 등의 효율적 처리 및 한국자산관리공사의 설립에 관한 법률」에 의거 금융기관이 보유하고 있는 부실자산의 정리 촉진과 부실징후기업의 경영정상화 등을 효율적으로 지원하기 위해 설립되었는데 종전의 성업공사에서 명칭이 변경되었다. 주로 금융기관의 부실채권을 매입 또는 수탁하여 조기정리하거나 일시적인 자금난에 노출된 부실징후기업의 부동산이나 계열회사 등을 매입 또는 수탁하여 동 기업의 자구노력을 지원하는 업무를 수행한다. 그 밖에 자산의 유동화업무, 채권보전과 추심업무, 정부투자기관의 청산업무, 부동산담보신탁업무, 부실채권정리기금을 통한 부실채권 매입과 출자전환 등 사실상의 부실채권정리은행(Bad Bank)의 기능을 수행하고 있다.

이 공사는 2008년 9월 '신용회복기금'을 설치하여 대출기관 채무자의 채무재조정과 사금융 채무자의 저금리 환승업무를 지원하고 있으며, 2009년 4월 동법의 개정으로 금융기관 부실자산 등을 효율적으로 정리하기 위하여 부실채권정리기금과 별도로 구조조정기금을 설치하였다.

---

12) 2010년 7월 7일자로 '한국무역보험공사'로 바뀌었다.

4) 한국투자공사

이는 2005년 7월 「한국투자공사법」에 의거 설립되었으며 주로 정부, 한국은행 또는 「국가재정법」에 의한 기금의 관리주체 등으로부터 위탁받은 자산의 운용업무를 수행하며, 2007년 1월부터는 국민연금 등 연기금까지 위탁받아 운용하고 있다. 통상 자금운용은 유가증권, 외국환, 부동산, 자산운용회사에의 재위탁 등으로 이루어지는데 대부분이 대외지급준비자산임을 고려하여 국공채나 금융기관 예치 등 안전자산에 투자된다. 한편, 위탁자산의 관리 및 운용 이외에 이와 관련된 조사·연구 및 국내외 관련기관과의 교류·협력과 이와 관련된 부수업무로서 운영위원회가 의결한 업무를 수행한다.

5) 금융결제원

이는 1986년 6월 전국어음교환관리소와 은행지로관리소를 통합하여 설립된 「민법」 상의 사단법인으로 금융산업의 핵심인프라인 지급결제시스템을 구축·운영하는 지급결제 전문기관이다. 참가기관은 주로 은행이었지만 2009년 2월 자본시장법의 시행으로 증권사가 포함되었고 보험사가 참가기관으로서 의견을 내고 있는 중이다.[13] 주요 업무로는 어음교환업무, 지로업무, 금융공동망 관리업무, 전자화폐 등이 있다.

한편, 지급결제시스템이란 경제주체가 현금 이외의 수표, 계좌이체, 신용카드 등의 지급결제 수단을 이용할 경우 결제정보의 생성, 처리, 교환과 은행 간 및 경제주체간의 자금결제 등 복잡한 처리과정을 거치게 되는데, 이와 같이 지급결제를 가능하게 하는 지급결제 수단과 일련의 지급결제 과정을 말한다.

(1) 어음교환업무

이는 다수의 은행들이 수납한 어음, 수표 중 다른 은행이 지급해야 할 어음, 수표를 어음교환소에서 특정한 시각에 일괄적으로 서로 교환하면서 그 차액만을 주고받으며 결제하는 제도이다. 결제 가능한 어음 및 수표에는 약속어음, 환어음, 당좌수표, 가계수표, 자기앞수표 등이 있다.

13) 2010년 4월 현재 보험사의 지급결제 허용은 관련기관 간 논의 중에 있다.

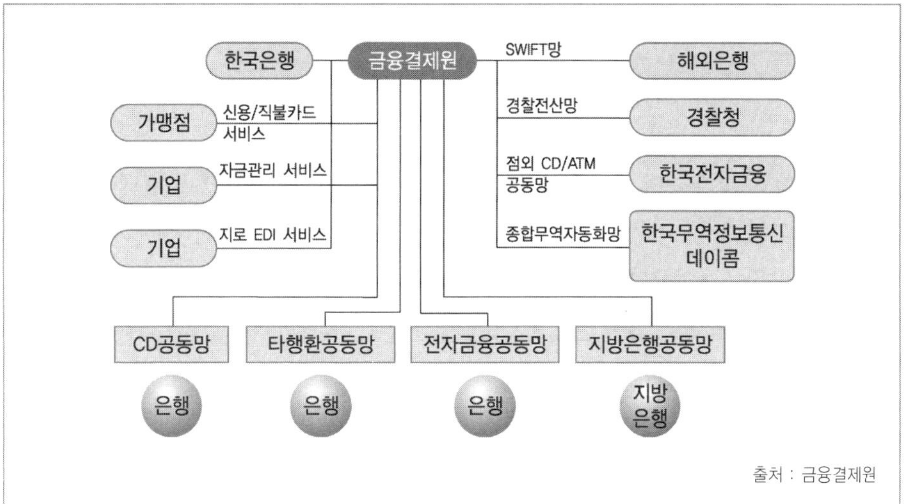

그림 8-4 금융공동망 구성도

(2) 지로업무

이는 일상적인 거래에서 발생하는 채권·채무의 결제나 각종 자금이전을 지급인과 수취인이 직접 현금이나 수표로 지급받는 대신에 금융기관의 예금계좌를 이용하여 결제하는 지급결제제도를 말한다.

(3) 금융공동망

이는 금융기관과 금융결제원의 전산시스템을 상호 연결하여 은행 고객에게 현금입출, 계좌이체 등 각종 금융거래 서비스와 금융거래 정보를 신속하고 편리하게 제공하는 전자적 지급결제시스템을 말한다(그림 8-4 참조).

(4) 전자화폐

이는 금융결제원과 전 국내은행이 참여하여 개발한 대한민국 대표 전자화폐로 IC(integrated circuit)칩이 내장된 카드에 화폐의 가치를 전자기호 형태로 저장하였다가 온·오프라인 상거래에서 물품 및 서비스 등의 구매 시 사용할 수 있다.

6) 신용보증기관

신용보증제도는 기본적으로 경제주체 간 신용거래에 내포되어 있는 상대방의 채무불이행에 대한 위험을 경감시켜 주고, 물적 담보능력이 부족한 기업에 대하여 그 채무의 이행을 보증하여 주는 제도이다. 우리나라의 경우 1974년 12월에 각 금융기관에 산재되어 있는 기금을 통합하고 독립된 관리기관에 의하여 전담하여 운영할 수 있는 「신용보증기금법」이 제정되면서 본격적으로 시행되었다. 현재 신용보증기금, 기술신용보증기금, 농수산업자 신용보증기금, 주택신용보증기금 및 산업기반신용보증기금 등이 있으며, 이 기금을 관리하는 기관으로 신용보증기금, 기술신용보증기금, 농업협동조합중앙회, 주택금융공사 등이 있다.

대표적인 기금인 신용보증기금과 기술신용보증기금을 살펴보자. 신용보증기금은 1975년 3월 특수법인으로 설립되어 1976년 6월 독립기구로 정식 발족했다. 주요 취급보증으로 대출보증, 지급보증의 보증, 사채보증, 납세보증, 어음보증, 시설대여보증, 이행보증, 무역어음인수담보보증, 제2금융보증, 상거래담보보증 등 일반보증과 회사채나 채권담보부 증권보증 등 특수보증이 있다. 한편, 기술신용보증기금은 신용보증기금 내 기술신용보증기금이 설치 운용되어 오다가 1988년 12월 독립된 법인격을 부여받고 1989년 4월에 설립되었다. 이 기금의 보증종류는 신용보증기금이 취급하는 일반 신용보증 이외에 신기술사업화자금에 대한 보증업무를 취급하고 있는데, 특히 기업에 대한 기술평가, 기술지도, 기술 중개업무 등 기술관련 업무를 중점적으로 취급하도록 하기 위해 총 보증공급의 3/4 이상이 기술신용보증이 되도록 의무화되어 있다.

7) 한국증권선물거래소

이는 유가증권시장, 코스닥시장 및 선물시장의 개설, 운영에 관한 업무를 주로 하며, 과거 증권거래소, 선물거래소, 코스닥증권 등으로 산재되어 있던 기능을 통합하여 2005년 1월에 설립되었다. 거래소는 회원의 결제·지불능력을 확보하기 위하여 일정수준 이상의 재무요건을 요구하고 있다. 다음 표 8-2는 이를 정리한 것이다.

표 8-2 회원의 자격 및 재무요건

구 분	증권거래회원	선물거래회원
결제회원	• 영업용순자본비율이 180% 이상일 것 • 자본금이 100억 원 이상일 것	• 영업용순자본비율이 180% 이상일 것 • 자본금이 100억 원 이상일 것
거래전문회원	영업용순자본비율이 150% 이상일 것	영업용순자본비율이 150% 이상일 것
증권업 또는 선물업을 겸업하는 자	• 은행 : 은행업감독규정 제26조의 규정에 의한 경영지도비율 이상일 것 • 종합금융회사 : 종합금융업감독 규정 제25조에 의한 경영지도비율 이상일 것	선물업을 겸업하는 증권회사 : 증권거래회원의 재무요건 적용

출처 : 방영민(2006), p.167

8) 한국증권금융

증권금융이란 일반적으로 유가증권을 담보로 하거나 증권과 관련하여 이루어지는 모든 신용공여행위 또는 증권과 관련하여 이루어지는 증권의 융통을 의미하며, 한국증권금융이 이 기능을 수행하고 있고 은행 등 금융기관들이 출자하여 설립되었다. 주요 업무로는 증권시장에 자금과 유가증권을 공급하는 고유 업무(증권인수금융, 증권유통금융, 증권담보금융)와, 증권투자자를 보호하는 고객예탁금 관리, 근로자의 재산형성과 주인의식 고취를 지원하는 우리사주제도 지원, 일반고객의 예금 및 대출업무 등이다.

그 외 투자매매업 및 투자 중개업 중 대통령령으로 정하는 업무[14], 신탁업무, 집합투자재산의 보관 및 관리업무, 증권대차업무, 보호예수업무 등을 수행한다.

9) 증권예탁결제원

증권예탁결제제도는 유가증권을 대량으로 보유하고 있는 증권회사, 기관투자가가 증권예탁결제원에 계좌를 개설하여 유가증권을 예탁하고, 양도나 질권 설정 등의 권리이전을 실물증권의 인도 대신 계좌 간 대체기재의 방법으로 하는 제도를 말한다. 이는 유가증권의 대량유통에 따른 번잡을 줄이고, 유통과정의 도난, 분실 등 사고발생을 방지하고자 도입되었다.

14) 환매조건부증권매매 및 그 중개·주선 또는 대리업무와 집합투자증권의 투자매매 중개업무(자본시장법 시행령 제320조)

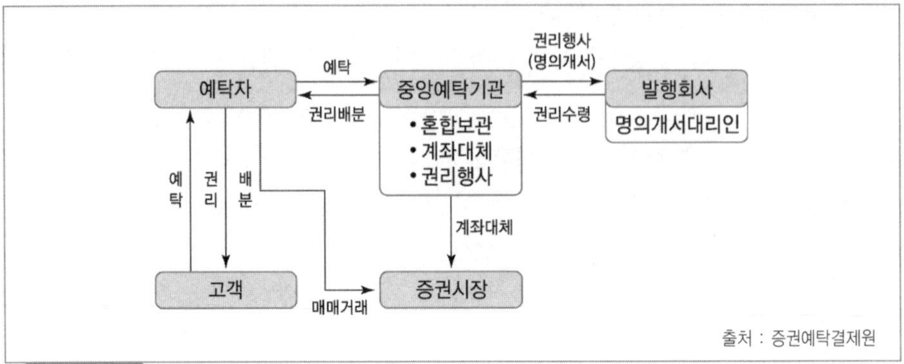

그림 8-5 증권예탁결제 제도의 운영구조

예탁결제원은 예탁된 증권을 자신의 명의로 일괄 발행하여 예탁된 증권에 대한 권리행사와 증권시장 내외에서의 매매거래에 따른 증권의 인도 및 대금지급 업무를 결제기관으로서 수행한다(그림 8-5 참조). 그 외 업무로는 외국인이 보유하는 국내증권의 보관, 담보·증거금 관리업무, 공사채 등록업무, 명의개서 대리업무 등이 있다.

요점정리

1. 금융기관은 자금의 수요자와 공급자 사이에서 자금을 중개하는 자로, 거래비용 절감, 자산변환(금액변환, 만기변환, 위험변환) 및 지급결제수단을 창출하는 기능을 수행한다. 대신 동 기관의 도산에 따른 금융전체를 위협하는 전염효과가 크고, 독과점으로 인한 시장실패의 위험도가 높아 타 기관에 비해 규제가 엄격하다.
2. 국내금융기관은 크게 은행, 비은행기관(상호저축은행, 상호금융기관, 여신전문금융기관), 금융투자회사, 보험회사, 금융지주회사, 대부업자로 구분된다.
3. 금융관련기관으로 크게 예금보험공사, 한국수출보험공사, 한국자산관리공사, 한국투자공사, 금융결제원, 신용보증기관, 한국증권선물거래소, 한국증권금융, 증권예탁결제원 등이 있다.

Chapter 8 평가문제

1 금융기관의 세 가지 주요기능에 대하여 약술하시오.

2 금융기관을 규제해야 하는 필요성에 대하여 설명하시오.

3 금융기관에 위험이 전염되는 두 가지 경로를 쓰시오.

4 자본시장법 상 금융투자회사의 영업규칙 세 가지를 쓰시오.

5 다음 문장의 괄호 안에 알맞은 단어를 기입하시오.

① (　　　　)는 채권발행이나 차입금 등 예금 이외의 방법으로 자금을 조달하여 대출 등 각종 여신서비스를 제공하는 금융기관이다.

② 국내금융기관은 크게 은행, 비은행기관, (　　　　), 보험회사, (　　　　), 대부업자로 구분된다.

Chapter 9

금융위기

1. 금융위기의 의의
2. 외환위기
3. 은행위기
4. 위기 간의 상호관계 및 정책대응
5. 금융위기 사례

Chapter 9

금융위기

1 금융위기의 의의

1) 개념

금융위기는 일반적으로 다수의 금융기관이 부실해지거나 금융자산이 갑작스럽게 가치를 크게 상실하는 다양한 상황에 적용된다. 하지만 역사적으로 수많은 위기의 사례가 존재함에도 불구하고 아직까지 금융위기(financial crisis), 전염(contagion), 은행위기(banking crisis), 뱅크런(bank run) 또는 은행 패닉(banking panic)등 다양한 용어로 지칭되는 일련의 현상들에 대한 엄밀하고 동의된 정의가 존재하지 않는 게 사실이다. 대체적으로 금융위기는 은행패닉 이외에도 주식시장 붕괴나 여타 자산가격 버블의 붕괴, 통화위기 및 외채위기 등 다양한 경우를 포함하는 개념으로 사용된다.[1]

일반적으로 금융위기는 금융시스템의 내부 또는 외부의 충격으로 인해 저축과 투자의 연결, 자금중개 등 금융시스템의 정상적 기능수행이 어려울 정도로 금융시스템이 불안해지면서 금융 또는 실물경제에 심각한 영향을 주는 상황을 말하며 주로 금융시장의 위기와 금융기관의 위기로 크게 나뉜다.

금융시장 위기는 주식시장, 채권시장, 외환시장 등 금융시장에서 발생한 위기를 말하며, 대표적인 위기상황으로 주식시장은 1987년 10월 19일 블랙먼데이(black monday)의 주가대폭락, 채권시장은 1998년 8월 러시아의 모라토리엄 선언으로 채권가격의 대폭락, 외환시장은 1997년 동아시아의 외환위기 등을 들 수 있다. 이 중 외환위기가 핵심이다. 금융기관 위기는 은행, 증권사, 보험사 등 금융시장의 주요

1) 하나금융연구소(2009), 『서브프라임위기(글로벌 금융위기의 과거, 현재, 미래)』, p.68 인용

참가자인 금융기관에서 문제가 발생하여 금융시스템 전체와 경제 전반의 위기로 파급되는 과정을 말한다. 여기서 은행위기가 핵심이 된다.

한편, 주식시장이나 부동산 등 자산가격의 버블 붕괴에 의해 촉발되는 유형의 금융위기가 있다. 주식시장 붕괴가 언제나 금융위기와 실물부문의 막대한 손실을 초래하지는 않았지만 역사적으로 볼 때 심각한 금융위기는 종종 자산가격 버블에 뒤이어 발생한 것으로 평가된다. 주식, 부동산과 같은 금융자산의 가격이 미래수익의 현재가치를 초과하게 되면 흔히 버블이라고 부르는데, 이러한 버블이 존재하면 조그만 충격에도 자산가격이 폭락할 위험이 증가한다. 또 자산가격 버블이 은행부문의 과도한 신용팽창과 결부되어 발생하는 경우에 금융위기의 가능성이 증가하고, 실물부문에 미치는 영향도 큰 것으로 평가된다.

잘 알려진 버블의 사례로는 1929년 월스트리트 붕괴, 1980년대 일본의 부동산 거품 붕괴, 2001년 닷컴 버블의 붕괴 등이 대표적이다. 특히 1980년대 이후의 금융위기에서 자산가격 버블의 영향이 점차 중요해지고 있는 것으로 평가된다. 예컨대 금융자유화 혹은 중앙은행의 대출증가는 유동성 증가를 초래하고, 이는 다시 신용팽창 및 자산가격 상승으로 이어져 버블을 형성하게 된다. 만일 경제적 충격이 발생하여 자산가격이 폭락하게 되면, 이는 다수 기업 및 가계의 부도를 증가시키고, 이어 은행 및 외환위기로 발전하여 실물경제에 심대하고 장기적인 악영향을 미치게 된다. 한편 이러한 고전적인 의미의 자산가격 버블 외에도 시장에서 유통되는 각종 유가증권의 버블 붕괴 혹은 충격은 '유가증권시장 위기'로 분류되기도 한다.[2)]

금융위기보다 포괄적인 개념인 경제위기는 금융을 포함 경제 전반이 극도로 불안하거나 어려운 상태로 정의되며, 경제위기는 통상 금융위기를 동반한다. 그러나 아프리카 등 자연재해, 전쟁 등에 의한 경제위기는 금융위기를 수반하지 않는다. 금융불안 또는 금융혼란은 금융시스템의 문제가 금융 또는 실물경제에 심각한 영향을 주지 않고 자체적으로 충격을 흡수하여 정상적 기능을 수행할 수 있는 상태로 복원되는 경우를 말한다.

일상적인 금융거래에서 우리가 자주 목격하는 것은 금융불안으로 시작된 금융위기 발생이다. 금융위기를 촉발하게 되는 금융불안의 원인은 거시적인 측면과 미시적인 측면으로 구분해서 파악할 수 있다. 거시적인 측면에서, 경기호황 시 자산가격의 상승에 대한 지나친 기대로 부동산, 주식 등의 시장에 거품(bubble)현상이 발생

---

2) 하나금융연구소(2009), 전게서, p.71 인용

하고, 이 거품이 붕괴되면서 연쇄적인 금융불안이 발생한다. 반면, 경기불황으로 거품이 붕괴되어 자산가격이 급락할 경우, 금융기관은 높아지는 신용위험과 재무건전성 악화를 우려해 대출자산을 회수하고, 그 결과 신용경색(credit crunch) 상태가 초래되어 지급결제기능이 중단될 수 있다. 미시적인 측면에서, 금융시장 참여자 사이에 정보의 비대칭성이 존재하고 이를 이용하는 도덕적 해이(moral hazard)와 그에 따른 위험 선호적 투자가 과도하게 이루어질 경우 금융불안으로 이어질 수 있다. 또한 금융규제 완화, 시장규율 완화 등으로 과잉경쟁상태가 될 경우 개별 금융기관의 공격적 경영과 자금운용 리스크 부담이 늘어나게 되어 금융불안이 초래된다.

2) 주요 특성

금융부문은 실물부문과 달리 그 자체적으로 불안정성이 높아 위기가능성이 크다. 대다수 금융위기의 원천은 경제주체의 위험부담 행위가 경기나 가격 진폭의 순환성을 확대시키는 방향으로 작용할 때 나타난다. 즉 경제주체의 집단행동이나 쏠림현상이 한 방향으로 강하게 나타날 때 위기의 가능성이 커진다. 금융위기의 강도는 금융기관 대출행태의 경기순응성과 다른 자산시장의 메아리효과의 크기에 좌우된다. 금융위기에 앞서 대부분의 금융기관에서 과도한 대출확대가 나타났으며, 대출확대가 가속기 역할을 하고 특정부문의 과도한 호황이나 거품을 유발하면서 위기가 발생한다. 또한 여러 개의 자산시장에서 동시에 순환진폭이 확대될 때 위기의 강도가 커진다. 한편, 은행부문이 금융위기 발생에 결정적인 역할을 한다. 이는 은행부문은 금융시스템의 중추적인 기능을 수행하므로 은행부문의 문제가 금융시스템 전체의 문제가 되거나 다른 부분으로 쉽게 전염되기 때문이다.

3) 파급영향

금융위기의 파급영향은 다음과 같다. 금융기관의 경우 한 금융기관의 예금지급불능이 다른 금융기관으로 전염되는 예금인출사태의 확산, 금융기관의 자금중개기능 마비로 인한 신용경색의 장기화 등이 대표적이다. 금융시장의 경우 대규모의 외화유출과 금융기관 포트폴리오의 급격한 변동, 고정환율제도의 포기와 같은 시장제도의 근본적 변화, 일정기간 거래가 중단되는 시장폐쇄 등이 있다. 실물경제에 대해서는 금융 불안으로 인한 마이너스 성장 또는 장기간의 저성장과 같이 정상적인 경기순환 과정을 크게 벗어나는 경기침체를 유발하는 것이 대표적이다. 재정부문에서는 부실 금융기관의 정리, 예금자보호 등을 위해 공적자금의 투입을 유발하는 경우이다. 기타 중앙은행의 비상유동성 지원 등이 있다.

2 외환위기

1) 개요

이는 외환시장의 수급불균형이 급격히 확대되어 고정환율제가 붕괴되거나 환율이 급등하는 형태를 말하며 통상 자국통화가치의 급격한 하락을 초래하기 때문에 통화위기라고도 한다. 또한 대규모의 자본유출과 외환보유액의 고갈을 동반하고 있어 대외채무가 많은 국가의 경우 외채위기로 연결될 수 있다. 이러한 외환위기는 선진국에서도 나타나지만 주로 후진국과 개발도상국에서 많이 나타난다.

외환위기가 발생하게 되는 주요 원인은 경상수지 적자 또는 재정적자 누적, 과다한 외채와 외환보유액의 과소, 높은 물가상승과 성장둔화와 같은 실물경제의 부진 등이다. 기타 금융기관의 부실화와 금융시스템의 불안, 환율정책을 포함한 경제정책의 잘못된 운용 등도 원인이다. 또한, 이러한 요인들이 혼재되어 발생하기도 한다.

2) 외환위기 이론

(1) 제 1세대 모형

이는 1970~80년대 중남미국가의 외환위기를 설명하는 이론으로 고정환율상황에서 환율수준과 상충되는 경제정책이 지속되거나, 경제기초요건과 환율수준이 장기간 괴리될 때 투기적 공격이 나타나 외환위기가 발생한다고 보았다. 예를 들어, 환율이 고정된 가운데 만성적 재정적자에 의한 통화정책, 국내물가의 상승이 지속될 경우 경제주체들은 자국 통화가치의 급격한 절하를 기대하고 보유자산을 외화표시 자산으로 변경하려고 한다. 이 경우 외환의 초과수요가 발생하고 중앙은행의 환율안정을 위한 시장개입이 이루어지면 외환보유액이 고갈되면서 외환위기가 발생하게 된다.

(2) 제 2세대 모형

이는 실물경제의 기초여건이 안정되어 있음에도 불구하고 투기적인 외환수요가 증가하여 외환위기가 발생할 수 있다고 보는 이론이다. 1992년 유럽의 외환위기가 좋은 예이며, 이는 특정국가의 외환시장이 경제기초여건이나 정책상 큰 괴리가 없다 하더라도 투자자의 자기실현적 기대에 의해 외환위기가 일어날 수 있다고 보기 때문에 이의 예측은 상당히 어렵다.

(3) 제 3세대 모형

이는 외환시장에서의 투기적 이익보다는 금융기관의 외국통화 지급능력에 대한 의문이 외환위기의 원인이라는 이론이다. 즉, 기업의 부채비율 등 미시적 경제지표가 재정 및 경상수지 적자, 실업 및 물가 등 거시경제지표보다 외환위기의 직접적인 원인이라고 간주한다. 이는 기업의 수익성, 재무건전성 악화는 부실여신의 증가를 가져와 금융기관의 건전성과 유동성을 악화시키기 때문이라는 것이다. 1997년 아시아 국가들의 외환위기가 좋은 예이다.

(4) 제 4세대 모형(전염효과)

이는 앞의 세 가지 모형과 모두 연관되는 이론으로 전염효과나 파급효과에 의한 투기적 공격이론으로 한 나라의 외환위기가 다른 국가로 확산되는 과정을 설명하는 이론이다. 외환위기의 전염경로는 다음과 같다. 첫째, 무역과 상대적 환율변화에 따른 전염과정이다. 한 국가의 통화가치 하락은 이 국가와 수출시장에서 경쟁관계에 있는 인접국가의 수출경쟁력을 악화시켜 경상수지를 악화시키게 된다. 두 번째, 거시경제 정책과 경제여건의 유사성에 의한 전염이다. 이는 투자자들이 국가 간의 경제 및 운용상황의 유사성에 관심을 갖고 한 국가의 통화가 위기에 처하는 경우 다른 국가들에 대해서도 의심을 갖게 되면서 위기가 전염된다고 보는 것이다. 세 번째, 국가 간 금융의존성에 따르는 전염이다. 한 나라의 최초 위기상황은 해외투자자가 주위 다른 국가에 대한 자금회수에 나서면서 이들 국가의 위기로 전염될 수 있다.

3 은행위기

1) 개요

이는 은행의 부실화나 유동성 부족 등으로 자금중개기능이 크게 위축되어 금융이나 실물부문에 심각한 영향을 미치는 경우를 말하는데 은행의 지급결제 등 중추적인 역할로 인해 은행위기가 금융기관 위기의 핵심이 된다. 이러한 은행위기는 통상 개별은행의 도산이나 도산에 준하는 사태로 시작되어 금융시스템 전체로 확산되는 과정을 거친다.

한편, 금융위기처럼 은행위기도 다양한 정의가 도출되었는데 일련의 과거사례들을 체계적이고 논리적으로 설명하는 데는 한계가 있다는 지적이다. Calomiris & Gorton(1991)은 은행패닉을 예금자들이나 다수의 은행들이 갑작스럽게 자신들의 채무청구권(요구불 예금)을 현금으로 교환해줄 것을 요구하고, 그 결과 은행이 태환(예금지불)을 중단하기에 이르는 사건으로 정의한다. 이 정의는 가장 좁은 의미의 은행위기 개념을 보여주며, 은행위기의 핵심적인 특징이라 할 수 있는 뱅크런(bank run: 예금인출사태)현상을 기준으로 은행위기를 설명하는 방식이다. 하지만 뱅크런 자체가 시스템 차원의 사건을 의미하지 않는다는 점에서 또 역사적으로 관찰된 다양한 은행위기 사례들을 설명하기 위해서 좁은 의미의 은행패닉 대신에 더욱 포괄적이고 넓은 의미의 정의들이 제시되었다. 예를 들어 Lindgren, Garcia, and Saal (1996)은 다수의 금융 중개기관이 자기 자산의 시장가치를 초과하는 부채를 보유하고 있으며, 경제가 심각한 예금인출사태를 겪거나 다수의 금융기관이 파산하고, 그 결과 정부개입이 나타나는 상황을 은행위기(banking crises)라고 정의한다.

은행위기의 원인에 관해서는 두 가지 전통적인 견해가 존재한다. 하나는 그것이 실물경제의 변화와는 무관한 우연한 사건이라는 견해이다. 이러한 견해의 고전적 형태는 패닉이 집단심리 혹은 대중 히스테리의 결과라고 주장한다. 이 견해의 현대적 형태는 Diamond and Dybvig(1983)과 몇몇 학자들에 의해 발전되었는데, 이들은 뱅크런이 자기충족적 기대 또는 일종의 태양흑점 현상으로 인해 발생한다고 본다. 이러한 기대는 실물경제에는 영향을 미치지 않지만, 자기충족적인 방식으로 예금자의 믿음에는 영향을 미친다. 한편, 이러한 견해에 대한 대안은 은행패닉이 경기변동의 자연적인 결과라는 입장이다. 이러한 해석에 따르면, 패닉은 임의적인 사건이 아니라 경제환경의 전개에 대한 반응이다. 민스키, 굿하트, 고튼을 비롯해서 많은 저자들이 이러한 총 리스크(aggregate risk)에 의해 야기되는 은행패닉 모델을 제시했다.[3)]

2) 개별은행의 도산

이는 부채가 자산을 초과하여 채무를 변제할 수 있는 청산능력을 상실하는 경우와 청산능력은 있으나 일시적으로 유동성이 부족하여 예금인출 요구나 채무상환 요구에 즉시 응하지 못한 경우로 구분한다. 청산능력 상실은 은행의 자산가치가 감소하거나 부채가치가 증가하여 순자산이 마이너스 상황을 말한다. 자산가치 감소는 대출자산의 부실화나 보유주식, 채권 등 금융자산의 가치하락 등으로 나타나며, 부채증가는 금리 하락 시 기존에 수취한 확정금리 예금의 이자지급 부담증가에 따른 상대가치 상승 등에 의해 나타난다. 은행의 유동성 부족은 은행예금의 일부만을 유동성 자산으로 보유하는 은행업무의 특성상 은행의 경영부실 등으로 예금자가 자기 예금의 안전성에 대해 의심을 갖게 되면 언제든지 발생할 수 있다.

3) 전체 은행위기의 발생

개별은행의 도산원인이 급격하게 나타나거나 장기간 지속됨으로써 여러 은행이 도산하게 되어 은행 전체의 위기로 이어진다. 특히, 여러 은행들이 동일 위험요인에 노출된 경우 전체 은행위기 발생가능성이 높다. 은행은 유사한 영업행태를 갖고 있어 공통적으로 부동산 또는 주식에 대한 노출이 크다든지, 특정산업 또는 특정지역에 대한 노출이 큰 경우에는 경기가 급변할 때는 금융시스템이 불안정해진다. 또한, 금융 산업의 집중도는 은행위기와 관련이 있을 수 있다. 대형 금융기관의 시장지배력이 클수록 대형기관의 도산은 금융시스템 전체위기로 확산될 가능성이 높다. 정책당국의 미숙한 위기관리 등 제도적, 정책적 요인도 은행위기의 원인이 된다. 예를 들어 은행들이 호황이 지속될 것으로 기대하고 경쟁적으로 대출을 확대할 때 건전성 규제 완화나 확장적인 거시정책은 은행위기의 가능성을 높이게 된다.

---

3) 하나금융연구소(2009),전게서, pp.68-69 인용

4 위기 간의 상호관계 및 정책대응

1) 위기 간의 상호관계

(1) 금융위기와 외환위기

역사적으로 볼 때 외환위기를 겪었던 많은 국가들은 그 원인이 무엇이든지 간에 대내적으로 심각한 금융위기를 겪었다. 이처럼 금융위기와 외환위기가 함께 발생하는 것을 '쌍둥이 위기'라고 하는데 대체로 외환위기가 먼저 발생하고 이후 국가전체적인 금융위기로 확산되었다. 이러한 쌍둥이 위기는 태국, 인도네시아, 우리나라의 동아시아 위기에서 처음 나타난 것이 아니라 역사적으로 칠레, 핀란드, 멕시코, 노르웨이, 스웨덴 등 많은 전례가 있었으며 이런 사실에 비추어 볼 때 금융위기와 외환위기 간에 밀접한 관계가 있음을 알 수 있다.

이러한 관계에 대해 다양하고 수많은 학자들이 실증적 연구를 거듭하여 이론적인 틀을 제시하였는데 그 중 대표적인 것이 카민스키와 라인하트(G. Kaminsky and C. Reinhart, 1998)이다. 그들은 1970년대 이후 76번의 외환위기와 26번의 금융위기를 연구대상으로 하여 금융위기와 외환위기 사이에 악순환 고리가 존재하는 것을 실증적으로 증명하였다. 이 연구에 의하면 금융위기 및 외환위기가 금융자율화와 밀접한 관계가 있으며, 금융위기와 외환위기가 동시에 발생할 경우 그 피해가 심각한 것으로 나타났다. 또한 금융위기와 외환위기 모두에서 금융자율화와 자본자유화 등에 기인한 버블과 붕괴현상이 더욱 심화되는 것으로 나타났다.

(2) 은행위기와 외환위기

① 은행위기가 외환위기로 발전되는 경우 : 이는 금융기관의 도산을 최소화하기 위해 인플레이션을 유발하는 통화확대정책을 실시하거나 대규모 예금인출 사태 발생 또는 금융기관 도산 등에 따른 공적자금 투입 등으로 유동성이 초과 공급되면 외환시장에서 통화가치 하락을 기대한 투기적 공격이 발생하여 외환위기로 이어지는 경우이다. 은행위기 발생으로 은행 등 차입금융기관의 건전성이 크게 악화되면 외국의 대출 금융기관은 손실을 최소화하기 위해 일시에 신규대출 정지, 자금의 조기회수, 만기연장 거부 등의 조치를 취할 수 있어 외화자금 조달이 곤란해지고 외환보유고가 줄어들게 된다.

② 외환위기가 은행위기를 초래하는 경우 : 이는 외환시장의 투기적 공격에 예금통화가 사용될 경우 거액의 예금인출에 따라 많은 금융기관의 유동성이 일시에 부족하게 되어 은행위기가 발생할 수 있다. 통상 외환위기 시에는 환율과 금리가 급등하는 경우가 많아 은행의 외화 및 자국통화의 자산과 부채의 만기구조 등에서 환율 및 금리변동 리스크에 크게 노출되어 대규모의 손실가능성이 높다.

③ 은행위기와 외환위기가 동시에 발생하는 경우 : 이는 거시경제 여건이 크게 악화되어 외환시장의 불균형과 금융기관의 건전성 악화가 동시에 나타나는 경우이다. 경기의 급속한 둔화로 경상수지 적자가 확대되고 물가상승률이 높아지면 금융기관의 부실화와 함께 대외신인도 하락으로 인한 만기연장 거부 등으로 금융기관의 외화유동성 부족과 함께 외환시장의 수급불균형이 나타나 은행위기와 외환위기가 동시에 발생한다.

(3) 외환위기와 대외신인도

1990년대 들어 신흥경제국들의 자본자유화로 인해 선진국의 자금이 대규모 신흥국가로 유입되었는데 이 중 대부분이 단기성 자금으로 신흥경제국의 고성장에 핵심적인 역할을 수행해 왔다. 그러나 신흥경제국 경제의 기초여건과 직접적인 관계가 없는 요인, 예를 들어 투자자들의 기준에 의한 대외신인도의 변화 등으로 대규모 단기자본의 유출입이 발생할 경우, 신흥경제국들의 위기를 오히려 부추기는 부작용이 발생하거나 이의 전염효과로 인해 세계경제 전체가 불투명한 금융불안에 노출된다.

대체로 선진국과 신흥경제국들 사이에는 정보의 비대칭성이 상당하다. 따라서 선진국 투자자들은 신흥경제국의 기업과 금융기관들의 경영현황에 대한 정보, 회계기준, 국가의 외환보유액 및 외화부채에 관한 정보 등과 정치적·사회적 안정성을 정확하게 알지 못한다. 그 결과 투자자들은 선진국과는 다른 기준으로 신흥경제국을 평가하게 되고 이러한 이중적 기준이 대외신인도의 잘못된 형태로 나타나게 된다.

그러므로 투자자들은 신흥경제국들의 투자적합을 판단하기 위한 객관적인 정보를 제대로 얻지 못하거나 얻는다고 하더라도 그대로 받아들이지 않게 된다. 대신, 해당 국가에 대한 여러 가지 불확실성을 환율평가 시 가능한 모든 요인을 반영한다. 그러다 보니 신흥경제국들의 평가절하는 국제수지 등 경제기초 여건을 반영하기보다는 이런 불확실성 하에서 해당 국가의 드러나지 않는 문제점이 크게 노출되는 것으로 확대해석하여 투기적 공격을 유발하게 된다는 것이다.

이와 같이 신흥경제국의 대외신인도가 단순히 환율에 의해 평가될 경우 심각한 문제가 발생한다. 특히 신흥경제국 중 직접투자와 장기차입보다는 단기차입 비중이 높은 국가들의 경우 대규모의 단기자본이동에 취약한 상태에 놓이게 되고 이런 상태에서 대외신인도가 하락할 경우 바로 투기적 공격에 의한 외환위기가 발생하게 된다. 1998년 동아시아 국가들의 외환위기가 좋은 사례이다. IMF에 의하면 당시 외환위기를 겪었던 동아시아 5개국(한국, 인도네시아, 말레이시아, 태국, 필리핀)의 경우, 1996년에 총 930억 달러의 민간자본유입이 1997년에는 오히려 121억 달러의 민간자본유출로 뒤바뀌어 그 변동폭이 무려 1,051억 달러에 이르렀다. 특히 상업은행은 555억 달러의 자본유입에서 213억 달러의 자본유출로 전환되어 총 768억 달러의 상당한 변동폭을 기록하였다. 이러한 큰 폭의 변동은 이들 국가의 경제적 기초여건의 변화로는 설명할 수 없으며, 대외신인도 하락에 의한 투기적 위기로서만 설명이 가능해진다. 이렇게 대규모의 자본이 급격하게 신흥경제국에서 이탈함으로써 외환위기는 강력한 전염효과에 의해 아시아 전체로 파급되었고 브라질을 포함 라틴아메리카까지 퍼져 나갔으며, 그로 인해 당시에는 세계적인 경기침체에 대한 경고까지 등장하였다.

2) 정책대응[4)]

(1) 정부의 대응원칙

위기 해소는 무엇보다도 채권자와 채무자 사이에 복잡한 조정문제를 동반하게 되는데, 이러한 조정 문제와 자본부족이나 경제성장에 있어서 금융시스템이 차지하는 중요성 때문에 정부는 종종 시스템 특히 은행시스템의 구조조정에서 주도권을 갖게 된다. 또한 이 과정에서 정부는 최대한 신속하게 경제를 위기로부터 회복시키려는 목적으로 대규모의 재정비용을 지출하게 된다. 문제가 시스템 차원의 붕괴에서 비롯된 것이라면, 은행과 차입자들의 미래성과는 기존의 소유자와 경영진이 그대로 있을 때가 가장 좋을 수 있다. 이는 정보나 여타 무형자산 및 이들 사이에 존재하는 관계특수적인 자본이 존재하기 때문이다. 반면에 은행의 지급불능이 이들의 경쟁력 없고 부패한 은행경영의 결과이거나 준-재정적인 목적 혹은 정치적 목적을 위해 정부통제

4) 하나금융연구소(2009), 전게서, pp.91-96 인용·정리

은행을 이용한 경우라면, 이러한 정보와 관계자본은 별 다른 사회적 가치를 가지지 못한다. 이러한 상황에서는 기존 경영진들로부터 우량자산을 따로 분리시키는 것이 성과 면에서나 도덕적 해이를 막기 위해서나 더 나은 방안으로 평가된다.

결국 금융위기를 극복하기 위해서는 정부의 대응이 핵심적이다. 반면에 정부의 대응이 금융기관, 가계 및 기업의 도덕적 해이를 유발하는 경우에는 결과적으로 금융시스템의 회복을 지연시키고 재정적 비용을 포함, 사회적 비용의 증가를 초래하기 마련이다. 따라서 금융시스템의 건전성을 회복하기 위한 정부의 정책은 몇 가지 원칙이 지켜져야 한다. 첫째, 금융안정을 유지할 수 있는 건전한 정책적·제도적 기본 틀을 갖추어야 한다. 여기에는 정부개입의 기본 방향이나 원칙, 금융긴장에 대처하기 위해 적절한 법률적, 제도적 및 절차적 메커니즘 등이 포함된다. 둘째, 정책대응은 신속해야 한다. 문제의 원인이나 그로 인해 초래될 수 있는 손실 규모를 조기에 인지하고 적기에 개입할 수 있어야 한다. 셋째, 금융불안이 실물경제에 미치는 영향을 직접적인 방법으로 축소시켜서 가계나 기업의 대차대조표의 건전성이 조기에 회복될 수 있도록 해야 한다. 넷째, 정부의 대응이 경제주체들의 공적인 지원에 대한 의존도 심화나 도덕적 해이를 초래하지 않도록 재정적 비용을 제한하는 안전망 혹은 가이드라인을 마련해야 한다.

통상 금융위기가 진행 중인 위기 수습국면에서 정부는 예금자와 금융시스템 내 다른 투자자들의 신뢰 상실이 실물부문에 미치는 악영향을 최소화하고 정부의 신뢰를 회복하기 위해 다양한 정책을 집행한다. 그런 다음 구조조정 국면에서는 실제적으로 금융기관 및 기업에 대한 금융구조조정이 이루어진다.

(2) 즉각적 대응

정부의 즉각적인 위기수습 방안으로는 예금환불 중단, 규제자본 완화, 긴급유동성 지원, 정부의 예금자보호 확대 등이다. 금융위기가 진행됨에 따라 심각한 손실을 겪는 은행들은 비용상승뿐 아니라 규제상의 자기자본을 충족시키기 위해 예금을 줄여야 하거나 손실 위험에 처한 예금자들이 좀 더 안전한 중개기관으로 자금을 이동시키려 하기 때문에 어려움을 겪게 된다. 그러면 은행들은 신용공급을 축소함으로써 이러한 어려움을 차입자 들에게로 이전시킨다. 신용비용은 상승하고, 은행과 차입자의 금융긴장은 더욱 증폭된다. 정부의 위기수습책은 이러한 악순환의 고리를 끊으려는 시도라 할 수 있다.

(3) 중장기 대응

일단 위기를 수습하기 위해 긴급수단이 사용되면, 정부는 위기해결이라는 장기적인 과제에 직면하게 된다. 이는 정상적으로 작동하는 신용시스템과 법률시스템, 은행과 차입자의 대차대조표 재구성 등을 포함한다. 위기해소 단계에서 금융 및 비금융기업의 재무 및 조직구조조정은 어려운 과제로서 그 과정에서도 여러 가지 법률적 분쟁을 유발하거나 비공식적인 워크아웃 절차의 이용을 수반하기도 한다. 또한 경제회복의 속도와 기간과 재정적 비용 사이에는 일정한 상쇄관계가 존재하기 때문에 막대한 사회적 비용이 들기도 한다.

위기해소를 위해 사용되는 주된 정책수단은 조건부 정부지원 및 워크아웃, 채무탕감, 부실여신을 매입하고 처리하기 위한 정부소유 자산관리회사의 설립, 금융기관을 새로운 소유자 흔히 외국인에게 정부지원 하에서 매각, 자금투입을 통한 정부지원과 함께 금융기관의 자본확충 방안 등이다.

은행위기로 인한 사회적 비용

은행위기로 인한 비용은 위기 해결에 소요된 재정비용을 반영하는 직접적 비용과 은행위기와 관련된 경제후생 손실로 측정할 수 있다. 전자의 경우 은행의 자본금확충과 예금자에 대한 예금보험지급을 포함한 금융시스템을 복원하는 데 소요된 다양한 형태의 지출까지 반영한다. Caprio & Kligebiel(1999)과 Barth, Capro & Levine(2000) 등은 1977~2000년 중 발생한 24개의 주요 은행위기를 해결하는 데에 소요되는 재정비용을 추정하였다. 그 결과 대상 국가들의 동 재정비용은 연 GDP의 16% 수준이며 신흥국의 경우 GDP의 17.5%로 선진국의 12%에 비해 높았다. 또한 외환위기와 함께 은행위기가 나타난 쌍둥이 위기(twin crisis)의 경우가 은행위기만 나타난 경우에 비해 크게 높았다. 전자의 비용이 연간 GDP의 23%에 달하였으나 후자의 비용은 4.5%에 불과하였다. 재정비용으로 측정한 금융위기의 직접비용은 소득이 낮고 은행중개의 비중이 높은 국가에서 높게 나타나는 경향이 있다.

다음으로, 은행위기와 관련된 경제후생 손실비용의 추정에는 위기기간 동안의 실제 산출수준과 추세치에 의한 잠재적 산출수준과의 차이를 구하는 방법이 사용되고 있다. IMF(1998)가 1975~97년 중 발생한 54개의 은행위기(평균기간 3.1년)를 대상으로 추정한 누적평균 산출손실은 GDP의 약 11.6% 수준이었다. 신흥국의 경우 GDP의 12.1%로 선진국의 10.2%에 비해 다소 높았다. 또한 외환위기와 금융위기에 의한 쌍둥이 위기의 경우 GDP의 14.4%에 달해 은행위기만 나타날 때의 7.5%에 비해 크게 높았다.

금융위기의 비용 추정

구 분	위기해결 재정비용(GDP대비)	경제후생 손실비용(GDP 대비)	
대상기간 (위기발생건수)	1977~2000 (24)	1975~1997 (54)	1977~1998 (43)
대상국가 선진국 신흥국	16% 12% 17.5%	11.6% 10.2% 12.1%	16.9% 23.8% 13.9%
금융위기[1] 금융·외환위기[2]	4.5% 23%	7.5% 14.4%	5.6% 29.9%
추정자료원	Caprio 등(1999) Barth 등(2000)	IMF(1998)	Hoggarth 등(2001)

출처 : 금융감독원(2010), 「금융감독개론」

주) 1. 금융위기만 경험한 국가

2. 금융위기와 외환위기를 동시에 경험한 국가

5 금융위기 사례[5]

통상 금융위기는 국내보다는 국제금융거래를 통하면서 발생하는데 이에는 외환위기, 금융위기, 체계적 금융위기, 외채위기 등으로 불린다. 이러한 금융위기는 동아시아 위기 및 라틴아메리카 위기와 같이 외환, 금융, 외채위기의 요소들이 동시에 나타날 수도 있거나, 하나의 위기형태에서 다른 위기형태로 전이되면서 발전할 수도 있다. 1990년대 이후 발생하였던 주요 금융위기 사례를 간략히 살펴보자.

1) 유럽 ERM(Exchange Rate Mechanism) 위기

유럽 ERM 위기는 1992년 대규모 자본의 투기적 공격에 의해 영국, 이탈리아, 스페인이 ERM을 탈퇴하면서 발생하였는데 이는 그 이전의 제 1세대 외환위기모형으로 설명하기 어려운 점이 나타났다. 이를테면 투기적 공격을 받은 국가들이 국제금융시장에서 자유롭게 자본조달이 가능하여 굳이 재정적자를 통화발행으로 유지

5) 김인준·이영섭(2008), 『국제금융론(제2판)』, pp.563-569 인용·정리

할 필요가 없었으며, 국내 신용의 급격한 증가도 없었다. 또한 위기 전·후를 통해 낮고 안정된 인플레이션을 보였다는 점이다. 따라서 ERM위기는 제 2세대 외환위기 모형의 전형적인 예로 수요부족으로 인한 실업이 팽창적인 통화정책에 압력을 가중시킴으로써 실업으로 인한 정치적 비용과 ERM 탈퇴로 인한 정치적 비용 사이에 상충관계가 발생했다. 여기에 독일통일 이후 독일의 팽창재정정책 실시와 이에 따른 인플레이션 압력을 해소하기 위한 긴축통화정책 실시로 인해 독일 마르크화에 환율이 고정되어 있는 나머지 유럽 국가들이 팽창 재정정책 없이 긴축통화정책을 따라가야 했다. 이로 인한 경기후퇴가 ERM 유지비용을 더욱 증가시킴으로써 ERM 위기가 발생하게 됐다.

ERM 위기의 주요 특징은 다음과 같다. 먼저 소로스와 같은 대규모 투기자들이 영국 파운드화에 대해 약 150억 달러의 매도 포지션(short position)을 구축한 후 투기적 공격을 개시해 위기의 촉발시점을 앞당겼다. 또한 대규모 자본이동 하에서 한 국가의 외환보유액은 중요하지 않았다. 예를 들면 영국의 경우 약 500억 달러 정도의 파운드화 매입을 통한 개입을 시도하였으나 결국 실패했다. 한편 인플레이션 없이 실업률이 급감한 영국의 경우와 같이 고정환율을 포기하고 ERM에서 탈퇴한 국가들이 통화방어에 성공한 국가들에 비하여 위기 이후에 더욱 경제가 호전되는 현상이 나타났고, 그 외 위기발생이 시장에 의해 거의 예측되지 못했다는 점 등이다.

2) 라틴아메리카 위기

이 위기는 1980년대 외채위기, 1994~1995년 데킬라 위기, 1999년 브라질 위기, 2002년 아르헨티나 위기 등 여러 번 발생했다. 1990년대 들어 처음 발생한 데킬라 위기는 멕시코에서 치아파스(Chiapas) 지방의 농민폭동, 집권당 대통령 후보의 암살로 인한 정치적 불안이 증대되고, 대통령선거로 인한 정부의 방만한 재정운영과 외국자본의 유입정지로 외환보유액이 급격히 감소해 달러로 표시된 테소본드(Tesobond)를 더 이상 회전시킬 수 없게 되면서 발생했다. 위기에 직면하자 멕시코정부는 15% 규모의 페소화 평가절하를 실시하였는데, 이 과정에서 자국기업에만 정보를 주어 외국인투자자의 신뢰를 잃었고 평가절하 규모가 불충분하였다. 이로 인해 페소화는 급격히 평가절하되었고, 물가가 급등했으며, 이를 막기 위해 정부는 80% 이상에 달하는 고금리정책을 실시하는 악순환을 거듭하였다. 결국 미국이 개입하여 대규모 사태는 진정되었다.

한편 ERM 위기에서는 고정 환율을 포기한 영국이 ERM에서 탈퇴하지 않은 프랑스보다 위기 이후에 더 나은 모습을 보였으나, 데킬라 위기에서는 환율제도를 포기한 멕시코와 환율제도를 유지한 아르헨티나 모두 심각한 경기후퇴를 겪었으며, 오히려 환율제도를 포기한 멕시코가 적어도 처음에는 더 큰 어려움을 겼었다.

브라질은 1994년 이후 헤알 계획(real plan)을 실시하여 초인플레이션을 억제하는 데 상당한 성공을 거두었다. 반면 경제는 수축되었고 정부부채는 여전히 심각한 수준이었다. 이로 인해 헤알화에 대한 평가절하 압력이 지속되었고, 이를 억제하기 위해 멕시코 경우처럼 브라질도 높은 이자율을 유지할 수밖에 없었기 때문에 재정적자는 더욱 악화되어갔다. 드디어 1998년 외환보유액이 고갈되자 IMF는 위기의 파급을 우려해 금융지원을 제공했으나 실패했고, 1999년 들어 주정부들이 연방정부에 대해 채무지불유예를 잇달아 선언하면서 외자유출이 가속화되고 헤알화는 폭락하게 되었다.

브라질 위기는 3년 후 아르헨티나 위기로 이어진다. 브라질 위기 여파, 재정긴축에 따른 내수위축 및 이에 따른 투자저하 그리고 페소화의 상대적인 고평가에 따른 수출산업경쟁력 약화 등으로 지속적인 경기침체를 벗어나지 못했던 아르헨티나는 결국 부채상환능력을 상실하게 되었고, 2001년 12월 모라토리엄을 선언했다. 2002년에는 통화위원회제도를 폐지하면서 페소화 가치가 70% 이상 폭락했다.

3) 동아시아 위기

동아시아 위기는 1997년 7월 2일 태국의 바트화가 폭락하면서 시작되어, 이웃나라인 인도네시아, 말레이시아, 필리핀으로 전이되었고 마침내 10월에는 우리나라에까지 파급되었다. 이런 위기를 겪게 된 근본적 원인으로 1994년에 단행된 중국 위안화의 40% 달하는 평가절하에서 그 원인을 찾는 시각도 있다. 위안화 평가절하로 인해 이들 국가들이 가격경쟁력을 잃었기 때문이라는 것이다.

태국과 인도네시아 통화들은 위기 이전에 오랫동안 고평가되어 있었다. 1990년대 들어 이들 국가들의 경상수지 적자의 대 GDP 비율이 계속해서 6~7% 수준이었음에도 환율은 별 변화가 없었음이 이를 반증한다. 이런 현상은 단기적으로 자본유입 등을 통해 환율의 안정을 기할 수 있더라도 장기적으로는 지탱하지 못한다. 결국 외환·금융위기가 발생하였고, 이는 어느 정도 예견되었다고 볼 수도 있다. 그렇지만 동아시아의 경제상황은 라틴아메리카보다 훨씬 양호했고 위기를 유발할 만큼 악조건도 아니었다. 단편적으로 접근하면 외국인투자자들이 위기발생에 앞서 유동성자금을 갑자기 지나치게 회수하면서 촉발되었다는 측면이 강하다. 만약 투자자들이 이러한 상황을 미리 예견하고도 이 지역에 대하여 그동안 자금공급을 과도하게 했다면 도덕적 해이 문제를 피할 수 없고, 한편으로 예상을 하지 못했다면 이런 위기촉발에 대하여 공동책임이 있는 것이다.

4) 러시아 위기

소련 붕괴 이후 대부분 동구권 국가들과 마찬가지로 러시아도 1990년대 내내 심각한 경기침체 및 인플레이션에 시달렸다. 1997년 들어서야 IMF지원으로 루블화가치를 안정시키고 인플레이션을 일부 진정시키기 시작했다. 그러나 재정적자 문제는 여전히 해결되지 못했고, 정부부채도 지속적으로 급증해 갔다. 이러한 상황 하에서 1997년 동아시아 위기 발생으로 석유를 비롯한 러시아의 주요 수출품에 대한 수요가 급감하면서, 투자자들은 루블화의 가치도 절하될 것으로 우려하였다. 결과적으로 러시아정부의 차입에 대한 이자비용은 증대했고, 정부재정 문제는 더욱 악화되는 악순환 늪에 빠지게 된 것이다.

한편, IMF는 러시아의 붕괴가 미칠 파장을 고려해 대규모 지원을 했으나, 1998년 8월 러시아 정부는 환율목표를 포기하고 동시에 부채에 대한 채무불이행 및 외자지급 동결을 선언했다. 이후 루블화가치는 급락하였고 인플레이션은 급등하는 최악의 사태에 직면하게 되었다.

5) 미국의 서브프라임(sub-prime) 위기

2000년대 이후 미국의 부동산시장이 호황을 맞으면서 은행들은 서로 앞 다투어 부동산관련 대출을 증대시켜 왔다. 지속적인 부동산가격 상승으로 인해 사람들은 주택투자 수익률이 계속 상승할 것이라 확신했고, 또한 은행들도 부실위험이 없다고 믿고 다소 신용이 떨어진 사람들에게 대출을 확대했다. 서브프라임 모기지 대출은 당시에 신용조건이 열악한 사람들을 상대로 집 시세의 100% 수준까지 대출을 해주

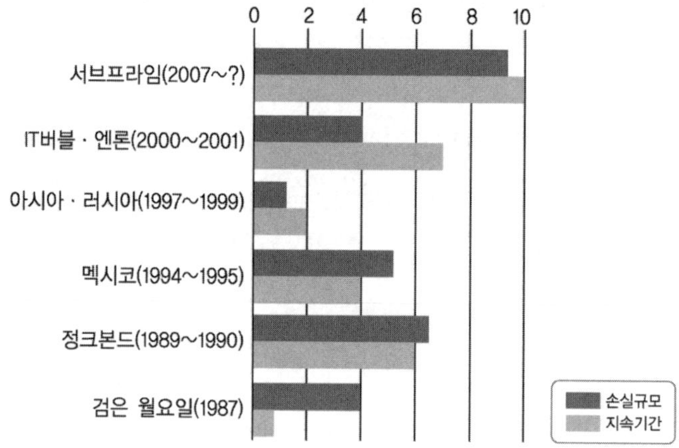

주 : 미국기업들의 이득(earnings)에 대한 충격. 지속기간은 위기 직전 분기의 이득수준으로 회복될 때까지의 분기수. 손실규모는 위기 직전 분기이득(A) 대비 지속기간(B) 중 총손실규모의 배율(=B/A)
자료 : Econcrnist, 2008. 5. 17.

출처 : 김인준·이영섭(2009), p. 568

그림 9-1 국제금융위기 충격비교

는 전형적인 대출상품으로 상당히 인기가 높았다. 한편으로 이를 기초로 한 다양한 파생상품에 국제금융시장의 헤지펀드 및 금융기관들도 막대한 금액을 투자했다.

그런데 연방금리 상승과 함께 집값이 하락하면서 대출자들의 대출원리금 미상환 노출과 연체율이 급증하면서 문제가 발생하였다. 결국 2007년 4월 미국 2위의 서브프라임 모기지 회사인 뉴센튜리 파이낸셜사가 부도처리되었다. 이후 부실대출에 따른 금융기관 손실 및 관련 파생상품 투자손실 등으로 미국을 비롯한 세계의 헤지펀드, 은행, 보험사 등이 연쇄적으로 붕괴하면서 위기가 전 세계적으로 확산되었다. 미국 정부는 위기의 확산을 차단하고자 일부 대형금융사에 긴급 구제금융을 지원하는 등 과거에는 전례가 없었던 적극적인 시장개입을 하였으나, 이후의 충격은 다음 그림 9-1에서처럼 근래의 국제금융 위기 중에서 가장 큰 것으로 평가되고 있다.

한편, 금융위기가 발생하면 그 동안 시장에 형성되었던 거품이 꺼지게 되는데 통상 이런 과정에서 대형 금융사고가 발생하게 된다. 최근에는 파생상품 거래에 깊숙이 관여하면서 금융사고에 따른 손실규모도 천문학적으로 커져가고 있는데 미국 서브프라임 사태로 인한 파생상품거래 손실규모는 아직까지 정확히 얼마인지도 모르고 있는 실정이다. 다음 표 9-1은 1990년대 이후 발생한 대규모 금융사고를 정리하였다.

표 9-1 대규모 금융사고 사례

발생 년도	사건 명	손실규모 (억 달러)	주요 내용
1991년	BCCI	160	한때 급성장했던 BCCI는 돈세탁과 의심스러운 고객, 대출 등으로 고전하다 금융사기에 휘말리면서 파산, 이는 당시 세계 최대 규모의 은행파산이었다
1995년	Barings	17	닉 리슨은 싱가폴 국제통화거래소에서 일본 니케이지수 선물거래를 했으나 예측오류 및 여러 실수로 손실이 발생했는데도 이를 숨기고 손실을 만회하기 위한 무모한 거래로 결국 은행의 파산을 가져옴
1996년	Sumitomo Copper	26	구리 선물거래에 투기한 후 가격상승을 조작하려 했으나 결국 실패하고 보유한 현물을 대량 매각하면서 엄청난 손실을 입음
1998년	LTCM	40	아시아 위기로 확대된 이자율 스프레드가 향후 축소될 것으로 예상하고 투자했으나 러시아 위기 이후 안전자산을 선호하면서 오히려 스프레드가 확대되어 손실 초래
2001년	Enron	318	에너지중개업으로 급성장했으나 에너지 선물 등 신종파생상품에 투자하면서 엄청난 손실을 입었고, 더욱이 분식회계로 이를 감추고자 해 몰락을 초래함
2002년	WorldCom	110	IT거품이 꺼지면서 손실이 발생했음에도 회계부정을 통해 주가를 조작하려다 결국에는 파산
2002년	Allied Irish Bank	7	AIB의 미국 볼티모어 소재 현재법인인 Allfirst의 직원 루스낙은 외환거래에서 발생한 손실을 감추기 위해 가상의 옵션거래를 이용함으로써 손실을 초래
2003년	Parmalat	170	다국적 낙농업체로서 손실에 따른 과도한 부채를 조작한 회계부정 사건으로 정부의 파산보호조치를 받음
2005년	Refco	4	미국 최대 선물회사였는데 CEO가 기업공개 당시 부채은닉 등 회계부정 사건이 적발되면서 위기에 몰림
2006년	Amaranth	66	95억 달러 가량의 자산규모를 가진 견고한 회사였는데 천연가스 선물에 투자했다가 불과 3주 만에 무려 60억 달러 이상 손실이 발생
2008년	Societe Geneale	71	제롬 케르비엘은 은행 안에 비밀 사업체를 세우고 선물상품에 투자하다가 실패해 회사측에 엄청난 피해를 입힘

출처 : 김인준·이영섭(2009), p.569

부록 9 • 미국의 서브프라임 금융위기 전말

1. 진행과정[6)]

글로벌 금융위기의 단초가 된 미국의 금융위기는 2007년 초 인식되기 시작한 이후 최근까지 대략 9단계를 거쳐 진행되어왔다(표 9-A 참조).

2007년 2월 일부 금융기관들이 서브프라임 모기지 대출 관련 손실을 계상하기 시작하면서 문제가 인식되기 시작하였다. 그러나 당시에는 서브프라임 모기지대출 규모가 작아 그 영향이 크지 않을 것으로 판단하여 특별한 대책을 세우지 않았다. 서브프라임 모기지대출 부실이 금융위기 형태로 가시화된 것은 BNP Paribas가 소유펀드의 환매를 중단한 2007년 8월 초였다. 이를 계기로 단기자금시장 경색이 완연해졌고 이에 대응하여 중앙은행이 재할인 창구를 개방하면서부터 금융위기가 가시화되었다.

그러나 당시 중앙은행의 유동성 공급이 서브프라임 모기지대출과 관련한 금융기관들의 신용위험을 경감하는 데에는 효과가 없었다. 중앙은행 유동성 공급 이후에도 서브프라임 모기지대출 관련 금융상품의 가치 하락 등으로 금융기관의 손실이 확대되었고 실물경제 위축 징후까지 나타나기 시작하였다. 이에 중앙은행은 유동성 공급방식을 개선함과 동시에 정책금리를 대폭 인하하였고 정부도 경기부양책을 동원하였다. 그러나 서브프라임 모기지대출 관련 금융기관의 손실을 해결하지 못하여 문제는 여전히 남게 되었다.

결국 2008년 3월 서브프라임 모기지대출에 가장 많이 노출된 것으로 알려진 Bear Stearns가 유동성 부족 사태에 직면하고 파경에 이르렀다. 정책당국은 Bear Stearns를 J. P. Morgan Chase에 인수시키는 한편 비은행금융기관에 대한 유동성 공급 방안을 마련하였다. 비은행금융기관에 대한 중앙은행의 유동성 공급이 일시적으로 효과를 발휘하는 듯 하였지만 근본적인 문제는 해결되지 않은 상태가 지속되었다. 이 당시 정책당국은 Bear Stearns 파경을 통해 서브프라임 모기지대출 관련 실태를 상당부분 파악한 것으로 추측되지만 그것을 바탕으로 문제를 근본적으로 해결하기 위한 노력은 기울이지 않았다. 이러는 사이 서브프라임 모기지대출에 대한 노출이 큰 금융기관, 관련 금융상품 가격 하락으로부터 직·간접적으로 영향을 받은 금융기관 등에 대하여 신용평가기관들이 신용등급을 하향 조정하였다. 이 결과 여러 금융상품들의 가격이 추가적으로 하락하고 마진 콜(margin call) 등을 통해 유동성 수요가 재차 증가하였다.

6) 이종규(2009), 『금융제도변화와 위기대응 정책의 진화』, 예금보험공사 정책심포지움

표 9-A 미국의 금융위기 진행 과정

구 분	시 기	위기 진행 상황과 정책 대응
제1단계	2007년 상반기 (잠복기)	• 서브프라임 모기지 대출의 부실 가시화– 서브프라임 시장의 규모가 크지 않다는 점에서 그 파급효과가 제한적일 것으로 전망
제2단계	2007년 8월~11월 (발현기)	• BNP Paribas의 펀드 환매 중단 이후 자금시장이 경색되는 등 금융위기 본격화–FRB 등은 전통적 방법을 동원하여 유동성 공급
제3단계	2007년 12월 ~2008년 1월 (심화기)	• 금융기관들이 서브프라임 관련 손실을 잇달아 발표하면서 자금시장 경색이 심화 • 실물 경제지표들이 약화되는 모습을 보이는 가운데 경제전망도 하향 조정–FRB는 금융기관들에 대한 유동성 공급의 유효성을 높이기 위해 비전통적 방법(TAF 등)을 도입
제4단계	2008년 2월~3월 (제1차 절정기)	• 일부 금융기관의 부도 가능성 등과 관련한 소문 유포로 Bear Stearns가 유동성 부족 문제에 직면–문제의 심각성을 감지한 연준은 Bear Stearns의 인수합병에 직접 개입하는 한편, 은행 이외의 금융기관에 대한 유동성 공급장치 마련
제5단계	2008년 4월~8월 (혼돈기)	• 3월 중순과 같은 극심한 위기 상황에서는 벗어났으나 자금시장 경색은 지속–금융불안이 투자은행에서 은행 등 여타 금융기관으로 전파
제6단계	2008년 9월 이후 (재발 · 확산기)	• Lehman Brothers 파산 등 위기 심화 • 전 세계 금융시장으로 파급됨과 동시에 실물 부문의 급격한 위축으로 이어짐–미국 정부가 직접적으로 개입하기 시작하였으나 정책적 혼선 초래
제7단계	2008년 10월~12월 (제2차 절정기)	• 실물부문에서의 부실 확산이 금융부문 부실로 이어지는 악순환적 고리가 형성–경제시스템 붕괴를 면하기 위해 재정자금 투입, 무한정의 중앙은행 자금 공급 등 특단의 조치를 시행
제8단계	2009년 1월~2월(소강기)	• 신정부의 경제정책에 대한 기대 등으로 소강 국면–금융기관 부실자산 정리 방안 등을 발표
제9단계	2009년 3월 이후 (혼돈기2)	• 대형 금융기관의 경영 안정 회복 등의 성과 • 그러나 중소규모 금융기관들의 어려움 가중 • 위기대응책에 따른 부작용이 가시화됨으로써 새로운 불안 요소로 등장

출처 : 이종규(2009), 예금보험공사 정책심포지움

마침내 2008년 9월 거대 금융기관들의 유동성 부족이 심각한 상황에 도달하였다. 2008년 9월 7일 미국 정부는 주택금융공사(Government Sponsored Enterprises,

GSEs, Fannie Mae 및 Freddie Mac)에 대해 자본금을 투입하였고 9월 14일 Lehman Brothers(이하 LEH)에 대해서는 Bear Stearns와 달리 파산을 용인하였으며 이어 9월 16일에는 보험회사인 AIG(American International Group)에 대해서는 연준이 유동성을 공급하였다.

당국의 예상과는 달리 LEH 파산은 미국뿐만 아니라 전 세계적으로 금융위기가 확산되는 계기가 되었다. LEH와 거래 관계를 맺고 있던 미국 및 주요국 대형 금융기관들이 유동성 부족에 직면하여 세계 각지로부터 유동성을 흡수하는 단계로 진입하면서 미국뿐만 아니라 전 세계 금융시장이 동요하였다. 이 상황에서 그간 금융위기 수습에 직접 간여하지 않던 미국 정부가 직접 개입하기 시작하였다. 그러나 정부의 위기 수습책이 방향을 잡지 못하여 금융시장의 혼란이 가중되었고 유동성 부족 사태가 유통업체, 제조기업 등으로 확산되고 실물경제가 급격히 위축되었다.

한편, 금융위기와 경기위축에 대응하기 위해 전 세계적으로 국제적 공조가 이루어지고 국가별로도 다각적인 금융위기 대책을 수립 실시하였다. 이 과정에서 미국도 금융기관에 대한 자본금 투입 등 보다 강력한 조치를 단행하였다. 이러한 조치와 더불어 새로운 대통령이 선출되면서 새로운 경제정책에 대한 기대감 등을 배경으로 금융상황이 추가적으로 악화되지는 않았다. 그러나 금융시장에서는 신정부의 정책 방향에 대하여 예의주시하고 있었기 때문에 상황은 유동적이었던 것으로 보인다.

신정부가 2009년 2월 금융기관의 부실자산을 정리하는 방안을 발표하고 3월에 보다 구체적인 방안이 제시되면서 금융시장은 어느 정도의 안정세를 회복하였다. 이 방안에 따르면 금융기관 보유자산의 가격하락을 막으면서 금융기관 기존 주주의 이익도 보장되고 금융기관 주식가격이 상승세로 반전하였다.

금융시장 상황 호전을 반영하여 그동안 손실을 충분히 상각한 금융기관들이 2009년 2/4분기부터 이익을 내기 시작하였다. 이를 배경으로 최근에는 3월 중 확정한 부실자산 정리 계획의 일부가 취소되고 몇몇 금융기관들은 정부가 투입한 자본금을 상환하기도 하였다. 그러나 금융기관들의 건전성이 크게 개선되지 않은 가운데 실물경제 위축이 지

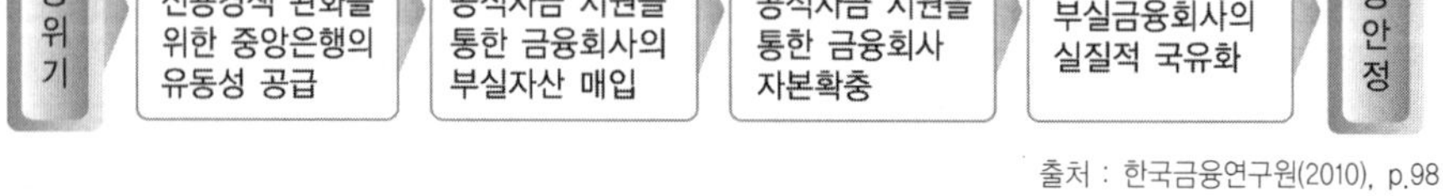

출처 : 한국금융연구원(2010), p.98

그림 9-A 정책대응 진행과정

속되고 있는 데다 금융위기 대응 비용의 과다 지출, 중소형 금융기관들의 파산 증가 등 새로운 위험요소도 새롭게 등장하였다.

2. 주요국의 정책대응[7)]

과거 사례를 볼 때 금융위기는 대체로 아래의 해결과정을 거치는 것으로 파악되는데 금번 글로벌 금융위기의 대응과정에서 주요국들은 대부분 가능한 모든 정책을 실시한 상태이다. 특히 Lehman Brothers 파산 이후 각국은 정부보증 확대, 부실채권 매입, 자본 확충 및 부분국유화 등 적극적인 대응 방식을 채택하였으며, 특히 주목할 만한 것은 주요국 및 국제기구 간의 공조체계가 강화된 것이다.

(1) 정책금리 인하 및 유동성 공급 확대

주요국 중앙은행들은 2008년 9월 Lehman Brothers 사태 이후 정책금리를 큰 폭으로 인하하였다. 2009년 말 현재 일본 0.1%, 영국 0.5%, 유로지역 1% 등 낮은 수준의 기준금리가 유지되고 있다. 또한 주요국 중앙은행은 필요한 부문에 유동성을 공급하기 위하여 공개시장 조작 대상기관이나 대상증권을 확대하는 등 여러 가지 새로운 제도를 도입하였다.

이 외에도 주요국 중앙은행들은 보다 직접적으로 금융시장에 유동성을 공급하기 위해 대상증권 범위를 확대하는 등 공개시장조작을 통한 유동성 지원 기능을 강화하였다.

표 9-B 유동성 공급 확대를 위한 각국 중앙은행의 조치

구 분	대출제도		공개시장조작		지준부리제도 신설	구제금융·민간 직접신용
	담보확대	신규제도 도입	대상증권 확대	대상기관 확대		
미국	○	○		○	○	○
영국	○	○				○
ECB	○	○	○			
일본		○		○		○
캐나다		○				
스웨덴		○				○

출처 : 한국금융연구원(2010), p.99

7) 한국금융연구원(2010), 『2009년 KIF 금융백서』, pp.98-102 인용·정리

(2) 공적자금 투입

금융위기 발생이후 각국은 금융위기 확산과 경기침체에 대응하여 자국의 금융산업과 제조업 등을 구제하기 위한 공적자금을 조성, 집행하였다. 공적자금 투입은 주로 부실금융회사의 자본확충 형태로 이루어졌으며 일부 국가에서는 자동차 산업에 대한 자금지원이 이루어졌다, 미국은 Bear Stearns 부실처리, AIG 구제금융과 양대 주택금융공사 자본확충을 위하여 공적자금을 투입하였으며, 포괄적인 공적자금 투입 프로그램인 TARP(Troubled Asset Relief Program)를 시행하였다. 유럽 국가들의 경우에는 부실은행을 적극적으로 국유화하는 한편 부실우려가 높은 금융회사에 대해 구제금융을 제공하는 방향으로 공적자금 투입이 진행되었다.

(3) 경기부양대책

각국 정부는 급격히 악화되고 있는 실물경기에 대응하여 가계소득 지원, 공공투자 확대, 중소기업 및 건설업계 지원 등을 통한 경기부양책을 시행하였다. 수출급감 및 내수부진으로 심각한 경기침체에 직면한 아시아 신흥시장국들도 정책금리를 대폭적으로 인하하는 가운데 대규모 경기부양책을 실시하였다.

3. 주요국 정책대응에 대한 평가[8)]

2009년 하반기 이후 세계경제가 회복 기조를 보이고 있으나 아직 금융위기에서 완전히 벗어나지는 못한 상황이다. 이와 같은 점은 감안할 때 현재까지의 정책대응을 평가하는 것이 시기상조이기는 하지만 이들이 금융시장을 안정시키는 데 상당히 유효하였던 것으로 분석되고 있다.

IMF는 금융안정보고서(2009. 9)에서 이벤트 분석을 통하여 각종 정책대응의 단기성과를 아래와 같이 평가하고 있다. 먼저 주요국 정부의 유동성 공급 발표는 금융위기 초기인 리먼파산 이전에는 효과적이었으나. 리먼파산 이후 금융위기가 심화되면서 유효성이 약화된 것으로 분석하였다. 또한 공적자금 투입을 통한 금융회사 자본확충은 은행부채 지급보증, 은행 부실자산 매입보다 전반적으로 신용위험을 감소시키는 데 크게 기여하였으며, 전체적으로는 위기의 전개과정 속에서 그 상황에 맞는 정책적 대응들의 유효성이 높았던 것으로 평가하였다. 이와 함께 이 보고서는 정책대응의 장기적인 효과도 분석하였다. 정책당국의 은행부채에 대한 지급보증은 은행채 발행확대를 유도하였으며,

8) 한국금융연구원(2010), 전게서, p.102 인용

미국의 TALF나 EU의 커버드본드 매입계획(covered-bond purchase plan) 발표 등은 유동화시장 등이 다시 형성되는 데 도움이 된 것으로 평가하였다. 또한 완화적인 통화정책은 전반적으로 장·단기 금리 스프레드 하락 등 단기금융시장을 안정시키는 한편 모기지금리를 하락시키는 데 도움이 된 것으로 평가하였다.

그러나 정책대응에 대한 보다 객관적인 평가는 향후 추가적인 정책대응 또는 출구전략 전개방식, 금융위기의 완전한 극복 여부 등에 기반하여 이루어질 수밖에 없을 것으로 판단된다. 왜냐하면 많은 금융회사들은 여전히 상당한 부실자산을 보유하고 있으며 일부 중소금융회사들의 경우 부실화가 진행되고 있는 등 금융위기 요인들이 완전히 해소되지 않았고, 또한 중앙은행들에 있어서도 적극적인 정책대응의 부산물로 신용리스크가 높은 자산보유 비중이 크게 증가한 것으로 평가되고 있기 때문이다. 더욱이 각국의 실물경제도 완전히 회복되지 않았고 대규모 경기부양책 시행과 함께 크게 증가한 재정적자가 향후 리스크 요인으로 작용할 수 있는 점도 고려해야 할 것이다.

4. 우리나라의 정책대응[9)]

2008년 9월 리먼사태 발생 이후 우리나라 금융시장도 빠르게 위기상황으로 내달았는데 자금시장에서는 극심한 외화유동성 부족과 신용경색 현상을 경험하였다. 또한 주식시장에서는 외국인 주식 순매도가 지속되면서 국내투자자들의 투자심리도 크게 위축되어 국내주가가 계속 하락하는 한편 변동성도 빠르게 확대되었다. 이러한 대규모 외국인투자자의 주식 순매도는 안전자산 선호현상 증대, 차익실현에 따른 포트폴리오 재조정 등과 같은 대외적 여건 변화뿐 아니라 국가신용위험 증대, 예대율 급증 및 경상수지 적자 확대 가능성 등 대내적 여건의 악화에 기인하였다. 외국인투자자의 대규모 자금유출 및 경상수지 적자로 외화유동성 수급에 불균형이 발생하여 원화가치가 급락하고 CDS(credit default swap)프리미엄이 급등하였다.

또한 국내 금융시장에서는 국내 채권형 펀드잔액의 감소와 함께 2005년 이후 급증한 은행채의 만기도래가 2008년 하반기에 집중되면서 은행채의 차환 발행이 어려워지고, 일부 증권사에 대해 콜자금 공급이 줄어들면서 부문적인 신용경색 현상이 나타났다. 이와 같은 국내금융시장 불안에 대응하여 정책당국은 완화적인 통화정책을 통한 시중유동성 공급, 보증지원 및 기금구성 등을 통한 자금경색 해소 등 다양한 정책을 실시하였다.

먼저 한국은행은 신용경색 현상을 해소하기 위하여 통화정책을 빠르게 완화기조로

---

9) 한국금융연구원(2010),전게서, pp.103-104 인용

전환하였다. 2008년 10월 이후 2009년 말까지 기준금리를 연 5.25%에서 2.0%로 인하하였으며, 총액한도 대출금리도 연 3.5%에서 1.25%로 하향 조정하였다. 또한 은행채, 일부 특수채(토지공사, 주택공사, 중소기업진흥공단 등의 발행채권),주택금융공사 발행 MBS 및 사채 등을 RP대상 증권으로 확대하는 한편 RP대상기관에 12개 증권사를 추가하였다. 또한 한국은행은 은행을 통해 중소기업에 대한 신용공급이 원활히 이루어질 수 있도록 2002년 이후 축소해 왔던 총액대출한도를 2008년 11월부터 6.5조원에서 9.0조원으로 2.5조원 증액한 데 이어 2009년 3월에는 이를 10조원으로 확대하였다.

정부와 한국은행은 외환시장 및 외화자금시장 안정에도 적극적으로 노력하였다. 먼저 미·중·일 중앙은행과 통화스와프계약을 체결하고 은행에 외화유동성을 직접 공급하였으며 외화대출 용도제한을 완화하였다. 또한 정부는 실물경기의 침체에 대응하여 대규모의 경기부양책을 시행하였는데, 그 규모는 2008년 중 약 51.3조원(GDP 대비 약 5.01%, 세수감면 32.6조원 포함), 2009년 중 17.7조원(GDP 대비 약 1.66%)에 달하고 있다.

한편, 금융위기 과정에서 우리나라의 경우 외환시장의 취약성이 가장 큰 리스크 요인으로 부각되었다. 이런 점을 극복하기 위하여 정부는 금융기관이나 수출입 기업 등 외화자금이 필요한 부분에 직접적으로 외화유동성을 공급하며 외환수급을 조절해 나가는 방책을 취하였다. 이 과정에서 단기 외화자금을 공개입찰형식에 의해 시장금리 기준으로 공급하는 등 가급적 시장친화적인 방법으로 정책을 집행하려고 노력한 점이 돋보인다. 또한, 시의적절하게 국내은행에 대한 지급보증 및 리먼파산 이후의 유동성 공급 등이 이루어진 것은 금융시장 안정에 상당한 도움이 되었던 것으로 평가되고 있다. 이와 같은 정책당국의 적극적인 대응에 힘입어 시중금리와 함께 은행채 및 회사채 스프레드 등이 크게 하락하며 금융시장이 빠르게 안정되는 모습을 보였다.

금리인하 및 유동성 공급	원화 신용경색 해소	외화유동성 공급	자본확충을 통한 중기신용 확대
• 10월 9일 이후 6차례에 걸쳐 기준금리를 2.00%로 325bps 인하 • RP매입, 국고채 매입, 통안증권 중도환매 등 공개시장조작을 통해 대규모 유동성 공급	• 10월 23일 총액대출한도 증액(6.5조 원 → 9.0조 원) • 10월 27일 은행채, 일부 특수채 등으로 공개시장 조작(RP) 대상증권의 범위 확대 • 12월 11일 일부 증권사를 공개시장조작 대상기관에 포함 • 12월 11일 지급준비예금에 대한 이자지급(5,002억 원) • 채권 안정시장 펀드 조성	• 외평기금 통해 100억 달러 외화자금시장에 투입 • 10월 20일 이후 경쟁입찰 방식 스와프 거래 실시 • 12월 2일 이후 한미통화 스와프 자금에 의한 외화대출 실시 • 10월 미국, 중국과 신규통화 스와프 계약체결, 일본과 통화 스와프 한도 확대 • 한은 및 정부 수출입금융 지원	• 특수은행(산업은행, 기업은행 등) 출자를 통한 지원확대 • 신용보증기금과 기술보증기금 출자 등을 통한 보증 확대 • 자본확충 펀드를 통해 일반은행 자본확충 지원

출처 : 한국금융연구원(2010), p.103

그림 9-B 금융시장 안정을 위한 우리나라의 정책대응

요점정리

1. 금융위기는 금융시스템의 내부 또는 외부의 충격으로 인해 저축과 투자의 연결, 자금중개 등 금융기능 수행이 어려울 정도로 금융시스템이 불안해지면서 금융 또는 실물경제에 심각한 영향을 주는 상황을 말하며 주로 금융시장 위기와 금융기관 위기로 나뉜다. 이러한 위기는 경제주체의 집단행동이나 쏠림현상이 한 방향으로 강하게 나타날 때 더욱 커진다.
2. 외환위기는 외환시장의 수급불균형이 급격히 확대되어 고정환율제가 붕괴되거나 환율이 급등하는 형태를 말하며 통상 자국통화가치의 급격한 하락을 초래하기 때문에 통화위기라고도 한다. 이 이론은 제 1, 2, 3, 4세대 모형으로 과거 경험에 따라 확대되었다.
3. 은행위기는 은행의 부실화나 유동성 부족 등으로 자금중개기능이 크게 위축되어 금융이나 실물부문에 심각한 영향을 미치는 경우를 말하는데 은행의 지급결제 등 중추적인 역할로 인해 이 위기는 금융기관 위기의 핵심이며, 개별은행의 도산으로 시작되어 금융전체로 확산되는 과정이 보편적이다.
4. 위기들 간에는 대체로 외환위기가 먼저 발생하고 이후 전체 금융위기로 확산되었으며, 은행위기가 외환위기로 발전 또는 초래하거나 양자가 동시에 발생하는 경우도 있다. 이런 위기 발발 시 정부는 기본원칙 수립 하에 즉각적이고 중장기적인 대응책을 전개한다.

Chapter 9 평가문제

1 금융위기의 주요 특성을 서술하시오.

2 일반적인 외환위기의 발생 원인을 기술하시오.

3 미국 서브프라임 위기가 발생한 핵심원인을 약술하시오.

4 다음 문장의 괄호 안에 알맞은 단어를 기입하시오.

① 외환위기 이론 중 (   )는 외환시장에서의 투기적 이익보다는 금융기관의 외국통화 지급능력에 대한 의문이 원인이라는 이론이다.

② (   )는 금융을 포함 경제 전반이 극도로 불안하거나 어려운 상태로 정의되며 흔히 금융위기를 동반한다.

Part 4 보험저변의 이해

Chapter 10 보험의 의의
Chapter 11 보험의 특성
Chapter 12 보험계약

지금까지는 금융 전반에 관한 이해를 하고자 금융저변, 금융제도, 금융시스템을 중심으로 살펴보았다.
이제부터는 그 범위를 보험으로 한정하여 보험저변, 보험제도, 보험시스템으로 구분하여 살펴보고자 한다.
보험저변은 다시 보험의 의의, 보험의 특성, 보험계약으로 나뉜다.
제10장 보험의 의의에서는 보험의 정의와 위험요건, 분류, 기능 및 도박·저축·공제와의 비교에 관하여 논한다.
제11장 보험의 특성에서는 보험고유의 특성, 보험가격의 결정원리, 역선택과 도덕적 위험에 관하여 살펴본다.
제12장 보험계약에서는 보험계약의 특성, 보험계약 요소 및 계약심사를 다룬다.

Chapter 10

보험의 의의

1. 보험의 정의
2. 보험대상 위험의 요건
3. 보험의 분류
4. 보험의 기능
5. 보험과 도박·저축·공제의 비교

Chapter 10 보험의 의의[1)]

1 보험의 정의

1) 학술적 정의

(1) 경제적 관점

경제적 관점에서 보험의 근본적 목적은 재무적 손실에 대한 불확실성을 확실성으로 전환시키는 것이다. 보험가입자는 언제 발생할지 모르는 우연한 사고에 대해 보험가입으로 사고가 나더라도 보상을 받을 수 있기 때문에 재무적으로는 확실한 상태를 유지할 수 있게 된다. 한편, 보험은 개별적 위험과 집단적 위험을 모두 감소시키는 기능을 갖고 있다. 개별적 위험은 위험 이전에 의하여, 집단적 위험은 위험의 결합에 의하여 효율적으로 위험을 관리하게 된다. 즉, 보험가입자는 보험거래를 통해 본인의 위험을 보험자에게 이전시킴으로써 본인의 위험을 감소 또는 제거할 수 있고, 보험자는 대수의 법칙에 따라 개별위험들을 결합시켜 관리함으로써 집단적 위험을 감소할 수 있게 된다.

(2) 법적 관점

우선 보험은 법에 의하여 제도적으로 뒷받침되지 않고서는 현실적으로 존재할 수 없기 때문에 보험을 위한 여러 가지 관계법이 제정, 시행되고 있으며 해당 감독기관이 이를 유지, 관리하고 있다. 이러한 보험은 법적인 관점에서 보면 기본적으로 보험가입자와 보험자 사이에 맺어진 보험사고로 인한 재무적 손실의 보전을 목적으로

1) 서영수(2009), 「핵심보험이론과 실무」, pp.13-26, 요약·정리

하는 법적 계약이며, 이것의 증빙으로 보험증권이라는 수단을 교환하는 것이다.

보험계약을 통하여 보험가입자는 미래의 불확실하고 거대한 손실과 확실하고 적은 손실을 보험자와 교환하는 것이다. 다시 말하면 피보험자는 미래의 거대한 손실의 불확실성을 보험료 형태의 대가를 지불하면서 보험자에게 전가하며, 이러한 거래를 구체화하는 수단이 보험계약인 것이다. 하나의 계약이 보험계약으로 성립하기 위해서는 보험계약을 위한 고유의 법률적 요건을 구비하여야 한다. 한편, 미래의 불확실성을 전가하며 손실의 보상을 보장하는 계약의 형태는 보험 이외에도 다양하다. 그러나 이러한 계약들이 보험으로서 인정되지 않는 것은 보험계약만의 원칙과 법적 특성이 존재하기 때문이다.

2) 사회적 정의

보험은 기본적으로 '일인(一人)은 만인(萬人)을 위하여 만인은 일인을 위하여' 라는 상부상조의 정신이 내재되어 있다. 즉, 사회적으로 불특정다수가 모여 예상치 못한 손실을 원상태로 보전하고자 하는 노력에서 탄생되었다. 따라서 보험은 소수인에 의하여 성립될 수 없으며, 다수인의 힘으로 소수를 돕는 것이 기본원칙이다. 또한 구성원 모두는 각각 개별적으로 공평한 책임을 가지고 있다. 이러한 책임 하에 구성원 각자는 소정의 기금, 즉 보험료를 갹출하여 이를 기금으로 적립하고 이를 통해 손실분담이 가능해진다. 이런 이유 때문에 보험은 보통 자선단체사업이나 사회복지기관의 공적 부조와 다르다.

3) 수리적 정의

보험은 기본적으로 요행이나 사행이 아니고 대수의 법칙, 수지상등의 원칙, 급부반대급부의 원칙 등 보험수리적인 확률과 통계기법을 통하여 미래에 발생하는 손실의 규모와 빈도를 예측하는 수리적 제도이다. 수리적 관점에서 보험의 목적은 미래의 불확실한 손실을 다각적으로 예측하여 모든 보험가입자들이 공평하게 부담해야 할 몫을 배분하는 데 있다.

4) 실무적 정의

보험이란 관련학자 또는 이해관계자마다 각기 달리 정의할 수 있지만 보험 실무적으로 접근하면 다음과 같이 정의할 수 있다. 즉, '사고의 발생을 어느 정도 예측할 수 있는 우연한 사고로 인한 경제적 손실을 보전하기 위해 다수의 계약자가 결합하여 공동의 준비재산을 형성하는 경제준비의 사회적 형태' 이다. 이것을 각각 나누어서 살펴보면 보험의 핵심적인 정의를 좀 더 쉽게 파악할 수 있다.

첫째 요건으로 '사고의 발생을 어느 정도 예측할 수 있어야 한다.' 는 것이다. 이는 보험의 가장 기본적인 성립요건으로 볼 수 있으며 미래의 불확실성에 기초한 사고 발생이 객관적으로 측정 가능해야 한다는 것이다. 이는 사고발생 횟수나 그 영향력을 누구나 인식해야 한다는 것을 의미한다. 사고발생을 예측하기 위해서는 기본적으로 과거 사고발생에 대한 통계데이터가 집적되어서 이의 결과치가 최소한 미래의 사고발생 확률 값으로 사용되기 위해서는 어느 정도 데이터량이 구성되어야 하며, 이는 많을수록 좋다. 이것을 통계적으로 표현하면 대수의 법칙(law of large numbers)[2]이라 한다. 따라서 이러한 대수의 법칙이 적용될 수 있는 다양한 위험율[3]이 집적된 과거 경험적인 생명표가 준비되어야 보험으로서 존재가치가 있으며 그래야만 보험 상품으로의 설계가 가능해진다. 그렇다면 이와 같은 다양한 위험율을 생성하고 관리할 수 있는 내부적인 전산시스템을 보유하고 있느냐 없느냐로 해당 국가나 혹은 보험회사의 보험수행능력의 우열을 판단할 수 있게 된다. 한편, 전산시스템은 굳이 하드웨어적인 개념은 아니며 규모에 따라 유연하게 관리할 수 있을 정도의 인적자원과 프로세스 등 전체적인 관리시스템을 의미한다.

둘째 요건은 '우연한 사고로 인한 경제적 손실을 보전해야 한다.' 는 것이다. 보험자체가 미래의 우발성에 기초한 보험사고를 담보로 하는 것이기 때문에 이와 같이 우연한 사고가 아니면 보험으로서 성립되지 않는다. 따라서 보험회사는 담보로 한 위험이 우연인지 혹은 고의인지 구분하고 걸러 낼 수 있는 능력이 요구되며, 이의 능력의 차이가 보험수행능력으로 발전된다. 이와 같은 능력을 언더라이팅(underwriting)이라 한다. 언더라이팅 또는 계약심사·선택이란 보험계약의 체결을 위하여 청약자로부터 제시된 위험을 선택하고 분류하는 과정을 말한다. 기본적으로

2) 이는 독립적으로 발생하는 사건에 대하여 관찰횟수를 대량적으로 발생시키는 확률은 일정한 값에 가까워진다는 법칙이다.
3) 이는 보험에 담보된 비율로서 사망률, 입원율, 수술률, 재해장해율 등 지급사유별로 구분하여 작성한다.

보험회사는 위험인수과정에서 양질의 위험을 선택하여 가능한 한 미래손실을 줄이고 적정규모의 이익을 창출하려고 노력한다. 보험회사의 경영에 있어서 가장 중요한 핵심원리 중 하나는 보험자가 담보하는 리스크의 질적 수준에 적합한 보험가격을 적용하여 대수의 법칙에 따라 장기적으로 수지가 균형을 이루도록 하는 것이다.[4] 이러한 언더라이팅은 보통 계약시점과 보험사고가 발생한 경우에 수행되는데 결과적으로 이와 같은 전문기술 확보여부가 보험수행 능력의 우열을 가릴 수 있는 잣대가 된다.

한편, 보험사고는 인간에게 치명적인 사고, 즉 사망과 관련되어 있기 때문에 누구든지 원치 않는다. 이것은 보험가입을 꺼리게 하는 가장 중요한 단서가 된다. 인간은 속성상 사고에 대한 불안감을 갖고 있으며 이로 인한 불편한 마음을 보험을 통해 해소하기보다는 보험가입으로 인해 오히려 보험사고에 더 신경이 쓰인다는 것이다. 또한 보험사고로 인한 혜택을 본인이 직접 수령하지 않기 때문에도 더더욱 가입을 꺼리게 된다. 결과적으로 이와 같은 사고에 대한 비자발성으로 인해 이를 꾸준히 안내하고 효용을 전파해야 하는 전문적인 모집조직이 필요하게 된다. 모집조직은 전통적인 보험설계사에서부터 전문화된 조직으로 구성되어 있으며 보험의 특성상 보험상품 판매를 적극적으로 권유하는, 즉 푸시(push)형 판매촉진을 하게 된다. 따라서 이런 푸시(push)형 영업형태를 지속할 수 있는 판매채널[5]을 갖추는 것이 보험경영에서는 아주 중요하며 이의 구축여부로 보험수행 능력의 우열을 가릴 수 있게 된다. 또한, 경제적 손실은 사람의 생존과 사망을 담보로 하는 생명보험과 재산상의 손해를 보상하는 손해보험으로 구분할 수 있다. 이러한 경제적 손실의 유형, 규모, 발생원천에 따라 다양하게 보험을 분류할 수 있게 된다.[6]. 따라서 다양한 고객의 니즈(needs)를 수용할 수 있는 손실유형을 미리 확보하고 고객에게 제공하는 보험회사는 그 만큼 경쟁력을 확보할 수 있으며 더 나아가 이의 상품개발과 유지능력 여부가 보험수행 능력의 우열을 가리는 지표가 될 수 있다.

셋째 요건은 '다수의 계약자가 결합하여 공동의 준비재산을 형성한다.' 는 것이다. 이는 보험의 탄생 배경인 '일인은 만인을 위하여, 만인은 일인을 위하여' 와 일맥상통한다. 한편, 이처럼 불특정 다수를 상대하기 위해서는 업무의 편의나 보험계

4) 이경룡(2009), pp.189–190 요약·정리

5) 이러한 채널은 일반적으로 대면채널과 비대면채널로 구분되며, 대표적인 대면채널로는 개인영업, 단체영업, 대리점영업이 있으며, 비대면채널은 Cyber, Tele–marketing 등이 있다.

6) 자세한 내용은 3. 보험의 분류 참조

약자의 편의를 위해서 누구에게나 적용되는 가입조건은 규격화할 필요가 요구된다. 이것을 보험약관이라 한다. 보험약관은 보험계약에서 보험자와 피보험자의 권리와 의무 및 계약의 이행에 따른 제반 조건과 절차를 규정하는 계약조항을 말하며, 보통보험약관과 특별보험약관으로 구분한다. 보통보험약관은 다수의 계약자에게 공통적으로 적용되는 일반적이고 표준적인 계약조항을 의미하며, 특별보험약관(특약)은 소수의 필요를 충족시키기 위해 보통약관의 내용을 수정하거나 보완하는 계약조항을 의미한다.[7)]

또한 불특정 다수를 상대하기 위해서는 보험상품도 다양하게 준비해야 한다. 보험상품은 그 가입대상, 조립형태, 배당유무, 생명보험과 손해보험 겸영여부, 예정이율[8)] 적용방법, 피보험자수와 위험정보 여부, 건강진단 여부 등에 따라 구분된다.[9)] 그리고 시장이 발달되면서 고객의 상품선호도가 세분화된다든가 소비계층이 다원화되면서 갈수록 고객입맛이 까다로워지고 있다. 한편, 계약자 채무를 성실히 이행할 수 있는 공동의 준비재산, 즉 보험계약준비금이 안정적으로 적립되어야 한다. 보험계약준비금은 보험계약으로 보험계약자에게 미래에 지급해야 할 각종의 보험금을 대비한 자금이므로 대차대조표에서 부채로 적립되며, 그 종류는 보험사업의 종류와 준비금의 목적에 따라 여러 가지 종류로 분류한다. 보험회사는 이러한 보험계약자에 대한 의무를 성실히 이행하기 위해서 해당 회사의 자산운용에 대한 노하우(know-how) 확보와 자산별 리스크관리 프로세스(process)를 구축·운영해야 한다. 결과적으로 이와 같은 인프라 구축여부가 보험수행 능력여부를 가리는 지표로 활용될 수 있다.

넷째 요건은 '경제준비의 사회적 형태이어야 한다.'는 것이다. 흔히 보험회사는 주식회사와 상호회사 형태로 운영된다. 주식회사는 상법에 명시된 규정에 의해 설립된 조직이며, 상호회사는 보험업법에 명시된 보험고유의 회사를 말한다.[10)] 한편, 보험은 그 영위형태 상 공공성, 사회성 등으로 정부감독당국의 규제를 심하게 받는다. 대표적인 규제로는 시장진입조건의 까다로움, 재무기준 강화, 상품내용 공시, 보험민원처리 등이다.

---

7) 이재복(2008), '제7장 보험증권의 구조와 분석' 요약·정리

8) 생명보험과 장기손해보험은 수지상등의 원칙에 따라 장래 수입될 현재가치와 장래 지급될 보험금의 현재가치를 일치시키는 방법으로 보험료를 산출하는데 이때 적용되는 이자율을 예정이율이라 한다.

9) 자세한 내용은 3. 보험의 분류 참조

10) 자세한 내용은 제16장. 2. 보험사업자 참조

2 보험대상 위험의 요건

1) 위험과 리스크[11)]

우리가 살아가고 있는 세상은 불확실성(uncertainty)의 세계이다. 이러한 미래의 불확실한 시간 속에서 위험이 존재하며 위험은 통상적으로 순수위험과 투기위험으로 구분된다. 순수위험은 위험의 발생결과가 반드시 손실로 나타난다. 그러나 투기위험은 위험의 발생결과가 손실 또는 이익으로 나타난다. 이렇게 수익을 창출하기 위해 불가피하게 발생되는 위험, 광의적으로 투기위험을 리스크라고 하며, 협의적으로 그 중 이익을 제외하고 미래의 손실가능성만을 리스크라 정의한다. 보험 측면에서 살펴보면 보험대상이 되는 위험은 투기적 위험을 배제하고 순수위험만을 부보대상으로 삼고 있으나, 실제적으로는 순수위험이라도 일정한 조건들을 갖추어야만 보험의 대상이 된다.

한편, 리스크를 좀 더 구체화하면 불확실성의 노출(exposure to uncertainty)로 손실발생 또는 수익의 기대수준 미달 등과 같이 불리한 결과가 발생할 가능성을 의미한다. 따라서 불리한 결과의 발생가능성이 높다 하더라도 모두 예상이 가능하다면 회피가 가능하므로 진정한 의미의 리스크라고 할 수 없다. 불확실성의 핵심은 앞으로 어떻게 변할지 모르는 데 있으며 여기서 리스크는 보유포지션의 가치 또는 현금흐름의 변화가 예상치(기대값)를 벗어나 변동할 가능성의 크기로 볼 수 있다. 계량적 의미로는 투자수익의 변동성(variability), 또는 기대수익률로부터 편차가 발생할 가능성으로 분산 또는 표준편차로 측정한다. 전통적으로 재무관리 측면에서는 리스크를 기업의 이익 또는 순현금흐름의 변동성을 의미하며 기대이상의 이익이 발생하여도 리스크에 노출됐다고 한다.

2) 보험대상 위험의 요건

보험으로 성립하기 위한 위험요건으로는 우선적으로 다수의 동질적인 순수위험이어야 한다는 점이다. 그 이유는 서로 독립적인 위험이 다수 존재하여야 만 대수의

11) 리스크란 영어의 risk를 한글로 표기한 것이다. 우리말로 번역하면 위험이다. 그러나 위험과 리스크는 분명 다른 뜻이 있다고 판단되어 이를 각각 다르게 사용하고자 한다. 우리나라는 1997년 외환위기 전까지만 해도 'risk management'를 '위험관리'라 번역하였는데 이는 잘못된 것이라고 필자는 생각한다.

법칙을 이용하여 손실을 예측할 수 있으며 보험료를 계산할 수 있기 때문이다. 여기서 동질성을 갖는다는 것은 위험이 동일한 확률분포를 갖는 확률변수이어야 함을 의미한다.

두 번째로 손실발생이 우연적이고 고의성이 없어야 한다. 이는 보험계약자의 고의나 사기의도가 개입되면 기타 선의의 피해자가 발생하고 신의성실의 원칙을 위반하여 보험회사를 속이기 때문이다. 한편, 건물의 감가상각처럼 미래에 확실하게 발생하는 손실은 보험에 가입할 필요를 못 느낀다.

세 번째로 손실은 확정적이고 측정 가능해야 한다. 보험대상이 될 수 있는 손실은 그 발생 원인이나 발생한 시간과 장소, 손실의 크기 등을 명확히 식별하고 측정할 수 있는 것이어야 한다. 그 이유는 손실이 명확하지 않을 경우에는 보험료산출이 불투명하고 그런 손실에 대한 상품을 조립할 수 없기 때문이다. 네 번째, 예상하는 손실이 너무 거대하거나 작지 않아야 한다. 천재지변으로 인한 손실 등 손실의 규모가 재난적일 만큼 과도하여 보험회사의 능력으로 도저히 보상할 수 없을 정도의 위험과 너무 작은 위험은 보험회사가 인수할 수 없기 때문이다. 다섯째, 경제적으로 부담 가능한 보험료이어야 한다. 아무리 보험료 계산이 가능하다 하더라도 보험료 수준이 지나치게 높아 보험가입자가 경제적으로 부담을 느끼면 보험상품 자체가 판매되지 않기 때문이다.

3 보험의 분류

1) 일반적 분류

보험은 정책적 관점에서 접근하면 공(公)보험과 사(私)보험으로 구분할 수 있다. 공보험은 국가경제 전체, 사회 정책적 관점에서 행해지는 보험으로 산업재해보상보험, 수출보험, 의료보험 등이 대표적이다. 사보험은 사경제적 관점에서 행해지는 보험으로 개인생명보험, 해상보험 등이 대표적이다. 경영주체에 따라서는 공영보험과 사영보험으로 나뉜다. 공영보험은 국가나 기타 공적인 기관에서 경영하는 것으로 공보험과 동일하다. 한편, 사영보험은 개인이나 사법인이 경영하므로 사보험과 동일하다. 또한, 보험의 목적물에 따라 인(人)보험과 물건보험으로 구분한다. 보험목적물이란 보험에 부보되는 대상을 의미하는데 인(人)보험은 사람을 보험목적물로 한다. 한편, 물건보험은 글자 그대로 물건이나 기타 재산을 대상으로 한다.

그리고 보통 보상방법에 따라 손해보험과 정액보험으로 구분한다. 손해보험은 실제 발생한 손실액만큼 보상하므로 반드시 보험사고가 발생해야만 보상받을 금액을 알 수 있다. 한편, 정액보험은 보험계약에서 약정된 금액을 보상하며 보험계약을 체결할 때 이미 보상금액을 알 수 있다. 일반적으로 인(人)보험, 즉 사람을 대상으로 하는 생명보험은 정액보험이다. 한편, 보험가입 강제유무에 따라 강제보험과 임의보험으로 구분한다. 강제보험의 대표적인 예로서 국민연금, 의료보험, 고용보험, 산재보험 등이 있다. 한편, 임의보험은 개인과 단체의 자발적인 판단으로 가입유무를 결정하는 사보험, 즉 손해보험과 생명보험 등이 대표적이다. 그 외 보험사고 발생장소에 따라 육상보험, 해상보험, 항공보험 등으로 나뉘고, 인수과정에 따라 원보험과 재보험으로 구분한다. 원보험은 보험자가 피보험자로부터 직접 인수한 보험을 말하며, 재보험은 특정 보험자가 인수한 계약의 전부 또는 일부를 다른 보험자가 인수한 보험으로 보험의 보험을 말한다.

2) 실무상 분류

보험 종류별로 교육보험, 연금보험, 보장성보험, 생사혼합보험으로 구분한다. 교육보험은 가입자녀의 학자금을 주된 보장으로 하는 보험을 말한다. 따라서 가입자녀가 주피보험자가 되며, 부모가 종피보험자가 된다. 연금보험은 노후의 생활연금을 주된 보장으로 하는 보험으로 연금을 불입하는 제1보험기간과 연금을 수령하는 제2보험기간으로 나누어서 보장한다. 보장성보험은 생존 시 지급되는 보험금의 합계액이 이미 납입한 보험료를 초과하지 아니하는 보험을 말하며, 순수보장성은 생존 시 만기보험금이 전혀 없는 보험을 의미한다. 생사혼합보험은 생존보험금과 사망보험금이 있는 보험으로서 교육보험, 연금보험, 및 보장성보험을 제외한 보험을 말하며 보통 양로보험이라 말한다. 또한, 가입 대상별로는 단체보험과 개인보험으로 분류한다. 단체보험은 회사, 사업장, 비영리법인, 동업자 등 5인 이상의 구성원을 주피보험자로 하고 주피보험자의 배우자, 자녀, 부모, 배우자의 부모를 종피보험자로 하는 보험을 말한다. 한편, 개인보험은 단체보험에 해당되지 아니하는 보험을 말한다.

조립 형태별로는 주보험과 특약이 있다. 주보험은 각각을 독립적으로 판매할 수 있는 보험으로 보통보험약관에 포함되며, 특약은 주보험에 부가하여 특별위험을 추가한 형태로 특별약관에 포함된다. 이는 주보험에 부가하여 보장을 추가하거나 보험계약자 등의 편의를 도모하기 위해 도입되어 운영되고 있다. 또한 배당 유무별로는 유배당과 무배당보험이 있으며 유배당은 이익 발생 시 계약자에게 배당을 해주는 보험이고, 무배당은 배당이 없는 대신 보험료가 상대적으로 저렴하다.

그리고 생명보험과 손해보험 중 어느 분야에 속하는지 불명확한 보험인 제 3분야 보험이 있는데 사람의 신체에 관한 보험이란 점에서 생명보험으로, 그리고 신체에 발생한 비용 손해를 보상한다는 측면에서 손해보험으로도 분류될 수 있는 특성이 있다. 이 보험은 상해보험, 질병보험, 장기간병보험이 있다. 상해보험은 우연한 외래의 사고로 신체상해에 대한 치료비용 및 상해의 결과에 기인한 사망 등의 위험을 담보하는 보험이다. 질병보험은 질병에 걸리거나 질병으로 인한 입원, 수술 등의 위험(질병으로 인한 사망은 제외)을 담보하는 보험이다. 한편, 장기간병보험은 활동불능 또는 인식불명 등 타인의 간병을 필요로 하는 위험을 담보하는 보험으로 흔히 치매보험이라고도 한다.

한편 예정이율 적용방법별로 구분하여 금리확정형, 금리연동형 그리고 실적배당형으로 나뉜다. 금리확정형은 상품개발 시 사용된 예정이율이 보험 가입 시부터 보험기간이 종료할 때까지 고정이율로 적용되며 흔히 전통형 상품이라고 표현한다. 그리고 금리연동형은 영업보험료 중 순보험료를 보장부분과 적립부분으로 구분하여 보장부분은 확정이율을 적용하며, 적립부분은 별도의 부리이율을 적용하는데, 예를 들어 해당상품의 약관대출이율, 공시이율[12] 등에 연동시킨다. 따라서 부리이율에 따라 적립금이 수시로 변동된다. 한편, 부리이율에는 최저보증이율[13]이 설정되어 있으며 중도해약 시 경과기간별 중도해지이율을 적용하기도 한다. 한편, 실적배당형은 영업보험료 중 저축보험료 부분을 일반자산과 분리된 펀드로 구성해 채권, 주식 등에 투자하여 운용실적에 따라 투자수익을 계약자에게 배분함으로써 보험금이 변동하는 보험을 말한다. 변액보험이 대표적인 실적배당형 상품이다.

12) 공시이율은 해당 보험회사의 운용자산이익률과 회사채수익률, 국고채수익률 등의 객관적 외부지표를 이용한 시장금리를 산술평균하여 공시기준이율을 산출하고 향후 예상수익 등을 고려한 조정이율을 가감하여 결정한다. 한편 조정이율의 차감한도는 공시기준이율의 20%이다.

13) 이는 보험 상품에 최저보증이율을 선택할 수 있는 옵션이 부가된 것이라 할 수 있다. 따라서 계약자는 이러한 옵션을 행하면 보험자는 반드시 응해야 하는 의무가 있는 것이다.

4 보험의 기능

보험제도는 그 정의에서처럼 다수 경제주체의 결합을 통해 사회적·경제적 안정을 제공해 주는 긍정적 역할이 있는 반면, 보험이 존재함으로 인하여 야기되는 여러 가지 사회적 비용 등이 발생되는 등 부정적 역할도 동시에 수행하고 있다.

1) 긍정적 기능

우선 경제적 손실을 보상하는 기능이다. 이는 보험본래의 기능이라 할 수 있는 제1의 기능으로서 보장적 기능을 의미한다. 즉, 사망, 상해, 화재, 도난 등의 우발적 사고가 발생했을 때 손실을 당한 개인이나 기업이 입게 되는 경제적 손실을 보상하여 경제생활의 안정을 도모한다. 따라서 보험은 그 의미가 저축보다는 보장에 훨씬 치우쳐있으며 돈을 불리기 위한 투자로서의 기능보다는 순수한 보장기능이 당연히 앞선다.

두 번째, 투자자금의 원천으로서 자본의 축적기능을 들 수 있다. 이는 보험의 제2기능인 저축적 기능을 의미한다. 보험회사의 책임준비금 적립은 바로 저축적 기능이 있기 때문이며 해약 시 해약환급금의 재원이 된다. 특히 생명보험의 경우 보험료 수입과 보험금 지급 사이의 시간적 격차가 발생하기 때문에 거액의 자금이 축적되어 이는 주식, 채권, 부동산, 대출 등에 운용되어 국가 전체적인 금융기능을 수행한다.

세 번째, 사고예방으로 손해방지 및 감소 기능을 수행한다. 보험회사는 사고발생으로 인한 손해를 보상하는 것을 목적으로 하는 것이지 사고 발생 자체를 방지하는 것을 목적으로 하지 않는다. 다만, 부수적으로 손실의 예방과 감소를 위하여 보험료 할인, 할증제도를 이용하거나 캠페인 활동을 전개한다. 네 번째, 신용향상 및 자본을 효율적으로 관리하게 한다. 보험은 가입자의 신용을 증대시킨다. 예를 들어, 개인 신용대출시 보증보험은 개인의 신용도를 높여 주고, 건물이 화재보험에 가입되어 있으면 건물에 대한 담보력이 증대된다. 또한 보험이 존재하지 않는다면 해당기업은 불의의 사고에 대비하여 스스로 거액의 자금을 적립해야 하는데 이를 보험이 대신해 주므로 자본을 효율적으로 관리할 수 있게 해준다.

2) 부정적 기능

보험의 부정적 기능을 살펴보면, 첫째 사업비 과다 부가로 인한 보험계약자의 손실을 초래한다는 점이다. 보험사업자는 보험사업에 필요한 경비, 즉 신계약모집과 유지비용 그리고 보험료 수금비용을 보험가입자가 부담하는 보험료에 부가하여 집행하고 있다.[14] 그러므로 보험사업 운용상 그 복잡함을 이용하여 이를 과다하게 부과할 경우 계약자 손실을 초래할 수 있다. 두 번째, 인위적 사고 유발 등 보험의 도박화를 가져온다. 이는 보험계약의 사행성에 기인한다. 이런 사행성으로 인해 보험의 도박화, 방화 및 살해 등의 인위적인 사고를 발생시켜 사회질서를 문란케 하고 이는 결과적으로 보험료 증가를 초래하여 대다수 선의의 보험계약자들에게 피해를 준다. 세 번째, 보험금 과다청구 및 손해예방을 소홀히 할 수 있다. 이는 보험사기의 일종으로 특히 교통사고의 경우 진료비 과다청구, 변호사를 통한 과다보상 요구, 자동차 수리업소의 허위수리 등이 보험금 과다청구의 대표적인 예이다.

5 보험과 도박·저축·공제의 비교

1) 보험과 도박

이의 유사점으로는, 첫째 보험과 도박 모두가 요행계약의 특성을 갖고 있다는 것이다. 보험의 경우 보험계약 이후 보험료대비 많게는 수백 배의 보험금을 받을 수 있다는 점에서 도박과 유사하다. 둘째, 손실을 분담한다는 의미에서 서로가 유사하다. 즉, 소수를 위하여 다수가 희생하는 제도이다. 셋째, 확률원리와 대수의 법칙을 근간으로 한다. 보험과 도박 모두 통계적인 확률계산에 근거하고 있으며, 보험자와 도박업자는 대수의 법칙을 적용하여 경영상의 손실을 감소시킨다. 한편, 보험과 도박의 차이점을 살펴보면, 보험은 사회경제적인 면에서 절대적으로 필요한 제도이지만, 도박은 사회악으로 치부되고 있다. 우선 보험은 그 가입동기가 본인에게 노출된 일방적인 미래손실의 위험을 사전에 제거하거나 감소시키겠다는 것으로 이것은 보

14) 이의 원인은 다음과 같다. 대체로 은행의 예금, 적금은 고객이 직접 상품을 구입하기 위해 은행창구를 방문하기 때문에 회사입장에서 상품판매에 따른 추가적인 비용이 발생치 않는다. 반면, 보험 상품은 그 특성상 판매조직이 고객을 직접 찾아가서 판매하기 때문에 판매수당 등의 인건비와 교육훈련비 그리고 계약시점의 언더라이팅 비용 등이 추가되고 바로 이 비용이 보험료에 부과된다.

표 10-1 보험과 도박의 차이점

	보험	도박
동기	위험의 제거 또는 감소	부의 획득, 쾌락, 경제적 불안
대상위험	순수위험	투기위험
손실의 정도	회복 가능	회복 불가능

험을 통하여 회복 가능하다. 그러나 도박은 투기적 의도로 위험에 노출시키는 것이라 한번 실수하게 되면 회복이 불가능해진다. 이를 정리하면 다음 표 10-1과 같다.

2) 보험과 저축

보험은 기본적으로 우연한 사고에 기반을 두나, 저축은 확정된 사고에 근거를 두고 있어 보험과 저축은 가입목적에서 확연한 차이가 있다. 또한, 보험은 상부상조 정신에 근거하여 가입자 공동으로 준비재산을 형성한 반면, 저축은 개개인의 개별적인 목적을 위해 각자가 스스로 준비재산을 형성한다.

3) 보험과 공제

공제사업은 대표적으로 농협, 수협 등이 실시하고 있는 화재공제, 생명공제, 어선공제, 선원공제 등이 있으며 그 밖에 건설공제, 운송회사의 자동차공제, 교원공제 등이 크게 번창하고 있다. 보험과 공제는 우선적으로 가입자의 범위에서 차이점이 있다. 보험은 불특정다수인으로 개인의 자유의사에 따라 가입할 수 있으나, 공제는 가입자범위가 조합원으로 한정되어 있다. 그러나 최근 조합원 이외에 불특정다수인까지 가입자로서 혜택을 부여하는 공제가 등장함에 따라 점차 보험과 공제의 구분이 모호해지고 있는 실정이다. 또한 보장금액면에서도 차이가 존재한다. 보험은 보장에 대한 회사부담 능력이 허용하는 한 고액가입이 가능하나, 공제는 위로금적인 성격이 강해 가입금액을 일부 제한함으로써 그 보장금액이 적을 수 있다. 한편, 모집조직의 활용 측면에서도 보험은 생활설계사 등 모집조직이 절대적으로 필요하나, 공제는 모집조직이 불필요할 수 있고, 주로 조합원을 보험대상으로 하기 때문에 해약이 많지도 않다.

요점정리

1. 보험이란 사고의 발생을 어느 정도 예측할 수 있는 우연한 사고로 인한 경제적 손실을 보전하기 위해 다수의 계약자가 결합하여 공동의 준비재산을 형성하는 경제준비의 사회적 형태이다.
2. 보험대상이 되는 위험은 투기적 위험을 배제하고 순수위험만을 부보대상으로 삼고 있으며 그 중 일정한 조건들을 갖추어야만 보험의 대상이 된다.
3. 보험은 보험종류별, 가입대상별, 조립 형태별, 배당유무별, 손보겸영 여부별, 예정이율 적용 방법별, 피보험자수별, 건강진단유무별, 피보험자 위험정도별로 분류된다.
4. 보험은 경제적 손실보상, 손해방지 및 신용향상 등의 좋은 점과 도박화, 보험사기 등 나쁜 점이 공존한다.
5. 보험은 저축과 도박, 공제하고는 일부 유사하지만 차이점을 갖고 있다.

Chapter 10 평가문제

1 보험의 정의를 기술하고 그 중 핵심단어를 설명하시오.

2 다음 문장의 괄호 안에 알맞은 단어를 기입하시오.

① 위험은 통상적으로 이의 발생결과가 반드시 손실로 나타나는 (　　)위험과 이의 발생결과가 손실 또는 이익으로 나타나는 (　　)위험으로 구분된다.

② (　　　　)에 의해 어떤 사상은 관찰횟수를 대량적으로 확대하면 할수록 이의 확률은 일정한 값에 가까워질 수 있다.

3 보험대상이 되는 위험의 요건에 대하여 설명하시오.

4 보험분류 중 제 3분야 보험의 종류에 대하여 쓰시오.

5 보험의 기능을 설명하시오.

Chapter 11

보험의 특성

1. 보험 고유의 특성
2. 보험가격의 결정원리
3. 역선택과 도덕적 위험

Chapter 11 보험의 특성[1]

1 보험 고유의 특성

1) 보험사업 측면

보험은 대수의 법칙을 기초로 하기 때문에 보험가입자와 보유계약이 크면 클수록 보험료산출의 정확성과 안정성을 기할 수 있어 다른 산업에 비해 보다 경영규모를 확대하려는 경향이 강하며, 특이하게 보험사업은 사람과 종이 자체만으로도 상품개발 및 판매, 계약인수, 유지관리에 이르기까지 전체 관리가 가능하므로 인적구성요소가 다른 산업에 비해 마찬가지로 아주 강하다. 또한, 기본적으로 보험 본래의 기능인 보장기능 외 저축기능도 수행하고, 수익의 일부분을 계약자에게 배당하는 등 금융기관의 성격을 가지고 있다. 대신 자기자본이 많을 필요는 없다. 왜냐하면, 보험은 무형의 상품을 판매하므로 우선적으로 이를 조립하는 제조공장이 필요 없으며, 운영경비는 보험료 중 일부를 차지하는 부가보험료로 집행하고, 보험금 지급은 준비금 적립으로 충당되어 해결할 수 있으므로 대체적으로 거대한 자기자본[2]이 필요 없다.

한편, 보험료와 보험금 산정이 기본적으로 대수의 법칙과 수지상등의 원칙에 의해 비교적 정확하고 안정적으로 계산되므로 일반 기업에 비해 상대적으로 위험의 노출이 적고, 필요하다면 재보험으로 인수한 위험을 전가시킬 수도 있다. 그리고 보험료율 산정 시 수리적 기술성과 전문성이 요구되며 약관작성이나 해석 시 법률적 전문지식이 요구된다. 또한 보험은 그 자체가 불특정 다수를 상대하기 때문에 여타 산업

1) 서영수(2009), 전게서, pp.31-43, 요약·정리
2) 통상 사업에 필요한 적정 자기자본을 유지토록 감독당국이 규제하고 있다

에 비해 공공성과 사회성이 아주 많이 요구된다. 이는 보험경영의 성과가 계약자는 물론 불특정 다수의 국민경제 생활 전반에 직접적으로 영향을 미치기 때문이며 따라서 보험업법 등에 의한 국가감독의 엄격한 규제가 요구된다. 그러나 보험 사업은 신용을 판매하는 사업이므로 이윤극대화만을 목적으로 하는 일반 사업과는 달리 이윤추구, 성장추구, 안전추구를 목적으로 하고 있으며 기술성, 단체성, 사회성, 공공성, 선의성 등 보험의 특성에 비추어 볼 때 사업의 안전이 매우 중요시 된다.

완전경쟁시장에서는 수요와 공급에 의하여 가격이 형성되고 동일한 상품은 무차별 법칙에 의하여 하나의 가격만이 존재한다. 이러한 조건은 경제이론상 가능한 것으로 실제 현실에서는 정도의 차이가 있지만 불완전 시장만이 존재한다. 특히, 보험시장은 다른 시장에 비하여 불완전시장의 성격이 매우 강하며 그 중 생명보험을 비롯한 가계성 보험이 으뜸이다. 그 이유는 다음과 같다. 첫째, 보험수요자는 보험회사에서 판매하고 있는 다양하고 복잡한 상품에 대하여 이해하기가 곤란한 편이다. 보험상품은 기본적으로 복잡한 수리통계적인 방법에 의하여 제조되기 때문에 일반적인 보험수요자 입장에서는 충분한 사전지식이 없이는 구조적으로 상품제조과정을 이해할 수 없게 되어 있다. 둘째, 보험산업은 일반 제조업체와 달리 수익과 지출이 발생하는 시기가 크게 차이가 나고 상품에 따라 지출의 발생이 미확정적이다. 보험계약시점의 보험료 수입과 보험기간 중에 발생한 보험금 지출은 항상 시간적인 차이가 존재하며 보험계약 종료시점에 최종적으로 수입과 지출이 확정되는 상품이다. 따라서 보험기간 중에 발생한 수익으로 보험경영의 우수성 여부를 판단하는 것은 신중하게 접근해야 한다. 셋째, 보험은 그 성격상 여타 산업에 비하여 간섭과 규제가 많다. 무엇보다 공공성과 사회성이 중요하기 때문이다.

2) 생명보험의 특성

생명보험은 특히 다양한 위험율의 산출과 보정, 상품개발, 보험료 및 책임준비금 계산 시 복잡한 보험 수리적 기술이 요구되며 이는 보험경영에 아주 결정적인 역할을 한다. 또한 생명보험 자산은 보험가입자가 납입한 보험료를 기초로 형성되므로 보험경영자는 재산관리자로서의 역할을 수행해야 하며, 이의 운영에서 발생된 이익은 유배당 상품인 경우에는 계약자 배당형태로 환원해야 하므로 자산운용이 아주 중요해진다. 그리고 생명보험은 무형의 상품을 판매하고 위험집단이 크면 클수록 안전을 더욱 도모할 수 있으므로 이의 특성상 적극적인 판매활동이 요구된다. 따라서 생활설계사라는 독특한 채널에의 판매의존성이 다른 업종에 비해 크다. 또한 생명보험은 보험상품 판매부터 계약만기까지 장기간에 결쳐 보험료를 받고 해당 기간에 보험사고가 발생하는 경우 이를 보장하는 장기계약의 형태를 취한다.

3) 손해보험의 특성

손해보험은 단위당 위험이 커 위험인수와 보험사고 발생 시 위험에 대한 합리적인 손해사정기술이 경영성과에 바로 영향을 미치므로 무엇보다 이의 관리가 아주 중요하다. 또한 인수하는 보험의 대부분이 기업형태의 보험이며 보험기간도 생명보험에 비하여 상대적으로 단기적이다. 그리고 손해보험은 인수위험이 크기 때문에 적절한 위험분산을 통한 경영의 안전성을 확보해야 한다. 따라서 재보험이 필수적으로 수반되어야 하며 대부분 풀(Pool)형태의 국제적인 거래가 많다.

2 보험가격의 결정원리

1) 결정원리

보험가격 결정은 보험의 사회성, 공공성 등으로 인하여 그 사회에 미치는 영향이 크므로 이의 산출 시 상당한 주의가 요구된다. 통상적으로 보험상품을 개발할 경우 보험료와 책임준비금 산출기준을 반드시 명시하여야 하는데 이때 사용하는 가장 기본적인 원리는 대수의 법칙, 수지상등의 원칙, 급부반대급부 균등의 원칙이다.

(1) 대수의 법칙

보험사업은 다수 경제주체의 결합을 기반으로 하는 제도이므로 이의 안정성을 위해서는 동질의 위험을 갖는 보험단체 또는 위험집단이 '대수의 법칙'을 적용할 수 있을 정도의 규모로 반드시 존재하여야 한다. 이러한 대수의 법칙에 근거하여 개개인의 우연한 사고의 발생유무 또는 발생시기 등은 불확실하지만 다수의 경제주체가 보험단체 또는 위험집단을 구성할 때는 우연한 사고의 발생을 예측할 수 있게 되는 것이다. 보험은 원칙적으로 장래의 발생확률을 예측할 수 없거나 계량화할 수 없는 불확실한 사건은 그 대상이 될 수 없는데 대수의 법칙은 위험 발생확률을 측정하고 수치화를 가능하게 해주며 과거의 경험치를 미래의 발생확률로 간주하게 해주는 가장 기본적인 보험의 기술적, 수리적 원리이다. 한편, 대수의 법칙의 확률적 정의는 다음과 같다. 대수의 법칙이란 독립적으로 발생하는 사건에 대하여 관찰횟수를 대량적으로 발생시키는 확률은 일정한 값에 가까워진다는 법칙으로 통계적 의미는 '어떤 사상이 일어날 확률을 P라고 할 때 n회 시행 중 그 사상이 일어난 횟수를 r회라고 한다면 n을 크게 할수록 r/n은 P에 접근한다.' 는 것이다

(2) 수지상등의 원칙

이는 대수의 법칙에 의해 파악된 사고발생 확률을 가지고 장래 수입될 보험료의 현재가치와 장래 보험사고로 지급될 보험금의 현재가치를 일치하도록 하는 원칙이다. 이러한 수지상등의 원칙은 다음의 3가지 조건을 충족해야 한다.

첫째, 보험상품의 순보험료 총액과 지급보험금 총액의 현재가치가 일치해야 한다. 이를 수식으로 표현하면 다음과 같다.

순 보험료·총액=지급보험금 총액

$$N \times P = K \times S$$

P : 순보험료　　N : 보험가입자수
K : 보험사고건수　　S : 사고보험금

그러므로 $P = (K/N) \times S$

둘째, 영업보험료의 총액과 지급보험금 및 운영경비 총액의 현재가치가 일치해야 한다.

셋째, 보험기업의 총수입과 총지출의 현재가치가 일치해야 한다.

(3) 급부반대급부 균등의 원칙

이는 보험계약자가 부담하는 보험료는 가입자 개개인의 위험도에 비례하여 장래 보험사고 발생시 보험자가 지급할 보험금의 수학적 기대치와 일치하여야 한다는 원칙이다. 수지상등의 원칙이 한 개 종목 또는 전체 종목에서 보험가입자 전체와 보험

자 사이의 관계를 파악한 것이라면, 급부반대급부 균등의 원칙은 보험자와 개개의 보험가입자 사이의 관점에서 파악한 것이다.

2) 가격 구성요소

흔히 보험계약자가 납입하는 보험료는 영업보험료라 하며, 이는 순보험료와 부가보험료로 구성된다. 순보험료는 다시 위험보험료와 저축보험료로 구분한다. 위험보험료는 기본적으로 사망, 상해, 입원, 퇴직 등의 보험금 지급재원이 되는 보험료이다. 따라서 예정된 위험보험료보다 지급되는 보험금이 많이 발생하면 보험회사는 손실이 발생하게 되며, 그 반대인 경우에는 이익이 발생하게 된다. 이것을 위험율차 손익이라 한다. 위험보험료를 결정하는 요소는 예정위험율이며, 이것을 인상하면 영업보험료는 상승하게 되며, 반대로 인하하면 영업보험료는 하락하게 된다.

저축보험료는 만기보험금, 생존급여금 등의 지급재원이 되는 보험료를 말한다. 이러한 저축보험료는 보험계약 당시에 정해진 규칙[3]에 의해 매 기간마다 적립되며, 동금액을 운용하여 자산운용수익을 발생한다. 따라서 매 기간에 발생한 저축보험료와 자산운용수익 합계액이 생존급여금과 지급이자보다 적게 되면 보험회사는 손실이 발생하게 되며, 그 반대인 경우에는 이익이 발생하게 된다. 이것을 이차손익이라 하며, 예정이율이 보험가격결정요소가 된다. 예정이율은 보험료의 장래 수입될 현재가치와 장래 지급될 보험금의 현재가치를 일치시키는 할인율을 말한다. 한편, 예정이율을 인상하면 보험료는 하락하게 되며, 반대로 인하하면 보험료는 상승하게 된다.

부가보험료는 보험계약을 모집, 유지 및 관리하기 위한 경비로 예정신계약비, 예정유지비, 예정수금비로 구성되며, 예정사업비라고 한다. 보험회사는 실제 지출된 사업비, 즉 실제사업비를 예정된 사업비보다 초과하여 집행한 경우 손실을 초래하게 되며, 그 반대인 경우에는 이익이 발생한다, 이것을 사업비차 손익이라 하며 보험회사는 주기적으로 사업비지출의 효율성을 검증하고 보완하여 적정이익을 실현하고자 끊임없이 노력한다. 한편, 예정사업비율을 인상하게 되면 보험료도 자동적으로 올라가게 되며, 그 반대인 경우에는 하락하게 된다.

보험료 구성요소를 정리하면 다음과 같다.

3) 예정이율 또는 공시이율 또는 약관대출이율 등이 해당된다.

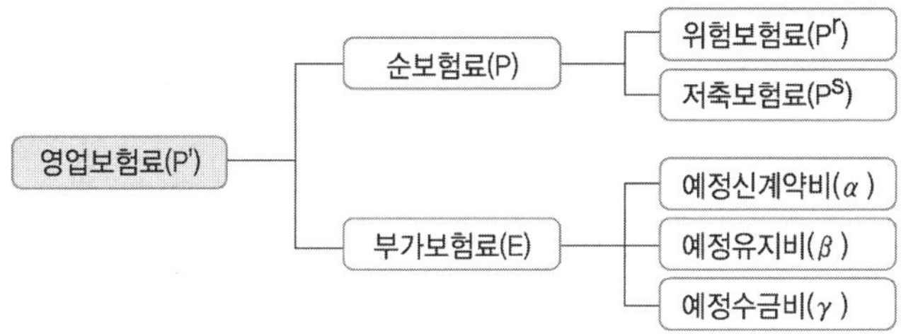

그림 11-1 보험료 구성요소

해약환급금

보험기간이 끝나기 전에 해약하는 경우 또는 효력상실(실효)시 지급되는 환급금을 해약환급금이라 한다. 이의 기본이 되는 것은 책임준비금인데 책임준비금 전부를 해약환급금으로 하지 않고 보통 책임준비금에서 어느 정도 공제하는 것이 일반적이다. 책임준비금은 보험회사가 보험계약에 대하여 장래에 지급하는 보험금, 환급금, 배당금 등의 지급책임을 완전히 수행할 수 있도록 준비하는 금액을 말한다.

한편 계약 초기에는 해약환급금이 없거나 있더라도 본인이 납입한 보험료 합계액보다 작아 해약하는 사람들의 불만이 많다. 이들 중 대부분은 은행의 적금을 보험과 비교한다. 즉, 은행에 적금을 가입한 후 도중에 해약하는 경우에는 약정이자는 받지 못하더라도 최소한 불입금보다 더 많은 금액을 받을 수 있다는 것이다.

해약환급금이 일반적으로 납입한 보험료보다 적은 이유는 첫 번째, 보험가입과 동시에 위험에 대한 보장이 주어져 자기가 납입한 보험료보다 훨씬 큰 보험금을 받을 기회가 제공된다. 이에 대한 대가로 납입보험료의 일부분인 위험보험료가 빠져나간 것이다. 또한 보험 이외의 은행에 대한 예금이나 적금, 신탁에서는 위험보장이 제공되지 않기 때문에 이러한 보장비용의 차감이 없다. 두 번째, 신계약비, 유지비, 수금비 등의 사업비로 납입보험료의 일부가 지출되었기 때문이다. 이 중 신계약비는 설계사수당, 건강진단비, 증권발급비 등 보험판매에 따라 발생하는 비용으로 초년도 납입보험료의 전부 또는 대부분이 이러한 비용으로 지출된다.

한편, 초년도 사업비는 첫해에만 발생되는 비용으로 초년도 전체보험료를 넘어서는 경우도 많다. 그런데 계약자가 납입하여야 하는 보험료를 계산할 때는 초년도 사업비를 일정기간 또는 보험기간 말까지 납입하는 것으로 가정하여 평준화한다. 그 결과 초년도 납입보험료만으로는 초년도 사업비를 감당하기 곤란하게 된다. 계약체결 후 초기에 해약하는 경우 해약환급금이 거의 없는 것도 이 비용이 많이 발생하기 때문이다. 세 번째, 사망 역선택(Adverse Mortality Selection)에 대한 공제가 있다. 사망보험에서는 건강이 불량한 사람은 가능하면 해약을 피하고, 스스로 건강하다고 믿는 사람들이 해약을 하게 되어 계약자집단에는 건강이 불량한 사람들이 더 많이 남게 된다. 그 결과 역선택현상이 발생하게 되어 잔여계약자들에게 불리한 결과를 초래하게 된다. 이를 보전하기 위해 해약하는 사람들에 대한 해약환급금은 감소되어야 한다는 것이다. 네 번째, 재무역선택(Adverse

Financial Selection)에 대한 공제가 있다. 회사는 해약에 대비해서 유동성이 높은 자산을 준비하거나 또는 해약환급금을 지급하기 위해 불리한 시점에서 자산을 처분해야 할 때도 있어 투자이익이 감소된다. 특히 경기침체기에는 문제가 심각하다. 사망 역선택에서처럼 재무역선택도 잔여계약자에게 불리한 결과를 초래하게 되므로 이의 보전을 위해 해약공제금이 부과되어야 한다는 것이다. 다섯 번째, 계약자가 해약하는 경우 해약환급금을 지급하기까지 사무경비가 발생하므로 이에 대한 공제가 필요하다.

이상의 다양한 이유들 중 모두 다 항목별로 구분되어서 납입보험료에서 차감되는 것은 아니고 현행 감독규정은 위의 두 번째 이유에 해당하는 항목의 초년도에 집행된 신계약비만 반영하고 있다. 따라서 현행 규정에 따라 해약시점에 아직 상각되지 않은 신계약비만 책임준비금에서 차감하고 해약환급금을 산출한다.

3) 가격결정 프로세스

(1) 목표수익 설정

보험상품 가격결정 시 목표수익을 설정하여야 하는데 그 이유로는 상품수익성 평가에 따라 해당 상품을 계속해서 판매할 것인가를 결정하며, 수익성을 고려하여 비용관리, 언더라이팅 기준 개선, 위험인식에 필요한 조치 등을 할 수 있으며, 판매와 수익을 극대화하고 내·외부 경영환경 변화에 신속하게 대응할 수 있는 상품개발 프로세스를 구축하는 데 필요하기 때문이다. 이의 설정 방법으로는 우선적으로 해당 회사의 역량을 고려하여야 하는데 현재 판매중인 상품의 수익성을 기준으로 비교 평가할 수 있는 기준을 마련하고 평가지표는 회사 특성에 부합하는 기준을 선택해야 한다. 한편, 상품수익성 지표로는 수입보험료 현가대비 이익현가비율(PM: premium margin)이 있다. 이는 수익기준에 대해 직관적으로 이해가 쉽고 상품별 비교가 용이하므로 상품군별로 지표를 설정하여 실무적으로 가장 잘 사용되고 있다. 그리고 배분 가능한 이익잉여금의 현가인 PVDE(Present Value of Distributable Earnings), 미래이익의 합계가 0(zero)의 현재가치를 가지게끔 하는 할인율인 내부수익률(IRR : Internal Rate of Returns), 초기의 손실이 차후의 수익으로 보상되는 필요한 경과연수인 손익분기점 연수(break even year), 특정년도 자산할당액 즉 책임준비금의 일정비율로 평가하는 방식, 계약 첫해 수입보험료대비 계약 첫해 이익의 비율(first year strain) 즉 신계약 체결이 얼마만큼의 비용이 드는가를 나타내는 수익분석지수 등을 들 수 있다.

(2) 경험실적 분석

연도별 회사의 투자수익률, 보험금지급률, 실제사업비율, 계약유지율 등 과거 경험데이터를 전산시스템을 통하여 상세하게 분석할 필요가 있으며, 사업비 배분을 보험종목별 배분기준을 통하여 채널별, 상품별로 구분하여 산출해야 한다.

(3) 초기 가정의 설정

이는 과거 경험데이터를 바탕으로 합리적인 미래를 추정하기 위한 기본가정을 어떻게 설정하는 문제이다. 우선 관련부서별로 보유하고 있는 정보를 통합하여 가정

표 11-1 주요 손익 가정

가 정		적용방법
투자수익률		• 고정금리상품 : 자산운용수익률 • 변동금리상품 : 연평균 순투자수익율과 공시이율의 평균치
실제위험율		상품군별 경험실적치를 사용하되 경험사망율 변경 등의 위험율 개정효과를 반영
실제 사업 비율	신계약비	• 회사별 수당규정에 따른 비례수당과 고정수당으로 구분 • 판매채널별로 구분
	유지비	단위당 코스트를 산출하여 계약건수, 예정유지비 규모에 따라 적용
	수금비	계약별 수금비 할인(자동이체, 단체취급할인) 기준 반영
실효해약률		상품특성에 따라 상품군별 경과년도별 유지율 적용하되 가입연령, 가입금액, 납입보험료 수준 고려
배당률		배당재원별로 구분하고 과거 경험치 및 미래배당 고려
법인세율		해당기준 적용
재보출재		사전수익과 리스크를 고려하여 재보 출재율, 경과연도별 할인율, 재보수수료율, 이익수수료율 반영
지급여력		현행기준 적용하되 보수적 기준도 일부 반영
기타비용		교육세, 예금보험료, 제세공과, 감독수수료 적용
판매 분포		유형별, 성별, 연령별, 보험기간별, 납입기간별 분포 반영
신계약물량		과거 3~5년 간 상품판매 추이를 파악하여 물량목표 반영
할인율		• 투자수익 연동방식 : 투자수익+위험프리미엄+국가리스크 • 내·외부 고려한 주관적 할인율 적용 : 15% 내외 수준 결정

치의 유용성과 일관성을 확보해야 한다. 그리고 마케팅 부서의 상품판매 목표물량, 시장세분화 내용, 상품수명주기 등을 고려해야 한다. 한편, 너무 빈번하게 가정치를 변경하는 경우 기 판매중인 보험상품에 대한 가격조정 시 수익성분석 모델의 신뢰성에 문제가 발생할 수 있으므로 가정을 결정할 경우 추세를 고려하여 변동성을 최소화하고 단기적 변동요인을 제거한 경험치를 지속적으로 축적하고 이를 관찰해야 한다. 주요 가정치를 요약하면 표 11-1과 같다.

(4) 가격결정 및 재결정(pricing & repricing)

이 과정에서는 회사 즉 주주가 원하는 목표수익을 충족하는 영업보험료를 산정하고 경쟁회사 간 상품경쟁력을 감안하여 가격을 조정한다. 특히 매출액 증가를 위하여 이익규모를 적절하게 축소하고 최저 이익만을 감안하여 상품가격 책정 시 실제 가정과 차이가 발생하게 되면 예상치 못한 손실발생 가능성이 크므로 사전에 적정 가이드라인이 필요하다. 그리고 다양한 시나리오별 민감도 분석을 통하여 실제 발생될 결과의 손익을 평가하고 채널별 특성이나 판매 분포별, 의료기술 변화 등으로 인한 수익의 변동을 커버할 수 있는 안정된 수익원을 마련해야 한다. 더 나아가 상품 이외에 비가격적인 요소 즉 상품브랜드, 마케팅능력, 사후변동에 관한 손익변화까지도 반영해야 한다. 최종적으로는 회사목표 수익달성과 상품판매 활성화를 위한 최적가격을 도출한다.

(5) 손익 및 실적 분석

정형화되고 주기적인 분석을 통하여 관리의 효율성을 기하고 노출된 문제점을 상호 비교하여 일관성 있는 상품개발 가이드라인을 수립해야 한다. 또한 감독당국의 각종 재무보고, 연도별 사업계획 등과 비교하여 실제치와 예상치의 차이를 분석하고 필요하면 이를 수정해야 한다. 그 외 성별, 연령별 등 상품판매 패턴이나 주요 경쟁사의 경험치도 조사, 분석한다. 이러한 분석 자료는 초기 가정치의 적정성 검증에 유효하게 사용된다.

4) 가격자유화

보험가격은 보험사업의 공공성과 사회성 등으로 인하여 감독당국의 주된 관심사이며 계약자보호와 보험회사의 부당한 이익을 방지하기 위하여 오랫동안 엄격하게 통제되어왔다. 이를 살펴보면, 1994년 4월 이전까지는 보험가격 고정요율제도를 적용하여 전면적으로 보험가격이 통제되었으나, 그 이후 1단계 가격자유화 조치로 예정사업비율의 부분적인 자유화가 허용되었다. 1997년 4월 이후 2단계 자유화 조치로 예정위험률이 완전 자유화되었으며, 2000년 4월 이후에는 예정이율 등 모든 요율들이 전면적으로 자유화되어 보험회사가 아무런 규제 없이 보험가격을 결정할 수 있도록 하였다. 한편, 이와 같은 가격규제 완화로 인해 보험회사별 과당경쟁을 초래하고 그에 따른 재무건전성 악화와 계약자 불이익을 방지하기 위해 표준책임준비금 제도와 표준해약환급금 제도가 도입되었다.

표준책임준비금은 감독당국이 제시한 객관적이고 표준적인 기초율을 사용하여 현행 준비금 적립방식과 동일하게 순보험료식을 적립하는 방법이다. 따라서 보험료를 산출하기 위한 기초율과 준비금을 적립하기 위해 사용된 기초율이 다르다. 한편, 표준해약환급금은 보험가격자유화에 따른 과도한 사업비 부과를 방지하기 위하여 도입되었으며, 이는 예정신계약비율의 한도를 설정하여 그 이상을 넘지 않도록 규정하는 방식이다. 국내 보험가격자유화 진행과정을 정리하면 다음 그림 11-2와 같다.

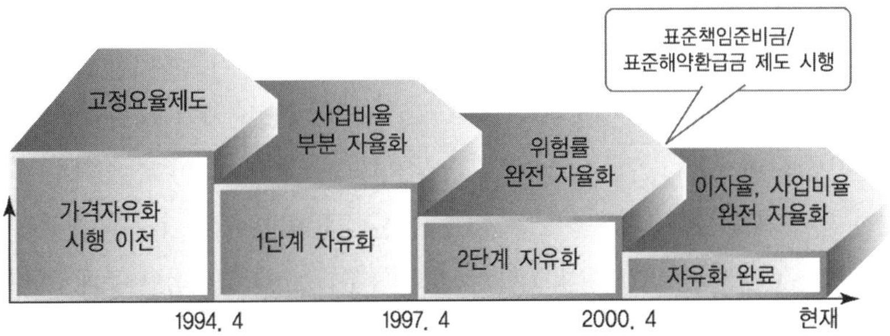

*표준책임준비금제도, 표준해약환급금 제도 : 가격자유화로 인한 과당경쟁으로 재무건전성 저해 및 계약자 불이익을 방지하기 위한 제도

그림 11-2 국내 보험가격자유화 진행과정

3 역선택과 도덕적 위험

1) 의의

역선택(adverse selection)[4]이란 정보를 많이 가진 측이 의도적으로 감추어서 보험계약 전에 보험사고의 발생가능성이 높은 위험을 계약자가 자진하여 선택하는 것을 말한다. 보험회사는 보험상품 판매 시 보험가입자의 가입의사에 대한 정보를 충분히 파악하기에는 한계에 봉착한다. 이는 가입자가 고의 혹은 고의가 아니든 간에 보험가입에 대한 정보를 자세히 알려주지 않기 때문이다. 따라서 보험회사는 보험가입자의 위험정도를 합리적으로 구분할 수 없게 된다. 즉, 보험가입자의 위험이 높으냐 또는 낮으냐에 관계없이 동일한 보험료, 즉 평균보험료를 부과할 수밖에 없다. 평균보험료는 위험이 높은 가입자에게는 유리하나, 위험이 낮은 가입자에게는 불리하게 된다. 즉, 부당하게 보험료가 높아지게 된다. 그 결과 우량가입자는 결국 보험가입을 포기하거나 가입하여도 보험에 대한 수요량을 줄이게 된다. 반면에, 위험이 높은 가입자는 보험가입을 더욱 선호하게 되고 보험에 대한 수요량도 늘리게 된다. 이러한 역선택은 대부분 보험판매 전에 발생한다.

한편, 도덕적 위험(moral hazard)은 보험계약자 또는 피보험자가 고의나 과실로 보험계약 후에 사고발생 확률이 높아지도록 행동하거나 마음을 먹는 것을 말한다. 즉, 보험을 판매한 후에 보험회사가 가입자를 감시하지 못하는 상황에서 보험가입자가 고의로 사고를 내고 보험금을 청구하거나 피해액을 부풀림으로써 보다 많은 보험금을 수취하려고 하는 비양심적인 위험 상태를 의미한다. 이러한 도덕적 위험이 심각해지면 보험회사는 예상보다 보험금 지급액이 많아지게 되고 최악의 경우 도산할 수도 있게 된다.

이러한 역선택과 도덕적 위험 모두 다수의 선의 계약자에게 상당한 피해를 입힌다. 특히, 보험료산출에 대한 보험회사의 신뢰를 무너뜨려 경제적인 문제 외에 보험의 존립에까지 영향을 미치게 된다. 반면, 위험관리 능력이 우수한 보험회사는 그렇지 못한 회사보다는 유리한 가격경쟁력을 가지게 되나 이의 지나친 관리는 오히려 모든 계약자들을 잠재적인 범죄인으로 인식하고 때때로 과잉반응으로 보여 자칫 신

4) 역선택은 원래 중고차시장에서 연유되었으며, Akerlof는 그의 논문에서 중고자동차시장에서 좋은 차와 나쁜 차를 구분 못하는 정보의 비대칭으로 인해 역선택이 존재하면 궁극적으로 중고차시장은 기능을 상실하게 된다고 하였다.

뢰감을 잃을 수도 있다. 그 외, 두 위험 모두 보험사고의 발생확률을 증가시켜 대수의 법칙에 의한 수지상등의 원칙이 무너져 보험회사에게는 손해를, 보험계약자에게는 보험료 인상의 부담을 준다. 또한, 두 위험 모두 개인의 도덕적, 심리적인 특성에 기인하므로 사회 전체적인 문제로 확대될 수 있다.

2) 도덕적 위험방지를 위한 보험제도[5)]

(1) 보험계약 체결시점

보험계약 체결과정에서는 첫째, 보험자의 승낙을 들 수 있다. 보험계약은 불요식의 낙성계약으로 보험계약자가 청약을 하고 보험자가 승낙을 하여야 계약이 성립되도록 하여 불량위험을 사전에 배제할 수 있는 권리를 보험자에게 부여하고 있다. 둘째, 보험사고의 불확정성이다. 즉 보험계약 당시 이미 발생한 사고나 발생할 수 없는 경우에는 그 계약은 원천적으로 무효가 된다. 셋째, 보험가입자의 고지의무를 들 수 있다. 보험계약 시 당해 위험에 대해 가장 잘 알고 있는 보험계약자나 피보험자는 보험계약상의 중요한 사항을 보험자에게 고지하여야 하며, 이를 위반하면 계약을 해지할 수 있고 보험금 지급을 거절할 수 있도록 규정하고 있다.

(2) 보험계약 유지시점

보험계약 유지시점에서는 우선적으로 위험유지의무가 있다. 보험 기간 중에 보험계약자 또는 피보험자는 스스로 당해 위험을 보험회사 동의 없이 증가시켜서는 안 되며 이를 위반 시 보험회사는 계약을 해지할 수 있다. 두 번째로 위험변경, 증가 시 통지의무이다. 계약이 성립한 후 보험계약의 대상이 된 위험이 크게 변경하거나 증가된 경우 이 역시 보험회사에 통지하여야 하며, 이를 위반 시 보험회사는 계약을 해지할 수 있다.

(3) 사고발생 시점

우선적으로 보험사고 발생 시 통지의무가 있다. 보험계약자 등은 사고 발생을 알게 될 때에는 지체 없이 이를 보험회사에 통지하여야 한다. 또한 배상책임보험에서

5) 황희대(2005), pp.215-218 요약·정리

는 필요서류, 증거제출 등 협조의무를 규정하고 있다. 두 번째, 인위적 사고에 대한 보험자의 면책을 들 수 있다. 보험사고가 보험계약자 등의 고의나 중과실로 인하여 생긴 때에는 보험회사의 책임을 면제하여 인위적인 사고의 발생을 방지하고자 하는데, 생명보험에서는 고의로 인한 사고에 대해서만 보험회사의 책임을 면제하고 있다.

(4) 손해보험에서의 방지제도

① 피보험이익 : 피보험이익은 손해보험계약의 전제조건으로 보험으로 부보되는 목적물을 의미한다. 따라서 피보험이익이 없는 계약은 무효이다. 보험사고 발생 시 피보험이익의 평가액을 법정 책임한도로 하여 실손해액 이상의 보상을 받지 못하도록 규정하고 있다.

② 초과보험과 중복보험 : 보험계약자 등이 보험가액을 과대하게 평가하여 보험계약을 체결한다 하더라도 당사자가 선의인 경우에도 보험가액 이상의 손해보상을 받지 못하게 하고 있으며, 보험계약이 보험계약자의 사기로 인하여 체결된 때에는 초과부분이나 중복된 부분뿐만 아니라 계약전부를 무효처리하고 있다.

③ 보험자 대위제도 : 보험자 대위는 보험계약자나 피보험자가 보험금을 지급받고 보험의 목적이나 제 3자에 대한 권리행사로 이중의 보상을 받아 이득을 획득하지 못하도록 규정하고 있다.

(5) 생명보험에서의 방지제도

생명보험에서 타인의 사망을 보험사고로 하는 보험계약의 경우 그 타인인 피보험자의 생명에 위해가 가해질 염려가 크므로 도덕적 위험의 발생소지가 아주 높다. 따라서 이 경우에는 그 피보험자의 서면에 의한 동의가 필수요건이며 반드시 보험계약 체결 시까지 동의가 있어야 한다. 또한 일정자격을 요구한 피보험자의 제한도 방지제도 중 하나이다. 즉 15세 미만자, 심신박약자, 심신상실자의 사망을 보험사고로 하는 보험계약은 무효이다. 다만, 이들의 생존을 보험사고로 하는 보험계약은 가능하다.

부록 11 • 현금흐름방식에 의한 보험료 산출방식[6)]

1. 도입배경

현행 3이원방식의 보험료 산출체계는 다양한 가격요소를 반영하기 곤란하고 상품의 수익성 분석 등에 한계가 있다는 지적에 따라 2005년 7월 이후 보험가격 산출의 합리성 및 국제적 정합성 제고를 위해 현행의 3이원방식이 아닌 새로운 보험료 산출체계 즉 현금흐름방식의 도입이 추진 중이다.

표 11-A 3이원방식과 현금흐름방식 비교

구분	3이원방식	현금흐름방식
기초율	3이원(위험률, 이자율, 사업비율)	다(多)이원(투자수익률, 계약유지율 등)
기초율 수준	보수적 가정(conservative) ⇒ 기대이익 내재(implicit)	최적가정(best estimate, realistic) ⇒ 기대이익 별도 구분(explicit)
수익성 분석	실시 안함	실시
특징	단순·보수성	정교·수익성

2. 현금흐름방식에 의한 보험료 산출방식의 의의

현금흐름방식은 보험상품 개발 시 보험가격 산출에 필요한 최적가정을 적용하여 보험기간에 예상되는 미래 현금흐름을 생성하고, 이러한 현금흐름이 해당 상품의 판매를 통해 기대하는 목표이익, 영업전략 등을 충족하도록 보험가격을 산출하는 방식이다. 또한 보험회사는 현금흐름방식에 의해 보험가격을 산출한 후 민감도분석을 하여 보험가격에 적용된 최적가정이 변동하는 경우 보험상품의 수익성에 미치는 영향을 분석하고, 보험료 산출 시 적용된 최적가정과 실제 발생하는 경험실적 등을 상품판매 이후 주기적으로 점검하여 그 차이가 크고 장래에 계속될 것으로 예상되는 경우 그 내용을 상품개발 관련 의사결정에 반영하는 방식이다.

6) 생명보험협회(2009), 『알기쉬운 생명보험 Q/A』, pp.239-241 인용

3. 현금흐름방식에 의한 보험료산출제도 도입에 따른 제도적 변화

- 보험회사 측면에서 소비자니즈 및 금융환경 변화에 부합하는 창의적 보험상품 개발을 촉진하여 보험산업의 경쟁력 강화를 도모할 수 있다.
- 보험회사는 현금흐름방식 제도가 도입되면 계약 초기에 손익이 편중되는 현상을 방지하여, 단기성과 위주 영업에서 장기적 내재가치 중심으로의 건전경영을 유도할 수 있는 계기를 마련할 수 있다.
- 보험회사는 보험료 산출시 현금흐름방식을 적용하여 국제회계기준 도입에 필요한 사전적 인프라 구축이 가능해진다.
- 소비자는 창의적이고 다양한 형태의 보험상품의 등장으로 상품선택의 폭이 확대되는 등 서비스 강화를 체감할 수 있다.

4. 현금흐름방식에 의한 보험료산출제도 도입에 따른 영향

- 보험상품의 가격경쟁력을 강화시킬 수 있다.
- 현실에 부합하는 장래 현금흐름을 바탕으로 수익성 중심의 상품개발이 이루어질 것이다.
- 상품개발 시 후취방식[7] 등 다양한 사업비 부과방식이 가능하여 펀드 등 타 금융권 상품에 대한 경쟁력 제고가 가능하다.
- 금융환경에 부합하는 창의적 상품개발이 촉진되어 보험료 산출 시 다양한 보장과 가격요소(금리예측, 보증·옵션 등)를 유연하게 반영하는 것이 가능해진다. 다만 보험료 가격요소의 다양성에 따른 보험료 산출과정이 복잡해질 수 있어 계리역량 및 전산기술의 확충이 요구된다.
- 상품의 리스크 관리가 용이해져 손익 민감도의 사전적 분석 및 상품판매 이후 예정기초율과 실제 경험치의 차이로 인한 손익변동 모니터링이 가능해진다.
- 판매 이후 예정대비 실제 해약율의 주기적 점검을 통해 그 차이가 클 경우 계약심사 강화, 상품개정, 판매중지 등 상품개발에 관한 다양한 의사결정이 가능해진다.
- 상품개발에 관한 보험회사 내부통제 및 성과관리 강화가 가능해짐으로써 상품개발 시점에 목표이익 실현을 위한 부서별 책임·역할이 명확해져 합리적 성과관리를 통한 경영효율이 개선된다.

7) 보험모집에 필요한 사업비 등을 계약시점이 아니라 해약 또는 만기시점에 확보하는 방식이다.

- 보험모집에 필요한 사업비 등을 계약시점이 아니라 해약 또는 만기시점에 확보하는 방식이다.
- 기간별 손익의 평준화로 계약 초기의 손익편중 현상이 개선된다. 이로 인해 신계약 위주의 단기성과 영업에서 벗어나 장기적 내재가치 중심의 경영 유도가 가능해지며, 아울러 부실상품 개발 및 불완전 판매가 감소되고 금융위기 등으로 인한 신계약 위축 시에도 충격 완화를 도모할 수 있다.
- 단기·전기납에 관계없이 보험회사의 손익흐름 및 신계약비 재원확보 수준이 유사하여 납입기간이 장기인 상품개발 촉진이 가능해진다. 납입기간이 장기인 경우 일시납 또는 단기납에 비해 보험료가 저렴하여 금융시장에서 보험상품의 경쟁력이 제고되고 소비자의 상품선택 폭도 확대가 가능하다.
- 보유계약 중심의 손익전망으로 손익의 왜곡현상이 해소되고 경영전망의 신뢰성도 제고될 수 있다. 대표적인 손익 왜곡현상의 예를 들면 다음과 같다. '신계약의 증가(감소)폭에 비해 손익이 지나치게 호전(악화)되고, 보유계약은 지속적으로 증가하고 있음에도 손익의 증가폭이 둔화되는 경우'
- 사업비차익 과다에 대한 논란 해소를 기대할 수 있다. 보험료 납입기간과 관계없이 손익이 평준화되고 3이원별이 아닌 종합손익으로 보험회사의 경영실적을 공표함에 따라 보험회사의 이익에 대한 부정적 이미지 및 소모적 논쟁이 불식될 수 있다.
- 신계약비 이연한도의 하향 조정(현행대비 85%) 및 모집 수수료율 공시 확대로 인해 모집수수료 선지급체계 완화가 가능해질 것으로 기대된다.
- 보험계리업무의 선진화를 통한 보험산업의 경쟁력 강화를 도모할 수 있는데, Global Standard에 부합하는 보험료산출 등을 통해 선진보험 계리지식 축적 및 계리인력의 국제화가 가능해진다.
- 보험회사의 자율성 확대를 통해 업무의 효율성이 제고된다. 상품개발 및 보험계리(계약자배당, 실제사업비 배분 등)에 대한 보험회사의 자율성 확대로 보험회사 실정에 맞는 업무 추진도 가능해진다. 다만, 상품의 수익성분석 리스크관리를 위해 정교하게 기초율을 예측해야 하는 부담도 증가하게 된다.

요점정리

1. 보험사업의 특징은 경영규모 확대, 인적요소 중시, 대규모 자기자본 불필요, 기술성과 전문성, 규제 강화 등을 들 수 있다. 또한 생명보험의 특징으로는 보험수리 및 자산운용 중시, 판매의존성, 장기계약 등이며, 손해보험은 위험인수 및 손해사정 기술 중시, 기업형 보험, 재보험의 국제성 등의 특징을 갖고 있다.
2. 보험가격 결정에 필요한 기본적인 원리는 대수의 법칙, 수지상등의 원칙, 급부반대급부 균등의 원칙이다. 보험료는 순보험료와 부가보험료로 구성되고, 순보험료는 다시 위험보험료와 저축보험료로 구분한다. 부가보험료는 보험계약을 모집, 유지 및 관리하기 위한 경비로 예정신계약비, 예정유지비, 예정수금비로 구성되며 예정사업비라고도 한다.
3. 보험상품 가격결정은 목표수익 설정 → 과거 경험실적 분석 → 투자수익, 해약률 등 기본가정 설정 → 가격결정 → 손익 및 실적분석 순으로 이루어지며, 계약자 보호와 보험회사의 부당한 이익을 방지하기 위하여 오랫동안 감독당국이 통제했으나 2000년 4월 전면 자유화되었다.
4. 역선택이란 정보를 많이 가진 측이 의도적으로 감추어서 보험계약 전에 보험사고의 발생가능성이 높은 위험을 계약자가 자진하여 선택하는 것을 말한다. 한편, 도덕적 위험이란 보험계약자 또는 피보험자가 고의나 과실로 보험계약 후에 사고발생 확률이 높아지도록 행동하거나 마음을 먹는 것을 말한다.

Chapter 11 평가문제

1 보험의 고유한 특성을 생명보험과 손해보험으로 구분하여 설명하시오.

2 보험가격 결정원리 세 가지를 쓰시오.

3 보험료 구성요소 중 사망, 상해, 입원 등의 보험금 재원이 되는 항목은?

4 다음 문장의 괄호 안에 알맞은 단어를 기입하시오.

① (   )이란 보험계약 전에 보험사고의 발생가능성이 높은 위험을 계약자가 자진하여 선택하는 것을 말한다.

② 보험계약자 또는 피보험자가 고의나 과실로 보험계약 후에 사고발생 확률이 높아지도록 행동하거나 마음을 먹는 것을 (   )이라 한다.

Chapter **12**

보험계약

1. 보험계약의 특성
2. 보험계약 요소
3. 계약심사

Chapter 12

보험계약

1 보험계약의 특성

1) 유상·쌍무계약

보험계약은 보험계약자의 보험료지급에 대하여 보험사고 발생 시 보험자가 일정한 급부를 지급할 것을 약속하는 유상계약이며, 보험계약자의 보험료 지급의무와 보험자의 보험금 지급의무가 대가관계를 이루는 쌍무계약이다.

2) 불요식·낙성계약

보험계약은 당사자의 의사표시 합치만으로 성립하고, 서면 등의 특별한 형식을 요하는 것이 아니므로 불요식·낙성계약이다. 다만, 실제거래에서는 보험계약 체결 시에 정형화된 보험계약청약서를 이용하는 것이 보통이나 이는 감독상의 편의에 의한 것일 뿐 법률상의 요건은 아니다. 한편, 보험자의 책임개시 시기는 별도의 특약이 없는 한 최초의 보험료 지급시점으로 하고 있다. 따라서 최초보험료의 지급 없이 성립한 보험계약도 효력을 가지게 되나, 최초보험료가 지급될 때까지 위험보장책임이 개시되지 않을 뿐이다.

3) 사행계약

보험계약은 우연한 사고의 발생 시 보험료에 비하여 엄청나게 많은 보험금을 지급받게 되므로 사행성을 갖는다. 그러나 보험은 도박과는 달리 사회생활 상 불가피하게 발생한 위험을 합리적으로 관리하여 개인의 경제생활의 안정을 회복시켜주기 때문에 적법성을 띤다.

4) 계속계약

보험계약은 보험자가 보험기간에 발생한 사고에 대하여 급여책임을 지는 것이므로 그 기간 동안 계속적인 관계에 있다. 이처럼 보험계약이 계속적 성질을 지니므로 상법상 계약을 해제하는 게 아니라 장래에 대해서만 효력이 없어지는 해지를 인정하는 것이 원칙이다.

5) 부합계약

이는 당사자 일방(보험자)이 계약의 내용을 작성하고 상대방(계약자)은 그 내용에 자기의 의사가 부합될 경우 계약을 체결한다는 의미로 상대방은 계약의 체결여부만을 결정하는 것이다. 보험은 다수계약을 전제로 하기 때문에 보험자 일방이 작성한 보통보험약관에 의하여 이루어지는 부합 계약성을 지니게 된다.

6) 독립계약

독립계약이란 보험계약 자체가 독립하여 존재하는 것을 의미한다. 예컨대 매매인 또는 운송인이 매매계약 또는 운송계약에 부대하여 위험을 인수하는 약속은 보험계약이 아니라 그 계약의 부대협정이다.

7) 선의계약

보험계약이 선의 또는 최대선의에 기초를 둔 계약이라는 의미는 보험계약의 사행계약성으로 인한 보험의 도박화 방지를 위한 데서 시작된 것이다. 당사자의 선의 또는 신의성실의 원칙은 보험계약뿐만 아니라 모든 법 분야에서 요구되는 대원칙이며 특히 보험계약에서는 그 성질상 최대선의의 원칙이 요구되고 있다.

8) 개별성과 단체성

보험계약 자체는 보험자와 계약자사이에 개별적으로 성립하고, 이의 개별위험이 모여 위험단체를 형성한다. 이러한 단체성은 보험의 기본원리인 대수의 법칙과도 관련된다.

2 보험계약 요소

1) 보험료 납입기간

보험계약자가 보험료를 납입하는 기간으로 이 기간이 보험기간과 동일하면 전기납이라 하며, 보험기간보다 짧은 경우를 단기납이라 한다.

2) 보험기간

보험기간이란 보험자의 책임이 존속하는 기간, 즉 보험사고가 발생할 경우 보험자가 지급책임을 지는 기간을 말한다. 한편, 보험기간은 보험계약기간과 다르다. 예를 들어 해외여행 상해보험은 여행 출발 전에 계약을 체결하였지만 출발일부터 귀국예정일까지 보험기간으로 한다.

3) 보험사고

보험사고는 보험계약에서 보험자의 보험금 지급책임을 구체화시키는 우연한 사고를 말한다.

4) 보험금

보험금은 보험자가 보험을 인수하여 보험사고가 발생했을 때 보험자가 지급하는 금액이다. 손해보험의 경우 계약에서 약정한 보상의 최고한도인 보험금액과 실제 보험금이 다를 수 있으나 정액보험인 생명보험인 경우에는 보험사고 발생으로 인해 실제로 입은 손해와는 상관없이 보험계약 체결 시 약정한 보험금액을 지급해야 한다.

5) 보험계약 관계자

(1) 계약당사자

① 보험계약자 : 보험계약자는 자기의 이름으로 보험자와 보험계약을 체결하고 보험료를 지급할 의무를 부담하는 자를 말하며, 이의 자격제한은 특별히 없으나 미성년자와 같은 행위무능력자일 경우 법정대리인의 동의를 요한다. 한편, 계약자 또는 수익자가 2인 이상일 경우 대표자 1인을 정하여야 하고, 기타 위험유지의무, 위험변경 및 증가 시 통지의무, 보험사고 발생 시 지체 없이 통지할 의무가 있다.

② 보험자 : 보험자는 보험 사업을 영위하는 자로서 계약의 대상이 되는 위험을 인수하고 보험사고가 발생할 경우 보험금을 지급할 의무가 있는 자를 말하며 기타 보험증권 교부의무, 계약자 요청 시 보험료 및 적립금 반환의무가 있다.

(2) 계약관계자

① 피보험자 : 생명보험에서 피보험자는 그 사람의 생명이나 신체에 대하여 보험이 붙여진 자로 보험사고의 객체를 의미하며 피보험자와 계약자가 동일인 경우를 '자기의 생명보험 계약' 이라 하고, 서로 다르면 '타인의 생명보험 계약' 이라 한다. 특히, '타인의 생명보험 계약' 인 경우에는 반드시 계약 체결 시에 피보험자의 서면동의를 받아야 한다. 손해보험의 피보험자는 보험의 목적에 대하여 가지는 경제적 이해관계인 피보험이익의 주체로서 보험사고 발생 시 손해보상을 받을 권리가 있는 자를 말한다. 이러한 피보험자의 자격으로는 생명보험의 경우 자연인으로 한정하고 특히 사망보험의 경우 15세 미만자, 심신박약자, 심신상실자는 피보험자가 될 수 없다. 손해보험에서는 자연인이나 법인, 유형, 무형물에 상관없이 모두 피보험이익[1]이 존재하면 피보험자가 될 수 있다.

② 보험수익자 : 보험수익자는 보험자와 보험계약자 간의 계약에서 보험사고 발생 시 보험금을 지급받기로 지정된 사람을 말하며, 이의 자격제한은 없으며 계약

1) 피보험이익은 손해보험계약에서 피보험자가 보험목적에 대하여 가지는 경제적 이해관계로 이를 '보험계약의 목적' 이라고 표현하고 금전으로 산정할 수 있는 이익으로 한정하고 있다. 따라서 피보험이익이 없는 손해보험계약은 존재하지 않으며 생명보험의 경우에는 일반적으로 피보험이익이 존재하지 않는데 그 이유는 인간의 생명이나 신체의 가치는 금전적으로 산정할 수 없기 때문이다.

자가 지정하고 수익자의 동의도 필요로 하지 않으며, 다만 수익자 변경은 보험사고 발생 전에 한하여 가능하다. 만약 보험계약자가 보험수익자를 지정하지 않고 사망한 경우 피보험자를 수익자로 하고, 계약자가 수익자를 지정하기 전에 보험사고가 발생하였을 경우에는 피보험자의 상속인이 수익자가 된다. 한편, 보험계약자와 보험수익자가 동일인이면 '자기를 위한 생명보험 계약'이라 하고, 동일인이 아니면 '타인을 위한 생명보험 계약'이라고 한다.

(3) 모집보조자[2)]

모집보조자는 보험자 또는 보험계약자를 위하여 보험계약의 체결을 보조하는 자를 말하며 대표적으로 보험설계사, 보험대리점, 보험중개사 등이 있다.

3 계약심사

1) 계약심사의 의의

(1) 정의

계약심사(underwriting)란 보험청약을 원하는 피보험자가 가지고 있는 위험의 정도를 분류하고 선택하는 과정으로 이러한 심사를 하는 사람을 심사담당자(underwriter)라고 한다. 일반적으로 계약심사 전담부서는 보험상품별로 심사업무를 구분하고 있으며, 그 외 재보험업무와 증권발행 업무를 병행하고 있다. 계약심사는 기본적으로 무진단 계약의 인수여부는 사정담당자가 판정하고, 유진단 계약의 인수여부는 보험회사에 소속된 진단의 혹은 위촉의가 결정한다.

(2) 목적

계약심사의 첫 번째 목적은 보험계약자에게 공평성을 확보해 주기 위함이다. 보험회사는 각 개인에게 각자의 위험정도에 따라 이에 상응하는 보험료를 부과한다. 이렇게 해야 개인적으로는 위험이 낮은 계약자가 높은 사람의 지급보험금을 보조하지 않게 되고 전체적으로 보험료수입과 지급보험 간의 적절한 균형을 유지할 수 있

2) 자세한 사항은 제 16장, 3. 보험모집조직 참조

다. 두 번째, 위험률차 손실을 줄이고 역선택을 방지할 수 있다. 보험료산출 시 적용된 예정기초율의 하나인 예정사망율의 범위 안에 청약자들의 실제사망률이 포함되도록 계약사정을 해야 위험률차 손실을 줄일 수 있고, 특히 보험가입을 통하여 이익을 노리는 청약자를 추출함으로써 역선택을 방지할 수 있다.

2) 위험의 분류

(1) 위험측정요소에 의한 분류

이는 신체적 위험, 도덕적 위험, 직업환경적 위험으로 구분한다. 신체적 위험에는 피보험자의 신체상황 즉 연령, 성별, 체격, 병력, 가족사항 등이 있고, 도덕적 위험에는 피보험이익이나 보험가입자의 재산 또는 소득상태 등이 있으며, 직업 환경적 위험에는 직종이나 직업, 취미활동, 음주나 흡연 등의 생활태도, 운전여부 및 주거환경 등이 있다.

(2) 위험인수대상에 의한 분류

이는 피보험체의 상태에 따라 표준체, 표준하체(표준미달체), 거절체로 구분한다. 표준체란 위험의 상태가 위험단체의 표준이 되는 대상체로서 표준요율로 계약할 수 있는 피보험체의 총칭을 말한다. 표준하체는 위험상태가 표준에 미달되어 보험회사의 심사나 건강진단을 통하거나 특별조건을 부가하여 가입해야 하는 대상으로 이러한 피보험체는 표준체보다 할증보험료를 납입하거나 보험금을 삭감하는 방법으로 가입할 수 있다. 한편, 거절체는 어떠한 조건을 부가해도 계약할 수 없는 인수 거절된 피보험체를 말한다.

(3) 위험의 성질에 의한 분류

이는 위험의 정도가 시간이 경과하면서 변화하는 정도에 따라 항상성 위험, 체증성 위험, 체감성 위험으로 구분한다. 항상성 위험은 만성기관지염, 담석증 등과 같이 위험도가 시간의 경과에 관계없이 일정하게 지속되는 위험을 말하고, 체증성 위험은 고혈압, 당뇨 등과 같이 위험도가 시간이 경과함에 따라 증가하는 위험이며, 체감성은 반대로 감소하는 위험을 말한다.

3) 위험의 선택

(1) 목적

보험회사가 부보된 위험을 선택하는 목적은 크게 세 가지이다. 우선 사기, 범죄 등 불량위험을 사전에 배제함으로써 인위적인 사고유발 등 보험가입자의 역선택을 방지하여 경영의 안정성을 높이고 양질의 보험계약 획득으로 유지율 향상을 통하여 계속적이고 안정적인 보험사업을 영위토록 한다. 두 번째, 선의의 가입자에 대한 불이익 방지로 보험계약자간 위험의 공평성을 유지하도록 함으로써 계약자를 보호한다. 세 번째, 부보가능위험(insurable risk)과 부보불능위험(uninsurable risk)을 분류하여 적정한 보험요율의 산정을 가능토록 한다.

(2) 일반적 요건

첫째, 동일보험료를 납입하는 위험집단은 동일한 크기의 위험을 가져야 한다는 위험 동질성의 원칙이 지켜져야 한다. 즉, 인수위험들은 회사별 위험선택기준에 따라 각 위험의 특성별로 보험료가 차등적으로 산정되어야 한다. 두 번째, 대수의 법칙이 적용될 수 있는 다수의 집단이어서 안정을 기할 수 있다는 위험대량성의 원칙이 지켜져야 한다, 즉, 동일한 요율계층에 배정된 모든 위험들이 동일한 손실액을 발생시키는 경우는 거의 없기 때문에 각 요율계층마다 모든 손실과 비용을 충당할 수 있도록 각 계층별 평균손실 간에 균형이 이루어지도록 위험들이 배정되어야 한다. 세 번째, 보험계약준비금을 충분히 적립하거나, 재보험 등을 통해 위험을 적절히 분산해야 한다는 위험분산의 원칙이 지켜져야 한다.

(3) 부보가능 요건

첫째, 동질성과 우연성이다. 이는 다수의 동질적인 순수위험이어야 하고, 손실발생이 우연적이고 고의성이 없어야 한다는 것을 의미한다. 두 번째, 측정가능성이다. 보험사고로 인한 손실은 확정적이고 측정이 가능해야 하며 손실가능성에 대한 사전 확률계산이 가능해야 한다. 세 번째 적정성과 경제성이다. 부보된 보험손실이 너무 거대하거나, 너무 작지 않아야 하며 경제적으로 부담 가능한 보험료이어야 한다.

4) 위험선택의 절차

(1) 제1차 선택(설계사 등에 의한 선택)

이는 설계사 등 취급자가 보험계약자나 피보험자를 면접, 관찰, 질문 및 고지사항을 직접 확인하고 조사하여 선택하는 방법으로 가장 중요하다. 그 이유는 다음과 같다. 무엇보다 위험선택상 필요한 정보수집이 가능하다. 두 번째, 무진단 계약은 설계사가 진사의의 역할을 대신 수행한다고 볼 수 있다. 세 번째, 고지의무를 위반하거나 도덕적 위험이 있을 경우 바로 발견할 수 있어 계약을 무효할 수 있기 때문이다.

(2) 제2차 선택(진단의, 인수자에 의한 선택)

이는 설계사 등에 의한 제1차 선택 이후 진단의 또는 인수자 등이 인수위험에 대한 심사, 계약적부확인(생존)조사, 대용진사, 사망조사에 이르기까지의 심사절차를 의미한다. 일반적으로 생명보험의 경우 보험설계사에 의해 제 1차 선택이 이루어지고, 이어 건강진단, 계약사정 등의 과정을 거쳐 계약이 성립된다. 그러나 서류심사와 한정된 건강진단만으로는 정확하게 위험을 선택하는 것이 불가능하다. 따라서 이를 보완하기 위하여 보험회사는 피보험자의 건강상태, 생활환경, 병력 등을 조사하여 청약상의 고지사항에 대하여 사실여부를 확인하게 되는데 이를 계약적부확인조사 또는 생존조사라 한다. 이의 조사방법에는 보험계약자, 피보험자 또는 그 가족을 직접 면담하여 확인하는 직접조사와 인근 주민들을 통해 피보험자의 위험정도를 조사하는 간접조사가 있으며, 주로 중대사항의 불고지, 이해관계자의 중대한 과실, 대리진단, 기망행위, 진단상의 과실 등을 조사한다. 실무상으로는 위험성향이 있는 보험계약에 한하여 간접조사를 먼저하고 이상을 발견하지 못하면 직접조사를 통하여 사실 확인을 하는 것이 보통이다. 때로는 이 조사를 다른 기관에 의뢰하여 행하는 경우도 있다.

한편, 건강진단을 요하는 계약의 경우 보험회사의 진단의나 촉탁의가 진사를 행하는 것이 보통이지만 이미 병원에서 건강진단을 받은 청약자의 경우에는 건강진단서를 제출함으로써 진사를 대신할 수 있는데 이를 대용진사라 한다. 그리고 사망조사는 신고된 사고로 인한 보험금 지급여부를 결정하기 위하여 필요한 증거물이나 증인을 확보하고 보험계약자나 피보험자가 제출한 사고입증 서류에 입각해서 보험사고의 내용을 실제로 현장조사를 통해 검토하며 손해의 정도와 범위를 결정하고 경제적 손실을 금액으로 산정하는 것을 말한다.

요점정리

1. 보험계약 당사자인 보험자와 보험계약자 간의 계약은 유상·쌍무계약, 불요식·낙성계약, 사행계약, 계속계약, 부합계약, 독립계약, 선의계약, 단체계약의 법적 특성이 있다.
2. 보험계약 요소로는 보험사고, 보험기간, 보험료납입기간, 보험금 및 보험계약 관계자가 있다. 이 중 보험계약관계자는 계약당사자, 계약관계자와 모집보조자로 나뉜다. 계약당사자는 다시 보험자와 보험계약자로, 계약관계자는 보험사고의 객체 또는 피보험이익 주체인 피보험자와 보험수익자가 있다. 모집보조자는 보험자 또는 보험계약자를 위하여 보험계약의 체결을 보조하는 자를 말하며 보험설계사, 보험대리점, 보험중개사 등이 있다.
3. 계약심사(underwriting)란 보험청약을 원하는 피보험자가 가지고 있는 위험의 정도를 분류하고 선택하는 과정을 말한다. 여기서 위험은 측정요소에 따라 신체적 위험, 도덕적 위험, 직업환경적 위험으로 구분하고, 위험인수 대상에 따라 표준체, 표준하체(표준 미달체), 거절체로 구분하며, 위험성질에 따라 항상성 위험, 체증성 위험, 체감성 위험으로 구분한다. 한편, 위험의 1차 선택은 보험설계사에 의해, 2차 선택은 진단의 또는 인수자 등이 위험에 대한 심사, 계약적부확인(생존)조사, 대용진사, 사망조사 등의 심사절차를 의미한다.

Chapter 12 평가문제

1 보험계약의 법적 성질 중 부합계약에 대하여 설명하시오.

2 보험계약의 요소 중 세 가지 이상을 쓰시오.

3 보험계약관계자 중 피보험자에 대하여 설명하시오.

4 다음 문장의 괄호 안에 알맞은 단어를 기입하시오.

① (　　　　)란 보험청약을 원하는 피보험자가 가지고 있는 위험의 정도를 분류하고 선택하는 과정을 말한다.

② (　　　　)는 보험자 또는 보험계약자를 위하여 보험계약의 체결을 보조하는 자를 말한다.

MEMO

Part 5
보험제도의 이해

Chapter 13 연금제도
Chapter 14 보험세제
Chapter 15 보험감독

보험제도는 크게 연금제도, 보험세제 및 보험감독으로 구분하여 살펴보고자 한다.
제13장 연금제도에서는 우리나라 노후보장체계를 학습한 다음
국민연금, 직역연금, 퇴직연금 및 개인연금 전반에 관하여 살펴본다.
제14장 보험세제에서는 보험료소득공제와 보험금에 대한 세제로 구분하여 살펴본다.
이어 각 해당 보험상품별로 세분화하여 보험료 소득공제를 살펴보고 보험금에 대한 세제는 보험차익과세,
상속세 등을 다루고, 특히 상속 및 증여는 계약사례를 들어 살펴본다.
제15장 보험감독에서는 보험감독정책과 감독기관에 대하여 다룬다.

Chapter 13

연금제도

1. 우리나라 노후보장 체계
2. 국민연금
3. 직역연금
4. 퇴직연금
5. 개인연금

Chapter 13

연금제도

1 우리나라 노후보장 체계

1) 연금제도의 의의

연금제도는 경제적인 안정을 도모하기 위한 여러 가지 제도 중 특히 노후생활의 경제적 안정을 확립하기 위하여 만들어진 사회복지제도이다. 이러한 연금제도는 개인, 기업, 국가라는 세 주체가 함께 개인의 노후생활에 대한 보장을 책임질 수 있도록 하는 3층 사회보장제도가 근간을 이룬다. 이는 노후생계를 유지할 수 있도록 도와주는 사회보장적 성격의 공적연금, 기업의 퇴직금제도에 근거한 퇴직연금, 개인의 저축형태로 이뤄지는 개인연금으로 구성되어 있다. 이의 보장수준과 수혜범위는 다음 그림 13-1과 같다.

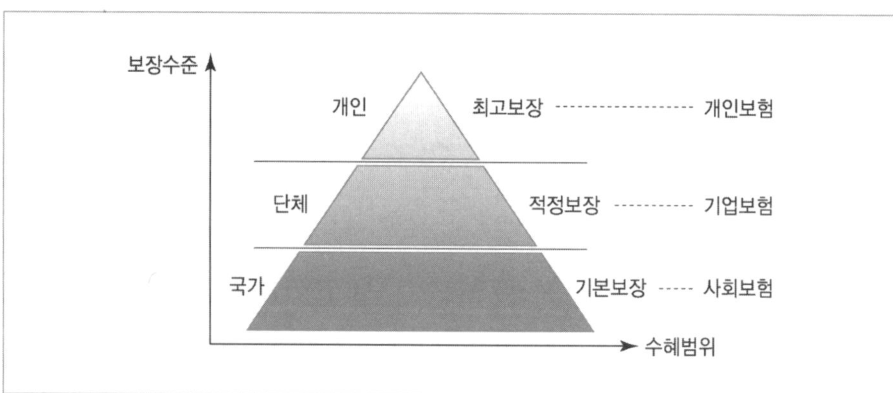

그림 13-1 3층 보장수준과 수혜범위

2) 3층 보장제도

(1) 공적(사회)보장

공적(사회)보장은 국가가 국민의 생존권을 확보하려는 것으로, 그 근거는 사회연대원리에 입각한 헌법상의 국가의무와 생존권의 보장에 있으며 공적연금과 공적부조가 중요한 수단이 된다.

(2) 기업보장

기업의 사회적 책임원리가 작용하고 있으며 그 수단은 기업의 복지계획 일환인 퇴직금, 퇴직연금, 단체보험 등이 주축을 이루며, 기업의 사회적 보장원칙과 종업원에 대한 급여의 후불지급에 입각하여 비용은 사용자가 부담하는 것이 일반적이며 정부는 세제혜택 등을 통하여 도움을 주게 된다.

(3) 개인보장

개인보장은 자조노력을 통하여 개인 스스로 노후보장을 마련하는 것으로 생활에 대한 자기부담의 원칙에 입각한 개인보장이며, 구체적인 보장수단으로는 (개인연금)보험, 저축 등으로서 이 역시 정부는 세제혜택 등을 통하여 개인의 자조노력을 지원하게 된다.

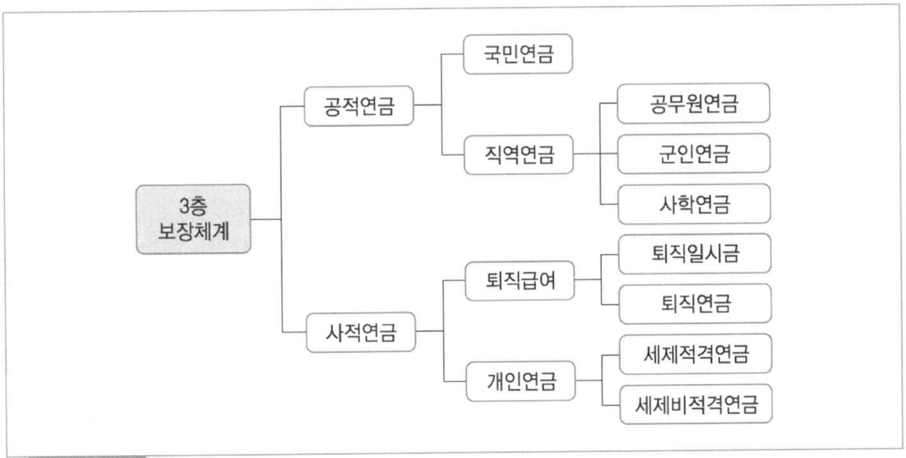

그림 13-2 3층 보장체계

표 13-1 국민연금, 퇴직연금, 개인연금의 특징

구분	국민연금	퇴직연금	개인연금
주 가입대상	전 국민	근로자	개인
목적	국민의 최저생계비 보장	기업의 근로자에 대한 노후생활 보장 지원	개인의 선택에 의한 노후생활 보장
책임원칙	사회계약에 의한 연대책임	기업의 사회적 책임	자기책임
수단	공적부조, 공적연금	퇴직금, 퇴직연금	개인연금
급부	소득비례	소득 및 근속연수	개인결정

3) 연금제도별 특징

대표적으로 국민연금, 퇴직연금, 개인연금의 특징을 요약하면 표 13-1과 같다.

한편, 국민연금과 특수직역연금 간 역할과 기능상의 차이점은 다음 표 13-2와 같다. 그리고 주요 선진 국가들의 공적연금과 사적연금을 합한 적정 노후소득 대체율은 약 60~70% 수준이며, 우리나라의 경우 국민연금에 의한 소득 대체율은 매년 감소추세이다. 여기서 노후소득 대체율은 은퇴 이후 필요한 소득을 은퇴 전 소득으로 나누어 산출한다.

표 13-2 국민연금과 특수직역연금 간 역할과 기능상의 차이점

구 분	국민연금	특수 직역연금
보장위험의 범위	노령, 장애, 사망 등에 대한 보편적 연금보장	퇴직, 사망, 폐질에 대한 제한된 연금보장
제도의 역할	퇴직금, 산재보험 등 기존 공·사적 소득보장 보완	종합적인 소득보장 (연금+산재+퇴직금 등)
세대내 재분배	있음	없음
급여수준	50%(40년 가입기준)	70%(최고 33년 가입 제한)
보장목표	기초적인 생활 보장	퇴직 전 생활수준 보장

2 국민연금

1) 국민연금제도의 의의

이는 가입자, 사업자 및 국가로부터 일정액의 보험료를 받고 이를 재원으로 노령으로 인한 근로소득 상실의 보전(노령연금), 질병 또는 사고로 인한 장기근로능력 상실의 보전(장애연금), 가입자의 사망에 따른 소득상실을 보전(유족연금)함으로써 국민의 생활안정과 복지증진을 도모하는 사회보장제도이다. 이 제도는 1988년 1월부터 시행되었으며, 시행 초기에는 국내에 거주하는 18세 이상 60세 미만의 5인 이상 사업체의 근로자와 고용주를 대상으로 하는 강제가입과 가입희망자를 대상으로 하는 임의적용제도를 실시하였다. 이후 1999년 4월부터 전 국민을 대상으로 의무가입제도를 확대실시하고 있다. 단, 공무원연금법, 군인연금법, 사학연금법의 적용을 받는 가입대상은 제외된다.

이와 같은 국민연금제도가 필요한 이유는 크게 두 가지를 들 수 있다. 우선 평균수명의 증가와 출산율 저하로 노인층의 생활 불안정이 가중되고, 부모부양 의식이 점차적으로 저하되었다. 두 번째로 스스로 노후를 준비하는 여유 부족과 산업화 및 도시화로 개인이나 가족이 자기의 노후를 대처하기 어려운 경우가 많아졌다.

2) 국민연금제도의 특징

(1) 소득재분배[1]

국민연금은 최종보수 대비 연금수급액의 비율이 저소득층일수록 높아 저소득계층이 상대적으로 유리하며, 또 가입기간에 따라 연금액이 증액되므로 장기가입자가 유리하다. 특수직연금은 최종보수를 기준으로 가입기간에 따른 일정률을 곱하는 소득비례제도인 반면, 국민연금은 모든 가입자들의 평균보수를 기준으로 하는 균등부분과 가입자 개인의 가입기간중의 소득수준을 평균하여 계산한 보수 비례부분을 합산한 혼합제도이다. 따라서 이 제도는 고소득층으로부터 저소득층으로 소득을 재분배하는 기능이 있다.

1) 이는 현재세대내의 고소득에서 저소득으로 재분배되는 '세대내 소득재분배'와 미래세대가 현재의 노인세대를 지원하는 '세대 간 소득재분배'로 나뉜다.

(2) 실질가치 보전 및 세제상의 특전

연금수급권자는 연금을 주요 소득으로 생계를 꾸려가야 되므로, 실질가치가 보전되도록 임금 및 소비자물가와 연동시켜 연금액이 결정된다. 또한 기업 측이 부담하는 부담금에 대해서는 법인세 또는 소득세법에 의해 손비 또는 필요경비로 인정된다. 노령연금, 장해연금 등과 반환일시금에 대해서는 소득세, 주민세가 면제되며, 유족연금과 사망으로 인하여 지급되는 반환일시금에 대해서는 상속세가 면제된다.

3) 문제점

주요 문제점으로는 우선 시행 초기부터 이 제도 자체가 저부담, 고급여의 구조로 설계됨에 따라 갹출금액에 비하여 급부수준이 지나치게 높아 국가가 연금지급을 위해 적립하고 있어야 하는 책임준비금이 급속도로 줄어들고 있다는 점이다. 두 번째로 저출산 현상이 심화되고 평균수명이 계속적으로 연장되어 연금급여를 받아야 하는 노인인구의 비중은 늘어나는 반면, 보험료를 부담하는 노동인구의 비중은 계속 줄어들고 있는 인구사회적인 변화가 상당히 빠르다는 것이다. 세 번째, 국민연금 자산에 대한 중장기적인 투자전략이 공정하고 투명하게 수립, 운영되지 않고 있다는 점이다. 이는 연금재원의 급속한 고갈을 초래할 수 있어 상당한 논의가 요구되는 부분이다.

4) 상품구조

(1) 가입대상

가입대상은 국내에 거주하는 18세 이상 59세까지의 국민이다. 단, 직역연금 가입자와 노령연금 수급권을 취득한 60세 미만의 특수직종(광업, 어업)근로자 및 조기노령연금 수급권자는 제외한다.

(2) 가입자 종류

국민연금의 가입자는 사업장가입자와 지역가입자(당연적용), 임의계속가입자와 임의가입자(임의적용)로 크게 구분된다. 사업장가입자는 사업의 종류 · 근로자의 수 등을 고려하여 시행령으로 정하도록 법에서 위임하고 있는데, 현재 상시 1인 이상의 근로자를 사용하는 사업장의 근로자 및 사용자는 강제가입대상이 된다. 그리고 지역가입자는 사업장가입자 외의 자로서 18~60세 미만의 농어민 · 도시자영업자 등이 해당된다.

또한, 임의가입자는 사업장 및 지역가입 대상에서 제외된 자로서 본인의 희망에 의해 가입하는 자이다. 그 외 임의계속가입자는 사업장 및 지역가입자로서 60세에 달해도 국민연금가입기간이 20년에 미달하는 자로서 본인의 희망에 의해 65세까지 보험료를 납입하는 자이다.

(3) 연금보험료

연금보험료는 기준소득월액에 연금보험료율을 곱하여 산출한다. 월소득은 식비, 자가운전보조금 등 비과세소득을 제외한다. 사업소득 또는 자산소득은 필요경비를 제외하고 부동산 임대소득이 있는 경우 합산하여 계산한다. 그리고 보험료율은 시간경과에 따라 변할 수 있으며 해당 보험료는 익월 10일까지 납부하고, 기한 경과 시 체납된 연체보험료의 3%에 해당하는 연체금을 징수하고 일반 보험처럼 선납도 가능하다. 다만, 실직, 군인 등 보험료납부예외에 해당되는 경우 그 입증서류를 구비하여 신청하면 된다. 반면 납부예외 중인 자가 납부를 재개하는 경우 예외기간 만큼의 보험료를 납부하면 가입기간이 인정된다. 이를 '추납보험료제도'라 하며 강제사항은 아니다.

추납보험료는 납부 신청한 날이 속하는 달의 연금보험료에 납부하고자 하는 월수를 곱하여 계산한다. 한편, 반환일시금을 수령한 후 가입자 자격을 재취득한 자가 종전에 수령한 반환일시금에 소정의 이자를 가산하여 반납하는 경우 가입기간이 복원된다. 이도 강제사항은 아니다.

(4) 연금급여

연금액은 기본연금액에 연금종류별 지급률 및 제한율을 곱하고 여기에 부양가족연금액을 더하여 계산한다. 이에는 노령연금, 장애연금, 유족연금, 반환일시금, 사망일시금(유족이 없을 경우 지급) 등이 있으며, 연금액은 기본연금액과 부양가족연금액을 기초로 산정하되 연금수급권은 양도, 압류, 담보로 제공할 수 없다. 단, 노령연금 계산 시 출산(2자녀 이상) 및 군복무에 따른 가입기간을 추가 산입한다.

표 13-3 비례상수별 소득대체율

구분	1988~1998	1999~2007	2008~2027	2028~
비례상수	2.4	1.8	1.5 (매년 0.015씩 감소)	1.2
소득대체율	70%	60%	50% (매년 0.5%씩 감소)	40%

① 기본연금액

기본연금액의 산출식은 다음과 같다.

$$기본연금액 = 1.2(A+B)\times(1+0.05\times n/12)$$

여기서, 상수 1.2는 소득대체율을 맞추기 위한 값으로 연도가 경과하면서 감소한다(표 13-3 참조). 또한 A는 연금수급 전 3년 간의 평균소득월액으로 국민연금공단에서 공시한다. A로 인하여 고소득층의 소득을 저소득층에게 배분되는 소득재분배 효과가 있다. 그리고 B는 수급권자 개인의 가입기간 중 기준 소득월액의 평균액을 의미하며 n은 20년 초과월수이다.

② 부양가족연금액

이는 연금수급권자에 의해 생계를 유지하는 배우자, 자녀 또는 부모에게 지급하는 가족수당 성격의 연금으로 매년 물가상승률을 반영하여 국민연금공단이 공시한다.

5) 연금급여 산정방법

(1) 노령연금

이는 지급사유에 따라 (완전)노령연금, 감액노령연금, 재직자노령연금, 조기노령연금, 특례노령연금, 분할연금 등 6가지로 구분된다. 완전노령연금은 정상적으로 보험료를 20년 이상 납입하고 급여 지급연령 시점에 지급하는 연금으로 기본연금액과 부양가족연금액을 합산한다. 감액노령연금은 가입기간이 10년은 넘었으나 20년 미만인 가입자에게 완전노령연금의 기본연금액 50%에 부양가족연금을 가산한 금액이다.

그리고 재직자 노령연금은 가입기간이 10년 이상 가입자가 60세 이후 64세까지 소득이 있는 경우 감액하여 지급하고, 부양가족연금은 불지급된다. 조기노령연금은 보험료를 10년 이상 납입하고, 현재 55세 이상이나 60세 미만으로 연금수령요건이 안되지만, 지금 당장 소득이 없어 60세 되기 전에 받을 수 있는 노령연금을 말한다.

한편, 특례노령연금은 국민연금을 최초 시행한 1988년 1월1일부터 가입대상이 확대되면서 나이가 많아, 연금을 받기 위한 최소 가입기간 10년을 채울 수 없는 사람들도 수령토록 하는 연금을 말한다. 분할연금은 노령연금을 수령한 자와 이혼한 60세 이상인 배우자에게 지급하는 연금으로 배우자에게도 연금에 대한 기여도를 인정하는 것으로 국민연금만의 특유한 제도이다.

(2) 장애연금

이는 가입자가 연금가입 중 질병 또는 부상이 발생하고 이의 완치 후에도 신체 또는 정신장애가 있어 생계안정을 위해 지급되는 연금이다. 연금액은 청구일 당시 장애등급(1~4등급)을 기준으로 결정하여 지급하되, 4급의 경우에는 기본연금액의 일정액을 일시에 지급한다.

(3) 유족연금

이는 가입자 등이 사망했을 때, 그 유족의 생활을 보장하기 위하여 지급하는 연금이다. 한편, 노령연금수급권자가 사망하면 노령연금액 범위 내에서 유족에게 지급하는데 '배우자-자녀-부모-손자녀-조부모' 순으로 지급한다. 한편, 유족연금을 받는 유족이 소득이 있어 60세에 노령연금을 수령하면 유족연금은 20%만 지급된다.[2] 그리고 장애연금수급권자가 장애연금을 받다가 소득이 있어 노령연금을 받게 되면 둘 중 하나만 선택해야 하지만, 유족연금수급권이 발생하는 경우에는 중복되더라도 유족연금 20%를 받을 수 있다.

(4) 반환일시금

이는 가입자 또는 가입했던 자가 해당 수급요건을 충족하지 못할 때 이미 납입한 보험료에 일정이자를 가산하여 본인 또는 유족에게 지급하는 금액을 말한다. 다만, 반환일시금을 수령한 후 국민연금 자격을 재취득한 자가 연금수급 요건인 10년 또는 20년을 충족시키기 위해서는 반환일시금에 소정의 이자를 가산하여 반납하면 해당기간을 인정해 준다.

---

2) 공무원연금 등 다른 공적연금은 유족연금을 50% 감액하여 본인의 연금과 함께 지급한다.

(5) **사망일시금**

현재 연금가입자 또는 과거에 가입하여 연금수급 요건을 갖고 있었던 자가 사망했으나 유족연금 또는 반환일시금을 수령할 유족이 없을 경우에 지급하는 장제부조금 성격의 급여를 말한다. 지급금액은 반환일시금에 상당한 금액을 지급하되, 일정 한도를 두고 있다.

3 직역연금

1) 공무원연금

(1) **개요**

이는 공무원의 퇴직, 사망 또는 공무로 인한 부상, 질병, 폐질에 대해 적절한 급여를 제공함으로써 공무원 및 그 유족이 안정적으로 생활할 수 있도록 하는 연금제도이다. 주로 노후생활비 성격의 연금과 퇴직금 성격의 퇴직금을 합한 퇴직연금이 차지한다. 이 제도는 1960년 1월 1일부터 시행되었으며, 비용은 공무원과 국가 또는 지방자치단체가 공동으로 균등 부담하는 기여제 형태이지만 부담금을 초과하는 적자분은 국가나 지자체가 추가보전하고 있어 엄밀한 의미의 균등부담원칙은 아니다. 재정방식은 초기에 적립방식으로 설계되었지만, 계속 수정되어 오다가 이후 수입과 지출의 불균형 구조가 심화되어, 2001년부터는 급여부족분 전액을 사용자(국가 또는 지자체)가 보전하는 부과방식 형태로 전환, 운용하고 있다.

한편, 연금재정방식이란 장래의 급여지급을 위한 재원을 어떻게 조달할 것인가에 대한 계획으로 보험료총액과 급여총액을 일치시키는 수지상등의 원칙을 기본원리로 하며 크게 적립방식과 부과방식으로 구분된다. 적립방식은 장래에 전체 연금가입자에게 지불해야 할 연금급여액의 현가액, 즉 연금채무를 미리 높은 수준의 평균보험료를 부과하여 적립된 연금기금과 그 이자수입으로 충당하도록 하는 재정조달계획이다. 예상되는 연금채무의 100%를 적립한 연금기금과 이자로 충당될 경우를 완전적립방식이라고 한다. 반면, 부과방식은 지불준비금 성격의 기금규모 정도만을 적립하면서 당년도 급여지출은 당년도 수입으로 충당하도록 하는 재정계획방식으로, 적립방식과는 달리 매년 지출규모에 따라 보험료율을 변동시켜 재정수지의 균형을 달성하는 방식이다. 따라서 장래 연금수급자의 입장에서 볼 때 부과방식보다는 적립방식이 상대적으로 유리하다. 다만, 제도 초기 은퇴 직전에 있는 사람들에게는 불리할 수 있다. 한편, 부과방식은 노령화가 지속되면 퇴직자의 급여를 현재의 사람들이 부담하는데 이의 부담이 가중되는 문제가 있다.

(2) 가입대상 및 연금수급권자

가입대상은 공무원이며, 공무원이지만 군인은 군인연금, 선출직 공무원인 대통령, 시장, 군수, 국회의원 등은 국민연금 가입대상자이다. 연금수급권자는 본인, 본인 사망 시 유족 즉 배우자, 자녀, 부모, 손자녀, 조부모이며, 이의 순위는 민법상 상속순위를 따른다. 연금보험료는 보수월액의 일정률(8.5%)을 곱하며(기여금이라 함), 국가는 보수예산의 일정률(8.5%)을 부담하는데(부담금이라 함) 이를 합산하여 전체 기여금과 부담금으로 구성된다.

(3) 급여의 종류

이에는 지급사유에 따라 퇴직급여, 장해급여, 유족연금, 퇴직수당으로 나뉘는데 주로 퇴직급여가 대부분이다. 이하 퇴직급여에 대하여 살펴보자.

① 퇴직연금 : 이는 20년 이상 재직한 후 퇴직하여 60세 이상인 공무원에게 지급되며, 연금액은 최종 3년 평균보수월액의 50%이며 20년 초과 시 일정비율을 가산하되 76%를 초과할 수 없다.

② 조기퇴직연금 : 이는 20년 이상 재직하고 60세 이전 퇴직 시 미달연수에 따라 일정금액을 감액하여 지급하는데 미달연수 1년마다 퇴직연금의 5%씩 차감한다.

③ 퇴직연금일시금 : 이는 연금수급권자가 연금대신 일시금을 받는 급여로 금액은 최종 보수월액에 재직연수를 곱한 금액의 150%이다.

④ 퇴직연금공제일시금 : 이는 퇴직연금 중 20년 초과분에 대한 일부기간에 대해 일시금으로 지급하는 급여로 금액은 최종보수월액에 공제재직연수를 곱하여 산출한다.

⑤ 퇴직일시금 : 이는 재직기간 20년을 채우지 못하고 퇴직하는 경우 지급하는 급여로 연금으로 지급하지 않고 일시금으로만 지급한다. 금액은 최종 보수월액에 재직연수를 곱한 금액의 150%이다.

2) 군인연금

(1) 개요

이의 가입대상은 현역 또는 소집되어 군에 복무한 자이며, 단 지원에 의하지 않은 임용된 부사관 및 병사는 제외된다. 군인연금은 퇴직 시 또는 사망, 공무상 질병, 부상으로 요양한 때 지급되며, 퇴역연금과 유족연금은 평균보수월액을 기준으로, 기타 급여는 보수월액을 기준으로 계산한다.

(2) 연금급여

우선 상이연금이 있다. 이는 공무상 질병이나 부상으로 폐질상태가 되어 퇴역한 경우 그때부터 사망할 때까지 지급하며, 폐질의 정도에 따라 보수월액의 80~50%를 지급한다. 두 번째, 퇴역연금으로 이는 20년 이상 복무하고 퇴역한 경우 지급되며, 최종 3년 평균보수월액의 50%이며 20년 초과 시 일정비율을 가산하되 76%를 초과할 수 없다. 세 번째, 퇴역연금일시금이다. 이는 연금수급권자가 연금 대신 일시금을 요청한 금액으로 최종 보수월액에 복무연수를 곱한 금액의 150%이다. 네 번째, 퇴역연금공제일시금이다. 이는 20년 초과분에 대한 일부기간에 대해 일시금으로 지급하는 급여로 금액은 최종보수월액에 공제복무연수를 곱하여 산출한다. 다섯째, 퇴직일시금으로 이는 20년 미만 복무하고 퇴역할 때 일시금으로만 지급한다. 금액은 최종 보수월액에 재직연수를 곱한 금액의 150%이다.

3) 사학연금

(1) 개요

이의 가입대상은 사립학교 교원 및 사무직원이며, 임시 및 조건부 임명교원, 무보수자는 제외한다. 사학연금은 퇴직, 폐질 사망 또는 직무상의 질병, 부상, 재해 등에 대하여 지급하며, 보수월액은 법률로 정한 표준봉급월액과 수당을 합한 금액이다.

(2) 연금급여

가장 대표적인 급여는 퇴직연금이다. 이는 20년 이상 재직한 후 퇴직하여 60세 이상인 교원에게 지급되며, 연금액은 최종 3년 평균보수월액의 50%이며 20년 초과

시 일정비율을 가산하되 76%를 초과할 수 없다. 두 번째로 조기퇴직연금이다. 이는 20년 이상 재직하고 60세 이전 퇴직 시 미달연수에 따라 일정금액을 감액하여 지급하는데 미달연수 1년마다 퇴직연금의 5%씩 차감한다. 세 번째, 퇴직연금일시금으로 이는 연금수급권자가 연금 대신 일시금을 받는 급여로 금액은 최종보수월액에 재직연수를 곱한 금액의 150%이다. 네 번째, 퇴직연금 공제일시금이다. 이는 퇴직연금 중 20년 초과분에 대한 일부기간에 대해 일시금으로 지급하는 급여로 금액은 최종보수월액에 공제재직연수를 곱하여 산출한다. 다섯째, 퇴직일시금이다. 이는 재직기간 20년을 채우지 못하고 퇴직하는 경우 지급하는 급여로 연금으로 지급하지 않고 일시금으로만 지급한다. 금액은 최종 보수월액에 재직연수를 곱한 금액의 150%이다.

4) 국민연금과 직역연금의 연계

(1) 의의

이는 국민연금과 직역연금의 연금을 수령하기 위한 최소가입기간(각각 10년, 20년)을 채우지 못하고 이동하는 경우 종전에는 연금제도 간에 연계제도가 없어 각각 일시금으로만 받던 것을 연계를 통해 연금을 받을 수 있도록 하여 국민의 노후생활을 보장하고자 하는 제도이다. 또한 연금 간 연계를 통하여 직업이동에 따른 노후불안 해소, 노동시장의 유연성 강화, 사회복지 증진을 꾀할 수 있다.

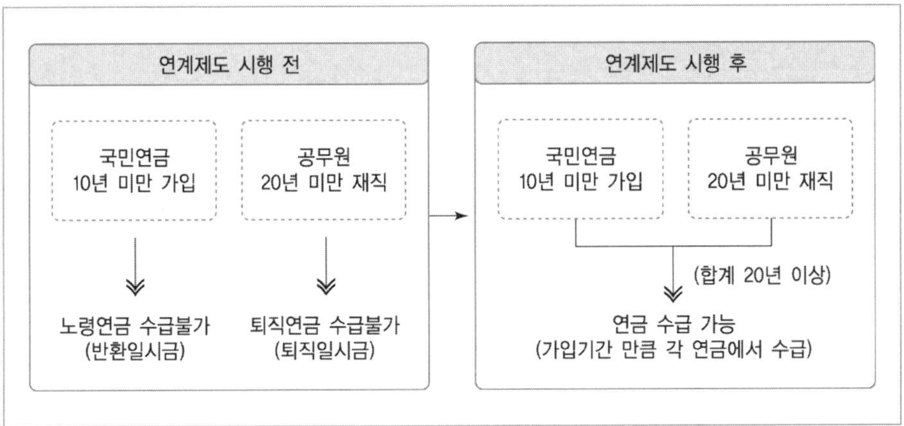

그림 13-3 연계제도 시행 전·후 비교

표 13-3 연계제도와 합산제도의 비교

특 징	연계제도	합산제도
대 상	국민연금과 직역연금	직역연금 간(공무원 · 군인 · 사학연금)
방 식	연금액을 각 연금관리기관에서 각각 산정하여 지급	연금액을 최종 재직한 연금관리기관에서 산정하여 지급
반납금 납부기관	퇴직일시금을 수령하지 않고 연계를 신청해야 하나 이를 수령한 경우 종전 재직기관에 반납	수령한 퇴직일시금을 현재 재직 중인 기관에 반납

(2) 기본원칙

국민연금과 직역연금은 비용부담-급여 구조에서 차이가 크므로 현행 직역연금 간에 시행하고 있는 합산제도[3]와는 달리 연계제도를 채택하였다. 따라서 가입기간만 연계하여 각 연금의 가입기간에 기초하여 각기 급여액을 산정 · 지급한다. 공적연금의 연계제도는 각각의 기금에서 각각의 연금을 지급하므로 연금 간 상호 재정이전이나 부담이 없다. 위의 표 13-3은 연계제도와 합산제도를 비교한 것이다.

국민연금과 직연연금 간의 주요차이점은 다음 표 13-4에 정리하였다.

표 13-4 국민연금과 직역연금의 주요 차이점

연도		국민연금	특수직역연금		
			공무원연금	사학연금	군인연금
보험료	보험료율	기준소득월액의 9%	보수월액(소득월액의 70%)의 17%		
보험료	분담형태	사용자 및 근로자 각 4.5% (지역 9%)	•국가 및 공무원 각 8.5%	• 교원 : 개인 8.5%, 법인 5%, 국가 3.5% • 사무직 : 개인 및 법인 각 8.5%	•국가 및 군인 각 8.5%

(계속)

3) 현행 공무원·사학·군인연금은 비용부담-급여 구조가 동일하여 합산제도가 적용된다.

연도		국민연금	특수직역연금		
			공무원연금	사학연금	군인연금
급여 종류	급여종류	• 노령연금 : 가입기간 10년 이상 • 장애 및 유족연금 : 가입중 장애 등	• 퇴직연금 : 가입기간 20~33년 • 장해 및 조기사망 시 : 단기급여지급		
	급여수준	49.5% (40년 가입, 생애평균소득대비)	76% (33년 가입, 최종 3년 보수대비)		
노령 (퇴직) 연금	연간 지급률	가입 1년당 5% 가산	20년까지 50%, 1년당 2.0% 가산		
	급여산정 기준	전 가입자 평균소득 및 생애가입 기간 평균소득	최종 3년 간 평균보수월액		
	지급방식	연금형	연금과 일시금 선택 가능		

4 퇴직연금

1) 퇴직연금의 의의

통상 근로자의 퇴직금은 퇴직할 경우 3개월 간의 평균임금에 근무연수 이상에 해당하는 지급률을 곱하여 산정하고, 이는 회사 내 적립 또는 회사 외 적립하는 방법이 있다. 그런데 정부에서는 퇴직금의 안정성 확보를 위해 사외적립을 유도하고 있으며, 세법상 손비인정이 가능한 사내 퇴직급여충당금 누적액 한도를 퇴직급여 추계액의 40%로 제한하고 있다. 한편, 사외적립제도는 보험회사의 퇴직보험과 은행 및 투신의 퇴직일시금신탁에 가입하면 세법상 손비인정을 받을 수 있고 근로기준법에 근거하여 퇴직금제도를 설정한 것으로 인정하고 있다. 현행 퇴직금제도는 1961년 근로자의 노후소득보장을 위해 도입하였으며, 국민연금과 고용보험의 도입과정에서 기능이 중복되고, 퇴직 일시금으로 지급되기 때문에 지급보장성이 약화되고, 또한 퇴직중간정산제도 실시로 퇴직금의 노후보장 효과가 미흡하여 2005년 12월 1일부로 퇴직연금제도[4)]가 도입, 운영되고 있다. 이 제도는 확정급여형(DB: Defined Benefit)과 확정기여형(DC: Defined Contribution)으로 크게 나뉘며, 5인 이상 기업은 현행 퇴직금제도와 병행하여 세 가지 형태 중 근로자 동의하에 하나 이상을 선택하여 운영해야 한다. 이를 도해하면 다음 그림 13-4와 같다.

4) 퇴직연금보험료는 개인연금과는 달리 단체보험이기 때문에 예정탈퇴율과 예정승급률이 추가적으로 사용된다.

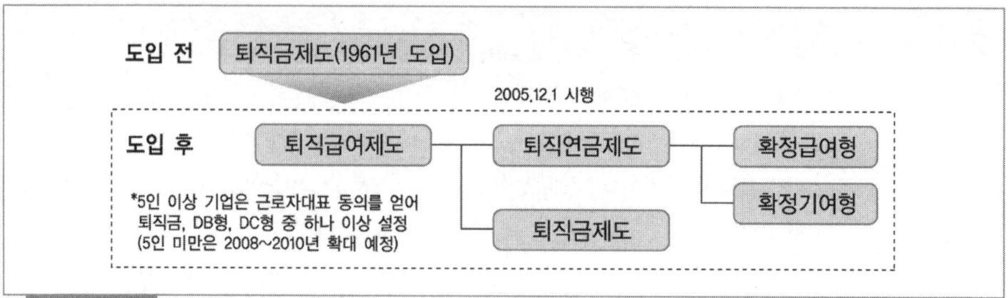

그림 13-4 퇴직연금 운영체계

2) 퇴직연금의 도입형태

퇴직연금 도입형태는 크게 네 가지로 구분할 수 있다. 첫째, 퇴직연금을 도입하지 않고 현행 퇴직금제도를 존속하는 방법이다. 이는 법적으로 문제는 없으나 사내 충당하는 퇴직금의 손비 인정한도가 지속 축소될 예정이어서 궁극에는 퇴직연금제도로 변경될 수밖에 없다. 두 번째는 퇴직금과 퇴직연금제도를 병행하는 방법으로 과거에 적립된 퇴직금은 그대로 유지하되 신규로 도입되는 퇴직연금은 해당기간에 대해서만 적용하는 방법이다. 퇴직연금의 도입취지를 명확히 이해 못하는 사업장에서는 두 번째 방법이 유용하다. 세 번째는 기존의 퇴직금을 중간 정산하는 형태로 청

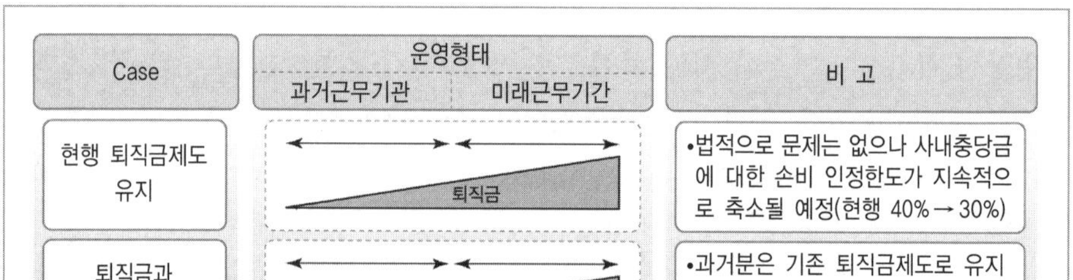

그림 13-5 퇴직연금 도입형태

산하고 퇴직연금을 도입하는 방법이다. 이 방법은 일시에 퇴직목돈이 필요한 급한 사정이 있는 경우에 적합하다. 네 번째는 기존의 퇴직금 제도를 100% 퇴직연금제도로 전환하는 방법이다. 이 방법은 과거 근무분에 대한 비용은 일정기간 동안 상각해야 하는 부담이 있다. 이를 도해하면 다음 그림 13-5와 같다.

3) 퇴직연금의 특징

(1) 기업도산에 따른 지급불능 사태에 대응

기존 퇴직금제도 하에서는 기업이 도산해 버리면 퇴직금을 못받는 경우가 많았다. 그러나 퇴직연금제도에서는 믿을 만한 금융기관을 선정하여 퇴직금을 맡겨 놓기 때문에 사업장이 도산해도 못받을 염려가 없다.

(2) 제도설계 및 운용과정의 다양한 선택권 부여

퇴직급여를 퇴직금제도에서처럼 일시금으로 수령할 수도 있고, 조건이 충족되면 연금으로 수령할 수도 있다. 또한, 퇴직연금 적립금의 운용을 사용자가 할 수도 있고 (확정급여형), 근로자가 개별적으로 적립금을 운용할 수도 있다(확정기여형). 특히 확정기여형의 경우에는 근로자의 추가부담금 납부가 가능하고 이에 대한 별도의 소득공제혜택도 주어진다.

(3) 변화된 자산관리 환경에 대응

퇴직연금제도는 퇴직연금 적립금을 자산운용전문기관의 도움을 받아 채권, 주식, 선물, 각종 파생상품 등 다양한 금융상품에 장기 분산투자함으로써, 자산관리 환경의 변화에 효과적으로 대응할 수 있도록 해준다.

(4) 은퇴 시까지 충분한 수준의 노후재원 보존

퇴직연금제도에서는 중도인출(중간정산) 요건을 엄격하게 제한함으로써, 노후재원인 퇴직급여가 생활자금으로 소진되지 않도록 하고 있다. 또한 개인퇴직계좌(IRA : Individual Retirement Account)라는 퇴직금 통산장치를 도입하여, 근로자가 직장을 옮기는 경우에도 퇴직급여를 인출하지 않고 세금혜택을 받으며 계속 적립하여 운용할 수 있게 함으로써, 실질적인 은퇴 시점까지 퇴직급여를 넉넉히 쌓을 수 있는 제도적 수단을 구비하고 있다.

4) 퇴직급여제도의 내용

이는 근로자퇴직급여보장법(2005.1.27 제정, 2005.12.1 시행)상의 퇴직금제 · 확정급여형 퇴직연금제(DB) · 확정기여형 퇴직연금제(DC)를 총칭하며, 5인 이상의 근로자를 사용하는 사용자는 위 퇴직급여제도 중 하나 이상을 설정해야 한다. 4인 이하의 근로자를 사용하는 사업은 2008년 이후부터 2010년 사이에 동법을 적용받게 된다.

(1) 퇴직급여제도의 설정 · 변경과 근로자대표의 동의

퇴직급여제도를 설정 · 변경하기 위해서는 근로자대표의 동의를 얻어야 한다. 근로자대표의 동의를 얻지 못한 경우에는 원칙적으로 퇴직금제도가 적용된다. 동일 사업 내에서 일부 근로자에 대해서는 퇴직금제도를 설정하고 다른 일부에 대해서는 확정급여형을, 또 다른 근로자에 대해서는 확정기여형을 설정할 수 있다. 근로자대표란 근로자 과반수로 조직된 노동조합이 있는 경우 그 노동조합, 그러한 노동조합이 없는 경우 근로자의 과반수를 의미한다.

(2) 퇴직급여제도의 차등설정금지

하나의 사업 안에서는 근로자 간에 퇴직급여제도의 급여 및 부담금 수준에 있어서 차등이 허용되지 아니 한다. 다만, 근로자 집단별로 퇴직금제도 · 확정기여형 퇴직연금제 · 확정급여형 퇴직연금제 등 제도유형을 다르게 설정하는 것은 차등제도 설정에 해당되지 않는다.

(3) 퇴직연금규약의 작성

퇴직연금규약은 개별 사업장의 퇴직연금제도의 설계서에 해당하는 것으로, 법정기재사항을 참고하여 노사가 자율적으로 작성하고, 근로자대표의 동의를 얻어 제도설계의 적정성 및 적법성을 확인하기 위하여 지방노동관서의 장에게 신고하여야 한다.

한편, 규약에는 ① 퇴직연금 사업자 선정, ② 가입자, ③ 가입기간, ④ 급여수준, ⑤ 재정건전성 확보, ⑥ 급여종류 및 수급자격, ⑦ 위탁계약의 해지 및 계약이전,

⑧ 운용현황 통지, ⑨ 급여지급 사유발생 및 지급절차, ⑩ DB의 폐지·중단 등의 내용이 반드시 포함되어야 한다.

(4) 퇴직연금제도 선택 시 고려사항

제도선정 시 고려사항으로는 재무적 측면, 인사적 측면, 노사관계 측면에서 검토할 필요가 있다. 첫 번째, 재무적 측면에서는 제도 전환비용을 최소화하고, 추가적인 수익기회를 최대화하여야 한다. 또한, 장기부채에 따른 부담을 완화하기 위하여 장부상 적립된 퇴직부채를 줄여나가도록 해야 한다. 두 번째, 인사적 측면에서는 근로자의 이직률을 줄이고 생산성 및 사기를 높이는 방향으로 제도도입을 검토하여야 한다. 또한, 근로자가 쉽게 이해하고 동의할 수 있도록 이해가 용이한 형태로 제도를 도입하여야 하며 필요 시 근로자에 대한 보상과도 연계를 검토할 필요가 있다. 다만 도입 및 운영의 비용을 고려할 때 단일제도가 우수하나 사업장 여건에 맞게 복수제도 운영도 가능하다. 세 번째로, 노사관계 측면에서는 근로자의 요구를 충족하고 근로자가 선호하는 형태로 제도가 도입되도록 할 필요가 있으며, 근로자의 투자지식과 자산운용 능력 등을 고려하여 위험을 최소화하는 방향으로 제도를 도입해야 한다.

5) 퇴직연금의 종류

(1) 확정급여형

이는 근로자의 근속기간 및 급여수준에 따라 퇴직금이 사전에 결정되는 제도로 근로자가 퇴직 시 받을 수 있는 퇴직금이 '계산식'에 의해 정해져 있고 기업이 퇴직 자산을 운용하므로 그 수익과 운용의 책임이 기업의 몫이 된다.

이의 주요 내용을 요약하면 다음과 같다.

- 급여수준 : 계속근로기간 1년에 대해 30일분의 평균임금 이상으로 다음과 같이 계산한다.
  퇴직급여=퇴직 시 월평균 임금×근속연수
- 급여형태 및 수급요건
  -연금 : 55세 이상, 가입기간 10년 이상자
  -일시금 : 연금수급자격 미달자 또는 희망자

- 운영구조(기업, 운용관리기관, 자산관리기관) : 기업이 부담금을 납부하면 운영관리기관은 이 제도를 운영하고 자산관리기관은 적립금을 보관(자산취득 및 처분)한다.
- 급여지급방식 : 적립비율방식으로 적립된 적립금 비율에 따라 지급하고 사용자가 잔여분을 지급한다.
- 급여지급 책임 : 퇴직일시금 지급까지 기업이 책임진다.
- 최소적립금 : 사업연도 최소적립수준(60%)을 검증하여 재정건전성을 확보한다.

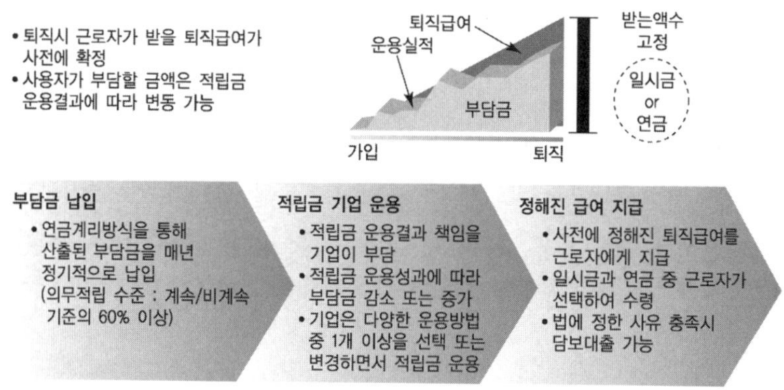

출처 : M생명(2005)

그림 13-6 확정급여형 제도

또한, 확정급여형 제도의 장·단점은 다음 표 13-4와 같다.

표 13-4 확정급여형 제도의 장·단점

기업 측면	근로자 측면
• 현행제도와 유사하여 근로자의 이해, 커뮤니케이션이 쉬움 • 기업이 적립금을 운용하기 때문에 운용수익이 좋을 경우 기업이 내야 할 부담금이 감소하여 재무적으로 도움이 됨 • 재정결산 등 제도운영이 DC에 비해 다소 복잡함	• 확정된 퇴직급여가 보장되므로 안정적임 • 퇴직 이후 연금으로 받을 수 있음 (DC/DB 공통) • DB제도에서 DC제도로 전환이 가능함

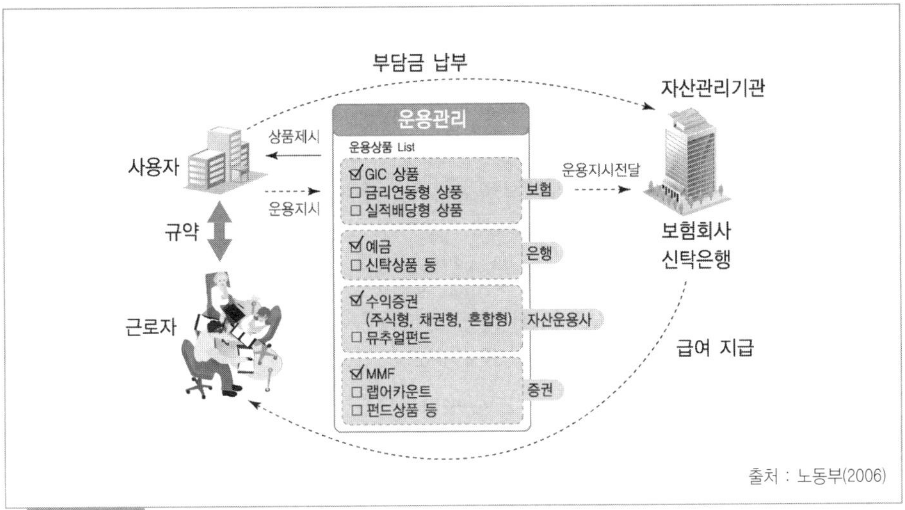

그림 13-7 확정급여형의 자금흐름

한편, 확정급여형의 자금흐름을 도해하면 그림 13-7과 같다.

(2) 확정기여형

이는 기업이 부담할 부담금이 사전에 확정되는 제도로 기업은 노사합의에 따라 정한대로 '정해진 부담금'을 퇴직연금사업자에게 납입하고 근로자가 그 부담금을 직접 운용하기 때문에 본인의 운용실적에 따라 퇴직금이 달라질 수 있는 제도이다.

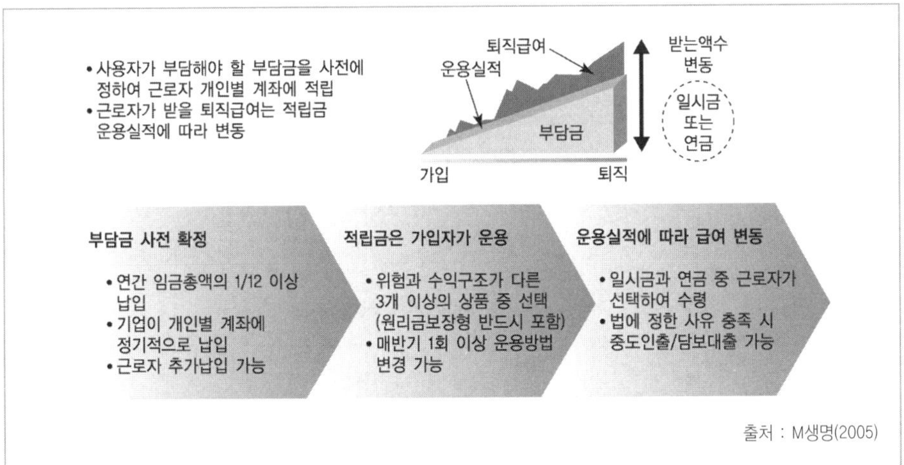

그림 13-8 확정기여형 제도

이의 주요내용을 요약하면 다음과 같다.

- 급여수준 : 기업은 연간 임금총액의 1/12 이상의 금액을 근로자 개인별 계좌에 납입하고 다음과 같이 계산한다.

  퇴직급여 = 매년 임금 총액의 1/12 이상의 부담금+투자수익
- 급여형태 및 수급요건 : DB와 동일
- 운영구조 : DB와 동일(단, 운용지시 주체가 근로자임)
- 부담금 : 1년에 1회 이상 기업이 납입(근로자부담 추가납입 가능)
- 적립금운용 및 가입자 교육 : 원리금보장 포함 3개 이상 상품 제시해야 함. 주식 편입비율 40% 미만으로 제한. 자산운영결과는 근로자 책임

또한, 확정기여형 제도의 장·단점은 표 13-5와 같다. 한편, 확정기여형의 자금흐름을 도해하면 그림 13-9와 같다.

표 13-5 확정기여형 제도의 장·단점

기업 측면	근로자 측면
• 기업이 근로자의 퇴직급여를 위해 납부하는 부담금이 전부 비용 처리되기 때문에 재무제표상의 퇴직금채무가 '0' 임 • 근로자 본인이 스스로 적립금을 운용하기 때문에 기업 입장에서 제도관리가 쉽다.	• 스스로 적립금을 운용하므로 투자수익이 높을 경우 퇴직급여가 늘어날 수 있다. • 퇴직 이후 연금으로 받을 수 있음(DB/DC 공통) • 근로자가 본인의 DC계좌에 부담금을 추가납입 시 소득공제혜택

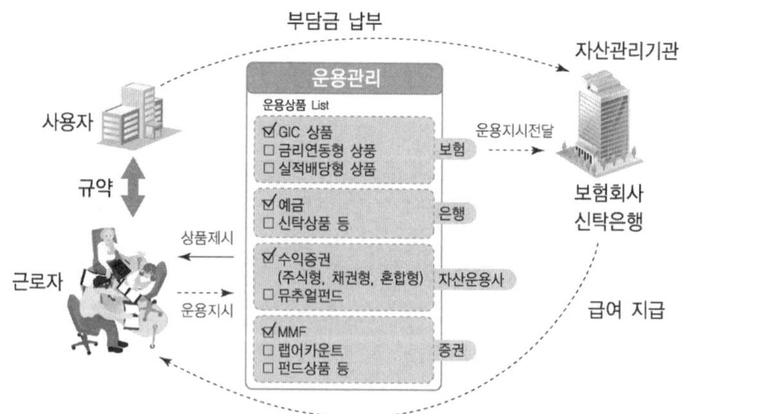

그림 13-9 확정기여형의 자금흐름

(3) 확정급여형과 확정기여형 비교

확정급여형은 근로자가 퇴직 시 수령할 퇴직급여가 사전에 확정되는 점에서 기존의 퇴직금 제도와 유사하다. 매년 정기적으로 사용자가 부담하는 금액은 사용자 책임 하에 운용되며, 근로자가 퇴직 시 근로자 개인퇴직계좌로 이전이 가능하다. 이 형태는 주로 장기근무한 경우 선택하면 유리하다. 한편, 확정기여형은 사용자가 부담해야 할 금액을 사전에 정하고 근로자 개인별 계좌에 적립되며 근로자 책임 하에 운용되는 형태이다. 따라서 퇴직급여 수준이 확정되지 않는다. 이는 이직이 빈번하거나 연봉제를 실시한 기업 등에서 적합한 유형이다. 이를 표로 정리하면 다음과 같다.

표 13-6 확정급여형과 확정기여형 비교

구 분	확정급여형(defined benefit)	확정기여형(defined contribution)
개념	근로자가 퇴직 시 수령할 퇴직급여가 사전에 확정(사용자의 부담금이 변동)	사용자가 부담해야 할 부담금을 사전에 정하여 근로자 개인별 계좌에 적립(근로자의 퇴직급여가 변동)
부담금 납입	연금계리 방식을 통해 산출된 부담금을 매년 정기적으로 납입(근로자별 개별계좌 필요 없음)	근로자별 연간 입금총액의 1/12 이상을 매년 1회 이상 납입(추가납입 가능하므로 근로자별 개별계좌 필요하며 소득공제 효과)
운용책임	사용자가 운용지시 및 책임 부담 (직접투자 가능 → 주식 등에 30%)	근로자가 운용지시 및 책임 부담 (직접투자 불가능, 위험자산 편입한도 40%)
급여수준	퇴직금과 동일(일시금 기준) (연금은 가입기간 10년 이상, 55세 이상 시 가능)	미정
이직	개인퇴직계좌로 이전 가능	새 회사의 DC형 또는 개인퇴직계좌로 이전 가능
특징	동일직장에서 장기근무 후 퇴직하는 경우 유리, 재무상태 양호한 기업에 적합	이직이 빈번하거나 연봉제를 실시기업에 적합(제도이동 용이) *적립금의 운용책임이 근로자에게 있으므로 이에 따른 가입자 교육이 중요

5 개인연금

1) 세제적격연금

세제적격연금은 편의상 (구)개인연금과 (신)개인연금으로 구분되어 시행되어 왔다(표 13-7).

(1) (구)개인연금(1994. 6. 20~2000. 12. 31)

이는 보험사의 개인연금보험, 은행의 개인연금신탁, 투자신탁 등의 상품으로 나누어지며, 가입조건은 만 20세 이상 국내 거주자, 10년 이상, 월 1만 원에서 100만 원까지, 최소 5년 이상 연금수령 조건이다. 또한 불입액의 40%까지(연간 72만원 한도) 소득공제되고, 수령하는 연금에 대해서는 이자소득세가 면제된다.

(2) (신)개인연금(연금저축)

이는 2001년 2월부터 판매 개시하였는데 보험료 납입 시 세제혜택을 더 주는 대신, 연금수령 시 연금소득에 대하여 5.5% 세율로 과세한다. 즉, 2006년 이전 연간 240만원 한도, 이후부터는 연간 300만원 한도로 연금적립액 전액을 소득공제해준다. 또한, 기존 개인연금 가입자에게는 기존제도를 유지하도록 인정하고, 연금저축의 금융기관 간 이전을 허용했다(그림 13-10, 13-11 참조). 신·구 개인연금의 주요 차이점은 표 13-8과 같다.

표 13-7 개인연금의 연혁

일시 및 기간	주요 내용	비고
1994. 6. 20	• 보험, 증권, 은행, 투신에 허용 • 신탁상품을 장부가로 평가하여 만기보유토록 유도	개인연금제도 최초 실행
2000. 7. 1~12. 31	신탁상품 일일시가평가	상품보완
2001. 1. 1~1. 31		제도 일시중지
2001. 2. 1~	취급기관을 농·수·축협·신협으로 확대	연금저축제도로 재탄생

표 13-8 신·구 개인연금의 주요 차이점

구분	(구)개인연금	(신)개인연금(연금저축)
가입자격	만 20세 이상 개인	만 18세 이상 개인
최대적립액(연간)	1,200만 원	1,200만 원
과세여부	완전 비과세	연금소득 과세(5.5%) 후 종합소득세 신고
금융기관 이전	불가	허용

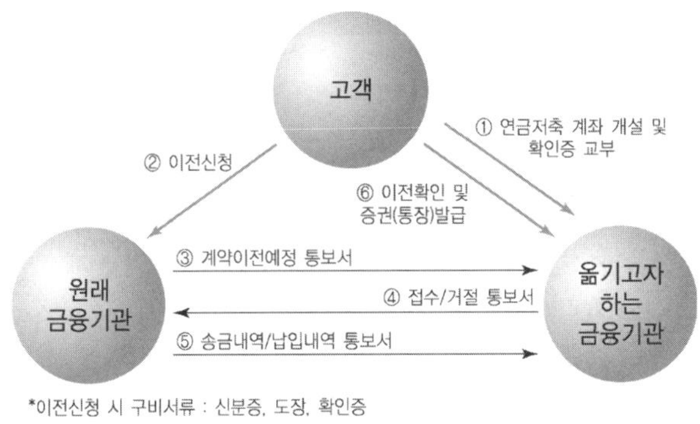

출처 : 국민연금공단(2009)

그림 13-10 연금계약 이전신청

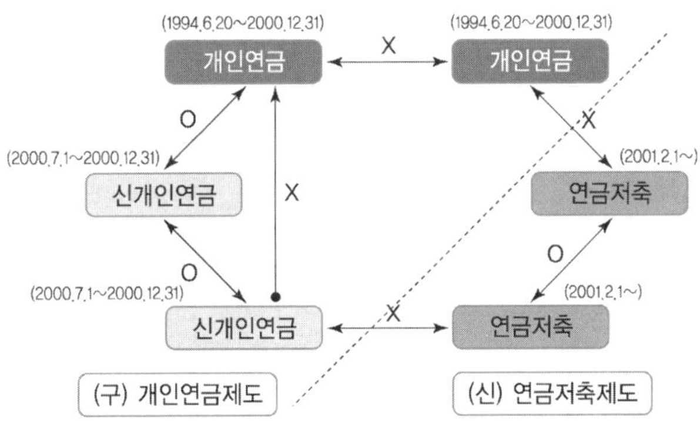

출처 : 국민연금공단(2009)

그림 13-11 이전 소통도

표 13-9 금융기관별 연금저축

구분	연금저축신탁	연금저축펀드	연금저축보험
주요판매사	은행	금융투자회사	보험사
수익률	실적배당	실적배당	공시이율
운용	• 안전자산 위주 투자 • 낮은 기대수익률	• 공격적인 운용 • 비교적 높은 투자위험	• 안정적 운용 • 낮은 기대수익률
종류	• 안정형(채권 90%, 주식 10%) • 채권형(채권 100%)	• 주식형(주식비중 60% 이상) • 혼합형(주식비중 60% 미만) • 채권형(채권 100%)	공시이율형
장점	원금보전, 예금자보호	고수익 추구 가능	종신연금 수령 가능

출처 : 한국 FPSB 협회(2009)

한편, 금융기관별 연금저축을 비교해 보면 표 13-9와 같다.

이상 (구)개인연금과 (신)개인연금의 세제적격요건, 소득공제, 소득세율, 중도해지 또는 일시금 수령 시 적용요건에 대하여 정리하면 다음 표 13-10과 같다.

표 13-10 연금저축과 세제

구분		(구)개인연금	(신)개인연금
세제적격 요건	납입기간	10년 이상	10년 이상
	가입자격	만 20세 이상	만 18세 이상
	저축형태	매월 100만원 또는 3개월간 300만원 범위	매월 100만원 또는 3개월간 300만원 범위
	연금조건	만 55세부터 5년 이상 연금으로 지급	만 55세부터 5년 이상 연금으로 지급
소득공제 (납입 중)	범위	연간저축금액(180만원 한도)의 40%	연간저축금액(300만원 한도)의 100%
	한도	72만원	300만원(단, 확정기여형 퇴직연금의 근로자 개인 부담금과 합산)
소득세 (연금수령)	적용세율	비과세	연금소득 과세(5.5%)후 종합소득세 신고
중도해지 또는 일시금 수령 시	과세 표준액	이자	연금소득=연금수령액×{1−(실제 소득공제 받은 금액을 초과하여 불입한 금액의 누계액/연금지급개시일 현재의 원리금 합계액)}

(계속)

중도해지 또는 일시금 수령 시	적용세율	이자소득세 15.4% 부과	기타소득세 22% 부과
	5년 이내 중도해지	소득공제분 추징(납입금액의 4.4%, 연간 72천 원 한도)	매년납입액(300만 원 한도) 누계금액의 2.2% 해지가산세
	적용기준	2000.12월 말일까지 가입분	2001.2.1 이후 가입분

2) 세제비적격연금

현행 조세특례제한법에 의해 소득공제 대상이 되지 않는 일반적인 연금보험은 대부분 계약일로부터 10년 이상 유지하여 수령하는 연금액에 대해 소득세가 비과세되는 형태로 운영된다. 따라서 세제비적격연금보험은 세법에서 규정하는 연금저축이 아니라 일반 장기저축성 보험상품의 하나이다. 세제적격연금과 세제비적격연금의 차이점은 다음 표 13-11과 같다.

표 13-11 세제적격연금과 세제비적격연금의 차이점

구분		세제적격	세제비적격
세제혜택	소득공제	300만 원 한도로 100%	없음
	연금소득 과세여부	연금소득과세(5.5%) 및 900만원 초과 시 종합소득세 신고	10년 초과 시 비과세
세제 불이익	중도해지 시 과세	과세(22% 원천징수 및 300만원 초과 시 종합소득세 신고)	과세(10년 이전 해지 시 이자소득세 15.4% 부과)
	5년 내 해지 시 추가과세	불입 누계액의 2.2% 가산세 부과	없음
연금 이외의 형태로 수령 시		기타소득으로 과세	10년 이상 유지하면 비과세
판매회사		은행, 투신, 손해, 생명, 공제	생명, 공제
상품형태		순수연금(위험보장특약 선택가능)	보장+연금
연금지급기간		종신형, 확정형	종신형, 확정형, 상속형
연금지급금액		정액형	정액형, 체증형, 체감형
이율지급형태		변동금리형, 확정금리형, 신탁형	변동금리형, 확정금리형, 변액형

출처 : 한국 FPSB 협회(2009)

부록 13 • 사회보장제도

사회보험이란 국민의 경제적 불안을 야기하는 인적 위험에 대한 국가적 차원의 대비책으로 최저보장을 제공하는 사회보장의 한 형태로 고용보험, 산재보험, 건강보험, 국민연금이 대표적이다.

1. 고용보험

이는 실업예방, 고용촉진, 근로자의 직업능력 개발 및 향상은 물론 생활에 필요한 급여를 지급하여 실직근로자의 생활안정 및 재취업을 지원하는 사회보장제도이다. 이 제도는 1995년 7월부터 운영[5]되었으며 크게 세 가지 사업, 즉 고용안정사업, 직업능력개발사업, 실업급여로 구분된다. 보험료는 고용안정 및 직업능력 개발사업 보험료에 대하여는 사업주가 전액 부담하여야 하나, 실업급여 보험료에 대하여는 노사가 각각 절반씩 부담하여야 한다. 해당 보험료는 해당 근로자의 임금총액[6]에서 각 사업별 보험요율을 곱하여 산정한다. 한편 보험료 산정기간은 통상 매 보험년도 1월 1일부터 12월 31일까지이다. 이러한 고용보험을 통하여 사업주는 기존인력의 유지 및 신규인력의 채용과 관련하여 고용유지지원금, 재고용장려금, 고령자·여성·장기실업자장려금 등을 활용하여 인력수급이 가능하다. 또한, 여성근로자가 많은 사업 분야는 직장보육시설과 관련한 지원융자금을 활용할 수 있다. 종업원은 퇴직 시 최단 90일, 최장 240일 간 근로 당시의 급여대비 50%를 지급받을 수 있다.

2. 산업재해보상보험

이는 산업재해를 당한 근로자에게는 신속한 보상을 하고, 사업주에게는 근로자의 재해에 따른 일시적인 경제적 부담을 덜어 주기 위해 국가에서 관장하는 최초의 사회보험으로 1964년에 도입되어, 500인 이상 사업장에만 적용[7]되었다. 이의 급여는 크게 산재발생 이후의 장해보상 및 요양급여, 근로자가 사망한 경우 장례비 및 유족에 대한 생계

5) 도입 당시에는 30인 이상 사업장에만 적용되었다. 이후 1998년 1월에 10인 이상, 동년 3월부터 5인 이상, 2002년 12월부터는 근로자 1인 이상 고용하는 법인까지 확대되었다.

6) 사용자가 근로의 대상으로 근로자에게 임금, 봉급, 기타 여하한 명칭으로든지 지급하는 일체의 금품을 말하며 임금 이외의 현물(급식, 정기승차권 등)로 지급되는 임금도 포함된다. 그러나 결혼축의금, 재해위문금 등과 작업상 필수적으로 지급되는 현물급여(작업복 등)와 퇴직금은 산입되지 않는다.

7) 이후 확대, 적용되어오다가 2000년 7월부터는 근로자 1인 이상 사업장까지 확대되었다.

비 등의 급여, 산재가 발생한 후 근로자의 휴업 및 취업까지의 생계에 대한 급여로 나뉘며, 재해발생에 따른 손해 전체를 보상하는 것이 아니라 평균임금을 기초로 하는 정률보상 방식으로 지급한다. 한편, 이는 사용자의 무과실책임을 전제로 근로자의 업무상 재해를 보상하는 것으로, 과실책임을 전제로 하는 민법상의 손해배상과는 다르다. 또한 보험료는 원칙적으로 사업주가 전액 부담한다. 그 외 자진신고 및 자진납부를 원칙으로 하고 재해보상과 관련되는 이의신청을 신속히 하기 위하여 심사 및 재심사청구제도를 운영하고 있다.

3. 국민건강보험

이는 국민들의 의료복지를 위한 공적보험으로 강제보험이기도 하다. 이 제도는 1963년에 도입된 이후 일반직장인, 공무원 및 교직원, 농어촌, 자영업자 등으로 분산되어 발전해오던 중 2000년에 직장가입자와 지역가입자를 근간으로 통합되어 운영되고 있다. 보험료는 직장인과 지역가입자들이 소득 및 재산 등 경제적 능력에 따라 차등적으로 부담한다. 직장가입자는 보수월액[8]에 보험료율을 곱하여 결정하고, 지역가입자는 가입자의 경제적 능력을 참작하여 정한 부과요소별 점수를 합산한 보험료부과점수에 점수당 금액을 곱하여 산정한 후 경감율 등을 적용하여 세대 단위로 부과한다. 이러한 보험료를 재원으로 하여 가입자들에게 요양급여, 건강검진 및 요양비, 장제비 등의 급여를 제공하는 소득재분배 기능이 있다.

그리고 건강보험료는 강제납입이 원칙이므로 그 금액을 줄이는 방법은 없지만 미래의 현금흐름에 문제가 없도록 지출현황을 정확히 파악해야 한다. 또한 보험가입과 급여수급 대상을 정확히 이해하여야 한다. 예를 들어, 직장가입자는 피부양자의 동일주거의 요건에 크게 영향을 받지 않는다. 하지만 지역가입자는 동일세대원외 보험혜택을 받을 수 없다. 또한 사적 건강보험과 조화를 이루어야 한다. 특히 치료가 어렵고 비용이 많이 드는 중대한 질병, 노년의 간병치료비 등에 대해서는 이를 중점적으로 보장하는 보험과 연계해야 한다.

한편, 건강보험의 주요 재원으로는 가입자와 사용자로부터 징수하는 갹출금과 건강증진기금지원금 등이 있으며, 지역가입자에 대한 보험급여비용과 지역가입자의 건강보험사업에 대한 운영비의 10%에 상당하는 금액을 국민건강증진법에 의하여 국민건강증진기금에서 국민건강보험공단에 지원하고 있다.

8) 이는 당해연도에 받은 보수총액을 근무월수로 나눈 금액을 말한다.

건강보험관련 주요 당사자로는 국가를 대신하여 건강보험사업을 수행하는 국민건강보험공단, 심사평가원, 요양기관과 보험가입자가 있다. 국민건강보험공단은 가입자와 피부양자의 자격관리, 보험료 부과 및 징수 등 보험재정 관리와 포괄적 업무를 수행하고, 심사평가원은 요양기관이 제공한 의료서비스와 서비스비용의 적정성을 객관적으로 공정하게 심사·평가하여 공단이 지급할 비용을 확정한다. 요양기관은 가입자에 대한 의료서비스를 제공하고, 서비스 비용은 공단과 계약으로 정하며, 보험자가 일방적으로 요양기관을 지정하는 방식에서 요양기관의 범위 및 종류를 구체적으로 법에 규정하는 당연 요양기관제도로 전환되었다.

4. 민영보험과의 비교

사회보험을 민영보험과 비교하면 우선적으로 운영목적이 서로 다르다. 민영보험은 주로 영리를 목적으로 하는 사기업이 운영하고 있으나, 사회보험은 정부가 독점적, 비영리적으로 운영하기 때문에 판매비용이나 이윤을 고려하지 않아도 된다. 두 번째로 가입의 강제여부이다. 민영보험은 가입여부가 가입자의 의사에 따르는 임의보험인 데 비해 사회보험은 법에 의하여 가입이 강제되어 있기 때문에 보험대상이 되는 사람은 누구나 가입하게 함으로써 위험의 역선택을 방지할 수 있다. 따라서 민영보험은 일부 가입자의 자의에 의해 보험가입이 되므로 언더라이팅을 통하여 이를 방지할 필요가 있다. 세 번째, 위험에 대한 보장의 크기가 다르다. 사회보험은 최저생활을 보장하는 수준에서 급여가 제공되나, 민영보험은 최저생활 이상의 경제생활을 누리기 위해 개인이 임의로 선택하여 가입하기 때문에 고액보장이 가능하다. 네 번째로 갹출금의 부담이다. 사회보험의 갹출금은 고용주의 단독부담 또는 고용주와 수혜대상자 양자가 공동 부담한다. 반면, 민영보험은 가입자가 전액 부담한다.

다섯 번째, 갹출금과 해당 급부와의 관계이다. 민영보험에서는 가입자가 지불하는 보험료의 정도에 따라 보험계약의 급부가 정해지는 수지상등의 원칙이 적용된다. 반면, 사회보험은 모든 가입자에게 최저생활을 보장하기 위한 것으로 사회적 배려가 강조되어 급여의 정도가 갹출금에 비례하지 않고 저소득자나 부양가족이 많은 사람일수록 많이 지급되는 소득의 재분배 기능이 있다. 여섯 번째, 인플레이션 시 급여방법의 차이다. 사회보험의 급여방법은 법에 의해 경제상황이 변하면 납부자의 추가적 부담 없이 갹출금을 증액할 수 있으나, 민영보험은 보험료의 추가납입인 경우에만 급여액이 증가된다. 따라서 인플레이션이 심하게 진행되면 민영보험의 경우 보험금의 실질가치가 떨어지게 되지만, 사회보험은 급여액과 연결되어 있어 인플레이션에 대비할 수 있다.

일곱 번째, 보험원가의 예측방법에서 차이가 있다. 사회보험의 보험원가는 민영보험에 비해 예측이 어렵다. 사회보험은 출생, 사망, 결혼, 고용, 실업, 장해, 퇴직, 평균소득액, 급여액, 이자율, 인플레이션 등을 비롯하여, 경제적, 인구 통계적, 사회학적 변수들을 고려하여 산정하여야 하기 때문이다. 여덟 번째, 책임준비금 적립에 대한 차이로 민영보험은 장래의 보험금 지급을 위하여 충분한 책임준비금을 적립하여야 하지만, 사회보험은 준비금이 부족할 경우 조세권을 이용하여 부족분을 충당할 수 있기 때문에 사실상 책임준비금이 충분하지 않아도 된다. 아홉 번째, 자산운용면에서도 양자는 차이가 있다. 사회보험의 적립기금은 공공성의 원칙에 의하여 투자되어야 하지만, 민영보험은 보다 자유롭게 투자할 수 있어 사회보험보다 수익성이 높은 부분에 투자할 수 있다. 열 번째, 소득재분배 기능의 차이이다. 사회보험의 경우 저소득층 가입자들이 그들의 갹출료에 비해 고소득층 가입자들보다 상대적으로 많은 급부를 받게 되어 최저생활이 보장되도록 함으로써 소득재분배 효과가 있다. 반면, 민영보험은 위험의 정도에 따라 지급한 보험료에 상응한 급부를 받게 되므로 소득재분배 효과가 당연히 없다.

5. 공적부조와의 비교

사회보험은 필요성 검증을 하지 않고 일정한 조건을 갖춘 사람은 당연히 수혜자가 되는 반면, 공적부조는 저소득층의 빈곤을 해결하기 위한 사회보장제도로서 급여대상자는 자신의 소득과 재산이 일정수준 이하임을 증명해야 하기 때문에 급여를 받는 것이 불명예가 될 수 있으며 이에는 생활보호제도, 의료보험제도, 국가보훈 등이 있다. 또한, 공적부조는 급여금액이 수혜자의 재산 상태와 필요성의 기준에 따라 변할 수 있기 때문에 급여액 산정이 사회보험보다 훨씬 어려우며, 그 재원 또한 정부의 일반예산에서 조달된다.

요점정리

1. 우리나라 노후보장은 3층보장 형태이며, 이는 사회보장적 성격의 공적연금, 기업의 퇴직금제도에 근거한 퇴직연금, 개인의 저축형태로 이뤄지는 개인연금으로 구성되어 있다.
2. 국민연금은 전 국민을 대상으로 일정 요건이 충족되면 노령연금, 장애연금, 유족연금을 지급하는 공적 사회보장제도로 소득재분배, 인플레이션 보전, 세제상의 특전이 부여되고 있으나, 최근 들어 연금수급의 불균형 등 문제점이 노출되고 있다. 연금보험료는 기본적으로 기준소득월액에 연금보험료율을 곱하여 산출하고, 납부예외 중인 자가복원 시 '추납보험료제도'가, 자격상실자에게는 '반환일시금제도'가 적용된다. 또한 연금액은 '기본연금액×연금종류별 지급률 및 제한율+부양가족연금액'으로 구성되고, 기본연금액은 '1.2(A+B)×(1+0.05×n/12)'의 형태로 계산되고, 부양가족연금은 가족수당 성격이다.
3. 현재 우리나라 직역연금은 공무원연금, 군인연금, 사학연금이 있으며, 직역연금 간의 이동과 합산은 자유롭게 이루어진다. 그러나 국민연금과는 기금조달체계가 틀려 합산이 어렵다. 대신 연계를 통하여 최소가입요건을 못 채워도 각각의 연금을 받을 수 있도록 하여 직업이동에 따른 노후불안 해소 및 사회복지 증진을 꾀하고 있다.
4. 퇴직금제도는 1961년 근로자의 노후소득보장을 위해 도입하였으며, 이후 연봉제 확산, 퇴직중간 정산제도 실시, 퇴직수급권 보장 미흡 등으로 퇴직금의 노후보장 효과가 미흡하여 2005년 12월 1일부로 퇴직연금제도가 도입되었다. 퇴직연금제도는 확정급여형(DB형)과 확정기여형(DC형), 개인퇴직계좌로 구성되고, DB형은 사전에 퇴직금이 확정되고 사용자의 책임 하에, DC형은 사전에 사용자의 부담금만 확정되고 근로자의 책임 하에 운용된다.
5. 개인연금은 연금제도 활성화차원에서 1994년 6월 시행되었고, 세제적격요건을 갖추면 소득공제 및 연금소득에 대한 비과세 혜택을 주고, 이후 2001년 2월 연금저축으로 보완하여 소득공제금액 확대와 연금소득을 과세하는 형태로 시행중에 있으며 금융기관 간 이전이 가능하다. 세제 비적격연금인 연금보험은 일반 장기저축성 보험의 일종으로 계약일로 부터 10년 이상 유지하여 수령하는 연금액에 대해 소득세가 비과세되는 형태로 운영된다.

Chapter 13

평가문제

1 우리나라 3층보장체계에 대하여 설명하시오.

2 국민연금만의 특유한 연금제도로 노령연금을 수령한 자와 이혼한 60세 이상인 배우자에게 지급하는 연금은?

3 최소 지불준비금 성격의 기금규모 정도만을 적립하면서 당년도 급여지출은 당년도 수입으로 충당하도록 하는 연금재정방식을 무엇이라 하는가?

4 이직이 빈번하거나 연봉제를 실시한 기업에 적합한 퇴직연금 유형은?

5 퇴직연금유형 중 확정급여형의 장단점을 서술하시오.

6 세제적격연금과 세제비적격연금의 차이점을 두 가지 이상 기술하시오.

7 세제적격연금의 자격요건을 기술하시오.

Chapter 14

보험세제

1. 보험료 소득공제
2. 보험금에 대한 세제

Chapter 14

보험세제[1)]

보험은 국가의 사회보장제도를 보완하는 역할을 수행하고 또한 국가경제 발전에 필요한 장기적인 자금제공자로서의 기능을 수행하고 있다. 따라서 이의 가입을 장려하고 가입자의 복지증진을 위한 시책으로서 대다수의 국가들이 보험가입에 따른 각종 세제혜택을 부여하고 있다. 보험세제는 일반적으로 보험료 납입 시[2)] 부여되는 보험료 소득공제와 보험금 수령 시[3)] 부여되는 보험차익과세, 상속세 및 증여세 공제 등으로 분류한다.

1 보험료 소득공제

이 제도는 1977년 저축증대를 통한 사회자본 확충과 근로자 복지를 지원하기 위하여 도입되었으며, 근로소득자가 보험료를 납부하는 경우, 일정액을 해당연도의 근로소득에서 필요경비로 공제해 주며 다음과 같은 종류가 있다.

1) 사회보험 보험료 소득공제

사회보험은 국민연금, 공무원연금, 군인연금, 사학연금과 같은 공적연금과 국민건강보험, 산재보험, 고용보험이 있다. 한편, 대부분 사회보험은 근로자가 부담하는

1) 서영수(2009), 전게서, pp.151-155. 요약·정리
2) 이를 입구세제라 칭한다.
3) 이를 출구세제라 칭한다.

보험료 전액을 공제하고 있다. 단, 산재보험은 근로자부담분이 없으므로 해당 공제가 없다.

2) 보장성보험료 소득공제

정부는 1982년부터 저축성보험에 대한 소득공제 혜택을 폐지하고 소득과 관계없이 모든 근로자가 보장성보험에 가입하는 경우에만 소득공제 혜택을 받도록 하였다. 이 제도가 시행되면서부터 세법상 최초로 보장성보험(만기환급금이 이미 납입한 보험료를 초과하지 아니하는 보험)의 개념이 도입되었으며 이때부터 모든 보험의 구분이 저축성과 보장성의 개념으로 양분되기 시작하였다. 이의 공제대상 보험은 보장성보험으로 생명보험, 손해보험, 농협·수협·축협의 생명공제, 군인공제회·교원공제회·경찰공제회·소방공제회 등 각 공제회의 보장성공제이다. 특히, 손해보험의 경우 적하보험, 선박보험, 운송보험, 항공보험, 보증보험, 창고 및 공장 보험료율이 적용되는 화재보험 등 비가계성 보험은 공제대상이 아니다.

3) 장애인전용 보장성보험의 소득공제

장애인을 피보험자 또는 수익자로 하는 장애인전용 보장성보험인 경우에는 기존 보장성보험과는 별도로 추가 소득공제를 해주며, 보험계약 또는 보험료납입 영수증에 장애인 전용보험으로 표시되어야 가능하다.

4) 연금보험 소득공제

(1) 의의

이 제도는 근로소득자뿐만 아니라 모든 소득자가 공제대상이 되는 조세특례제한법상의 규정에 의해 세제혜택을 주고 있기 때문에 가입조건, 납입금액, 납입기간 등 적격요건을 까다롭게 두어 운영하고 있으며, 이러한 조건에서 이탈할 때에는 추징세액을 적용하는 엄격한 제한을 두고 있다. 1994년 이전에는 연금보험을 일반보험에 준하여 세제혜택을 부여해 왔다. 그러나 1994년 6월 20일부터 판매한 개인연금저축(개인연금보험)에 대해서는 보험료납입 시나 연금지급 시 모두 세제혜택을 부여받았다. 2001년 1월부터 판매 개시한 연금저축(연금저축보험)에 대해서는 보험료납입 시 더 많은 세제혜택을 주었으나 연금지급 시에는 연금액에 대한 소득세를 부과하였다.

(2) 주요 내용

개인연금과 연금보험의 세제적격요건으로는 10년 이상의 납입기간, 만 20세 이상부터 가입해야 하며, 매월 100만 원 이상을 불입하고 만 55세부터 연금을 수령해야 하는 등 요건을 충족해야 한다. 다만 연금보험의 가입은 18세부터 가능하다. 한편, 세제지원은 개인연금은 최대 72만 원 한도로, 연금보험은 240만 원 한도이며 소득세는 개인연금은 비과세되나, 연금보험은 과세되는 특징이 있다. 이를 요약하면 다음 표 14-1과 같다.

표 14-1 개인연금과 연금보험 비교

구분		개인연금	연금보험
세제 적격 요건	납입기간	10년 이상	10년 이상
	가입자격	만 20세 이상(계약자, 피보험자, 수익자가 동일해야 함)	만 18세 이상(계약자, 피보험자, 수익자가 동일해야 함)
	저축형태	매월 100만 원 또는 3개월 간 300만 원 범위	매월 100만 원 또는 3개월 간 300만 원 범위
	연금지급조건	만 55세부터 5년 이상 연금으로 지급	만 55세부터 5년 이상 연금으로 지급
세제 지원 내용	소득공제	저축불입액의 40% (72만 원 한도)	저축불입액의 전액 (240만 원 한도)
	소득세	연금소득 비과세	연금소득 시 과세

(3) 중도해약 시 세액 추징

① 기존 개인연금보험(2000년까지 가입분) : 소득공제를 받은 자가 가입일로부터 5년 이내에 중도해약 시는 총 납입보험료(특약보험료 제외)의 4%에 상당하는 금액(년 7만 2천원 한도)을 추징하고 보험차익에 대해서도 과세한다.

② 연금저축보험(2001년 이후 가입분) : 연금저축가입자가 중도해지할 경우 지급받는 일시금에 대해서는 기타소득으로 과세된다. 또한 연금저축보험을 5년 이

내 해지할 경우 연간 납입보험료 누계액(연간 240만 원 한도)의 2%를 가산세(최대 4만 8천원)로 추징한다. 다만, 5년 경과 후에는 가산세액은 면제된다. 만약 소득공제를 받지 않았어도 소득공제를 받는 것으로 간주하고 가산세를 징수하므로 이를 피하기 위해서는 근로소득원천징수영수증 등 관련서류를 사전에 제출해야 한다.

(4) **연금수령 및 일시금 수령 시**

개인연금보험의 경우 10년 이상 납입한 후 5년 이상 연금을 수령할 경우에는 그 연금소득에 대하여 비과세한다. 다만 보험금을 일시에 수령할 경우에는 불입기간 10년 이상을 충족한 경우라도 보험차익 과세대상이 된다. 연금저축의 경우 연금액을 수령할 시 연금소득의 5.5%(주민세 포함)를 원천징수한다. 또한 다른 종합소득이 있는 경우에는 종합과세를 원칙으로 한다.

2 보험금에 대한 세제

개인보험 가입자가 중도에 해약하거나 사망 또는 만기가 되었을 때에는 각각 해약환급금, 사망보험금 및 만기보험금을 수령하게 된다. 이때 보험계약자, 피보험자 및 보험수익자 간의 동일인 여부에 따라 소득세법상의 보험차익에 대하여 과세적용을 받거나 상속세 또는 증여세 과세대상이 된다.

1) 보험차익과세

(1) **의의**

보험차익이란 저축성보험(만기시 보험지급금이 보험료납입 원금보다 많은 보험)에서 발생되는 것으로 만기 또는 해약 시 지급받는 보험금 또는 해약환급금에서 납입보험료 합계액을 차감한 금액을 말하며 중도급부금이나 배당금은 보험금 등에 합산되고 보험료 할인 시 할인된 기준으로 보험차익을 계산한다. 소득세법상 보험차익은 이자소득으로 규정되어 과세된다. 즉 예금·적금·신탁·채권 등에서 발생하는 이자에 대해 이자소득세가 과세되는 것과 동일한 것이다. 따라서 보험차익은 이자소득과 같이 일반과세, 우대과세, 비과세가 될 수 있으며 일반과세가 되는 보험차익은 조건부 금융소득종합과세 대상이 된다. 이 제도는 단적으로 보험영업 측면에서 어려움을 가중시킨다. 그러나 장기적인 관점에서 보험회사들이 보험차익과세를 면하기 위해 중장기 상품의 개발·판매 및 유지율 개선에 더 많은 노력을 기울이게 되어 보험산업의 질을 높일 수 있게 된다.

(2) 우대과세

보험차익에 대해 우대과세를 받기 위해서는 가입당시 세금우대종합저축으로 가입할 것을 신청해야 하며 1년 이상 납입해야 한다.

(3) 비과세

저축성 상품의 보험차익이 비과세가 되기 위해서는 소득세법에 의한 조건을 만족하는 경우와 조세특례제한법에 의한 해당 상품이어야 한다. 소득세법에 의한 비과세 요건은 계약유지기간이 10년 이상이어야 하며, 조세특례제한법에 의한 비과세 상품으로는 다음과 같다.

① 근로자 우대저축보험 : 연간 총급여액이 3,000만 원 미만인 근로자가 월납보험료 최대 50만 원을 3년 이상 가입 시 비과세된다.

② 생계형 저축보험 : 만 60세 이상 노인에게 1인당 최고 3,000만 원까지 보험차익에 대하여 비과세해준다.

(4) 종합과세

일반과세가 되는 보험차익은 다른 금융소득(이자, 배당소득 등)의 합계에 따라 금융소득종합과세가 되는 조건부 종합과세대상, 즉 해당과세기간 중 총소득이 4,000만 원 미만인 경우에는 일반과세로 종료되나 초과 시에는 종합과세대상이 된다. 이러한 금융소득 종합과세는 일반과세가 적용되는 금융상품에 한하며, 우대과세 적용상품, 10년 이상 가입한 장기 채권에 의한 분리과세 적용상품, 비과세 적용상품은 금융소득 종합과세에 해당되지 않는다.

2) 상속세

(1) 사망보험금

피보험자의 사망 시 보험수익자가 받는 사망보험금에 대해서는 상속재산으로 간주되어 상속세가 과세되는데, 과세표준이 50만 원 초과하는 경우에만 과세된다. 예를 들어, 사망보험금 5억 원, 기타 상속재산 4억 원이라 하면, 일괄공제와 배우자공제 최소금액 10억 원과 금융재산공제(5억 원의 20%) 1억 원으로 총 공제액이 11억 원이 된다. 따라서 상속재산 9억 원은 모두 공제되므로 상속세 대상이 안 된다. 그러므로 과세표준금액이 산출된 경우에만 상속세가 계산된다. 한편, 피상속인이 보험료 일부를 분담한 경우에는 납입한 보험료비율에 대해서만 상속재산으로 간주한다. 공제금액은 1996년까지는 사망보험금 중 1,500만원이 상속재산에서 공제되었는데, 1997년부터는 보험금 상속공제가 폐지되고 금융재산 상속공제제도가 도입되었다.

금융재산 상속공제

상속세 계산 시 금융재산에 해당하는 부분은 상속공제를 하고 있으며 금융재산은 금융기관의 제예금, 신탁재산, 보험금, 유가증권에서 부채와 이자소득세를 차감한 순예금이 대상이 된다. 공제금액은, 예를 들어 1억 원 초과 10억 원 미만 시 금융재산의 20%, 10억 원 초과 시에는 2억 원이 한도금액이 된다.

(2) 연금보험

연금보험 중 계약자, 피보험자, 수익자가 동일인인 경우, 피보험자가 사망하게 되면 종신연금보험은 연금지급이 종료되나, 종신연금이 아닌 일정기간 약정형은 수익자에게 해당기간까지 연금보험금을 지급하게 된다. 이것은 피상속인이 상속인에게 연금보험금을 상속하는 것이 되며, 상속세 계산 시 상속재산 과세가액에 포함시키게 된다. 상속세 및 증여세법에서는 이를 정기금이라 한다.

3) 증여세

(1) 발생원인

보험계약 체결 시 계약자와 수익자가 다른 경우에 보험금은 수익자의 증여재산이 된다. 계약자와 수익자가 동일한 경우에도 타인이 증여한 재산으로 보험료를 납입하고 보험금 지급사유가 발생한 경우 수익자는 보험금에서 증여받은 납입보험료를 차감한 만큼 본인의 증여재산가액으로 하여 증여세를 납부하게 된다.

(2) 증여재산공제

보험료 또는 보험금 증여에 따른 수익자에게 증여세 부과 시 계약자와 수익자가 친족인 경우, 즉 배우자, 직계존비속의 경우 증여재산공제가 유형별로 이루어진다. 예를 들어, 수익자가 직계비속 중 미성년자인 경우에는 10년 간 1,500만 원이 공제된다.

4) 보험계약형태와 상속, 증여와의 관계[4)]

(1) 만기보험금(생존만기)

① 사례 1 : 아래 표에서처럼 두 가지 형태의 경우

보험	계약자	피보험자	수익자
1	남편	부인	남편
2	남편	남편	남편

- 이 경우에는 피보험자에 상관없이 계약자와 수익자가 동일하면 상속 또는 증여와 관계없다.

② 사례 2 : 아래 표에서처럼 세 가지 형태의 경우

보험	계약자	피보험자	수익자
3	남편	남편	부인
4	남편	남편	자녀
5	남편	부인	자녀

- 이 경우에는 피보험자에 상관없이 계약자와 수익자가 다르면 증여에 해당된다.

---

4) 보험연수원(2005), pp.282-286 요약정리

③ 사례 3 : 아래 표에서처럼 한 가지 형태의 경우

보험	계약자	피보험자	수익자
6	자녀	부모	자녀

- 자녀가 자신의 돈으로 보험료를 납부하였다면 전혀 상관없다
- 보험기간 중에 타인이 증여한 돈으로 보험료를 납부한 경우
  - (만기보험금-증여받아 납부한 보험료)에 대해서 증여세를 납부한다.
  - 보험료 역시 증여받았으므로 먼저 증여세를 납부한다.
- 만약 미성년자가 보험가입시점부터 10년 내 보험료를 1,500만 원 증여받아 납입하고 보험금을 5천만 원 수령한 경우
  - 증여세 과세가액 : 5천만 원(보험료 1,500만원+〈보험금에서 보험료를 뺀 금액〉 3,500만 원)
  - 미성년자 증여재산공제 : 1,500만 원
  - 증여세 과세기준 : 3,500만 원
  - 증여세 산출세액 : 350만 원(과세기준의 10%)

(2) 사망보험금

① 사례 1 : 아래 표에서처럼 한 가지 형태의 경우

보험	계약자	피보험자	수익자
1	남편	부인	남편

- 이 경우 계약자와 수익자가 동일하고 보험료 납부능력이 있는 경우이므로 상속과 증여에 해당이 안 된다.

② 사례 2 : 아래 표에서처럼 한 가지 형태의 경우

보험	계약자	피보험자	수익자
2	남편	남편	부인

- 이 경우 남편이 사망하므로 보험금을 부인이 상속하게 된다.

③ 사례 3 : 아래 표에서처럼 한 가지 형태의 경우

보험	계약자	피보험자	수익자
3	남편	부인	자녀

- 부인이 사망하나 계약자는 남편이며 수익자는 자녀이므로 남편이 자녀에게 증여하게 된다.

④ 사례 4 : 아래 표에서처럼 한 가지 형태의 경우

보험	계약자	피보험자	수익자
4	자녀	부모	자녀

- 자녀가 자신의 돈으로 보험료를 납부하였다면 전혀 상관없다. 다만, 자녀의 소득이 지속적으로 발생해야 하고, 이 소득으로 소득세를 납부한 증명이 있어야 한다.
- 보험기간 중에 타인이 증여한 돈으로 보험료를 납부한 경우
  - 사망보험금에서 증여받아 납부한 보험료를 차감한 부분에 대해서 증여세를 납부한다.
  - 보험료 역시 증여받았으므로 먼저 증여세를 납부한다.
- 그러나 사망보험금의 경우 생존보험금과 달리 보험금을 제외한 상속재산으로 인한 상속세 크기와 보험금으로 인한 증여세 크기를 비교하여 절세여부를 검토해야 한다. 다음의 두 가지 예시에서 얼마의 금액이 절세되는지 살펴보자.

예시 1 사망 당시 상속재산이 30억 원 있는 자가 보험료를 2억 원 납입하였으며, 상속인이 사망보험금을 10억 원 받은 경우

- 상속세 과세가액 : 30억 원 + 10억 원 = 40억 원
- 상속세 공제금액 : 12억 원(일괄공제 5억 원, 배우자공제 5억 원 가정, 금융재산공제 2억 원)
- 상속세 과세표준 : 28억 원
- 상속세 산출세액 : 28억 원×40%−1억 6천만 원=9억 6천만 원

(상속세율 : 과세표준 30억 원 이하는 40%, 누진공제액 1억 6천만 원)

예시 2 사망 당시 상속재산이 30억 원 있는 자가 미성년자 아들에게 보험료를 매월 주고(누계금액 2억 원) 아들이 보험료를 납입하고 아들이 사망보험금을 10억 원 받은 경우

- 상속세 과세가액 : 30억 원
- 상속세 공제금액 : 10억 원 (일괄공제 5억 원, 배우자공제 5억 원 가정)
- 상속세 과세표준 : 20억 원
- 상속세 산출세액 : 20억 원×40%−1억 6천만 원=6억 4천만 원
- 보험료에 대한 증여세
  - ‣ 증여세 과세가액 : 2억 원
  - ‣ 증여재산공제 : 1천 5백만 원
  - ‣ 증여세 과세표준 : 1억 8천 5백만 원
  - ‣ 증여세 산출세액 : 1억 8천 5백만 원×20%−1천만 원=2천 7백만 원 (증여세율 : 과세표준 5억 원 이하는 20%, 누진공제액 1천만 원)
- 보험금에 대한 증여세
  - ‣ 증여세 과세가액 : 8억 원
  - ‣ 증여재산공제 : 1천 5백만 원(10년 내 재차증여를 하지 않았음)
  - ‣ 증여세 과세표준 : 7억 8천 5백만 원
  - ‣ 증여세 산출세액 : 7억 8천 5백만 원×30%−6천만 원=1억 7천 5백 5십만 원(증여세율 : 과세표준 10억 원 이하는 30%, 누진공제액 6천만 원)
- 총 산출세액 : 8억 4천 2백 5십만 원 → 예시 1보다 약 1.2억 원 세금이 절감된다.

- 사망보험금의 경우 세금의 크기는 상속재산과 보험금 등과의 관계성이 매우 높다. 따라서 세금절감을 고려한다면 현재의 상속재산보다는 사망시점에 대한 상속재산의 크기가 중요하다.

⑤ 사례 5 : 아래 표에서처럼 한 가지 형태의 경우

보험	계약자	피보험자	수익자
5	남편	부인	법정상속인

- 이 경우 부인사망으로 인한 법정상속인은 남편과 자녀가 된다.
- 만약 자녀가 없는 경우, 남편과 부인의 부모가 법정상속인이 된다. 따라서

남편이 받는 비율의 보험금은 자신이 계약자이고 수익자가 되기 때문에 상속 또는 증여에 해당되지 않는다.

- 다만 자녀 또는 부인의 부모가 받는 비율의 보험금은 계약자가 남편이기 때문에 남편이 자녀 또는 부인의 부모에게 증여하는 형태가 되어 증여세 대상이 된다.

요점정리

1. 보험세제는 일반적으로 보험료 납입 시 부여되는 보험료 소득공제와 보험금 수령 시 부여되는 보험차익과세, 상속세 및 증여세 공제 등으로 분류한다.
2. 1982년부터 보장성보험을 가입한 근로자에게 소득공제 혜택을 받도록 시행되면서부터 기본적으로 모든 보험의 구분이 저축성과 보장성의 개념으로 구분되었다.
3. 연금보험소득공제는 1994년 6월 20일부터 판매개시한 개인연금저축(개인연금보험)에 대해서는 보험료납입 시나 연금지급 시 모두 세제혜택을 부여했으나, 이후 2001년 1월부터 판매개시한 연금저축(연금저축보험)에 대해서는 보험료납입 시 더 많은 세제혜택을 준 대신, 연금지급 시에 연금액에 대한 소득세를 부과하였다.
4. 보험차익은 이자소득과 같이 일반과세, 우대과세, 비과세가 될 수 있으며, 일반과세가 되는 보험차익은 조건부 금융소득종합과세 대상이 된다.
5. 피보험자의 사망 시 보험수익자가 받는 사망보험금에 대해서는 상속재산으로 간주되어 상속세가 과세되는데, 과세표준이 50만 원 초과하는 경우에만 과세된다. 증여세는 보험계약자와 수익자가 다른 경우, 계약자와 수익자가 동일하더라도 타인이 증여한 재산으로 보험을 납입한 경우에는 증여세가 과세된다.

Chapter 14 평가문제

1 보장성보험료 소득공제에 대하여 설명하시오.

2 개인연금과 연금보험의 자격요건 중 틀린 부분을 기술하시오.

3 현행 저축성보험의 보험차익이 비과세되는 계약유지기간은?

4 다음 문장의 괄호 안에 알맞은 단어를 기입하시오.

① (　　　)이란 저축성보험에서 발생되는 것으로 만기 또는 해약 시 지급받는 보험금 또는 해약환급금에서 납입보험료합계액을 차감한 금액을 말한다.

② 보험세제는 일반적으로 보험료 납입 시 부여되는 보험료 소득공제와 보험금 수령 시 부여되는 보험차익과세, (　　　) 및 (　　　) 공제 등으로 분류한다.

Chapter 15

보험감독

1. 보험감독정책
2. 보험감독기관

15 Chapter 보험감독

1 보험감독정책

1) 보험감독의 목적[1)]

보험감독의 기본적인 목적은 보험의 특성을 잘 이해하지 못하는 소비자들의 권익을 보호하고 이를 통해 보험산업의 건전한 경쟁과 성장을 도모하는 데 있다고 할 수 있다. 그러나 세부적으로 들어가 보면 보험감독의 목적들 간에는 서로 대립되는 측면이 강하게 나타난다. 예컨대 재무안전성 유지의 목적은 요율인상과 준비금의 과다보유를 초래할 수 있으며, 합리성의 추구는 요율인하와 보험회사의 부실을 야기할 수 있다. 또한 기업의 시장진입과 퇴출의 자유는 충실성의 목적과 대치될 수 있으며, 공공정책 목적의 감독정책은 보험산업의 성공적인 기능수행에 장해요소가 될 수 있다. 따라서 감독당국은 이러한 갈등관계에 있는 여러 가지 목적들 간의 균형을 유지하면서 정책을 집행해야 하기 때문에 상당한 고민과 노력을 기울여야 한다.

(1) 보험회사의 지불가능상태 유지

보험은 불특정 다수를 상대로 하는 공익적 사업이므로 보험회사의 파산으로 인한 사회적 파장은 막대할 수밖에 없다. 보험가입자는 미래의 손실에 대비하여 보험을 가입하는데 보험사고가 발생할 경우 경제적 불안은 매우 심각해진다. 따라서 보험기간 동안 보험사고 발생에 따른 보험금의 지급보장을 위한 보험회사의 건전한 재무상태 유지는 그 무엇보다 중요하다.

---

1) 김성재·김용덕 외(2006), 『보험과 리스크관리』, pp.438-442 인용

(2) 보험시장의 정당성, 공평성 및 합리성 유지

보험감독은 기본적으로 소비자대중이 경쟁시장의 모든 혜택을 누릴 수 있도록 시장경쟁의 부족함을 보완해 주는 데 있다. 보험산업은 일반산업과는 달리 순수 시장경쟁 요소들이 결여되어 있다. 특히 보험계약은 다른 계약에 비하여 매우 복잡한 조항들을 가진 기술적·법적 계약인 관계로 보험계약자가 보험상품을 잘 이해하고 비교하여 상품을 선택할 수 있는 지식이 일반적으로 부족하다.

경제이론상 완전경쟁시장의 기본적인 명제는 모든 판매자의 균형가격은 동일하며 평균비용과 한계비용이 일치한다는 것이다. 그러나 어느 나라의 보험시장도 여러 가지 면에서 그 특성상 완전경쟁시장의 조건에서 많이 벗어나 있다. 이에 따라 감독당국이 개입하여 경쟁시장 하에서 누릴 수 있는 혜택이 소비자에게 돌아가도록 하는 게 목적이다.

(3) 사회가 필요로 하는 보험공급

보험회사들은 높은 사망률, 손해율, 역선택, 저요율, 대재해 가능성 등을 이유로 특정 보험종목을 판매하지 않거나 보험청약자들 중 일부에 대하여 보험가입을 거절하는 경우가 있다. 정부는 공익적인 관점에서 소비자가 원하는 보험을 공급하는 데 관심을 두고 있다. 만약 민영보험회사가 보험공급을 할 수 없거나 거절하는 경우에는 정부는 민영보험에 보조금을 지급하거나 또는 직접 보험을 공급할 수 있다. 농작물보험, 재난보험 등이 그 예다.

2) 우리나라 보험감독체제

(1) 관계법령 및 규정

우리나라 보험감독은 상법, 보험업법과 그 시행령 및 시행규칙에 법적 근거를 두고 있으며, 일선 감독기관인 금융감독위원회와 금융감독원은 구체적인 보험감독을 위하여 보험업감독 규정 및 보험업감독 업무시행세칙을 제정·운영하고 있다.

① 상법 : 상법은 기업적 생활관계에 관한 특별사법으로 1963년 1월 1일부터 시행하고 있다. 보험에 관련된 내용은 제 4편 보험(638~739조)에 있으며 1장 통칙, 2장 손해보험, 3장 인보험으로 구성되어 있다.

② 보험업법과 그 시행령 및 시행규칙 : 보험업법은 보험업을 영위하는 자의 건전한 운영을 도모하고 보험계약자·피보험자 그 밖의 이해관계인의 권익을 보호함으로써 보험업의 건전한 육성과 국민경제의 균형있는 발전에 기여함을 목적으로 제정된 법으로써 보험감독에 있어 가장 직접적인 기준법의 역할을 하고 있다. 보험업법에서 위임된 사항과 그 시행에 관하여 필요한 사항을 규정하기 위하여 보험업법 시행령 및 시행규칙이 제정되어 있다.

③ 보험업감독 규정 및 보험업감독 업무시행세칙 : 금융감독위원회는 보험관련 법령에 의하여 동 위원회 소관에 속하는 보험기관의 감독에 필요한 사항을 정함으로써 보험감독업무의 효율적인 수행을 도모함을 목적으로 보험감독 규정을 공고하고 있다. 그리고 금융감독원은 보험관련 법들과 규정들을 근거로 소관 보험기관의 감독을 위하여 필요한 사항을 보험업감독 업무시행세칙에 명시하고 있다.

2 보험감독기관

1) 감독기관의 형태

보험감독기관은 세 개의 형태로 나뉜다. 우선 재정경제부는 보험감독 관련 법령을 제정하는 역할을 수행하고 이를 통해 실질적으로 금융감독원[2]이 보험감독을 하고 있으며 이를 보조, 지원, 협력하는 보험개발원, 생명보험협회, 손해보험협회 등이 있다. 보험개발원은 보험업법 제 176조에 의거 보험료율의 산출 및 기초서류의 검증, 보험료율, 기타 보험관련 자료의 관리 분석을 담당하고 있다. 두 협회는 보험업법 제 175조에 의거 보험사업자 상호간의 업무질서 유지, 보험모집인의 등록 등을 주 업무로 하고 있다.

보험업을 감독함에 있어서 중요한 문제는 현재 보험유사제도로서 영위되면서도 관할관청이 달라 감독대상에서 제외되고 있는 우체국보험, 자동차공제, 농·수협 및 새마을금고 등이 영위하는 생·손보 공제 등의 감독에 관한 문제라고 할 수 있다. 이들 유사보험 및 공제제도는 이른바 간이보험제도라 하여 민영보험회사가 적용받

2) 정부는 1997년 6월 종래 보험감독원, 은행감독원, 증권감독원 및 신용관리기금으로 분산되어 있던 금융감독 체계를 하나의 금융감독으로 통일하는 법을 제정하여, 1998년 4월 금융감독위원회가, 1999년 1월 금융감독원이 설립되었다.

는 지급여력제도 및 건전성 규제를 전혀 받지 않고 있어 보험수리제도나 판매종사자 자격제도, 생·손보 겸영제한조치의 대상이 되지 않는 점을 이용하여 민영보험시장을 잠식하고 있으나 금융감독 당국의 감독대상이 아니어서 경영부실에 따른 계약자의 피해 가능성이 제기되고 있다. 다만, 농협공제의 경우 2009년 12월 정부 금융감독 당국의 감독을 받는 보험회사(생·손보를 각각 별도 법인으로 설립)로 전환하는 농협법 개정안을 국회에 제출하였으므로 이 개정안이 국회에서 통과되면 상기 문제점이 일부 해소될 수 있을 것으로 전망된다.

2) 감독의 내용[3]

(1) 시장진입에 대한 감독

보험회사 설립은 주식회사, 상호회사, 외국보험회사로 가능하고 일정금액을 납입한 다음 각각의 보험종목별로 허가를 받아야 한다. 보험종목은 생명보험업의 경우 생명보험과 연금보험(퇴직보험 포함)이며, 손해보험업의 경우 화재보험, 해상보험(항공·운송보험 포함), 자동차보험, 보증보험, 재보험, 기타 대통령령이 정하는 보험종목이다. 그리고 제 3보험업은 상해보험, 질병보험, 간병보험, 기타 대통령령이 정하는 보험종목에 대해서 허가를 받아야 한다. 한편, 허가요건 중 가장 중요한 요건은 자본금 또는 기금의 충족[4]이다.

(2) 영업활동에 대한 감독

모집조직에 대해서는 일정한 조건을 구비하는 사람에게만 등록하여 영위토록 한다. 그 외, 모집활동 시 소비자보호를 위해 여러 가지 준수사항을, 모집 체결 시에는 금지해야 할 행위를 규정하고 있다. 예를 들어 보험 안내 자료는 보험약관에 명시된 보장내용, 해약환급금, 예금자보호 등에 관한 사항을 명료하고 알기 쉽게 기재하여야 한다고 강제한다.

---

3) 민영 보험사업에 대한 보험감독은 기본적으로 보험업법에 명시되어 있으며 구체적으로 보험업감독규정에 세분화하였으며, 이 부분은 보험업법을 중심으로 기술하였다.

4) 현행 기준은 최저 300억 원이며, 일부 보험종목만 영위코자 할 경우에는 50억 원 이상의 범위에서 달리 정할 수 있도록 명시하고 있다.

(3) 재무건전성 감독

보험회사는 매 결산기마다 보험계약별로 책임준비금과 비상위험준비금을 계상하고 이를 감독받아야 한다. 또한, 보험회사의 보험금 지급능력과 경영의 건전성을 확보하기 위하여 자본과 자산의 건전성에 관한 감독으로 지급여력비율은 100% 이상을 유지할 것, 대출채권 등 보유자산의 건전성을 정기적으로 분류하고 대손충당금을 적립할 것, 보험회사의 위험, 유동성 및 재보험의 관리기준을 충족할 것 등이 있다.

지급능력이란 일반적으로 보험회사의 재무건전성을 의미하고 보험계약자에게 지급해야 될 보험금 및 해약환급금 등의 지급채무를 이행할 수 있는 자산보유상태를 말한다. 이는 자산, 책임준비금 및 잉여금에 의하여 측정되며 책임준비금과 기타 부채액의 합계액보다 건전성 자산을 더 많이 보유하고 있으면 지급능력이 있다고 할 수 있다.

과거와 같은 정태적 보험시장에서는 예정기초율 등 기본적인 가정들이 안정적이고 예측이 가능하였기 때문에 책임준비금을 충실히 적립하는 것만으로 지급능력의 문제가 해결되는 것으로 인식되었다. 그러나 금융개방화, 규제완화, 금리자유화 등이 진행되면서 기본적인 가정들이 충족되기 어려운 상황이나 예측이 불가능한 위험에 처하면, 즉 예상 밖의 자산가치의 하락, 환율변동에 따른 환위험, 대형보험사고 등의 커다란 손실 충격 등 통상의 가정 하에서 산정한 책임준비금만으로는 장래의 보험금지급의 의무를 이행할 수 없는 상황이 발생할 수 있다. 이런 경우를 대비하여 책임준비금을 초과하여 보험회사가 적립하여야 하는 완충역할로서의 잉여금이 필요한데 이를 지급여력(solvency margin)이라고 한다. 이러한 지급여력제도는 크게 보험료 및 보험금 기준 방식인 EU 방식과 보험회사가 보유하는 리스크에 비례해 자기자본을 보유해야 한다는 RBC(Risk Based Capital) 제도로 구별된다. 한편, 지급여력비율은 지급여력을 지급여력기준으로 나눈 비율이며 이는 보험회사 재무건전성을 판단하는 기준으로 우량보험회사 선택기준으로 사용되고 있다. 일반적으로 100% 이하가 되면 감독당국으로부터 적기시정조치 규제를 받는다.

$$\text{지급여력비율} = \frac{\text{지급여력(보유자기자본)}}{\text{지급여력기준(요구자기자본)}} \times 100$$

적기시정조치는 보험회사의 지급여력비율에 따라 경영개선권고, 경영개선요구, 경영개선명령 등 3단계로 구분하여 경영개선조치를 취하는데, 단계별 요건 및 조치사항을 살펴보면 다음 표 15-1과 같다.

표 15-1 단계별 적기시정조치 내용

구 분	요 건	조치사항
경영개선권고	• 지급여력비율이 50% 이상 100% 미만 • 경영실태평가결과 종합등급이 3등급 이상으로서 지급여력 또는 자산건전성부문의 평가등급이 4등급 이하 등	• 자본금의 증액 또는 감액 • 인력 및 조직운영의 개선 등
경영개선요구	• 지급여력비율이 0% 이상 50% 미만 • 경영실태평가결과 종합평가등급이 4등급 이하 등	• 점포의 폐쇄 통합 또는 신설 제한 • 보험사업 일부정지 등
경영개선명령	• 지급여력비율이 0% 미만 • 「금융산업의구조개선에관한법률」상 부실 금융기관에 해당하는 경우	• 주식의 소각 • 제3자에 의한 당해 보험 사업의 인수 등

출처 : 금융감독원

(4) 소비자보호를 위한 공시

보험회사는 매 결산기 또는 보험계약자의 보호를 위한 사항들은 즉시 공시해야 한다. 보험협회는 보험료, 보험금 등 보험계약에 관한 사항들을 비교, 공시할 수 있다.

(5) 자산운용 규제

보험회사 자산은 대부분 보험가입자의 자산이므로 우선적으로 안정성, 유동성이 확보되도록 운용되어야 하며 이를 위해 보유 금지해야 할 항목(투기목적의 대출, 정치자금 대출 등)을 기재하거나 자산운용비율을 준수토록 규정하고 있다.

요점정리

1. 보험감독의 기본적인 목적은 소비자들의 권익을 보호하고 이를 통해 보험산업의 건전한 경쟁과 성장을 도모하는 데 있으며 구체적으로 보험회사의 지불가능상태를 유지하고, 또한 보험시장의 정당성, 공평성 및 합리성을 유지하면서 사회가 필요로 하는 보험을 공급토록 하는 데 있다.
2. 우리나라 보험감독은 상법, 보험업법과 그 시행령 및 시행규칙에 법적 근거를 두고 있으며, 일선 감독기관인 금융감독위원회와 금융감독원은 구체적인 보험감독을 위하여 보험업감독규정 및 보험업감독업무시행세칙을 제정·운영하고 있다.
3. 보험감독기관은 세 개의 형태로 나뉜다. 우선 재정경제부는 보험감독 관련 법령을 제정하는 역할을 수행하고 이를 통해 실질적으로 금융감독원이 보험감독을 하고 있으며 이를 보조, 지원, 협력하는 보험개발원, 생명보험협회, 손해보험협회 등이 있다.
4. 보험감독당국은 크게 시장진입, 영업활동, 재무건전성, 소비자보호, 자산운용 분야로 구분하여 관리·감독하고 있다.

Chapter 15 평가문제

1 보험감독의 구체적인 목적을 기술하시오.

2 우리나라 보험감독의 법체계를 설명하시오.

3 보험감독기관을 세 개의 형태로 나누어 설명하시오.

4 다음 문장의 괄호 안에 알맞은 단어를 기입하시오.

① (　　　)이란 일반적으로 보험계약자에게 지급해야 될 보험금 및 해약환급금 등의 지급채무를 이행할 수 있는 자산보유상태를 말한다.

② 적기시정조치는 보험회사의 지급여력비율에 따라 (　　　　), (　　　　), (　　　)의 3단계로 구분된다.

MEMO

Part 6 보험시스템의 이해

Chapter 16 보험시장
Chapter 17 보험상품
Chapter 18 보험경영

보험시스템은 크게 보험시장, 보험상품 및 보험경영으로 구분하여 살펴보고자 한다.
제16장 보험시장에서는 보험마케팅, 보험사업자, 보험모집조직에 관하여 살펴본다.
제17장 보험상품에서는 먼저 의미를 살펴본 다음 이후 각 상품별로
즉, 전통형상품, 건강형상품, 연금형상품, 변액형상품, 단체보험상품,
손해보험상품, 재보험상품 순으로 살펴본다.
제18장 보험경영에서는 보험경영원칙, 핵심역량, 재무건전성 및
보험회사 가치평가에 대하여 다룬다.

Chapter 16

보험시장

1. 보험마케팅
2. 보험사업자
3. 보험모집조직

Chapter 16

보험시장

1 보험마케팅[1)]

1) 보험마케팅의 의의

보험마케팅 전략은 주요 고객을 결정하고 적정 상품 및 이의 가격, 판매방식, 홍보 등을 결정하는 것으로 일반적으로 마케팅영역과 마케팅방식을 결정하는 것으로 구분된다. 마케팅영역은 크게 시장세분화(segmentation), 목표시장(targeting), 포지셔닝(positioning)으로 구분된다. 마케팅방식은 4P(Product, Price, Place, Promotion)를 중심으로 상품의 가격, 유통, 촉진이 주요 내용이 된다.

일반적으로 보험마케팅은 해당기업의 사업목표를 기준으로 성장위주전략, 수익증대전략, 현상유지전략, 사업의 축소전략 등이 있다. 또한 마케팅방식에 따라 저비용전략, 차별화전략, 특화전략 등이 있다. 한편, 마케팅을 하는 기업이 시장에서 어떤 위치에 있느냐에 따라서 선도자(leader), 틈새시장을 노리는 특화자(nicher), 단순히 다른 회사의 전략을 따라가는 추종자(follower)로 구분한다.

2) 보험마케팅의 특성

(1) 보험상품의 특성

보험상품을 마케팅측면에서 일반 상품과 비교해 보면 우선적으로 보험은 바로 무형상품이다. 따라서 상품수요 측면에서 일반상품은 구체적 상품으로써 명확한 소비

1) 서영수(2009), 전게서, pp.119-129 요약·정리

효용과 부차적 효용을 가지고 있지만 보험상품은 무형의 관념상품으로서 추상적인 효용을 가진다. 또한 욕구면에서도 일반상품은 구입시점에 존재하고 인식되어 감지되나, 보험상품은 존재하고는 있지만 거의 인식을 못하고 있다. 그리고 일반상품은 고객의 자발적인 의도로 구입절차가 이루어지지만 보험상품은 고객의 순수한 자발성이 거의 없다. 한편, 일반상품은 판매와 더불어 경제과정이 종료되고 경우에 따라서 판매한 이후에 고객에 대한 서비스가 계속되는 반면에, 보험상품의 판매는 고객과 보험회사 간의 계약체결일로부터 보험계약기간 만료까지 또는 보험급부 지급까지 계속되며 이의 서비스는 개인적인 대소사에 관한 보살핌, 고객에 대한 재무적인 조언, 보험계약의 변경, 보험사고 처리와 후속적인 조치 등 실로 다양하다.

일반상품은 상품구입 시 급부와 반대급부가 동시에 이루어지나 보험상품은 확정적 급부에 대한 반대급부가 보험사고가 발생한 후에 지급여부 또는 지급금액의 크기가 결정되며, 보험계약기간 동안 중도급부금 상품은 간헐적 또는 주기적으로 이루어지므로 현실적으로 구체적인 등가관계가 성립되지 않는다. 이 외에도 보험상품은 일반적으로 복잡하여 일반인들이 이해하기가 어려워 고객에게 주요한 부분에 대하여 설명이 필요하여 상품관련 정보의 공시기능이 강조되고 있으며, 보험기간 동안 화폐가치로 평가되며, 가격의 구성비 중 재료비 즉 순보험료의 점유율이 높고, 보장성상품 같은 경우 수혜대상이 타인이어 일반상품과 바로 대비된다.

특히, 최근 들어 보험상품은 경제재 중에서 고급재로 인식되고 있는 특징도 있으며, 상품종류별로 볼 때 전통형 상품의 경우 고정된 원가가 장기간에 걸쳐 회사손익에 영향을 미치며, 자동차보험은 가격민감도가 다른 보험상품에 비하여 크고, 일반손해보험은 주문형 상품이 많으므로 거대위험 발생 가능성에 따른 재보험처리가 아주 중요하다.

한편, 보험산업은 일반산업 분야와는 달리 생산설비 과정상의 문제가 없는 점도 특이하다. 제조업에서는 생산을 위하여 특수한 기계나 해당시설을 필요로 하고 제조과정이 기술적·화학적·물리적 조건에 의하여 항상 제약을 받지만, 보험산업에서는 제조과정이 조사, 분석, 연구, 계산, 평가의 일련의 절차대로 이루어지며 주로 인적요소에 의하여 처리된다. 따라서 인적관리에 필요한 다양한 인프라가 구축되어야 보험마케팅의 경쟁력을 확보할 수 있게 된다. 보험상품을 생산하는 기술적인 측면에서 부각되는 특성을 살펴보면 우선 대량생산과 모방이 쉽게 가능하며, 인적요소로서 생산이 가능하기 때문에 개발고정비가 제조업에 비하여 거의 없다. 또한 보험상품은 사전에 주문생산을 하거나 혹은 판매량을 예상하고 미리 생산하여 확보해 두는 것이 아니므로 순간적으로 생산되며, 상품 자체가 정보의 결합으로 이루어진 서비스 상품인 동시에 다수의 경제주체를 전제로 하므로 관련 통계의 집적이 필수적이다.

그 외 상품화의 과정에서 고난위도의 수리적 요소의 투입과 정보기술적인 물리적 요소를 생산라인으로 하는 체계이며, 일반제품의 생산에서 가지는 기업위험 즉 경기변동이나 경쟁자의 출현 등의 위험 이외에 특수한 보험 기술적인 위험이 내재되어 있다. 이러한 위험은 실제로 발생한 사고발생률과 보험료 산정 시 적용된 확률이 손해의 정도를 초과함으로써 나타나게 되는 위험으로 과다노출 시 수입과 지출의 균형을 잃게 되며 보험사업의 운영에 지장을 초래할 뿐만 아니라 보험사업의 존속 자체까지 위협할 수 있다. 따라서 보험사업의 성패는 위험관리를 어떻게 하느냐에 달려 있다고 해도 과언이 아니다.

한편, 보험상품의 개발에 있어서 국민경제 등 외적인 환경변화도 영향을 미치는데 이러한 환경변화는 국민소득, 구매력, 고용상태, 기술발전, 실물투자 등에서 변화를 가져오므로 이들은 보험수요를 결정하는 중요한 요인일 뿐만 아니라 보험산업에도 큰 영향을 미친다. 또한 인구증가율 또는 인구의 연령별 구성, 인구의 분포 등도 판매량의 지표로서 중요한 역할을 한다. 그리고 보험산업이 다른 산업 이상으로 공공성과 공익성이 강조되고 보험업법과 같은 특별 감독법에 의하여 엄격한 규제를 받기 때문에 보험경영 및 상품개발의 독자성이 대체로 제한되고 있는 실정이다.

(2) 보험소비자의 특성

보험은 의식주 등 소비자의 기본적 욕구가 충족되어야만 수요가 발생한다. 이에 따라 보험은 후진국에서는 완만하게, 중진국에서는 빠른 속도로, 선진국에서는 다시 완만한 속도로 수요가 증가한다. 또한 미래의 위험을 인식하는 사람에게만 수요가 발생한다. 따라서 이러한 인식을 하고 있거나 인식시켜 주어야 수요가 발생한다. 그리고 소비자는 보험서비스에 불만을 갖기 쉽다. 특히 보장성보험인 경우 소비자들은 해약할 경우 자신이 낸 보험료보다 환급금이 적다는 이유로 불만을 가지기 쉽다[2]. 한편, 보험소비자는 보험료 가격을 충분히 이해하지 못한다. 이는 보험상품의

2) 자세한 내용은 제 11장 , 2. 보험가격의 결정원리, 해약환급금 참조

복잡성 때문에 보험가격을 이해하고 만족해하지 못하는 경우가 많다는 것을 의미한다. 그리고 보험상품에 대해서도 불충분한 이해를 한다. 이는 많은 약관과 자세하게 상품설명을 하여도 이해하기 어렵다고 생각하는 소비자가 많고, 또한 상품의 내용을 이해하고자 하는 노력이 부족하기 때문이다.

따라서, 고객을 설득하여 스스로 다가오게 하는 전략(pull형 전략)보다는 고객에게 다가가서 판매하는 전략(push형 전략)을 주로 사용한다. 이는 전적으로 보험사고에 대한 소비자의 부정적 인식 때문이며 그렇기 때문에 보험사고 발생에 노출이 심한 소비자만 가입하는 역선택이 많이 발생할 수 있다. 또한, 소비자 자산에 관한 정보가 불충분하거나 노출되길 꺼린다. 이로 인해 불완전 계약이 되거나 분쟁이 발생하는 경우가 종종 있다

(3) 보험사업자의 특성

보험사업자는 우선적으로 고객층의 동질성에 관심을 둔다. 위험수준은 다르더라도 고객들이 원하는 것들이 비슷해야 하기 때문에 근본적으로 위험노출이 서로 비슷한 고객들로 구성해야 하며 역선택에 대해서도 준비해야 한다. 이를 관리하는 것은 보험마케팅 및 언더라이팅에서 아주 중요하다. 그리고 판매채널이 보험경영에서 아주 중요한 비중을 차지하므로 보험상품의 특성, 즉 무형상품, 비자발성 등 상품특성을 반영하여 이를 잘 활용할 수 있는 유통조직을 안정적·효과적으로 운영하는 것이 중요하다. 또한, 보험사업자로서의 안정된 이미지와 신뢰성이 중요하다. 이는 어느 금융산업이든 새로운 경쟁방식이 등장하고 보험시장이 성숙되면서, 이미지 관리와 신뢰성 관리가 중요시되기 때문이다. 한편, 다양하고 적절한 서비스도 제공해야 한다. 일반적으로 보험계약은 장기계약이므로 만기까지 다양한 서비스를 제공해야 한다. 그 외 사후적으로 손실의 가능성이 높다. 따라서 사전적으로 이익을 볼 수 있지만 여러 가지 지출요인, 즉 사후적 손실 가능성이 높으므로 언더라이팅과 마케팅단계에서 상당한 주의를 기울여야 한다. 또한 전문가를 필요로 한다. 보험계리사, 손해사정사, 재무설계사 등 보험에는 다양한 전문가가 필요하다. 마지막으로 고객정보를 확보하기도 어렵다. 따라서 다양한 고객정보를 보유한 회사가 상대적으로 유리할 수밖에 없다.

3) 보험판매채널

보험판매채널은 보험상품과 서비스가 보험회사로부터 보험계약자 또는 피보험자에게 옮겨 가는 과정에 참여하는 모든 개인 및 회사를 지칭하는 것으로 고객접점이라고도 한다.

(1) 특성

보험판매채널은 표준적 자격요건이 요구된다. 따라서 일정한 사전교육 및 시험에 합격한 후 자격이 갖추어진 사람만 보험유통, 즉 판매활동을 할 수 있으며, 판매채널에 관련된 비용이 상당하다. 일반적으로 지점운영비, 설계사수당, 교육훈련비 등 많은 비용이 발생한다. 그리고 보험상품 등 보험에 관한 전반적인 설명능력이 요구되는데 이는 보험에 대한 이해는 물론이고 설명능력이 뛰어나야 고객유치 및 유지가 쉽게 되기 때문이다. 특히, 계약유치와 함께 유지관리가 아주 중요하다.

모든 사업에서처럼 보험영업은 계약 자체도 중요하지만 갱신과 유지 또한 무시하지 못한다. 그리고 가격경쟁력 및 서비스경쟁력도 모두 중요하다. 한편, 판매과정에서 문제의 소지가 있을 수 있다. 이는 상품이 복잡하여 이해가 쉽지 않기 때문이다. 그 외 유통경로의 신뢰성이 중요하며, 따라서 유통경로의 신뢰성이 없을 경우 회사에 대한 불신이 생길 수 있으며 고객유치에 어려움이 발생하며 때때로 고객정보에 대한 소유권 문제가 다른 상품에 비해 발생가능성이 높다.

(2) 우리나라의 판매채널 변화과정[3)]

1960년대 이전 초창기의 보험모집형태는 별도의 외야모집조직 없이 본사 임직원의 출장에 의한 직접모집방식으로 이루어졌다. 이후 1962년 1월 보험업법 및 보험모집단속법의 제정으로 남성전문조직(proper system), 지구(debit system) 및 지역(block system)제도를 통한 모집체제가 도입·운영되기 시작하였으며, 1970년대 이후부터는 여성가정주부로 구성된 전통적인 모집인 중심제도가 지속되었고 아직까지도 주력채널로 남아 있다. 그리고 1990년대 초반부터 외국사 중심으로 남성설계사조직을 구축하여 높은 영업실적을 달성함에 따라 2000년 이후에는 국내사들도 기존의 여성설계사조직과 별개로 남성설계사조직을 도입하기 시작하였다.

---

3) 생명보험협회(2009), 전게서, pp.178-179 인용·정리

표 16-1 판매채널 변천추이

구분	내용
초창기 (1945~1961)	• 직급모집체제(본사 임·직원) • 1958년 이후 전국에 지사 및 지점 등의 모집점포 설치 • 현지인을 청부제 형태로 점포장 및 모집인으로 위탁
기반 구축기 (1962~1976)	• 남성전문조직(proper system)을 통한 단체보험모집 • 지구제도(debit system) 및 지역제도(block system) 도입
근대화 및 개방기 (1977~1996)	• 지구제도(debit system)가 보험모집조직의 중심으로 정착 • 1977년 보험업법상 1사 전속제도 규정 • 생명보험대리점, 겸업대리점제도('83) 및 복수대리점제도('94) 도입
선진화 및 구조조정기 (1977년~)	• 여성가정주부로 구성된 전통적인 모집인중심제도 지속 • 생명보험 독립대리점(1997) 및 보험중개사제도 도입 • DM, TM, CM, 제휴판매 등 신채널 등장
금융겸업화 형태 보험모집(2003.8)	• 방카슈랑스 시행(2003. 8. 30)을 통한 금융겸업화 형태 모집조직 • 은행 등 금융기관보험대리점의 보험상품 판매(단계적 시행)
겸업화 확대 (2008.8)	• 교차모집제도 시행(2008. 8. 30) • 보험설계사 일사전속제도에 예외규정을 두어 생명보험설계사가 1개 손해보험회사의 상품판매 허용(손보는 생보 1개사)

출처 : 생명보험협회(2009)

또한 1990년대 후반 통신기술의 발달과 보험가입의 편의성에 대한 니즈가 맞물려 우편(direct mail), 전화(tele-marketing) 등 통신판매가 활성화되었으며, 최근에는 홈쇼핑을 통한 판매가 경쟁적으로 이루어지고 있다. 한편으로 전통적인 설계사 채널과 융합된 복합채널도 2000년 중반부터 등장하기 시작하였다(표 16-1 참조).

2003년 8월에 도입된 방카슈랑스 제도는 금융겸업화의 대표적 사례로 보험판매채널의 큰 변화를 가져왔다. 그로 인해 보험판매뿐만 아니라 은행, 증권 등 종합금융상품 특히 펀드상품 판매 등을 통해 재무설계 및 자산관리 모집조직으로 전환하여 현재에 이르렀다. 이와 함께 2008년 8월 30일 교차모집제도의 시행으로 보험설계사가 생·손보 겸업을 할 수 있는 여건도 마련되었다. 또한 독립법인대리점인 GA(General Agency) 역시 독립 판매채널로 그 역할이 확대되고 있는 상황이다.

(3) 분류

① 직접통신판매(Direct Mailing; DM)

이는 판매자로부터 소비자에게로의 단일방향 통신수단을 의미하며 보험회사가 계약자에게 통지하는 형식을 의미한다. 대체적으로 우편판매는 소비자들의 반응률이 낮은 편이고 정보제공능력도 비교적 낮아 계약체결도 상당히 제한적으로 이루어진다. 따라서 이 채널에 적합한 상품은 이해도가 높은 상품, 단순하거나 단순하지는 않더라도 강제보험으로써 누구나 많이 경험해서 알고 있는 상품, 언더라이팅이 필요 없는 상품 등이다. 한편, DM은 짧은 시간에 넓은 지역을 커버할 수 있어서 특히 외곽지역에 유리한 장점이 있지만 고객의 데이터베이스의 활용이 상당히 까다로운 단점이 있다.

② 텔레마케팅(Tele-Marketing; TM)

이는 양방향 통신수단이고 정보제공능력이 상당히 좋은 편이나, 계약체결은 제한적이며 계약 후 서비스는 양호한 편이다. 이 방식은 DM처럼 비용이 저렴하여 상당히 경쟁이 심하다. 전화접속 형태에 따라 인바운드(in bound)와 아웃바운드(out bound)가 있다. 인바운드는 계약자가 전화한 경우에만 수동적으로 보험상품을 안내하는 형태이며, 아웃바운드는 계약자에게 직접 전화하여 보험상품을 적극적으로 안내하는 형태를 말한다. TM에 적합한 상품은 DM처럼 이해도가 높은 상품, 단순하면서 강제적인 상품, 언더라이팅이 필요 없는 상품 등이다. TM은 시간, 공간, 거리의 장벽을 극복할 수 있으며, 데이터베이스를 활용한 마케팅 기법으로 최근까지 지속적인 성장을 해왔으나, TM 상품구매 특성상 단시간에 판단하여 가입하는 구조로 되어 있어 보험가입 후 청약을 철회하는 경우가 많이 나타나고 있다.

③ 인터넷마케팅(Internet Marketing; IM)

이는 양방향 통신수단으로 대량의 정확한 정보제공이 가능하다. 또한 계약체결이 비교적 제한적이며 특히, 계약 후 서비스가 곤란하다. 이의 적합한 상품으로는 언더라이팅이 불필요한 상품이 대부분이고 비용이 가장 저렴하여 사용도가 증가추세이다. 또한 사용시간의 제약이 없으며 충분한 정보제공이 가능하다.

④ 직급조직

이는 보험사의 정규직원이 직접 보험판매를 담당하는 것으로 판매직원은 보험사를 대신하여 보험료수령권, 계약체결권 및 고지의무수령권 등의 권한과 계약과 관

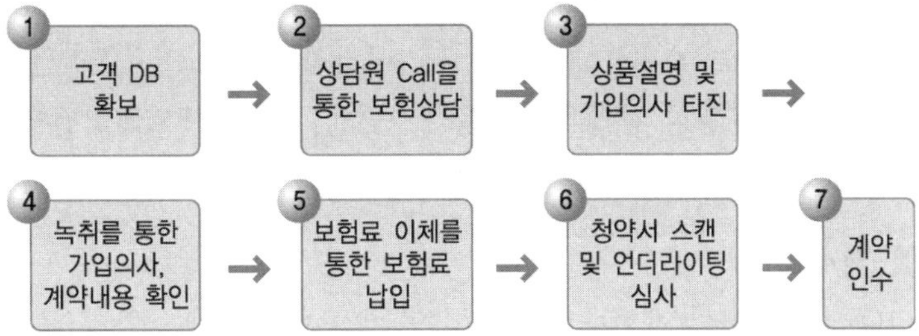

출처 : 생명보험협회(2009), p.184

그림 16-1 전화를 통한 보험계약 체결과정

련된 책임을 보유하게 된다. 이는 보험마케팅에 전문적인 지식이 필요하고 비용도 많이 소요되므로 개인 위주의 가계보험보다는 기업보험 같은 고액의 보험상품, 가격변화가 많은 상품, 경쟁이 심한 상품의 마케팅에 적합하다. 한편, 비용수준은 대체적으로 일반대리점보다 낮은 편이다.

⑤ 보험설계사

보험모집인(solicitor)이라고 하며 우리나라와 일본 보험시장에서 보험판매의 핵심역할을 담당한 독특한 판매채널이다. 설계사들은 일정한 자격취득 후 등록을 필요로 하기 때문에 설계사를 이용한 보험판매방식은 전문성이 있으나 가장 비용이 많이 발생하는 판매방식이므로 미국이나 유럽에서는 이 방식에 대한 의존도가 높지 않다. 최근 DM 등 저비용 채널이 등장하고 있으나 대면판매가 필요한 보험상품인 경우 아직도 그 효과가 다른 채널들에 비해 높다. 또한 설계사들도 종전의 연고주의 판매방식에서 벗어나 가계재무설계(personal financial planning)를 과학적으로 설계할 수 있는 전문지식을 함양하고 있어 진정한 의미의 재무설계사(FP: Financial Planner) 또는 재무상담사(FC: Financial Consultant)로의 경쟁력을 키우고 있다. 이의 적합한 상품은 자발적 수요가 낮아 Push 전략이 필요한 상품, 복잡하여 설명이 필요한 상품, 고가격 또는 재무설계 상담이 필요한 전문적 보험상품들이다.

⑥ 보험대리점

보험대리점을 운영하는 대리인(agent)은 보험회사를 대리하여 법적 행위를 할 수 있는 권한을 지닌 자를 말하며 주로 계약체결권, 고지수령권, 보험료 수령권을 부여받는다. 다만 요율협상권은 없다. 일반적으로 대리인은 자기의 책임 하에 보험판매를 하며 판매실적에 따라 수수료를 수취하고 자신이 직접 보험판매를 하거나 판매원을 고용하고 육성하는 책임을 지기도 한다. 대리점은 크게 전속대리점, 독립대리점, 생명보험과 손해보험의 겸업대리점 등이 있으며 그 중 독립대리점은 보험계약 일체에 대한 사용권한 또는 재계약 권한을 지닌다.

⑦ 보험중개사

대리점이나 설계사들이 보험사를 위하여 영업을 하는 것과는 달리 보험중개사는 고객을 위하여 최적의 보험계약 및 보험사를 선택하고 독립적으로 요율을 협상하는 사람을 말한다. 이 제도는 영국 등 유럽에서 활발하며 우리나라에서는 인(人)보험, 손해보험 중개사로 구분하여 1998년부터 실시하였다. 이에 적합한 상품은 거액상품, 가격변화가 많은 상품, 경쟁이 심한 상품이라고 할 수 있다.

⑧ 방카슈랑스

- 의의 : 방카슈랑스(Bancassurance)는 불어의 은행(Banque)와 보험(Assurance)의 합성어로서 일반적으로 은행 등 금융기관이 보험회사의 대리점 또는 중개사로 등록하여 보험상품을 판매하는 것을 말한다. 이는 협의로는 은행의 판매망(창구)을 통해 은행고객을 주 대상으로 보험상품을 판매하는 것으로부터 광의로는 은행과 보험사의 종합적인 업무제휴 전략을 포함하는 개념으로 나라마다 그 범위가 다르게 적용된다. 우리나라는 2003년 9월부터 은행에서 보험상품을 판매하는 방카슈랑스가 시작되었으며 은행뿐만 아니라 증권사, 상호저축은행, 신용카드사 등에서도 보험상품을 판매할 수 있다. 이 제도는 종합금융화의 대표적인 형태로서 유럽, 특히 스페인이나 이탈리아의 경우 생명보험의 2/3 이상이 은행을 통하여 판매되고 있다. 일본은 1997년부터 도입, 운영되고 있으며 미국은 은행이나 보험사가 지주회사 형태를 통해 겸영할 수 있게 하고 있다. 한편, 보험회사가 주체가 되어 은행 업무를 겸영하거나 보험사가 소유한 은행이 개발한 은행상품을 보험회사의 채널을 통하여 판매하는 것을 어슈어(Assur) 뱅킹이라고 한다.
- 운영형태 : 이의 운영은 크게 단순형태, 판매제휴형태, 자회사 혹은 지주회사 설립형태, 자본제휴 형태로 분류할 수 있다. 단순업무제휴 형태는 은행계좌를 통한 보험료 자동이체나 은행의 보험금 지급대행 서비스만을 제공하는 것을 말한다. 판매제휴형태는 은행이 보험사의 대리점 업무를 수행하거나 보험모집인이 은행점포에 상주하면서 보험을 판매하는 형태이다. 자회사설립형태는 은

출처 : 금융감독원

그림 16-2 방카슈랑스 운영형태

행이 보험사를 자회사로 설립한다거나 기존 보험사를 인수하여 운영하는 형태를 말한다. 그리고 자본제휴형태는 은행과 보험사가 공동으로 자회사를 설립하거나 자본을 제휴하는 형태로서 상품의 공동판매 및 공동개발 등의 업무제휴도 포함한다. 이를 도해하면 그림 16-2와 같다.

- 특징 : 방카슈랑스는 우선적으로 양방향 통신이 가능하고 저렴한 보험료와 고객접근성이 뛰어나다. 아울러 대면판매방식에 비해 비용이 저렴하고 은행이나

선진국 방카슈랑스 운영사례

1. 유럽의 방카슈랑스

유럽에서 방카슈랑스가 활성화된 배경으로는 1980년대 중반 이후 진행된 금융개혁을 통해 금융권간 업무영역 규제가 완화되면서부터이다. 이를 통해 개별 금융기관 간 업무제휴나 상품판매가 활발하게 교류되기 시작하였다. 또한 은행과 보험 간의 판매상품에 대한 역할분담이 잘 이루어졌는데, 은행권은 단기저축성 위주의 상품으로, 보험권은 장기저축성 상품으로 상호 보완하였던 것이다.

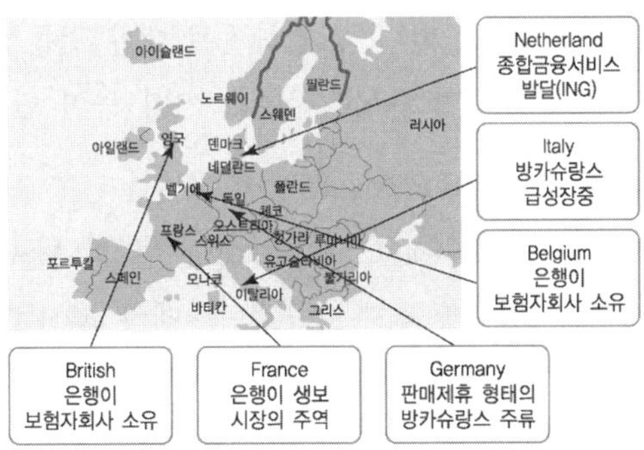

유럽의 방카슈랑스 운영형태

(출처 : M생명 방카슈랑스 분석자료, 2003)

또한 프랑스 등에서 보험모집인이 지속적으로 감소하면서 이의 대체채널로 방카슈랑스가 적극 알려지게 되었다. 일례로 보험모집인 수가 프랑스는 약 7만 명, 한국은 25만 명, 일본은 40만 명으로 추산되었다. 이런 영향으로 프랑스의 경우 방카슈랑스 점유율이 2000년에 80%에 육박하는 것으로 나타났다. 그에 반해 영국은 24%, 독일은 27%로 나타났다. 한편, 유럽은 보험자회사 설립방식에 의한 운영형태가 주류를 이루며, 취급상품도 보장성보험 위주에서 개인연금 및 손해보험상품 분야까지 확대되는 추세이다. 옆의 그림은 유럽 주요국의 운영형태이다.

2. 미국의 방카슈랑스

미국은 1999년 미국은행법 개정 이전까지는 직접 겸영이 불가능하여 주로 은행과 보험사 간 판매제휴를 통한 보험상품 판매나 은행 산하 보험대리점을 통한 보험판매가 대부분이었으나 은행법 개정 이후에는 대부분이 기존 독립대리점을 자회사로 편입하여 보험상품을 판매하고 있으며, 다른 한편으로는 다수의 보험회사가 다수의 은행창구에서 보험상품을 판매하는 복합 형태를 취하고 있다. 예를 들면, First Union 은행은 Hartfort 보험사, Aegon 보험사, 푸르덴셜 보험사, CNA 보험사 등의 상품을 판매하고 있다.

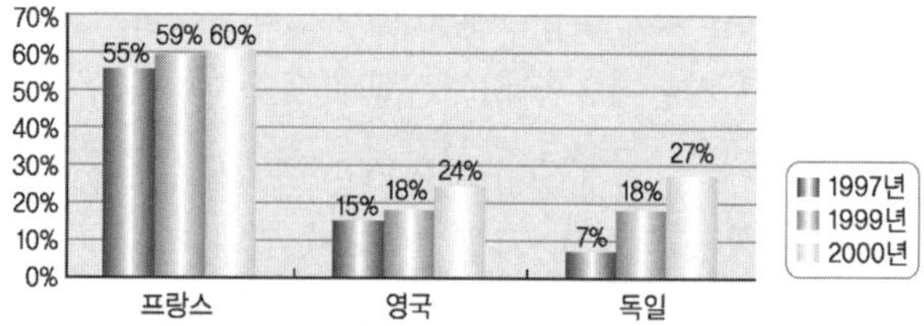

유럽의 방카슈랑스 채널 점유율 추이

(출처 : M생명 방카슈랑스 분석자료, 2003)

증권상품들과 연계하여 One Stop Shopping의 편리성을 제공한다. 특히 인구 집중도가 높은 지역에 유리하고, 대고객 이미지가 우수한 경우에 이 채널의 강점이 있다. 반면, 보험상품에 대한 전문성이 낮은 편이어서 불완전판매 등이 문제가 되며 은행직원들의 기피 등이 단점이다.

⑨ 홈슈랑스(Homessurance)

이는 홈쇼핑(Home Shopping)과 보험(Assurance)을 결합한 용어로 홈쇼핑채널을 통한 보험상품 판매는 우리나라에서 2003년 10월 처음 시도된 후 중소형 보험사의 새로운 마케팅방식으로 급부상하고 있으며 2004년부터는 대형 보험사들도 적극적으로 참여하고 있다. 최근에는 보험회사 간 과다출혈 경쟁 및 홈쇼핑에서의 과장광고에 대한 문제가 제기되면서 급속한 성장세가 주춤하고 있는 상황이다.

이 방식은 보험사의 입장에서 규모의 경제가 발생하므로 대면판매에 비하여 사업

출처 : 생명보험협회(2009), p.183

그림 16-3 홈쇼핑을 통한 보험계약 체결과정

비를 경감시켜 보험료를 절감할 수 있으며 홈쇼핑사 입장에서도 재고관리나 반송의 문제가 없어 유형상품의 판매보다 선호하게 된다는 장점이 있다. 한편, 홈슈랑스는 보험채널방식 중 전형적인 pull 전략이며 실제로 연령층을 기준으로 목표시장을 설정하여 운용하기 때문에 계약성사율도 높은 편이다. 일반적으로 홈쇼핑채널을 시청한 고객이 전화를 하여 상담을 통해 가입을 결정하는 방식이 많이 사용되며, 따라서 엄격한 언더라이팅이 필요한 상품은 적절하지 않으며 무진단, 무심사 상품이 대부분이다.

⑩ 기타

인쇄매체 또는 방송매체를 이용하여 보험사의 이미지를 제고하고, 상품을 판매하는 경우이다. 기타 할인매장이나 편의점, 공항에서 점두판매 방법 등도 사용되고 있다.

4) 판매채널전략

(1) 단일채널과 복수채널 전략

보험사가 단일채널 또는 복수채널을 결정할 때는 해당 기업의 자원 및 역사, 판매상품의 범위, 표적고객의 채널선호, 경쟁회사의 판매채널전략 등을 고려해야 한다. 단일채널의 경우 판매채널 간의 갈등이 발생하지 않으며 규모의 경제 등으로 채널운용비용이 절감된다. 반면, 시장을 확대할 경우에는 고객별 선호채널이 다양하기 때문에 부적절하다. 복수채널의 경우 판매상품군에 적합한 채널을 사용하여야 하며 경쟁사와 비교우위를 유지할 수 있는 탄력적인 전략을 다양하게 구사해야 한다.

(2) 채널 구조조정

이는 고비용 채널의 축소와 저비용 채널의 개발전략을 의미하는데 과도하고 일방적인 채널비용 절감은 핵심역량이 있는 부분도 함께 축소될 수 있기 때문에 비용절감 차원의 구조조정은 전략적으로 이루어져야 한다. 따라서 기존채널 조직의 획일적 축소보다는 핵심역량이 있고 양질의 수익을 확보할 수 있는 채널은 오히려 확대 또는 유지하는 것도 효율적이다. 결국 채널조정은 비용측면에서 검토하되 기존고객 및 잠재고객의 채널선호분석과 고객세분화를 통한 분석도 함께 전개되어야 한다.

(3) 신·구 채널 간 갈등조정방안

이는 신 채널의 판매상품 및 고객을 기존 채널과 분리하여 갈등의 소지를 없애는 것인데 이의 도입 초기에는 유용하지만 신 채널의 판매범위가 확대될 경우에는 사용하기 어려운 제약이 있다. 이의 대표적인 경우가 바로 하이브리드 채널(hybrid channel)이다. 이 채널은 다이렉트 채널(direct channel)의 고객 데이터베이스를 이용하여 기존 대면채널에서 해당고객을 대상으로 상품을 판매하는 채널인데 당초 의도한 것보다 상당부분 기존 채널의 영역을 침범하는 경우가 많아 양 채널 간 갈등이 심화되고 있다. 대체로 채널 간 갈등은 본사와 분리된 별도의 판매자회사를 운영함으로써 해소할 수 있다.

(4) 신규 채널의 통제력 확보방안

신규 채널은 전통 채널에 비해 저비용, 고객접점의 확대 등의 이점을 제공하지만 전통 채널에 비해 통제력을 가질 수 없는 한계가 있다. 이의 통제력은 회사가 상품경쟁력이나 인지도를 가질 경우 어느 정도 유지될 수 있으며 판매자회사 등 지배구조 개선을 통해 적절하게 통제할 수 있다.

2 보험사업자

보험사업은 경영주체에 따라 민영보험과 공영보험으로 구분되며 민영보험에는 영리목적의 주식회사, 비영리목적의 상호회사와 공제가 있으며, 대표적 공영보험으로 우체국보험이 있다.

1) 주식회사

(1) 의의

주식회사는 영리를 목적으로 조직된 보험기관으로 회사설립 시 주식발행을 통한 자본금을 재원으로 운영한다. 다만, 외국보험사업자인 경우 자본금 대신 영업기금을 납입하여야 한다. 또한 회사의 운영성과는 주주에게 분배되고, 손해가 나면 주주가 이 손해를 부담해야 하며 보험업법과 상법 보험편의 감독을 받는다. 한편, 보험계약자 또는 보험수익자는 주식회사의 총자산에 대한 우선 취득권과 예탁자산에 대한 우선변제권을 갖는다.

(2) 장 · 단점

주식회사의 장점으로는 무엇보다 보험자, 계약자, 경영자의 세 가지 기능이 분리되어 있어서 효과적인 경영을 할 수 있으며, 보험료가 확정되어 있어서 보험계약자는 보험비용을 확실히 알 수 있다. 반면, 단점으로는 주식회사형 보험회사는 그 속성상 이윤추구를 목적으로 하므로 보험료에 이득부분이 포함되어야 하며, 보험설계사 조직의 유지비용이 들기 때문에 보험비용이 크다. 또한, 기업의 지배권이 보험계약자에 있지 않고 주주에게 있어 계약자 간, 주주와 경영자 간의 이해갈등이 존재한다.

2) 상호회사

(1) 의의

이는 보험사업 특유의 제도로서 보험업법에 의하여 설립되는 회사로서 공통의 위험을 느끼는 다수인이 결합하여 보험단체를 구성하고 그 구성원 상호간에 보험인수를 목적으로 형성된 비영리법인이다. 또한, 지역적 제약 없이 다수의 가입자를 대상으로 사업영위가 가능하며, 보험료의 계산, 경영조직, 자산운용 등 모든 경영관리 방식은 주식회사와 동일하다. 다만, 보험계약자가 사원으로 구성되어 있어 무한책임을 지고 최고의사결정기구로 사원총회가 있으며 이익금은 정관에 특별규정이 없는 한 매 사업년도 말에 사원에게 분배된다.

표 16-2 주식회사와 상호회사

구 분	주식 회사	상호 회사
성격	영리목적의 사단법인	비영리목적의 사단법인
구성원	주주	사원(보험계약자)
자본	자본금	기금
책임여부	출자범위 내에서 유한책임	무한책임
의사결정기관	주주총회	사원총회
손익귀속	주주	사원

(2) 장 · 단점

상호회사의 장점으로는 보험설계사에 대한 수수료가 없는 경우가 많아서 보험료율이 저렴하며, 이윤이 사원에게 배분되고, 대주주에 의한 지배나 경영권 장악이 없다는 점이다. 또한, 단점으로는 소규모 상호회사인 경우 큰 재해로 인한 파산위험이 있으며, 회사규모가 커지면서 사원총회 소집이 어려워지게 되고, 구성원의 참여가 유명무실해질 수 있다는 점이다. 주식회사와 상호회사를 비교, 정리하면 표 16-2와 같다.

3) 협동조합(공제)

이는 경제적 약자인 조합원들의 이익을 유지, 향상시키고자 조직된 협동 또는 상호부조의 조합으로 특별법과 민법에 의해 설립, 운영된다. 한편, 협동조합은 조합원을 대상으로 공제상품을 판매하고 있으며 농업, 수협 등 일부에서는 일반고객을 대상으로 공제상품을 판매하기도 한다. 협동조합과 민영보험을 비교, 정리하면 표 16-3과 같다.

표 16-3 협동조합과 민영보험

구 분	협동조합	민영보험
사업자의 성격	비영리 사단법인 (회원조합 및 중앙회)	주식회사
가입대상	조합원(일부 불특정 다수인)	불특정 다수인
판매채널	계통조직 활용	보험설계사, 대리점, 중개인, 직접 판매
법적 근거	각 특별법이나 민법	보험업법
감독기관	특별법에서 정한 주무부서	금융감독원
업무영역	생명, 손해공제 겸영	원칙적으로 겸영 불가
계약상 적용법률	민법	상법

4) 우체국보험

이는 저소득층을 위하여 국가가 비영리형태로 운영하고 있어 보험료가 저렴하고 보험가입한도도 상대적으로 낮다. 우체국보험과 민영보험을 비교, 정리하면 표 16-4와 같다.

표 16-4 우체국보험과 민영보험

구 분	우체국보험	민영보험
사업자의 성격	비영리 국영보험	영리목적의 주식회사
가입대상	농어촌 주민 및 도시 저소득층	불특정 다수인
설립자금	정부재정	주주의 납입자본금
법적 근거	우체국예금보험에 관한 법률	보험업법
감독기관	정보통신부	금융감독원
경영방식	공익성 위주	수익성 위주
예금보호	정부 보증	예금보험공사에 보험료 납부

3 보험모집조직

보험모집을 할 수 있는 자는 일정한 자격요건을 구비한 보험설계사, 보험대리점, 보험중개사, 금융기관보험대리점(방카슈랑스 채널), 보험회사 임원(대표이사, 사외이사, 감사 및 감사위원 제외) 또는 직원 등이다.

1) 보험설계사

소속된 보험사업자를 위하여 보험계약의 체결을 중개하는 자로서 보험업법에 의하여 금융 감독기관에 등록한 자로 보험계약 체결을 중개하는 사람을 말하며, 2008년 8월 30일 이후부터는 1개 보험회사에 한해 생명보험, 손해보험, 제3보험으로 교차판매도 가능해졌다. 한편, 보험설계사의 법적 지위에 대해서는 지금도 많은 논란이 되고 있으나 현행규정에 준하여 살펴보면 다음과 같다. 우선 보험계약법상의 지위이다. 이에 따르면 보험설계사는 보험계약법상 청약의 의사표시를 보험자에게 전달하는 기능이 있고 제 1차적 위험선택권은 있으나, 고지의무 수령권이나 계약체결권 또는 계약승낙권은 없다. 두 번째는 보험업법상의 지위로 보험설계사는 보험계약의 체결을 중개할 수 있는 자로 일정한 절차를 거쳐 금융감독기관에 등록을 하여야 하며 보험모집 시 보험계약자에게 가한 손해는 보험회사가 배상할 책임이 있다. 세 번째로 근로기준법상의 지위이다. 즉 보험설계사는 특정한 보험회사에 소속되어 일을 해야 하는 위탁계약관계 또는 종속관계에 있으므로 독립적으로 보험계약을 체결하는 보험중개사와는 다른 지위에 있으며, 또한, 고용관계에 있는 내근직원과도 구분된다는 것이다.

2) 보험대리점

보험대리점은 보험회사와 계약을 통해 계약체결권, 고지수령권, 보험료수령권을 부여받아 보험회사를 위해 보험계약의 체결을 대리하는 자를 말하며 이는 다양한 형태로 분류된다. 전속대리점은 특정 1개 보험회사와 대리점 계약을 맺고 그 회사만을 위해 보험모집을 대리하며, 비전속대리점은 2개 이상의 보험회사와 대리점 계약을 체결하여 영업을 한다. 또한 겸업대리점은 생명보험회사, 손해보험회사, 제

3보험회사와 대리점 계약을 맺고 해당 보험계약을 전부 모집할 수 있는 대리점이며, 전업대리점은 타 업종을 겸업하지 않고 보험모집 업무만을 영위하며, 반면에 부업대리점은 타 업종과 병행하여 보험모집을 영위한다. 한편, 보험대리점의 주요 업무로는 보험료 및 해약환급금 산출, 보험료 수납 및 영수증 산출, 보험증권의 교부, 위험조사, 관리, 상담 등 보험가입자에 대한 봉사, 보험사고 접수 및 보상안내 등이다.

3) 보험중개사

보험중개사는 독립적으로 어느 보험회사에 상관없이 보험소비자로부터 중개위탁을 받고 이를 위해 보험회사와 보험계약자의 중간에서 보험상품을 선정하고 계약의 체결을 중개하는 사람을 말한다. 또한, 보험계약 체결을 대리하는 것이 아니기 때문에 계약체결권, 고지수령권, 보험료수령권 등에 관한 일체의 권한이 없다. 따라서 법적 지위는 보험대리점과 근본적으로 다르다.

4) 금융기관보험대리점

이는 2003년 9월 방카슈랑스(은행+보험)시행에 따라 은행, 증권사, 상호저축은행, 한국산업은행, 중소기업은행, 신용카드사(겸영 여신업자 제외)가 해당된다. 상품판매는 해당 점포 내 지정된 장소 또는 인터넷 홈페이지를 통해 가능하며 모집자는 해당 금융기관의 직원으로서 모집하는 보험종목의 자격을 구비하여야 한다.

부록 16-1 • 보험설계사 교차모집제도[4)]

1. 개요

교차모집제도는 보험설계사 1사 전속주의의 예외제도로 2008년 8월 30일부터 보험설계사가 소속 보험회사외의 1개의 다른 보험회사 상품을 판매할 수 있도록 한 제도로 생명보험설계사 또는 손해보험설계사가 각각 1개의 손해보험회사나 생명보험회사를 선택하여 보험상품을 판매할 수 있도록 하는 것이다. 더불어 생명보험회사 또는 손해보험회사에 속한 보험설계사가 1개의 제3보험업을 영위하는 보험회사를 위하여 모집을 하는 경우도 교차모집에 해당된다.

2. 도입배경 및 경과

교차모집제도는 방카슈랑스 제도 시행에 따른 보험설계사의 소득보전 및 보험소비자에게 원스톱(one-stop) 서비스를 제공할 목적으로 도입되었다. 정부는 2003년 8월 방카슈랑스 제도를 도입하면서 보험설계사의 영업위축을 우려하여 교차모집제도를 2003년 5월 보험업법 개정 시에 반영하여 3년 간 유예기간을 두고 2006년 8월 시행키로 하였으나 제도시행에 따른 불완전판매 등의 부작용을 우려하여 시행시기를 2년 연기하여 2008년 8월 시행하였다.

3. 교차모집설계사의 자격

교차모집을 하고자 하는 보험설계사는 모집하고자 하는 보험계약의 종류(생명보험, 손해보험 등)에 따른 등록요건을 갖추어 보험협회에 보험설계사 등록을 하여야 한다.

4. 교차모집을 위탁한 보험회사에 대한 금지사항

- 교차모집보험설계사에게 자사 소속의 보험설계사로 전환하도록 권유하는 행위
- 교차모집보험설계사에게 자사를 위하여 모집하는 경우 보험회사가 정한 수수료·수당외에 추가로 대가를 지급하기로 약속하거나 이를 지급하는 행위

4) 생명보험협회(2009), 『2009 생명보험이란 무엇인가』, pp.94-96 인용

- 교차모집보험설계사가 다른 보험회사를 위하여 모집한 보험계약을 자사의 보험계약으로 처리하도록 유도하는 행위
- 교차모집보험설계사에게 정당한 사유 없이 위탁계약 해지 등 불이익을 주는 행위
- 교차모집보험설계사의 소속 영업소를 변경하거나 모집한 계약의 관리자를 변경하는 등 교차모집을 제약·방해하는 행위

5. 교차모집설계사에 대한 금지사항

- 업무상 알게 된 특정 보험회사의 정보를 다른 보험회사에 제공하는 행위
- 보험계약을 체결하고자 하는 자의 의사에 반하여 다른 보험회사와의 보험계약 체결을 권유하는 등 모집을 위탁한 보험회사 중 어느 일방의 보험회사만을 위하여 모집하는 행위
- 모집을 위탁한 보험회사에 대하여 회사가 정한 수수료·수당 외에 추가로 대가를 지급하도록 요구하는 행위

부록 16-2 • 우수인증 설계사 제도[5)]

1. 도입배경 및 인증인원

2007년 7월 금융감독원은 보험설계사의 이직 여부 및 재직기간에 따른 모집실적, 보험계약유지율 등 보험설계사의 생산성 및 효율을 비교 · 분석하였다. 그 결과, 보험회사 자체육성 설계사 및 장기재직 설계사의 생산성 및 효율(모집실적, 월평균소득, 계약유지율)이 다른 회사로 옮겨간 보험설계사보다 크게 높은 것으로 나타났다.

이에 금융감독원은 보험설계사의 자체육성 및 장기근속이 보다 장려될 수 있도록 보험협회에 일정요건을 갖춘 보험설계사를 '우수보험설계사(certified insurance consultant)' 로 인증하는 제도를 마련하여 시행토록 권고하였고, 협회는 '보험회사의 경영효율개선 및 보험설계사의 직업안정성 제고' 와 '설계사의 불완전판매 근절을 통한 보험산업 인식제고' 를 목적으로 동 제도를 도입하였고, 2008년 6월에 제1회 우수인증설계사 7,967명을 확정, 발표하였다. 2009년 6월에도 2차 인증을 실시하였는데, 생명보험협회의 인증관리협의회 심사를 거쳐 6,296명이 최종 인증을 취득하였으며 이는 전체 생명보험설계사의 약 3.6%에 해당된다.

한편, 2009년 생명보험 우수인증 설계사 인증기준은 다음과 같다.

- 동일회사에 3년 이상 등록하여 활동하고 있는 설계사 또는 개인전속대리점
- 직전 회계연도 말 기준 보험계약유지율 13회차 90%, 25회차 80% 이상인 자
- 월납초회보험료 모집실적이 월평균 80만 원 이상이거나 전체 생명보험설계사 연평균수당(2008년 기준 4,284만원) 이상인 자
- 직전 회계연도 중 불완전판매[6)] 건이 없는 자
- 신청일로부터 3년 이내에 보험업법에 의한 사고모집인 등재기록이 없고, 금융 및 신용질서문란 사실이 없는 자

2. 인증신청 및 관리

매년 사업연도 종료 후 5월에 인증대상자들은 소속회사를 통해 협회에 인증을 신청하여야 하며, 협회에서는 신청자에 대한 자격을 심사한 후 인증번호와 인증서를 발급한다. 또한 인증을 최종 취득한 자는 명함이나 가입설계서, 보험증권 등에 협회에서 제작

5) 생명보험협회(2009), 전게서, pp.190–191 인용
6) 품질보증(3개월 이내) 및 민원해지(3개월 이후) 포함, 단 청약철회는 제외함

한 로고를 활용할 수 있다. 인증의 효력기간은 1년이고 매년 갱신하여야 하며 한 번 인증을 취득하였다고 해서 매년 자동적으로 유지되는 것은 아니고, 매년 자격기준을 충족하여야 한다. 연간 회비는 1인당 3만 원인데, 이 금액은 전액 우수인증설계사의 자질 향상과 전문성 제고 및 각종 인센티브 제공을 위해 사용된다.

3. 기대효과

우수인증설계사제도가 당초의 취지에 맞게 정착된다면 장기근속 우수보험설계사의 육성이 촉진됨으로써 보험회사의 경영효율 개선은 물론 보험설계사의 직업안정성 제고와 자긍심 고취에도 크게 기여할 것으로 기대된다. 또한, 소비자가 우수한 설계사를 통해 양질의 보험서비스를 제공받을 수 있게 되어 보험소비자의 신뢰도 및 보험회사 이미지 제고에도 큰 도움이 될 것으로 전망된다.

요점정리

1. 보험은 의식주 등 소비자의 기본적 욕구가 충족되어야만 수요가 발생한다. 이에 따라 보험마케팅에서는 고객을 설득하여 스스로 다가오게 하는 전략(pull형 전략)보다는 고객에게 다가가서 판매하는 전략(push전략)이 주로 사용된다. 보험마케팅은 기본적으로 고객선택, 상품 및 가격, 판매방식, 홍보전략 등을 결정하는 것이며, 특히 일반 제조업체 채널과 다른 보험상품, 소비자의 니즈, 보험사업자의 특징을 세밀히 파악해야 한다.
2. 우리나라 보험판매채널은 1960년대 초 본사 임직원의 직접모집방식에서부터 시작하여 현재에 이르러서는 직접통신판매, 텔레마케팅, 인터넷마케팅, 직급조직, 보험설계사, 보험대리점, 보험중개사, 방카슈랑스, 홈슈랑스 등 다양한 채널로 운영되고 있다. 이에 따라 해당 회사에 최적화된 채널을 선택하여 운영하되 경쟁우위를 확보할 수 있는 채널운용 전략이 요구된다. 또한 회사 내부적으로 채널 상호간 충돌이 발생치 않도록 이를 조정하고 관리할 수단을 적절히 준비, 운영해야 한다.
3. 보험사업자는 민간업자로서 영리목적의 주식회사, 비영리목적의 상호회사와 공제, 공영차원의 대표적인 우체국보험이 있다. 보험모집조직으로 보험설계사, 보험대리점, 보험중개사, 금융기관보험대리점, 보험회사 임직원이 있다.

Chapter 16 평가문제

1 보험소비자의 특성에 대하여 설명하시오.

2 우리나라 보험판매채널 중 홈슈랑스에 대하여 설명하시오.

3 보험사업자 중 상호회사에 대하여 설명하시오.

4 보험설계사 교차모집제도에 관하여 설명하시오.

5 다음 문장의 괄호 안에 알맞은 단어를 기입하시오.

① (　　　)는 은행 등 금융기관이 보험회사의 대리점 또는 중개사로 등록하여 보험상품을 판매하는 채널을 말한다.

② (　　　)란 소속된 보험사업자를 위하여 보험계약의 체결을 중개하는 자로서 보험업법에 의하여 금융감독기관에 등록한 자를 말한다.

Chapter 17

보험상품

1. 보험상품의 의의
2. 전통형 보험상품
3. 건강형 보험상품
4. 연금형 보험상품
5. 변액형 보험상품
6. 단체보험상품
7. 손해보험상품
8. 재보험상품

17 Chapter

보험상품

1 보험상품의 의의

1) 보험상품의 특징

(1) 무형상품으로 미래지향적이다

보험상품은 일반제조업의 유형상품과는 달리 그 형태가 없으므로 상품의 가치를 직접적으로 느낄 수 없고 불확실한 미래에 대한 보장이 주목적이므로 그 효용의 인식시점이 장래에 발생한다. 때문에 미래지향적이다. 따라서 보험상품은 자발적 수요가 창출되지 않으므로 전문적인 모집조직에 의한 판매촉진이 지속적으로 이루어져야 한다.

(2) 효용의 수혜대상이 타인이다

보험상품, 특히 보장성 상품은 효용의 수혜대상이 타인이다. 반면, 제조업의 상품효용은 1차적으로 상품을 구입한 본인이 누린다.

(3) 효용이 화폐가치로 평가된다

보험상품의 급부는 계약시점부터 만기까지 일정하게 화폐가치로 표시되고 보험계약자 모두에게 동일하게 적용된다. 반면, 제조업체 상품은 개개인의 주관적 선호도에 따라 효용의 크기, 즉 그 가치가 상이하다.

(4) 장기계약(특히, 생명보험)으로 예정 기초율에 의해 가격이 결정된다

보험상품은 보험기간이 길어 초회보험료 납입부터 효력이 발생하여 많게는 종신토록 효력이 지속되는 장기 계약성이 있으므로 계약시점의 예정사망률, 예정이율, 예정사업비율 등 예정 기초율을 토대로 수입과 지출이 같도록 가격을 산출한다. 따라서 보험상품은 제조업체 상품에 비해 상대적으로 경직성 또는 비탄력적이다. 반면, 제조업체 상품은 상품인도와 대금납입이 동시에 이루어져 상품구입 즉시 계약이 소멸된다. 또한 상품가격은 제조원가에 목표이윤을 부가하여 책정되고 경제학적으로 시장의 수요공급에 의해 결정된다.

(5) 가격 중 재료비 점유율이 높고, 상품개발비가 소액이다

제조업체 상품원가는 일반적으로 재료비와 공정관리비로 나누어지며 공정관리비 구성이 높다. 보험상품은 판매가격 및 매출원가에 해당하는 영업보험료가 순보험료와 부가보험료로 나누어지는데 제조업체와 달리 순보험료, 즉 재료비의 비중이 크다. 또한 공정관리 등 공장기반시설이 필요 없으므로 어디서나 상품을 개발할 수 있는 접근성이 뛰어나고 소액으로도 개발이 가능하다.

(6) 이윤이 사후적으로 발생한다

보험상품은 목표이윤을 설정하여 판매가격에 반영하는 제조업체 상품과는 달리 수지상등의 원칙에 의해 목표이윤이 존재하지 않으며 예정기초율과 실제운용 결과의 차이가 손익으로 사후에 측정된다.

(7) 보험상품에 옵션이 내재되어 있다

일반적으로 보험상품의 거래조건은 계약 당시에 보험자와 보험가입자 간에 서면합의로 정해지는데 이러한 내용 중에 옵션적 성격의 거래조건이 있다. 대표적으로 보험기간동안 적립해야 할 금액을 부리하는 데 사용하는 이율을 최저로 보증하는 최저보증이율옵션, 보험기간 중 부득이한 사정으로 해약하는 해약옵션 등이 있다. 특히 해약옵션은 보험기간 동안 고정적으로 부리되는 고정금리형 상품에는 해당되지 않고 금리연동형 상품에서만 옵션적 성격이 내재되어 있다.

① 최저보장 금리옵션 : 예정이율을 최저보장이율로 설정하고 초과수익에 대하여 배당을 실시하는 확정부 배당상품의 경우 보험계약자 입장에서는 자산운용수익률이 예정이율보다 하회하더라도 예정이율만큼의 수익이 확실히 보장된 고정금리상품을 보유한 효과가 있고, 추가로 자산운용수익률이 예정금리를 상회하는 경우에는 배당을 받을 수 있다. 즉 고정된 예정이율 하에서 책임준비금의 적립이율은 자산운용수익률의 상승에 따라 증가하지만, 자산운용수익률의 하락에 대해서는 일정수준 이하로 하락하지 않는 금리 플로어(floor)의 특징을 갖고 있다.

② 해약옵션 : 보험계약자는 보험계약 시 보험자에게 일정기간 동안 미리 정한 일정금액, 즉 해약환급금을 청구할 수 있는 권리를 부여받으며 이는 보험자에게 보험을 해약청구하고 보험계약 당시에 미리 정한 금액을 받을 수 있으므로 풋옵션(put option)을 보유한 것이다. 다시 말해 보험계약자는 어느 시점에 현재의 시장가치로 계산하여 돌려받을 수 있는 금액이 미리 정한 행사가격(해약당시 적립금)보다 크면 해약옵션을 행사하고 작으면 해약옵션을 행사하지 않는다는 것이다. 특히, 보험만기 이전에 어느 때라도 보험계약자는 원하는 시점에 해약할 수 있으므로 미국형 풋옵션을 소유한 셈이다.

보통 보험계약자가 시장이자율에 민감하고 시장에 장애요인이 없다고 하면 시장이자율이 상승할수록 보험계약자는 상승된 이자율로 새로운 투자처를 확보하기 위해 기존의 계약을 해약하는 옵션을 행사하고 이와 같은 경우가 빈번하게 발생될 것이다. 보험회사 입장에서 보면 기존의 현금흐름보다 더 증가된 현금흐름의 인출(cash-out)이 발생하여 결국 부채포트폴리오의 듀레이션이 보다 짧아지게 된다. 즉 시장이자율이 상승함에 따라 보험회사의 부채가치는 해약옵션이 없을 때보다 더 작아지게 된다고 할 수 있다.

2) 보험상품개발 트렌드(trend)

우리나라는 1950년대 양로보험을 중심으로 저축성보험 위주로 개발되어 판매되어 오다가 1980년대 들어 금리연동형 저축상품, 암보험, 치명적 질병보험, 개인연금, 3분야보험 등이 집중적으로 개발되어 1990년대 후반까지 생명보험시장이 지속적으로 성장하였다. 2000년대 이후부터는 수익 위주의 종신보험과 변액보험 등 선

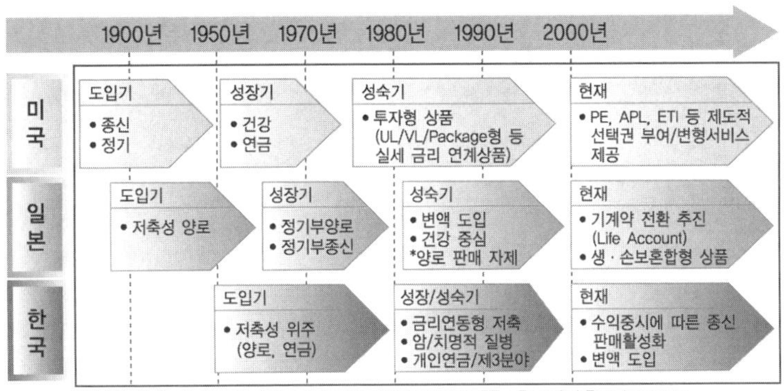

(주) PE : Policy Exchange, APL : Automatic Premium Loan, ETI : Extended Term Insurance

출처 : M생명 상품개발 분석자료(2003)

그림 17-1 미국, 일본, 한국의 상품개발 트렌드 비교

진형 상품 등이 도입, 개발되었다. 일본은 우리나라보다 이르게 1900년대 초반에 저축성보험이 개발되어 판매되었고, 이후 1950년대 정기부 양로보험으로 성장기를 거쳐 1980년대 변액보험으로 보험시장의 성숙기를 맞이하였다. 한편, 미국도 일본과 유사한 패턴으로 상품이 개발되어 왔으나 다양하게 금융상품과 접목된 시도가 일본보다 훨씬 적극적이었다. 결과적으로 보면, 미국은 보험상품 운용 및 보장부문의 탄력성 중심으로 발전해 왔으며, 일본은 1990년대 상당하였던 이차역마진 축소형으로 전환하였고, 우리나라는 IMF 이후 부가가치가 높은 보장성보험으로 전환, 특히 종신보험을 확대하는 추세이며, 여기에 변액보험 등 투자형 상품을 추가하는 형태이다. 이를 도해하면 그림 17-1과 같다.

3) 보험상품개발 프로세스(process)

상품개발이란 소비자가 필요로 하는 보험서비스를 정형화하는 전략적 행위를 의미한다. 이러한 상품개발의 범위는 신상품 개발 외 기존상품의 개정과 재조립을 통한 서비스 확충까지도 포함한다. 보험상품을 개발하는 과정은 우선적으로 해당상품에 대한 아이디어를 수집하는 것이다. 이는 주로 영업현장에서 많이 발생하고 필요시 고객설문조사나 동종업계 혹은 외국의 선진형 상품조사로 이루어진다. 이후 아이디어성 상품이 보험상품으로서 설계가 가능한지 또는 해당 시장이 존재하는지 등 상품에 대한 전반적인 기획단계로 접어든다. 이 부분은 오랫동안 상품판매에 따른

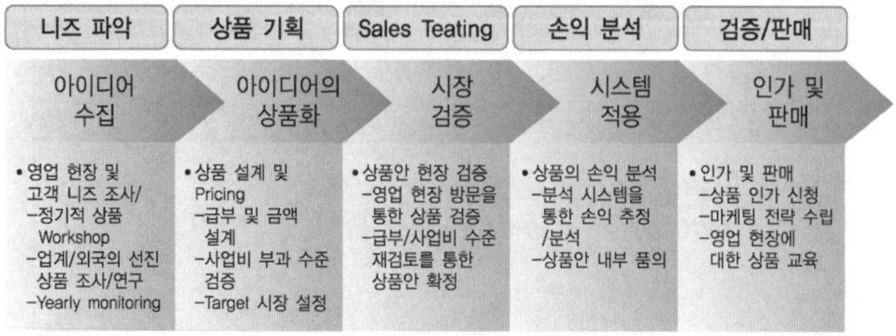

출처 : M생명 상품개발 분석자료(2003)

그림 17-2 상품개발 프로세스

기술과 분석기법이 적용되기 때문에 대부분의 회사에서는 가장 신경을 쓰고 검토하고 있다. 그 다음 단계는 해당상품에 대한 본격적인 검증이다. 영업현장을 방문하여 해당상품에 부과된 수당과 급부가 적절한지 사전에 테스트해서 이를 수정 보완해야 한다. 이후 상품개발부서에서는 판매 후에 회사손익에 어느 정도 기여할 수 있는지 손익분석을 실시한다. 이런 방법은 보통 손익분석 시스템을 통하여 이루어지는데 이미 조사된 고객모니터링, 판매채널 역량, 시장세분화 등 보험영업 환경을 고려하여 사전 목표수익에 부합하고 수익과 리스크를 감안한 적정의 테스트를 통하여 최적의 가격을 도출한다. 국내에서는 제도적으로 가격자유화가 시행되었다고는 하나 예정기초율 설정에 관한 제한적 요소로 보험가격의 결정보다는 산출된 보험료로 판매할 경우에 어느 정도의 수익을 얻을 수 있는가를 전망하고 분석하는 손익분석 과정이 아직까지도 상당히 중요하다. 마지막으로 해당상품 판매인가에 필요한 부속서류를 준비하고 판매준비에 들어간다. 이를 도해하면 그림 17-2와 같다.

2 전통형 보험상품

1) 정기보험

(1) 정의

정기보험은 일정한 기간 동안 즉 80세 또는 20년 동안까지 피보험자가 사망할 경우에 보험금을 지급하는 상품으로 약정기간까지 생존하면 아무것도 지급되지 않는 보험의 기본 속성인 보장을 중시하는 가장 전형적인 보험상품 유형으로 보험기간 동안 사망보험금이 감소하는 체감정기보험과 반대로 증가하는 체증정기보험이 있다. 한편, 보험회사는 정기보험에 대하여 사망률과 유지율을 주의 깊게 관찰한다. 사망률을 낮추기 위해서 언더라이팅을 신중히 하고, 유지율은 건강한 사람이 보험료가 저렴한 상품으로 변경하고자 하는 가능성 때문에 중요하다.

(2) 주요 특징

① 계약갱신 : 정기보험의 경우 5년 또는 10년 만기에서 제한된 횟수의 추가보장 중 동 계약을 갱신할 수 있는 계약자의 선택권이 부여되어 있다. 이러한 갱신은 의적 진단 없이 가능하며 통상 연령, 즉 보통 70세까지 갱신이 허용되는 횟수가 제한되어 있다. 한편, 보험료는 일정기간 동안 동일하더라도 매 갱신기마다 올라간다. 이는 피보험자의 연령이 높아지기 때문이다.

② 계약전환 : 의적 진단과 상관없이 종신보험 또는 연금형태의 다른 보험계약으로 전환할 수 있는 권리를 말하며 도달연령 또는 최초 가입연령을 기준으로 보험계약이 전환된다. 도달연령방식은 전환시점에 판매되고 종신보험 또는 연금보험 계약으로 증권을 발행하며, 보험계약 요율은 피보험자의 도달연령을 적용한다. 그리고 최초 가입연령방식은 최초 가입하였더라면 납입하여야 할 시점의 보험요율을 적용한 계약으로의 소급전환을 의미하며, 이는 도달연령방식보다 보험료가 저렴해진다. 단, 소급전환은 통상 5년 이내로 제한한다. 한편, 자동갱신부 정기보험의 상품설계는 저렴한 보험료와 갱신기간의 연장, 재심사선택권, 즉 '피보험자는 몇 년마다 낮은 보험요율을 적용받기 위해서는 재심사를 받아야 하는데, 조건에 적합하지 않을 경우에는 최초의 보험요율을 그대로 적용한다.' 라는 특징이 있다.

2) 종신보험

(1) 정의

종신보험은 사람의 평생을 보장하는 상품으로 계약이 계속해서 유지되는 동안에는 어떤 형태의 이유로 언제 사망을 하고 장해를 당했던지 간에 그 사유에 관계없이 언젠가는 반드시 보험금이 지급되는 상품이다. 한편, 변액종신보험은 보험료 중 일정금액을 투자의 재원으로 사용하여 그 변동금액만큼 보장금액이 변동되는 상품이다. 또한 종신보험 유형은 기본형과 추가형이 있으며 기본형의 경우 예를 들어 사망보험금 1억 원으로 기본형으로 가입하면 종신토록 1억 원이 보장되는 형태로 이를 도해하면 다음과 같다.

한편, 종신보험을 추가형으로 가입하면 제 1보험기간에는 동일한 금액이 보장되지만 제 2보험기간이 도래되면 기본적인 사망보험금 외에 종신토록 계속해서 증액보험금과 가산보험금이 추가되는 형태로 이를 도해하면 다음과 같다.

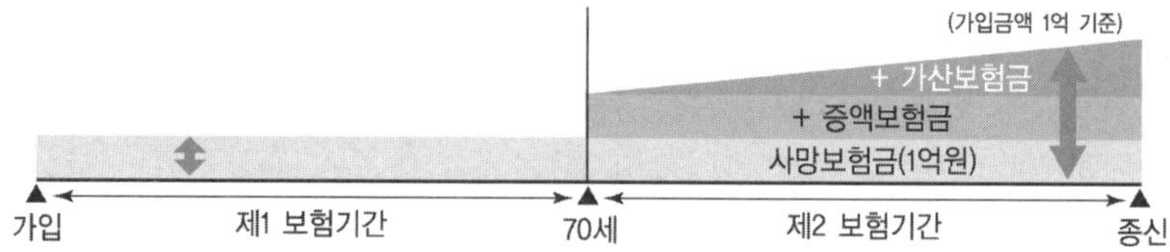

(2) 주요 특약

종신보험의 주요 특약으로 연금전환특약, 감액완납특약, 연장정기특약이 있다. 연금전환특약은 일정기간 후 더 이상 보장이 필요하지 않다고 판단되면 해약환급금 범위 내에서 연금으로 지급하는 특약이다. 감액완납특약은 계약자의 경제적 사정으로 보험료납입이 어려울 경우, 해약환급금 범위 내에서 당초 보험기간과 동일한 종류의 일시납보험으로 하고 보험가입금액만 감액하는 특약으로 이로 인해 보장기간은 동일하나 보장금액은 작아진다. 한편, 연장정기특약의 경우에는 사망보험금을 줄이지 않고 보장금액을 유지하고 보장기간이 줄어들게 된다.

3) 양로보험(재테크플랜보험, 무배당 ooo저축보험)

양로보험은 보장기능과 저축기능을 동시에 갖는 보험으로 보험기간 내에 사망하는 경우에는 사망보험금을 지급하고 만기 생존하는 경우에는 만기보험금을 지급하는 가장 전통적인 상품이다. 특히 보험료 적립액 대부분이 만기환급금을 위해 적립되므로 저축성이 매우 높은 편이다. 또한 보험료가 시중실세금리(공시이율 등) 등에 연동함에 따라 시장금리 수준의 수익이 가능하여 단기간 내에 목돈마련 수단으로 활용되고, 가입 후 1년부터는 매년 다목적 생활자금을 지급하는 생활자금플랜과 장래의 목적자금 마련을 위한 목돈마련플랜 등이 제공된다. 그 외, 보험기간을 10년 이상 유지하면 보험차익에 대하여 비과세 혜택도 가능하다. 한편, 공시이율은 보험개발원에서 매 정해진 기간에 산출하여 공표하는 공시기준이율의 일정 범위 내에서 해당 보험회사가 적용하는 이율이다.

3 건강형 보험상품

1) 질병보험

(1) 정의

질병보험은 질병에 걸리거나 질병으로 인한 입원, 수술 등의 위험을 주로 보장하는 보험을 말하며, 주로 암보험, 건강보험, 치명적 질병(critical illness)보험, 소득보상보험으로 분류한다. 다만, 질병으로 인한 사망은 보장에서 제외한다. 한편, 질병보험은 생명보험과 손해보험 중 어느 분야에 속하는지 불명확한 보험인 제3분야보험에 속하며, 사람의 신체에 관한 보험이란 점에서 생명보험으로, 그리고 신체에 발생한 비용 손해를 보상한다는 측면에서 손해보험으로도 분류될 수 있는 특성이 있다.

(2) 종류

① 암보험 : 이는 1981년 국내에 최초로 도입된 이후 주로 암 사망을 보장하다 1993년 암 진단 급부를 설정하면서 본격적인 생존 급부형 암보험이 개발되었다. 이후 암 진단부터 입원, 수술, 요양, 통원 및 사망 등에 대하여 종합적으로 보장하는 상품이 집중적으로 개발되었으며, 순수보장형과 만기환급형으로 구분되어 판매되었다. 순수보장형은 보험 만기 시 그 동안 납입하였던 보험료가 자동적으로 소멸되는 형태이며, 만기환급형은 보험 만기 시점에 암에 걸리지 않고 생존하였을 경우에는 기납입 보험료를 수익자에게 환급되는 형태이다. 따라서 만기환급형은 순수보장형보다 보험료가 비싸다. 그럼에도 당시에 대부분의 계약자는 만기환급형을 선택하였다. 한편, 암뿐만 아니라 재해사망, 재해장해 등도 고액 보장하여 암과 재해를 동시에 보장하는 보장성보험이 집중 개발되었다. IMF 이후에는 저렴한 보험료 층이 많아짐에 따라 생존 시 치료급부를 고액으로 보장하고, 사망 시 급부를 줄이는 TM(Tele Marketing) 전용상품이 많이 개발되었다. 암보장의 책임개시일은 계약일로부터 계약일을 포함하여 90일이 경과한 다음 날이다.

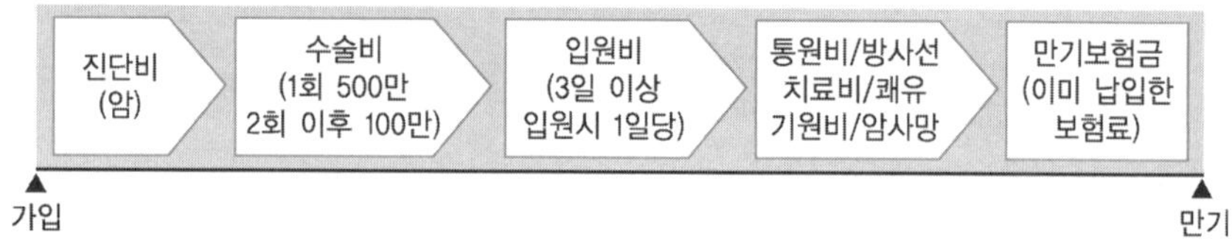

② 건강보험 : 질병으로 인한 진료비, 입원비, 수술비 등의 의료비를 보장하는 주로 실손 형태의 보험으로 일반적으로 의료실손보험 또는 의료비보험이라 하며, 단체건강보험과 구분하기 위해 개인건강보험이라고도 한다. 이 보험은 의료와 관련된 서비스에 관한 모든 종류의 비용을 부담하므로 주로 가족 전원을 보장하기 위하여 설계되며, 소득보상보험과 같이 근로소득자만을 대상으로 하는 것이 아니다. 따라서 한두 가지 의료비에 국한되는 기본보장에서부터 종합보장까지 다양한 설계가 가능하다. 그리고 이 분야는 새로운 의적기술 개발, 의료비의 증가, 소비자의 경제여건 변화 등 소비자의 니즈가 급변하여 광범위하게 특화된 상품개발경쟁이 가장 치열하다.

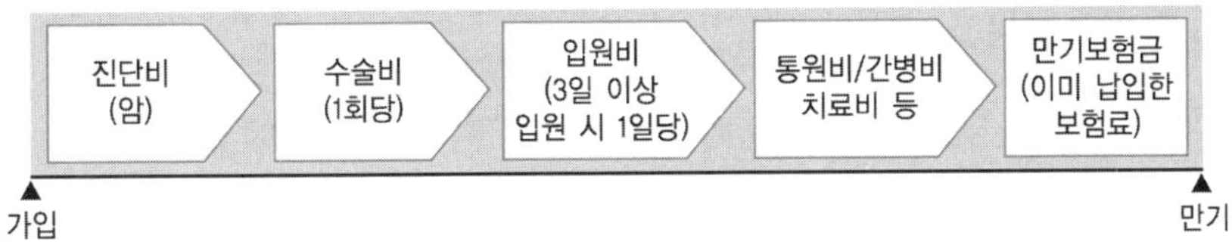

③ 소득보상보험 : 이는 피보험자가 질병으로 인하여 본인의 직업을 수행할 수 없는 취업불능 상태가 될 경우, 피보험자의 소득상실액을 이전 소득수준의 일정 비율에 따라 보험금을 지급하는 상품이다. 이 보험은 사고에 의한 신체적 부상만을 보장하는 형태와 질병 또는 사고에 의한 신체적 부상을 보장하는 두 가지 형태로 구분된다. 한편, 이 보험은 전문직업인이나 소(小)사업주에게 소득을 불능케 하는 질병 또는 부상으로 인한 재정적 곤란으로부터 보호하는 데 가장 적합한 상품이다.

④ 치명적 질병(critical illness)보험 : 이는 암, 뇌졸중, 심근경색, 간경화 등 고액의 치료비가 요구되는 치명적 질병 발생 시 사망보험금의 일부(50~100%)를 생전에 지급하여 피보험자의 생존을 지속케 하는 선진형 생활보장보험이다.

2) 상해보험

상해보험은 우연한 외래의 사고로 신체상해에 대한 치료비용 및 상해의 결과에 기인한 사망 등의 위험을 담보하는 보험으로, 교통재해 외에 일반재해와 자주 빈발하는 재해골절 및 재해수술 시도 보장하는 재해종합 보장상품이다. 이 보험은 1997년 6월 이전에는 손해보험회사에서만 주보험으로 설계가 가능하고, 생명보험회사에서는 특약으로만 운용이 가능하였다. 이후 생보사가 주보험으로 가능하여 주로 교통상해보험 중심으로 개발되었다. 특히 상해보험은 질병사망에 대한 보장이 없어 재해사고를 고액으로 보장하더라도 보험료가 저렴하고 가입연령도 확대되고 무진단이어서 가입절차가 간편하다. 또한 연령별로 보험료가 동일하여 상품판매가 용이하고 특히 고연령자에게 인기가 높아 개발 초기부터 대량으로 판매되었다.

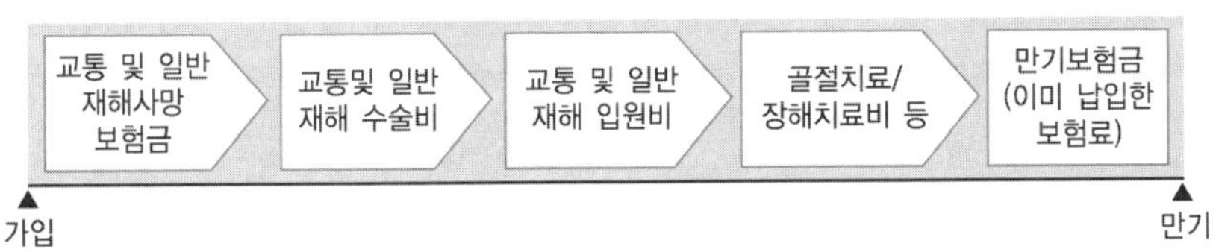

3) 장기간병보험

재해, 뇌졸중, 치매 등으로 인하여 다른 사람의 도움이 필요한 장기간병(long term care) 상태가 되었을 때 본인과 가족의 육체적, 경제적, 정신적 고통을 덜어주기 위해 간병비용을 지급하는 보험이다

4) 실버세대보험

실버계층(50~60대)을 대상으로 노인질환 수술, 입원과 골절을 중점 보장하며, 치매 및 사망을 추가적으로 보장하는 상품이다.

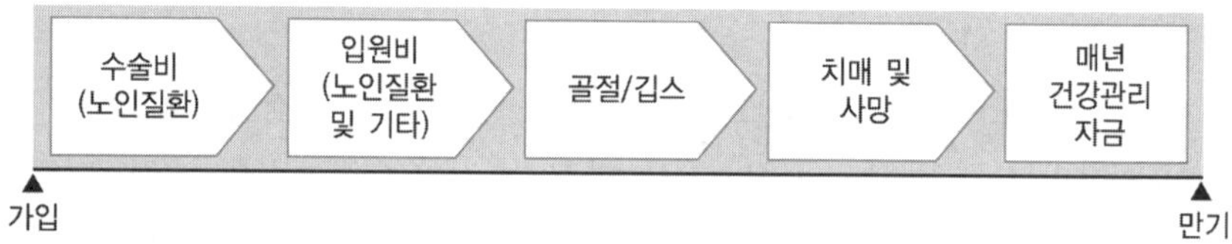

4 연금형 보험상품

1) 연금보험의 개요

연금보험은 기본적으로 제 1보험기간에 보험료의 불입기간 동안 보험사고에 대한 보장과 이후 제 2보험기간에 해당 연금액을 원하는 형태로 수령하는 상품이다. 제 1보험기간은 위험에 대해 보장하는 기간으로 위험보장기간이라 하며, 제 2보험기간은 연금이 지급되는 기간이다. 이와 같은 연금형태는 정액형과 체증형이 있으며 수령방법도 일반적으로 종신형, 확정형, 상속형으로 구분된다. 한편, 연금급부는 확정금액이나 변액연금은 투자실적에 따라 연금이 변하고 최근에는 연금급부가 외국통화로 지정되는 것도 있다.

일반적으로 생명보험은 여러 사람이 분담금을 갹출하고 그들 중 사망한 사람의 가족의 경제적 보상을 해주는 공동부담제도이다. 반면, 연금은 조기에 사망함으로써 더 이상 소득보장이 필요 없는 사람이 분담금을 내어 평균수명보다 오래 사는 사람들에게 경제적 보상을 해주는 공동분담제도라 할 수 있다.

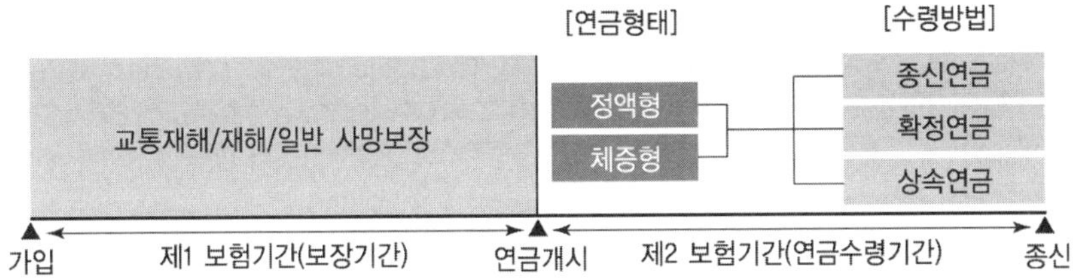

따라서 생명보험은 사망률, 연금보험은 생존율을 기초로 하여 보험료가 산출되며 양자는 기능상 차이는 있다. 즉 생명보험은 재산의 형성인 반면 연금은 재산의 청산을 의미한다. 그렇지만 양자 모두 본질적으로 동일한 보험의 기능을 수행한다.

2) 연금보험의 구조

은행의 연금저축과 보험사의 연금보험은 금리를 적용하는 방법은 거의 동일하나, 연금보험만이 위험에 따른 보장을 한다는 점이 다르다. 이 위험에 대한 보장을 위해서는 사망률이 적용되는데 이것이 일반 은행상품과 다른 요소가 된다. 연금보험의 기본구조를 도해하면 그림 17-3과 같다. 한편, 연금보험은 세제지원여부, 적용금리별, 연금수령형태별, 연금형태별, 납입방법별에 따라 구분되는데 이를 정리하면 표 17-1과 같다.

연금보험 중 확정금리형 상품은 크게 세 가지 형태로 구분되는데 우선 기본연금은 자산운용 결과와 관계없이 확정적으로 보장하는 연금이고, 증액연금은 연금지급 전 발생한 배당금에 의해서 증액된 연금이며, 가산연금은 연금개시 후 발생한 배당금에 의해서 늘어난 연금을 말한다. 한편, 금리연동형의 연금은 부리이율이 변동되므로 최저보증연금액이 설정되어 있다.

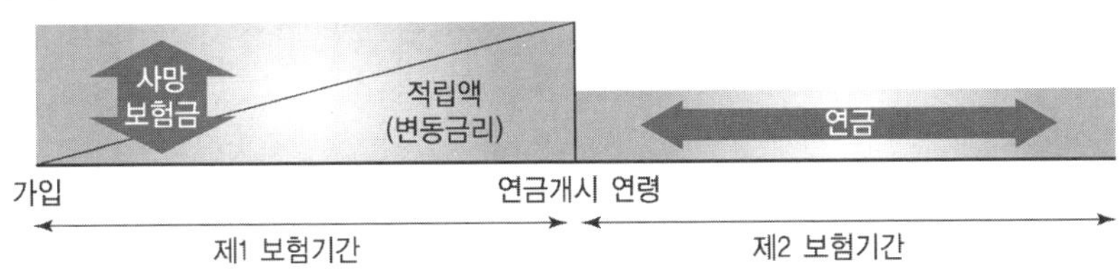

출처 : M생명 상품개발 분석자료(2004)

그림 17-3 연금보험의 기본구조

표 17-1 연금보험 종류[1])

구 분	상품의 종류
세제지원	세제적격상품(개인연금저축, 연금저축), 세제비적격 상품
적용금리	확정금리형상품, 금리연동형상품(공시이율 적용), 실적배당형상품
연금수령	종신형, 확정형, 상속형
연금형태	정액형 상품, 체증형상품(물가상승률 및 인플레이션 적용)
납입방법	단기납상품, 일시납(즉시연금보험)상품

5 변액형 보험상품

1) 변액보험의 개요

변액보험은 계약자가 납입한 보험료의 일부(저축보험료)로 펀드를 조성하여 유가증권 등에 투자하고 그 펀드의 운용실적에 따라 계약자에게 투자이익을 배분함으로써 보험기간 중에 사망보험금(매월 변동), 해약환급금(매일 변동) 등이 변동되는 실적 배당형 보험상품이다. 또한 변액보험은 투자실적을 전액 계약자에게 환원하는 보험이므로 보험회사는 기존의 확정금리 또는 연동금리 보장상품 판매로 인한 금리리스크의 부담을 해소할 수 있고 보험가입자에게 보다 넓은 상품선택의 기회를 제

표 17-2 변액보험과 정액보험 비교

구 분	변액보험	정액보험
사망보험금	특별계정자산의 운용실적에 따라 변동 (단, 기본보험금액은 보증)	일정
해약환급금	특별계정자산의 운용실적에 따라 매일 변동 (단, 보증은 없음)	납입년월수 등에 따라 계산한 소정의 금액
책임개시일	정액보험과 동일	보험료 납입일
상품판매자	일정자격을 갖춘 보험설계사로서 판매자격 시험에 합격한 자	일반 보험설계사

1) 연금의 개시시점에 따라 즉시연금과 거치연금으로도 구분된다.

공함과 아울러 금리하락 시의 실질보장이 가능할 수 있는 보험상품이다. 한편, 보험은 기본적으로 보험가입 시 보험금액이 정해지는 정액보험의 형태이다. 이를 변액보험과 비교해 보면 표 17-2와 같다.

2) 변액보험의 특징

(1) 펀드운용실적에 따라 보험금과 해약환급금 변동

변액보험은 운용수익률에 따라 해약환급금, 사망보험금이 변동되는 아주 특이한 보험상품이다. 그러나 투자형 이전에 보험의 본연인 보장기능을 충실히 이행할 필요가 있다. 이를 위해 사망 시에 투자실적이 아무리 악화된다 하더라도 보험가입 시 최초 설정한 최저사망보험금을 지급하는 옵션을 부여한다. 이를 도표로 나타나면 그림 17-4와 같다.

한편, 이 상품은 보험상품 중 전형적인 투자상품으로 투신사의 수익증권 또는 뮤추얼펀드와 자산운용 구조가 유사하다. 즉, 인플레이션을 헤지(hedge)할 수 있는 실질가치가 보전된다든가 혹은 투자한 결과에 따라 배당되는 형태 등이 동일하다. 다만, 변액보험의 경우 계약자는 투자운용에 대한 지시권은 없으며, 단지 상품형태만 선택할 수 있다. 이를 요약하면 표 17-3과 같다.

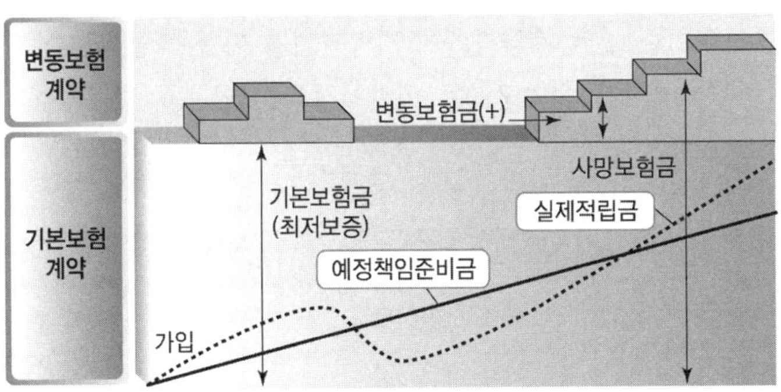

출처 : K생명 변액보험 설명회자료(2004)

그림 17-4 변액보험의 기본구조

표 17-3 변액보험과 투자신탁 상품 비교

구분	변액보험	투신상품
주요 특징	장기적인 인플레 헤지를 통해 실질가치가 보전된 보장 제공	위탁자의 지시에 따라 수탁자가 신탁재산을 투자하고 운용
운용형태	보험료의 일부(저축보험료)를 유가증권 등에 투자하여 실적에 따라 보험금 정산	신탁재산 전액을 유가증권 등에 투자하여 수익원을 불특정 다수에게 지급
계약자권리	투자운용 지시권 없으며 상품형태만 선택함	수탁자는 위탁자의 지시에 따라 운용

(2) 특별계정에 의한 자산운용

이 상품은 그 운용에 따른 실적을 배당하기 때문에 투자결과에 대한 책임을 계약자가 부담하는 '자기책임주의 원칙'이 적용된다. 따라서 변액상품은 타상품의 자산과 분리하여 특별계정으로 운용되며 일반계정 계약자와 구분되어 운용된다. 현행 감독규정에 의하면 특별계정이란 변액보험, 퇴직보험, 퇴직연금보험 등 특정 보험종목이나 상품에 속하는 자산과 부채, 수익과 비용을 보통의 보험종목이나 상품과는 별도로 분리하여 회계처리하는 제도로 계약자와 주주 간의 지분을 구분하여 공평하고 투명한 사업을 할 수 있도록 하고, 보험종목별 계정에 따라 리스크관리 및 수익관리를 별도로 하여 경영효율성을 기할 수 있으며 보험종목과 상품 상호간의 자금이체 및 내부보조를 차단하기 위해 도입되었다. 이는 기본적으로 변액보험 특별계정과 원리금보장형 특별계정으로 구분하고, 변액보험 특별계정이란 납입보험료에 대한 운용수익을 전액 계약자에게 귀속시키기 위한 특별계정을 의미하며, 원리금보장형 특별계정이란 손익구조는 일반계정과 동일하나 수급권보장을 위하여

표 17-4 특별계정과 일반계정 비교

구분	특별계정	일반계정
리스크 부담	계약자 부담	회사 부담
최저보증이율	없음	예정이율
자산운용목적	수익성	안정성
자산평가시기	매일	매월
결산시기	매일	매년
회계처리	시가평가	원가평가

자산을 별도로 운영하는 특별계정을 말한다. 한편, 이러한 특별계정은 보험 수리에 적용되는 구분계리[2)]와 다른 의미이다. 이와 같은 특별계정과 일반계정을 비교하여 요약하면 표 17-4와 같다.

(3) 기타

계약자는 가입시점에 자신의 투자성향에 적합한 펀드를 선택하고 시장상황에 맞게 효율적인 포트폴리오 관리를 위해 보험기간 중 일정횟수만큼 펀드변경이 가능하다. 또한 계약자가 선택한 특약은 일반계정의 보험상품처럼 운용되므로 보험금 또는 환급금은 가입시점에 고정된다.

3) 펀드의 운용

특별계정으로 편입된 펀드자산은 원칙적으로 시가법에 의해서 평가하며, 자산운용실적이 계약자적립금에 즉시 반영될 수 있도록 매일 평가한다. 또한 펀드의 좌수는 특별계정 설정 시 1원을 1좌로 하며 그 이후에는 매일 좌당 기준가격에 따라 좌단위로 특별계정에 이체 또는 인출한다. 한편 특별계정의 좌당 기준가격은 아래와 같이 산출하되, 1,000구좌 단위로 원 미만 셋째자리에서 반올림하여 원 미만 둘째자리까지 계산한다. 최초 판매개시일의 기준가격은 1,000좌당 1,000원으로 한다.

$$\text{좌당 기준가격} = \frac{\text{당일 특별계정의 순자산가치}}{\text{특별계정 총 좌수}}$$

4) 자금흐름도

계약자가 보험료를 불입하면 우선 일반계정으로 이체된다. 이후 순보험료만 특별계정으로 이체되고 이의 적립금이 해당펀드에 운용되면서 매일매일 그 잔액이 시가기준으로 평가된다. 만약, 계약자가 해약을 원할 경우 해약환급금이 기준에 따라 계산되어 일반계정을 통하여 지급되며, 사망 등 보험 계약시 약정한 보험사고가 발생한 경우에도 동일하다. 이를 도해하면 다음 그림 17-5와 같다.

---

2) 특별계정은 보험종목이나 상품특성에 따라 완전 분리하여 계정처리함으로써 투자전략을 공격적 또는 안정적으로 할 것인지를 구분하는 기준인 데 반해, 구분계리는 동일한 계정으로 처리한 후 재무제표에서 기표상으로만 구분하고 운영하여 투자수익과 사업비에 대한 종목간 배분기준으로 사용된다.

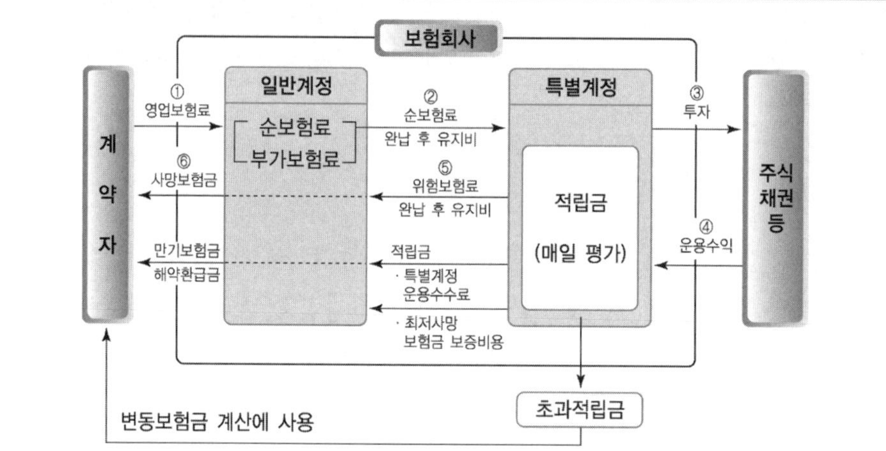

그림 17-5 변액보험의 자금흐름도

5) 변액보험상품

(1) 변액종신보험

이 상품은 보험기간이 종신으로 투자실적에 따라 사망보험금이 변동하며 사망보험금의 최저한도가 있는 보장성 종신보험으로 보험고유의 특성이 가장 강한 변액보험이다. 변액종신과 일반종신의 차이점은 표 17-5와 같다.

한편, 변액종신의 주요 운용 펀드는 표 17-6과 같다.

표 17-5 변액종신과 일반종신의 차이점

구 분	변액종신	일반종신
특약(보장)	특약의 보장 및 운영은 변액종신과 일반종신이 동일함	
주계약 사망보험금	기본보험금+변동보험금 지급	기본보험금(주계약 가입금액) 지급
해약환급금	특별계정(펀드)의 실적에 따라 매일 변동	납입년월수 등에 계산된 소정의 금액 지급
자산운용	특별계정(펀드)설정/운용	일반계정

출처 : K생명 변액보험 설명회자료(2004)

표 17-6 변액종신의 주요 운용펀드

구 분	채권형펀드	혼합형펀드
운용대상	주로 채권, 대출, 단기자금 등에 운용	주로 채권, 대출, 단기자금, 주식 등에 운용
	주식편입비율 : 0%	주식편입비율 : 50% 이하
장점	• 장기 안정적인 수익확보 및 원금보전 가능성 높음 • 주식에 투자하지 않기 때문에 급격한 수익률 등락은 거의 없음	• 안정성과 수익성 동시 추구 가능 • 주식시장 활황 시 고수익 획득 가능
단점	저금리 시대에는 고수익 기대 곤란	주식시장 폭락 및 펀드운용 미숙 시 원금보전 곤란
운용적기	고금리 안정화기	저금리 및 주식시장 활황기

출처 : K생명 변액보험 설명회자료(2004)

(2) 변액연금보험

이는 연금개시 전까지는 투자수익률에 따라 연금을 적립하고, 연금개시 후에는 공시이율에 의해 적립금을 분할 지급하는 상품이다. 이를 도해하면 그림 17-6과 같다.

그리고 변액연금과 일반연금의 차이점은 표 17-7과 같다.

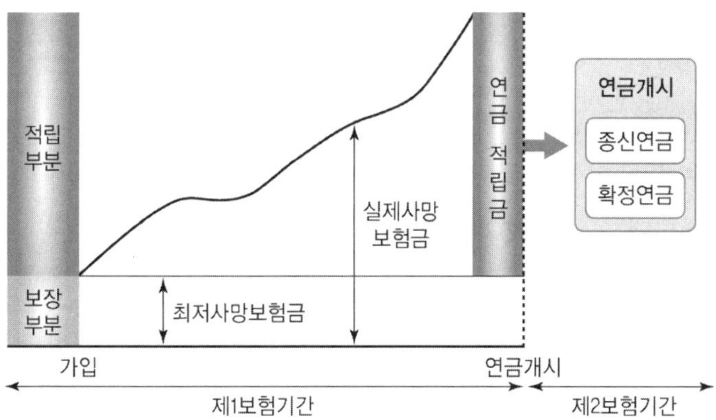

출처 : K생명 변액보험 설명회자료(2004)

그림 17-6 변액연금보험의 기본구조

표 17-7 변액연금과 일반연금의 차이점

구 분	변액연금	일반연금
특약(보장)	특약의 보장 및 운영은 변액연금과 일반연금이 동일함	
연금산정 수익률 기준	제1보험기간 : 펀드수익률 적용 제2보험기간 : 신공시이율 적용	전기간에 걸쳐 신공시이율 적용
자산운용	특별계정(펀드)설정/운용	일반계정

출처 : K생명 변액보험 설명회자료(2004)

한편, 공시이율은 해당 회사의 과거 운용자산수익률과 현재의 지표금리 수익률, 향후 예상되는 자산운용수익률을 고려하여 산출한다. 현재지표금리는 국고채수익률, 회사채수익률, 정기예금이율을 평균하여 산출한다. 그 외 보장기능을 보완해 주는 최저사망보험금 보증제를 운영하고 있으며 이는 사망보험과 이미 납입한 주계약 보험료를 비교하여 더 많은 금액을 보증해 준다는 의미이다. 또한 투자수익률이 기대한 것보다 악화될 경우 이미 납입한 주계약 보험료를 최저 보증하는 최저연금적립금 보증제도를 운영하고 있다. 이는 연금개시 시점까지 유지된다면 최소한 원금은 보장한다는 의미이며, 투자수익률 악화로 인해 발생할 수 있는 계약자의 손실을 최소화하기 위한 계약자보호제도이다. 주요 펀드유형은 그림 17-7과 같다.

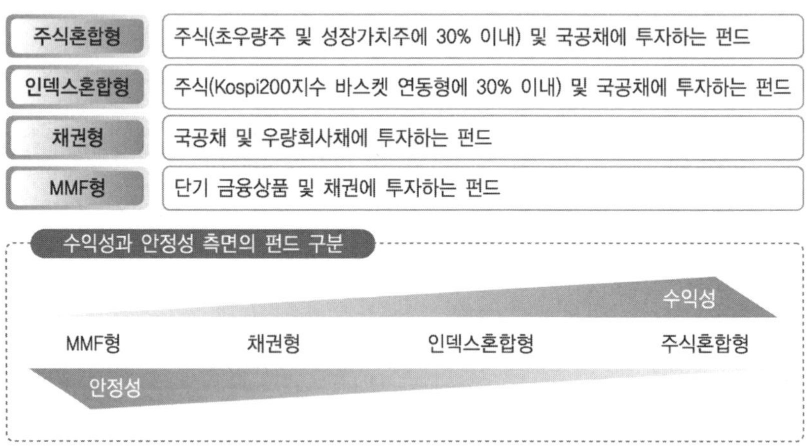

출처 : K생명 변액보험 설명회자료(2004)

그림 17-7 주요 펀드 유형

6 단체보험상품

1) 단체보험의 의의

단체보험은 단체의 구성원을 피보험자[3]로 하는 보험으로서, 특정의 공통된 성격을 가진 인적 집단을 일괄하여 단일보험계약으로 체결하는 사보험이다. 이러한 단체보험은 개인보험과는 다른 특징을 갖고 있다.

첫째, 단체보험은 다수의 피보험자를 하나의 계약으로 보장하고, 일괄하여 단일보험증권으로 부보한다. 또한 고용주 또는 단체의 대표자가 보험계약자가 된다. 둘째, 단체보험은 낮은 보험요율로 다수의 피보험자를 보장한다. 단체보험은 일괄 모집 및 문서모집을 통하여 비용을 절감할 수 있으며, 특히 상품내용의 획일성에 따라 사무처리 비용의 절감이 가능하다. 셋째, 단체보험은 개개 집단의 사망실적에 근거한 경험요율을 적용한다. 단체보험은 국민 또는 보험회사 전체 가입자의 사망률을 적용하는 것이 아니라 각 가입단체의 사망실적에 근거하여 경험요율을 적용한다. 넷째, 단체보험은 집단선택의 원리가 적용된다. 단체보험은 특별한 경우 외에는 건강진단 없이 계약이 성립되며, 개인별로 건강상의 위험도가 높거나 위험직종 근무자는 제외된다. 다섯째, 단체보험은 피보험자를 변경할 수 있다. 단체보험은 피보험자가 탈퇴 등으로 피보험단체에서 탈퇴하는 경우에는 신규채용 종업원 등으로 피보험자를 변경할 수 있다. 또한 탈퇴한 자는 개별계약으로 취급하여 계약을 계속 유지할 수도 있다.

한편, 단체보험에 국한하여 피보험자가 일정 수 이상이면서 직전 보험년도에 위험률차익이 발생하는 우량단체에 한하여 보험료 할인과 보험료를 환급해주는 혜택이 있다. 그리고 고액계약 단체는 당해연도 예정사업비의 일정 범위에서 할인해 준다. 단체보험 중 가장 대표적인 상품인 단체정기보험에 대하여 간략히 살펴보자.[4]

2) 단체정기보험

(1) 정의

이는 5인 이상 단체구성원의 사망, 상해 등을 보장하기 위한 1년 만기 상품으로

3) 피보험자에는 피보험자의 배우자, 자녀, 부모, 배우자의 부모도 포함된다.
4) 최근 단체보험의 핵심 상품으로 부각된 퇴직연금의 자세한 사항은 제 13장, 4. 퇴직연금 참조.

단체 보장성보험의 대표적인 상품이다.

(2) **보험료 적용방법**

단체정기보험은 연령별 보험요율, 평균보험요율, 평균연령 보험요율의 세 가지 방법 중 한 가지를 선택할 수 있으며, 동일한 피보험자단체에 대하여는 한 개의 방식만을 적용한다. 연령별 보험요율은 계약체결 시 또는 갱신시 피보험자의 연령별로 계산한 보험료를 적용한다. 다만 단체의 대표자가 보험료 전액을 부담하는 경우, 보험회사와 협의 후 피보험단체의 총 보험가입금액에 평균보험요율 또는 평균연령 보험요율을 적용하여 계산할 수 있다. 평균보험요율은 보험회사의 보험요율표에 따라 각 피보험자별로 계산한 보험료 합계액을 각 피보험에 대한 보험가입금액의 합계액으로 나누어서 결정한다. 그리고 평균연령 보험요율은 계약체결 시 또는 갱신시 피보험단체의 평균연령에 해당하는 회사의 보험요율표에 따라 결정한다.

7 손해보험상품

1) 사업형태상 분류[5]

(1) **화재보험**

화재보험은 화재로 인한 직접손해, 소방손해, 피난손해를 보상하는 보험으로, 고의 또는 중과실에 의한 손해, 화재 시 도난 또는 분실로 인한 손해는 보상하지 않는다. 일반적으로 화재보험은 화재로 인한 물적 손해를 담보하지만, 그 이외에도 화재로 인한 기업휴지 시에 상실한 영업이익을 보상하는 기업휴지보험 등도 대상이 된다.

(2) **해상보험**

해상보험은 해상사업에 관계되는 모든 사람들의 재산을 항해에 관련된 위험으로부터 보상하기 위한 보험이다. 항해에 관련된 위험이란 해상고유의 위험인 침몰, 좌초, 파선 등뿐만 아니라 도난, 해적, 나포, 선원의 악행 등 인위적 위험까지 포함된다. 또한 항해위험 외에 선박건조중 위험과 양륙 후 육상운송중의 화물위험까지도 담보한다.

5) 미국의 경우에는 화재보험, 해상보험, 특종보험, 종합보험, 신용본드 및 보증본드로 분류하고 있다.

(3) 자동차보험

이는 자동차를 소유, 사용 또는 관리하는 동안에 발생한 사고로 인하여 생긴 손해를 보상해 주는 보험으로 가입이 의무화되어 있는 책임보험(대인배상 Ⅰ)과 임의로 되어 있는 임의보험(대인배상 Ⅱ, 대물배상, 자기신체사고, 자기차량손해, 무보험자동차상해)으로 구분된다.

(4) 보증보험

보증보험이란 보험자가 보험료를 받고 채무자인 보험계약자가 채권자인 피보험자에게 계약상의 채무불이행 또는 법령상의 의무불이행으로 손해를 입힌 경우에 그 손해를 보상하여 주는 보험이다. 이는 채무자의 신용을 보강하는 측면에서 신용보험과 유사하다. 그러나 신용보험은 보험계약자가 동시에 피보험자로서 피보증인의 채무불이행 등 손해를 보상받기 위하여 체결하는 자기를 위한 보험이기 때문에 타인을 위한 보험형태의 보증보험과는 구별된다.

(5) 장기보험

손해보험에 있어서 보험기간이 통상 1년 이내인 것을 일반손해보험이라 하는데 이것과 구분하여 보험기간이 3년 이상인 것을 장기손해보험이라 하며 이는 일반손해보험의 장점과 만기 시 만기환급금을 지급받을 수 있는 저축기능을 결합한 형태이다. 이는 일반보험 가입자의 사고가 없으면 손해라고 생각하는 불만을 줄여주고, 모집조직의 소득수준을 안정시켜줄 필요에 의해 개발, 판매되었다. 한편, 이 보험도 시장규모가 확대됨에 따라 상품이 다양화되고 있으나 기본적으로 장기화재보험, 장기상해보험, 장기종합보험으로 구분된다.

(6) 특종보험[6)]

특종보험은 화재보험, 해상보험, 자동차보험, 보증보험, 장기보험에 속하지 않는 모든 손해보험의 영역을 포괄하는 보험이다.

6) 이는 재해보험 또는 일본의 경우 신종보험이라 부른다. 이 보험은 일반적으로 그 성격이 다양하고 광범위한 보험분야로서 화재, 해상 및 생명보험 등을 제외한 보험을 모두 특종보험으로 간주하기도 한다.

2) 보험가입금액에 따른 분류

(1) **보험금액과 보험가액**

보험금액이란 계약당사간의 합의에 의하여 약정한 보험급여의 최고한도액을 의미하며, 보험가액이란 보험자가 지급해야 할 발생손해의 법정 최고한도액을 말한다. 즉, 생명보험과 같은 정액보험의 경우 보험금액은 보험계약체결 시에 약정한 금액으로 보험자가 지급해야 할 보험계약상의 최고한도액이며, 보험가액은 손해보험에서만 발생하는 개념으로 보험목적에 대한 피보험이익을 금전적으로 평가한 가액이다.

한편, 보험금액과 보험가액은 일치하는 것이 보통이지만 양자의 개념이 다르고 또한 보험가액은 그 결정이 곤란하고 항상 변동하는 것이기 때문에 계약체결의 신속성을 위하여 당사자 사이에 임의로 정하는 보험금액과 일치하지 않는 경우가 생긴다. 이때 양자의 차이를 비교하여 전부보험, 일부보험, 초과보험, 중복보험으로 구분한다.

(2) **전부보험**

보험금액과 보험가액이 일치하는 경우로서 별도 특약조건이 없는 한 손해액 전부를 보상한다.

(3) **일부보험**

이는 보험금액이 보험가액에 미달하는 경우로 보험사고 발생 시 보험자는 보험가액에 대한 보험금액의 비율로 보상한다.

(4) **초과보험**

초과보험은 보험금액이 보험가액을 현저하게 초과하는 보험으로 당사자가 선의인 경우, 보험자는 보험금 감액을 청구할 수 있고, 보험계약자는 보험료 감액청구를 할 수 있으며, 사기에 의한 초과보험은 무효이다.

(5) **중복보험**

이는 보험계약자가 동일한 피보험이익, 동일한 보험사고에 대해 다수의 보험자와 보험계약을 체결한 경우에 보험금액의 합이 보험가액을 현저하게 초과하는 보험이다. 당사자가 선의인 경우, 각 보험자는 각자의 보험금액의 비율에 따라 보험금액 한도 내에서 보험책임을 지며, 사기에 의한 중복보험은 역시 무효이다.

3) 실정법상의 분류

(1) 상법상 분류

현행 상법상 손해보험은 화재보험, 운송보험, 해상보험, 책임보험[7]으로 분류하고, 인(人)보험으로는 생명보험, 상해보험으로 분류한다.

(2) 보험감독법상 분류

현행 보험감독법상 손해보험은 화재보험, 해상보험, 특종보험, 자동차보험, 보증보험, 장기보험의 6가지로 분류하고, 생명보험은 개인보험과 단체보험 그리고 제3보험으로 분류한다. 한편, 개인보험은 다시 사망보험, 생존보험, 생사혼합보험, 연금보험으로 구분하고, 단체보험은 저축성보험, 보장성보험으로 구분한다. 그리고 제 3보험은 상해보험, 질병보험, 간병보험으로 나뉜다.

8 재보험상품

1) 재보험상품의 개요

재보험이란 보험회사가 인수한 원수보험계약의 보험책임에 대하여 보험계약상의 책임 전부 또는 일부를 타 보험회사에게 전가하는 보험계약을 말한다. 즉 보험을 위한 보험이라고 할 수 있다. 이 제도는 스스로의 인수능력을 초과하는 부분에 대하여 타 재보험회사에 출재하여 위험분산을 도모하기 위해 마련된 것으로 불량위험을 타인에게 전가하는 것이 아니다. 이러한 재보험에 관한 법적인 근거는 크게 세 가지 계약설이 있다. 우선 조합계약설로 이는 원보험자와 재보험자가 위험의 분산과 이

7) 이는 피보험자가 보험기간 중 발생된 사고(피보험자의 과실 등)로 타인에게 손해를 입힘으로써 법률상 손해배상책임을 부담하게 될 때에 그러한 배상책임손해를 보상하는 보험이다

익의 분배를 공동목적으로 조합계약을 맺는다는 설이다. 두 번째가 원보험 계약설로 원보험자와 재보험자가 보험사고에 대한 계산 기초를 같이 한다는 점에서 원보험과 동종으로 간주하는 설이다. 세 번째 책임보험계약설이다. 재보험의 성질을 책임보험 계약의 일종으로 간주하고 손해보험에 속한다는 설로 상법상 책임보험의 규정을 재보험에 준용하고 있다.

한편, 원보험자가 원보험 계약상의 책임의 일부 또는 전부를 다른 보험회사에 전가하는 것을 출재라고 하며, 보험자가 전가받는 것을 수재라고 한다. 재보험을 출재하는 회사는 출재회사, 원수보험자가 보유하는 부분을 보유한도 또는 순보유라고 한다. 재보험자는 그의 보상책임의 전부 또는 일부를 다시 또 다른 보험자에게 재보험할 수 있는데 이를 재재보험(retrocession)이라고 한다.

2) 재보험의 기능

재보험의 가장 중요한 기능은 무엇보다도 위험분산을 통한 인수능력을 높일 수 있다는 것이다. 이러한 재보험을 통하여 원수보험자는 아무리 큰 위험이라 하더라도 인수능력 범위에 해당하는 위험은 자신이 보유[8)]하고 나머지는 재보험으로 위험을 분산처리할 수 있게 된다. 이러한 기능에는 대규모 위험을 인수할 수 있는 양적 분산기능, 위험율이 높은 보험종목의 위험을 인수할 수 있는 질적 분산기능, 공간적으로 분산시킬 수 있는 장소적 분산기능 등이 있다.

두 번째, 보험계약 심사과정인 언더라이팅을 보다 탄력적으로 전개할 수 있어 보험 마케팅능력이 향상된다. 즉, 원보험자가 종종 겪게 되는 대규모 재난 손실이나 경기변동에 의한 언더라이팅 손실도 재보험을 통하여 안정화시킬 수 있으며, 따라서 이러한 틈새영역에 대한 마케팅 능력도 강화된다.

세 번째, 보험자산운용의 원활화로 재무구조가 개선된다. 원보험자는 재보험을 통하여 자산운용을 통한 투자현금흐름, 수익비용의 개선, 세금 절약, 지급여력비율 개선 등 재무구조가 개선되는데 무엇보다 미래손실 변동폭을 일정범위내로 줄일 수 있어 위험관리를 보다 효율적으로 할 수 있다. 네 번째, 신규 상품개발이 용이하고 재보험을 통한 선진 보험기술을 습득할 수 있다. 재보험자는 정확한 경험통계를 기초로 원보험자의 보험을 수재하므로, 원보험자는 상품개발을 보다 쉽게 할 수 있게

8) 최근에는 자회사, 즉 캡티브(captive)를 설립하여 모회사의 위험물건을 인수하는 형태가 활성화되고 있다.

된다. 또한 국제적인 기술교류를 통하여 보험요율, 보유한도, 보상한도 등 위험선택 기법에 대한 다양한 자문과 서비스를 받을 수 있다.

3) 재보험상품의 종류

일반적으로 재보험은 계약절차상의 차이에 따라서 임의재보험과 특약재보험으로 분류되며, 책임분담방법의 차이에 따라 비례재보험과 비비례재보험으로 분류된다. 임의재보험은 가장 오래된 원시적인 형태로 원보험자가 개별계약마다 자유로이 재보험자를 선택해서 재보험을 청약하여 출재하고, 재보험자는 개개의 위험판단에 의거하여 각개의 재보험청약에 대한 인수여부를 결정하는 재보험이다. 또한 특약재보험은 개개의 계약건마다 재보험의 교섭을 행하지 아니하고 원보험자와 재보험자 간에 미리 출재 대상계약의 범위, 재보험자의 책임한도액, 담보지역, 처리방법, 재보험수수료 등 여러 가지 담보조건을 정하고 계약내용에 따라 원수계약에 대한 재보험특약을 체결하는 것으로 약정기간 중에 계속적, 자동적으로 재보험을 처리하게 된다. 실무적으로 재보험 거래의 대부분은 특약재보험의 형태로서 비례재보험 특약과 비비례재보험 특약으로 처리되고 있다.

한편, 책임분담방법에 따라 구분되는 비례재보험은 원수보험자와 재보험자가 각각 인수하기로 한 계약금액의 비율에 따라 재보험료가 배분되고, 보험금에 대해서도 동일한 비율로 손실부담액이 정해지는 재보험 형태이다. 그리고 비비례재보험은 인수한 금액을 기준으로 하지 않고, 원보험계약에서 발생된 사고의 손해액을 기준으로 원보험자와 재보험자의 책임이 분담된다. 따라서 미리 정해진 손해액을 초과하는 손실액만을 재보험자가 책임지는 형태로 재보험료도 초과손해액의 발생가능성과 규모에 따라 정해지게 되어 있어 원보험자와 재보험자의 책임에 대한 어떠한 비례성도 존재하지 않는 방식이다.

부록 17 • 미국의 변액보험 판매동향

1. 판매추이

(1) 변액종신보험

개인보험 초년도 수입보험료 기준으로 볼 경우 1998년을 기점으로 전통형 종신보험보다 변액종신보험이 우위를 차지하고 있으며, 2000년의 경우 종신보험의 점유율은 17.2%, 변액종신보험은 51.3%로 그 격차가 확대되고 있다.

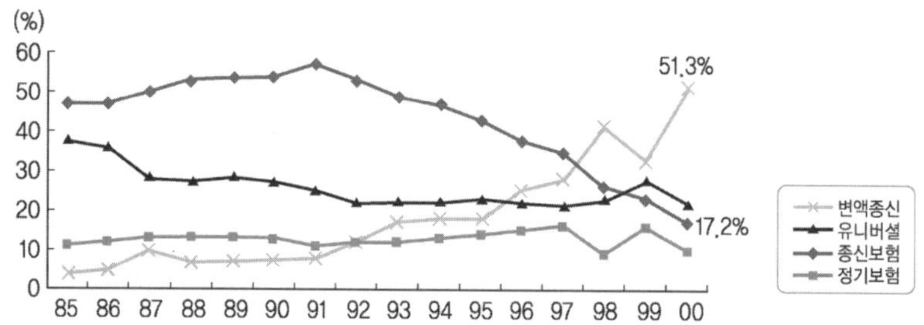

출처 : K생명 변액보험 설명회자료(2004)

그림 17-A 개인보험 시장점유율 추이(초년도 수입보험료 기준)

(2) 변액연금보험

변액연금은 1990년대 이후 비약적으로 성장하였으며 2000년에는 초년도 수입보험료 기준으로 변액연금 1,372억 달러, 정액연금 527억 달러로 변액연금의 판매가 상당히

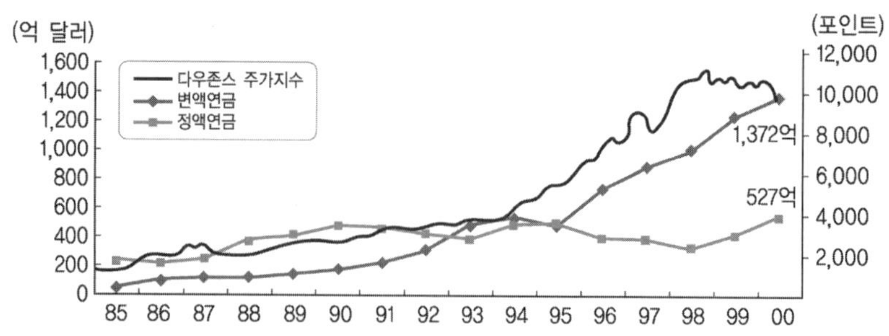

출처 : K생명 변액보험 설명회자료(2004)

그림 17-B 개인연금 추이(초년도 수입보험료 기준)

확대되었다. 이는 미국인들이 금리하락에 따른 새로운 투자수단으로 변액연금을 선호하였기 때문으로 분석된다.

2. 미국에서 변액보험 성공요인

가장 큰 이유는 1990년대 이후 지속적인 금리하락과 주식시장의 활황에 기인한다고 볼 수 있다. 또한 뮤추얼펀드의 대중화와 실적 배당형 보험상품에 대한 인식이 변하였기 때문이다. 1996년 기준 미국 가계의 약 35%가 뮤추얼펀드를 소유하고 있으며 이는 대부분 주식형 투자 상품이며 이의 인지도가 높아 이것과 유사한 보험상품인 변액보험상품의 판매가 증가하였다고 볼 수 있다. 그리고 변액보험상품의 뛰어난 유연성과 다양한 투자옵션이 제공된 점도 유력한 이유 중의 하나이다. 변액보험상품 중 특히 변액 유니버셜보험은 보험료의 자유납입과 중도인출 등이 가능하고, 상품구조도 단순하였기 때문에 고객 접근이 용이하였다. 또한 회사별로 10~30개의 펀드를 운용하고 있어 계약자에게 투자선택의 폭을 넓혀 주었고, 펀드변경 등 다양한 자산운용 옵션을 부가하여 투자리스크를 경감할 수 있는 간접적인 선택권을 다양하게 제공하였다.

요점정리

1. 보험상품은 무형으로 인한 미래지향적, 효용수혜대상이 타인이라는 점, 보험료가 예정기초율에 의해 설정되며, 소액의 상품개발비, 이윤이 사후적으로 발생하는 등 여러 가지 특징을 가지고 있다.
2. 개인의 전통적인 보험상품은 정기보험, 종신보험 및 양로보험이다. 또한 건강형 보험상품은 질병보험(암보험, 건강보험, 소득보상보험, 치명적 질병보험), 상해보험, 장기간병보험 등이 대표적이다. 연금보험은 기본적으로 제 1보험기간에 보험료의 불입기간 동안 보험사고에 대한 보장과 이후 제 2보험기간에 해당 연금액을 원하는 형태로 수령하는 상품이다. 한편, 변액보험은 계약자가 납입한 보험료의 일부로 펀드를 조성하여 유가증권 등에 투자하고 그 펀드의 운용실적에 따라 계약자에게 투자이익을 배분함으로써 보험기간 중에 사망보험금, 해약환급금 등이 변동되는 실적 배당형 보험상품이다.
3. 단체보험은 다수의 피보험자를 일괄하여 단일계약으로 체결되며, 보험료율이 낮고, 가입단체의 경험요율이 적용되며, 우량단체에 한하여 보험료할인 혜택 등의 특징이 있다. 그리고 손해보험은 사업형태상 화재보험, 해상보험, 자동차보험, 보증보험, 장기보험, 특종보험으로 분류되며, 보험가입금액별로는 전부보험, 일부보험, 초과보험, 중복보험으로 구분된다. 한편, 재보험은 원보험의 전부 또는 일부를 다른 보험사에 전가하여 위험을 분산시킬 수 있으며, 이는 계약절차상의 차이에 따라 임의재보험과 특약재보험으로, 책임분담방법의 차이에 따라 비례재보험과 비비례재보험으로 분류된다.

Chapter 17 평가문제

1 보험상품의 특징을 세 가지 이상 설명하시오.

2 전통형 보험상품에 대하여 설명하시오.

3 변액보험에 대하여 설명하시오.

4 다음 문장의 괄호 안에 알맞은 단어를 기입하시오.

① (　　　)은 원보험의 전부 또는 일부를 다른 보험사에 전가하여 위험을 분산시킬 수 있는 보험이다.

② (　　　)은 보험계약자가 동일한 피보험이익, 동일한 보험사고에 대해 다수의 보험자와 보험계약을 체결한 경우에 보험금액의 합이 보험가액을 초과하는 보험이다.

Chapter 18

보험경영

1. 보험 경영원칙
2. 보험경영의 핵심역량
3. 보험회사의 재무건전성
4. 보험회사 가치평가

Chapter 18

보험경영[1]

1 보험 경영원칙

보험사업은 어떤 형태이든지 간에 기본적으로 위험사업, 저축 및 투자사업, 서비스사업을 근간으로 수행되며 이러한 사업은 보험만의 독특한 경영원칙 하에서 상호복합적으로 운영되고 있다. 따라서 보험회사는 각 사업 간의 유기적인 관계를 통하여 수지차 및 손익을 효율적으로 관리해야 한다.

1) 위험사업에 대한 경영원칙

위험사업은 보험회사의 사업 중 가장 핵심이 되는 사업으로 보험가입자는 보험회사에게 보험료를 지급하는 대신 그의 위험을 보험회사에 전가시킴으로써 경제적 안정을 기할 수 있으며 보험회사는 개별적으로는 측정이 불가능한 위험을 전체적으로 취합하면 측정이 가능하기 때문에 개별위험을 인수한다. 이러한 위험은 다음과 같은 원칙에 따라 인수되어야 한다.

첫째, 위험대량의 원칙이다. 이러한 원칙에 준하여 다수의 보험가입자를 모집하여 다수의 위험이 존재하여야만 실제 보험사고 발생으로 인한 손해의 정도를 보험료 산정 시 예측한 것과 균형을 이룰 수 있어 보험사업이 안정된다. 두 번째로 위험동질성의 원칙이다. 보험사업은 다수의 보험계약을 모집해야 함은 물론 위험의 종류와 그 크기면에서도 동질적이어야 한다. 따라서 위험 인수 시 과다한 위험이나 이질적인 위험은 그 인수를 거부하거나 추가보험료를 납입하는 조건으로 인수한다.

1) 서영수(2009), 전게서, pp.55-89 요약·정리

세 번째로, 위험분산의 원칙이다. 이는 어느 금융회사에나 적용되는 원칙에 해당되며 보험회사의 경우 인수한 위험의 대형화로 인한 충격을 예방코자 책임준비금 적립을 충실히 하거나 공동보험과 재보험 등을 통하여 분산시킨다.

2) 수지관리에 관한 경영원칙

보험사업 중 생명보험과 장기손해보험 분야에서는 위험사업뿐만 아니라 저축사업을 병행하고 있다. 따라서 은행처럼 저축사업만 단독으로 추구하지 않고 위험사업과 상호 결합되어 운영되므로 이의 관리가 철저히 필요하다. 이의 첫 번째 원칙으로는 보험료율 적정의 원칙이 있다. 적정한 보험료율이란 수지상등의 원칙을 전제로 보험료 수입과 그 운영으로 인한 이익의 합이 보험금과 보험사업을 영위하는데 소요되는 최소한의 지출과 동일하게 되는 것을 의미한다. 두 번째로는 보험급부 적정의 원칙이다. 사실 보험료가 적정하게 산정되고 부과되었다 하더라도 보험급부가 과대하게 지출되어 수지의 불균형을 초래하여 보험사업이 위태하거나 또한 너무 과소하게 지출되면 보험계약자나 피보험자의 권익을 침해하게 된다. 따라서 보험급부가 적정하도록 위험을 선택하고 손해사정이 합리적으로 이루어져야 한다는 원칙이다.

3) 투자에 관한 경영원칙

일반적으로 보험료는 사전에 수령하고 보험사고 발생 시 보험금을 지급하기 때문에 이의 양자 간에 시차가 발생하고 이러한 과정에서 수지차가 발생하여 거액의 자산이 축적된다. 이와 같이 축적된 자금은 보험료 적립금, 지급준비금 등 책임준비금으로 적립되는 부채성 자산이지만 일정수준 이상의 투자수익을 전제로 운영되어야 한다. 따라서 투자사업은 보험사업 고유의 업무영역은 아니지만 보험자산의 대규모 운영, 국가경제에 미치는 영향 등을 감안한다면 매우 중요한 사업이다.

보험자산의 투자는 보험의 공공성, 사회성 등으로 인하여 무엇보다 안정성의 원칙하에 이루어져야 한다. 보험회사의 자산이 책임준비금을 중심으로 형성되기 때문에 신탁 재산적 성격을 갖고 있어 이의 자금운용은 안정성 확보가 무엇보다 중요하다. 안정성이 확보되지 않으면 보험금 지급도 불안하고 신용도 하락으로 파산까지

될 수 있기 때문에 자산운용 시 가장 우선적으로 고려되어야 한다. 두 번째로, 수익성의 원칙이다. 보험계약자가 불입하는 보험료는 보험기간 동안 보험료 계산 시 적용되는 기초율 중의 하나인 예정이율로 할인되어 있다. 따라서 자산운용 수익률은 최소한 예정이율 이상 수익을 시현해야 하기 때문에 수익률 관리도 중요하다. 세 번째, 유동성의 원칙으로 책임준비금은 보험금 지급, 해약, 약관대출 등의 청구에 대비하여 항상 현금화할 수 있도록 유동성이 확보되어야 한다. 네 번째, 공공성의 원칙이다. 보험회사의 책임준비금은 부채성 자산의 신탁재산이며 이의 규모는 상당하여 국가경제의 각 분야에 미치는 영향이 크므로 감독당국은 공공성과 공시성을 요구하고 있다. 다섯 번째, 투자다양화의 원칙이다. 보험자산은 안정성 외에 수익성, 유동성, 공공성을 동시에 고려해야 한다. 그러나 이들 간에는 상충관계가 있으므로 여러 투자원칙을 동시에 만족시키는 것은 현실적으로 불가능하다. 따라서 이러한 다양한 조건을 충족시키기 위해서는 여러 투자수단을 통해 투자 포트폴리오를 구성하고 우선순위를 정해야 한다.

2 보험경영의 핵심역량

1) 보험의 가치사슬(value chain)

보험회사 경영의 가치사슬은 일반적으로 '상품개발 → 영업 → 보험계약 → 운영 → 자산관리 → 보험금지급' 영역 순으로 연결되며 이와 같이 서로 연결된 사슬을 정보시스템 및 전사적인 경영관리영역이 각각의 사슬과 복합적으로 연결되어 있다. 한편, 이러한 가치사슬에서 새로운 경쟁자가 지속적으로 등장하고 있는데 요약하면 다음 표 18-1과 같다.

표 18-1 보험사와 경쟁하는 새로운 경쟁업체

부 문	경쟁업체
영업	은행, 금융투자회사, 투신사 등
정보시스템	시스템구축 공급업체(IBM 등)
자산관리	은행, 투신사, 부동산신탁 등
보험금지급 및 심사	은행, 금융투자회사, 사고조사 전문사 등

표 18-2 각 영역별 핵심경쟁요소

부 문	핵심경쟁요소
상품개발	고객 니즈 파악능력, 신규위험률 개발능력
영업	판매채널, 활동기반(가망고객, 신시장 확보 등)
보험계약	언더라이팅(underwriting)
운영	경영 인프라(전산시스템, 인적자원, 운영시스템)
자산관리	자산운용력(수익력, 리스크관리)
경영관리	고객만족(편의성, 신속성)

따라서 각 단계별로 신규 진입자가 등장함에 따라 기존 가치사슬의 해체가 불가피하며, 보험회사는 해당 영역의 핵심역량에 집중하고 그 외 부분은 아웃소싱 또는 분사화하는 형태를 검토해야 한다. 한편, 각 영역별 핵심역량으로 도출할 수 있는 경쟁요소로는 상품개발 부문에서는 고객의 요구를 적절히 파악할 수 있는 능력이나 자사에 적합한 신규 위험율 개발능력이 해당된다. 영업 부문에서는 무엇보다 판매채널의 안정적인 활동기반을 들 수 있다. 보험의 판매 속성상 효용가치를 지속 안내할 수 있는 판매조직의 유지여부가 보험회사의 존립에 가장 중요한 부분이 되는 것이다. 또한 보험계약유지 부문에서는 언더라이팅과 전산 인프라 구축을 들 수 있다. 기타 자산운용력 등을 들 수 있다. 이를 요약·정리하면 위의 표 18-2와 같다.

한편, 이러한 경쟁요소를 판매채널에 따라 중요도를 분석하여 보면 표 18-3과 같다. 이 표에 의하면 불특정 대다수를 대상으로 하는 개인보험상품을 판매하는 대

표 18-3 경쟁요소별 중요도 평가표

(◎ : 매우 중요, ○ : 중요, △ : 보통, × : 관계 적음)

구 분		고객DB (가망고객)	브랜드 이미지	판매 채널	신시장 확보	법인 영업력	자산 운용력	경영 인프라	리스크 관리
개인	일반외야	○	○	◎	○	×	△	○	○
	특수채널	○	○	◎	◎	×	△	○	○
법인	일반단체	△	△	○	◎	△	○	△	○
	법인	×	×	△	○	◎	◎	×	○
자산운용		×	×	×	△	△	◎	○	◎

출처 : M생명, 중장기 경영전략 수립 기초자료(2000)

표적인 채널인 일반외야채널과 특정지역 및 직장에 속하는 개인을 대상으로 하는 전략채널의 경우 가장 중요한 경쟁요소는 판매채널 확보와 새로운 시장 확보이다. 반면, 일반단체 및 법인고객을 대상으로 하는 법인채널은 신시장 확보와 법인영업력 그리고 자산운용력이 매우 중요한 것으로 나타났다. 또한 자산운용 부문에서는 무엇보다도 리스크관리가 중요하다.

2) 보험의 핵심역량 도출

보험경영의 각 영역별, 즉 상품개발에서부터 보험금지급에 이르기까지 또한 이를 관리하는 부문까지 고려하여 신규 진입자들 간의 경쟁요소를 살펴보았다. 이러한 다양한 경쟁요소 중 가장 차별화된 핵심역량으로 도출된 요소는 판매채널, 새로운 시장 확보, 전산시스템과 인적자원 확보 및 리스크관리 등 경영 인프라, 고객만족이다. 이를 그림으로 나타내면 그림 18-1과 같다.

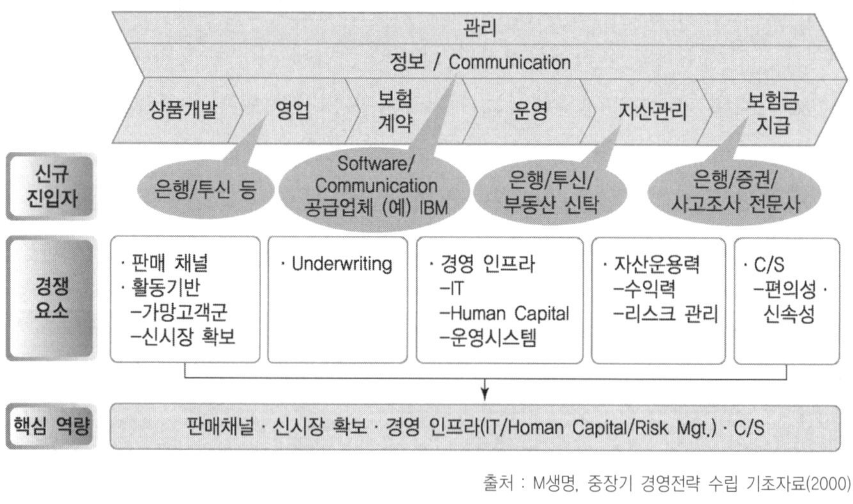

출처 : M생명, 중장기 경영전략 수립 기초자료(2000)

그림 18-1 보험의 핵심역량 도출

3) 보험영업과 제조업 비교

보험영업을 제조업과 비교하여 살펴보면 다음과 같다. 우선 매출에 대한 기본적인 개념이 다르다. 보험영업의 매출은 수입보험료로 대변할 수 있다. 수입보험료는 설계사 규모와 판매활동량, 유지율, 정착율 등 효율에 의해 좌우된다. 반면, 제조업의 매출은 판매량에 매출원가를 곱하여 산출되며, 이 중 판매량에 직접적으로 영향을 미치는 생산량은 생산설비와 가동률 그리고 수율에 의해 좌우된다. 한편, 보험영업을 제조업의 개념에서 접근하면 보험영업은 무엇보다 생산과 판매가 동시에 발생한다는 것이다. 그리고 생산설비가 보험회사와 위촉관계에 있는 생활설계사이다.

그러므로 생활설계사를 어떻게 양성하고 효율적으로 관리하는 것이 보험회사 존립의 열쇠가 될 수 있는 것이다. 그리고 생활설계사의 활동량이나 효율은 생활설계사가 어느 정도 일정 규모에 도달하여만 그 의미를 부여할 수 있는데 이는 설계사의 능력에 종속되기 때문이다. 특히, 활동량은 생활설계사의 능력에 따라 무한대로 확대되는 아주 특이한 형태이다. 이에 반해 제조업은 생산 이후에 판매가 이루어지며 플랜트 등 공장의 생산능력에 따라 판매가 제약된다고 할 수 있다. 그리고 생산량의 주요 결정변수인 생산능력, 가동률, 수율이 서로 독립적으로 움직이며 가동률도 최대 100%까지만 발휘할 수밖에 없다. 따라서 보험영업은 일반 제조업에 비해 생활설계사의 동적관리가 가장 중요하며, 이의 확보여부에 따라 보험회사 우열을 비교할 수 있게 된다. 이를 요약정리 하면 그림 18-2와 같다.

	보험영업	제조업
산출식	• 수입보험료(P) = f (A, B, C) A : 설계사수, B : 활동량, C : 효율 • 매출 = 수입보험료	• 생산량 (Q) = f (a, b, c) a : 생산능력, b : 가동률, c : 수율 • 매출 = 판매량×단가
특징	• 생산과 판매 동시 발생 • 위촉관계인 생활설계사가 생산설비 • B, C는 A의 종속관계 B(활동량) : 0 ~ ∞	• 생산이후 판매 발생 • 생산능력에 따라 판매 제약 • a, b, c는 각각 독립관계 b(가동률) : 0 ~ 100%

주) 활동량 : 인당 건수×건당 보험료

→ 생산설비인 동시에 판매주체가 생활설계사 ⇨ 동적요소 관리가 최대 관건

그림 18-2 보험영업과 제조업 비교

3 보험회사의 재무건전성

1) 지급능력과 지급여력

(1) 지급능력(solvency)

지급능력이란 일반적으로 보험회사의 재무건전성을 의미하고 보험계약자에게 지급해야 될 보험금 및 해약환급금 등의 지급채무를 이행할 수 있는 자산보유상태를 말한다. 이는 자산, 책임준비금 및 잉여금에 의하여 측정되며 책임준비금과 기타 부채액의 합계액보다 건전성 자산을 더 많이 보유하고 있으면 지급능력이 있다고 할 수 있다. 예를 들어, 사망률, 예정이율 등 예정기초율이 예정대로 진행되는 것을 가정하면 정해진 책임준비금만 적립되면 보험금 지급에는 아무런 지장이 없다. 따라서 사망률, 예정이율이 보수적으로 설정되어 있으면 책임준비금도 보수적으로 적립되므로 보험회사의 지급능력(solvency)은 확보되는 것으로 판단할 수 있다.

(2) 지급여력(solvency margin)

과거와 같은 정태적 보험시장에서는 예정기초율 등 기본적인 가정들이 안정적이고 예측이 가능하였기 때문에 책임준비금을 충실히 적립하는 것만으로도 지급능력의 문제가 해결되는 것으로 인식되었다. 그러나 금융개방화, 규제완화, 금리자유화 등이 진행되면서 기본적인 가정들이 충족되기 어려운 상황이나 예측이 불가능한 위험에 처하면, 즉 예상 밖의 자산가치의 하락, 환율변동에 따른 환위험, 대형보험사고 등의 커다란 손실 충격 등 통상의 가정하에서 산정한 책임준비금만으로는 장래의 보험금지급의 의무를 이행할 수 없는 상황이 발생할 수 있다. 이런 경우를 대비하여 책임준비금을 초과하여 보험회사가 적립하여야 하는 완충역할로서의 잉여금이 필요한데 이를 지급여력(solvency margin)이라고 한다. 지급여력은 '책임준비금 등의 채무를 초과하여 보유하는 지급능력'의 의미로 보험회사가 예측할 수 없는 리스크의 현재화에 대비할 수 있는 일종의 잉여금(surplus)을 의미한다. 따라서 최저지급여력을 밑돈다 해도 바로 지불불능에 빠지는 것은 아니다. 그러나 최저지불능력을 확보치 못한 경우에는 경영위기로 간주하고 감독당국은 다수 계약자 보호를 위하여 재무상태의 건전성 확보를 위한 다양한 제한조치를 취하고 있다. 대부분 국가에서는 보험계약자 보호를 위해 지급여력제도를 도입하여 운영하고 있으며 이 부분에 대해서는 어떤 감독규제 내용보다 엄격하게 운영되고 있다.

2) 지급여력제도

이러한 지급여력제도는 크게 보험료 및 보험금 기준 방식인 유럽(EU) 방식과 보험회사가 보유하는 리스크에 비례해 자기자본을 보유해야 한다는 미국 방식(RBC; Risk Based Capital) 제도로 구별된다. 한편, 지급여력비율은 지급여력을 지급여력기준으로 나눈 비율이고, 이는 보험회사 재무건전성을 판단하는 기준이다. 이는 우량보험회사 선택기준으로 사용되고 있으며 일반적으로 100% 이하가 되면 감독당국으로부터 적기 시정조치 규제를 받는다.

$$\text{지급여력비율} = \frac{\text{지급여력(보유자기자본)}}{\text{지급여력기준(요구자기자본)}} \times 100$$

- 적기시정조치 내역
  - 지급여력비율 100~50% : 자본금 증액, 사업비 감축 등 경영개선권고
  - 지급여력비율 50~0% : 점포 폐쇄, 임원진 교체 등 경영개선요구
  - 지급여력비율 0% 이하 : 주식 소각, 계약 이전 등 경영개선명령

(1) EU 방식

이는 산출방식이 간단명료하고 실무적으로 관리하기가 편리한 장점이 있지만 위험대상별 자산리스크와 경영리스크를 고려하지 않아 이러한 리스크에 대한 조기경보 기능이 미비한 단점이 있다. 산출공식은 다음과 같다.

- 지급여력(보유자본)=지급여력합산항목-지급여력 차감항목
  - 합산항목 : 자본금+자본잉여금+이익잉여금+자본조정+기타
  - 차감항목 : 영업권 등 무형자산+선급비용+기타
- 지급여력기준(요구자본)=책임준비금×4%+위험보험금×0.3%

(2) RBC(Risk Based Capital) 방식

이 제도는 미국에서 처음으로 시행되었으며 과거의 재무제표에 기초하여 수리적, 통계적인 기법을 활용하여 리스크계수를 산출하고 이를 요구자본금이라 하고 보유자본금대비 비율로 재무건전성의 적정성을 판단한다. 산출공식은 다음과 같다.

- 지급여력(보유자본) : EU 방식과 동일기준(국가별 달리 적용할 수 있음)
- 지급여력기준(요구자본)=총 위험기준자본(Total Risk Based Capital)

$$= \sqrt{(C_1 + C_3)^2 + C_2^2} + C_4$$

C_1 : 자산리스크, C_2 : 보험리스크

C_3 : 금리리스크, C_4 : 운영리스크

① 리스크 종류 및 내용

- C_1(자산리스크) : 자산의 손실발생 리스크로 채권, 주식, 저당증권, 부동산 등의 자산에 대해 장부가 또는 평가액의 일정비율을 리스크 금액으로 한다.
- C_2(보험리스크) : 사망률 악화 등 보험가격 설정에 수반하는 손실발생리스크로 보험종류별로 다르다. 사망보장상품은 위험보험금에 비례, 연금은 책임준비금 비례로 산출한다.
- C_3(금리리스크) : 금리변동에 따른 현금흐름(cash-flow) 변동 등의 리스크로 해약 시의 이율보증 유무, 해약공제의 유무 등에 따라 계약을 분류하고 책임준비금의 일정부분을 리스크 금액으로 한다.
- C_4(경영리스크) : 경영, 법규제, 경쟁조건 등의 변화에 따라 일정수준의 리스크 금액을 결정한다.

② 장점과 단점 : 이 방식의 장점으로는 우선 위험계수를 정하여 공식화하므로 정밀하다는 점이다. 또한 리스크를 위험대상별로 예측하여 보험사업의 위험에 적절히 대응할 수 있도록 하고 위험의 조기경보 기능을 수행한다. 한편, 단점으로는 RBC비율 산출 시 주관적 판단이 개입되기 쉬워 통계적 신뢰성에 문제가 있을 수 있으며, RBC비율 산출을 위한 비용 및 시간이 많이 소요될 수 있다는 점이다.

4 보험회사 가치평가

1) 기업가치

(1) 의의

기업도 하나의 경제주체로서 존재에 대한 그 가치가 나타나며 이것의 평가로 기업을 둘러싼 모든 이해관계자는 경제적이고 합리적인 의사결정을 하게 된다. 기업가치란 과거의 경영활동 결과에 의한 현재가치 외에 미래에 대한 효율적인 의사결정을 통한 미래의 기업가치가 창출되며 이는 유형과 무형으로 구분된다. 유형적 가치는 대차대조표기준의 재무적 가치로 전체 기업가치(총 자산가치)와 주주의 기업가치(총 자산가치에서 채권자가치를 차감)로 구분한다. 여기서 채권자가치는 채권자가 기업에 대여해 준 금액으로 한정되기 때문에 경영 의사결정에 따른 가치의 변화가 거의 없으나, 주주가치는 투자정책이나 재무정책에 따라 큰 영향을 받는다. 따라서 기업가치 극대화는 주주가치의 극대화를 의미하고 주가 극대화로 표현된다. 무형적 가치, 즉 비재무적 가치는 정확한 가치측정은 어렵지만 과거의 유형적 가치를 증대시켜 왔고, 미래의 유형적 가치를 증대시킬 수 있는 기본적인 요소가 해당된다. 이를테면 우수인력 확보, 기술 및 연구개발력, 브랜드(brand), 판매유통망, 유리한 입지 등이다.

과거 매출액 등 외형 위주의 경영형태에서는 기업가치보다는 양적 확대나 손익계산서 위주의 경영, 즉 장부기준상 회계적인 이익창출에 치우쳐 진정한 이익창출, 즉 현금흐름을 중시한 경영에 등한시하고 미래수익원을 위한 연구개발(R&D) 투자 등에 절대적으로 인색하였다. 한편, 기업의 존재이유는 수익창출이며 계속기업으로서 존재가치를 지속코자 필요한 자금을 자본시장에서 조달, 경영자원의 효율적 운용 등으로 최대수익을 시현하고자 부단히 움직이는 것이다. 이때 투자자는 투자자금에 대한 기회비용(자본비용)을 요구할 것이고 경영자는 자본비용보다 상회한 투자수익을 시현해야 진정한 이익이 창출되며 각 이해관계자는 성과보상, 즉 배당, 급여 등을 기대하게 된다. 즉, 경영자와 투자자는 그에 상응한 보상을 위해서는 해당기업의 성과를 정확히 측정해야 하며 이의 수단으로 가치평가는 필수불가결하다. 최근 경영 패러다임(paradigm)이 변화하고 있는 상황에서의 경쟁우위 확보방안은 과거와 같이 단순히 매출액, 당기순이익 확대 등 양적 성장 외에 이를 뒷받침할 수 있는 질적 성장이 필히 수반되어야 하며 이를 지원할 수 있는 것이 가치중심 경영이라 할 수 있다.

가치중심 경영은 '투자 → 매출액 실현 → 영업이익성과 창출 → 투자자배분/내부유보 → 재무구조 건실화 → 사업구조조정' 이라는 일련의 경영활동과정에서 기업가치 극대화를 실현하는 새로운 경영기법이며, 기업가치 극대화는 고객, 협력업체, 구성원, 주주 등의 가치가 선순환적으로 증대될 때 가능해지는 윈윈(win-win) 전략이다. 기업가치 평가는 해당기업의 장·단기 경영전략 수립 시 가치에 근거한 관리지표 생성, 사업구조 조정 및 자본가의 투자의사 결정지원, 합작투자 및 인수합병(M&A), 시장진입 결정, 장단기 리스크 관리 등에 주로 활용된다.

(2) 평가방법

어떤 평가방법도 완벽하지 않으므로 보다 정확한 기업가치 평가를 위해서는 기업이나 사업특성에 따라 적절한 평가방법을 선택하는 것이 중요하고, 각 평가방법의 단점을 보완하기 위해서는 여러 가지 평가방법을 동시에 활용하는 것이 바람직하다. 또한, 기업의 특성에 따라 적절한 평가방법을 선택하는 것이 중요하며 어려울 때 여러가지 방법을 병행하여 수치를 구한 후 종합적으로 판단하는 것이 바람직하다. 지금까지 많이 활용되고 있는 대표적인 평가방법은 시가평가가치법(market value), DCF법(discounted cash flow, 현금흐름가치법), Market Multiple 평가 방법 등이 있으며, 최근에는 DCF법이 이론적으로 우수하고 미래의 현금흐름을 반영할 수 있다는 이유로 많이 사용되고 있으며, M&A 시 중개역할을 하고 있는 투자은행들도 실제로 DCF법 및 Market Multiple법을 고려한 종합적 기업가치를 평가하고 있는 실정이다.

① 시가평가가치(market value) : 자산가치 평가방법 중 가장 대표적이며 대차대조표상의 자산실사를 통해 시가에 근접하도록 조정하여 구하는 방법으로서 간단하고 객관적이라는 장점이 있다. 우리나라에서는 IMF 이전에 많이 사용되어 왔으나, 기업의 동태적인 측면, 즉 수익창출능력을 제대로 고려하지 못하는 단점이 있으며, 특히 정보통신, 생명공학 등 하이테크 산업과 영업권이 큰 금융업 등에는 부적합하다.

② DCF법(discounted cash flow, 현금흐름가치법) : 수익가치 평가방법 중 대표적으로서 미래에 창출될 현금흐름의 현재가치에 의하여 평가하는데, 즉 향후의

시장 여건이나 경영의 제반 변수요인을 감안하여 현금흐름을 예측하고 일정한 할인율(WACC : Weighted Average Cost Capital, 가중평균 자본비용)에 의하여 현재가치를 산정하여 기업가치를 평가하는 방법이다. 이 방법은 이론적으로 가장 정교한 방법이나 정확한 정보에 근거하여 합리적인 미래예측을 할 수 있어야만 이 방법의 유용성이 높아질 수 있으며, 부동산 등 자산가치가 많은 회사에는 부적합하다.

③ Market Multiple법 : 시장가치 평가방법 중 대표적으로 Market Multiple에 의한 평가로서 자산 가치나 수익가치 방법에 비해 실무적으로 간편하다. 이 방법 중 그동안 PER(Price Earning Ratio), PBR(Price Book Value Ratio)등의 지표가 많이 사용되었으나 최근에는 영업현금흐름이 반영될 수 있는 EBITDA(Earnings Before Interest, Tax, Depreciation & Amortization) Multiple이 많이 사용된다.

이러한 기업가치 평가방법의 장·단점을 비교하면 표 18-4와 같다.

표 18-4 기업가치 평가방법 및 장·단점 비교

구분			장·단점
본질가치	자산가치	장부가치 (Book Value)	대차대조표상의 자산실사를 통해 시가에 근접하도록 필요한 조정을 하여 산정하며 간단하고 객관적임
		시장평가가치 (Market Value)	무형 자산에 대한 평가가 어렵고 기업의 동태적인 측면(수익창출)이 고려되지 않음
		청산가치 (Liquidated Value)	정보통신, 생명공학 등 하이테크 산업과 영업권이 큰 금융권 등에는 부적합함
	수익가치	현금흐름가치 (DCF Value)	미래의 현금흐름을 WACC로 할인하여 현재가치를 계산함
		이익할인가치 (Revenue Value)	이론적으로 최적방법이나 정확한 데이터가 전제되어야 유용성이 높아짐
		배당평가모형가치	부동산 등 자산가치가 많은 회사는 부적합
시장가치		주가+순차입금 상대가치	다른 방법에 비해 간편하여 DCF법으로 구한 기업가치를 보완하는 지표로 사용
		Market Multiple에 의한 가치	PER, PBR 등의 지표가 사용되었으나 최근에는 EBITDA Multiple 방식이 많이 활용되고 있음

표 18-5 사업모델에 따른 기업가치 평가방법

구 분	평가방법
일반기업	EBITDA Multiple, DCF
American On-Line 등 신규 Business	아직 EBITDA는 충분하지 않지만(심지어 적자수준) 미래 성장 가능성을 감안하는 지표가 사용될 수 있음(예 : Subscriber×Multiple 등)
Microsoft	전 세계 PC 보유대수×Multiple 등
기타	• Value of Market×Market Share • 지식축적 Level(DB, R&D, Intangible 투자 등)×Multiple

한편, 시장에서 기업 가치를 평가하는 방법은 기업의 사업모델에 따라 다르게 적용될 수 있다. 예를 들어 신규 사업의 경우 EBITDA를 적용할 만큼 충분하지 않아 이를 미래성장 가능성 지표로 대체한다든가 Microsoft사의 PC보유대수에 일정한 배수를 곱하여 기업가치를 산출하는 등 여러 가지 방법이 적용될 수 있다. 이를 정리하면 표 18-5와 같다.

2) 보험회사의 기업가치

(1) 정의

보험회사의 가치는 〈순자산가치+보유계약가치+신계약가치+무형가치〉의 합으로 나타나며 이중 순자산가치와 보유계약가치를 합하여 Embedded Value라 하며 여기에 신계약가치를 합하여 Appraisal Value라 한다. 순자산가치는 자산에서 부채를 차감한 가치로 평가시점 현재 재무제표상 주주지분의 현재가치를 의미하며 이의 평가방법으로는 장부가치, 시장가치, 조정가치가 있다. 보유계약가치는 미래 수익력 가치로 보유계약의 장래 현금흐름을 반영한 이익 중 주주지분의 현재가치이고, 신계약가치는 영업력가치로 신계약 모델링(modeling)에 의해 예측되는 미래계약의 이익 중 주주지분의 현재가치를 말한다. 한편, 무형가치는 인력, 영업 네트워크(network), 전산(IT)수준 등 무형의 가치를 의미한다. 보험회사 기업가치를 요약하면 다음 그림 18-3과 같다.

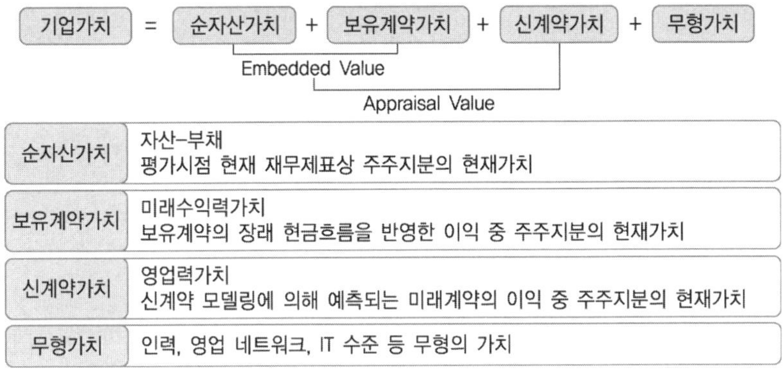

출처 : M생명 기업가치 분석자료(2004)

그림 18-3 보험회사 기업가치

(2) 산출체계

우선 신계약정보를 포함한 보유계약 정보를 보험증권별, 계약자별, 상품별 등 필요한 순서대로 순차적으로 분류한 다음 보험계약에 관한 세부정보를 연결시킨다. 이러한 정보파일을 통하여 평가기간 동안 발생할 수익과 비용을 산출 대응시킨다. 특히 미래수익과 비용에 관한 산출 시 필요한 제반가정으로 유지율과 할인율, 투자수익률, 위험발생률, 사업비 집행률 등이 있으며, 이들을 합리적으로 사용하기 위한

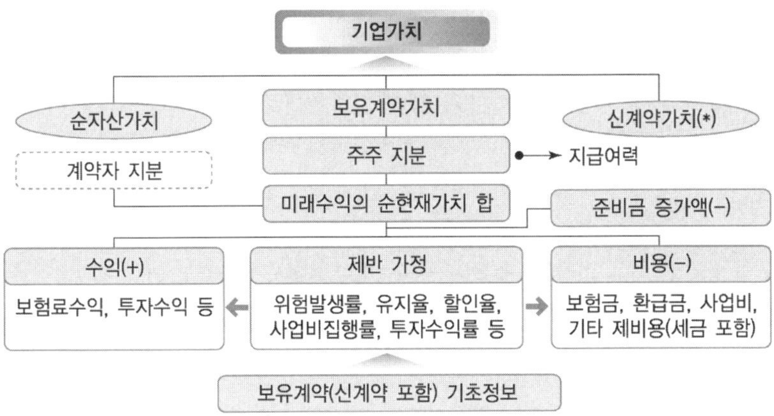

출처 : M생명 기업가치 분석자료(2004)

그림 18-4 보험회사 기업가치 산출체계도

과거데이터가 충분히 집적되어야 한다. 수익에서 비용을 차감하고 평가기간 동안 준비금증가액을 차감하면 바로 순자산가치가 산출되며 이것을 감독기준에 따라 주주지분과 계약자지분으로 구분한다. 계약자지분은 감독기준에 따라 적립해야 하며, 주주지분이 순자산가치, 보유계약가치, 신계약가치로 구분되어 결과적으로 주주배당 몫으로 배분된다(그림 18-4 참조).

(3) 주요 가정

기업가치 산출에 필요한 주요 가정으로는 위험발생률, 유지율(해약률), 사업비 집행율, 투자수익률, 현재가치 할인율 등이 있다. 위험발생률은 보험료 산출 시 적용된 기초율 중 예정사망율의 해당기간 동안 실제 발생률을 의미하며, 위험급부별 즉 일반사망, 재해사망 등 경험 사차익률과 예정사망율대비 실제경험사망율 비율, 평균여명 기준 보정사망율 등이 있다. 유지율은 납입방법별 또는 경과기간별 보험료 기준 유지율을 적용한다. 특히 금리연동형의 경우 금리시나리오에 따른 추정유지율을 적용한다. 사업비 집행율은 신계약비, 유지비, 수금비로 구분하여 각각 예정사업비대비 집행율을 산출, 적용하고 신계약비의 경우, 가장 큰 규모인 설계사 수당을

표 18-6 주요가정 설정방법

구 분	설정방법
위험발생율	• 위험급부별 경험사차익율(일반사망/재해사망/장해/입원 및 기타) • 예정사망율 대비 당사 경험사망률 • 평균여명기준 보정사망률
유지율(해약율)	• 납입방법별/경과기간별 보험료 기준 경험 유지율(해약율) • 금리시나리오에 따른 추정 유지율(금리연동형 상품)
사업비집행율	• 예정사업비 대비 실제사업비 집행비율(α, β, γ) • 영업규정 적용에 따른 수당별 비용
투자수익율	• 자산운용수익율, 준비금적립 표준이율(감독규정) • 기준금리 시나리오(3년물 국고채수익율기준 7가지 결정론적 시나리오) • 무작위 금리생성에 의한 확률론적 시나리오
현재가치할인율 (물가상승율)	투자수익율, 평균 준비금부담이율(소비자물가지수)

출처 : M생명 기업가치 분석자료(2004)

그 내역별로 구분하여 수당별 비용을 산출한다. 투자수익률은 기업가치 산출 가정치로 적용하기가 가장 어려운 항목이다. 우선 과거 자산운용수익율과 준비금적립이율을 해당 기간별로 산출한 다음, 미래의 기준금리를 시나리오별로 산출해 낸다. 대표적인 방법으로는 뉴욕 7 시나리오[1]가 사용된다. 또한 전산시스템이 구축될 경우 금리 시나리오를 확률적으로 생산하여 적용할 수도 있다. 마지막으로 할인율은 투자수익률이나 평균 준비금부담이율을 적용한다(표 18-6 참조).

1) 이는 미국 뉴욕 주에서 보험회사 책임준비금의 적정성 검증 시 사용하도록 한 시나리오로 장·단기 금리구조가 변하면서 스트레스 테스트를 위한 7가지 시나리오로 구성되어 있다.

요점정리

1. 보험사업은 위험사업, 저축 및 투자사업, 서비스사업을 근간으로 수행되며 각 사업 간 지켜야 할 경영원칙이 있으며 이 원칙하에 상호 유기적인 관계를 통하여 수지 차 및 손익을 효율적으로 관리해야 한다. 보험사업의 핵심역량은 판매채널, 새로운 시장확보, 경영 인프라, 고객만족이다.
2. 보험회사의 재무건전성 지표로 지급여력비율이 있으며 이는 계약자채무인 책임준비금을 초과하여 보험회사가 추가해서 적립해야 할 잉여금에 대한 비율로 크게 유럽(EU) 방식과 미국식(RBC) 방식으로 분류된다.
3. 보험회사의 가치는 〈순자산가치+보유계약가치+신계약가치+무형가치〉의 합으로 나타나며, 이 중 순자산가치와 보유계약가치를 합하여 Embedded Value라 하며 여기에 신계약가치를 합하여 Appraisal Value라 한다.

Chapter 18 평가문제

1 보험경영의 원칙을 설명하시오.

2 보험사업의 핵심역량을 나열하시오.

3 보험회사의 재무건전성 지표인 지급여력비율 산출식을 쓰시오.

4 다음 문장의 괄호 안에 알맞은 단어를 기입하시오.

① (   )는 자산에서 부채를 차감한 가치로 평가시점 현재 재무제표상 주주지분의 현재가치를 의미한다.

② 보험자산의 투자는 보험의 공공성, 사회성 등으로 인하여 무엇보다 (   )의 원칙하에 이루어져야 한다.

MEMO

Part 7

금융소비자의 이해

Chapter 19 금융소비자 보호체계

Chapter 20 금융영역별 소비자보호제도

금융소비자 분야는 크게 금융소비자보호체계, 금융영역별 소비자보호제도로 구분하여 살펴보고자 한다.
제19장 금융소비자 보호체계에서는 주로 법체계와 관련기관에 관하여 살펴본다.
제20장 금융영역별 소비자보호제도는 크게 예금자보호, 금융투자자보호 및 보험계약자보호로 구분하여 살펴본다.
다시 예금자보호에서는 주요 내용과 함께 선진국의 현황을 살펴본다.
금융투자자보호에서는 영업행위규제, 공시규제, 불공정거래행위 규제로 나누어 살펴본다.
그리고 보험계약자보호에서는 주로 보험계약자 보호수단에 대하여 다룬다.

Chapter 19

금융소비자 보호체계

1. 법체계
2. 관련기관

19
Chapter

금융소비자 보호체계

금융소비자보호는 금융시장에서 금융소비자가 전문지식이 부족하거나 교섭과정에서 약자의 위치에 있으므로 인해 스스로의 권익과 재산을 보호하지 못하는 불공정한 상태를 보정하기 위한 기능이다. 금융거래는 수요자와 공급자 간에 존재하는 정보의 비대칭성이 실물거래에 비해 상대적으로 크고, 이로 인한 교섭력의 불균형이 발생할 소지가 높으므로 금융거래에 있어서 소비자보호의 중요성은 매우 크다.[1)]

이로 인해 금융소비자는 최소의 비용으로 최고의 금융서비스를 제공받아 소비자 효용을 극대화하고 소비자로서의 권익을 보호받을 수 있는 반면, 금융공급자는 양질의 금융서비스를 공급함으로써 시장의 신뢰를 확보하고 금융분쟁으로 인한 평판의 훼손을 예방할 수 있게 된다. 결국 금융소비자보호는 금융시장에서의 불공정 문제와 자금배분 왜곡문제를 해소하여 궁극적으로 시장의 효율성을 제고하는 데 중요한 역할을 한다고 볼 수 있다.

한편, 금융소비자보호는 금융수급자 간 정보 비대칭성의 문제를 해소하는 협의의 의미로도 본다. 반면, 전체 시장규율[2)]의 확립은 시장감시기능 강화를 통해 자율적으로 공정경쟁을 유지하도록 하는 포괄적인 개념이다. 즉 금융소비자 보호는 금융수급자간의 비대칭을 해소하기 위해 취하는 시장실패의 보정 및 공정경쟁 확립기능에 해당되며, 시장규율 확립은 비대칭성에서 출발한다는 점에서는 같지만 금융공급자에 대한 공개확대와 시장참여자에 의한 자율적인 감시기능을 통해 공정경쟁을 유지시키는 것으로 전자가 사후 교정적 성격이 강한 반면, 후자는 사전 예방적 성격을

1) 금융감독원 인력개발실(2010), 전게서, p.406 인용

2) 이는 시장에서 공정경쟁이 이루어질 수 있도록 구축된 각종 제도, 관행 및 시장하부구조 등과 이들에 의해 작동되는 시장기능을 의미한다.

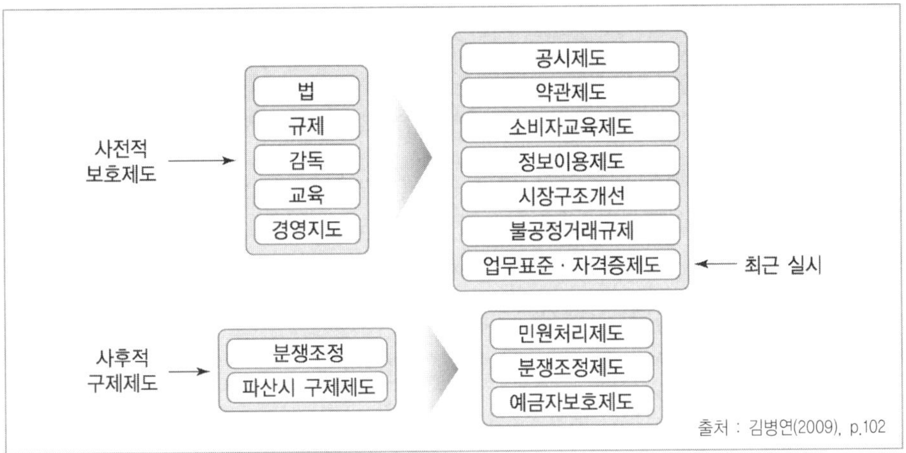

그림 19-1 금융소비자보호제도 및 인프라

지닌다.[3)]

일반적으로 금융소비자 보호제도는 사전적인 것과 사후적인 것으로 나눌 수 있다. 사전적 보호제도는 법, 규제, 감독, 교육 및 경영지도 등을 들 수 있는데 이에는 공시제도, 약관제도, 소비자교육제도, 정보이용제도, 시장구조개선, 불공정거래규제 및 업무표준·자격증제도 등으로 세분화된다. 사후적 구제로 분쟁조정, 파산 시 구제제도 등을 들 수 있는데 세부적으로 민원처리제도, 분쟁조정제도 및 예금자보호제도 등이다(그림 19-1 참조).

우리나라의 금융소비자보호 활동이 본격적으로 시작된 것은 지난 2000년 금융감독원 내의 금융소비자보호센터가 신설되면서부터라고 할 수 있다. 그 이전까지는 각 영역별로 미미하게 해당 업무와 제도를 운영하였지만 감독체계가 일원화되면서 금융소비자 보호문제도 통일되고 일관성 있게 접근할 수 있게 되었기 때문이다. 최근 글로벌 금융위기 이후 미국을 중심으로 영업행위 감독의 중요성이 부각되고, 국내에서도 글로벌 위기여파로 인한 생계형 민원이 급증하였지만 감독당국은 여전히 금융회사의 건전성 감독에만 치중하고 상대적으로 민원처리 등의 금융소비자 보호업무를 소홀하다는 비판이 제기되면서 금융소비자보호를 위한 독립적인 기구를 설립해야 한다는 의견도 제시되고 있다. 이하 관련 법체계와 관련기관에 대하여 살펴보자.

3) 금융감독원 인력개발실(2010),전게서, pp. 407-408 인용·정리

1 법체계

1980년에 제정된 소비자보호법은 금융소비자보호활동이 강화됨에 따라 이제는 하나의 벤치마크 모델로서 역할을 하고 있는데 주로 상품·서비스에 대한 위해의 방지, 계량·규격표시 적정화, 공정자유경쟁의 확보, 계발활동과 교육의 추진, 소비자 의견의 시책 반영 등에 대하여 규정하고 있다. 그 외 관련된 법규를 목적별로 살펴보면 예금자보호제도, 약관제도, 공시제도, 정보이용제도, 분쟁조정제도, 시장구조개선 및 불공정거래규제를 위한 법률이 있다(표 19-1 참조). 이 밖에 은행법, 자본시장법 및 보험업법 등 해당 영역의 업법과 이에 의한 금융기관 업무의 감독 및 검사규정 등에 금융소비자보호조항이 포함되어 있다. 아울러 경영지도를 통한 소비자보호활동은 각종 업법에 구체화되어 있다.

업권별 소비자보호 조항을 살펴보면 다음과 같다. 은행의 경우 은행업 감독규정 제 8장(금융기관 이용자 권익보호 및 사고예방)의 제 84조부터 제 90조까지의 조항에서 주로 금융거래약관, 불건전영업행위 및 금융거래 조건 공시에 대해서 다루고

표 19-1 금융소비자보호제도와 관련 법규

목적	제도	관련 법규
정보의 비대칭성 문제 해소	예금자보호제도	예금자보호법, 금융위원회의 설치법률
	약관제도	약관규제 법률, 독점규제 및 공정거래 법률, 은행법, 자본시장법, 보험업법, 여신전문금융업법
	공시제도	표시·광고의 공정화법률, 주식회사 외부감사법률, 은행법, 보험업법, 자본시장법
	공정한 정보이용	신용정보 이용 및 보호법률
	분쟁조정제도	소비자기본법, 금융위원회의 설치법률
	교육	소비자기본법
경쟁촉진	시장구조 개선	독점규제 및 공정거래 법률, 금융산업 구조개선 법률
	불공정거래 규제	
경영효율성 제고	경영지도	은행법, 자본시장법, 보험업법
	효율적 정보이용	신용정보 이용 및 보호법률

출처 : 금융감독원

있다. 또한 은행감독업무세칙 제7장(금융기관이용자 권익보호)의 제 59조부터 제 80조까지 감독규정 제8장의 세부지침과 구속성예금에 대해서 규정하고 있다.

증권의 경우 자본시장법 제4장(영업행위규칙)에서 소비자보호조항을 가장 많이 다루고 있는데, 특히 제37조(신의성실의무), 제44조(이행상충의 관리), 제46조(적합성의 원칙), 제46조의 2(적정성의 원칙), 제47조(설명의무), 제48조(손해배상책임) 및 제49조(부당권유의 금지), 제58조(수수료의 공시) 등의 조항이 소비자보호의 핵심적인 내용을 담고 있다. 또한 금융투자업 감독규정에서는 제4편(영업행위 준칙) 제2절(투자권유)이 금융상품 판매와 관련된 소비자 보호내용이 포함되어 있다.

보험의 경우 보험업법 제4장 제2절(모집관련 준수사항) 및 제3절(보험계약자의 권리)과 제7장(감독)에서 소비자보호에 관한 사항을 규정하고 있다. 한편, 보험업 감독규정 제7장 6절(공시), 7절(보험경영 일반), 8절(보험상품 제출기준 등)에서 소비자보호조항이 명시되어 있다. 또한 보험감독업무 시행세칙 제5-13조(표준사업방법서 및 표준약관)의 별표에서는 생명보험, 손해보험 및 자동차보험의 표준약관의 형식 및 내용에 대해서 제시하고 있다.

2 관련기관

금융소비자보호를 위하여 법령 등에 의하여 설치된 공적기관은 예금보험공사, 공정거래위원회, 금융위원회·금융감독원을 들 수 있다. 이 중 금융위원회·금융감

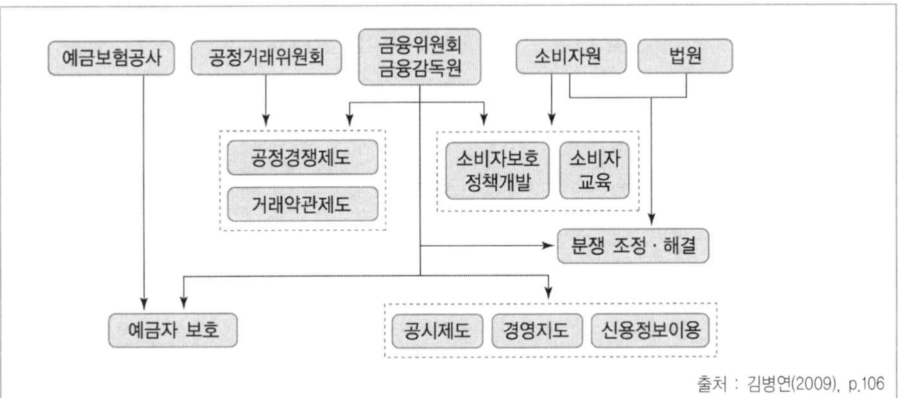

출처 : 김병연(2009), p.106

그림 19-2 우리나라 금융소비자보호제도 실행 체계

독원이 금융소비자보호에 관한 한 가장 광범위한 역할을 수행하고 있는데 주로 소비자보호정책 개발, 공시제도, 경영지도 및 신용정보이용에 관하여 수행하고 있으며 아울러 예금보험공사와 공정거래위원회와 중복해서 예금자보호제도 및 공정경쟁·거래약관제도에도 관여하고 있다. 그림 19-2는 우리나라 금융소비자보호제도의 실행 체계를 나타난 것이다. 이하 해당기관의 주요 업무를 간략히 살펴보도록 하겠다.

1) 금융감독원

금융감독원 내 감독 및 검사부서는 금융기관에 대한 감독과 검사를 통하여 직·간접적으로 금융소비자보호 업무를 지원하고 있으며, 원내 소비자보호국이 직접적으로 담당하고 있다. 소비자보호국은 원내 부서, 민원, 금융기관, 언론매체, 모니터링 등을 통하여 소비자에게 유용한 정보를 수집·발굴하여 다양한 이해관계자에게 관련 정보를 제공하고 있다. 주요 정보로는 예금자보호안내, 은행·증권거래 및 보험가입 시 유의사항, 파이낸스 등 사설금융회사의 투자위험, 인터넷을 통한 주식공모 유의사항, 분재조정사례, 민원서비스 이용안내 등이다. 이러한 정보제공은 언론매체나 인터넷을 활용하는데 특히 금융감독원의 웹사이트(web site)에 개별 금융기관의 웹사이트를 연결시켜 놓음으로써 인터넷 이용자가 쉽게 접근하도록 하고 있다. 또한 소비자보호단체 등 사회교육단체를 대상으로 금융강좌를 개설하고, 필요시 교육실시 등 금융소비자교육에도 치중하고 있다.

한편, 금융소비자보호센터를 개설, 전화 및 내방 민원인에 대하여 원스톱(one-stop) 민원서비스를 제공하고 있으며 방송상담 및 인터넷을 통한 민원 접수 등의 업무도 수행하고 있다. 금융소비자보호센터는 소비자보호 기획팀, 민원상담팀, 소비자교육팀 및 민원처리 파트로 구성되어 있다. 상담 및 민원활동을 보면 설립초기인 1999년부터 2001년에는 주로 예금자보호와 대우채권 환매 연기조치와 관련된 문의가 많았으며, 이후 2002년에서 2004년에는 신용카드 및 채권추심과 관련한 상담이 많았고, 이후 투자유치 분쟁 등 상담사례가 다양해졌다.

다음으로 분쟁조정제도를 살펴보자. 우선 원내 분쟁조정실은 분쟁조정지원팀, 은행비은행분쟁조정팀, 증권분쟁조정팀, 생보분쟁조정팀 및 손보분쟁조정팀으로 구성되어 있으며, 해당 분야 전문가를 구성된 분쟁조정위원회를 설치·운영하고 있다.

분쟁처리절차는 조정신청, 분류심사, 보완요구 및 사실조사, 분쟁의 처리 순으로 이루어지며, 위원회에서 심의·의결된 조정결정을 양 당사자가 수락하면 조정이 성립되며 불수락한 경우에는 불성립된다. 분쟁조정대상은 금융회사의 업무와 관련해 발생한 권리 또는 의무에 대한 이해 당사자가 분쟁의 신청인이며, 은행, 농수축협, 종금사, 상호저축은행, 신협, 여신전문회사 등 금융감독원의 검사대상기관이 피신청인이 된다.

금융이용자 모니터제도도 주요한 역할이다. 금융감독원은 매년 신청자 중 100명에서 300명 내외를 선발하여 모니터요원으로 위촉·운영하고 있으며, 제보내용의 질적 우수성을 5단계 등급으로 구분하여 관리하고 있으며 제보실적 등을 평가하여 우수 모니터요원에게는 포상을 실시하고 있다.

2) 소비자원

소비자원은 소비자보호법에 근거하여 1987년 설립된 정부출연기관으로서 소비자상담 및 피해구제, 소비자보호관련 제도 및 정책의 연구 건의, 소비자보호관련 교육연수 및 홍보 등의 기능을 수행하고 있다. 1999년 4월부터 개정 소비자보호법이 시행됨에 따라 소비자원에 설치된 소비자분쟁조정위원회도 금융관련 분쟁조정 업무를 수행하게 되었다. 소비자의 피해구제신청이 청구일로부터 30일 이내에 해결되지 않을 때는 소비자분쟁조정위원회에 조정을 요청하고 그 결정에 따라 처리한다. 또한 소비자 소송지원 변호인단을 운영하여 조정결정에 불복한 사건 중 소비자가 민사소송을 제기한 경우 변호인을 추천하는 등 소송을 지원한다.

이 밖에 국내외 모니터, 간행물, 인터넷을 통해 소비자정보를 수집하고 통합 소비자민원 정보시스템(SOBINET)을 통해 이해관계자에게 제공한다. 아울러 초·중·고등학생, 대학생, 교사, 기업체직원 등을 대상으로 소비자교육과정을 개설·운영하고 있다.

3) 공정거래위원회

공정거래위원회는 정부조직법상 국무총리 소속하의 중앙행정기관으로서 경쟁정책을 수립하고 공정거래제도를 운영하는 합의제 형태의 준사법적 기관이다. 이 위원회는 경쟁적 시장환경의 조성과 거래형태의 개선을 통해 시장에서의 공정한 거래질서를 확립하는 등 금융소비자보호에 직·간접적인 영향을 행사하고 있다.

한편, 2008년 2월 정부조직법 개정으로 '소비자기본법' 소관부처가 공정거래위원회로 통합됨에 따라 종전까지 소비자정책 수립 및 법령 제·개정업무는 재정경제부에서, 한국소비자원 감독 등 집행업무는 공정거래위원회에서 하도록 이원화되었던 것이 일원화되었다. 이로 인해 소비자관련 업무가 보다 일관성 있게 적극적인 정책추진이 가능해졌다.

4) 금융회사 내 소비자보호센터 및 협회[4]

각 금융회사는 소비자보호 부서를 설치하여 직접 민원을 처리하고 있으며, 금융권역별 협회 역시 직접 민원을 처리하지 않더라도 각종 공시자료 등을 제공하거나 부조리 신고를 접수하는 등 민원처리 업무를 일부 수행[5]하고 있다. 이들 금융회사나 금융관련협회의 민원처리 기능은 당사자 간 해결원칙을 적절히 활용한다면 적시성과 불만의 조기 해소차원에서 의미가 있다. 특히 방카슈랑스제도 도입 이후 보험상품을 판매하는 은행 등 금융회사대리점이 자체 민원실을 두도록 함으로써 일괄서비스의 원칙을 충실히 하고 있다.

4) 금융감독원 인력개발실(2010), 전게서, p. 412 인용

5) 2009년 2월에 시행된 자본시장법에서는 '권역별 협회에 대하여 회원의 영업행위와 관련한 분쟁의 자율조정 업무를 규정하고 있다. 단 당사자의 신청이 있는 경우에 한한다.' 고 명시하였다.

요점정리

1. 금융소비자보호는 금융시장에서 금융소비자가 전문지식이 부족하거나 교섭과정에서 약자의 위치에 있으므로 인해 스스로의 권익과 재산을 보호하지 못하는 불공정한 상태를 보정하는 수단을 의미하며 사전적인 것과 사후적으로 구분된다.
2. 사전적 보호제도는 법, 규제, 감독, 교육 및 경영지도 등이며, 이에는 공시제도, 약관제도, 소비자교육제도, 정보이용제도, 시장구조개선, 불공정거래규제 및 업무표준·자격증제도 등으로 세분화된다. 사후적 구제로 분쟁조정, 파산 시 구제제도 등으로 세부적으로 민원처리제도, 분쟁조정제도 및 예금자보호제도 등이 있다.
3. 금융소비자보호에 관한 법체계는 소비자보호법이 가장 근간이며 이를 토대로 두 가지 형태로 구분된다. 우선 목적별 구분으로 예금자보호제도, 약관제도, 공시제도, 정보이용제도, 분쟁조정제도, 시장구조개선 및 불공정거래규제를 위한 법률이 있다. 두 번째 업권별 구분으로 은행법, 자본시장법, 보험업법으로 구분되어 각각의 조항에 소비자보호내용이 수록되어 있다.
4. 금융소비자보호를 위한 기관은 크게 소비자원, 예금보험공사, 공정거래위원회, 금융위원회·금융감독원, 금융회사 내 자체기관으로 나뉜다. 이 중 금융위원회·금융감독원이 금융소비자보호에 관한 가장 광범위한 역할을 수행하고 있는데 주로 소비자보호정책 개발, 공시제도, 경영지도 및 신용정보 이용에 관하여 수행하고 있으며, 아울러 예금보험공사와 공정거래위원회와 같이 예금자보호제도 및 공정경쟁·거래약관제도에도 관여하고 있다.

Chapter 19 평가문제

1 금융소비자 보호수단을 사전적인 것과 사후적으로 구분하여 나열하시오.

2 금융소비자보호 관련법을 목적별로 나열하시오.

3 소비자원의 주요 기능을 서술하시오.

4 다음 문장의 괄호 안에 알맞은 단어를 기입하시오.

① 금융소비자보호를 위한 기관 중 ( )이 금융소비자보호에 관한 가장 광범위한 역할을 수행하고 있다.

② 금융거래에서 소비자보호가 중요한 이유는 수요자와 공급자 간에 존재하는 ( ) 때문이다.

Chapter 20

금융영역별 소비자보호제도

1. 예금자 보호
2. 금융투자자 보호
3. 보험계약자 보호

Chapter 20

금융영역별 소비자보호제도

1 예금자 보호

1) 예금보험제도의 의의

예금보험제도는 다수인으로부터 예금을 수입한 금융기관이 금융위기나 부실경영 등으로 인해 예금의 지급불능사태가 발생할 경우 예금자를 보호하기 위해 예금액의 전부 또는 일부를 대신 지급해 주는 안전장치이다. 이러한 취지로 이 제도는 금융기관의 공신력을 높임으로써 금융산업의 발전에 이바지하고 있을 뿐 아니라 국가적으로 통화정책을 보다 효과적으로 수행할 수 있는 여건을 조정하는 데 크게 기여하는 것으로 평가되고 있으나, 일각에서는 도덕적 해이와 역선택 문제를 증대시켜 금융시스템의 안정에 부정적이라는 지적도 있다.

이의 형태나 운영방법은 나라마다 다르다. 미국, 영국, 일본, 캐나다 등은 정부나 중앙은행 등의 출연에 의해 설립된 공적 조직이고, 독일, 프랑스, 네덜란드 등은 민간금융기관들에 의해 자율적으로 운영되는 순수 민간조직이다. 그리고 노르웨이, 필리핀, 터키 등은 공사 중간조직 형태이다. 이 밖에 특정 금융산업들의 협회 등이 소속 금융기관들의 자구적인 상호보험제도를 운영하는 나라도 있다.

우리나라는 1997년 외환위기 이전까지는 주로 정부에 의하여 예금자보호를 주도해 왔다. 즉 감독을 통하여 사전에 금융기관의 부실화 내지 도산을 방지함으로써 예금자보호를 수행하였다. 외환위기 이후에는 금융자율화의 가속으로 금융기관의 부실화 가능성이 커지자 이에 대비하기 위하여 금융위원회가 금융부실기관에 대하여 여·수신 제한이나 예금지급정지조치를 내릴 수 있도록 규정하였다. 그러나 감독기능의 한계를 극복하고 보다 적극적으로 금융기관의 부실을 예방하고 예금보험은

표 20-1 우리나라 예금자보호 상품 및 비보호상품 현황

구 분	보호대상 예금	보호대상 제외예금
은 행	• 보통예금, 별단예금, 당좌예금 등 요구불 예금 • 정기예금, 저축예금, 기업자유예금, 주택청약예금 등 저축성 예금 • 정기적금, 주택청약부금, 상호부금 등 적립식 예금 • 연금신탁, 퇴직신탁 등 원금보전형 신탁 및 표지어음	• 외환예금, 양도성 예금증서(CD) • 특정금전신탁 등 실적배당형 신탁 및 개발신탁 • 간접투자자산운용업법에 의한 간접투자상품(수익증권, 뮤추얼펀드 등) • 농·수협중앙회 공제상품
증 권	• 증권저축, 위탁자예수금, 저축자예수금, 수익자예수금 등의 현금잔액 • 자기신용대주담보금, 신용거래 계좌 설정 보증금, 신용공여담보금 등의 현금 잔액	• 유가증권, 청약자예수금, 제세금예금, 유통금융대주담보금, 환매조건부채권(RP), 증권사발행채권 • 간접투자자산운용법에 의한 간접투자상품(수익증권, 뮤추얼펀드 등)
보 험	• 개인이 가입한 보험계약, • 퇴직보험계약	• 법인보험계약(보험계약자 및 보험납부자가 법인인 보험계약), 보증보험계약, 변액보험계약, 재보험계약
종 금	• 발행어음 표지어음, 어음관리계좌(CMA)	• 수익증권, 환매조건부채권(RP), 종금사 발행채권, 매출어음
상호 저축은행	• 보통예금, 저축예금, 정기예금, 정기적금, 신용부금, 표지어음 등	

출처 : 예금보험공사

물론 부실기관의 퇴출을 신속히 정리하는 업무를 독립적으로 수행하고자 예금보험공사를 설립하기에 이르렀다.

2) 예금보호제도의 내용[1)]

(1) 가입의무

예금보험 가입대상은 예금보험제도를 도입한 목적에 따라 차이가 있다. 예금보험제도를 도입한 목적이 주로 소액예금자의 보호에 있는 국가에서는 예금업무를 담당

1) 강병호(2010), 전게서, pp.130-136 인용·정리

하는 모든 금융기관을 가입대상으로 하고 있으나 예금보험제도의 도입목적이 주로 금융시스템을 안정시키는 데 있는 국가들의 경우 상업은행만을 가입대상으로 하고 있다.

예금보험의 가입자격과 관련하여 강제가입을 원칙으로 해야 한다는 주장의 근거는 가입하지 않은 은행들은 예금뇌취 현상의 방지 등 예금보험제도의 혜택을 보면서도 보험료를 내지 않고 무임승차(free riding)를 하게 되고 그렇게 되면 비가입은행은 가입은행에 비하여 상대적으로 경쟁에 유리하게 될 수가 있다는 것이다. 따라서 미국, 독일 등 대부분의 국가에서는 예금보험의 가입자격(membership)에 관하여 은행은 강제규정으로 모두 가입토록 하는 것이 일반적인 현상이다.

미국의 경우 연방준비제도(Federal Reserve System)의 가맹은행은 모두 FDIC (Federal Deposit Insurance Corporation)에 가입토록 요구하고 있고 그 밖의 은행은 FDIC에의 가입을 임의적으로 선택할 수 있으나 규모가 큰 은행들은 대부분 가입하고 있다. 우리나라의 경우 은행을 비롯한 대부분의 금융기관들이 강제로 가입하여야 하며 외국은행 국내지점의 경우 외국과의 상호주의 등을 감안하여 예외를 둘 수 있게 되어 있다.

(2) 보험지급한도

예금보험이 예금 전액에 대해 지불보장을 할 것인가 아니면 부분적으로만 지불보장을 할 것인가도 논란의 대상이 되고 있다. 부분적 지불보장을 주장하는 논리는 부분적 지불보장을 함으로써 보험가입 후 보험가입자가 위험방지 노력을 게을리하거나 금융기관이 위험한 경영을 추구하는 도덕적 위험을 범할 가능성을 방지하자는 것이다. 주로 소규모 은행들은 예금액의 크기에 관계없이 전액을 보전해야 한다고 주장하고 대규모 은행들은 거액예금에 대해서는 전액보전이 아닌 일부보전으로 거액예금주들이 어느 정도 손실을 부담해야 한다고 주장하는 경향이 있다.

따라서 예금보호한도는 예금자의 도덕적 해이와 금융제도의 안정이 조화를 이룰 수 있는 수준에서 결정되는 것이 바람직하다. 지나치게 높은 수준의 보호한도는 예금자의 도덕적 해이를 유발하는 반면, 낮은 수준의 보호한도는 위기발생 시 예금인출 사태 등으로 금융시스템이 불안정해지는 것에 대해 효과적으로 대응할 수 없기 때문이다. 현재 예금보호제도를 운영하는 대부분의 국가가 부분보호제도를 채택하고 있다. 보험금지급한도의 산정기준은 대부분의 경우 금융기관별, 개인별로 정한다. 보험금 지급한도를 예금계정(account)별로 정할 경우 거액예금을 보험금 지급한도 이내의 금액으로 쪼개어 예금할 가능성이 크기 때문이다.

(3) 재원조성

예금보험의 재원조성방법으로는 가입은행이 정기적으로 보험료를 납부하여 사전에 기금을 조성하는 방법과 사전에 기금조성을 하지 않고 가입은행의 도산 시 손실액을 사후적으로 조성하여 보전하는 방법이 있다. 사전적 기금적립방식을 채택하고 있는 국가들의 경우 예금보험기구의 기금의 건전성을 확보하기 위해 총예금이나 부보예금에 대한 비율에 의거 기금의 적립목표를 설정하는 것이 보통이다. 현재 미국을 위시한 예금보호제도를 도입한 95개국 중 29개국이 목표기금제도를 도입하고 있다.

사전적 기금방식은 미국, 독일, 일본 등 대부분의 국가들이 채택하고 있는 제도로 은행의 도산위험에 신속하게 대처할 수 있다는 장점이 있는 반면, 보험료의 산정방법과 기금의 적정규모를 정하기 어렵다는 약점을 가지고 있다. 한편, 사후적 기금조정제도는 영국, 프랑스, 이탈리아, 스위스, 오스트리아, 네덜란드, 칠레 등이 채택하고 있는 제도로 출연금 등으로 최소한의 재원만 사전에 조달하고 보험사고 발생 시 사후적으로 기금을 조성한다. 이 제도는 가입은행 간에 손실을 방지하기 위한 상호감시기능이 강화된다는 장점이 있는 반면, 도산은행 자체는 손실을 부담하지 않는다는 형평성 문제가 있고 이로 인한 도덕적 해이를 심화시킬 수 있다는 약점이 있다.

(4) 보험운영

예금보험을 운영하는 주체로 공적 기구와 사적 기구 형태로 나눌 수 있다. 공적 기구 형태는 정부 또는 중앙은행의 출연에 의해 설립되어 이들에 의해 운영되는 조직으로 보험제도에 대한 공신력이 높은 장점이 있는 반면, 예금보험기구가 보험경영의 부실을 최종적으로 정부에 전가시킬 수 있다는 점을 믿고 효율적인 경영에 전념하지 않는 도덕적 해이(moral hazard) 문제를 발생시킬 소지가 있다.

사적 기구 형태는 공적 기구와 반대로 보험경영의 효율성이 높고 보험기구의 도덕적 해이 문제가 적은 반면, 보험제도에 대한 공신력이 낮고 예금보험기구가 가입은행의 파산 시 예금보험기구가 부담하게 될 손실을 두려워한 나머지 실제로 파산상태에 이르지 않을 은행까지 파산선고를 함으로써 사회적 비용을 무시할 가능성이 있다. 그러나 도덕적 해이의 방지를 위해 은행에 대한 어느 정도의 강제적인 규제가 필요하다는 점, 은행의 파산에 따른 잠재적 사회비용이 매우 크다는 점, 예금보험을 사적 기구에 맡길 경우 공공성과 사회비용을 무시할 가능성 등 때문에 예금보험기구는 공적 기구의 성격을 띠는 것이 보편적인 현상이다.

(5) 감독기능

미국과 같이 예금보험기구에 가입은행에 대한 감독권을 부여하는 형태와 유럽제국과 같이 보험기능만 부여하는 형태가 있다. 전자는 예금보험기구가 은행부실에 따른 손실을 자신이 부담하므로 보다 철저한 감독을 통한 감독업무의 효율을 기할 수 있는 장점이 있는 반면, 다른 감독기관과 감독업무의 중복에 따른 마찰이 발생할 소지가 있고 한 기관이 당근(보험)과 채찍(감독)을 모두 갖게 되면 지나치게 권한이 비대해져 이 기관이 잘못 판단할 경우의 부작용이 매우 크다는 약점을 갖고 있다. 후자는 이와는 반대로 감독기관의 중복에 따른 마찰을 방지할 수 있는 장점이 있는 반면, 감독기관이 은행부실에 따른 부담을 지지 않음으로 인해 감독업무를 소홀히 하는 등 도덕적 해이를 야기할 소지가 있다는 점이 약점으로 지적되고 있다.

3) 선진국의 예금자 보호

(1) 미국

미국은 1933년 대공황을 계기로 하여 예금자의 손실을 사전에 방지하기 위한 목적 하에 연방예금보험공사(FDIC: Federal Deposit Insurance Corporation) 설립하였다. 보호대상은 연준 가맹은행인 국법은행과 주법은행은 의무적으로 가입해야 하며, 연준 비가맹 주법은행과 주인가 저축은행, 외국은행 지점 등은 FDIC 이사회의 승인을 거쳐야만 가입이 가능하다. 대상상품은 연방예금보호법상 예금으로 규정되는 모든 금융상품이 해당된다. 다만, FDIC가입 금융회사 외국지점의 외화예금, 투자신탁, 주식, 채권, 재무성증권, 뮤추얼펀드, 기타 비예금성 투자상품은 제외된다.

1인당 보호한도는 10만 달러[2])이며, 보험료율 체계는 2008년 12월 현재 부보금융회사를 자본비율 및 감독등급을 고려하여 4개 등급으로 차등하고 5~43bp의 보험

2) 2008.10.6일 발효된 긴급경제안정화법(EESA: Emergency Economic Stabilization Act)에 의해 2009년 12월 말까지 한시적으로 25만 달러로 확대하였다.

표 20-2 FDIC의 금융회사 차등화 방법(단위 : bp)

<table>
<tr><th rowspan="2">자본 등급
(tier 1 등)</th><th colspan="3">감독 등급(CAMELS 등)</th></tr>
<tr><th>A</th><th>B</th><th>C</th></tr>
<tr><td>1</td><td>I (5~7)</td><td></td><td rowspan="2">III(28)</td></tr>
<tr><td>2</td><td colspan="2">II(10)</td></tr>
<tr><td>3</td><td colspan="2">III(28)</td><td>IV(43)</td></tr>
</table>

*( )는 보험료율

료율을 적용하고 있다. 구체적으로 Tier 1 등의 자본비율과 CAMELS 등의 감독등급의 조합에 따라 금융회사를 9개 셀(cell)로 분류한 후 4개 등급으로 범주화하여 적용하고 있다(표 20-2 참조).

한편, 2009년 2분기부터 기준보험료율 및 보험료율체계를 모두 변경하여 8~77.5bp의 보험료율을 적용하고 있다. 이는 2008년 9월 말 현재 0.76%까지 하락한 기금적립률을 연방예금보험법에 따라 5년 이내 1.15% 이상으로 회복하기 위한 계획에 의한 것이다. 변경된 방식은 다음 표 20-3에서처럼 기준보험료율을 10~45bp로 상향조정하고, 여기에 조정요인을 감안하여 최종보험료율을 산정하는 방식이다. 조정요인으로 인해 무담보채무(unsecured debt)의 비중이 높을수록 보험료율은 할인되고, 담보채무(secured liability)나 중개예금(brokered deposit)의 비중이 높을수록 보험료율은 할증된다.

표 20-3 예금보험료율 산정방식 변경(단위 : bp)

<table>
<tr><th colspan="2">구 분</th><th>1등급</th><th>2등급</th><th>3등급</th><th>4등급</th></tr>
<tr><td colspan="2">기준보험료율</td><td>10~14</td><td>20</td><td>30</td><td>45</td></tr>
<tr><td rowspan="3">조정
요인</td><td>무담보채무
(unsecured debt)</td><td>△2~0</td><td>△2~0</td><td>△2~0</td><td>△2~0</td></tr>
<tr><td>담보채무
(secured liability)</td><td>0~7</td><td>0~10</td><td>0~15</td><td>0~22.5</td></tr>
<tr><td>중개예금
(brokered deposit)</td><td>모형 내 반영</td><td>0~10</td><td>0~10</td><td>0~10</td></tr>
<tr><td colspan="2">조정후 보험료율</td><td>8~21</td><td>18~40</td><td>28~55</td><td>43~77.5</td></tr>
</table>

(2) 영국

영국은 1979년 4월 은행법 제정을 통해 예금보호제도가 처음 도입되었으며, 1990년대 이후 금융시장의 발전과 겸업화의 진전으로 금융감독과 소비자보호의 일원화된 서비스를 제공하고자 노력하였다. 이에 2000년 6월 모든 금융회사의 규제·감독과 금융소비자보호제도의 운영을 일원화하는 내용이 담긴 '금융서비스시장법(Financial Services and Markets Act)' 을 제정하였다. 그리고 이 법에 따라 통합금융감독청(FSA: Financial Services Authority)이 설립되고, FSA는 통합금융서비스보호기구인 FSCS(Financial Services Compensation Scheme)를 설립하였다.

부보대상 기관은 FSA의 허가대상 금융회사로서, FSA의 규제·감독을 받는 금융회사로 한정된다. 대상상품은 영국 내 모든 예금과 유로 지역 내 영국과 합의한 27개 EU회원국 지역의 영국은행 지점에 예치된 예금이며 그 외 지역은 비보호 대상이다. 또한 보호한도는 각 금융권의 특수성을 인정하여 금융권별로 차별화된 보호한도를 적용하고 있다. 즉, 예금과 투자에 대해서는 보호한도를 설정하고 있으나, 보험은 한도 설정시 보험수익자가 실질적인 보호를 받기 어려운 점을 감안하여 보호한도를 설정하지 않고 있다. 그리고 금융소비자들의 도덕적 해이를 줄이기 위하여 보호대상 손실의 일정비율만큼 금융소비자가 분담하는 공동보험제(co-insurance)를 적용하고 있다. 다만 예금에 한하여는 2007년 10월에 폐지되었다.

(3) 일본

일본은 1971년 4월 '예금보험법' 을 제정하고, 7월에 정부, 일본은행, 민간금융기관의 출자로 예금보험기구를 설립하였다. 이후 부보금융기관을 추가하거나 업무영역을 정비하면서 보완·발전하였다. 일본 국내에 본점을 두고 있는 예금취급기관은 의무적으로 가입해야 하고 은행, 신용금고, 신용금고중앙회, 신용조합 등이 부보대상 금융회사이고, 외국은행 일본지점은 보호대상에서 제외된다. 보호상품으로 예금, 정기적금, 부금, 원금보전계약이 있는 금전신탁 등은 보호되나, 외화예금, CD, 무기명 예금 등은 보호상품에서 제외된다. 그리고 보호한도로는 다음 표 20-4에서 처럼 2005년 4월부터 보통예금 등 '결제용 예금' 은 전액 보호되고, 나머지 '일반예금 등' 에 대해서는 1천만 엔까지 보호된다.

표 20-4 일본 예금보호한도

구 분		2002년 4월~2005년 3월	2005년 4월 이후
보호대상 예금	당좌예금, 보통예금, 별단예금	전액 보호	결제성 예금은 전액 보호
	정기예금, 정기적금, 수익만기형 대출신탁 등	합산하여 원금 1,000만 엔까지 보호 초과하는 부분은 파산금융기관 재산상황에 따라 지불	
대상외 예금	외화예금, 양도성 예금 등	파산금융기관의 재산상황에 따라 지불	

2 금융투자자 보호

일반적으로 투자자는 투자사업자에 비하여 정보의 비대칭과 투자판단의 오류 개연성이 높다. 투자자를 보호하는 목적은 이런 취지에서 시작된다. 즉 투자자가 합리적으로 판단할 수 있도록 정보를 적시에 제공하고 투자자의 의사결정을 방해하는 행위를 금지 또는 규제하여 공정하고 투명한 시장을 조성하자는 데 있다.

우리나라는 2009년 2월 자본시장법이 시행되면서 투자자보호수준이 훨씬 강화되었다. 이는 2000년대 이후 본격적인 금융자유화 및 국제화로 인해 국내 금융시장의 변동성이 커지면서 투자자의 손실사례 발생과 이로 인한 금융분쟁 격화 등으로 제도적인 장치마련이 시급하였기 때문이었다. 일반적으로 투자자 보호장치는 사전적·예방적 보호제도와 사후적·보전적 보호제도로 구분되는데 자본시장법하에서는 주로 사전적 제도가 대부분이다. 이러한 제도의 기본방향은 기존 제도 하에서의 투자자보호의 공백을 없애고, 보호수준도 강화하면서 불공정거래에 대해서도 규제를 강화하는 것이다.

이 법에 의하면 투자자보호의 공백제거와 관련해서는 우선적으로 금융투자상품을 포괄적으로 정의하여 모든 금융투자상품을 규제대상에 포함하고 있다는 것이다. 이를 통하여 종래의 한정적 열거주의에 의한 금융상품의 한계를 극복하고 대상상품을 확대함으로써 투자자 보호의 공백을 제거할 수 있게 됐다. 또한 기능별 규율체제를 도입하여 '동일기능에 대한 동일규제' 원칙을 준수한 것이다. 이를 통해 기존의 업종별로 차별화된 투자자보호제도 하에서 상대적으로 발생할 수 있었던 투자자 보호 공백을 제거하였다.

투자자 보호수준도 강화되었다. 이 법에서는 영업행위규제의 일환으로 설명의무, 적합성 원칙, 부당권유 금지 등 새로운 투자권유 규제와 함께 투자광고 규제를 도입하고, 이해상충방지체제의 구축을 금융투자업자의 일반적 의무로 규정하였다. 이를 통해 해당 투자자는 훨씬 구체적으로 보호받을 수 있게 되었다. 또한 불공정거래 규제와 관련해서 내부자 범위의 확대와 내부자거래 금지대상 증권의 확대와 시세조정 규제를 강화하는 등 간접적인 투자자 보호도 강화하였다. 이 법에 명시된 구체적인 투자자보호제도를 살펴보자.

1) 영업행위관련 규제

자본시장법상 영업행위 규제와 관련하여 새로이 도입된 투자자 보호장치는 크게 투자권유 규제와 투자광고 규제 그리고 이해상충방지체제의 구축 등으로 나뉜다. 그 중 투자권유 규제는 적합성의 원칙, 설명의무, 부당권유 금지 및 투자권유대행인 제도로 구분된다.

(1) 투자권유 규제

① 적합성 원칙(suitability principle)

이는 금융투자업자가 투자자의 특성에 적합하게 투자를 권유하도록 하는 원칙을 말한다. 원래 미국의 증권회사가 투자자에게 투자권유 시 준수해야 할 원칙으로 사용된 것인데, 국내 자본시장법은 금융투자상품 전체를 적용하도록 규정하였다. 그 내용은 다음과 같이 3단계로 구성되어 있다.

첫째, 전문투자자와 일반투자자의 분류확인 의무이다. 주로 국가, 한국은행, 일정한 금융기관 등 기관투자자, 주권상장법인 등은 원칙적으로 전문투자자로 인정하고 비상장법인은 외부평가를 받은 경우, 개인은 순자산이 일정금액 이상인 경우에 한하여 전문투자자로 인정한다. 이들은 전문지식, 투자정보, 자금동원, 위험 감내 등에서 충분한 능력이 있으므로 이들에 대해서는 굳이 투자자로서 규제할 필요가 없다. 그렇지 못한 일반투자자에 대해서는 투자자 보호조치를 강화할 필요가 있다. 그러므로 투자권유 시 적합성 원칙과 후술할 설명의무는 일반투자자에게만 적용되고 전문투자자에게는 적용되지 않는다.

둘째, 투자자정보 확인의무이다. 금융투자업자는 투자자에게 투자자로서의 특성을 파악하기 위해 투자권유를 하기 전에 투자목적, 재산상황 및 투자경험 등의 정보를 체크리스트(check list)를 통하여 설문조사하고 이를 유지·관리하여야 한다. 이른바 '고객확인원칙(know-your-customer-rule)' 을 도입한 것이다.

셋째, 금융투자업자는 일반투자자의 투자목적, 재산상황 및 투자경험 등에 비추어 당해 일반투자자에게 부적합하다고 판단되는 투자권유는 금지하고 있다. 이 조항이 협의의 의미로 적합성 원칙에 해당된다고 볼 수 있다.

② 설명의무(product guidance)

금융투자업자는 일반투자자에게 투자권유를 하는 경우, 해당 상품의 내용과 위험 등 법령에 정한 사항을 투자자가 이해하도록 설명하여야 할 의무가 있다. 설명의무는 설명사항, 설명정도, 설명방법으로 나뉠 수 있다.

우선 설명사항으로 '금융투자상품의 내용, 투자에 따르는 위험, 그 밖에 대통령이 정하는 사항' 이다. 한편 동 시행령에서는 더 구체적으로 명시하고 있다. 즉 금융투자상품의 투자성에 관한 구조와 성격, 수수료에 관한 사항, 조기상환조건이 있는 경우 그에 관한 사항, 계약의 해제·해지에 관한 사항이다. 그리고 '금융투자업자는 설명을 함에 있어서 투자자의 합리적인 투자판단 또는 해당 금융투자상품의 가치에 중대한 영향을 미칠 수 있는 사항을 거짓 또는 왜곡[3]하여 설명하거나 중요사항을 누락하여서는 안 된다.' 라고 규정하고 있다.

둘째, 설명정도에 관하여는 이 법에서는 '일반투자자가 이해할 수 있도록' 으로 설명을 요구하고 있다. 그리고 '이해하였음을 서명, 기명날인, 녹취, 그 밖의 대통령령으로 정하는 방법 중 하나 이상의 방법으로 확인을 받아야 한다.' 라고 규정하고 있다.

셋째, 설명방법에 대해서는 별도의 규정이 없으나 설명의무를 사후에 입증하기 위한 수단을 확보하기 위하여 주로 서면에 의하여 이루어지는 경우가 대부분이다.

다음으로 설명의무를 위반하는 경우이다. 이 법에 의하면 설명의무 위반으로 인한 일반투자자의 손실에 대해 금융투자자는 배상할 책임이 있다. 일반투자자는 손해배상청구 시 설명의무 위반으로 잘못된 판단에 기초하여 거래행위를 하였다는 것과 이로 인해 발생한 손해액을 입증하여야 한다. 다만 손해액은 원본손실액으로 추

3) 불확실한 사항에 대하여 단정적 판단을 제공하거나 확실하다고 오인하게 할 소지가 있는 내용을 알리는 행위를 말한다.

정하여 설명의무 위반과 손해액 간의 상당인과관계를 투자자가 입증해야 할 책임을 완화하여 투자자를 더 보호하고 있다.

③ 부당권유 금지

이 법에서는 투자자를 보호하고 투자자 사생활의 평온을 보장하기 위해 투자권유를 함에 있어 부당권유행위와 불초청 권유행위 등을 금지하고 있다. 부당권유행위란 투자권유를 함에 있어 거짓의 내용을 알리는 행위와 불확실한 사항에 대하여 단정적인 판단을 제공하거나 확실하다고 오인하게 할 소지가 있는 내용을 알리는 행위를 말한다.

불초청 권유행위란 투자자로부터 투자권유의 요청을 받지 아니하고 방문·전화 등 실시간 대화의 방법을 이용하는 행위[4)]와 투자권유를 받은 자가 이를 거부하는 취지의 의사표시를 하였음에도 불구하고 투자권유를 계속하는 재권유 행위를 말한다. 다만 이 법 시행령에서는 '투자성 있는 보험계약에 대한 행위, 투자자가 거부의사를 표시한 후 1개월이 경과한 후 재권유하는 행위, 다른 종류의 금융투자상품에 대해 투자권유를 하는 행위는 제외된다.' 고 규정하고 있다. 이 밖에 신용거래 경험이 없는 일반투자자에게 신용거래를 권유하는 행위도 금지된다.

④ 투자권유대행인 제도

투자권유대행인은 금융투자업자의 위탁을 받아 금융투자상품의 판매권유를 대행하는 것을 영업으로 하는 자로서 기존의 간접투자자산 운용업법상 취득권유자 제도를 확대한 것이다. 투자권유를 위탁받은 자는 개인에 한정되고 감독당국에 등록하여야 하며, 영업행위 규제를 별도로 규정하고 감독당국의 검사 및 처분의 대상이 된다. 그리고 투자권유 시 투자자에게 손해를 유발한 경우에는 금융투자업자가 책임을 지도록 하였다.

(2) 투자광고 규제

이 법에서는 투자자를 보호하기 위하여 투자광고를 규제하였다. 여기서 투자광고란 불특정 투자자를 상대로 금융투자업자의 영위업무 또는 금융투자상품의 광고를 의미한다. 한편, 전술하였던 투자권유는 특정 투자자를 상대로 금융투자상품의 매매

4) 이 경우는 투자위험이 큰 장외파생상품에 한하며 투자자보호와 건전한 거래질서 확립에 무관한 증권과 장내파생상품은 제외된다.

등을 권유하는 행위로 정의함으로써, 투자광고하고는 다른 의미로 규정하였다. 광고 주체는 금융투자업자, 한국금융투자협의회, 증권의 발행인 또는 매출인으로 한정하고 있다. 다만 증권의 발행인이나 매출인은 당해 증권에 대한 투자광고에 한한다.

광고내용은 적극적인 규제와 소극적인 규제로 나뉘었다. 전자는 금융투자업자의 명칭, 금융투자상품의 내용, 투자에 따른 위험, 그 밖의 사항으로 반드시 투자광고에 포함되어야 한다. 후자로는 손실보전 또는 이익보장으로 오인케 하는 표시를 금지하는 내용이다.

(3) 이해상충의 방지

이 법에서는 금융투자업자와 투자자 간, 특정 투자자와 다른 투자자 간에 이해상충이 발생할 수 있음을 전제로, 이해상충방지를 위한 공시 및 절차적·구조적 의무를 3단계로 부과하고 있다. 첫째 단계로, 이해관계자 간 이해상충이 발생한 가능성을 파악·평가하고, 내부통제 기준이 정하는 방법 및 절차에 따라 이를 적절히 관리할 의무를 부과하고 있다. 두 번째 단계에서는, 금융투자업자는 상호간 이해상충 가능성이 있다고 판단되는 경우에 이를 미리 해당 투자자에게 공시해야 한다. 그리고 이행상충 가능성을 내부통제 절차에 따라 투자자 보호에 문제가 없는 수준으로 낮춘 후 거래를 수행하여야 한다. 세 번째 단계로서, 금융투자업자는 영업 중에 이해상충이 발생할 가능성이 큰 경우에는 정보차단장치를 두어야 하며, 이에 따라 금융투자상품의 매매에 관한 정보 등의 제공, 임직원의 겸직, 사무공간 또는 전산설비의 공동이용 등을 금지하도록 규정하고 있다. 한편, 금융투자업자는 최종적으로 이해상충 가능성을 낮추는 것이 곤란하다고 판단되면 그에 관한 매매 또는 거래를 하여서는 안 된다.

2) 공시규제

사전적으로 투자자를 보호하는 가장 대표적인 방식이 공시제도이다. 현재 국내에서는 발행시장 및 유통시장으로 구분하여 공시제도를 운영하고 있다. 발행시장의 공시제도로는 증권신고서, 투자설명서 및 증권발행실적보고서 제도가 있다. 이 중 증권신고서 제도가 투자자 보호측면에서 가장 중요하다. 왜냐하면 투자자가 투자판단 시 가장 먼저 접근할 자료이기 때문이다. 그러나 현행 국내에서 증권발행 시 유

표 20-5 발행공시 규제와 투자권유 규제와의 관계

구 분	발행공시 규제	투자권유 규제
적용 단계	금융상품의 발행단계	금융상품의 판매단계
정보제공 대상	다수의 잠재적 투자자	현재화된 특정 투자자
방법	비대면적인 방법	대면적 방법
수단	서면	서면, 대화, 통신 등
대상 금융상품	증권	모든 금융투자상품

가증권신고서 발행규제가 적용되지 않는 증권이 다수 존재한다. 이러한 문제를 해결하기 위해 자본시장법에서는 발행 공시규제의 적용범위를 확대하였다. 예컨대 기존에는 은행채, 간접투자증권, 주택저당증권(MBS) 등 수익증권, 국가가 매출하는 유가증권 등은 일반적 사채와 경제적 실체가 같음에도 발행공시 의무가 면제되어 발행자의 정보가 공시되지 않았다.

이에 따라 이 법에서는 발행공시 규제 대상증권을 투자자보호의 필요성이 있는 모든 증권으로 확대하였다. 다만 발행주체가 국가에 준하는 채권은 예외로 하였다. 발행공시 규제와 투자권유 규제와의 관계는 표 20-5에 정리하였다.

3) 불공정거래행위 규제

(1) 내부자거래

자본시장법은 내부자가 상장법인의 업무 등과 관련된 미공개 중요정보를 특정 증권의 매매, 그 밖의 거래에 이용하거나 타인에게 이용하지 못하도록 규정하고 있다. 여기서 내부자는 거래과정에서 미공개 중요정보를 알게 된 자로서 당해 법인과 계열회사의 임직원이나 대리인, 주요주주, 감독기관 종사자, 외부감사인, 주거래은행, 대표주관회사, 고문변호사 등을 말한다. 또한 미공개 중요정보는 투자자의 투자판단에 중대한 영향을 미칠 수 있는 정보로서 불특정 다수인이 알 수 있도록 공개되기 전의 것으로 내부정보, 공개매수의 실시 또는 정지에 관한 정보, 주식 등의 대량취득·처분에 관한 정보 및 기타 시장정보를 포괄한다.

내부자거래에 대한 제재는 내부자거래로 얻은 단기매매차익의 반환과 미공개 중요정보 이용행위에 대한 배상책임으로 구분된다. 반환의 일차적 청구권자는 해당

회사이고 회사가 청구하지 않을 경우 해당 회사 주주가 청구할 수 있으며, 이득을 취득한 날로부터 2년 이내에 행사하지 않으면 청구권은 소멸된다. 한편, 미공개 중요정보를 이용한 내부자거래는 은밀히 이루어지기 때문에 적발이 어렵다. 때문에 특정증권 매수 후 6개월 이내에 매도하거나 매도 후 6개월 이내에 매수하여 이득을 보거나 또는 손실을 회피한 경우에는 이를 무조건 내부자거래로 간주한다. 내부자는 손해배상 책임을 지며 형사처벌을 받을 수도 있다. 그리고 감독당국은 금융투자업자나 그 임직원이 내부자거래에 관여한 경우 행정적 제재 즉 인가취소, 업무정지, 임직원 면직 등 법령에 정하는 조치를 취할 수 있다.

(2) 시세조종행위

이는 시장에서 특정 금융투자상품에 대한 거래량과 수급을 인위적으로 조작함으로써 그 가격을 조종하려는 행위를 말한다. 이런 유형은 위장거래에 의한 시세조정, 현물거래에 의한 시세조정, 표시에 의한 시세조정, 불법한 시세의 조정이나 안정행위, 현물·선물 연계에 의한 시세조종행위 등이다. 한편 이런 행위에 대한 제재는 손해배상 책임이 원칙이고 청구권자는 손해사실을 입증해야 한다.

(3) 부정거래행위

이 규정은 불공정행위 수법이 다양해지고 신종수법들이 계속하여 등장하고 있어 이를 반영하기 위해 상기 2개 규정 외에 일반적인 현실을 반영한 포괄적인 사기행위 금지조항이다. 따라서 금융투자상품의 상장여부나 장내거래 여부와 관계없이 적용되고, 매매뿐만 아니라 담보제공, 그 밖의 모든 거래에도 적용된다.

3 보험계약자 보호[5)]

보험계약자 보호제도는 크게 예금자보호제도, 보험정보공시제도 및 계약자서비스 제도를 구분된다. 이 중 예금자보호제도는 앞서 기술한 내용이 보험분야에서도 그대로 적용되므로 여기에서는 생략한다.

5) 신수식·조수웅·신이영·내남정(2008), 『현대사회와 보험』, pp.1400-1409 요약·정리

1) 보험정보공시제도

(1) 의의

① 개념 : 이는 국내외 금융시장의 가격자유화 및 규제완화가 보험시장에도 급속히 확산되면서 보험상품의 내용과 가격, 보험회사의 경영 및 재무건전성에 대하여 보험계약자 등 이해관계인이 보다 쉽게 파악할 수 있도록 보험회사에 대한 정보를 제공하는 제도이다.

② 목적 : 무엇보다 소비자가 보험상품을 비교하여 합리적으로 선택할 수 있도록 하고, 보험회사를 평가할 수 있는 기회를 소비자에게 부여하며, 경영진의 책임경영을 유도함으로써 계약자 권익을 보호하기 위해 보험회사에게 경영공시 또는 상품공시 등을 의무화하도록 하고 있다. 만약 허위로 공시하거나 중요한 사항을 누락하는 등 불성실하게 공시하는 경우에는 바로 정정공시 또는 재공시토록 한다.

(2) 경영공시제도

보험회사 경영공시에는 다음 표 20-6과 같이 보험회사가 결산일로부터 3개월 이내(분기는 가결산일로부터 2개월 이내)에 공시하는 사항과 즉시 공시하는 사항으로 구분된다.

표 20-6 보험회사 경영공시 사항

구분	공시 사항
기간공시	• 재무 및 손익에 관한 사항 및 자금의 조달 및 운용에 관한 사항 • 조직 및 인력, 회계처리기준 등을 변경하기로 결정한 사항 • 안정성, 수익성, 생산성 등 경영지표에 관한 사항 • 위험관리 세부기준 설정 및 운영현황 등 이해관계자에 중대 영향을 미칠 수 있는 사항
즉시공시	• 자산의 건전성에 관련사항 • 보험계약자 등의 권익을 해할 우려로 긴급조치를 취한 내용 • 보험회사에 대한 금융위원회 제재사항 및 금산법 위배로 조치받은 사항 • 사업방법서, 보험약관, 보험료 및 해약환급금 등 보험상품에 관한 사항 • 부실채권 또는 금융사고 등이 발생한 경우 해당 내용

표 20-7 보험상품 및 가격공시 사항

구 분	공시 사항
회사공시 (상품공시)	• 보험안내서 • 판매상품별 상품요약서, 가입설계서, 사업방법서, 보험약관 • 금리연동형 보험의 적용이율(최저보장이율 포함) 및 산출방법 등 • 매월 말 변액보험계약 등 특별계정별 자산, 부채 및 자산구성 내역 • 직전 3년간 예정이율 및 이자율차 배당률 • 계약자배당금 산출기준, 계약자배당률, 계약자배당준비금 부리이율 • 기타 보험계약자 등의 보호를 위하여 필요한 사항
협회공시 (상품비교공시)	• 보장내용 및 보험료, 해약환급금, 예정이율, 사업비율 등 • 매월 말 변액보험계약 등 특별계정별 자산, 부채 및 자산구성 내역 • 직전 3년간 예정이율 및 이자율차 배당률 • 계약자배당금 산출기준, 계약자배당률, 계약자배당준비금 부리이율 등

(3) 보험상품 및 가격공시

기본적으로 보험시장의 유효한 경쟁을 유도하기 위해서는 상품내용이 담겨 있는 약관이 일반 소비자들에게 쉽게 이해할 수 있도록 작성되어야 한다. 보험상품과 가격공시에는 표 20-7과 같이 회사공시사항과 생보협회나 손보협회가 인터넷 홈페이지를 통하여 보험회사별, 보험종류별로 비교, 공시하는 협회 공시사항으로 구분된다.

2) 계약자 서비스제도

(1) 풍수해지역 특별지원

① 개요

대부분의 보험회사는 태풍, 홍수 등 풍수해의 직접적인 영향으로 피해를 입은 보험가입자들의 고통경감과 신속한 피해복구 지원을 위해 수해차량 견인, 보험금 신속지급, 보험대출 원리금 상환유예, 보험료 납입유예, 수해복구 구호물품지원 등의 활동을 펼치고 있다.

② 피해지원 세부 내용

우선 보험금을 신속히 지급하는 조치로 다음과 같은 것이 있다.

- 보험금 청구서류 간소화로 사망, 사고 증빙서류를 행정기관 확인 및 이웃사람의 증명으로 대체함
- 추정보험금의 50% 이상을 우선 지급함
- 타사보험에 대해서도 우선 보험금 지급 후 구상 처리함
- 피해일로부터 일정기간 동안 대출 원리금 상환 유예 및 연체이자를 면제해줌
- 일정기간 동안 납입 유예된 대출 원리금의 분할 납부를 가능하게 해줌

한편, 약관대출 신청시는 24시간 이내에 지급조치하거나 보험료 납입은 호우피해일로부터 일정 기간까지 보험료납입을 유예하고 있다.

③ 보상 가능한 주요 피해사례

보통 건물, 가재도구 등이 피해를 당한 경우 손해보험회사에서 판매하는 화재보험의 「풍수재 특약」을 가입한 경우 보상이 가능하다. 또한 태풍으로 인해 보험에 가입한 건물, 가재도구, 상품, 기계 등이 입은 손해는 보상하며 태풍피해를 줄이기 위해 긴급피난에 소요된 손해방지용품도 보상한다. 그러나 보험에 가입한 물건의 분실 또는 도난 손해 및 태풍과 관계없는 손해 등은 보상치 않으며 또한 골동품, 다이아몬드 반지 등 100만 원 이상의 귀중품은 보험증권에 기재되어 있은 경우만 보상한다. 그리고 차량이 침수되어 파손된 경우 자동차보험의 「자기차량손해」 담보에 가입되어 있다면, 침수, 차량파손 등으로 인한 차량피해 보상이 가능하며 태풍, 홍수, 해일 등 자연재해의 직접적인 영향으로 차량손해에 대해 보상을 받을 경우 향후 1년간 보험료 할인이 유예된다.

(2) 휴면계좌 통합 조회시스템 구축시행

① 개요

2010년 현재 은행연합회, 생명보험협회, 손해보험협회 공동으로 일반 국민들이 은행, 우체국, 보험회사에 개설한 뒤 잊고 있던 휴면계좌를 한 번에 조회할 수 있는 휴면계좌 통합조회 시스템을 구축·시행하고 있다.

② 조회시스템 운영현황

각 은행 및 우정사업본부는 은행연합회에, 보험회사는 해당협회(생보협회, 손보협회)에 휴면계좌 정보를 매월 제공하고 있으며 각 협회는 회원 금융기관으로부터 제공받은 휴면계좌정보 중 성명, 주민등록번호는 상호 교환한다. 그 외 정보는 각

협회에서 각각 보유하고 온라인 방식으로 처리한다. 이의 조회방법 및 지급절차는 다음과 같다.

- 1단계 : 존재여부 확인

우선 은행, 보험회사, 우체국 점포를 방문하여 휴면계좌조회를 요청하고 금융거래 정보제공의뢰(동의)서를 작성·제출한다. 해당 점포는 바로 휴면계좌조회 결과를 현장에서 즉시 서면으로 교부해준다. 두 번째, 생명보험협회, 손해보험협회, 전국은행연합회 홈페이지에 접속한 후, '휴면계좌통합조회'를 클릭하고 본인 성명과 주민등록번호 입력 후 조회한다. 이후 휴면계좌통합조회 결과가 표시된다.

- 2단계 : 지급신청 및 보험금 수령

휴면계좌가 확인된 보험회사, 은행, 우체국 등 해당기관에 연락하여 보험금 지급을 요청하고 본인의 주민등록번호와 본인 명의의 은행계좌번호를 통보한다. 별다른 이의가 없다면 신청 후 즉시 또는 3일 이내에 은행계좌로 입금된다.

(3) 보험가입 조회시스템 구축운영

① 개요

이는 보험계약자가 보험가입 사실을 알지 못해 보험사고가 발생하였음에도 보험금을 청구하지 못하는 사례를 방지하고자 본인의 보험계약사항을 한 번에 확인할 수 있도록 하는 제도로 생명보험협회와 손보협회에서 보험가입 조회시스템을 구축·운영하고 있다.

② 보험가입 조회방법

생존자의 보험가입조회는 보험가입내역을 확인하고자 하는 본인 또는 그 대리인이 생명보험협회 또는 손해보험협회를 직접 방문하여 할 수 있다. 다만, 대리인은 본인의 부모, 배우자, 자녀에 한한다. 마찬가지로 사망자의 보험가입조회는 보험가입 내역을 확인하고자 하는 사망자의 유가족 또는 그 대리인이 생명보험협회 또는 손해보험협회를 직접 방문하여야 한다.

(4) 청약철회 청구제도(cooling off system)

① 의의

이는 보험가입자의 의사에 반하여 청약이 있는 경우 가입자로 하여금 재검토할 수 있는 시간적인 여유를 줌으로써 이를 철회할 수 있도록 하는 제도이다. 흔히 보험모집과정에서 보험설계사가 계약의 내용을 왜곡하여 안내하는 등의 불완전한 판매행위나 불공정한 판매행위로 인하여 보험가입자의 의사와는 다르게 계약이 체결될 수 있다, 따라서 계약이 체결되었다 하더라도 일정기간 내에 철회할 수 있도록 제도적인 장치를 마련함으로써 보험시장에서의 완전판매를 유도하며 선의의 계약자를 보호하자는 취지이다.

② 주요 내용

가입상품 표준약관에서 계약자가 가계성보험의 청약을 철회하고자 할 때는 청약을 한 날 또는 제1회 보험료를 납입한 날로부터 15일 이내에 청약을 철회할 수 있도록 명시하고 있다. 그리고 철회는 계약자가 직접 회사를 방문하여 처리하거나 우편을 이용하는 방법이 있는데, 우편을 이용할 경우 청약서 부본에 있는 청약철회청구서를 작성하여 발송하면 된다. 이때 계약 다음날부터 15일까지 우체국 소인이 있는 경우에 한하여 청약철회로 인정한다. 한편, 표준약관상 계약자가 청약을 철회한 때에는 회사는 지체없이 이미 납입한 보험료를 반환하여야 한다, 보험료 반환이 지체된 경우에는 반환기일 다음날부터 반환일까지의 기간에 대하여 생명보험은 당해 보험의 약관대출이율로, 손해보험은 보험개발원이 공시하는 정기예금이율로 계산한 금액을 가산하여 지급하도록 되어 있다. 다만, 계약자가 제1회 보험료를 신용카드로 납입한 계약의 청약을 철회하는 경우에는 보험회사는 신용카드의 매출을 취소하고, 취소할 경우 이자를 더하여 지급하지 않는다.

부록 20 • 보험분쟁 해결을 위한 제도

1. 금융분쟁조정위원회

우리나라에서 금융감독원의 출범(1999.1.1)과 함께 보험을 비롯한 은행, 증권, 기타 금융기관의 이용자가 금융관련기관을 상대로 제기하는 각종의 분쟁을 처리하기 위하여 금융감독원 안에 금융분쟁조정위원회를 설치하였다. 이 금융조정위원회의 분쟁조정 대상은 광범위하고 조정방법도 화해, 조정, 중재 등 다양하다.

이 위원회의 분쟁조정 절차는 분쟁접수로 시작하여 사실조사 및 검토를 거쳐 분쟁의 처리방식을 결정하는데, 분쟁조정위원회에 회부하기 전에 합의 권고 등을 활용하여 직접 처리하는 것과 분쟁조정위원회에 회부하여 심의 및 의결하여 당사자에게 조정결정을 통보한다. 조정결정을 통보받은 당사자는 결정을 수락할 수도 있고, 수락하지 않을 수도 있으며, 수락의 경우 조정서를 발급하여 조정업무가 종결되나, 수락하지 않을 경우 조정은 성립되지 않은 것으로 결론을 맺는다. 이 때 수락하지 않은 당사자는 법원에 소송을 제기할 수 있다. 이러한 조정제도는 이용의 간편성, 신속성 그리고 비용이 저렴하다는 점과 조정과정에서 조정자의 적극성과 공정처리 보장성 등의 이점 때문에 많이 활용되고 있다.

2. 보험금지급 분쟁조정

보험금지급은 실제에 있어서 여러가지 사항이 조사되고 파악되어야 하기 때문에 보험계약자와 보험회사 사이에 분쟁의 소지가 매우 많다. 보험금지급과 관련된 분쟁이 조정되는 단계는 ① 협의단계, ② 평가단계, ③ 중재단계, ④ 소송단계 등이 있으며 분쟁의 내용과 정도에 따라 순차적으로 이용된다.

가장 초기의 분쟁조정 방법은 협의다. 보험계약자와 보험회사의 보험금 지급 담당자 사이에 보험금 지급 여부 및 보험금 크기에 대하여 서로의 주장을 놓고 협의한다. 보험사고의 성격이 비교적 간단하고 보험금 규모가 작을 때 보험회사는 협의과정에서 보험금 지급 업무를 종결하고자 한다. 그러나 양 당사자의 주장에 큰 차이가 있으면 다음 단계인 평가절차를 밟게 된다. 평가방법은 주로 화재보험 분야에서 많이 이용되는 것인데 손실의 규모와 보험금 크기에 합의를 이룰 수 없을 때, 보험계약자와 보험회사는 각각 자기를 대표하는 독립된 평가자를 선정하여 그들로 하여금 제3의 심판관(umpire)을 선택하도록 하고 심판관의 결정에 따라 보험금이 결정된다.

평가와 중재의 개념은 비슷하여 같은 의미로 쓰일 수 있는데, 당사자가 제3자인 중재자에게 분쟁에 대한 해결을 맡겨 중재자의 판정에 복종하는 것을 원칙으로 한다. 중재단계에서는 보험금 지급과 관련된 분쟁을 종합적으로 처리한다. 보험계약자와 보험회사의 양 당사자 간에 협의, 평가, 중재 등의 방법에 의하여 원만한 합의점을 찾지 못할 때 소송을 통한 분쟁해결도 가능하다. 일반적으로 보험회사는 소송절차의 번잡성과 비용 측면에서 절대적인 실익이 보이지 않을 때 소송을 기피하는 경향이 많다. 소송에 의한 분쟁해결은 양 당사자에게 모두 큰 혜택을 주지 못하는 경우가 많다.

요점정리

1. 예금보험제도는 다수인으로부터 예금을 수입한 금융기관이 금융위기나 부실경영 등으로 인해 예금의 지급불능사태가 발생할 경우 예금자를 보호하기 위해 예금액의 전부 또는 일부를 대신 지급해 주는 안전장치를 말하는데, 가입의무, 보험지급한도, 재원조성, 보험운영 및 감독기능 등 세부운영방법은 나라마다 다르다.
2. 우리나라 금융투자자보호는 2009년 2월 자본시장법이 시행되면서 훨씬 체계화되었다. 이의 기본방향은 기존 제도의 투자자보호의 공백을 없애고, 보호수준뿐 아니라 불공정거래도 규제를 강화하는 것이다. 대표적으로 투자권유 규제를 포함한 영업행위규제, 공시규제, 내부자거래 규제를 포함한 불공정거래 규제가 있다.
3. 보험계약자 보호제도는 크게 예금자보호제도, 보험정보 공시제도 및 계약자서비스 제도를 구분된다. 이 중 보험정보공시는 경영공시, 보험상품 및 가격공시로 나뉜다. 또한 계약자서비스제도로는 풍수해지역특별지원, 휴면계좌 및 보험가입조회, 청약철회 청구 등이 대표적이다.

Chapter 20 평가문제

1 예금보험제도의 의의에 대하여 서술하시오.

2 자본시장법에 수록된 영업행위 규제와 관련한 투자자 보호장치 세 가지를 쓰시오 .

3 자본시장법상 적합성의 원칙에 대하여 설명하시오.

4 다음 문장의 괄호 안에 알맞은 단어를 기입하시오.

① 우리나라 금융투자자보호는 2009년 2월 (　　　　)이 시행되면서 훨씬 체계화되었다.

② (　　　　)는 보험가입자의 의사에 반하여 청약이 있는 경우 가입자로 하여금 재검토할 수 있는 시간적인 여유를 줌으로써 이를 철회할 수 있도록 하는 제도이다.

참고문헌

1 | 주요 참고문헌

■ 금융분야

강병호, 『금융기관론(제 16개정판)』, 박영사, 2010.
김석동 · 강병호, 『금융시장론(제 9개정판)』,박영사, 2009.
김인준 · 이영섭, 『국제금융론(제 2판)』, 율곡출판사, 2009.
김종선 · 김종오, 『현대금융의 이해』, 학현사, 2009.
노상채, 『화폐금융론』, 박영사, 2006.
박영규, 『국제재무』, 탑북스, 2010.
박정식 · 박종원, 『현대투자론(제 3판)』, 다산출판사, 2010.
방영민, 『금융』, 법문사, 2006.
서병한, 『통화정책론』, 율곡출판사, 2007.
성용모, 『글로벌경제시대의 외환관리론』, 형설출판사, 2009.
송지영, 『자본시장(금융투자와 금융투자업)』, 청목출판사, 2009.
송희영, 『외환시장론』, 탑북스, 2010.
양종기, 『화폐금융 · 국제금융』, 도서출판 원, 2009.
오상근, 『화폐금융론』, 법문사, 2008.
정정현, 『자본시장』, 도서출판 대명, 2008.
차명준, 『증권과 펀드투자의 이해』, 삼영사, 2008.
차명준 · 정무권, 『자본시장법하의 증권투자』, 한티미디어, 2009.
함정호 편저, 『한국금융의 새로운 패러다임』, S&R경제경영연구원, 2008.
허고광, 『새로운 금융시장』, 박영사, 2008.

금융감독원 인력개발실, 『2010년 개정판 금융감독개론』, 2010.
ZEROIN, 『2010 KOREA BEST FUND 제 10호』, 2010.
하나금융연구소, 『서브프라임위기(글로벌 금융위기의 과거, 현재, 미래)』, 2009.
한국금융연구원, 『2009년 KIF 금융백서』, 2010.
한국은행, 『조사통계월보』, 각호

김병연, 「금융소비자 보호제도의 이슈와 주요 개선방안」, 한국금융연구원, 『금융연구』, 2009.
노영진·김인철·김진웅, 「산업발전과 금융과의 관계에 대한 연구」, 산업연구원, 2009.
서영수, 「생명보험해약옵션 가치평가에 관한 연구」, 성균관대학교 박사학위 논문, 2003.
이종규, 「금융제도변화와 위기대응 정책의 진화」, 예금보험공사, 2009년 정책심포지엄
예금보험공사 금융분석전략부, 「글로벌 금융위기와 예금보험제도」, 2008.
정순섭·오순곤, 「금융투자업의 성장과 투자자보호」, 예금보험공사, 2008년 동계정책심포지엄

Cheol S.Eun·Bruce G.Resnick, *International Financial Management(fifth edition)*, Mcgraw-Hill Irwin, 2009.
Diamond, D and P.Dybvig. "Bank Runs, deposit Insurance and Liquidity", *Journal of Political Economy* 91, 1983.
F.A. Lutz, "The Term Structure of Interest Rate", *Quarterly Journal of Economics*, November 1964.
H. T. Patrick, "Financial Development and Economic Growth in Underdeveloped Countries", E. D. C. C., 1966.
J.H. Culbertson, "The Term Structure of Interest Rate", *Quarterly Journal of Economics*, November 1957.
J.R. Hicks, *Value and Capital*(2nd), Oxford University, 1946.
RAYMOND M. BROOKS, *Financial Management*(core concepts), Prentice Hall, 2009.

■ 보험분야

김성재·김용덕 외, 『보험과 리스크관리』, 문영사, 2006.
김두철, 서병남, 『생명보험 이론과 실무』, 보험연수원, 2003.
서영수 외 2인, 『리스크와 재무설계』, 서울사이버대학교 출판부, 2008.
서영수, 『ALM 전략 시뮬레이션(working paper)』, 금융연수원, 2001.
______ 『핵심 보험이론과 실무』, 한국학술정보, 2009.
신수식·조수웅·신이영·내남정, 『현대사회와 보험』, 보험연수원, 2008.
이재복, 『보험학원론』, 두남(서울), 2008.
황희대, 『보험이론과 실무』, 보험연수원, 2005.
국민연금공단, 『CSA 전문상담사과정』, 2009.

보험연수원, 『보험기초이론』, 2005.
_________ 『보험수리 실무과정』, 2008.
_________ 『위험관리와 보험설계(상, 하)』, 2005.
생명보험협회, 『2009 생명보험이란 무엇인가』, 2009.7
__________ 『알기 쉬운 생명보험 Q/A』, 2009.8.
한국리스크관리학회, 『저금리시대의 생명보험업 발전방안』, 2006.
한국 FPSB협회, 『은퇴설계』, 2010.
____________ 『은퇴설계와 종업원 복리후생』, 2010.
기타 보험업계 내 다수 분석자료 참조

2 | 일반 참고문헌

곽철효·김병곤, 『증권시장론』, 경영과 미래, 2010.
김대호·오세경, 『투자론』, 경문사, 2009.
김학은, 『화폐와 금융(불확실성의 경제학)』, 박영사, 2007.
박정수·정경태·이철민, 『고급파생금융상품의 실무』, 형설, 2000.
심경섭·고재철·김용재·이명훈·이장희·정상진, 『화폐금융론』, 법문사, 2009.
원재환, 김도성, 『금융환경 변화와 금융위험관리』, 서강대학교출판부
이경룡, 『현대인을 위한 리스크관리와 보험』, 영지문화사(서울), 2009.
이봉주, 『핵심 보험경영론』, 경희대학교 출판국, 2005.
이원근 외 3인, 『최신보험의 이해』, 두남 도서출판, 2010.
이요섭, 『금융시장의 이해(제 5판)』, 연암사, 2009.
_____ 『금융시장과 금융상품』, 연암사, 2009.
이하일, 『금융경제의 이해』, 도서출판 청람, 2010.
임우진, 『증권투자론』, 율곡출판사, 2009.
진익 외 4인, 『헤지펀드운용전략 활용방안』, 보험연구원, 2009.
홍승기·박도준, 『외환·국제금융 입문』, 법문사, 2009.

교보생명, 『보험수리 실무교본』, 2003.
금융감독원, 『보험업 감독규정』등 제 규정 다수
_________ 『보험회사 리스크평가제도 해설서』, 2007.
_________ 『시장과 함께 하는 리스크관리 콘서트』, 금감원, 2006.

보험개발원,『생명보험 상품개발 모범규준』, 2006.

Cox, John. C., S. A. Ross and M. Rubinstein. "Option Pricing ; A Simplified Approach", *Journal of Financial Economics*, 1979.

Black, F. and M. Scholes, "The Pricing of Options and Corporate Liabilities", *Journal of Political Economy*, May/June, 1973.

BIS, Quarterly Review. 각호

3 Web site

국제결제은행(BIS) : http://www.bis.org

고용노동부 : http://www.moel.go.kr/intro/intro_2010/intro.html

금융감독원 : http://www.fss.or.kr/

기획재정부 : http://www.mosf.go.kr/

삼성경제연구소 : http://seriecon.seri.org

예금보험공사 : https://www.kdic.or.kr/index.jsp

한국거래소 : http://www.krx.co.kr/index.jsp

한국금융연구원 : http://www.kif.re.kr

한국은행 : http://www.bok.or.kr

한국예탁결제원 : http://www.ksd.or.kr/main.home

Fortune : http://money.cnn.com/magazine/fortune/

Hedgefund Intelligence : http://www.hedgefundintelligence.com/

Morgan Stanley : http://www.morganstanley.com/

찾아보기

ㄱ

가계금융 8
가치주·성장주펀드 248
간이보험제도 432
간접금융 7
간접금융시장 147
감독(supervision) 118
감액완납특약 472
강제보험 343
개방형 232
개인보장 383
개인보험 343
개인퇴직계좌(IRA : Individual Retirement Account) 397
거래환어음(trade draft) 212
거절체 373
거치식 233
건강보험 474
건전성 감독 120
결제(settlement) 280
겸업대리점 450, 458
겸업주의(universal banking) 유형 65
경기변동 19
경기순환 24
경기종합지수(Composite Index; CI) 28
경영개선권고 434
경영개선명령 434
경영개선요구 434
경영공시 542
경영공시제도 124
경제성장 27
경제위기 307
계속계약 369
계약갱신 471
계약심사(underwriting) 372
계약자 서비스제도 543
계약적부확인조사 375
계약전환 471
계약형 231
고객파악제도(know-your-customer-rule) 236
고객확인원칙(know-your-customer-rule) 537
고용보험 408
고정환율제도 101
공(公)보험 342
공개시장 조작 93
공금융 8
공매도(short sale) 256
공모발행 163
공모형 233
공무원연금 390
공시이율 473, 484
공시제도 539
공영보험 342
공적(사회)보장 383
공적부조 411
공정거래위원회 523
공정공시 128
공제사업 347
교육보험 343
교차모집제도 460
교차환율(cross rate) 186
구매력(purchasing power) 100

구매력평가설(purchasing power parity; PPP) 55
구매력평가환율 185
(구)개인연금 404
국내금융 147
국민건강보험 409
국민연금제도 385
국부펀드(sovereign wealth fund) 263
국제금융 퍼실리티(International Banking Facility; IBF) 198
국제금융 147
국제금융센터 197
국제금융시장 194
군인연금 392
규제(regulation) 118
금리경로 96
금리스프레드 17
금리연동형 344
금리자유화 64
금리평가이론(interest rate parity theorem) 191
금리확정형 344
금액변환 279
금융(financing) 6
금융감독 83, 118
금융감독원 132, 522
금융감독정책 83
금융거래비용 278
금융결제원 298
금융공동망 299
금융기관 6, 278
금융기관보험대리점 459
금융상품 212
금융소비자보호 518
금융소비자보호센터 522
금융수단 212
금융시스템 82
금융시장(financial market) 11, 146
금융위기 사례 318
금융위기 306
금융위원회 132
금융의 디지털화(finance digitalization) 69
금융자산 12, 212
금융자유화(finance liberalization) 63
금융재산 상속공제 421
금융정책 80
금융증권화(finance securitization) 67
금융지주회사 295
금융통합화(finance globalization) 65
금융투자상품 205, 219
금융투자자 보호 535
금융투자회사 14, 203
급부반대급부 균등의 원칙 353
기관경로(institutional channel) 282
기대경로 99
기본연금액 388
기업가치 505
기업공개(IPO : Initial Public Offering) 159
기업금융 8
기업보장 383
기업신용위험 상시평가제도 139
기업어음(CP)시장 154

ㄴ

나비효과(butterfly effect) 259
내부자거래 540
노령연금 388
농·수·산림조합 286

ㄷ

단기금융상품 213
단기금융시장 150

단기금융펀드(MMF) 234
단기매매증권 199
단기형 232
단리법 34
단위형 232
단일변동환율제도 101
단체보험 343, 485
단체정기보험 485
달러 캐리 트레이드(dollar carry trade) 259
대고객환율(customer exchange rate) 183
대부업자 296
대부자금설(loanable funds theory) 40
대수의 법칙(law of large numbers) 338, 353
대용진사 375
대출정책 94
대형주·중소형주펀드 249
도덕적 위험(moral hazard) 360, 373
독립계약 369
독립대리점 450
동아시아 위기 320
듀레이션 222
디레버리지(deleverage) 258
DCF법(discounted cash flow) 506
Digital형 247

ㄹ

라틴아메리카 위기 319
러시아 위기 321
레버리지 바이아웃(leveraged buyout) 263
레버리지 효과 169
렌탈(Rental)회사 288
롱-숏(Long-Short)전략 258
Reverse Convertible형 247
리스(lease) 216
리스크 341
리스회사 287
리츠(REITs: Real Estate Investment Trust) 252

ㅁ

마진콜(margin call) 258
Market Multiple법 507
만기변환 279
만기보유증권 199
매도(short)헤징 170
매도환율(offered rate) 184
매입(long)헤징 170
매입단가 평준화효과(cost averaging effect) 253
매입환율(bid rate) 184
매출 14
메자닌(mezzanine) 262
메자닌부채 펀드 262
명목이자율 35
명목환율(nominal exchange rate) 185
모자형 펀드 235
모집·매출의 주선 14
모집보조자 372
무배당 344
무위험자산(risk-free asset) 12
무형가치 508
미 달러화 통용제도 90
미국식옵션 173
민감도(베타) 241
민영보험 410

ㅂ

Value Date 187
반환일시금 389
방카슈랑스 450
배당주펀드 248

백워데이션(backwardation) 225
베이시스(basis) 170, 225
벤처캐피탈 펀드 262
벤처캐피탈 회사 288
벤치마크(Bench Mark) 초과수익률 241
변동성(variability) 241, 341
변액보험 478
변액연금보험 483
변액종신보험 482
보유계약가치 508
보장성보험 343
보장적 기능 345
보증보험 487
보통보험약관 340
보험가액 488
보험개발원 432
보험계약자 보호 541
보험계약자 371
보험계약준비금 340
보험금 370
보험금액 488
보험기간 370
보험대리점 449, 458
보험료 납입기간 370
보험료 소득공제 416
보험마케팅 442
보험모집인(solicitor) 449
보험모집조직 458
보험사고 370
보험사업자 445
보험상품 340, 442, 466
보험설계사 449, 458
보험소비자 444
보험수익자 371
보험약관 340
보험업감독 규정 432
보험업감독 업무시행세칙 432
보험업법 432
보험의 가치사슬(value chain) 498
보험의 핵심역량 500
보험자 대위 362
보험자 371
보험정보공시제도 542
보험중개사 450, 459
보험차익 419
보험차익과세 419
보험판매채널 446
보험회사 340
복리(compounding) 34
복리법 34
복수통화바스켓제도 102
복합상품(hybrid product) 224
본원통화(RB : reserve base) 29
부가보험료 354
부과방식 390
부동산펀드 234, 251
부실채권투자펀드(벌처펀드) 263
부양가족연금액 388
부의 효과(wealth effect) 97
부정거래행위 541
부합계약 369
분리주의 유형 65
불요식·낙성계약 368
불태화개입(sterilized intervention) 108
블랙-숄즈 모형 267
Bull Spread형 247
비과세 420
비례재보험 491
비비례재보험 491
BIS(Bank for International Settlements) 121
비전속대리점 458

비차손익 16

ㅅ

사(私)보험 342
사금융 8
사망일시금 390
사망조사 375
사모발행 163
사모투자펀드 259
사모형 233
사업장가입자 386
사업지주회사 295
사영보험 342
사학연금 392
사행계약 368
사회보험 410
사회책임펀드(Socially Responsible Investment; SRI) 250
산업재해보상보험 408
3대 이원 16
상속세 421
상업은행 284
상장지수펀드(ETF ; Exchange Traded Fund) 244
상장지수펀드 235
상해보험 344, 475
상호금융기관 286
상호저축은행 285
상호회사 340, 455
새마을금고 287
생사혼합보험 343
생산물시장 11
생산요소시장 11
생존조사 375
샤프비율(Sp : Sharpe Ratio) 242
서브프라임 금융위기 324
선도(forward)거래 171
선도이자율(forward interest rate) 43
선물(future)거래 171
선물가격 225
선물시장 127
선물환 디스카운트(forward discount) 191
선물환 프리미엄(forward premium) 191
선물환거래 189
선물회사 295
선박펀드 251
선의계약 369
설명의무(product guidance) 537
세제비적격연금 407
세제적격연금 404
섹터펀드 249
소득보상보험 475
소득효과(income effect) 51
소비자원 523
소순환(minor cycle) 24
손해보험 343
수시공시 128
수익률곡선(yield curve) 44
수익성(profitability) 212
수지상등의 원칙 353
수표매입율 183
순보험료 354
순수기대이론(pure expectations theory) 46
순수위험 341
순수지주회사 295
순자산가치 508
스와프거래 174
스와프환율 184
스위프예금 215
스타일펀드 248
spot date 189
스프레드(spread)거래 170

시가주의(market basis) 200
시가평가가치(market value) 506
시세조종행위 541
시스템 감독 120
시스템펀드 250
시장분할이론(market segmentation theory) 49
시장실패이론 119
시장이자율 35
시장평균환율제도 103
신계약가치 508
신금융자본주의 227
신용경로 98
신용경색(credit crunch) 308
신용공여한도제도 139
신용보증기관 300
신용카드 217
신용카드회사 287
신용협동조합 286
신주인수권부사채(bond with warrant; BW) 163
신체적 위험 373
신탁보수 240
(신)개인연금 404
실물자산 11
실물펀드 251
실버세대보험 476
실질실효환율(real effective exchange rate) 186
실질이자율 35
실질환율 185
실효이자율 35
실효환율(effective exchange rate) 186
쌍둥이 위기 313
쌍무계약 368
CBO(collateralized bond obligation) 178
CAMELS방식 125
CLO(collateralized loan obligation) 178
CMA(Cash Management Account) 243

ㅇ

아웃라이트(outright)거래 170
RBC(Risk Based Capital) 방식 504
RBC(Risk Based Capital) 제도 434
RM(Relationship Manager) 125
암보험 474
액티브펀드 243
약속어음 212
양도성예금증서(CD)시장 152
양로보험 473
Appraisal Value 508
언더라이팅(underwriting) 338
Yield Gap 18
Embedded Value 508
MMDA(Money Market Deposit Account) 153
MMF(Money Market Fund) 153, 242
M_1(통화) 29
M_2(총통화) 29
M_3(총유동성) 30
여신전문금융회사 287
여행자수표매도율 183
역내펀드 252
역선택(adverse selection) 360
역외금융센터 198
역외금융시장 147
역외펀드 252
연계제도 394
연금보험 소득공제 417
연금보험 343, 476
연금보험료 387
연금재정방식 390

연금전환특약 472
연금제도 382
연장정기특약 472
열거주의(positive system) 204
영업보험료 354
영업용 순자본 122
영업행위 감독 120
영화펀드 251
예금보험공사 133, 296
예금보험제도 528
예정사업비 354
OTC(over the counter) 시장 127
옵션가격 225
옵션거래 173
외국통화 180
외환(foreign exchange) 179
외환보유액 108
외환스와프거래(foreign swap transactions) 191
외환시장 179
외환어음(bill of exchange) 180
외환위기 309
외환투기 111
요구불 예금 13, 214
요행계약 346
우대과세 420
우수보험설계사(certified insurance consultant) 462
우체국보험 457
운용보수 240
원가주의(cost basis) 199
원보험 343
원화유동성비율 135
위탁매매 14
위험 동질성의 원칙 374
위험과 수익의 상충관계(risk-return trade off) 213
위험률차손익 16
위험변환 279
위험보험료 354
위험분산의 원칙 374
위험성(risk) 212
위험율 338
위험자산(risky asset) 12
유가증권 199
유가증권시장 127
유동성(liquidity) 212
유동성선호설(liquidity preference theory) 37
유동성프리미엄이론(liquidity premium theory) 47
유동성함정 95
유동성효과 51
유동화전문기구(SPV ; Special Purpose Vehicle) 176
유럽 ERM(Exchange Rate Mechanism) 위기 318
유럽식옵션 173
유배당 344
유상계약 368
유상증자 159
유족연금 389
은행(bank) 284
은행 13
은행간환율(inter-bank rate) 182
은행위기 311
은행환어음(bank draft) 212
이론가격 168
EU 방식 434, 503
이자율 34

이자율의 기간구조(term structure of interest rate) 43
이자율평가설(Interest rate parity; IRP) 55
2차 시장(secondary market) 160
이차손익 16
이항옵션가격결정모형 267
인덱스펀드(Index Fund) 243
인수 14
인터넷마케팅(Internet Marketing; IM) 448
인플레이션 52
인플레이션타게팅 91
일반계정 480
일반사무회사 240
일반은행 284
일반채권시장 165
일반투자자 536
일부보험 488
일일거래자(day trader) 169
1차 시장(primary market) 159
임의가입자 387
임의계속가입자 387
임의보험 343
임의식 233
임의재보험 491

ㅈ

자기매매 14
자기의 생명보험 계약 371
자기자본규제 121
자동차보험 487
자본시장(capital market) 156
자본시장법 203
자산가격경로 97
자산변환 279
자산부채종합관리(Asset Liability Management; ALM) 15
자산운용회사 294
자산유동화증권(ABS; Asset Backed Securities) 176
자연이자율 35
자유변동환율제도 104
장기간병보험 344m 476
장기보험 487
장기순환(long-term cycle) 24
장기형 232
장내시장 165
장내파생상품 223
장애연금 389
장외시장 165
장외파생상품 224
재무상담사(FC: Financial Consultant) 449
재무설계사(FP: Financial Planner) 449
재보험 343, 489
재정환율(arbitrated rate) 186
저가주의 200
저축보험료 354
저축성예금 13
저축적 기능 345
적격성 심사(fit and proper test) 121
적기시정조치(prompt corrective action; PCA) 122
적기시정조치 434
적립방식 390
적립식 233
적립식펀드 252
적합성 원칙(suitability principle) 292, 536
전문투자자 536
전부보험 488
전속대리점 450, 458
전신환매매율 183
전업대리점 459
전염효과 282

전자화폐 299
전통적 금융센터 198
전환사채(convertible bond; CB) 163
전환형 펀드 234
정기공시 128
정기금 421
정기보험 470
정기예금(time deposit) 214
정기적금(installment savings) 215
정보경로(informational channel) 282
정보의 비대칭성 119
정보획득비용 278
정액보험 343
정액보험 479
제 1보험기간 476
제 2보험기간 476
제 3분야보험 344
조세피난처(tax haven) 148
종류형 펀드 234
종신보험 472
종합과세 420
종합금융회사 295
주보험 344
주순환(major cycle) 24
주식(지분증권) 220
주식 158
주식발행시장 159
주식연계증권(ELS ; Equity Linked Securities) 246
주식예탁증서(DR ; Depository receipts) 266
주식워런트증권(ELW ; Equity Linked Warrant) 248
주식유통시장 160
주식형(지분증권형) 232
주식회사 340
주채무 계열제도 139
준(semi)개방형 232
중기순환(mid-term cycle) 24
중복보험 488
중앙은행 88
GA(General Agency) 447
쥬글라 순환(Juglar cycle) 24
증권시장 156
증권예탁결제원 301
증권펀드 234
증권회사 14, 294
증여세 421
증여재산공제 422
지급(payment) 280
지급능력(solvency) 434, 502
지급여력(solvency margin) 434, 502
지급여력비율 434, 503
지급준비정책 95
지역가입자 387
직급조직 448
직업 환경적 위험 373
직접금융 7
직접금융시장 147
직접통신판매(Direct Mailing; DM) 448
질병보험 344, 473
집합투자 206
집합투자상품 226

ㅊ

Chinese Wall(만리장성) 206
차익(arbitrage)거래 170
차익거래전략 258
채권(지분증권) 221
채권 161
채권발행시장 163
채권유통시장 165

채권형(채무증권형) 232
청약철회 청구제도(cooling off system) 546
체감정기보험 471
체증성 위험 373
체증정기보험 471
초과보험 488
초단기거래자(scalper) 169
최저보장 금리옵션 468
최저보증이율 344
최저보증이율옵션 467
최저사망보험금 484
최저연금적립금 484
추가형 232
치명적 질병(critical illness)보험 475

ㅋ

Knock-Out형 246
코스닥 158
코스닥시장 127
콘드라티에프 순환(Kondratieff cycle) 24
콘탱고(contango) 225
콜(Call)시장 151
쿠즈네츠 순환(Kuznets cycle) 24
퀀트펀드(Quant Fund) 250
크롤링 페그(crawling peg) 90
키친 순환 24

ㅌ

타인의 생명보험 계약 371
태화개입(non-sterilized intervention) 108
텔레마케팅(Tele-Marketing; TM) 448
통화신용정책 82
통화안정증권(MSB)시장 155
통화위원회제도 90
통화타게팅 90
퇴직급여 391
퇴직연금 395
퇴직연금규약 398
투기(speculation)거래 169
투기위험 341
투자권유대행인 538
투자매매업 289
투자신탁(계약형) 228
투자일임업 290
투자자문업 290
투자중개업 290
투자회사(회사형) 228
Target Company 261
특별계정 480
특별보험약관(특약) 340
특별자산펀드 234
특수목적회사(SPC; Special Purpose Company) 176
특수은행 285
특약 344
특약재보험 491
특종보험 487
TB(Treasury Bill) 266
TB(Treasury Bonds) 266
TN(Treasury Note) 266

ㅍ

파생금융상품(financial derivatives) 167
파생상품(derivatives) 167, 223
판매수수료 239
패시브펀드 244
팩터링(factoring) 216
펀드시장 226
펀드해지 239
폐쇄형 232
포괄주의(negative system) 204

포지션거래자(position trader) 169
표면이자율 35
표준책임준비금 359
표준체 373
표준하체 373
표준해약환급금 359
표지어음(CB)시장 155
프로젝트 파이낸싱(Project Financing) 217
프리보드 시장 127, 158
피보험이익 362
피보험자 371
피셔방정식 58
피셔효과(fisher effect) 35, 51

ㅎ

하이브리드 채널(hybrid channel) 454
한국수출보험공사 297
한국은행 133
한국자산관리공사 297
한국증권금융 301
한국증권선물거래소 300
한국투자공사 298
할부금융 217
할부금융회사 288
할인(discounting) 34
합산제도 394
합성 CDO (synthetic CDO) 178
항상성 위험 373
해상보험 486
해약옵션 467, 468
해약환급금 355
헤지(hedge)거래 169
헤지펀드 254
현금흐름방식 363
현물이자율(spot interest rate, zero interest rate) 43
현물환거래 187
현찰매매율 183
협동조합(공제) 456
혼합스와프(cocktail swap) 192
혼합자산펀드 234
혼합형 232
홈슈랑스(Homessurance) 452
화재보험 486
화폐 28
화폐시장(money market) 156
확정급여형 399
확정기여형 401
환(exchange) 179
환매 238
환매금지형 펀드 234
환매채권(RP)시장 152
환어음 212
환율 18, 99
환율경로 98
환율정책 107
환율타게팅 90
회사형 231

저자소개

서영수

고려대학교 이과대학 수학과 졸업

성균관대학교 경영대학원 보험경영학 석사

성균관대학교 경영학 박사(보험재무 전공)

보험계리사, 보험중개사

AIA생명 리스크관리 담당이사 역임

현재 아시아·유럽미래학회 이사

서울보험계리법인 계리전문위원

서울사이버대학교 금융보험학과 교수

저서 및 논문

핵심 보험이론과 실무, 한국학술정보, 2009.

리스크와 재무설계(공저), 현우사, 2008.

"미국 서브프라임 금융위기에 따른 EU 대응방안 및 시사점", 유라시아학회, 2009.

"Black-Scholes모형을 이용한 변액보험의 최저사망보증보험금 옵션가치 평가", 한국보험계리사회, 2006.

"생명보험 상품의 해약옵션가치 평가에 관한 연구", 한국금융학회, 2005.

최신 금융·보험의 이해

2010년 8월 31일 초판 발행
2015년 3월 12일 3쇄 발행

지은이 서 영 수
펴낸이 류 제 동
펴낸곳 **교문사**

우편번호 413-756
주소 경기도 파주시 교하읍 문발리 출판문화정보산업단지 536-2
전화 031-955-6111(代)
팩스 031-955-0955
등록 1960. 10. 28. 제406-2006-000035호

홈페이지 www.kyomunsa.co.kr
E-mail webmaster@kyomunsa.co.kr
ISBN 978-89-363-1082-0 (93590)

값 28,000원
* 잘못된 책은 바꿔 드립니다.